Cartas da prisão de
Nelson Mandela

Cartas da prisão de
Nelson Mandela

edição
Sahm Venter

prefácio
Zamaswazi Dlamini-Mandela

tradução
José Geraldo Couto

todavia

Prefácio
Zamaswazi Dlamini-Mandela **7**
Introdução **9**
Uma nota sobre as cartas **13**
Os números de Nelson Mandela na prisão **17**

Prisão Local de Pretória
novembro de 1962 — maio de 1963 **19**

Prisão de Segurança Máxima de Robben Island
maio de 1963 — junho de 1963 **27**

Prisão de Segurança Máxima de Robben Island
junho de 1964 — março de 1982 **37**

Prisão de Segurança Máxima de Pollsmoor
março de 1982 — agosto de 1988 **451**

Tygerberg Hospital & Constantiaberg MediClinic
agosto de 1988 — dezembro de 1988 **523**

Prisão Victor Verster
dezembro de 1988 — fevereiro de 1990 **531**

Informações suplementares
Apêndice A: Glossário **603**
Apêndice B: Cronologia na prisão **622**
Apêndice C: Mapa da África do Sul, c. 1996 **626**

Notas **628**
Cartas e coleções **630**
Agradecimentos **633**
Agradecimentos — autorizações **636**
Índice onomástico **637**

Prefácio

Zamaswazi Dlamini-Mandela

Quando eu nasci, meu avô já estava na prisão havia dezessete anos. Numa carta à minha avó, Winnie Madikizela-Mandela, escrita logo depois que ele completou sessenta e dois anos, ele lista as pessoas que lhe mandaram telegramas e cartões, incluindo minha tia Zindzi, minha irmã Zaziwe e eu, e as pessoas de quem ele tinha a expectativa e a esperança de receber notícias. "Até agora não recebi nem sequer uma das muitíssimas mensagens que amigos enviaram do mundo todo", ele brinca. "Mesmo assim, é muito reconfortante saber que tantos amigos ainda pensam em nós depois de tantos anos." É um dos muitos exemplos neste livro que mostram como a comunicação com o mundo exterior o amparou ao longo de seus vinte e sete anos na prisão, e quanto ele ansiava por essas cartas.

Durante seu encarceramento, meu avô escreveu muitas centenas de cartas. A seleção que aparece neste livro familiariza os leitores não apenas com o Nelson Mandela ativista e preso político, mas com o Nelson Mandela advogado, pai, marido, tio e amigo, e ilustra como seu longo encarceramento, ao afastá-lo da vida cotidiana, era um obstáculo ao cumprimento desses seus papéis. Estas cartas revisitam um período sombrio na história da África do Sul, no qual aqueles que eram pegos contestando o sistema de opressão de toda uma raça de pessoas pelo sistema de governo do apartheid sofriam punições terríveis. Através destas cartas ele documenta a contínua perseguição à minha avó e proporciona uma percepção do que deve ter significado para seus filhos, Thembi, Makgatho, Makaziwe, Zenani e Zindzi, ter um pai ausente com o qual eles mal podiam se comunicar e que nem mesmo — e isto eu acho intolerável — podiam visitar antes de completar dezesseis anos. Por mais que tentasse desempenhar seu papel como pai de seus filhos desde a prisão, ele não podia.

O que me tocou em particular, especialmente na condição de mãe, foi atestar através das cartas de meu avô o que minha mãe e minha tia Zindzi sofreram quando crianças. Com frequência elas ficavam órfãs de pai e mãe quando minha avó era presa também, às vezes por conta de seu próprio envolvimento em atividades anti-apartheid, mas frequentemente por ser a esposa de um dos mais conhecidos presos políticos da África do Sul.

O mais comovente é o otimismo melancólico em muitas cartas a minha avó e a seus filhos nas quais meu avô sugere: "Quem sabe um dia nós vamos...", e "Um dia havemos de...". Esse dia do "felizes para sempre" nunca chegou para os meus avós, minha mãe, minhas tias e tios. Os filhos foram os que mais sofreram, e no final as consequências de abrir mão de uma vida familiar estável em favor de seus ideais foram um sacrifício com o qual meu avô teve de acertar contas.

Meu avô sempre nos lembrava de que não devíamos esquecer nosso passado ou de onde viemos. A sociedade democrática pela qual lutaram meu avô e seus camaradas foi conquistada depois de muito sofrimento e perda de vidas. Este livro é um lembrete de que poderíamos facilmente voltar àquele lugar de ódio, mas mostra também que a resiliência pode sobrepujar situações insuportáveis. Desde seu primeiro dia na prisão, meu avô decidiu que não cederia nem hesitaria; em vez disso, insistiu para que ele e seus companheiros de cárcere fossem tratados com dignidade. Numa carta a minha avó em 1969, ele recomenda que ela fortaleça o espírito lendo o best-seller de 1952 do psicólogo Norman Vincent Peale, *O poder do pensamento positivo*. Ele escreve:

> Não dou importância alguma aos aspectos metafísicos dos argumentos dele, mas considero valiosas suas visões sobre temas físicos & psicológicos.
>
> Ele defende a ideia básica de que o que importa não é tanto a atribulação que a pessoa sofre, mas sua atitude diante dela. O homem que diz vou vencer esta enfermidade e viver uma vida feliz já percorreu metade do caminho até a vitória.

Essa perspectiva inspiradora amparou a inquebrantável busca de meu avô por justiça e por uma sociedade igualitária para todos os sul-africanos, e creio que ela possa ser aplicada a muitos dos desafios da vida.

Esta compilação respondeu a muitas das perguntas que costumavam me desconcertar: Como meu avô sobreviveu a vinte e sete anos na cadeia? O que o fez seguir em frente? Nas palavras dele podemos encontrar as respostas.

Introdução

Uma grande quantidade de regras draconianas regendo a escrita de cartas por presos políticos sul-africanos e sua implementação aleatória por guardas de visão mesquinha foram concebidas para controlar os aspectos mais preciosos da alma de um prisioneiro — seu contato com os entes queridos e notícias do mundo exterior.[1]

Depois que os presos políticos recebiam sua sentença no tribunal, eram encaminhados à prisão onde deveriam cumprir pena. No caso de Nelson Mandela, sua vida como prisioneiro condenado começou na Prisão Local de Pretória depois que ele recebeu uma sentença de cinco anos em 7 de novembro de 1962 por ter deixado o país sem passaporte e incitado trabalhadores a fazer greve. Já como prisioneiro, ele foi levado de volta ao tribunal sob a acusação de sabotagem em 1963, e em 12 de junho de 1964 recebeu uma sentença de prisão perpétua. Sua esposa, Winnie Mandela, visitou-o em Pretória naquele dia, e horas depois, sem aviso prévio, Mandela e seis dos sete companheiros sentenciados com ele foram levados de Pretória para um longo voo em avião militar à famigerada prisão de Robben Island. Chegaram lá no frio cortante de uma manhã de inverno, em 13 de junho de 1964. Diferentemente de detentos que tinham cometido "crimes comuns" como estupro, roubo e assalto, que ao chegar recebiam a classificação Grau C e às vezes Grau B, os presos políticos eram designados ao Grau D, a classificação mais baixa possível, com menos privilégios. Só tinham permissão para receber uma visita a cada seis meses e para escrever e receber apenas uma carta de quinhentas palavras no mesmo período. Era tão imprevisível o processo de mandar e receber cartas que, seis anos depois de ter sido preso, Mandela se encontrou com seus advogados em Robben Island e listou exemplos de "despropositada e vexatória conduta das autoridades". Disse que as barreiras a sua correspondência "indicam uma intenção e uma diretriz deliberadas, por parte das autoridades, para me apartar e isolar de todo contato exterior, para me frustrar e abater, para me fazer cair no desespero e perder toda esperança e por fim me vergar".[2]

Mais tarde, quando os censores cansaram de contar palavras, passaram a aceitar cartas de uma página e meia.[3] Cartas a advogados e a autoridades carcerárias não faziam parte dessa cota. Sábados e domingos eram destinados a visitas, e as cartas eram entregues num sábado. Os prisioneiros podiam abrir mão de uma visita em troca do recebimento de duas cartas. Inicialmente, tanto as visitas como a correspondência tinham de ser com "parentes de primeiro grau". Era proibido aos prisioneiros mencionar outros presos em suas cartas ou escrever sobre condições da prisão ou qualquer coisa que as autoridades pudessem interpretar como "política".[4] Todas as cartas passavam pelo Gabinete do Censor em Robben Island, onde a correspondência que chegava e que saía era inspecionada.[5] Décadas mais tarde, Mandela recordou:

> Eles não queriam que discutíssemos coisas que não fossem assuntos familiares e especialmente quando essas coisas eram consideradas por eles de natureza política. E essa era a razão pela qual tínhamos de nos restringir meramente a assuntos familiares. E havia também uma ignorância quanto à linguagem. Se você usasse a palavra "guerra", não importava em que contexto, eles diziam "Corte fora", porque não entendiam muito bem a língua. E guerra é guerra; não pode ter outro sentido. Se você dissesse "a guerra de ideias", significava que tinha dito algo que não deveria dizer.[6]

Em seu livro sobre os quinze anos que passou como prisioneiro em Robben Island, no mesmo setor de Mandela, Eddie Daniels traça um retrato da "frustração" da censura arbitrária, incompetente e "vingativa" e da retenção de cartas.[7]

As condições começaram a melhorar em 1967, presumivelmente devido à intervenção de Helen Suzman — uma parlamentar de oposição a quem Mandela relatou um "reino de terror" na ilha. O Comitê Internacional da Cruz Vermelha e os esforços dos próprios prisioneiros também contribuíram para essas mudanças. Eles passaram então a ter permissão para escrever e receber uma carta a cada três meses e a receber visitas com a mesma periodicidade.[8]

Um prisioneiro deveria permanecer numa categoria de privilégios por dois anos, o que significava que depois de seis anos um prisioneiro de Grau D poderia estar no Grau A, com mais privilégios. Mandela, porém, permaneceu no Grau D por dez anos. Podemos ver por suas cartas, nas quais ele às vezes inscrevia seu grau (os prisioneiros também se referiam a ele como um "grupo"), que ele estava no Grau B em 1972 e que finalmente recebeu uma classificação Grau A em 1973, passando a ter permissão para escrever e receber seis cartas por mês.[9]

Antes de ser promovido a um grau superior, um prisioneiro precisava ter seu comportamento avaliado pelo comitê prisional, que realizava com os detentos discussões que Mandela dizia terem o propósito de "atormentar" presos políticos.[10]

Apesar da incansável censura por parte dos burocratas, o prisioneiro Nelson Mandela tornou-se um correspondente prolífico. Ele copiava suas cartas em cadernos de capa dura para ajudá-lo a reescrevê-las quando os censores se recusavam a enviá-las se ele não suprimisse certos parágrafos, ou quando elas se extraviavam no caminho. Ele também gostava de manter um registro do que havia dito a cada pessoa. Encarcerado de 5 de agosto de 1962 a 11 de fevereiro de 1990, escreveu centenas de cartas. Nem todas, porém, chegaram a seu destino inteiras. Algumas foram censuradas a ponto de se tornar ilegíveis, outras foram retardadas sem nenhuma razão, e algumas não chegaram sequer a ser enviadas. Algumas ele conseguiu introduzir clandestinamente nos pertences de prisioneiros que estavam sendo libertados.

Os prisioneiros raramente eram informados quando uma carta deixava de ser enviada e geralmente só descobriam isso se um destinatário se queixava de não ter recebido uma carta. Não se sabe, por exemplo, se as cartas que ele escreveu a Adelaide Tambo sob o disfarce de vários apelidos chegaram até ela em Londres, onde estava morando no exílio com seu marido, Oliver Tambo, presidente do Congresso Nacional Africano (CNA) e antigo colega de Mandela no curso de direito. As cartas provavelmente se destinavam aos dois. O que sabemos pelo companheiro de prisão Michael Dingake é que Mandela havia "reivindicado o direito de se corresponder com O. R. Tambo e trocar opiniões sobre a luta de libertação".[11]

Pai de cinco filhos pequenos quando foi levado à prisão pela primeira vez, Mandela só tinha permissão de vê-los depois que completassem dezesseis anos. As cartas se tornaram um instrumento vital para sua atuação paterna.

Numa carta oficial de queixa às autoridades, quando já estava preso havia doze anos, Mandela escreveu: "Às vezes eu gostaria que a ciência pudesse inventar milagres e fazer minha filha receber seus cartões de aniversário perdidos e ter o prazer de saber que seu pai a ama, pensa nela e faz todo o esforço para entrar em contato com ela sempre que necessário. É significativo que repetidas tentativas da parte dela de se comunicar comigo e as fotos que ela mandou tenham desaparecido sem deixar traço algum".

As cartas mais dolorosas de Mandela são as da série "Cartas especiais" acrescidas à sua cota, escritas após a morte de sua amada mãe, Nosekeni, em 1968, e de seu primogênito, Thembi, um ano depois. Impedido de comparecer aos funerais deles, ele foi reduzido a consolar por escrito seus filhos e outros membros da família naquele momento excruciante e a agradecer dessa mesma maneira familiares mais velhos por terem se prestado a garantir que sua mãe e seu filho tivessem as despedidas que mereciam.

Advogado por profissão, Mandela habitualmente usava cartas para pressionar as autoridades a assegurar os direitos humanos dos presos, e em pelo menos duas ocasiões ele escreveu a autoridades reivindicando que libertassem ele e seus camaradas.

Dingake descreveu o papel de Mandela na prisão a partir do início dos anos 1960 como o de um "aríete".[12] Em face de condições "atrozes", ele não podia ser ignorado, "não apenas por causa de seu status, mas porque 'não permitia que o fizessem'".[13] Sua incansável militância pelos direitos dos presos acabaria por derrubar a determinação das autoridades de que cada prisioneiro apresentasse suas queixas individualmente.[14] Mandela "continuou, de modo desafiador, a descrever as condições gerais" em suas cartas ao comissário de prisões, e o restante dos presos começou a apresentar queixas pessoais "em todas as oportunidades". Era "impossível" para os guardas, escreve Dingake, registrar as "queixas de cada um dos mais de mil detentos".[15] A regra foi "abolida na prática" e indivíduos ou grupos de cada seção da prisão ganharam permissão para falar em nome de todos os prisioneiros.[16]

Durante suas discussões e em cartas a representantes do governo no fim dos anos 1980, Mandela fez pressão pela libertação de seus camaradas. Veja-se por exemplo suas cartas ao comissário de prisões datadas de 11 de setembro de 1989 (página 567) e 10 de outubro de 1989 (página 578). Os esforços de Mandela finalmente renderam frutos quando os cinco homens remanescentes condenados com ele à prisão perpétua foram libertados em 15 de outubro de 1989. (Denis Goldberg tinha sido libertado em 1985 e Govan Mbeki em 1987.) Ele próprio saiu da prisão menos de quatro meses depois.

Nelson Mandela nos deixou um rico arquivo de cartas documentando seus vinte e sete anos na prisão, que ecoam sua fúria, seu autocontrole e seu amor pela família e pelo país.

Uma nota sobre as cartas

As cartas da prisão de Nelson Mandela não estão abrigadas sob um único teto, e fazer a compilação para este livro tomou quase dez anos. As cartas reunidas aqui foram extraídas de várias coleções: os arquivos prisionais de Mandela guardados no Serviço Nacional de Arquivos e Registros da África do Sul, a Coleção Himan Bernadt e os acervos de Meyer de Waal, Morabo Morojele, Fatima Meer, Michael Dingake, Amina Cachalia, Peter Wellman e Ray Carter. Vieram cartas também da Coleção Donald Card, assim batizada em referência ao policial de segurança pública que em 2004 devolveu a Mandela os cadernos de capa dura em que ele copiava suas cartas antes de entregá-las para postagem. Tanto a Coleção Himan Bernadt como a Coleção Donald Card são mantidas pela Fundação Nelson Mandela. Os cadernos foram tirados de sua cela em 1971, e ele se queixa disso numa carta a autoridades em 4 de abril de 1971. Para uma lista de onde as cartas individuais estão guardadas, ver página 630.

O Serviço Nacional de Arquivos e Registros da África do Sul abriga, de longe, a maior parte das cartas do cárcere de Nelson Mandela. Enfeixadas junto com outros papéis oficiais em maços amarrados com barbante e inseridos em pastas de papelão, elas ocupam 59 caixas. As cartas representam o registro do Departamento de Prisões da correspondência que ele escreveu e recebeu. Em alguns casos os originais permanecem como evidência de que elas nunca foram enviadas.

Como muitas dessas cartas são cópias das originais, sua legibilidade depende do modo como foram fotocopiadas, do papel usado e de como a tinta desbotou com o tempo. Algumas cartas perderam palavras que estavam nas margens e ficaram de fora durante o processo de fotocópia por agentes prisionais ou foram cortadas do papel pela censura. No caso de algumas das cartas, nunca saberemos exatamente o que Mandela escreveu.

Pungentemente, uma longa e amorosa carta a sua filha caçula, Zindziswa, ainda dobrada com cuidado dentro de seu envelope branco, foi encontrada em seus arquivos prisionais dezenove anos depois que ele saiu da prisão. Estava acompanhada por um bilhete de um agente prisional dizendo que Mandela não teve permissão para mandar uma carta com um cartão de Natal. Escrita em 9 de dezembro de 1979, é um lindo gesto de um pai tentando se aproximar da filha de quem sentia falta. Ela deveria recebê-la a tempo para o seu aniversário de dezenove anos, do pai que ela perdera quando era um bebê de vinte meses. Assim era o controle cruel e arbitrário da correspondência.

As cartas nessa seleção foram reproduzidas na íntegra, com exceção de vários casos em que omitimos informações em favor da privacidade. Para evitar repetições, também omitimos o endereço de Mandela de quase todas as cartas — o livro é dividido em seções referentes às quatro diferentes prisões e aos dois diferentes hospitais em que ele ficou internado.

Reproduzimos o texto exatamente como Mandela o escreveu, à parte a correção de um ou outro nome ou palavra com grafia errada (que são, em geral, casos muito raros), muito ocasionalmente acrescentando ou eliminando sinais de pontuação para facilitar a leitura, ou eliminando sobrescritos em números que aparecem nas datas. Mantivemos seus vários estilos de escrever datas e também suas abreviações. Não é possível saber ao certo por que ele muitas vezes escrevia "yr" em vez de "*year*" (ano) e "chdn" em vez de "*children*", mas pode ter sido para manter as cartas dentro do limite estabelecido de uma página e meia depois que os censores pararam de contar o número de palavras. Quando mencionava livros, Mandela geralmente grafava seus títulos entre aspas. Nos casos em que não o fez, deixamos esses títulos em itálico de acordo com convenções editoriais.† Mandela frequentemente usava colchetes em vez de parênteses. No entanto, com o intuito de evitar a confusão de seu texto original com interpolações editoriais, substituímos seus colchetes por parênteses, a menos que haja um aviso em contrário.

Mantivemos a sublinha que aparece sob certas palavras ou passagens em algumas cartas. Geralmente eram linhas riscadas por censores desconfiados de indivíduos ou eventos citados nas cartas. Às vezes Mandela sublinhava trechos. Indicamos onde o sublinhado parece ser trabalho dos censores, onde parece ser do próprio Mandela e onde é difícil saber. Mandela frequentemente escrevia cartas em africâner e em isiXhosa, a língua que ele cresceu falando, e indicamos quais dessas cartas foram traduzidas para inclusão nesta publicação. Algumas cartas foram também datilografadas por agentes prisionais, e indicamos igualmente esses casos.

Mandela assinava suas cartas de diferentes maneiras, dependendo de quem era o destinatário. Na correspondência oficial ele incluía sua assinatura "NR Mandela", com o "R" representando seu prenome original, Rolihlahla. Em cartas a sua esposa, Winnie Mandela, e a certos membros da família ele com frequência assinava como

---

† De outra parte, optamos por não utilizar o itálico em estrangeirismos que aparecem em meio às cartas, a fim de manter o texto (e seus destaques) o mais próximo possível do original. [nota da edição brasileira]

Dalibunga, o nome que recebeu depois de se submeter à tradicional iniciação à masculinidade, aos dezesseis anos. Para outros ele é Nelson ou Nel, o nome que lhe foi dado em sua primeira escola por sua professora, srta. Mdingane, de acordo com o costume da época segundo o qual crianças africanas recebiam nomes ingleses. Para seus filhos ele é Tata, "pai" em isiXhosa, e para seus netos é Khulu, "vovô" em isiXhosa.

Não foi possível identificar todos os indivíduos mencionados, mas, quando disponíveis, detalhes esclarecedores sobre indivíduos, locais e eventos citados nas cartas foram incluídos nas notas de rodapé. Um extenso glossário no final do livro inclui informações adicionais sobre muitos dos indivíduos e eventos aludidos por Mandela.

Para evitar que os leitores tenham que guardar na memória a legião de indivíduos a quem Mandela se refere, muitos dos quais são frequentemente conhecidos por mais de um nome, como Winnie Mandela, ou que são mencionados em cartas separadas entre si por muitos anos, tratamos cada carta em sua individualidade. Portanto, na primeira vez que um indivíduo é mencionado numa carta, incluímos uma nota de rodapé explicando quem é ele ou ela, mesmo que a mesma referência apareça numa carta anterior ou posterior. Também adotamos essa abordagem em referência a eventos e lugares. Embora em alguns casos isso possa parecer repetitivo, decidimos que era o procedimento mais favorável ao leitor, particularmente ao leitor que optar por entrar e sair deste livro muitas vezes, como esperamos que você faça.

Os números de Nelson Mandela na prisão

Em vez de serem identificados por seu nome, os presos recebiam números prisionais pelos quais eram, de início, sempre referidos e os quais eles precisavam usar em qualquer correspondência. A primeira parte do número era baseada no número de prisioneiros admitidos a uma prisão específica naquele ano; a segunda parte exprimia o ano. O número prisional mais conhecido de Nelson Mandela é 466/64. Anos depois de ter sido solto, num concerto na Cidade do Cabo para lançar uma campanha de conscientização quanto à aids, batizado com seu número prisional, ele disse: "Esperava-se que eu tivesse sido reduzido àquele número".[17]

Mandela esteve em Robben Island duas vezes, o que implicou que ele recebesse dois diferentes números prisionais naquela prisão. Durante seus vinte e sete anos de cárcere, Mandela ficou detido em quatro prisões depois de ter sido condenado e recebeu seis números prisionais diferentes.

19476/62	Prisão Local de Pretória: 7 de novembro de 1962 — 25 de maio de 1963.
191/63	Robben Island: 27 de maio de 1963 — 12 de junho de 1963.
11657/63	Prisão Local de Pretória: 12 de junho de 1963 — 12 de junho de 1964.
466/64	Robben Island: 13 de junho de 1964 — 31 de março de 1982.
220/82	Prisão de Pollsmoor: 31 de março de 1982 — 12 de agosto de 1988. Tygerberg Hospital: 12 de agosto de 1988 — 31 de agosto de 1988. Constantiaberg MediClinic: 31 de agosto de 1988 — 7 de dezembro de 1988.
1335/88	Prisão Victor Verster: 7 de dezembro de 1988 — 11 de fevereiro de 1990.

Prisão Local de Pretória

NOVEMBRO DE 1962 — MAIO DE 1963

Por apenas seis meses em 1962, enquanto estava viajando clandestinamente fora da África do Sul, por países africanos e por Londres, no Reino Unido, Mandela levou a vida de um homem livre, que não estava submetido às regras do apartheid e podia se deslocar como quisesse. Na terça-feira, 11 de janeiro de 1962, ele deixou secretamente a África do Sul por via terrestre para excursionar por Estados africanos recém-independentes. Mandela foi solicitado pelas estruturas clandestinas de sua organização, o Congresso Nacional Africano (CNA), a falar numa conferência de nações africanas na Etiópia e também a viajar pelo continente levantando fundos e apoio para a luta que havia pela frente. Dois anos antes, em 1960, o CNA tinha sido declarado ilegal e um ano depois aceitara a inevitabilidade de uma luta armada para pressionar por direitos iguais e democracia na África do Sul. Em meados de 1961 a organização tinha decidido formar um braço armado, e assim nasceu o Umkhonto weSizwe (Lança da Nação). Também conhecido pela sigla MK, foi lançado com uma série de explosões de alvos estratégicos com a intenção de evitar perda de vidas.

Se esse conhecido oponente do regime do apartheid tivesse solicitado um passaporte, este lhe teria sido recusado. Além disso, ele era procurado pela polícia por prosseguir na clandestinidade com as atividades do ilegal CNA.

Mandela viajou sob o nome David Motsamayi, que ele tomara emprestado de um cliente de seu escritório de advocacia, e usou pelo menos um passaporte falso. A Etiópia havia fornecido um e, segundo consta, o Senegal forneceu outro.

A viagem levou-o a dezesseis países independentes africanos, e em dois deles, Marrocos e Etiópia, ele passou por treinamento militar. Num intervalo, visitou Londres por dez dias, onde se encontrou com velhos amigos e camaradas, incluindo Oliver Tambo e sua esposa, Adelaide. Tambo, que viria a se tornar presidente do CNA em 1967, depois da morte do chefe Albert Luthuli, tinha acompanhado Mandela em algumas de suas viagens pela África.

A liberdade de Mandela chegou ao fim numa tarde de domingo numa estrada interiorana perto de Howick, uma cidadezinha do leste da África do Sul. Era 5 de agosto de 1962. Ele e o colega ativista antiapartheid e diretor de teatro Cecil Williams estavam seguindo de carro para Joanesburgo. Mandela havia estado na região para informar o presidente do CNA, chefe Albert Luthuli,[i] e outros a respeito de sua viagem. Uma refeição com amigos no dia anterior acabaria sendo a sua última celebração por quase três décadas.

Como parte de seu repertório de disfarces, Mandela frequentemente se passava pelo chofer de um homem branco. Naquele dia, porém, Williams estava ao volante de seu Austin quando o motorista de um Ford V8 ultrapassou-os de repente e mandou que parassem. Era a polícia. Vestido com um capote, um boné e óculos escuros, Mandela negou ser de fato Nelson Mandela e insistiu que era David Motsamayi, mas eles tinham certeza de que haviam pegado seu homem, e ele também. Chegou a pensar em sair correndo, mas sabia que o jogo, por assim dizer, tinha terminado. Falando a respeito mais de trinta anos depois, Mandela disse: "Eu estava em ótima forma naquela época e poderia pular praticamente qualquer muro. Aí olhei para trás pelo retrovisor. Vi que havia dois carros atrás e senti que seria ridículo tentar escapar, eles atirariam em mim. Então paramos".[18]

Os homens foram presos sumariamente e a polícia os conduziu uns quinze quilômetros para trás, a Pietermaritzburg, onde Mandela ficou detido aquela noite, comparecendo brevemente diante de um magistrado na manhã seguinte. Foi levado de carro a Joanesburgo e trancafiado na Prisão do Antigo Forte, preservada hoje como museu dentro da área da Corte Constitucional da África do Sul. Nos dez dias que se seguiram Mandela compareceu duas vezes no Tribunal de Primeira Instância de Joanesburgo e seu caso foi mandado de novo a julgamento em 15 de outubro. No sábado, 13 de outubro, ele foi informado de que seria transferido para a cidade de Pretória, onde, na segunda-feira, 15 de outubro, se apresentou na Velha Sinagoga, temporariamente transformada em "tribunal regional especial", para seu julgamento. Sua aparição espantou o público na galeria e também as autoridades. Em torno dos ombros largos ele vestia um manto feito de múltiplas peles de chacal costuradas umas às outras num grande pedaço de tecido. O resto de seu traje incluía uma camiseta, calças cáqui, sandálias e um colar de contas amarelas e verdes. Queria ser visto como um africano numa sociedade desigual.[19]

O advogado Mandela, que, tendo passado pelo exame de admissão requerido pela Ordem dos Advogados em 1952, advogara em sua própria firma durante anos, defendeu a si próprio, com a assessoria do advogado Bob Hepple,[ii] que, ironicamente, iria se juntar a ele e a nove outras pessoas como réus num processo por sabotagem no ano seguinte. Mandela empregou a tática de falar a partir do banco dos réus, o que o liberava de testemunhar sob interrogatório cruzado. Em seu primeiro discurso ao tribunal, em 22 de outubro de 1962, ele pediu a interdição do magistrado, sr. W. A.

---

i Chefe Albert Luthuli (1898-1967), presidente do CNA, 1952-67 — ver glossário. **ii** Bob Hepple (1934--2015), advogado, acadêmico e ativista antiapartheid — ver glossário.

van Helsdingen, dizendo que, na condição de homem negro, ele não teria um julgamento justo.[20] Depois de ouvir seu apelo, Van Helsdingen se recusou a deixar o posto.

Mandela recordou depois como no último dia do julgamento, 7 de novembro de 1962, o promotor, sr. D. J. Bosch, que ele conhecia de seus tempos de advogado, foi até a cela onde ele estava detido e pediu desculpas por ter de pedir sua condenação. "Então ele simplesmente me abraçou e me beijou nas duas faces, e disse: 'Hoje eu não queria vir ao tribunal. Para mim, vir ao tribunal para pedir que você seja condenado é algo que me transtorna'. Então eu lhe agradeci."[21]

Hepple saiu a contragosto do recinto enquanto eles conversavam, e mais tarde escreveu: "Quando Bosch saiu da cela, uns cinco minutos mais tarde, vi lágrimas descendo pelo seu rosto. Perguntei a Mandela: 'Que diabo está acontecendo?'. Ele respondeu: 'Você não vai acreditar, mas ele me pediu para perdoá-lo'. Exclamei: 'Nel, espero que você tenha dito para ele se ferrar'. Para minha surpresa, Mandela respondeu: 'Não, não fiz isso. Eu disse que sabia que ele só estava fazendo seu trabalho, e lhe agradeci pelas palavras positivas".[22]

Em sua sentença, Van Helsdingen disse que estava claro que Mandela havia sido "o cérebro" por trás de uma greve em maio de 1961 contra os planos da África do Sul de abandonar sua filiação à Commonwealth (a comunidade britânica de nações) e tornar-se uma república.[23]

Mandela fez outro longo discurso do banco dos réus depois de condenado sob as duas acusações, dizendo: "Qualquer que seja a sentença que me imponham, podem estar certos de que, quando eu acabar de cumpri-la, ainda me moverá a aversão à discriminação racial e retomarei a luta contra as injustiças até que elas sejam abolidas de uma vez por todas".[24]

Van Helsdingen qualificou o caso de "penoso e difícil" e declarou que as ações de Mandela deviam ser "reprimidas com mão forte". Estava claro, sustentou, que o que Mandela na verdade estava tentando era "derrubar o governo".[25]

Depois de terminado o breve julgamento no qual ele não preparou outra defesa além de seus dois discursos, Mandela foi condenado a três anos de prisão sob a acusação de incitar uma greve e a dois anos adicionais por deixar o país sem um passaporte sul-africano. Ele estava com quarenta e quatro anos.

Imediatamente após ser sentenciado, Mandela teve seu status mudado de prisioneiro à espera de julgamento para o de condenado na mesma prisão. Ficou preso com Robert Mangaliso Sobukwe, um conferencista universitário e ex-companheiro de CNA que tinha liderado uma cisão no partido para fundar o Congresso Pan-Africano (CPA),[26] e vários outros membros dessa organização. Sobukwe e seus camaradas tinham sido condenados dois anos antes por seu envolvimento em um protesto contra a lei dos passes de locomoção no qual sessenta e nove manifestantes foram mortos a tiros pela polícia. O episódio ficou conhecido como Massacre de Sharpeville.

A primeira carta desta compilação é uma que Mandela escreveu, um dia antes de sua condenação e da promulgação de sua sentença, ao sr. Louis Blom-Cooper, um advogado britânico enviado pela organização então conhecida como Anistia para observar o julgamento. Durante o processo, Mandela reivindicou pela segunda vez a interdição do magistrado depois que Blom-Cooper informou-o de que tinha visto Van Helsdingen saindo de carro do tribunal em companhia do instrutor do processo. Van Helsdingen rejeitou mais uma vez a petição, dizendo apenas que não havia mantido "comunicação com os dois detetives".[27]

Depois de sua soltura, Mandela descreveu Blom-Cooper como "tremendo", e disse sobre o incidente: "Ele se comportou exatamente como um inglês, sabe, com aquele desejo deles de enfrentar tudo aquilo que parece errado. Enquanto eu estava inquirindo as testemunhas do Estado, o magistrado foi visto deixando o tribunal com um instrutor do processo, e Blom-Cooper preparou imediatamente uma declaração juramentada e foi até o oficial de registro para assiná-la diante do escrivão da Suprema Corte. E ele veio a mim com esse papel e disse: 'Aqui está uma declaração juramentada'".[28]

Ao secretário, Anistia

6.11.62

Secretário
Anistia
LONDRES

Caro senhor,

Somos muito gratos a sua organização por ter enviado o sr. L. Blom Cooper para acompanhar o julgamento.

Sua mera presença, bem como a assistência que ele prestou, foi para nós uma fonte de tremenda inspiração e encorajamento.

O fato de ele se postar junto a nós proporcionou mais uma prova de que homens honestos e íntegros, e organizações democráticas espalhadas por todo o mundo civilizado, estão do nosso lado na luta por uma África do Sul democrática.

Por fim, devo pedir-lhe que aceite esta nota como um firme, caloroso e sincero aperto de mão de minha parte.

Atenciosamente,
Nelson

6/11/62   FOR 19

Nelson Mandela   The Secretary
1947 6/62   Amnesty.
                                   LONDON

Dear Sir,

    We are most grateful to your

organisation for sending Mrs

L. Blom - Cooper to attend the

trial.

Her mere presence, as well as

the assistance he gave, were

source of tremendous inspiration

and encouragement to us.

The fact that he sat next to

us furnished yet another proof

*Carta ao secretário da Anistia, escrita no dia anterior a sua
condenação e sentença em novembro de 1962, ver página 25.*

Prisão de Segurança Máxima de Robben Island

MAIO DE 1963 — JUNHO DE 1963

No fim de maio de 1963, Mandela foi levado inesperadamente de Pretória a Robben Island com três presos do Congresso Pan-Africano.

Espremidos na parte de trás de uma van da polícia, Mandela e os três outros rodaram durante um dia e meio até chegar à Cidade do Cabo, onde foram embarcados numa balsa. Chegaram à famigerada ilha em 27 de maio de 1963. Fazia um tempo sombrio, brutal e dolorosamente frio.

Os quatro homens foram conduzidos a uma cela e receberam ordem de se despir. Cada peça de roupa era revistada por guardas e depois jogada num chão molhado. Mandela começou a protestar e um guarda avançou ameaçadoramente em sua direção. O relato do incidente por Mandela tornou-se a marca registrada de seu relacionamento com as autoridades prisionais dali em diante. Ele não se intimidaria: "Então eu disse: 'Se você se atrever a tocar em mim, vou levá-lo à mais alta corte deste país, e quando tivermos acertado as contas você estará tão desgraçado quanto um rato de igreja'. Aí ele parou. Eu não, eu estava amedrontado; não é que eu fosse corajoso, mas alguém tinha de mostrar uma fachada de coragem, e assim ele parou".[29]

Menos de três semanas depois, Mandela recebeu a ordem de arrumar suas coisas e foi transferido de volta a Pretória. Nunca recebeu uma explicação e mais tarde descartou a ideia de que o fato estivesse relacionado com o Julgamento de Rivonia, porque seus companheiros foram presos depois que ele tinha sido transferido — dois deles detidos em 24 de junho de 1963 em Soweto e o restante em 11 de julho de 1963.

De volta a Pretória

Mandela viu-se novamente nas celas da prisão de Pretória em junho de 1963, e em poucas semanas descobriu que seus companheiros militantes do MK Andrew Mlangeni e Elias Motsoaledi tinham sido presos ao retornar de uma viagem à China para treinamento militar. Uma manhã Mandela estava subindo às pressas as escadas para sua refeição matinal (em Pretória ele recebia a mesma comida que os prisioneiros brancos e contava os minutos para a hora das refeições) e viu um grupo de prisioneiros que reconheceu como trabalhadores da Fazenda Liliesleaf, que ele e seus camaradas tinham usado como esconderijo. "Aquilo estragou o meu apetite", disse ele.[30]

Ele descreve seu encontro com Thomas Mashifane, que tinha sido capataz na Fazenda Liliesleaf, em *Longo caminho para a liberdade*:[31] "Eu o cumprimentei calorosamente, embora percebesse que as autoridades sem dúvida o tinham conduzido ao meu corredor para verificar se eu o reconhecia. Eu não podia agir de outro modo. Sua presença ali só podia significar uma coisa: as autoridades tinham descoberto Rivonia".[32]

O pior ainda estava por vir. Depois que eles tinham completado quase três meses de confinamento solitário, Mandela encontrou-se com um grupo de camaradas próximos. "Fui chamado à direção da prisão, onde encontrei Walter [Sisulu]; Govan Mbeki; Ahmed Kathrada; Andrew Mlangeni; Bob Hepple; Raymond Mhlaba, um membro do Alto-Comando do MK que havia retornado recentemente de treinamento na China; Elias Motsoaledi, também membro do MK; Denis Goldberg, um engenheiro e membro do Congresso dos Democratas (COD); Rusty Bernstein, arquiteto e também membro do COD; e Jimmy Kantor, um advogado[i]... Éramos todos acusados de sabotagem e tínhamos que nos apresentar no tribunal no dia seguinte."[33]

Durante esse novo período, enquanto esperava julgamento, Mandela manteve um fluxo contínuo de correspondências com autoridades prisionais — um hábito que se tornou uma marca da sua vida no cárcere.

Mandela e dez de seus companheiros, incluindo Bob Hepple, apresentaram-se no Palácio da Justiça, um tribunal em Pretória, em 9 de outubro de 1963. Os outros eram Walter Sisulu, Govan Mbeki, Ahmed Kathrada, Denis Goldberg, Raymond Mhlaba, Elias Motsoaledi, Andrew Mlangeni, Rusty Bernstein e James Kantor. O caso tramitou até 20 de outubro, e nesse dia a defesa requereu a anulação do indiciamento dos acusados por mais de 235 atos de sabotagem que supostamente faziam parte de um grande plano de "revolução violenta".[34] A defesa decidira contestar o indiciamento por avaliar que se tratava de "um documento frágil e impreciso" que "tornava impossível discernir" quais eram os crimes apontados e quem os cometera.[35] O advogado Joel Joffe escreveu que a equipe de defesa resolvera "deixar claro desde o início para a corte e para a promotoria que não seríamos arrastados pela histeria no país" e que "não abriríamos mão de nenhum dos direitos legais normais".[36]

Em 30 de outubro o apelo da defesa teve êxito e todos os acusados — com exceção de Bob Hepple, que teve as acusações retiradas e foi libertado — foram imediatamente levados de volta ao tribunal e julgados sob a acusação de sabotagem. Hepple convencera a promotoria de que deporia como testemunha do Estado, mas

---

i Para detalhes sobre todos esses indivíduos, ver as entradas correspondentes no glossário.

não quis testemunhar contra pessoas que "admirava e respeitava",[37] por isso ele e sua esposa, Shirley, fugiram do país.

De volta ao tribunal, um novo indiciamento foi apresentado em 12 de novembro. Em 25 de novembro os 199 atos de sabotagem foram reduzidos a 193, e a defesa apelou novamente para que a acusação fosse anulada. Seu apelo foi rejeitado em 26 de novembro, e a próxima vez em que os acusados se apresentaram no tribunal foi em 3 de dezembro, quando todos os dez se declararam inocentes.

No dia do julgamento, 11 de junho de 1964, Mandela e outros sete foram condenados. Bernstein foi absolvido. Kantor tinha sido absolvido em 4 de março.[i]

◇◇◇◇◇◇◇◇◇◇

Pouco tempo antes de ter sido levado ao tribunal com seus companheiros para o início do julgamento, que duraria oito meses e ficaria conhecido como Julgamento de Rivonia, Mandela escreveu às autoridades requerendo permissão para mandar um telegrama de aniversário a sua esposa. Assinou "Dalibunga", o nome que lhe foi atribuído depois de seu ritual tradicional de iniciação masculina. Significa "fundador do Bunga", o órgão governante tradicional de seu território natal do Transkei (hoje parte da província do Cabo Oriental). Para os tradicionalistas, conforme ele escreveu mais tarde em sua autobiografia Longo caminho para a liberdade, *esse nome era mais aceitável que seu prenome Rolihlahla — "encrenqueiro" — ou que o Nelson que lhe foi dado na escola como parte do costume de todas as crianças receberem um nome "cristão". "Eu ficava orgulhoso ao ouvir esse novo nome pronunciado", disse ele sobre Dalibunga.[38]*

Ao oficial comandante, Prisão Local de Pretória

[Traduzido do africâner para o inglês]

23 de setembro de 1963

Oficial comandante,
Prisão,
Pretória

---

i O advogado de James Kantor, John Croaker, pediu a libertação de Kantor "com o argumento de que ele não respondia a acusação alguma" (Joel Joffe, *The State vs. Nelson Mandela: The Trial that Changed South Africa*, p.144). O juiz De Wet disse que não pretendia expor suas razões para a absolvição. No dia do julgamento em que Bernstein foi absolvido e Mandela e outros sete foram condenados, o juiz De Wet disse: "Tenho muito boas razões para as conclusões a que cheguei. Não me proponho a ler tais razões" (ibid., p.244).

No dia 26 deste mês é aniversário da minha esposa.

Por favor tenha a bondade de me dar permissão para enviar a ela o telegrama abaixo.[i]

"NOBANDLA MANDELA, ORLANDO WEST, 8115

JOANESBURGO

MUITAS FELICIDADES NESTA DATA QUE VENHAM MUITAS OUTRAS QUERIDA MON-
TANHAS E MONTANHAS DE AMOR E UM MILHÃO DE BEIJOS
DALIBUNGA"

Nelson Mandela, Pretória

Atenciosamente
[Assinado N R Mandela]
Prisioneiro nº 11657/63

Para o oficial comandante, Prisão Local de Pretória

8 de outubro de 1963

Oficial Comandante
Prisão Local de Pretória

Eu ficaria grato se o senhor fizesse a gentileza de providenciar que meus olhos sejam examinados por um oftalmologista.

Uso óculos desde 1945 e o par que estou usando está aparentemente defasado.
Os olhos estão inflamados, e, apesar do tratamento prescrito pelo diretor médico
da Prisão, que segui nas últimas três semanas, a situação continua a se deteriorar.

O especialista que examinou anteriormente meus olhos é o DR. HANDELSMAN[ii]
de Joanesburgo e eu ficaria grato se o senhor providenciasse para que eu fosse examinado por ele de novo. Devo acrescentar que o oculista de quem eu gostaria de
obter os óculos, e que fez todos os anteriores, é o DR. BASMAN, também de Joanesburgo. Há naturalmente a vantagem de um desconto se eu conseguir os óculos dele.

---

i O texto do telegrama está em inglês. **ii** O dr. Gordon Handelsman era um oftalmologista muito
procurado radicado em Joanesburgo, que tinha entre seus muitos pacientes o xá do Irã. Não se sabe se
Mandela teve permissão para se consultar com ele.

Tenho condições e estou disposto a arcar com os custos do exame e dos óculos, com os meus fundos que estão retidos com o senhor. Devo também mencionar que este pedido está sendo feito por recomendação do diretor médico da Prisão.

[assinado Nelson Mandela]
Prisioneiro nº 11657/63

Para o oficial comandante, Prisão Local de Pretória

25 de outubro de 1963

Oficial comandante
Prisão
PRETÓRIA

Chamo sua atenção para a minha carta de 8 do corrente mês, na qual solicitei que meus olhos fossem examinados por um especialista.

Na referida carta, indiquei que o apelo estava sendo feito por recomendação do diretor médico da Prisão. Devo acrescentar que o estado dos meus olhos está se deteriorando muito rapidamente e preciso lhe pedir que dê ao assunto sua atenção urgente.

Devo acrescentar ainda que estou seriamente em desvantagem na preparação para o próximo processo contra mim, no dia 29 do corrente mês. A referida preparação requer a leitura de numerosos documentos, bem como um bocado de escrita. Julgo tudo isso árduo e perigoso para minha saúde.

Por fim, preciso pedir que me autorize a usar meus próprios trajes para a ocasião da minha apresentação no tribunal no dia 29 do corrente.

[assinado N R Mandela]
Prisioneiro nº 11657/63

◇◇◇◇◇◇◇◇◇◇

A exemplo do que fez no dia anterior ao seu veredito em 1962, Mandela escreveu outra carta de agradecimento no dia de sua condenação por sabotagem. Era, mais uma vez, para um estrangeiro que atuara como observador durante seu processo.

Ele expressou sua gratidão ao sr. Coen Stork, o embaixador holandês na África do Sul, que acompanhara o Julgamento de Rivonia.

A sentença de morte era uma possibilidade muito real, e ele e seus camaradas decidiram que, se ela fosse imposta, não iriam apelar.[39]

Se estava com medo, ele não o demonstrava. Na verdade, Mandela observou que, quando o juiz Quartus de Wet começou a ler sua sentença, era ele que parecia estar nervoso.[40]

Depois de oito meses de processo, os oito homens foram condenados à prisão perpétua. Mandela já tinha estado na prisão por 678 dias.

Na África do Sul de então, para presos políticos, "perpétua" significava isso mesmo: para sempre. Aos quarenta e cinco anos, Mandela estava prestes a passar na cadeia o resto de seus dias.

Ele só soube o nome da prisão em que ficaria encarcerado quando chegou a ela no início da manhã seguinte.

Para Coen Stork, embaixador da Holanda na África do Sul

11 de junho de 1964

Caro sr. Stork,

Estou lhe escrevendo antes do resultado final deste caso porque, daqui em diante, não me será mais possível fazê-lo.

Meus colegas e eu agradecemos profundamente a inestimável assistência que o senhor nos deu. O interesse pessoal que mostrou no meu caso e o forte apoio que temos recebido de todos os setores da população holandesa nos dão enormes reservas de força e coragem.

Gostaríamos que soubesse que nós o vemos como um de nossos maiores amigos, e estamos certos de que continuará a ser de muita ajuda ao nosso povo em sua luta contra a discriminação racial.

UNGADINWA NANGOMSO.[i]

Atenciosamente
[Assinado NRMandela]

---

i *Nangamso* é uma palavra isiXhosa que expressa profunda gratidão a uma pessoa que foi além da mera obrigação. Mandela às vezes a grafa *nangomso*.

Pretoria Prison
Republic of South Africa
11th June, 1964.

Dear Mr Stork,

I am writing to you before the final outcome of this case because, thereafter, it will not be possible for me to do so.

My colleagues and I deeply appreciate the invaluable assistance you have given us. The personal interest you have shown in the case, and the strong support we are receiving from all sections of the Dutch population, give us enormous reserves of strength and courage.

We would like you to know that we regard you as one of our greatest friends, and are sure you will continue to be of assistance to our people in their struggle against racial discrimination.

UNGADINIWA NANGOMSO.

Yours very sincerely
NRMandela

Carta a Coen Stork, embaixador holandês na
África do Sul, 11 de junho de 1964.

Prisão de Segurança Máxima de Robben Island

JUNHO DE 1964 — MARÇO DE 1982

Horas depois de serem condenados à prisão perpétua, Nelson Mandela e seis de seus camaradas foram tirados de suas celas na Prisão Local de Pretória, algemados e levados a uma base aérea nas proximidades. Chegaram a Robben Island no início da manhã seguinte, sábado, 13 de junho de 1964. Denis Goldberg, o único branco condenado com eles, permaneceu em Pretória para cumprir sua sentença — as leis do apartheid decretavam que ele estava proibido de ser encarcerado junto com presos negros.

Essa era a segunda vez de Mandela na prisão de segurança máxima de Robben Island; suas poucas semanas como detento ali em meados de 1963 haviam-no preparado para as duras condições, e ele reforçou a seus camaradas a importância de manter a dignidade intacta.

Logo depois que ele e outros quatro tinham chegado, em sua temporada anterior em Robben Island, em maio de 1963, os guardas da prisão vociferaram ordens para que andassem em duplas e com passo rápido, tangendo-os como gado. Quando eles continuaram a caminhar no mesmo ritmo, os guardas os ameaçaram. "Escutem bem, nós vamos matar vocês aqui, e seus pais, seus parentes, nunca saberão o que aconteceu com vocês", Mandela se lembrava de tê-los ouvido dizer. Ele e Steve Tefu, um preso que pertencia ao CPA, tomaram então a dianteira, mantendo o mesmo ritmo. "Minha determinação era de que deixássemos claramente a nossa marca, de que devíamos lutar desde o primeiro dia porque isso determinaria o modo como seríamos tratados. Mas, se capitulássemos já no primeiro dia, eles nos tratariam de um modo muito insolente. Então passamos à dianteira e caminhamos em ritmo ainda mais cadenciado. Eles não podiam fazer coisa alguma, e não fizeram."[41]

As condições em Robben Island eram brutais. Os detentos só tiveram permissão para deixar de fazer trabalho árduo catorze anos depois, em 1978, e até então sua existência na ilha era rigorosa e cruel, aliviada apenas por sua própria atitude, bem como pelas visitas e cartas de familiares.

No início, a comida era quase intragável e dividida de acordo com diretrizes racistas. O café da manhã para presos africanos consistia de 340 gramas de mingau de farinha de milho e uma xícara de café, os assim chamados *coloured* (mestiços) e indianos recebiam 400 gramas de mingau de farinha de milho com pão e café.[42] Não havia presos brancos na ilha.

"Éramos como gado mantido à base de ração escassa para ser vendido magro no mercado", escreve o prisioneiro Indres Naidoo. "Corpos a ser mantidos vivos, não seres humanos com gostos e prazer em comer."[43]

As condições atmosféricas na ilha eram extremas — "calor abrasador no verão" e no inverno "um frio cortante, chuvoso ou úmido na maior parte do tempo", segundo a lembrança do ex-prisioneiro Mac Maharaj.[44] No início, presos africanos tinham de usar calças curtas e sandálias o ano todo, enquanto os detentos *coloured* e indianos eram supridos de calças compridas e meias.[i] Os presos recebiam em 25 de abril uma blusa fina de jérsei que era tomada de volta em 25 de setembro.[45] Nos primeiros dez anos não havia camas — os presos dormiam no chão de concreto ou numa esteira de sisal com três cobertas "fininhas".[46] Fazia tanto frio no inverno que eles dormiam completamente vestidos. Pelos primeiros dez anos, Mandela e seus companheiros tomaram banho de água fria.

Ao longo da semana, os prisioneiros eram postos para trabalhar no terreno, arrebentando pedras com marretas. Nos fins de semana, ficavam trancados em suas celas 23 horas por dia, a não ser que tivessem visita. No início de 1965, foram postos para trabalhar em escavações na pedreira de calcário.[ii] Era um trabalho extenuante, e o fulgor do sol refletido na rocha calcária queimava seus olhos. Durante três anos, repetidos pedidos de óculos escuros às autoridades prisionais foram recusados. Quando a permissão finalmente foi dada, a visão de muitos dos prisioneiros, incluindo Mandela, tinha sido irreparavelmente danificada.

Em 1968, morreu a mãe de Mandela, Nosekeni, e ele teve recusada a permissão para enterrá-la. No ano seguinte, seu filho mais velho, Thembi, morreu num acidente de carro, e dessa vez seu pedido para ficar ao lado do túmulo foi ignorado. Mandela foi obrigado a ficar à margem enquanto amigos e parentes desempenhavam o papel dele no funeral. Suas cartas durante esse período expressam sua pungente aflição diante dessas perdas tremendas.

Por volta da mesma época, sua amada esposa, Winnie, foi detida pela polícia e passou catorze meses presa. Suas cartas para Winnie e outras pessoas a respeito da prisão dela demonstram sua frustração e angústia por não ter condições de ajudá--la, nem a seus filhos, durante aquele pesadelo.

---

i Num memorando ao comissário de prisões escrito em Robben Island em janeiro de 1970, Mandela diz: "Em maio de 1967, recebemos roupas que avançaram bastante no sentido de preencher as exigências estipuladas no regulamento acima. Mas não podemos fazer uso máximo dos melhoramentos por causa das ordens em vigor que exigem que dispensemos as calças compridas e as blusas de jérsei no verão e da maneira mecânica como essas ordens são implantadas sem levar em conta a situação real das condições climáticas". **ii** No mesmo memorando Mandela escreve: "Temos sido forçados a fazer um trabalho pesado e não criativo que suga nossa energia e em alguns casos afeta negativamente nossa saúde".

Ele manteve uma correspondência regular com autoridades prisionais para defender seus direitos como prisioneiro, e chegou mesmo a reivindicar que ele e seus camaradas fossem libertados ou que passassem a ser tratados como presos políticos de guerra (ver carta a L. Le Grange, o ministro de Prisões e da Polícia, de 4 de setembro de 1979, página 405).

Em 1975, por iniciativa de seus camaradas, ele começou a escrever secretamente suas memórias, com a ajuda de Walter Sisulu, Ahmed Kathrada e dois outros camaradas e prisioneiros, Mac Maharaj e Laloo Chiba. O plano era que a autobiografia fosse publicada no exterior a tempo de seu aniversário de sessenta anos, em 18 de julho de 1978. Ao ser libertado, no fim de 1976, Maharaj tirou clandestinamente da ilha, escondida entre as capas de cadernos de anotações, uma versão transcrita do manuscrito. Quando uma parte do manuscrito original foi descoberta, enterrada dentro de uma lata perto do prédio da prisão em 1977, Mandela e seus camaradas tiveram seus direitos de estudo revogados a partir do início de 1978. O manuscrito, entretanto, chegou a Londres, mas só seria publicado em 1994 como *Longo caminho para a liberdade.*

Para Frank, Bernadt & Joffe, seus advogados

[Carimbo com data de 15.6.64, com a palavra "Especial" em africâner, escrita com outra letra][i]

Srs. Frank, Bernadt & Joffe
85 St. George's Street
Cidade do Cabo

Caros Senhores,

REF: ESTADO VS. NELSON MANDELA & OUTROS

Ficaremos gratos se fizerem a gentileza de informar nosso advogado, sr. Joffe, de Joanesburgo, que seus clientes neste caso, com exceção de DENIS GOLDBERG, estão agora em Robben Island.

Há uma possibilidade de que o sr. B. FISCHER, QC.[ii], que liderou a equipe de defesa, esteja agora passando férias na cidade, e ficaríamos gratos se os senhores pudessem avisá-lo, caso conheçam seu paradeiro.

i As cartas "especiais" não contavam como parte da cota de um prisioneiro. ii QC, *Queen's Counsel*, em sentido literal "jurisconsulto da Rainha", é um título honorífico para um jurista de alto nível no sistema legal britânico. [N.T.]

Atenciosamente,
[Assinado NRMandela]
NELSON MANDELA

◇◇◇◇◇◇◇◇◇◇

Bram Fischer[i] era um advogado branco africâner que defendeu Mandela e seus companheiros no Julgamento de Traição de 1956 a 1961[ii] e no Julgamento de Rivonia. Ele visitou pela primeira vez os réus do caso Rivonia em Robben Island em 1964 para confirmar a decisão anterior deles de não apelar contra sua condenação e suas sentenças.

Mandela e alguns de seus companheiros tinham conhecido Fischer e sua esposa, Molly, e passado muitas horas agradáveis na casa do casal em Joanesburgo. Mas, naquela visita à prisão, quando Mandela perguntou por Molly, Fischer virou as costas e se afastou. Depois que ele deixou a ilha, um velho agente prisional contou a Mandela que ela morrera afogada quando o carro do casal saiu da estrada e mergulhou num rio. O diretor deu permissão a Mandela para escrever uma carta de condolências a Fischer. Essa carta nunca foi entregue.

A carta a Fischer é formal, condizente com uma correspondência entre um preso e seu advogado — e neste caso de um preso que era também advogado. Como os detentos tinham uma licença especial para escrever a seus assessores legais, era preferível não criar a impressão de que se tratava de uma carta pessoal, que talvez ele não tivesse permissão de escrever.

Em 1965, Fischer foi detido e no ano seguinte julgado sob a acusação de favorecer os propósitos do Partido Comunista[iii] e conspirar para a derrubada do governo. Foi condenado à prisão perpétua. Enquanto estava na Prisão Local de Pretória foi diagnosticado com câncer e seu estado de saúde se agravou em 1974. As autoridades finalmente cederam à pressão pública e permitiram que ele fosse para a casa de seu irmão, de onde estava proibido de sair. Morreu em 1975 e o Departamento de Prisões mandou cremá-lo. Suas cinzas nunca foram localizadas.

Para Bram Fischer, seu camarada e advogado no Julgamento de Rivonia

2 de agosto de 1964

Caro sr. Fischer,

---

i Bram Fischer (1908-75), advogado, político e ativista antiapartheid — ver glossário. **ii** O Julgamento de Traição (1956-61) foi o resultado de uma tentativa do governo do apartheid de extinguir o poder da Aliança do Congresso, uma coalizão de organizações antiapartheid. Em ações realizadas no início da manhã de 5 de dezembro de 1956, 156 indivíduos foram detidos e acusados de alta traição. Ao final do processo, em março de 1961, todos os acusados ou tiveram as acusações revogadas ou, no caso dos últimos vinte e oito acusados (incluindo Mandela), foram absolvidos. **iii** Para o Partido Comunista Sul-Africano (PCSA), ver glossário.

O senhor recordará que, na última vez que visitou a ilha, discutiu com o major Visser se teria a permissão de providenciar para que eu recebesse o *South African Law Journal*.

Até o momento não recebi o jornal e julgo aconselhável lembrá-lo do assunto, já que a pressão do trabalho talvez tenha tornado difícil para o senhor tomar as providências junto à Juta's & Co.

Também não recebi a palestra do Wolsey Hall, em Londres, e os livros de direito e ficaria grato se o senhor pudesse averiguar o assunto com o sr. Joffe.[i]

Atenciosamente,
[assinado NRMandela]
Prisioneiro nº 466/64

Advogado A. Fischer, A.S.,
a/c Innes Chambers
Esquina das ruas Von Brandis & Pritchard
Joanesburgo

◇◇◇◇◇◇◇◇◇◇◇

Ao longo de seu encarceramento Mandela persistiu em seus estudos de direito em busca do bacharelado, que ele havia começado quando jovem, em 1943. Embora tivesse permissão para praticar a advocacia apenas com um diploma em direito, ele desejava muito atingir sua meta (o bacharelado) quando era um jovem ativista estudando na Universidade de Witwatersrand, em Joanesburgo. Iniciou seus três anos de estágio legal na firma Witkin, Sidelsky e Eidelman poucas semanas depois de se matricular como estudante, e um ano depois filiou-se ao CNA, ajudando a formar sua Liga Jovem. Em 1944 casou-se com sua primeira esposa, Evelyn Mandela, e logo a família cresceu, esticando até o limite seus escassos recursos. Seu pedido de matrícula na universidade em dezembro de 1949 para refazer os exames de fim de ano que ele perdera três vezes foi rejeitado.

Mesmo depois de aprovado no exame de admissão para advogado, em 8 de agosto de 1951, ele continuou aspirando ao grau de bacharel. Apesar de seu papel de liderança na Campanha do Desafio de 1952,[ii] Mandela tentou convencer de novo a Universidade de Witwatersrand a recebê-lo de volta, até que, em seu aniversário de trinta e quatro anos, I. Glyn Thomas, da universidade, escreveu-lhe dizendo que ele tinha sido excluído das aulas até que pagasse as vinte e sete libras que devia.

---

i O advogado de Mandela, Joel Joffe. **ii** Iniciada pelo CNA em dezembro de 1951, e lançada junto com o Congresso Indiano Sul-Africano em 26 de junho de 1952 contra seis leis do apartheid, a Campanha do Desafio contra Leis Injustas (conhecida abreviadamente como Campanha do Desafio) envolveu a transgressão de leis racistas por indivíduos, como por exemplo a entrada em recintos reservados "só para brancos", a desobediência ao toque de recolher e atitudes para provocar a prisão. Mandela foi designado chefe nacional dos voluntários, com Maulvi Cachalia como seu adjunto. Mais de 8 500 voluntários foram presos por sua participação na Campanha do Desafio — ver glossário.

Enquanto estava encarcerado na Prisão Local de Pretória, em 1962, ele se inscreveu na Universidade de Londres para prosseguir seus estudos, e enfrentou desafios a todo momento. Estudar à noite depois de quase oito horas de labuta na pedreira, cavando rocha calcária entre 1965 e 1978, não foi o maior obstáculo. Sua correspondência revela que frequentemente ele não recebia o material correto de estudos ou não no tempo necessário. O cenário que ele traçava para os funcionários da Universidade de Londres, e durante seus estudos subsequentes junto à Universidade da África do Sul, continuou por muitos anos. Mandela conseguiu por fim o seu bacharelado em 1989, meses antes de ser libertado da prisão.

Para o oficial comandante, Robben Island

30 de novembro de 1964

Oficial comandante
Robben Island

URGENTE

Preciso pagar hoje Rd 16,00 [16 rands] ao adido cultural, Embaixada Britânica, Hill Street, Pretória, em referência à taxa de inscrição nos exames para a Parte I do Bacharelado Final da Universidade de Londres.

No mês passado escrevi à universidade solicitando os formulários de inscrição e à minha esposa pedindo os recursos necessários. No dia 9 do corrente mês, escrevi mais uma carta ao adido cultural solicitando os formulários. Em nenhum dos casos recebi aviso de recebimento ou resposta.

Estou lhe escrevendo para pedir que mande por telegrama hoje Rd 16,0 ao adido cultural e lhe peça para me enviar os formulários a ser preenchidos. Posso não ter os recursos suficientes a esse propósito, e Ahmed Kathrada, Prisioneiro nº 468, está preparado, dependendo da aprovação do senhor, para cobrir as despesas de inscrição e os custos do telegrama.

Como as inscrições para esses exames terminam hoje, ficarei grato se o senhor puder fazer a gentileza de tratar o assunto com extrema urgência.

Nelson Mandela
[Assinado NRMandela]
Prisioneiro nº 466/64

[Uma anotação em inglês, em vermelho e com letra diferente] Não tenho objeção ao telegrama enviando R16,00, mas não estou preparado para a possibilidade de prisioneiros emprestarem dinheiro uns aos outros. [Rubricada com iniciais e datada de 30.11]

◇◇◇◇◇◇◇◇◇◇◇

Mandela estudou a língua africâner na prisão em busca de um melhor conhecimento da história e da cultura do Partido Nacional governante e de seus seguidores. Acreditava que isso o ajudaria a comunicar-se de maneira mais eficaz com o inimigo.

Deu certo. Ajudou a derrubar barreiras com guardas carcerários e mais tarde com autoridades governamentais e mesmo com o presidente do país, P. W. Botha.[i]

Aqui, ao mesmo tempo em que ressalta que demandas legítimas são frequentemente ignoradas, ele está reiterando seu apelo para conseguir preparar-se para seus exames estudando jornais atrasados de uma organização que promovia o africâner, uma língua oficial sul-africana desde 1925, bem como pedindo exemplares de uma revista feminina em língua africâner, Huisgenoot.

Ao major Visser, autoridade prisional

[Carimbo datado de 25.8.1965]

Major Visser,

Durante a inspeção de 14 de agosto de 1965, tentei falar com o senhor, mas o senhor não me deu oportunidade de fazê-lo. Enquanto a inspeção estava em andamento, o carcereiro-chefe Van Tonder, que o acompanhava, prometeu lhe dizer que eu tinha algumas reivindicações a fazer, mas o senhor partiu sem falar comigo. Agora estou lhe escrevendo porque o assunto se tornou urgente.

1. Estou me preparando para fazer um exame por escrito no dia 29 de outubro de 1965. Em março deste ano e no início de maio, apelei por escrito ao oficial comandante pedindo licença para encomendar questionários de exames anteriores do Saamwerk-Unie de Natal como parte da minha preparação para o referido exame. O senhor me garantiu repetidas vezes que tinha escrito ao SWU e encomendado os papéis solicitados e que esperava a resposta deles. Embora o exame seja daqui a apenas dois meses ainda não recebi os papéis.

2. Devo à Universidade da África do Sul a soma de R40,0 referente às taxas para um curso de Graduação com Distinção que eu planejava fazer em fevereiro de 1966. Nos termos do contrato, essa quantia deve ser paga antes de 1º de setembro de 1965. Na última ocasião em que discutimos o assunto, o senhor me informou

---

i P. W. Botha, primeiro-ministro da África do Sul de 1978 a 1984 e presidente de Estado de 1984 a 1989 — ver glossário.

que havia escrito à universidade. Alguns dias atrás, recebi a conta a pagar nesse valor e estou ansioso para resolver essa questão antes que seja tarde demais. Em relação a isso devo acrescentar que encomendei meus livros de estudo aos srs. Juta & Co. Pedi a eles que encomendassem os livros caso não os tivessem em estoque e que me avisassem quando estivessem disponíveis para que eu pudesse planejar meu trabalho. Não tive notícias deles e ficaria contente se o senhor fizesse a gentileza de me informar se o assunto foi encaminhado.

3. O senhor me disse também que havia encomendado os velhos números da *Huisgenoot*[i] que eu solicitei com propósito de estudo e desejaria lembrá-lo de que ainda não os recebi.

4. Várias vezes no ano passado e no início deste eu solicitei um empréstimo de livros da Biblioteca do Estado e formulários de inscrição. Não tive notícia deles.

Estou pensando seriamente se, em vista das dificuldades mencionadas acima, devo prestar os exames que se aproximam, e ficaria grato se me desse a oportunidade de discutir o assunto como um todo com o senhor.

[assinado NRMandela]

Para o comissário de prisões[ii]

Comissário de Prisões
PRETÓRIA

Sou grato pela concessão que o senhor fez em 13 de outubro de 1965, quando me informou que não fazia objeção ao intercâmbio de livros de estudos entre nós. Esse alívio vai reduzir consideravelmente as despesas com os manuais indicados, que a maioria de nós não tem condições de comprar, e vai tornar acessíveis a todos os que estão estudando fontes mais adequadas de informação e referência.

Para que o privilégio de estudar tenha algum valor, certas condições são absolutamente essenciais. Sua importância se aplica a todos os estudantes, especialmente àqueles que têm que realizar seus cursos por correspondência e, portanto, carecem da tão importante comunicação direta entre professor e aluno. A assistência acadêmica, na forma de recomendação de bibliografia, troca de ideias, recapitulação pessoal constante e exercício da crítica, está garantida aos estudantes que têm

---

i *Huisgenoot* é uma revista em africâner.   ii Há duas versões desta carta. Uma versão datilografada, que presumivelmente foi a enviada ao comissário, é datada de 10 de outubro de 1965. A data da carta manuscrita foi suprimida, aparentemente ao ser fotocopiada para esta coleção.

a oportunidade da comunicação direta e livre com seus professores e seus colegas. É verdade que faculdades por correspondência, bem como a Universidade da África do Sul, tentam em alguma medida eliminar a óbvia desvantagem sofrida por seus alunos organizando cursos anuais de férias e enfatizando sua importância para os estudantes.

Para os prisioneiros que se preparam para fazer o mesmo exame que pessoas que podem tirar proveito desses cursos de férias e outras formas de comunicação direta e irrestrita com seus instrutores, com outros acadêmicos experientes e com outros estudantes, a permissão e o incentivo para a ajuda mútua entre presos seriam uma medida sensata de compensação, e inteiramente compatível com a Lei das Prisões. Tal ajuda mútua envolveria discussões livres por parte do prisioneiro com outros que têm condição de ajudá-lo. Isso se aplicaria especialmente a quem estuda línguas, direito e humanidades. A discussão aguça o interesse da pessoa em qualquer assunto e consequentemente inspira a leitura e a correção de erros. O efeito cumulativo de tudo isso seria facilitar a retenção na mente daquilo que foi lido.

Além disso, a preparação de exercícios e ensaios para que outros corrijam e comentem seria um estímulo constante para o estudante, que de outro modo não teria uma verificação adequada de seu progresso. Em ambos os aspectos, os presos, particularmente nesta prisão, estão em tremenda desvantagem, o que nunca permitirá que tenham paridade com outros estudantes para os quais estão acessíveis as condições adequadas. Em relação a isso, eu gostaria de lembrar que em 1963, quando estava na Prisão de Pretória, comecei um curso de língua e tirei proveito da escola prisional de lá. Ela foi muito útil para corrigir meus erros e para me capacitar a assimilar a língua bem rapidamente.

Permitir-nos livre discussão e outras formas de auxílio mencionadas acima, ao lado das concessões que o senhor já fez, seria de grande valia para eliminar nossas dificuldades atuais. A esse respeito eu gostaria de repetir a promessa que lhe fiz no dia 13 do corrente de que nos empenharemos para não usar para nenhum propósito impróprio as concessões que o senhor já nos fez, bem como as que ainda nos fará.

Por fim, eu gostaria de me reportar a sua decisão de rejeitar a reivindicação que fiz no dia 14 de março de 1965 referente à conveniência de fazer um exame oftalmológico. Nenhuma razão foi apresentada para tal recusa e em consequência disso não estou em condições de lhe dar novas razões para reforçar minha reivindicação. Peço-lhe, porém, que reconsidere a questão de novo e me conceda a ajuda pedida.

[Assinado NRMandela]

◇◇◇◇◇◇◇◇◇◇

À parte as cartas que tinham permissão de escrever para autoridades e para seus advogados, os presos inicialmente só podiam escrever para familiares diretos. No início era uma carta de quinhentas palavras a cada seis meses. Crianças com mais de dois anos só podiam visitar seus pais quando completassem dezesseis. Na época da primeira detenção de Mandela, em 1962, seus cinco filhos — dois meninos e três meninas — tinham entre 23 meses e dezessete anos. Ele menciona todos os cinco nesta carta: Thembi, Makgatho (Kgatho), Maki (Makaziwe), Zeni (Zenani) e Zindzi (Zindziswa). Os três primeiros nasceram durante seu primeiro casamento, com Evelyn Mase, e os dois mais jovens durante seu casamento com Winnie Madikizela.

Para Winnie Mandela,[i] sua esposa

[com outra caligrafia está escrito "Carta especial"][ii]

Quando for responder, coloque no alto de sua carta: "Resposta a uma carta especial"[iii]

NELSON MANDELA Nº 466/64

17 de fevereiro de 1966

Querida,

Eu ficaria contente se você fizesse a gentileza de instruir os srs. Hayman & Aronsohn a não levar adiante a ação contra as Autoridades Prisionais.

No dia 8 de fevereiro de 1966 eu tive uma entrevista com o magistrado supremo da Cidade do Cabo, que veio sob orientação do secretário de Justiça. Ele me pediu que lhe desse um depoimento juramentado referindo todas as queixas e reivindicações que eu desejasse fazer com relação ao meu tratamento. Não fui capaz de lhe fornecer um depoimento juramentado, mas lhe dei uma declaração escrita na qual indiquei que estava ansioso para aproveitar a oportunidade de repetir minhas reclamações a autoridades mais elevadas. Deixei claro, porém, que gostaria de consultar meu advogado quanto a essa questão.

No dia 14 de fevereiro tive outra entrevista, desta vez com o comissário de Prisões, durante a qual ele prometeu levar minhas petições ao ministro da Justiça. Minha atitude, desde o início, tem sido a de me empenhar para explorar todos os canais possíveis no interior do Departamento. Consequentemente, decidi tirar proveito da oportunidade de as minhas reclamações serem levadas ao ministro. Eu gostaria, portanto, que você fizesse a gentileza de informar à srta. Hayman sobre esse arranjo e de orientá-la a não levar a causa adiante, e que a fizesse saber que sou muito grato por sua pronta dedicação e lhe mando um caloroso aperto de mão. Você também agiu com igual rapidez e por isso a felicito.

---

i Nomzamo Winifred Madikizela-Mandela (1936-2018) — ver glossário. **ii** Cartas especiais não eram computadas na cota de um prisioneiro. **iii** Respostas a cartas especiais não eram computadas na cota de um prisioneiro.

Recebi agora dois telegramas de Niki[i] e fiquei chocado com a notícia da enfermidade de C. K.[ii] e aliviado ao saber de sua recuperação. Escreva a ele dizendo que desejo seu completo restabelecimento e muitos anos de boa saúde e prosperidade. O oficial comandante me deu permissão de receber uma carta de Niki, e eu gostaria que você fizesse a gentileza de lhe dizer que escreva.

Passei pelos Hoër Afrikaanse Taaleksamens[iii] e agora me matriculei no Curso Africâner-Holandês I[iv] da Universidade da África do Sul. As taxas e o custo dos livros escolares têm sido proibitivos e meus fundos se esgotaram. Diga a G. Por favor, não pague com dinheiro da sua conta.

Seu cartão de Natal não foi localizado, Mhlope.[v] Espero que tenha recebido minha carta de janeiro. Escrevi para Nkosikazi Luthuli[vi] no Ano-Novo e recebi uma resposta alentadora. Vou guardá-la para você.

Os exames de direito começam em 13 de junho, véspera de nosso oitavo aniversário de casamento. Este tem sido um período de estudos árduos e dedicados. Será um alívio e tanto quando tudo isso tiver acabado afinal. Espero que você não tenha abandonado seus estudos e que em sua próxima carta possa relatar progressos.[vii]

Transmita meu afeto a Niki e tio Marsh,[viii] Nali,[ix] Bantu[x] e marido, Nyanya[xi] e todos os seus parentes e amigos. Diga a Nali para mandar lembranças minhas a Sefton.[xii]

Montanhas de amor a você, querida, e um milhão de beijos. Diga a Thembi, Kgatho, Maki, Zeni e Zindzi[xiii] que sinto muita falta deles e que lhes mando meu amor.

Com devoção,
Dalibunga

Nkosikazi Nobandla Mandela,
Casa nº 8115, Orlando West,
Joanesburgo

◇◇◇◇◇◇◇◇◇◇

Ainda lutando para receber material de estudo, Mandela escreve diretamente ao oficial de registro da Universidade da África do Sul, usando a língua natal do homem, o

---

i Niki Xaba (1932-1985), irmã mais velha de Winnie Mandela — ver glossário. **ii** Columbus Kokani Madikizela, pai de Winnie Mandela — ver glossário. **iii** Exames Superiores de Língua Africâner. **iv** Um curso de uma forma mais tradicional da língua holandesa. **v** Um dos nomes de Winnie Mandela. **vi** *Nkosikazi* significa "senhora", em isiXhosa. Ele está se referindo à esposa de Albert Luthuli. **vii** Winnie Mandela tinha um diploma de assistente social e estava estudando sociologia. **viii** Marshall Xaba, marido de Niki Xaba, irmã mais velha de Winnie Mandela (para Niki Xaba, ver glossário). **ix** Nali Nancy Vutela, irmã de Winnie Mandela. **x** Nobantu Mniki, irmã de Winnie Mandela. **xi** Nonyaniso (Nyanya) Madikizela, irmã mais nova de Winnie Mandela. **xii** Sefton Vutela, marido de Nali. **xiii** Filhos de Mandela.

africâner. Esta carta sugere que ele estava ciente de que tinha o direito de fazer tal inquirição e mostra também que ele conseguia manter a dignidade que o sistema prisional conspirava para manter fora de seu alcance. Ele estava também consciente de que esta carta deixaria claro às autoridades, particularmente àquelas do gabinete de censura, que ele não estava disposto a desistir daquela batalha.

Para o oficial de registro, Universidade da África do Sul

[Traduzido do africâner]

22 de agosto de 1966

Oficial de Registro,
Universidade da África do Sul,
Caixa Postal 392
Pretória

REFERÊNCIA Nº MB072

Caro senhor,

Por favor tenha a bondade de me permitir adiar para o próximo ano o exame de AFRICÂNER-HOLANDÊS. Estou me empenhando para obter os livros indicados e creio que seria perigoso tentar fazer o exame sem tais livros.

   Atenciosamente,
[Assinado NRMandela]
NELSON R.[i] MANDELA

Para o secretário, Sociedade Norte-Americana de Direito Internacional

31.8.66

Secretário
Sociedade Norte-Americana de Direito Internacional,
2223 Massachusetts Avenue, N. W.

---

i A letra R refere-se a seu prenome, Rolihlahla.

WASHINGTON D.C. 2008
20008

Caro senhor,

Não recebi a edição de junho do *American Journal of International Law*. Presumivelmente porque minha assinatura expirou.

Eu anexaria a esta carta o valor da taxa de assinatura anual, mas infelizmente não sei qual é a quantia devida, porque um amigo pagou anteriormente a assinatura para mim.

Estou me preparando para fazer em breve um exame em Direito Público Internacional e por isso ficaria grato se o senhor fizesse a gentileza de me informar no retorno do correio se a assinatura expirou mesmo e o preço de uma nova.

Cordialmente,
[Assinado NRMandela]

Para o oficial comandante, Robben Island

NELSON MANDELA 466/64.

8 de setembro de 1966

Oficial comandante,
Robben Island

Quebrei a lente dos meus óculos de leitura e ficaria grato se o senhor fizesse a gentileza de providenciar que os óculos sejam enviados para conserto ao dr. Sachs, da Cidade do Cabo, que os prescreveu.

Faça o obséquio de debitar da minha conta os custos do conserto.[i]

[Assinado NRMandela]
NELSON MANDELA

---

i No momento da entrada na prisão, era feita uma lista dos pertences que um prisioneiro tinha consigo. Detalhes da quantia de dinheiro vivo que um detento pudesse ter em mãos eram registrados numa conta individual sob seu nome (não se tratava de uma conta bancária, mas simplesmente de um registro contábil separado). A partir de então, todos os fundos que chegassem à prisão em nome daquele detento eram registrados naquela conta, bem como todos os desembolsos feitos em nome do prisioneiro. Quando era solto, o prisioneiro recebia o que restava na conta.

◇◇◇◇◇◇◇◇◇◇

Não está claro se esta foi uma carta passada clandestinamente, já que o destinatário, Cecil Eprile, não era membro da família de Mandela, ou se àquela altura ele tinha permissão de escrever a amigos. Eprile era amigo de Mandela e tinha sido editor do Golden City Post, *um jornal de Joanesburgo destinado a negros sul-africanos. O filho de Eprile, Tony, está convencido de que o pai nunca recebeu esta carta. Ela foi escrita na época em que a família Eprile tinha deixado a África do Sul e ido para Londres, onde Cecil trabalhava como editor--chefe do Forum World Features. Eles se estabeleceram nos Estados Unidos no início de 1972.*

Para Cecil Eprile,[i] amigo e ex-editor do *Golden City Post*

[com outra letra] 46664 Nelson Mandela
466/64   11/2/67

Caro Cecil,

Preciso de R150,00 para os estudos; permita-me que o explore. Durante os últimos quatro anos parasitei Winnie. Ela está desempregada desde abril de 65 e eu não tenho coragem de espremê-la ainda mais. No ano passado ela me mandou R100,00 e eles já evaporaram.

Preciso também importuná-lo com outro dos meus problemas pessoais. Meu filho, Makgatho, foi expulso do colégio St. Christopher, em Manzini, ao que parece depois de uma greve estudantil lá. Felizmente ele conseguiu garantir uma nota de primeira classe no Diploma de Ginásio, e acho que ele agora frequenta uma escola local. Temo que a mudança súbita possa afetar seu progresso e seu nível de desempenho. Ele pode também estar se sentindo solitário e infeliz aqui porque todas as suas irmãs e amigos estão lá. Será que você pode tentar ajudá-lo a ser readmitido ou a se inserir em outro colégio interno lá? Ele é um garoto inteligente e seria capaz de alcançar os outros mesmo retornando atrasado aos estudos. Acho que a saúde dele não anda muito bem e pode ser que, nas circunstâncias, seja aconselhável que ele não fique longe do Baragwanath Hospital. Talvez seja melhor chamá-lo ao seu escritório e discutir o assunto com ele antes e averiguar como ele encara a questão. Você pode também ter uma conversa com Winnie; de todo modo, deixo o assunto em suas hábeis mãos.

---

i Cecil Eprile (1914-93) — ver glossário.

Senti muito ao saber da morte de Nat,[i] foi um duro golpe, pois sentíamos grande afeto por ele. Era um homem de incontestável competência e um alento para todos nós. Com frequência, depois de ler seus artigos, eu ficava com o sentimento de que de fato aquela pena era mais poderosa que a espada. Espero que você encontre alguém igualmente apto para substituí-lo.

Fiquei feliz ao saber do rápido crescimento e expansão do empreendimento que você vem pilotando com tanta habilidade, bem como de seu próprio progresso e realização. Sei que tudo isto deixará você encabulado. Mas [há uma mancha de umidade sobre a palavra] o consolo de que não estarei aí para ver você corar. Quanto a mim, sinto-me no topo do mundo em mais de um sentido. Estou me mantendo em forma tanto no corpo como no espírito e mirando com ansiedade o dia em que voltarei a ver você e a desfrutar mais uma vez dos momentos felizes que passamos juntos no passado.

Meu mais profundo carinho a você e Leon e meu imenso afeto a sua esposa[ii] e a Zelda.[iii]

Cordialmente,
Nelson

P.S.: Por favor, diga a Winnie que, ao arranjar a próxima visita, ela dê preferência a Madiba ou Makgatho[iv] caso ela não venha pessoalmente à prisão.

N

Cecil Eprile Esq,
a/c Sra. Winnie Mandela
Casa nº 8115 Orlando West
Joanesburgo

---

i Nat Nakasa, que escrevia para o *Golden City Post* e era amigo de Eprile. Nakasa deixou a África do Sul pelos Estados Unidos e morreu em Nova York em 14 de julho de 1965. Mandela provavelmente soube da morte de Nat algum tempo depois que ela ocorreu, pois até 1980 os presos eram proibidos de ter acesso às notícias. **ii** Liesl Eprile, uma refugiada da Alemanha nazista que se casou com Eprile na África do Sul. **iii** Leon e Zelda Street, amigos e vizinhos dos Eprile que moravam no mesmo prédio de apartamentos, Riviera Mansions. Quando estava fugindo, Mandela ocupou o quarto da filha deles, Laura, permanecendo com eles por algumas semanas. **iv** Seus filhos, Madiba Thembekile (1945-69) e Makgatho Mandela (1950-2005) — ver glossário.

27th February 1967.

The Commanding Officer,
Robben Island.

I am preparing to write an examination on the 10th June 1967. Entries for this examination ought to have been received by the British Embassy by 1st December 1966. I handed in the entry forms entry in November 1966 with a request that the forms together with the sum of R8.00 be sent to Pretoria. In spite of several enquiries I made, I am still uncertain whether my entry has now been approved.

In February 1966 I ordered a prescribed text-books from a London book firm to prepare for this same examination, and although I had been assured that the money to cover the cost of the books as well as postage had been sent, I never received them. In October last year I placed another order for the same books and I still have not received them, a fact which has seriously handicapped me in preparation for the forthcoming examination.

In September 1966 I had ordered from the same book-firm a number of text books but my letter was posted without the necessary amount for the payment and postage of these books. I subsequently received an account from them after they had sent the books on credit.

I had also written to the Registrar of the University of London and requested that R1.00 be enclosed in my letter. I have received no reply to this letter either.

Finally, in December last year I made written

Uma carta ao oficial comandante, Prisão de Robben
Island, 27 de fevereiro de 1967, ver página 56.

from 2nd Jaw. 1965

application for a detailed statement of accounts
and I have not been supplied with this information.
I should accordingly be pleased if you would kindly
advise me at the earliest opportunity what progress,
if any, has been made in regard to five (5) items
mentioned above.

NRMandela.
Prison no. 466/64.

Ao oficial comandante, Robben Island

27 de fevereiro de 1967

Oficial comandante
Robben Island.[i]

Estou me preparando para fazer um exame escrito no dia 10 de junho de 1967. Inscrições para esse exame tinham de ter sido recebidas pela Embaixada Britânica até 1º de dezembro de 1966. Entreguei os formulários de inscrição no início de novembro de 1966 com um pedido de que, junto com a soma de R8,00, fossem enviados a Pretória.

Em fevereiro de 1966 encomendei livros escolares indicados a uma editora de Londres para me preparar para o referido exame e, embora tenham me garantido que o dinheiro para cobrir os custos dos livros bem como as despesas de correio tinha sido enviado, nunca os recebi. Em outubro do ano passado fiz outra encomenda dos mesmos livros e ainda não os recebi, fato que me prejudicou seriamente na preparação para o exame que se aproxima. Em setembro de 1966 encomendei à mesma editora vários livros escolares, mas minha carta foi postada sem a necessária quantia para o pagamento e a postagem de tais livros. Posteriormente recebi uma cobrança deles depois que me mandaram os livros a crédito.

Escrevi também ao Oficial de Registro da Universidade de Londres e pedi que R1,00 fosse anexado à carta. Não recebi resposta a essa carta tampouco.

Por fim, em dezembro do último ano, fiz uma requisição escrita por uma prestação de contas detalhada desde 2 de janeiro de 1965 e essa informação não me foi fornecida. Eu ficaria portanto grato se o senhor fizesse a gentileza de me informar na primeira oportunidade que progresso foi feito, se é que houve algum, no tocante aos cinco (5) itens mencionados acima.

[Assinado NRMandela]
Prisioneiro nº 466/64

---

i Todas as palavras sublinhadas nesta carta foram traçadas com a mesma caneta e portanto são provavelmente do próprio Mandela.

Para Frank, Bernadt & Joffe, seus advogados

Cópia[i]

21 de março de 1967

Srs. Frank, Bernadt & Joffe
Caixa Postal 252
Cidade do Cabo

Att: Sr. Brown

Caros senhores,

Fui acusado de ser preguiçoso, descuidado ou negligente em meu trabalho[ii] e o caso foi agendado para uma audiência no dia 4 de abril de 1967. Em relação a isso eu ficaria grato se o sr. Brown, da equipe de vocês, pudesse fazer a gentileza de me representar.

Minha defesa será que eu sofro de alta pressão sanguínea, para a qual venho recebendo tratamento nesta prisão desde 14 de junho de 1964, e que, nessas circunstâncias, o árduo trabalho braçal que realizo na pedreira de calcário é extenuante e perigoso para minha saúde.

Proponho convocar como testemunha um médico da Cidade do Cabo, o dr. Kaplan, que me submeteu a um exame completo no dia 15 de abril de 1966 com a ajuda de instrumentos técnicos. Mencionei esse assunto ao agente prisional que me entregou o documento de acusação, e informei, no mesmo momento, que eu não dispunha de fundos para cobrir os honorários do médico. Pedi que o Departamento de Prisões assumisse a responsabilidade pelo pagamento de tais honorários. Essa solicitação foi rejeitada e peço-lhes que considerem a possibilidade de fazer um apelo urgente à Suprema Corte para que determine que o Departamento de Prisões pague essas despesas, se os senhores considerarem que tal apelo tem uma chance razoável de êxito. O médico da prisão, que tem cuidado o tempo todo de mim com zelo e consideração, verifica minha pressão regularmente e ministra tratamento para ela e também para os meus pés inchados, mas ele naturalmente

---

i A palavra "cópia" está escrita com a letra de Mandela. **ii** Mandela sofreu junto com Eddie Daniels, Laloo Chiba e Neville Alexander (ver no glossário os verbetes referentes a esses indivíduos) o que ele chamou de "acusações forjadas" (Nelson Mandela em conversa com Richard Stengel, dezembro de 1992, CD 5, Nelson Mandela Foundation, Joanesburgo) porque eles eram vistos como porta-vozes de outros prisioneiros. Foram condenados e sentenciados a um período de isolamento e a uma dieta de água de arroz (água em que o arroz foi fervido, três vezes por dia durante três dias).

não estará em condições de testemunhar sobre o exame feito pelo médico em 15 de abril, pois tal testemunho seria apenas por ouvir dizer.

Por fim, no que diz respeito à atmosfera que predomina neste local, cujos detalhes serão fornecidos aos senhores durante consulta se necessário, considero incompatível com o interesse da Justiça que meu processo seja examinado por um agente prisional e peço-lhes que pleiteiem o julgamento por um magistrado.

Estarei em condições de levantar os fundos para cobrir os honorários dos senhores.[i]

Atenciosamente,

[Assinado NRMandela] (NELSON MANDELA)

◇◇◇◇◇◇◇◇◇◇

Esta carta marca a primeira salva de artilharia no que acabou se revelando uma longa e arrastada guerra com autoridades do Estado em torno das tentativas de cassar a condição de advogado de Mandela. Na primeira tentativa as autoridades se apoiaram na condenação dele de 1952 com base na Lei de Supressão do Comunismo,[ii] que tornou ilegal o Partido Comunista da África do Sul a partir de 1950. Seu papel secundário era o de estigmatizar todos os oponentes do apartheid como comunistas e consequentemente puni-los ou pelo menos neutralizá-los. Em 2 de dezembro de 1952 Mandela e dezenove outros foram condenados por sua participação na Campanha do Desafio contra Leis Injustas de 1952, comumente conhecida como Campanha do Desafio. Foi uma criação do CNA e do Congresso Indiano Sul-Africano como uma iniciativa popular para chamar atenção para seis das leis que o Partido Nacional criou depois de chegar ao poder, em 1948, e que introduziram a política do apartheid.

Olhando retrospectivamente, uns vinte anos mais tarde, em conversa com o escritor norte-americano Richard Stengel, Mandela recordou que foi defendido de graça por Walter Pollak, então presidente do Conselho da Ordem dos Advogados. "O tribunal rejeitou a petição da Sociedade do Direito com o argumento de que ser condenado por suas convicções políticas não torna um indivíduo desqualificado para ser um advogado."[47]

A segunda tentativa voltou-se para sua condenação por sabotagem, essencialmente com base numa certa parte da Lei de Segurança Interna. Nessa ocasião, Mandela decidiu realizar sua própria defesa e pleiteou dispensa do trabalho braçal para se preparar para o seu caso. "Eu queria mesas, cadeiras, cadeiras adequadas, iluminação adequada para

---

i Durante seu encarceramento, Mandela recebeu apoio financeiro de gente como o editor de jornal britânico David Astor (1912-2001) e Lady Elinor Birley e seu marido, Sir Robert Birley (1903-82), ex--diretor do Eton College e na época professor visitante de educação na Universidade de Witwatersrand.

ii Para a Lei de Supressão do Comunismo, ver glossário.

me preparar para o processo. Queria também ser levado a Pretória, onde o caso seria julgado, para que eu pudesse ter acesso à biblioteca."[48]

Depois de muita troca de correspondência, o caso foi retirado. As autoridades prisionais tinham recusado o pedido de Mandela de ser dispensado do extenuante trabalho na pedreira das sete e meia da manhã às quatro da tarde em dias de semana. Não quiseram fornecer comida melhor para ajudar sua concentração nem transferi-lo para Pretória durante o andamento do processo.

"Durante o meu período preso, quando eu ameaçava ir ao tribunal, eles recuavam. Não se importavam se eu instruísse um advogado, não se importavam se eu conseguisse um advogado para defender minha causa, mas, quando eu dizia que não queria advogado, que queria comparecer pessoalmente ao tribunal, eles não gostavam da ideia e recuavam", disse ele.

"Era porque tinham medo da publicidade?", indagou Stengel.

"Sim. Eles queriam que as pessoas se esquecessem de mim tanto quanto possível."[49]

Para Joel Carlson,[i] seu advogado

[Anotação com outra letra] 466/64 Nelson Mandela   carta a advogado[ii]

Sr. J Carlson   [carimbo com data de 1967]
Caixa Postal 8533
Joanesburgo

Caro senhor,

Em 19 de junho de 1967, cerca de uma hora depois da minha entrevista com o senhor, um membro da equipe de segurança me entregou uma carta, assinada pelo Liquidante nomeado com base na Lei de Supressão do Comunismo (Lei nº 44 de 1950),[iii] chamando minha atenção para um julgamento proferido em 2.12.52 pelo juiz Rumpff na Divisão Local de Witwatersrand. Na opinião do Liquidante as evidências e o veredito naquele caso eram conclusivos quanto a eu ter infringido o Artigo 11 (b) da referida lei. Uma cópia do documento mencionado estava anexada. Com base naquele julgamento ele propunha a inclusão do meu nome na lista dos funcionários, membros ou apoiadores ativos do Partido Comunista da África do Sul, e

---

i Joel Carlson (1926-2001) — ver glossário. **ii** Esta anotação indica que esta é uma carta especial que não se inclui na sua cota. **iii** Para a Lei de Supressão do Comunismo, ver glossário.

ele me convida a apresentar minha defesa dentro de trinta dias a partir da data da carta (isto é, de 23.5.67).

Estou orientando o senhor a cuidar deste assunto em meu nome. Eu teria preferido que nos encontrássemos pessoalmente. Na verdade, no mesmo dia em que recebi a carta do Liquidante, escrevi ao Oficial Comandante e lhe pedi que telefonasse com urgência, às minhas custas, para pedir ao senhor que voltasse à Ilha para uma consulta nesta questão, mas a permissão para me comunicar com o senhor só foi concedida ontem. Não posso lhe passar por correspondência as orientações adequadas e ficaria contente se o senhor fizesse a gentileza de providenciar uma consulta. Suponho que não lhe seria possível vir até aqui e ficaria grato, portanto, se o senhor fizesse a gentileza de instruir seu correspondente na Cidade do Cabo, o sr. Brown, da Frank, Bernadt & Joffe, a me ver. Ficaria grato também se o senhor se comunicasse com o Liquidante e o informasse de que agora está cuidando do caso.

Atenciosamente,
[Assinado NRMandela]
NELSON MANDELA

Favor Virar a Página

O julgamento em que se baseou o Liquidante é aquele em que fui condenado com dezenove outros pela nossa participação na organização da Campanha do Desafio contra Leis Injustas.

[Rubricado NRM]

Para o liquidante, Departamento de Justiça

[Carimbada com a data 23 de outubro de 1967 pelo gabinete de recepção da prisão de Robben Island]
Liquidante
Departamento de Justiça,
Pretória.

Senhor,

Re: Partido Comunista da África do Sul

Recebi sua carta de 23 de maio de 1967 à qual o senhor anexou cópia de um julgamento proferido em 2 de dezembro de 1952 pelo Meritíssimo Juiz Rumpff na Divisão Local de Witwatersrand da Suprema Corte, em cujo caso eu era um dos acusados.

O senhor afirma que as evidências e o veredito naquele caso eram, a seu ver, conclusivos quanto a eu ter infringido o Artigo II (b) da Lei nº 44 de 1950, tal como acusado.[i]

Por fim, o senhor avisa que eu posso lhe submeter novas alegações a esse respeito.

De início, eu gostaria de reiterar a declaração que prestei em correspondência anterior com o senhor de que nunca fui funcionário, dirigente, membro ou apoiador ativo do Partido Comunista da África do Sul. Além disso, nego que minha condenação no caso citado o autorize a incluir meu nome na lista de pessoas que eram membros ou apoiadores ativos do Partido Comunista, e contestarei vigorosamente qualquer esforço de sua parte em fazer isso. Tenho a firme convicção de que a alegação de que eu era membro ou apoiador ativo do Partido Comunista é um ato de perseguição e uma manobra de propaganda concebida para distorcer minhas crenças políticas e para justificar a remoção do meu nome do registro de advogados. Não é de modo algum inspirada por uma convicção honesta de que eu seja um comunista. Um estudo da correspondência relativa a esse assunto confirma minha visão.

Em sua carta de 1º de julho de 1966, o senhor me informou que o ministro da Justiça, nos termos da subseção (10) do artigo 4 da Lei nº 44 de 1950, instou-o a completar uma lista de pessoas que eram ou haviam sido, antes ou depois da implantação da referida lei, funcionários, militantes, membros ou apoiadores ativos do Partido Comunista, que tinha sido, na subseção (I) do artigo 2 da referida Lei, declarado uma organização ilegal. Naquela carta o senhor também me informava que lhe haviam sido apresentadas evidências de que eu havia sido membro e apoiador ativo do referido Partido Comunista. Então o senhor me proporcionou a oportunidade, nos termos do artigo 4, de mostrar por que meu nome não deveria ser incluído na mencionada lista.

Em minha carta de 15 de julho de 1966, neguei enfaticamente ter sido membro do Partido Comunista. Assinalei que, uma vez que o senhor não me deu detalhe algum em relação a tal alegação, eu não podia, naquele estágio, fazer mais do que expressar meramente uma clara negação. Em vista disso, pedi-lhe que me fornecesse os detalhes completos das alegadas evidências, tal como foram apresentadas ao senhor. Sua resposta de 27 de julho de 1966 manifestou expressamente que testemunhos juramentados tinham lhe sido apresentados mostrando que eu havia sido membro [do] Partido Comunista desde 1960 e que eu tomara parte em suas atividades, entre outras coisas assistindo a conferências do referido Partido. No dia ... [sic] agosto escrevi-lhe pedindo que me fornecesse pormenores circunstanciados.

---

i A Lei de Supressão do Comunismo, no Artigo II (b), estabelece que haverá penalidades a qualquer pessoa que "advogar, aconselhar, defender ou encorajar a consecução de qualquer objetivo desse tipo, ou qualquer ato de omissão que seja calculado para ajudar na consecução de tal objetivo", sendo que o objetivo no caso era o comunismo.

Depois de um silêncio de quase quatro meses, recebi sua carta de 15 de dezembro de 1966 na qual o senhor me informava que fora decidido não incluir meu nome na lista de funcionários, militantes, membros ou apoiadores ativos do Partido Comunista naquela altura. Nenhuma referência foi feita a minha carta do dia ... [sic] agosto de 1966 e aos pormenores que eu solicitara.

Cinco meses depois o senhor me escreveu sua carta de 23 de maio de 1967 e me confrontou com uma alegação completamente nova. Agora era proposto que eu fosse listado por causa da minha condenação em dezembro de 1952 por infringir o artigo 11 (b) da referida Lei. A alegação original de que eu era membro do Partido Comunista desde 1960 foi abandonada e eu fui privado da oportunidade de limpar meu nome demonstrando publicamente sua falsidade. Agora é sustentado, por inferência, que eu tinha sido membro desde 1952. Se é séria a alegação de que o julgamento de 1952 fez de mim um membro ou apoiador ativo do Partido Comunista, por que então seria necessário primeiro me processar argumentando que eu tinha sido membro desde 1960?

A minha opinião é de que a primeira alegação foi abandonada simplesmente porque era falsa desde o começo e porque os detalhes que eu solicitei não podiam ser fornecidos. Sustento além disso que o fato de que tenham deixado passar quinze anos antes de começar o processo para me colocar na lista sugere que ao longo desse período não se considerava que a referida condenação me colocasse na categoria das pessoas que eram membros ou apoiadores ativos do Partido Comunista. Sinto-me obrigado a indicar que a proposta de incluir meu nome na referida lista é um ato de perseguição que nada tem a ver com o cumprimento de obrigações impostas pelo artigo 4 da mencionada Lei.

Como se vê de modo mais completo na cópia do julgamento anexada a sua carta de 23 de maio de 1967, eu e dezenove outros fomos sentenciados pelo papel que desempenhamos na organização da Campanha do Desafio contra Leis Injustas. A Campanha foi organizada e dirigida por um Conselho Nacional de Ação composto por representantes do Congresso Nacional Africano e do Congresso Indiano Sul-Africano, e se baseava em princípios de não violência adotados pelo Mahatma Gandhi e por Pandit Nehru na Índia. Era um protesto contra determinadas leis do apartheid que considerávamos cruéis e injustas. As manifestações concretas eram pacíficas e disciplinadas e foi levando isso em conta que o Douto Juiz decidiu suspender a sentença [sic]. A Campanha não tinha coisa alguma a ver com o comunismo. Sua meta era garantir uma reparação das justas e legítimas queixas das pessoas africanas, indianas e coloured deste país.

Até onde eu sei, dos vinte acusados no caso acima, dez já haviam sido listados sob a referida Lei quando foram condenados em 2 de dezembro de 1952, todos eles tendo sido membros do Partido Comunista antes da dissolução deste em 1950. Dos dez restantes, com exceção de mim mesmo, não estou ciente de qualquer iniciativa que tenha sido tomada para listar algum deles por conta da condenação em questão.

Fui escolhido, isolado e tratado diferentemente dos outros acusados no caso, alguns dos quais ocupavam, na época, posições mais importantes nas organizações políticas do que a minha. A única inferência que posso tirar desse tratamento diferenciado é que em meu caso considera-se que a condenação mencionada faça de mim um membro ou apoiador ativo do Partido Comunista, embora a mesma condenação não traga as mesmas implicações no que se refere aos demais acusados.

Mesmo no meu caso, durante quinze anos, depois da condenação, ao que parece não foi considerado necessário colocar meu nome na lista. Só agora, quando sou um prisioneiro cumprindo prisão perpétua, foi considerado conveniente fazê-lo. Sou obrigado a concluir que, ao fazer a alegação original, tirava-se proveito de minhas desvantagens enquanto pessoa encarcerada e pensava-se ao que tudo indica que eu consequentemente não seria capaz de contestar a alegação. Depois de refletir, minha opinião é de que agora se recorre à condenação de 1952 com o propósito de salvar as aparências.

Seja como for, o Partido Comunista foi dissolvido em 1950 pouco antes da promulgação da Lei nº 40 de 1950 e só foi reconstituído em 1953. Essa informação me foi dada pelos srs. Govan Mbeki,[i] Raymond Mhlaba[ii] e Elias Motsoaledi,[iii] todos os três prisioneiros que estão cumprindo pena de prisão perpétua em Robben Island. O sr. Mhlaba me informa que até junho de 1950, quando o Partido Comunista foi dissolvido numa Conferência realizada na Cidade do Cabo, ele era secretário do Distrito de Port Elizabeth daquela agremiação e compareceu à conferência de dissolução. O sr. Motsoaledi, que era na época secretário do grupo em Joanesburgo, confirmou a declaração do sr. Mhlaba. O sr. Mbeki, que, antes de sua detenção em julho de 1963, era membro do Comitê Distrital de Port Elizabeth, me informa que um novo Partido Comunista foi formado em 1953 e assumiu o nome de Partido Comunista Sul-Africano. Não houve portanto nenhum Partido Comunista entre junho de 1950 e 1953. Sendo assim, eu não poderia ser membro ou apoiador ativo de uma organização que não existia. Consequentemente, eu considero que a condenação citada não o autoriza a incluir meu nome na lista de pessoas que eram membros ou apoiadores ativos do Partido Comunista.

O caso de R V Adams 1959 (1) S. A. 646 (Tribunal Especial), que é popularmente chamado de Julgamento de Traição,[iv] e no qual fui um dos acusados, é relevante. A Coroa, na época, alegou uma conspiração para derrubar pela violência o Estado

---

i Govan Mbeki (1910-2001), ativista do MK e réu do Julgamento de Rivonia que foi preso junto com Mandela — ver glossário. ii Raymond Mhlaba (1920-2005), ativista do MK e réu do Julgamento de Rivonia que foi preso junto com Mandela — ver glossário. iii Elias Motsoaledi (1924-94), sindicalista, membro do CNA e réu do Julgamento de Rivonia que foi preso junto com Mandela — ver glossário. iv O Julgamento de Traição (1956-61) foi o resultado de uma tentativa do governo do apartheid de extinguir o poder da Aliança do Congresso, uma coalizão de organizações antiapartheid. Em ações realizadas no início da manhã de 5 de dezembro de 1956, 156 indivíduos foram detidos e acusados de alta traição. Ao final do processo, em março de 1961, todos os acusados ou tiveram as acusações retiradas, ou, no caso dos últimos vinte e oito acusados (incluindo Mandela), foram absolvidos.

existente e substituí-lo por um Estado comunista. A denúncia, até onde me lembro, cobria o período de 1º de dezembro de 1952 a dezembro de 1956 e incluía uma acusação relacionada à Lei nº 40 de 1950. Entre os agrupamentos envolvidos nesse caso estavam o Congresso Nacional Africano e o Congresso Indiano Sul-Africano, as mesmas organizações que organizaram a Campanha do Desafio[i] em 1952. Fui uma das testemunhas chamadas pela defesa e interrogadas por jurisconsulto da Coroa. O veredito foi proferido em 29 de março de 1961, quando todos os acusados foram absolvidos. As razões para a sentença foram expostas cerca de um mês depois. Nunca vi nenhum relato, oficial ou não, das razões para a sentença. Mas li reportagens na imprensa segundo as quais parece que o mesmo juiz Rumpff que me condenou em 2 de dezembro de 1952, e em cuja sentença o senhor agora se baseia, fez observações que pareciam indicar que ele não considerava que eu fosse comunista. Se isto estiver correto, então eu defendo a ideia de que tal descoberta seria uma evidência conclusiva do fato de que eu não era, durante o período coberto pela denúncia, um membro ou apoiador ativo do Partido Comunista.

No que se refere à questão das minhas convicções políticas, sempre me vi, antes e acima de tudo, como um nacionalista, e ao longo de toda a minha carreira política fui influenciado pela ideologia do nacionalismo africano. Minha única ambição na vida é, e sempre foi, desempenhar meu papel na luta do meu povo contra a opressão e a exploração pelos brancos. Eu luto pelo direito das pessoas africanas de governarem a si mesmas em seu próprio país.

Embora eu seja um nacionalista, não sou de modo algum racista.[ii] Aceito plenamente o princípio estabelecido no relatório do Conselho Conjunto de Planejamento do Congresso Nacional Africano e do Congresso Indiano Sul-Africano que está citado na página 5 do julgamento anexado à sua carta de 23 de maio de 1967 e que diz que todas as pessoas, independentemente do grupo nacional a que pertençam, têm o direito de viver uma vida plena e livre baseada na mais completa igualdade.

Li e continuo lendo a literatura marxista e me comove a ideia de uma sociedade sem classes. Estou firmemente convencido de que só o socialismo pode eliminar a pobreza, a doença e o analfabetismo que predominam no seio do meu povo, e de

---

i Iniciada pelo CNA em dezembro de 1951, e lançada junto com o Congresso Indiano Sul-Africano em 26 de junho de 1952 contra seis leis do apartheid, a Campanha do Desafio contra Leis Injustas (conhecida abreviadamente como Campanha do Desafio) envolveu a transgressão de leis racistas por indivíduos, como por exemplo a entrada em recintos reservados "só para brancos", a desobediência ao toque de recolher e atitudes para provocar a prisão. Mandela foi designado chefe nacional dos voluntários, com Maulvi Cachalia como seu adjunto. Mais de 8 500 voluntários foram presos por sua participação na Campanha do Desafio — ver glossário. **ii** No original, o termo usado por Mandela é *racialist*, que poderia ser traduzido pelo neologismo "racialista", que se refere a uma teoria científica das raças humanas. Mas no inglês britânico, que é basicamente o adotado por Mandela, *racialist* é também uma simples variação de *racist* ("racista"), e esta acepção me pareceu mais condizente com o contexto e com o discurso do autor. [N.T.]

que o máximo desenvolvimento industrial é resultado de planejamento central e da nacionalização das indústrias-chave do país. Mas eu não sou marxista. No que diz respeito à África do Sul, acredito que a tarefa mais imediata com que se defrontam hoje as pessoas oprimidas não é a introdução de um governo dos trabalhadores e a construção de uma sociedade comunista. A principal tarefa diante de nós é a derrubada da supremacia branca em todas as suas ramificações e o estabelecimento de um governo democrático no qual todos os sul-africanos, independentemente de sua situação social, de sua cor ou de suas convicções políticas, vivam lado a lado em perfeita harmonia.

A organização que me parecia mais adequada para empreender a tarefa de unir o povo africano, e que acabaria por reconquistar nossa liberdade, era o Congresso Nacional Africano. Ingressei nele em 1944, e em 1952 me tornei seu presidente no Transvaal e vice-presidente nacional. Em 1953 recebi uma notificação, nos termos da Lei citada acima, instando-me a deixar o Congresso Nacional Africano e a nunca mais tomar parte em suas atividades. Ele foi formado em 1912 para lutar pela libertação do povo africano. Ao longo de sua história, foi inspirado pela ideia do nacionalismo africano. Em 1956 o CNA adotou a Carta da Liberdade,[i] um documento de orientação que incorpora os princípios segundo os quais o Congresso Nacional Africano construirá uma nova África do Sul. No Julgamento de Traição a Coroa alegou que a Carta era um projeto para um Estado comunista e convocou o testemunho de especialistas para comprovar a alegação. Por outro lado, a defesa sustentou que a Carta não era um documento comunista, mas que seus termos corporificavam as reivindicações de um movimento de libertação nacional. Entre as evidências levantadas pela defesa para refutar a alegação feita pela acusação estava um artigo que eu havia escrito na revista mensal *Liberation* de junho de 1956 no qual eu formulava precisamente essa mesma pergunta, isto é, se a Carta era um projeto para um Estado comunista.[ii] Naquele artigo, eu buscara mostrar que, à parte as cláusulas que tratavam da nacionalização das minas, dos bancos e de outros monopólios, a Carta se baseava no princípio da livre empresa, e que, quando suas proposições fossem implantadas, o capitalismo floresceria entre os africanos como nunca antes.

---

i Uma declaração de princípios da Aliança do Congresso (ver glossário), adotada pelo Congresso do Povo em Kliptown, Soweto, em 26 de junho de 1955. A Aliança do Congresso mobilizou milhares de voluntários por toda a África do Sul para registrar as reivindicações das pessoas. A Carta da Liberdade postulava direitos iguais para todos os sul-africanos independentemente de raça, reforma agrária, melhores condições de trabalho e de vida, distribuição justa de riqueza, educação obrigatória e leis mais justas. Foi uma ferramenta poderosa na luta contra o apartheid. ii O artigo que Mandela escreveu para a publicação tem como título "In Our Lifetime" ["Em nossa existência" ou "Em nosso tempo de vida"]. Nele, escreve: "Embora a Carta [da Liberdade] proclame mudanças democráticas de longo alcance, ela não é de modo algum um projeto para um Estado socialista, mas um programa para a união de várias classes e grupos no seio do povo, sobre uma base democrática". *Liberation: A Journal of Democratic Discussion* era vendido por um xelim.

Nas reportagens de imprensa a respeito, o sr. juiz Rumpff era citado como tendo se referido expressamente ao artigo e se baseado parcialmente nele para sustentar que a Coroa não havia provado a acusação de que a Carta era um documento comunista. O Congresso Nacional Africano é uma organização nacionalista e não marxista, e, diferentemente do Partido Comunista, cuja filiação é aberta a todos os grupos nacionais, é uma organização exclusivamente para africanos.[i]

Embora não seja uma organização marxista, o Congresso Nacional Africano havia atuado frequentemente em cooperação com o Partido Comunista em questões de interesse comum. Tal cooperação se tornou possível porque o Partido Comunista apoiava a luta de libertação do povo africano. Exemplos de uma colaboração assim entre movimentos nacionais e partidos marxistas são encontráveis no mundo todo. Por exemplo, na luta pela independência nacional da Índia, o Congresso Nacional Indiano atuou em cooperação com o Partido Comunista da Índia.

Comunistas sempre estiveram livres para filiar-se ao Congresso Nacional Africano e muitos deles são membros, e alguns até participam dos seus comitês nacional, provinciais e locais. Dentro do Congresso Nacional Africano, e na minha atuação política de um modo geral, trabalhei em estreita conexão com comunistas, especialmente com os srs. Moses Kotane,[ii] J. B. Marks[iii] e Dan Tloome.[iv] É fácil entender por que comunistas são admitidos como membros do Congresso Nacional Africano quando se leva em conta o fato de que essa organização não é um partido político, mas uma organização política na qual vários matizes de opinião são permitidos. É um parlamento do povo africano. Do mesmo modo que há parlamentares comunistas na França, na Itália e em outros países ocidentais, encontramos comunistas entre os filiados do Congresso Nacional Africano. Mas a cooperação entre mim e os comunistas mencionados acima limitou-se a questões que considerei estarem dentro do quadro das diretrizes do Congresso Nacional Africano ou como impulsionadoras da luta contra a opressão racial. Mas de modo algum os comunistas, seja como organização ou como indivíduos, exerceram qualquer controle sobre minhas convicções ou atividades políticas, e tampouco eu, em momento algum, apoiei seus objetivos ou seu programa.

Antes de eu ser banido em 1953, também tomei parte nas atividades do Conselho de Paz Sul-Africano,[v] do qual eu era um dos vice-presidentes. Na época, o reverendo D. C. Thompson era o presidente nacional e o objetivo da entidade era a

---

i O CNA abriu suas fileiras a não africanos em 1969. ii Moses Kotane (1905-78), membro do CNA e secretário-geral do Partido Comunista Sul-Africano. iii J. B. Marks (1903-72), membro do CNA e um dos líderes da Campanha do Desafio de 1952 (para a Campanha do Desafio — ver glossário). iv Dan Tloome (1919-92), membro do CNA e do Partido Comunista Sul-Africano que passou décadas no exílio na Zâmbia, onde ascendeu a posições de comando no CNA e atuou como presidente oficial do Partido Comunista Sul-Africano. v Criado na década de 1950, o Conselho de Paz Sul-Africano promovia a paz na África do Sul e internacionalmente e liderava campanhas contra o desenvolvimento da bomba atômica, a militarização da África do Sul, o rearmamento da Alemanha e as guerras da Coreia e do Quênia.

preservação da paz mundial. Liderava campanhas relativas à questão, por exemplo, a campanha para induzir as Cinco Potências a concluir um Pacto de Paz. Não se tratava de um movimento comunista, mas comunistas como os srs. A. Fischer[i] e A. M. Kathrada e a srta. Hilda Watts[ii] participaram de seus comitês! Em 1953 o ministro da Justiça ordenou que eu me demitisse do Conselho.

Em março de 1961 fui o principal conferencista de uma Conferência Geral Africana que aconteceu em Pietermaritzburg. A Conferência foi convocada para protestar contra a decisão do governo de estabelecer uma República sem consultar os africanos. Compareceram à Conferência africanos de várias áreas de atuação: atletas, clérigos e políticos. Adotou-se uma resolução que exigia que o governo convocasse uma convenção nacional de todos os sul-africanos, brancos e negros, para preparar uma nova Constituição democrática para o país. A resolução convocou manifestações de massa nos dias 29, 30 e 31 de maio de 1961 se o governo deixasse de instituir a Convenção. Eu era o secretário de honra da Conferência e assumi o comando da organização da greve geral na véspera da proclamação da República. Um ano depois, fui condenado e sentenciado a três anos de prisão por organizar tal greve, e desde então estou na cadeia. Não havia nada na Conferência que fosse comunista nem tampouco se poderia dizer que a resolução acima advogasse um objetivo do comunismo.

Desempenhei um papel de destaque na formação do Umkhonto weSizwe em novembro de 1961, que planejou e dirigiu os atos de sabotagem neste país. A formação do Umkhonto foi o resultado direto da política do governo de dominar o país pela força, uma política que tornou impossíveis todas as formas de luta constitucional. O Partido Comunista estava representado no Alto-Comando Nacional, o organismo dirigente do Umkhonto. Mas seus representantes constituíam uma minoria e de modo nenhum dirigiam seu programa.

No início de janeiro de 1962 deixei o país para participar da conferência do Movimento Pan-Africano de Liberdade para a África Central, Oriental e Meridional que seria realizada em Adis Abeba em fevereiro daquele ano. Era uma conferência de nacionalistas africanos convocada com o intuito de examinar problemas e reformular planos para a libertação dos povos oprimidos da área do Pafmecsa.[iii] Depois da conferência excursionei pela África e visitei a Inglaterra. Não visitei nenhum país comunista. Em 1962 fui condenado e sentenciado a dois anos de prisão por sair do país sem passaporte.

Um exame da minha trajetória política demonstra que nunca fui membro nem apoiador ativo do Partido Comunista da África do Sul nem de seu sucessor,

---

i Seu advogado Abram (Bram Fischer) — ver glossário.   **ii** Hilda Bernstein (née Watts) (1915-2006), escritora, artista e ativista antiapartheid e pelos direitos da mulher. Foi membro fundadora do Conselho de Paz Sul-Africano e da Federação Sul-Africana de Mulheres. Depois que seu marido, Lionel (Rusty), foi absolvido no Julgamento de Rivonia, cruzaram a pé a fronteira de Botsuana.   **iii** Sigla formada com as iniciais de Pan-African Freedom Movement of East, Central and South Africa.

o Partido Comunista Sul-Africano. Ao contrário, tal trajetória mostra que sou um nacionalista. Uma ambição sempre dominou meu pensamento, minhas convicções políticas e minhas ações políticas. Trata-se da ideia de explodir o mito da supremacia branca e de reconquistar nosso país. O único organismo que tem capacitado nosso povo para avançar em nossa luta pela liberdade e que nos conduzirá à nossa meta final no futuro é, e sempre foi, o Congresso Nacional Africano com sua doutrina dinâmica de nacionalismo africano. Todos os meus esforços para ajudar a levar adiante a luta do meu povo foram feitos por meio do Congresso Nacional Africano. Se ocasionalmente eu atuei em outros organismos foi porque considerei que tais organismos e sua atuação ajudavam a acelerar a libertação do povo africano.

Para finalizar, nego que minha condenação de 2 de dezembro de 1952 o autorize a incluir meu nome na lista de indivíduos que foram membros ou apoiadores ativos do Partido Comunista.

Atenciosamente
[Assinado NRMandela]
N. R. Mandela

Para o oficial de registro da Suprema Corte

[Datilografada]

Caixa Postal Particular,
ROBBEN ISLAND.
PROVÍNCIA DO CABO.
6 de dezembro de 1967.

Oficial de Registro da Suprema Corte,
PRETÓRIA

Caro senhor,

Re: SECRETÁRIO DE JUSTIÇA VS NELSON ROLIHLAHLA MANDELA: PETIÇÃO PELA EXCLUSÃO DO REGISTRO DE ADVOGADOS. M 1529/1967

Devo informá-lo de que estou me opondo à petição acima e que é minha intenção comparecer à audiência com o intuito de apresentar minha defesa pessoalmente. Uma notificação formal de oposição será registrada no devido tempo.

Conforme indicado no parágrafo 2 do depoimento juramentado do requerente, estou no momento cumprindo prisão perpétua em Robben Island. O material de que preciso para [o] propósito de preparar a Declaração escrita de resposta e a argumentação está localizado na Província do Transvaal, e ser-me-á impossível preparar o caso a partir de Robben Island.

Ser-me-á igualmente impossível comparecer à audiência a menos que as autoridades prisionais providenciem os preparativos necessários para isso. Por essa razão escrevi hoje ao Comissário de Prisões requerendo que me transfira imediatamente a Pretória para o propósito de preparar a mencionada Declaração escrita. Requeri também ao Comissário que tomasse as providências para me capacitar a participar da audiência.

Com relação a isso anexo cópias de cartas escritas para o Representante do requerente ~~e para o Comissário respectivamente~~[i] para que o tribunal possa estar ciente das minhas dificuldades nessa questão, e particularmente desejaria chamar atenção para a carta endereçada ao Representante do requerente na qual peço uma extensão do tempo que tenho para elaborar a Declaração.

Caso o Representante do Requerente recuse minha solicitação, não terei alternativa senão apelar ao tribunal pedindo tal extensão.[ii]

Atenciosamente,
[Assinado Nelson R. Mandela]

◇◇◇◇◇◇◇◇◇◇

Na correspondência pertencente aos arquivos de Mandela na prisão, guardados pelo Serviço Nacional de Arquivos e Registros da África do Sul, fica claro que ele escreveu em diversas ocasiões a Adelaide Tambo, a esposa de seu ex-sócio de escritório de advocacia e presidente do CNA, Oliver Tambo, que estava vivendo com a família no exílio em Londres e dirigindo a organização a partir do exterior. É improvável que Adelaide Tambo tenha recebido as cartas antes do último período de prisão dele. Em 1968 Mandela escreveu a ela como se estivesse escrevendo para a esposa e usou o nome africano dela, Matlala, e o sobrenome Mandela. Uma anotação em africâner no final de uma das cartas mostra que as autoridades prisionais tinham descoberto a identidade da verdadeira destinatária, porque alguém escreveu "A. Tambo" na carta. Só essa informação já teria sido suficiente para que eles retivessem a carta. É altamente provável que todo o

---

i Esse texto foi riscado e rubricado por outra pessoa. **ii** Em sua resposta de 13 de dezembro de 1967, J. H. du Toit concordou em estender até o fim de março de 1968 o prazo no qual Mandela tinha de suprir e apresentar sua declaração juramentada de resposta. Ele acrescentou que tal extensão estava "sujeita à aprovação do tribunal". Mandela assinou essa resposta, confirmando que a recebeu no dia 14 de dezembro de 1967.

texto sublinhado nesta carta seja obra de censores da prisão, chamando a atenção para indivíduos que eles conheciam ou que desejavam identificar.

Para Adelaide Tambo,[i] amiga, ativista antiapartheid e esposa de Oliver Tambo, presidente do CNA e ex-sócio de Mandela no escritório de advocacia[ii]

5.3.68

[Anotação com outra letra diz "Minha irmã".]

Kgaitsedi yaka,[iii]

Mando-lhe meu mais caloroso afeto. Você, Reginald,[iv] Thembi e Dalindlela[v], o bebê, têm estado em meus pensamentos durante os últimos cinco anos, e me dá grande prazer poder dizer-lhe isso.

Espero que estejam todos bem. Zami[vi] me dá pedacinhos de informação sobre vocês em suas cartas e toda vez que vem me visitar, mas a última ocasião em que tive notícias diretamente de vocês foi quando recebi o telegrama encorajador de Reggie[vii] durante meu primeiro processo. Aquilo me animou tremendamente. Chegou quase simultaneamente com o do falecido chefe, e ambas as mensagens deram uma nova dimensão às questões.

Notícias sobre os amplos esforços feitos por nossa família[viii] durante a primeira metade de 1964 desempenharam um papel similar. Tais esforços fortaleceram nosso ânimo e aliviaram a aspereza daquele período.

Mas devo voltar a você, Matlala.[ix] Por onde começar, exatamente? Com certeza não do dia no início dos anos 1950 quando Reggie e eu fomos de carro até o Helping Hand,[x] onde você o presenteou com uma elegante blusa de jérsei que tricotara especialmente para a ocasião. Isso nos levaria muito para trás. Basta dizer que achei que você sabia se virar muito bem nas circunstâncias. Tampouco desejo lembrá-la das pertinentes observações que você costumava fazer durante as numerosas consultas de que participamos juntos com a falecida Rita, Effie[xi] e outros sobre

---

i Adelaide Tambo (1929-2007) — ver glossário. **ii** O sublinhado de palavras parece ter sido traçado pelo censor para questionar os nomes das pessoas mencionadas. **iii** "Minha irmã", tanto em Sesotho como em Setswana. **iv** Oliver Reginald Tambo (1917-93), amigo e ex-sócio de Mandela no escritório de advocacia e presidente do CNA — ver glossário. **v** O filho de Tambo, Dali. **vi** Zami é um dos nomes de Winnie Mandela. **vii** Apelido de Oliver Reginald Tambo. **viii** "Nossa família" é um código para o CNA. **ix** "Matlala", um apelido de Adelaide Tambo. **x** Adelaide Tambo e Winnie Mandela hospedaram-se no Helping Hand Hostel, na Hans Street, Jeppestown, quando se mudaram para Joanesburgo. **xi** Possivelmente Effie Schultz, uma médica e ativista.

assuntos que afetavam vitalmente os interesses da sua profissão,[i] e das saborosas refeições que desfrutei quando visitei você no Leste logo depois do seu casamento, bem como em junho de 62 lá.[ii] A correspondência que mantivemos em 1961 foi estimulante e a discutimos amplamente na época. Esses e inúmeros outros incidentes passaram pela minha mente em muitas ocasiões e eu adoro recordá-los.

Lamentei saber que você abandonou seus estudos.[iii] Em julho de 62 eu tinha mencionado o assunto a <u>Xamela</u>[iv] e outros, e as notícias, que eles aprovavam plenamente, deixaram-nos empolgados. Na verdade, outro dia mesmo tínhamos calculado que você já teria completado ou pelo menos estaria cumprindo o último ano. Seja como for, estou certo de que você e Reggie devem ter refletido cuidadosamente sobre o assunto e de que deve ter havido uma boa razão para interromper os estudos.

<u>Thembi, Dali e o bebê</u>[v] devem estar crescidos e eu adoraria ter notícias deles. Por favor transmita-lhes meu carinho. Espero que Thembi ainda se lembre da manhã de domingo em que você e ela visitaram a Chancellor House.[vi] Em pleno escritório, e com todos os clientes em volta, eu elogiei o vestido novo dela, ao que ela prontamente [exibiu] o vestido, gabando-se "olha como está engomado", para a diversão de todos.

Também penso em <u>Malume</u> e nos <u>pesos pesados das áreas ocidentais</u>[vii] e espero que eles ainda encontrem tempo para tingir o cabelo. Casualmente, durante nossa estada com Reggie, observei que ele estava começando a ficar grisalho e ouvi dele o comentário sério: "Por favor não me diga isso, não me diga isso". Tenho certeza de que meu bom amigo <u>Gcwanini</u>,[viii] sempre cortês e pacato durante os [primeiros] cinco dias da semana e que sempre se permitia um relaxamento dessas virtudes e ficava um tanto turbulento nos fins de semana, ainda se lembrará da noite que passamos juntos em casa com <u>Peter</u>. E tem também o notívago Ngwali, que nunca se cansava de caminhar conosco à meia-noite para nos sobrecarregar de

---

i Ele pode estar se referindo à vocação de Adelaide Tambo como enfermeira. Ver também nota iv. **ii** Ele se refere a sua estada em Londres, onde ele visitou os Tambo em junho de 1962 durante sua viagem clandestina fora da África do Sul. **iii** Adelaide Tambo era enfermeira e superintendente no hospital onde trabalhava. Tinha mestrado em gerontologia na Universidade de Oxford e, depois de ser incentivada pelos médicos do hospital, dedicou-se ao estudo de medicina. Interrompeu seus estudos quando ficou claro que para prosseguir com eles teria de abandonar o emprego, de cuja remuneração a família dependia. (Dali Tambo num e-mail a Sahm Venter, 28 de novembro de 2017.) **iv** Walter Sisulu (1912-2003), ativista do CNA e do MK e corréu no Julgamento de Rivonia que foi preso junto com Mandela — ver glossário. Mandela estava se referindo a ele por seu nome de clã Xamela (às vezes escrito por Mandela como Xhamela), já que não lhe era permitido escrever sobre outros prisioneiros. **v** Os filhos dos Tambo. **vi** Chancellor House era o prédio em que Mandela e Oliver Tambo deram início a seu escritório de advocacia, Mandela e Tambo, em 1952. **vii** Mandela estava aqui possivelmente falando sobre pessoas em código. **viii** O advogado Duma Nokwe (1927-78), ativista político e advogado — ver glossário. Gcwanini é possivelmente seu nome de clã.

inúmeros problemas, e o onipresente <u>Bakwe</u>.[i] Creio que problemas de peso desaceleraram as atividades de ambos. <u>Madiba</u> de Orlando East, os dois <u>Gambus</u>, <u>Alfred</u>, <u>Mzwayi</u>, <u>Tom</u>, <u>Dinou</u>, <u>Maindy</u>[ii] e Gabula, lembro-me deles todos. Espero que você ainda veja o <u>Tough Guy</u> [Sujeito Durão] e <u>Hazel</u>. Ele produziu alguma coisa depois de "A Estrada para..."? Alguma literatura nova de Todd e Esme,[iii] ou composição musical? Tem notícias de <u>Cousin, Mlahleni e Mpumi</u>?[iv] Gostaria de mandar lembranças minhas a todos eles.

Nossa família sempre deu uma grande importância à educação e ao progresso, e o analfabetismo generalizado que temos diante de nós sempre foi motivo de grave preocupação. Os esforços para superar esse problema sempre foram frustrados por falta de fundos e de <u>instalações</u> para <u>instrução acadêmica</u> e <u>vocacional</u>. Agora <u>esses problemas estão sendo gradualmente enfrentados e resolvidos</u> e um número crescente de jovens alunos estão encontrando meios de ingressar em internatos e faculdades técnicas. <u>Dá um grande orgulho saber</u> que aqueles que <u>completaram</u> seus <u>cursos</u> e <u>que receberam cargos e atribuições estão se saindo excepcionalmente bem</u>. Minhas mais calorosas congratulações e os melhores votos a todos eles.

O pronome "eu" tem sido proeminente nesta correspondência. Eu teria preferido "nós". Mas sou compelido a usar <u>terminologia</u> aceitável à praxe deste <u>estabelecimento</u>, por mais que possa ser incompatível com meu próprio [gosto] pessoal. Tenho certeza de que você me perdoará por esse egocentrismo.

Mais uma vez, eu gostaria que você soubesse que você, Reggie, as crianças e todos os meus amigos estão o tempo todo nos meus pensamentos. Sei que devem estar preocupados com meu encarceramento. Mas lhes asseguro que estou bem, em boa condição física e feliz da vida, e nada me daria mais satisfação do que ter notícias de vocês.

Enquanto isso, mando meu mais caloroso afeto a você e lembranças afetuosas a todos.

Cordialmente,
Nel

[Escrito com outra letra em africâner] (Conteúdos no interior do envelope).

---

i Bakwe (Joe) Matthews (1929-2010), ativista político e filho de Frieda e Z. K. Matthews — ver glossário para informações sobre esses três indivíduos. **ii** Maindy Msimang, também conhecido como Mendi Msimang, era funcionário administrativo do CNA em Londres. **iii** Todd Matshikiza (1920-68), escritor e músico que compôs a trilha do musical sul-africano de sucesso internacional *King Kong* (1959), e sua esposa, Esme Matshikiza, uma assistente social. **iv** Mlahleni é o professor Nyisani, e Mpumi é sua esposa.

[Envelope]
Srta. Matlala Mandela,[i]
Orlando West, 8155
Joanesburgo.

Para o oficial comandante, Robben Island

29 de abril de 1968

Oficial comandante,
Robben Island

A/c: Capt. Naude

Como fica evidente de modo mais completo na carta anexa endereçada ao adido cultural da Embaixada Britânica em Pretória, decidi retirar meu nome da lista de candidatos deste ano. Eu poderia admitir, nos termos do Regulamento da Universidade de Londres, que tenho dois anos de prazo para escrever a Parte II depois de ter completado a Parte I, o que só fiz em 1967. Eu planejara, porém, fazer essa tentativa dentro do prazo de um ano depois de completar a Parte I. Em vista da chegada tardia dos livros de estudo, contudo, optei por adiar o exame até junho de 1969.

[Assinado NRMandela]
NELSON MANDELA 466/64

Para o adido cultural, Embaixada Britânica

[Na letra de Mandela] Cópia

29 de abril de 1968

Adido Cultural,
Embaixada Britânica,
Pretória.

---

i O uso do apelido de Adelaide Tambo e do sobrenome Mandela é uma indicação a mais de que ele desejava disfarçar a identidade dela.

A/c: Sra. S. Goodspeed

Caro senhor,

Não terei condições de prestar o Exame de Bacharel em Direito Parte II do último ano da Universidade de Londres. Em 25 de janeiro de 1968 eu encomendei à editora londrina dos srs. Sweet & Maxwell, Spon, Ltd. certos livros de direito de que precisava com o intuito de me preparar para o citado exame. Tais livros só me foram entregues em 23 de abril de 1968 e agora considero insensato enfrentar esse exame.

Proponho apresentar-me em junho de 1969 e ficaria grato se o senhor fizesse a gentileza de retirar meu nome da lista de exame deste ano.

Atenciosamente,
[Assinado NRMandela]
NELSON MANDELA

Para o oficial comandante, Robben Island

16 de setembro de 1968

Oficial comandante
Robben Island

A/c: Major Kellerman

Ficarei agradecido se o senhor me conceder licença para escrever ao brigadeiro Aucamp[i] em referência ao assunto mencionado abaixo.

Pretendo requerer à Secretaria da Universidade da África do Sul permissão para adiar os exames do Curso de Africâner I de 15 de outubro próximo para fevereiro de 1969 devido a problemas de saúde. Nos termos do Regulamento da Universidade tal pedido precisa vir acompanhado por um atestado médico especificando a natureza da enfermidade. O médico da Prisão está disposto a emitir o atestado,[ii] mas o assistente hospitalar, carcereiro-chefe Embiek,[iii] chamou a atenção dele para o fato de que tal atestado só pode ser emitido com a aprovação do capitão Naude. Poucos dias depois, o carcereiro-chefe Embiek me informou que o capitão Naude lhe dissera que não era necessário que eu apresentasse

---

i Brigadeiro Aucamp, oficial comandante de Robben Island — ver glossário. ii Isso parece ter sido sublinhado por agentes prisionais. iii A grafia exata do nome do carcereiro-chefe não fica clara na caligrafia de Mandela.

um atestado médico para adiar o exame vindouro. Em 30 de agosto de 1968, em conformidade com a informação que me foi passada pelo mencionado carcereiro-chefe, escrevi ao capitão Naude requerendo que autorizasse a emissão do atestado. Em 9 de setembro o capitão Naude me informou que a emissão de um atestado médico era um assunto que estava inteiramente nas mãos do médico e que nada tinha a ver com ele — declaração que contradizia totalmente a do carcereiro-chefe Embiek. No mesmo dia consultei o médico e o coloquei a par da atitude do capitão Naude, e ele prometeu intervir na questão. Em seguida o carcereiro-chefe me disse que discutiria o assunto com o capitão Naude. Não tive mais notícias desde então.

No dia 4 de setembro discuti a questão com o brigadeiro Aucamp, que assumiu uma atitude razoável e positiva, indicando no curso da conversa que tinha tratado de tais pedidos em Pretória, e prometeu abordar o assunto com o capitão. Devo supor que, devido à pressão dos afazeres, ele se esqueceu de discuti-lo, e em vista disso ficarei grato se o senhor me conceder licença para colocar o assunto todo diante dele de novo.

[Assinado NRMandela]
NELSON MANDELA: 466/64

A/c: Major Kellerman
        Oficial Comandante,
        Robben Island

[Anotações em africâner por agentes prisionais]

Major,

Para sua informação [Rubricado] 16/9/68
Tenente Good. Ele pode escrever ao brigadeiro Aucamp. Deve ser enviada extraoficialmente.

[Rubricado] 17/9/68

◇◇◇◇◇◇◇◇◇◇

Para Nelson Mandela, 1968 marcou o início de seus anos mais difíceis na prisão. Em 26 de setembro morreu sua mãe, Nosekeni, e ele foi proibido de comparecer ao funeral. Apesar de uma comedida e sensata solicitação escrita às autoridades, prometendo voltar à prisão depois do funeral, essa possibilidade lhe foi negada. Ficou restrito a escrever àqueles que tinham comparecido ao funeral manifestando seu profundo alívio e gratidão.

Para K. D. Matanzima,[i] seu sobrinho, um chefe Thembu e ministro-chefe para o Transkei

[com outra letra]: 466/64 Nelson Mandela

[Carimbo da Sala de Recepção de Robben Island datado de 14.10.1968]

AO ACUSAR RECEBIMENTO DESTA, FAVOR ESCREVER AS SEGUINTES PALAVRAS NO ALTO DE SUA CARTA: "RESPOSTA A CARTA ESPECIAL".

Nyana Othandekayo,[ii]

Meu cunhado, Timonthy Mbuzo, visitou-me há dois dias e relatou que você compareceu ao funeral de minha mãe. Sua presença junto ao túmulo, apesar de suas muitas preocupações, significa muito para mim, e gostaria que soubesse que sou muito grato por isso.

Vi minha mãe pela última vez em setembro do ano passado. Depois da nossa conversa pude vê-la enquanto se afastava em direção ao barco que a levaria ao continente, e de algum modo passou pela minha cabeça que eu nunca mais iria pôr meus olhos nela. As visitas dela sempre tinham me animado, e a notícia de sua morte foi um duro golpe. Eu me senti de repente sozinho e vazio. Mas meus amigos aqui, cuja solidariedade e afeição sempre foram uma fonte de força para mim, ajudaram a aliviar minha dor e erguer meu ânimo. O relato do funeral reforçou minha coragem. Foi para mim um prazer ser informado de que meus parentes e amigos compareceram em grande número para honrar a ocasião com sua presença e fiquei feliz em poder contar com você entre aqueles que prestaram suas últimas homenagens a ela. Nangomso![iii]

Em vista disso considero apropriado que você saiba que tenho me mantido plenamente informado sobre seu permanente interesse em meus assuntos e nos da família nos últimos seis anos. Durante uma de suas visitas, minha mãe me contou que você viajou duas vezes até Qunu para informá-la da minha condenação. As visitas que você fez à [minha] casa em Joanesburgo e outros atos de gentileza para com a família foram relatados repetidamente por Nobandla.[iv] Esse interesse se origina não apenas de nosso relacionamento próximo, mas também

---

i K. D. Matanzima (1915-2003) — ver glossário. **ii** "Amado filho", em isiXhosa. **iii** *Nangamso* é uma palavra isiXhosa que expressa profunda gratidão a uma pessoa que foi além da mera obrigação. Mandela às vezes escreve *nangomso*. **iv** Nobandla é um dos nomes de Winnie Mandela.

da longa e profunda amizade que cultivamos desde nossos tempos de estudantes kuwe la kwa Rarabe.[i]

Escrevi a seu irmão e chefe da Casa Real Tembu, Jonguhlanga,[ii] para lhe agradecer por ter empreendido a árdua tarefa de organizar e planejar o funeral e pelas pesadas despesas com que arcou pessoalmente na ocasião, a despeito de sua saúde declinante e [?] compromissos. A preocupação dele e seus diligentes cuidados com o bem-estar de minha mãe durante os últimos seis anos, bem como sua tocante devoção em geral, produziram em mim uma profunda impressão, e tenho com ele uma dívida imensa. Só espero que sua saúde melhore.

Estou escrevendo também ao sr. Guzana.[iii]

Esta é uma carta especial permitida a mim apenas para o propósito de agradecer-lhe por ter comparecido ao funeral e não é possível discutir nela outros assuntos. Preciso apenas lhe pedir que transmita meu carinho a Amakhosikazi Nozuko, Nobandla, No-Gate,[iv] e a Mthetho,[v] Camagwini[vi] e Wanda; e minhas afetuosas lembranças ao chefe Mzimvubu,[vii] Thembekile, herdeiro de Dalubuhle, Manzezulu, Gwebindlala e Siyabalala; e aos irmãos Wonga, Thembekile, chefe Mfebe e sr. Sihle.

Eu teria gostado muito de escrever a meu sogro e a Ma[viii] e agradecer a eles diretamente por sua participação na ocasião, mas não me será possível, por isso lhe peço que o faça em meu nome.

Com afeto,
Dalibunga.

Chefe K. D. Matanzima
Ministro-Chefe para o Transkei
Umtata[ix]

---

i *Kuwe* — "para você"; *la kwa* — "de". Rarabe é um subgrupo da nação Xhosa, Casa de Phalo.   ii Rei Sabata Jonguhlanga Dalindyebo (1928-86), chefe supremo do território do Transkei e líder do Partido Democrático Progressista, o partido de oposição no Transkei que contestava as leis do apartheid — ver glossário. iii Knowledge Guzana (1916-), advogado e líder do Partido Democrático no Transkei — ver glossário. iv Esposas de Matanzima. *Amakhosikazi* significa "mulheres casadas", no plural, em isiXhosa e isiZulu.   v Chefe Mthetho Matanzima (m. 1972), filho do sobrinho de Mandela K. D. Matanzima e chefe da região de Noqayti — ver glossário. vi Filha de K. D. Matanzima. vii George Matanzima, irmão de K. D. Matanzima. viii Ele se refere muito provavelmente a sua sogra. ix Umtata (hoje chamada Mthatha) era a capital do território do Transkei.

**Para Knowledge Guzana,[i] advogado e líder do Partido
Democrático[ii] do território do Transkei**

[Carimbo com data de 14.10.1968]

QUANDO ACUSAR O RECEBIMENTO DESTA FAVOR ESCREVER AS SEGUINTES PALA-
VRAS NO ALTO DE SUA CARTA: "RESPOSTA A CARTA ESPECIAL".

Querido Dambisa,[iii]

Há dois dias meu cunhado, Timothy Mbuzo,[iv] informou-me que você compareceu ao funeral de minha mãe e eu gostaria de lhe agradecer por esse gesto de consideração.

Somente um profundo senso de dever público levaria um homem da sua posição, e sobre o qual devem pesar tantas demandas urgentes, a encontrar tempo para se devotar ao bem público, e eu gostaria que soubesse que me sinto em grande dívida com você.

Nunca foi fácil para qualquer pessoa, em parte alguma, perder uma mãe amada. Atrás das grades um infortúnio assim pode ser um desastre devastador. Poderia facilmente ter sido o meu caso quando fui confrontado com essa trágica notícia em 26 de setembro, que ironicamente era o aniversário de minha esposa. Felizmente para mim, contudo, meus amigos aqui, que são dotados de virtudes que transcendem em muito as que posso ter esperança de possuir, têm uma notável capacidade de pensar e sentir pelos outros. Sempre contei amplamente com a camaradagem e a solidariedade deles. Seus gestos de afeto e encorajamento me capacitaram a enfrentar com resignação essa perda trágica.

Sibali[v] Mkhuze me contou que meus parentes e amigos reagiram de modo admirável e se reuniram à beira do túmulo. Foi uma magnífica demonstração de solidariedade que me serviu como uma injeção de ânimo, e é para mim uma tremenda fonte de inspiração contar com você entre aqueles que me deram esse alento.

Escrevi também a seu amigo e chefe da Casa Real de Tembu,[vi] Jonguhlanga, para lhe agradecer por ter se desincumbido da árdua tarefa de planejar o funeral, a despeito de sua saúde abalada e de seus vultosos compromissos. A tocante dedicação dele a seus

---

i Knowledge Guzana (1916-) — ver glossário. **ii** O Partido Democrático, que foi formado em 1963, rejeitava a "independência" dos Estados negros ou bantustões e era o partido oficial de oposição no Transkei. Guzana comandou o partido de 1966 a 1976. **iii** O nome de clã de Knowledge Guzana. **iv** Sibali Timothy Mbuzo, parente próximo do cunhado de Mandela, Daniel Timakwe, e durante muito tempo um dos principais membros do CNA no território do Transkei. **v** *Sibali* significa "cunhado" em isiXhosa. **vi** Mandela era membro da Casa Real de Thembu — ver glossário. Numa carta a Fatima Meer, datada de 14 de junho de 1989, Mandela disse que a grafia correta era Thembu.

familiares, seus amigos e seu povo espalhou por toda parte uma profunda impressão. Só espero que a saúde dele melhore.

Esta é uma carta especial que me foi autorizada somente com o propósito de lhe agradecer por comparecer ao funeral e por isso não me é possível fazer referência a questões mais amplas. Para mim basta dizer que fico contente ao constatar que o interesse que você mostrava em assuntos públicos quando era estudante no SANC,[i] trinta anos atrás, não esmoreceu. Espero que neste bilhete eu tenha conseguido registrar não apenas minha profunda gratidão a você por ter honrado a ocasião com sua presença, mas também indicado a consideração que tenho por você e sua família.

Bulisa elusasheni na ku[ii] [o nome é difícil de ler]. Na ngomso![iii]

Com afeto,
Nelson
Ilmo. Sr. K Guzana,
Ncambedlana,
Posto do Correio de Umtata,[iv]

Para Mangosuthu Buthelezi,[v] amigo da família e príncipe Zulu

[Com outra caligrafia] 466/64 Nelson Mandela

[Carimbo datado e rubricado] Gabinete do Censor 4-11-1968

Meu querido chefe,

Ficarei grato se você fizer a gentileza de transmitir à Família Real minhas mais profundas condolências pela morte do rei Cyprian Bhekuzulu.[vi] Seu falecimento me pegou completamente de surpresa, pois eu não tinha a menor ideia da doença fatal do rei. Embora há alguns anos eu tenha ficado sabendo que sua saúde não estava muito boa, um amigo depois me informou que ele melhorara muito, fato que parecia ser confirmado por fotos que vi em seguida em várias publicações e que

---

i South African Native College, outro nome da Faculdade Universitária de Fort Hare. ii "Dê minhas lembranças à família", em isiXhosa. iii *Nangamso* é uma palavra isiXhosa que expressa profunda gratidão a uma pessoa que foi além do que o dever lhe impunha. É geralmente grafada *nangamso*; às vezes Mandela a grafa *nangomso* e, neste caso, *na ngomso*. iv Umtata (hoje chamada de Mthatha) era a capital do território do Transkei. v Mangosuthu Buthelezi (1928-) — ver glossário. vi Cyprian Bhekuzulu kaSalomon, rei da nação Zulu — ver glossário.

pareciam indicar que ele gozava de boa saúde. Em consequência disso, a notícia inesperada me abalou imensamente, e desde então venho pensando na Família Real neste momento de luto.

Você e o falecido rei eram parentes próximos e ligados um ao outro por uma longa e fecunda amizade, e a morte dele deve ter-lhe sido um duro golpe. Eu o encontrei apenas duas vezes; em minha casa em Joanesburgo e em meu escritório, e em ambas as ocasiões ele estava acompanhado por você. Causou-me grande satisfação constatar quão profundamente ele valorizava a sua amizade e a alta consideração que tinha pela sua opinião. Nele percebíamos lampejos da astúcia e da coragem que foram a fonte de tantas realizações resplandecentes de seus célebres ancestrais. Ao servir a ele como servia, você estava levando adiante a tradição estabelecida por meus chefes, Ngqengelele e Mnyamana, seus ancestrais, cujo magnífico papel na incumbência do serviço público nacional é amplamente reconhecido.

As vastas multidões que devem ter comparecido ao funeral, as palavras de consolo proferidas à beira do túmulo e as mensagens de condolências de organizações e indivíduos de todo o país devem ter demonstrado plenamente, a esta altura, que a Família Real não está sozinha no luto por esta perda desventurada para o país.

A morte de um ser humano, qualquer que seja a posição que ele ocupe na vida, é sempre um fato triste e doloroso; a de uma figura pública de destaque traz não apenas dor e luto a sua família e amigos, mas com muita frequência acarreta implicações de uma natureza mais ampla. Ela pode significar a perturbação de atitudes estabelecidas e a introdução de novas atitudes, com toda a incerteza que acompanha a troca de personalidades de liderança. No devido tempo Amazulu sem dúvida será chamado à capital da realeza para deliberar sobre toda a situação e tomar as decisões necessárias. Estou confiante em que os políticos e os anciãos, cujo vasto patrimônio de sabedoria, habilidade e experiência sempre guiou no passado os destinos dessa célebre Casa, vão também, nesta ocasião, propor soluções inspiradas pela convicção de que os interesses e o bem-estar de todos os nossos compatriotas são a primeira e a mais elevada consideração. Quanto a isso, o seu imenso conhecimento e os seus sensatos conselhos serão tão cruciais agora como sempre foram no passado.

Casualmente, em dezembro de 1965 escrevi uma carta especial a Nkosikazi Nokhukhanya[i] e solicitei a ela, entre outras coisas, que mandasse lembranças minhas a seu falecido primo e a você. Indiquei então que, quando fosse libertado, visitaria a Zululândia para prestar meus respeitos a meu líder tradicional. Espero que a mensagem tenha sido recebida. Essa resolução permanece inalterada, e, embora

---

i Nokhukhanya Luthuli, viúva do chefe Albert Luthuli — ver glossário.

eu não possa mais ter o privilégio de prestar homenagem ao falecido rei em pessoa, para mim será uma honra visitar Nongoma[i] e depois Mahlabatini.[ii]

Por fim, eu gostaria que soubesse que penso em você e em Umndlunkulu[iii] com recordações afetuosas e aprazíveis, e desejo-lhes sinceramente grande felicidade e boa saúde. Minhas carinhosas lembranças a Umntwana,[iv] sua mãe, e a sua sogra.

Com afeto,
[Assinado NRMandela]
NELSON R[v] MANDELA

Chefe Mangosuthu Buthelezi
Caixa Postal 1, Mahlabatini
Zululândia

Para Zenani e Zindzi Mandela,[vi] sua filha do meio e sua caçula

4.2.69

Minhas queridas,

A bonita carta de Zindzi chegou a mim sem problemas e fiquei mesmo muito contente em saber que ela agora está no Standard 2. Quando a mamãe veio me ver em dezembro passado, ela me contou que vocês duas tinham sido aprovadas nos exames e que Zeni estava agora no Standard 3. Agora sei que Kgatho[vii] e Maki[viii] também passaram. Fico muito contente ao ver que todos os meus filhos estão indo bem.

Espero que vocês se saiam ainda melhor no fim do ano.

Fiquei contente em saber que Zeni aprendeu a cozinhar batatinhas, arroz, carne e muitas outras coisas. Não vejo a hora de poder saborear tudo o que ela faz na cozinha.

Zindzi diz que seu coração sofre porque não estou em casa e quer saber quando vou voltar. Eu não sei, minhas queridas, quando vou voltar. Vocês devem lembrar

---

i Residência do rei Zulu e sede da família real.   **ii** Cidade natal e de residência de Buthelezi.
iii Referência majestática à esposa de Mangosuthu Buthelezi, Irene Buthelezi.   **iv** "A criança", em isiZulu.   **v** A inicial R refere-se a seu prenome, Rolihlahla.   **vi** Zenani Mandela (1959-) e Zindziswa Mandela (1960-) — ver glossário.   **vii** Makgatho (Kgatho) Mandela (1950-2005), segundo filho de Mandela — ver glossário.   **viii** Makaziwe (Maki) Mandela (1954-), filha mais velha de Mandela — ver glossário.

que, na carta que escrevi em 1966, contei-lhes que o juiz branco disse que eu devia ficar na cadeia pelo resto da minha vida.

Pode ser que demore até eu poder voltar; pode ser que seja logo. Ninguém sabe quando vai ser, nem mesmo o juiz que disse que eu devia ficar preso. Mas estou certo de que um dia voltarei para casa para viver feliz com vocês até o fim dos meus dias.

Não se preocupem comigo agora. Estou feliz, bem de saúde e cheio de energia e esperança. A única coisa de que sinto falta é de vocês, mas sempre que me sinto sozinho olho para a foto de vocês que está sempre diante de mim. Ela tem uma moldura branca e uma margem preta. Nos últimos dois anos venho pedindo a mamãe que me mande uma foto de conjunto com Zindzi, Zeni, Maki, Kgatho, Nomfundo[i] e Kazeka. Mas até agora não a recebi. A foto vai me fazer ainda mais feliz do que estou agora.

Muito obrigado pelos lindos cartões de Natal que vocês me mandaram. Além dos de vocês, recebi um de Kgatho e outro da mamãe. Espero que vocês tenham recebido mais.

A mamãe me visita duas ou três vezes por ano. Ela também providencia para que Kgatho e outros possam me ver. O padre Long, da Igreja Católica Romana, da paróquia de St. Patrick, Mowbray, Cidade do Cabo, ainda me visita uma vez por mês. Além disso, estou autorizado a receber e a escrever uma carta por mês. Todas essas coisas me mantêm contente e esperançoso.

Por favor transmitam minhas lembranças carinhosas ao padre Borelli e digam à madre superiora[ii] que estou em grande dívida com ela e com todas as irmãs de lá pela ajuda e orientação que têm dado a vocês. Talvez um dia eu tenha condições de retribuir, de algum modo singelo, essa bondade delas.

Em dezembro de 1965 eu recebi uma carta de Zeni na qual ela também me pedia para voltar para casa, exatamente como Zindzi diz na dela. O inglês era bom e a caligrafia, clara. Mas fiquei totalmente surpreso ao receber uma de Zindzi. Seu inglês era também bom e a caligrafia igualmente clara. Vocês estão indo muito bem, minhas queridas. Continuem assim.

Com pilhas e pilhas de amor e um milhão de beijos.

Afetuosamente,
Tata[iii]

SENHORITAS ZENI & ZINDZI MANDELA
CASA nº 8115 ORLANDO WEST
JOANESBURGO

---

i Olive Nomfundo Mandela, filha da irmã de Mandela, Notancu. ii Zindzi e Zenani estavam numa escola católica na vizinha Suazilândia. iii "Pai", em isiXhosa.

Para Makaziwe Mandela,[i] sua filha mais velha

16.2.69

Minha querida,

Fiquei contente de verdade ao saber que você, Kgatho, Zeni & Zindzi[ii] passaram em seus respectivos exames. Por favor, aceite minhas mais calorosas congratulações. O sucesso em todos os exames que fizeram até agora mostra que todos vocês têm talento para o estudo e espero que isso os inspire a se esforçar ainda mais este ano. Você agora está fazendo o último ano do ginásio e sinto que quando chegar a hora de enfrentar os exames, no fim do ano, você passará de novo, desde que trabalhe com afinco e constância desde o começo. Espero que me conte em sua resposta quais são suas matérias este ano e os títulos dos trabalhos em inglês e em xhosa/zulu. Eu gostaria de lê-los. Mas por enquanto digo: "Muito bem!".

Até onde eu sei, era esperado que você, Tembi[iii] & Kgatho fossem até Umtata[iv] para visitar o túmulo da Makhulu[v] e prestar suas últimas homenagens a ela. Vocês conseguiram? Fiquei muito triste ao receber a notícia da sua morte, porque tinha a esperança de cuidar dela em seus últimos dias na terra e de enterrá-la quando ela morresse. Mas a mamãe e outras pessoas me dizem que parentes e amigos, sob a condução do chefe supremo Sabata,[vi] compareceram em grande número e realizaram um funeral que despertou os mais profundos sentimentos. Sei que Zeni & Zindzi compareceram e ficaria igualmente contente se me dissessem que vocês também conseguiram ir.

Espero que tenham recebido o cartão de Natal que mandei a você e Kgatho e que tenham passado um bom Natal e Ano-Novo. Foi um verdadeiro prazer para mim receber sua carta sem data em novembro de 1968. A linguagem e o estilo eram bons, e a caligrafia bem clara. Agradou-me saber que você estava apreciando a escola e que inglês era a matéria de que mais gostava. Fiquei feliz também em saber que sua ambição é tornar-se médica ou cientista. São duas profissões exigentes e você precisa trabalhar com afinco e constância durante os períodos letivos, bem

---

i Makawize Mandela (1954-) — ver glossário. **ii** O filho de Mandela Makgatho (1950-2005) e as filhas Zenani (1959-) e Zindziswa (1960-). **iii** O filho mais velho de Mandela, Madiba Thembekile (1945-69). Mandela costumava abreviar seu nome para "Thembi" ou "Tembi". **iv** Umtata (hoje chamada de Mthatha) era a capital do território do Transkei. **v** "Avó", em isiXhosa. Aqui Mandela está se referindo a sua mãe, Nosekeni Mandela, que morreu em 1968. **vi** Rei Sabata Jonguhlanga Dalindyebo (1928-86), chefe supremo do território do Transkei e líder do Partido Democrático Progressista, o partido de oposição no Transkei, que se opunha ao sistema do apartheid — ver glossário. O termo "chefe supremo" foi criado pelos colonizadores britânicos como o título mais elevado numa região com um sistema baseado em chefes. O chefe supremo Sabata era na verdade um rei. Os britânicos sustentavam que apenas o monarca britânico podia ostentar tal título.

como ter um bom descanso durante as férias escolares. Vejo que você tem receio de ser sequestrada um dia depois que tiver descoberto uma droga perigosa. Não se preocupe muito com sequestradores, querida. O mundo deles está ficando cada vez menor, e seus amigos, menos numerosos. Um dia haverá um novo mundo em que todos nós viveremos em felicidade e paz. Esse mundo será criado por você e eu; por Kgatho, Zeni & Zindzi; por nossos amigos e compatriotas. Quando você se tornar médica ou cientista e usar seu conhecimento, sua formação e seu talento para ajudar as pessoas que são pobres e desvalidas e que não têm oportunidade de se desenvolver, você estará lutando por esse novo mundo.

Em sua carta você me contou que Kgatho ia fazer matrícula para o primeiro ano e que estava indo bem na escola. Os relatos que recebi tanto antes como depois da sua carta confirmam sua declaração. Fico contente em saber que Kgatho é aplicado nos estudos e que está fazendo grandes progressos. Você também me contou que Thembi estava trabalhando, e que tinha um bebê de dois anos gorducho e adorável. Você encerrou sua carta neste ponto, indicando que Thembi estava ajudando como podia, que estava comprando roupas e tudo de que você precisava. Me agradou bastante ser informado de que ele está sendo de muita ajuda para você. Qualquer coisa que alivie suas dificuldades e aumente sua felicidade enche meu coração de alegria, e sou grato de verdade a Thembi por tudo o que ele faz por você.

No entanto, fiquei triste ao saber que ele escolheu deixar a escola antes mesmo de ter conseguido seu diploma do curso secundário. Escrevi para ele em 1967 e o aconselhei a voltar para a escola junto com a esposa, ou a prosseguir os estudos por correspondência. Não recebi resposta e não tenho informação alguma sobre o que ele anda fazendo.

Obrigado por me informar que But' Sitsheketshe[i] se casou e que está em Pimville.[ii]

Venho tentando nos últimos dois anos conseguir uma foto de conjunto de você, Kgatho, Zeni, Zindzi, Nomfundo[iii] e a filha do chefe Mdingi.[iv] Ficarei grato se você puder ajudar a providenciar para que essa foto seja tirada e mandada para mim quanto antes.

Por favor peça a madame Ngakane[v] para me dar, por seu intermédio, as respectivas qualificações, profissões ou ocupações de Mookamedi[vi] Makgatho, Letanka, Msane e Mabaso. Você me dará essas informações em sua carta de resposta.

---

i Primo de Mandela. **ii** Um subúrbio de Soweto. **iii** Olive Nomfundo Mandela, filha de sua irmã Notancu. **iv** O chefe Mdingi é um parente de Mandela e o chefe Thembu que deu nome às duas filhas mais novas de Mandela. A mais velha das duas ele chamou de "Zenani", que significa "O que você trouxe?", e os Madikizela (a família de Winnie Mandela) chamaram-na de Nomadabi Nosizwe ("Campo de batalha da nação"). Mdingi chamou a caçula de Mantu Nobutho Zindziswa. **v** Vizinhos dos Mandela. **vi** "Presidente" em Sesotho. Embora não tenhamos conseguido identificar a quem Mandela está se referindo, é provável que não seja um presidente de verdade.

Os sentimentos que você expressou no último parágrafo da sua carta eram muito doces e me deram uma boa dose de inspiração e energia, querida. Você agora está com catorze anos e não está muito longe o dia em que poderá me visitar. Fui informado de que você está alta e encantadora e não vejo a hora de te encontrar. Enquanto isso, gostaria que soubesse que penso em você, Kgatho, Zeni e Zindzi todos os dias e que seus progressos escolares me deixam feliz e orgulhoso. Com um montão de amor.

Afetuosamente,
Tata

29.7.69

Eu tinha escrito a carta acima e entregado para que fosse postada em 16 de fevereiro deste ano, mas por uma razão ou outra ela não foi enviada. Já escrevi a sua mãe e a Kgatho e Zeni e Zindzi mandando a todos vocês minhas mais profundas condolências, querida. Meu pedido de permissão para comparecer ao funeral não foi atendido, e espero que você e Kgatho tenham conseguido ir.

Em março recebi a foto coletiva que pedi, e você não precisa mais se preocupar com isso. Tinham me prometido anteriormente uma foto de Thembi e sua família, e vou escrever a respeito a Molokozana[i] tão logo Kgatho me dê os detalhes que pedi.

Com muito amor,
Tata

◇◇◇◇◇◇◇◇◇◇

Enquanto lutava com sua dor pelo falecimento de sua mãe e se assegurava de ter escrito a todos os que precisavam ser consolados ou agradecidos, Mandela prosseguia com suas batalhas diárias atrás das grades.

A perpétua contenda com as autoridades pelos materiais de estudo a que ele tinha direito tomava boa parte do seu tempo. O problema persistiu ao longo de todo o seu período em Robben Island, e ele se recusava a parar de reclamar explicações das autoridades, que eram obrigadas a seguir os regulamentos.

---

i "Nora", em isiXhosa. Está se referindo a Thoko Mandela, viúva de seu filho Thembi.

Para o capitão Huisamen, oficial comandante, Robben Island

[Em outra caligrafia] Arquivo

28.2.69

Oficial Comandante
Robben Island
A/c: Capt. Huisamen

Em 25 de fevereiro de 1969, o agente carcerário De Jager nos informou que haviam chegado instruções de Pretória determinando que no futuro só poderíamos encomendar livros de estudo se tais livros fossem obrigatórios e que livros apenas recomendados não seriam permitidos.

A esse propósito gostaríamos de informar-lhe que exatamente as mesmas instruções nos foram passadas perto do fim de 1965. Em fevereiro de 1966, na presença do oficial comandante da época, major Kellerman, discuti a questão como um todo com o comissário de Prisões, general Steyn, e pedi-lhe que reconsiderasse sua decisão. Em apoio a minha solicitação chamei a atenção dele para o fato de que estava estudando para o bacharelado em direito da Universidade de Londres, e que, de acordo com o regulamento daquela universidade, não havia livros obrigatórios para aquele curso, de modo que todos os livros que eu deveria ler para prestar os exames eram recomendados e não obrigatórios. Salientei que, no que se refere aos Honours Courses,[i] as cartas tutoriais exortavam expressamente os estudantes a ler obras diversificadas e a não se confinar à lista de livros fornecida nos guias de estudo. Expliquei também que a educação não tinha meramente o intuito de preparar as pessoas para passar nos exames; sua principal função era capacitá-las a ser especialistas em seus respectivos campos, fato que tornava absolutamente imperativo ler extensivamente. Pedi ao comissário que tivesse em mente que, ao sair da prisão, nós competiríamos por trabalhos com pessoas que tiveram acesso livre e irrestrito a todas as fontes de informação sobre um tema determinado e que a aplicação das novas instruções nos deixaria em grande desvantagem. O comissário aceitou esses argumentos e instruiu o major Kellerman a restaurar o direito de encomendar livros recomendados. Assim, por algum tempo não experimentamos dificuldades de tipo algum a esse respeito.

No início de 1967, porém, o funcionário encarregado dos estudos na época reemitiu as instruções e nos informou que não teríamos permissão para encomendar livros recomendados. Em 15 de fevereiro do mesmo ano discuti o assunto de novo com [o] comissário e o direito foi novamente restaurado e temos desfrutado dele desde então.

---

i *Honours Courses*: no "sistema de honras" universitário britânico, os cursos que habilitam para a obtenção de um *honours degree*, um diploma concedido com distinção. [N.T.]

Presumimos que o senhor não está a par desse retrospecto e solicitamos que reconsidere a questão.

[Assinado NRMandela]
NELSON MANDELA: 466/64

[Em outra caligrafia, em africâner] Discutir. Não aceitar responsabilidade por livros obrigatórios e eles devem ser bem avaliados quando são encomendados. [Rubricado] 2/2/69

◇◇◇◇◇◇◇◇◇◇

Ao que parece, no fim dos anos 1960 Mandela foi autorizado a escrever para destinatários de fora de seu círculo familiar. Mas tal correspondência não estava isenta dos obstáculos que tinham se tornado uma marca distintiva do prisioneiro e de seu único meio de contato com o mundo. Nesta série de cartas, Mandela reescrevia cada carta original com sua data original, e depois explicava isso ao destinatário num pós-escrito.

Para Lilian Ngoyi,[i] sua amiga e camarada

3.3.69

Kgaitsedi yaka, yaratehang[ii]

Escrevi a você antes de ser sentenciado em novembro de 1962. Você também teve notícias minhas algum tempo depois, quando lhe pedi que sempre desempenhasse, na condição de filha mais velha na família, o papel de pacificadora. Desde então estive ansioso para lhe escrever, mas a principal dificuldade sempre foi o fato de que você não teria condições de responder.[iii] Agora, porém, você está livre para se comunicar comigo & eu gostaria que soubesse que sempre penso em você, na Velha Dama,[iv] em Hlatse,[v] em Memo[vi] & em Oupa[vii] com lembranças ternas e afetuosas. Espero que estejam todos bem & estou ansioso para ouvir alguma coisa sobre cada um de vocês.

---

i Lilian Ngoyi (1911-80), política e ativista antiapartheid e pelos direitos da mulher — ver glossário. **ii** "Minha querida irmã" em Sesotho ou Setswana. **iii** Ela não poderia responder devido ao fato de não ser da família e também por ser uma conhecida ativista política. **iv** Annie, avó de Lilian Ngoyi. **v** Filha de Lilian Ngoyi. **vi** Peletsi "Memory" Mphahlele, filha adotiva de Lilian Ngoyi. **vii** Tebogo, filho de Edith e sobrinho de Lilian Ngoyi.

Fiquei muito triste ao saber da morte de Percy[i] & mais ainda por não ter podido comparecer ao funeral. Ele era não apenas seu irmão, mas um amigo cuja bondade e encanto tornavam-no muito querido por mim & lamentei muitíssimo saber que não estava mais entre nós. Embora já se tenham passado anos desde que isso aconteceu, ficarei grato se você fizer a gentileza de transmitir meus pêsames à Velha Dama.

Foi muito amável de sua parte mandar Hlatse para acompanhar o Julgamento de Rivonia. Sentimos profunda gratidão pelo esforço que ela fez para viajar os cinquenta quilômetros até Pretória & reconhecemos sua presença no tribunal como um ato de solidariedade seu e de sua família que nos deu muita coragem e inspiração. Em todas as questões importantes que encaramos você esteve sempre na linha de frente, dividindo as agruras com seus amigos & infundindo-lhes coragem & esperança. Sua desapegada contribuição se deu na Campanha do Desafio,[ii] no COP,[iii] na Marcha de Protesto das Mulheres a Pretória[iv] & no Julgamento de Traição,[v] para mencionar só alguns casos.

Sabíamos que, embora não pudesse estar presente em pessoa, você estava plenamente conosco em espírito quando enfrentamos aquele memorável processo & ficamos muito contentes mesmo ao ver Hlatse lá. E Sonny,[vi] como vai?

Talvez você não esteja em condições de transmitir minhas afetuosas lembranças a Helen.[vii] Gostaria que ela soubesse que penso nela também. Sempre a respeitei por suas ideias nobres & imensa coragem. Viajamos juntos quase diariamente indo a Pretória e voltando durante o Julgamento de Traição & nos tornamos muito próximos. Trabalhamos juntos na Prisão de Pretória preparando seu testemunho

---

i Irmão de Lilian Ngoyi. **ii** Iniciada pelo CNA em dezembro de 1951 e lançada junto com o Congresso Indiano Sul-Africano em 26 de junho de 1952 contra seis leis do apartheid, a Campanha do Desafio contra Leis Injustas (conhecida abreviadamente como Campanha do Desafio) envolveu a transgressão de leis racistas por indivíduos, como por exemplo a entrada em recintos reservados "só para brancos", a desobediência ao toque de recolher e atitudes para provocar a prisão. Mandela foi designado chefe nacional dos voluntários, com Maulvi Cachalia como seu adjunto. Mais de 8 500 voluntários foram presos por sua participação na Campanha do Desafio. **iii** O Congresso do Povo, realizado em 25-26 de junho de 1955 em Kliptown, Joanesburgo, teve a participação de 3 mil representantes e foi a culminação de uma campanha de um ano em que membros da Aliança do Congresso visitaram casas em toda a extensão da África do Sul registrando as demandas do povo por uma África do Sul livre. Estas foram incluídas na Carta da Liberdade, que foi adotada no segundo dia do Congresso do Povo e defendia direitos iguais para todos os sul-africanos independentemente de raça, além de reforma agrária, melhoria das condições de trabalho e de vida, distribuição justa da riqueza, ensino obrigatório e leis mais justas. **iv** Em 9 de agosto de 1956, 20 mil mulheres marcharam até os Union Buildings do governo em Pretória para protestar contra a extensão de passes de locomoção a mulheres africanas. **v** O Julgamento de Traição (1956-61) foi o resultado de uma tentativa do governo do apartheid de extinguir o poder da Aliança do Congresso, uma coalizão de organizações antiapartheid. Em ações realizadas no início da manhã de 5 de dezembro de 1956, 156 indivíduos foram detidos e acusados de alta traição. Ao final do processo, em março de 1961, todos os acusados ou tiveram as acusações retiradas ou, no caso dos últimos vinte e oito (incluindo Mandela), foram absolvidos. **vi** Marido de Edith Ngoyi. **vii** Helen Joseph (1905-92), professora, assistente social e ativista antiapartheid e pelos direitos das mulheres — ver glossário.

durante o Estado de Emergência[i] & eu a vi ser fustigada impiedosamente pela acusação durante vários dias.[ii] Ela se saiu muito bem & minha confiança nela se tornou ainda mais profunda. Sua formação como assistente social & provavelmente sua experiência como oficial militar tornaram-na muito sensível ao bem-estar de seus colegas necessitados & ela estava sempre pronta a oferecer algum tipo de ajuda material. De quando em quando recebo alguns fiapos de informação sobre ela & fico contente em constatar que minha confiança nela não era descabida. Meu único lamento é não ter podido ver o livro dela sobre o Julgamento de Traição depois que foi publicado.[iii]

Tive o privilégio de ler o manuscrito & achei-o muito estimulante. Gostaria de ter visto o texto final. Talvez agora que está vivendo em semiaposentadoria ela possa dedicar seu talento a escrever mais.

Minhas mais calorosas lembranças vão também para Ntsiki,[iv] Greta,[v] Doreen, Muriel, Joana, Caroline, Catherine, a sra. Taunyane, Lily Seroke, Virginia,[vi] Onica & Dorcas, minha prima Nobelungu & Hilda.[vii] Todas elas são moças corajosas & considero um privilégio meu ter estado associado a elas no passado.[viii]

Estou lendo atualmente sobre os grandes chefes africanos Sekukuni & Mampuru, filhos de Sekwati,[ix] & sobre a luta entre eles pelo trono dos Bapedi. Mesmo por padrões modernos eram homens inteligentes & capazes, que amavam seu país e seu povo. O papel de Sekukuni na história do país é conhecido amplamente, mas eu sempre me pego especulando sobre o curso que essa história poderia ter tomado se esses e outros chefes no país tivessem refreado suas diferenças & tentado resolver seus problemas mútuos por meio de esforços conjuntos. Ngoana waKgosi Godfrey[x] tem toda razão de se orgulhar das realizações de seu famoso avô. Espero

---

i Declarado em 30 de março de 1960 como resposta ao Massacre de Sharpeville, o Estado de Emergência se caracterizou por detenções em massa e pela prisão de boa parte dos líderes africanos. Em 8 de abril de 1960 o CNA e o Congresso Pan-Africano foram banidos pela Lei das Organizações Ilegais. **ii** Quando o governo sul-africano declarou Estado de Emergência em 1960, os acusados no Julgamento de Traição que tinham sido liberados mediante pagamento de fiança foram presos. A equipe de defesa se retirou em protesto e os acusados que eram advogados auxiliaram seus colegas na preparação para o julgamento. Mandela proporcionou assistência legal a sua companheira de processo Helen Joseph. **iii** Helen Joseph, *If This Be Treason* (Cidade do Cabo: Kwagga Publishers, 1963). **iv** Albertina Sisulu (1918-2011), ativista antiapartheid e pelos direitos da mulher, além de esposa do camarada de Mandela Walter Sisulu — ver glossário. Ntsiki é abreviatura de Nontsikelelo, seu nome africano. **v** Greta Ncapayi, ativista da Liga das Mulheres do CNA e amiga de Albertina Sisulu. **vi** Virginia Mngoma, ativista política. **vii** Hilda Bernstein (1915-2006), escritora, artista e ativista antiapartheid e pelos direitos da mulher. Era membro e fundadora do Conselho Sul-Africano para a Paz e da Federação de Mulheres Sul-Africanas. Depois que seu marido, Lionel (Rusty), foi absolvido no Julgamento de Rivonia, eles cruzaram a pé a fronteira para o vizinho Botsuana. **viii** Todas essas mulheres provavelmente foram amigas e camaradas de Mandela na qualidade de ativistas antiapartheid. **ix** Sekukuni ou Matsebe Sekhukhune (1814-82) e Mampuru eram filhos do rei do povo bapedi Sekwati e se tornaram rivais em luta pelo trono depois da morte dele em 1861. Sekhukhune foi morto por Mampuru em 1882, e Mampuru foi executado no ano seguinte. Seus restos mortais nunca foram encontrados. **x** Godfrey Mogaramedi Sekhukhune tornou-se um combatente pela liberdade no braço armado do CNA, Umkhonto weSizwe, e a certa altura foi encarcerado em Robben Island.

que ele e sua família estejam bem. Faz um bom tempo que não tenho notícia de Motsoala John. Que ele esteja bem de saúde & tão animado como sabemos que é.

Em janeiro de 1966 recebi uma carta gentil & inspiradora de Ma Nokukanya,[i] na qual ela nos informava que estávamos sempre em seus pensamentos. Suas palavras de estímulo nos fizeram um bem imenso. Quando o chefe morreu fui autorizado a escrever uma carta especial de condolências, mas ela nunca chegou. Fiquei sabendo que o genro dela está no hospital & eu gostaria de ter informações sobre o seu estado. Mais uma vez eu gostaria que você soubesse que penso em você & sua família com lembranças ternas & afetuosas & que nada me agradaria mais do que ter notícias suas.

Com amor,
Cordialmente,
Nel

Sra. Lilian Ngoyi
a/c srta. Nonyaniso Madikizela,[ii]
Casa nº 8115, Orlando West,
Joanesburgo.

29.7.69

Esta carta tinha sido escrita & entregue para ser enviada a você em 3 de março deste ano. Agora sei que você nunca a recebeu. Aqui vai de novo &, embora tenha acontecido muita coisa desde então, preferi mesmo assim reproduzi-la exatamente como a escrevi na primeira vez. Só espero que desta vez ela chegue a você.

Muito obrigado por sua comovente mensagem de pêsames que me deu muita força e inspiração. Recebi a trágica notícia em 16 de julho & minha reação foi a mesma que a sua. Eu mal podia acreditar que Thembi tinha de fato partido. Meu pedido para comparecer ao funeral não foi atendido, exatamente como aconteceu por ocasião da morte de minha mãe, há dez meses. Em ambos os casos me negaram a oportunidade de prestar minhas últimas homenagens àqueles que me eram mais caros. Mas meus companheiros fizeram todo o possível para aliviar o golpe & me deixar contente. Sua mensagem significou muito para mim & os sentimentos que ela expressa têm me dado uma enorme coragem. Mais uma vez eu me sinto feliz da vida e pronto para enfrentar o que quer que os fados possam reservar para mim. Nel

---

i Nokhukhanya Luthuli, viúva do chefe Albert Luthuli. ii Irmã de Winnie Mandela.

Para Gibson Kente,[i] seu sobrinho e renomado dramaturgo e compositor[ii]

Pelo mês de fevereiro de 1969 B.I.P.V.B[iii]

3.3.69

Meu querido sobrinho,

Zami[iv] me contou sobre minha sobrinha, Evelyn,[v] sua esposa. Infelizmente o tempo permitido para visitas nunca é suficiente para nos possibilitar cobrir plenamente tais assuntos familiares como gostaríamos de discutir & ela consequentemente não pôde me dar todas as informações que eu precisava saber sobre Evelyn. Não tive o privilégio de conhecê-la, mas tenho certeza de que deve ser uma moça talentosa & encantadora para ter conquistado o seu afeto & ficarei contente de me inteirar do seu retrospecto familiar. Não vejo a hora de ver vocês dois um dia. Enquanto isso, desejo-lhes um casamento fecundo & um futuro feliz.

Eu gostaria de saber se a União dos Artistas da A.S.[vi] ainda está se fortalecendo. Quem são os atuais dirigentes & qual é o nome de sua publicação (se há alguma) & qual é o preço da assinatura? Estou colecionando álbuns de canções africanas[vii] — Sotho, Zulu e Xhosa —, mas estou enfrentando dificuldades. Estou sabendo da coleção de Mohapeloa,[viii] mas não tive condições de obtê-la junto à firma da Cidade do Cabo especializada nesse campo. Consegui dar uma olhada em canções corais populares para vozes mistas editadas por Williams & Maselwa,[ix] mas estou mais interessado em álbuns de música africana moderna. Talvez você possa me informar como conseguir alguma coisa.

---

i Gibson Kente (1932-2004) — ver glossário. **ii** Pelo fato de Gibson Kente provir do clã Madiba, como Mandela, este o chamava de sobrinho. **iii** Essas iniciais estão com a caligrafia de Mandela. Não está claro o que significam. **iv** Zami é um dos nomes de Winnie Mandela. **v** Nomathemba Evelyn Kasi, uma top model, foi casada com Gibson Kente, seu segundo marido, de 1969 a 1974. Ela posteriormente se mudou para os Estados Unidos e se casou com o advogado Alan Jackman, tornando-se conhecida como Thembi Jackman. Ela desapareceu na África do Sul em 2008 e foi declarada "presumivelmente morta" por determinação da Justiça. **vi** A União dos Artistas da África do Sul foi criada em 1952 e em 1958 já era um dos mais bem-sucedidos organismos de promoção do ramo do entretenimento na África do Sul. **vii** Quando lhe perguntaram se os presos de Robben Island tinham acesso a música, o companheiro de prisão em Robben Island e antigo camarada de Mandela Mac Maharaj (ver glossário) recordou que "Houve um breve (muito curto) período no final dos anos 1960 (acho) em que as autoridades instalaram um sistema de alto-falante em nosso setor, que eles usavam para tocar música a partir da sala de controle no escritório principal. Se estou bem lembrado, nós então pedimos permissão para escolher e comprar discos que poderiam ser tocados pelos funcionários para nós pelo sistema de radiodifusão. Os discos eram guardados pelas autoridades prisionais, fazíamos pedidos para que tal ou qual música ou canção fosse tocada. As autoridades descontinuaram a prática depois de alguns meses. Mas até à época da minha saída (1976) não tínhamos permissão de comprar e guardar álbuns de música em nossas celas". (Mac Maharaj num e-mail a Sahm Venter.) **viii** Joshua Pulumo Mohapeloa (1908-82), um letrista e compositor de língua Sesotho que trabalhou com Gibson Kente em suas produções musicais (Sahm Venter, em conversas telefônicas com a sobrinha de Gibson Kente, Vicky Kente, 23 de julho de 2017). **ix** H. C. N. Williams e J. N. Maselwa (Nova York: G. Schirmer, 1960), *Choral Folksongs or the Bantu, for Mixed Voices*.

Fiquei sabendo por várias fontes que você tem se saído muito bem atualmente no teatro & que *Sikalo*[i] e *Lifa*[ii] atraíram plateias bem grandes. Essa é uma conquista e tanto, pela qual eu lhe dou meus mais calorosos parabéns & votos de boa sorte em esforços futuros. Eu teria gostado muito de ver ambas as peças; talvez um dia me seja possível pelo menos ler os roteiros. Não ficou claro pelos relatos se você escreveu os textos & também produziu ambas as peças, & se as plateias eram formadas predominantemente por africanos ou brancos. Estou interessado em conhecer o impacto do teatro sobre os africanos em geral. Creio que *Nongqawuse*[iii] foi um tremendo sucesso; quem escreveu o texto? Essas coisas se encontram publicadas?

Acredito que Miriam[iv] continua se saindo bem no exterior & que ela esteja noiva ou casada com Carmichael.[v] Ela tem mostrado grande talento & suas posições sobre questões sociais parecem estar mais avançadas do que eu imaginava. Fui informado de que Dolly[vi] também está nos States. Espero que ela seja tão feliz e cause tanto impacto quanto Miriam. Em Londres conheci Dambuza, Joe & Rufus.[vii] Na época, eles estavam planejando uma turnê pela África & espero que tenham tido êxito. Lamentei não ter visto Gwigwi,[viii] que causou uma impressão e tanto em nossos companheiros no exterior & gostaria de lhe mandar lembranças se ele estiver de volta. Quase não ouvimos nada a respeito de Peggy Phango[ix] & Hugh Masekela[x] & espero

---

i O comercialmente bem-sucedido musical *Sikalo* [Lamento] foi produzido por Gibson Kente em 1965. A história gira em torno de um rapaz que tenta evitar participar de uma gangue, mas que termina indo para a cadeia.   **ii** *Lifa* foi também um espetáculo de sucesso produzido por Gibson Kente em 1967. **iii** Escreveu-se com frequência sobre a figura legendária Nongqawuse. Ela era uma jovem profetisa Xhosa que em 1856 emitiu uma orientação para que se matasse todo o gado e se queimasse toda a plantação de grãos para que os mortos voltassem à vida de modo a poder ajudar os Xhosa a viver livres da dominação europeia. No entanto, como resultado de ter seguido suas instruções, o povo Xhosa sofreu uma grave fome e os britânicos reforçaram o regime colonial. A primeira peça sobre os Xhosa, *UNongqawuse*, escrita por Mary Waters, foi produzida em 1925. É provável que Mandela estivesse se referindo aqui a uma versão contemporânea da história de Nongqawuse.   **iv** Zenzile Miriam Makeba (1932-2008), cantora e atriz sul-africana, embaixadora da Boa Vontade da ONU e ativista.   **v** Stokely Carmichael (1941-98), trinitário-americano envolvido no movimento pelos direitos civis nos Estados Unidos e no movimento pan-africano, que se tornou o "Primeiro-Ministro Honorário" do Partido dos Panteras Negras e mais tarde do Partido Revolucionário de Todos os Povos Africanos.   **vi** Dolly Rathebe (1928-2004), cantora de jazz e atriz sul-africana.   **vii** Nathan "Dambuza" Mdledle (1923-95), Joe (Kolie) Mogotsi (1924-2011) e Rufus Khoza — três dos quatro membros da Manhattan Brothers, uma popular banda sul-africana de jazz dos anos 1940 e 1950 que incorporava em sua música harmonias Zulu e música coral africana. Foram a primeira banda a entrar na lista dos Top 100 da *Billboard* nos Estados Unidos, com sua canção "Lovely Lies" em 1956.   **viii** Gwigwi Mrwebi (1936-73), fundador da União dos Artistas Sul-Africanos. Saxofonista, foi membro dos Jazz Maniacs, dos Harlem Swingsters e dos Jazz Dazzlers.   **ix** Peggy Phango (1927-98), cantora de jazz e atriz sul-africana que desempenhou o principal papel feminino no musical *King Kong* no West End de Londres em 1961.   **x** Hugh Rampolo Masekela (1939-2018), trompetista, cantor e compositor sul-africano que escreveu canções antiapartheid, incluindo "Bring Him Back Home", gravada em 1986, que reclama a soltura de Nelson Mandela. Ele partiu para o exílio depois do Massacre de Sharpeville de 1960, no qual sessenta e nove manifestantes foram mortos a tiros, e estudou música em Londres e depois em Nova York.

que estejam se saindo bem. Todos esses são artistas de talento pelos quais temos a maior consideração, & nada me agradaria mais do que saber que estão fazendo uso pleno das oportunidades que agora estão tendo.

Quem são os novos astros no país & quão bons eles são? Quem são os respectivos secretários do BMSC,[i] do DOCC[ii] & do Centro Moroka? Servi por muitos anos no Conselho de Curadores & no Conselho de Gerência do DOCC & pude ganhar algum esclarecimento sobre o valor de tais instituições, desde que seu secretário seja um homem de iniciativa.

De quando em quando Zami me dá detalhes de como você tem sido prestativo com ela & as crianças, & eu gostaria que você soubesse que eu agradeço profundamente o interesse que continua a demonstrar. Nangomso![iii] Penso em você com lembranças calorosas & agradáveis. Todo o meu amor para Evelyn, Zami & crianças.

Cordialmente,
Tio Nel

29.7.69 P.S. Temba (Union Wide) manda lembranças.

Sr. Gibson Kente
a/c Sra. Nobandla Mandela, Casa nº 8115, Orlando West,
Joanesburgo

29.7.69 P.S. Esta carta foi escrita e entregue para ser enviada a você em 3 de março deste ano. Sei que você nunca a recebeu. Aqui está de novo &, embora muita coisa tenha acontecido desde então, preferi, mesmo assim, reproduzi-la exatamente como era na primeira vez que a escrevi. Só espero que desta vez ela chegue até você.

Tio Nel

---

i O Bantu Men's Social Centre (BMSC), fundado em Sophiatown, Joanesburgo, em 1924, foi um importante ponto de encontro cultural, social e político para negros sul-africanos. Suas instalações incluíam um ginásio de esportes e uma biblioteca, e ele sediou lutas de boxe, reuniões políticas e bailes. Mandela e outros quatro fundaram ali a Liga Jovem do CNA em 1944. **ii** O Donaldson Orlando Community Centre era um espaço comunitário em Soweto que sediou bailes, concertos e lutas de boxe. Foi construído pelo Fundo Donaldson, estabelecido em 1936 pelo tenente-coronel James Donaldson D.S.O. para "fazer progredir o status, melhorar as condições e eliminar as desvantagens sofridas pela população africana negra da África do Sul; e para buscar seu bem-estar e seu aprimoramento". Nelson Mandela costumava lutar boxe lá nos anos 1940 e 1950 e passou muitos inícios de noite treinando no ginásio com seu filho mais velho, Thembi. **iii** *Nangamso* é uma palavra isiXhosa que expressa profunda gratidão a uma pessoa que foi além da mera obrigação. Mandela às vezes escreve *nangomso*.

Para o chefe Mthetho Matanzima,[i] um parente[ii]

[Em outra caligrafia em africâner, em vermelho] Carta especial a seu sobrinho
[Em vermelho em sua caligrafia] AO RESPONDER POR FAVOR COLOQUE NO ALTO
DE SUA CARTA AS PALAVRAS "RESPOSTA A UMA CARTA ESPECIAL".[iii]

17.3.69

Mntan'omhle,[iv]

Minha esposa me informa que você foi empossado & escrevo para cumprimentá-lo & desejar-lhe um reinado feliz e produtivo. Os anciãos que falaram na cerimônia terão lhe dado muitos conselhos sobre como você deve exercer o poder e conceder justiça a seu povo. Talvez eles tenham até mesmo lembrado que você assume o comando numa situação bem melhor que a da maioria dos chefes, já que tem a seu favor uma formação jurídica & uma sólida educação que deve habilitá-lo normalmente a aspirar ao pensamento independente & a enxergar longe no futuro. Mais conselhos nesses terrenos seriam certamente redundantes. Para mim é suficiente dizer que fiquei de fato muito feliz em saber que Jonguhlanga[v] honrou o evento com sua presença & que o entronizou pessoalmente. O falecido chefe Jongintaba[vi] nunca se cansou de enfatizar a importância de relações boas & harmoniosas entre Jonguhlanga e Daliwonga,[vii] & fico feliz ao ver a possibilidade de plena cooperação entre as duas casas principais de Mtirara[viii] em questões envolvidas no âmbito da tribo. Espero que essa cooperação se desenvolva numa associação mais estreita & mais íntima & vejo isso como parte integrante do ideal unificador mais amplo pelo qual todos batalhamos.

Com muita frequência penso no impacto causado por seu famoso ancestral, Matanzima, que no curso de seu vistoso reinado experimentou a honra & a humilhação, o conforto & a miséria. Ele conheceu o prazer & a responsabilidade de ser o símbolo respeitado da unidade tribal, o centro da lealdade & das afeições de seu povo.

Ele também vivenciou a saudade & a solidão de alguém que teve que se distanciar de seu lar, sua família & seu povo & de tudo o que lhe era mais querido. Embora

---

i Mthetho Matanzima (m. 1972) — ver glossário. **ii** Tirado de um caderno de capa dura em formato A4 no qual Mandela copiava algumas de suas cartas. **iii** Cartas especiais e suas respostas não eram deduzidas da cota do prisioneiro. **iv** "Linda criança", em isiXhosa. **v** Rei Sabata Jonguhlanga Dalindyebo (1928-86), chefe supremo do território do Transkei e líder do Partido Democrático Progressista, o partido de oposição no Transkei que se opunha às leis do apartheid — ver glossário. **vi** Chefe Jongintaba Dalindyebo (m. 1942), o chefe e governante do povo Thembu. Tornou-se tutor de Mandela depois da morte do pai deste — ver glossário. **vii** K. D. Matanzima (1915-2003), sobrinho de Mandela, um chefe Thembu e ministro-chefe para o Transkei — ver glossário. **viii** Mtirara é uma família real do povo Thembu. As diferentes casas referem-se às famílias de diferentes esposas.

tenha vivido no século XIX e não tenha contado com nenhuma das oportunidades de aprendizado da atual geração, foi um sábio e talentoso patriota inspirado por aspirações nobres. Ele, Siqungathi,[i] Gungubele & Dalisile[ii] estão entre os numerosos líderes tradicionais de nosso país que deram uma valiosa contribuição à tarefa monumental de despertar nosso orgulho nacional & que nos tornaram orgulhosos de nossa história, nossa cultura & tudo o que é nosso. São os esforços & conquistas de homens como esses que tornam a história & as aspirações dos Tembus parte das ideias & esperanças da família humana.

Quando o rei Cyprian morreu mandei uma carta de condolências à Casa Real. Recebi uma carta cativante de um conhecido chefe da Zululândia & amigo íntimo do falecido rei. Entre os documentos anexados estava um cartão que ostentava o brasão real, & mais uma vez captei um pouco do espírito de consciência nacional pelo qual aquela célebre Casa será sempre lembrada.

Casualmente, uma das primeiríssimas observações feitas por Leopold Senghor[iii] quando o conheci em sua capital, em 1962, foi que ele estava absorvido no estudo da fascinante história do fundador da nação Zulu. Nossa história é rica em heróis nacionais & aquelas pessoas destinadas a carreiras públicas dispõem de muitos modelos a partir dos quais podem moldar suas próprias perspectivas & ideias.

Tudo o que me resta fazer é desejar-lhe mais uma vez um reinado feliz & produtivo.

A carta da Casa Real relatava que a saúde de Jonguhlanga estava causando muita preocupação. A última carta que recebi dele foi escrita num hospital de Durban & nela ele indicava que seu estado tinha melhorado muito. Espero que continue a melhorar. Expressei minha preocupação a esse respeito tanto a Jonguhlanga como a Daliwonga quando escrevi a eles em 14.10.68, por ocasião da morte e do funeral de minha mãe. Não sei se eles receberam minhas cartas.

Gostaria de mandar lembranças aos chefes Daliwonga, Mzimvubu, filho de Dalubuhle, Thembekile, Vulindlela, Manzezulu, Gwebindlala, mestre Mfebe & Thembekile & Kulo lonke ikomkhulu.[iv] Minhas mais calorosas saudações a Amakhosikazi Nobandla, Nozuko, Nogate[v] & a Nkosazana Camagwini,[vi] que acredito que esteja agora lecionando.

---

i Um irmão do rei Ngangelizwe (c. 1846-84), que no século XIX buscou unir os vários clãs Thembu. Nunca lutou contra os britânicos, mas seus irmãos, Siqungathi e Mtirara, lutaram. K. D. Matanzima era neto de Ngangelizwe. **ii** Um chefe Thembu. **iii** Presidente do Senegal de 1960 a 1980. **iv** "Toda a casa real", em isiXhosa. **v** *Amakhosikazi* significa "mulheres casadas", no plural, em isiXhosa e isiZulu. **vi** *Nkosazana* significa "senhorita" em isiXhosa.

Diga a Nobandla[i] que não esqueci quanto ela foi prestativa na última vez que estive aí; chegou a ir a Ezibeleni.[ii] Essa consideração foi uma expressão da gentileza & do caloroso afeto que ela sempre demonstrou por aqueles que lhe são próximos. Sempre pensarei nela.

Bayete,[i]
Dalibunga

CHEFE MTHETHO MATHANZIMA,[iv] O GDE. LUGAR, QAMATA, COFIMVABA

Para Winnie Mandela,[v] sua esposa

2.4.69

Querida,

Fui pego completamente de surpresa ao saber que você tinha estado muito mal de saúde, já que eu não fazia a menor ideia de que você sofria de perdas de consciência. Fiquei sabendo de seus problemas cardíacos & ataques de pleurisia.

No entanto fico contente em saber que os especialistas diagnosticaram o problema específico que a afeta & que os desmaios agora despareceram. Gostaria de receber detalhes do diagnóstico médico.

Gostei de saber que nosso médico de família tem sido maravilhoso como sempre & desejo-lhe um restabelecimento rápido & completo, Ngutyana,[vi] & tudo o que há de melhor na vida.

"O poder do pensamento positivo"[vii] & "Os resultados do pensamento positivo",[viii] ambos do psicólogo norte-americano dr. Norman Vincent Peale, podem ser uma leitura gratificante. A biblioteca municipal deveria tê-los no acervo. Não dou importância alguma aos aspectos metafísicos dos argumentos dele, mas considero valiosas suas visões sobre temas físicos & psicológicos.

---

i Mandela não está se referindo a Winnie Mandela, sua esposa, que também é chamada de Nobandla, mas a uma das cinco esposas de K. D. Matanzima. Nobandla é um nome isiXhosa comum. ii Uma cidade no Transkei. i Uma tradicional saudação real zulu. iv A grafia correta é Matanzima, mas às vezes Mandela escrevia Mathanzima. v Nomzamo Winifred Madikizela-Mandela (1936-2018) — ver glossário. vi Um dos nomes de Winnie Mandela. Ela provém do clã amaNgutyana. vii *The Power of Positive Thinking*, de Norman Vincent Peale (Nova York: Prentice-Hall, 1952). viii *The Amazing Results of Positive Thinking* (Nova York: Fawcett Crest, 1959).

Página de uma carta a Winnie Mandela, 2 de abril de 1969, ver as páginas 96-100.

Ele defende a ideia básica de que o que importa não é tanto a atribulação que a pessoa sofre, mas sua atitude diante dela. O homem que diz vou vencer esta enfermidade e viver uma vida feliz já percorreu metade do caminho até a vitória.

Entre os talentos que você possui, o que mais me atrai é sua coragem & determinação. Isso faz com que você se erga muito acima da média & no final lhe trará o triunfo de grandes conquistas. Não deixe de ter isso sempre em mente.

Em novembro passado escrevi ao chefe Butelezi [sic], primo do falecido rei Cyprian, & pedi a ele que transmitisse meus sentimentos à Família Real. Recebi uma resposta interessante, além de uma carta de condolências pela morte da minha mãe.

As cartas de dezembro foram para Nali & Kgatho; a de janeiro para Wonga;[i] & em fevereiro escrevi para Maki & Zeni & Zindzi. Lily[ii] & Gibson[iii] já devem a esta altura ter recebido as cartas de março. Me informe se elas foram todas recebidas...

Sabata[iv] não respondeu [a] duas cartas que lhe escrevi.

Os parentes a quem podem ser mandados valores foram mencionados na carta de Kgatho.

Em 8/3 estava marcada para mim uma visita que não veio. Quem era? Por que não veio? Meus fundos se esgotaram. Recebi o *American Journal*.

Você ouviu de Mary[v] & Paul[vi] alguma coisa sobre a Sweet & Maxwell?[vii] Fiquei sabendo que meu irmão Regie[viii] [sic] está enfrentando dificuldades com as crianças & que Malome[ix] está doente. Você pode explicar melhor?

Minhas mais calorosas lembranças a nossos amigos Moosa & Maud[x]...

Uma foto de família afinal, "que obra-prima". Kgatho & irmãs estão esplêndidos & me deu grande alegria ver a foto da minha mãe. Tua pequena foto quase criou uma insurreição. "Ayingo Nobandla lo!"[xi] "Será que não é a irmã mais nova dela?"

---

i K. D. Matanzima (1915-2003), sobrinho de Mandela, um chefe Thembu e ministro-chefe para o Transkei — ver glossário. Seu nome do meio era Daliwonga, que era abreviado para Wonga. ii Lilian Ngoyi (1911- -80), política e ativista antiapartheid e pelos direitos da mulher — ver glossário. iii Gibson Kente (1932-2004), dramaturgo, compositor e diretor. Assim como Mandela, era do clã Madiba, por isso Mandela se refere a ele como sobrinho — ver glossário. iv Rei Sabata Jonguhlanga Dalindyebo (1928-86), chefe supremo do território do Transkei e líder do Partido Democrático Progressista, o partido de oposição no Transkei que contestava as leis do apartheid — ver glossário. v Mary Benson (1919-2000), amiga, escritora, jornalista e ativista antiapartheid — ver glossário. vi Paul Joseph. vii Livraria de Londres à qual Mandela encomendava livros para seus estudos. viii Oliver Reginald Tambo (1917- -93) — amigo e ex-sócio de Mandela no escritório de advocacia e presidente do CNA — ver glossário. Seu nome do meio era Reginald e Mandela se referia a ele como Reggie. ix "Tio", em isiXhosa. x Moosa Dinath e sua esposa, Maud Katzenellenbogen. Mandela conheceu Moosa Dinath quando este era membro do Congresso Indiano no Transvaal e negociante em Joanesburgo. Renovaram sua amizade na prisão em 1962, enquanto Mandela esperava julgamento e Dinath estava cumprindo pena por fraude. Ele e Maud Katzenellenbogen, que era amiga de Winnie, elaboraram um plano para tirar Mandela da prisão, mas o plano foi engavetado quando Winnie ficou desconfiada dele. xi "Esta não é Nobandla", em isiXhosa.

"Madiba ficou muito tempo preso, não conhece sua cunhada", todos esses e outros comentários foram arremessados sobre mim, vindos de todos os lados.

Em mim o retrato despertou sentimentos ambíguos. Você parece um pouco triste, distraída & indisposta, mas adorável mesmo assim. A foto grande é um magnífico estudo que descreve tudo o que conheço em você, a beleza arrasadora & o encanto que dez anos conturbados de casamento não esmaeceram. Desconfio que você tenha pretendido que a foto transmitisse uma mensagem especial que nenhuma palavra pode expressar. Fique certa de que a captei. Tudo o que quero dizer agora é que a foto despertou em mim todos os sentimentos mais ternos & atenuou as agruras que me cercam. Ela aguçou minha saudade de você & de nosso doce & pacífico lar.

Estes dias meus pensamentos viajaram longe; a Hans Street,[i] onde uma amiga saltava para dentro de uma perua azul & se desembaraçava dos votos solenes que se espera de uma noiva para o seu prometido & imediatamente depois atravessava correndo até um Oldsmobile no lado oposto do quarteirão com votos igualmente doces & tranquilizadores; o talento com que ela manipulava seus "estudos" noturnos em Chancellor House[ii] & tornava possível receber & acolher velhos amigos enquanto os novos seguiam para uma academia de boxe. Todas essas lembranças me invadiram repetidas vezes ao examinar o retrato.[iii]

Por fim, Mhlope,[iv] eu gostaria que você soubesse que, se no passado minhas cartas não foram apaixonadas, é porque não preciso buscar aumentar o débito que tenho com uma mulher que, apesar de tremendas dificuldades & falta de experiência, conseguiu mesmo assim manter o fogo do lar aceso & atender até a mínimas necessidades & desejos do seu companheiro de vida encarcerado. Essas coisas me tornam humilde para ser o alvo do seu amor & afeição. Lembre-se de que a esperança é uma arma poderosa mesmo quando todo o resto está perdido. Você & eu, porém, ganhamos muita coisa ao longo dos anos & estamos fazendo progressos em vários aspectos. Você está em meus pensamentos em todos os momentos da minha vida. Nada vai acontecer a você, querida. Você com certeza vai se recuperar e se erguer.

Um milhão de beijos & toneladas & toneladas de amor.
Dalibunga

---

i Winnie Mandela hospedou-se no Helping Hand Hostel, na Hans Street, Jeppestown, quando se mudou para Joanesburgo. Mandela está rememorando os tempos em que ia buscá-la ali. **ii** Winnie ia estudar na firma de advocacia de Mandela em Chancellor House quando ele fazia hora extra no trabalho. **iii** Nelson e Winnie Mandela se conheceram em 1957 e saíram juntos pela primeira vez em 10 de março daquele ano. Casaram-se em 14 de junho de 1958 na cidade natal de Winnie, Bizana. Numa carta a Fatima Meer datada de 14 de junho de 1989, ele escreveu: "O casal deixou Joanesburgo à meia-noite de 12 de junho e chegou a Bizana no dia seguinte à tarde. Como éramos esperados ao anoitecer na aldeia da noiva, Mbongweni, passamos algum tempo na casa do R. Gordon Mabuya, onde ele e sua esposa, Nontobeko, nos distraíram". **iv** Um dos nomes de Winnie Mandela.

NKOSIKAZI NOBANDLA MANDELA.

CASA nº 8115, ORLANDO WEST.

JOANESBURGO.

[P.S.] Boa sorte a Kgatho em seus exames & diga a Mtshana Nomfundo[i] que estou contente por notar que ela não está desanimada. Que ela lembre que a perseverança é a chave para o sucesso. Espero que você consiga passar adiante a carta para Cecil.

◇◇◇◇◇◇◇◇◇◇

Mandela conduzia seu relacionamento com as autoridades prisionais sobre uma base de respeito temperada com a observação sarcástica de que um guarda qualquer podia ser a garantia de um cobertor extra no inverno ou não. A base de todas essas interações, no entanto, era o reconhecimento da humanidade do outro, ao mesmo tempo fazendo questão de manter sua própria dignidade e proteger seus direitos.

Suas muitas cartas às autoridades prisionais para solicitar permissão para consultar um oftalmologista ou um dentista, ou para pressionar por mais direitos de estudar, não eram obrigatórias. Aos presos era concedida toda semana a oportunidade de fazer queixas ou reivindicações a um funcionário. Mas, de acordo com seu camarada e companheiro de prisão Mac Maharaj, embora os prisioneiros tivessem a oportunidade de fazer solicitações verbais, não tinham a oportunidade de explicá-las ou de fornecer informações que as sustentassem. Mandela provavelmente desejava manter um registro escrito e ao mesmo tempo manobrava astutamente cada reivindicação para possíveis melhorias das quais os outros prisioneiros pudessem se beneficiar.[50]

Ele também escreveu ousadamente a oficiais graduados e, em alguns casos, ao próprio ministro da Justiça. Pouco menos de cinco anos depois de começar a cumprir sua pena ele escreveu ao ministro pleiteando que ele e seus companheiros fossem soltos ou tratados como prisioneiros políticos, de acordo com a Convenção de Genebra. Seu conhecimento das batalhas entre as forças coloniais dos africâneres e dos britânicos entrou em ação para sustentar seus argumentos.

Comparando a situação em que ele e seus companheiros de prisão estavam com o modo como os combatentes africâneres pela liberdade tinham sido tratados na cadeia, Mandela constituiu uma causa sólida em favor de sua liberdade. Mas seus aprisionadores não eram os britânicos; e o regime do apartheid, que dominava o país mediante a força e a opressão, temia que, libertando Mandela, se enfraquecesse aos olhos de seus apoiadores.

---

i *Mtshana* significa "sobrinha" ou "sobrinho" em isiXhosa. Ele se refere a Olive Nomfundo Mandela, sua sobrinha.

Para o ministro da Justiça, a/c do comissário de prisões

[Datilografada]

<u>Comissário de prisões,</u>
PRETÓRIA.

Eu ficaria grato se o senhor fizesse a gentileza de aprovar a seguinte carta ao ministro da Justiça.

22.4.69

Ministro da Justiça,
Parliament Buildings,
CIDADE DO CABO

Caro senhor,

Meus colegas me pediram que lhe escrevesse para solicitar que nos solte da prisão e, enquanto esperamos sua decisão sobre a questão, nos conceda o tratamento devido a presos políticos. Desde o início gostaríamos de salientar que ao fazer esta reivindicação não estamos pedindo misericórdia, mas exercendo o direito inerente a todas as pessoas encarceradas por suas convicções políticas.

As pessoas cujos nomes aparecem na lista A anexada a esta carta vivem no Setor de Celas Individuais da Prisão de Robben Island e estão completamente isoladas dos demais prisioneiros da ilha. Por essa razão não estamos em condições de fornecer-lhe uma lista completa de todas as pessoas nesta ilha e em outras prisões em nome das quais esta reivindicação é feita.

Antes de nossa condenação e aprisionamento somos[i] membros de bem conhecidas organizações políticas que lutavam contra a perseguição política e racial e reivindicavam plenos direitos políticos para as pessoas africanas, coloureds e indianas deste País. Rejeitávamos completamente, como ainda rejeitamos, toda forma de dominação branca, e mais particularmente a política de desenvolvimento segregado, e pleiteávamos uma África do Sul democrática, livre dos males da opressão de Cor, e onde todos os sul-africanos, independentemente de raça ou crença, pudessem viver juntos em paz e harmonia sobre uma base de igualdade.

Todos nós, sem exceção, fomos condenados e sentenciados por conta de atividades políticas em que nos engajamos como parte integrante de nossa luta para

---

i A carta foi datilografada por um funcionário da prisão e a palavra "are" (somos), em vez de "were" (éramos), deve ter sido datilografada por engano.

conquistar para o nosso povo o direito de autodeterminação, reconhecido em todo o mundo civilizado como um direito inato e inalienável de todos os seres humanos. Essas atividades eram inspiradas pelo desejo de resistir às políticas raciais e às leis injustas que violam o princípio dos direitos humanos e das liberdades fundamentais que formam os alicerces do governo democrático.

No passado os governos da África do Sul trataram pessoas julgadas culpadas de infrações dessa natureza como infratores políticos que eram soltos da prisão, em alguns casos, muito antes de suas sentenças se completarem. Com relação a isso nós o remetemos aos casos dos generais Christiaan De Wet, JCG Kemp e outros que foram acusados de alta traição por causa da Rebelião de 1914.[i] O caso deles era, sob todos os aspectos, mais grave que o nosso. Doze mil rebeldes pegaram em armas e houve não menos que 322 baixas. Cidades foram ocupadas e um dano considerável foi causado a instalações governamentais, enquanto as queixas de prejuízos à propriedade privada chegaram a R500 000. Esses atos de violência foram cometidos por homens brancos que desfrutavam de plenos direitos políticos, pertenciam a partidos políticos que eram legais, dispunham de jornais que podiam publicar suas opiniões. Tinham liberdade de se deslocar para cima e para baixo pelo país defendendo sua causa e arregimentando apoio a suas ideias. Não tinham justificativa alguma para recorrer à violência. O líder dos rebeldes do Estado Livre de Orange, De Wet, foi condenado a seis anos de prisão mais uma multa de R4.000. Kemp recebeu uma sentença de sete anos e uma multa de R2 000. Os restantes receberam sentenças comparativamente mais leves.

A despeito da gravidade de suas infrações, De Wet foi solto seis meses depois de sua condenação e sentença, e os demais em um ano. Esse evento ocorreu há pouco mais de meio século, no entanto o governo da época mostrou muito menos intransigência ao tratar dessa categoria de prisioneiros do que o atual governo parece disposto a fazer 54 anos depois com políticos negros que têm ainda mais justificativa para recorrer à violência que os rebeldes de 1914. Este governo tem persistentemente desprezado nossas aspirações, suprimido nossas organizações políticas e imposto severas restrições a ativistas conhecidos e a pesquisadores de campo.

Tem causado privações e ruptura da vida familiar ao jogar na prisão centenas de pessoas de outro modo inocentes. Por fim, instituiu um reinado de terror sem precedentes na história do país e fechou todos os canais de disputa institucional. Em tal situação, recorrer à violência era a alternativa inevitável para combatentes pela liberdade movidos pela coragem de suas convicções. Nenhum homem de

---

i Durante a Primeira Guerra Mundial o governo britânico convocou suas possessões a apoiá-lo. A África do Sul foi especificamente instada a combater a Alemanha na vizinha África do Sudoeste. Embora o primeiro-ministro Louis Botha apoiasse a Grã-Bretanha, alguns de seus generais não apoiavam e se rebelaram contra o governo sul-africano.

princípios e integridade teria agido de outra maneira.[i] Cruzar os braços teria sido um ato de rendição a um governo de minoria e uma traição à nossa causa. A história do mundo em geral, e a da África do Sul em particular, ensina que o recurso à violência pode ser perfeitamente legítimo em certos casos.

Ao soltar os rebeldes pouco tempo depois de sua condenação o governo Botha Smuts reconheceu esse fato vital. Acreditamos firmemente que nosso caso não é nada diferente, e em decorrência disso pedimos-lhe que torne esse direito acessível a nós. Como indicado acima, houve 322 baixas humanas na Rebelião.

Em contraste, chamamos sua atenção para o fato de que ao cometer atos de sabotagem tomamos precauções especiais para evitar perda de vidas humanas, um fato que foi expressamente reconhecido tanto pelo juiz do processo[ii] [como] pela acusação no caso de Rivonia.[iii]

Um exame da lista em anexo mostra que, se usarmos o caso De Wet como referência, cada um de nós deveria estar solto a esta altura. Das 23 pessoas cujos nomes estão relacionados nela, 8 estão cumprindo prisão perpétua, 10 estão cumprindo penas que vão de 10 a 20 anos e 5 entre 2 e 10 anos.

Entre os que cumprem prisão perpétua, 7 já completaram 4 anos e 10 meses e um cumpriu 4 anos e 4 meses. O homem com a sentença mais longa entre os que cumprem penas entre 10 e 20 anos de prisão é Billy Nair,[iv] que já completou ¼ de sua sentença. Joe Gqabi,[v] Samson Fadana e Andrew Masondo,[vi] os primeiros a serem condenados nesse grupo, completaram seis anos de suas respectivas sentenças de 12, 8 e 13 anos. Os últimos homens a serem sentenciados no mesmo grupo foram Jackson Fuzile[vii] e Johannes Dangala, que receberam 12 e 7 anos respectiva-

---

i Na época da detenção de Mandela, o Umkhonto weSizwe (MK), que foi lançado em 16 de dezembro de 1961, tinha instalado explosivos em horários fora do expediente, para evitar perdas humanas, em locais que incluíam órgãos públicos e agências de correio, de emissão de passes de locomoção, um gabinete de reassentamento e uma subestação de energia elétrica. Até aquela altura não havia nenhuma vítima fatal.   **ii** "O advogado de defesa teve sucesso em convencer o juiz de que o MK — e portanto os réus — não era responsável por todos os atos de sabotagem", escreveu Kenneth S. Broun em *Saving Nelson Mandela: The Rivonia Trial and the Fate of South Africa* (Oxford: Oxford University Press, 2012), p. 147. "Esse fato foi também reconhecido pelo tribunal durante a discussão final e deu sustentação a outro — talvez ainda mais importante — fator que impediu o juiz de condená-los à morte. Nenhum ato de sabotagem realmente atribuído a eles ou a sua organização tinha resultado em morte ou um ferimento de qualquer pessoa." (Ibid.)   **iii** O advogado Joel Joffe escreveu que seu colega Arthur Chaskalson mostrou que "dos 193 atos de sabotagem que o Estado provou terem ocorrido, só cerca de uma dúzia foram provados legalmente" e "nenhum deles envolveu qualquer tipo de risco à vida humana". Joel Joffe, *The State vs. Nelson Mandela: The Trial that Changed South Africa* (Londres: One World Publications, 2007), pp. 238 e 239.   **iv** Billy Nair (1929-2008), camarada e membro do MK que foi acusado de sabotagem em 1963. Ficou preso no Setor B com Mandela em Robben Island e foi solto em 1984 — ver glossário.   **v** Joe Gqabi (1929-81) foi condenado por sabotagem para o MK e ficou preso em Robben Island por dez anos.   **vi** Andrew Masondo (1936-2008) foi condenado por sabotagem para o MK e ficou preso em Robben Island por treze anos.   **vii** Mxolisi Jackson Fuzile (1940-2011) foi condenado por sabotagem em nome do CNA e sentenciado a doze anos de prisão.

mente. Fuzile completou ¼ de sua sentença, e Dangala terá cumprido exatamente metade da sua em 19 de maio de 1969. Cada um dos que cumprem penas entre 2 e 10 anos já completou pelo menos ¼ de sua sentença.

Nosso apelo pela soltura se torna ainda mais forte quando examinado em cotejo com os casos de Robey Leibbrandt,[i] Holm,[ii] Pienaar, Strauss[iii] e outros. Leibbrandt, um nativo da União Sul-Africana,[iv] chegou à União proveniente da Alemanha numa época em que aquele país estava em guerra com a União. Ele se dedicou então a criar uma organização paramilitar clandestina com o intuito de derrubar o governo e instaurar em seu lugar outro, moldado no da Alemanha nazista. Foi julgado culpado de alta traição e sentenciado à pena de morte, posteriormente comutada pela prisão perpétua. Holm, Pienaar e Strauss também foram presos por alta traição, considerando que colaboraram com o inimigo ao empreender a guerra contra a União e seus aliados. Ao chegar ao poder, porém, o atual governo soltou esses e outros prisioneiros condenados por traição e sabotagem, não obstante o fato de que eles tinham sido detidos em circunstâncias que os expunham, aos olhos de muitos sul-africanos, como traidores de seu próprio país. Mais uma vez, para efeito de contraste, chamamos sua atenção para o fato de que nossas atividades foram sempre impulsionadas pelos mais nobres ideais que os homens podem nutrir, a saber, o desejo de servir ao nosso povo em sua justa luta para se livrar de um governo fundado na injustiça e na desigualdade.

Gostaríamos de lembrar-lhe também que em 1966 seu antecessor soltou Spike de Keller,[v] Stephanie Kemp,[vi] Allan Brooks[vii] e Tony Trew,[viii] todos os quais apareceram originalmente junto com Edward Joseph Daniels[ix] (cujo nome aparece na lista em anexo) sob uma acusação de sabotagem. Kemp, Brooks e Trew declararam-se culpados de uma acusação alternativa e foi determinada uma separação do processo. O caso contra Daniels e De Keller prosseguiu sob a acusação principal e em

---

i Sidney Robey Leibbrandt (1913-66), boxeador olímpico sul-africano de ascendência alemã e irlandesa, tornou-se um elemento central da Operação Weissdorn, um plano aprovado por Hitler de assassinar o general Jan Smuts, chefe do governo da África do Sul, e desfechar um golpe de Estado no país. Foi inicialmente condenado à morte por traição, mas Smuts posteriormente comutou sua pena para prisão perpétua. Quando o Partido Nacional chegou ao poder, em 1948, ele foi perdoado e solto. **ii** Eric Holm foi contratado pela Rádio Zeesen, da Alemanha, que transmitia propaganda nazista para a África do Sul.   **iii** Mandela está se referindo possivelmente a Strauss von Moltke, um ex-líder dos Greyshirts, uma organização fascista sul-africana simpatizante dos nazistas alemães, que entregara documentos roubados do Comitê de Representantes Judeus para elementos antissemitas do Partido Nacional da África do Sul.   **iv** A União Sul-Africana foi formada em 1910 com as quatro colônias britânicas autogovernadas do Cabo, Natal, Transvaal e Colônia do Rio Orange. **v** David "Spike" de Keller, membro do Movimento de Resistência Africano e do Partido Liberal, que passou um ano na prisão. **vi** Stephanie Kemp (1941-), membro do Movimento de Resistência Africano e do Partido Comunista, que passou um ano na prisão.   **vii** Allan Brooks (1940-2008), membro do Movimento de Resistência Africano e do Partido Comunista, que passou um ano na prisão. **viii** Tony Trew (1941-), membro do Movimento de Resistência Africano, que passou um ano na prisão. **ix** Eddie Daniels (1928-2017), membro do Movimento de Resistência Africano, que passou quinze anos em Robben Island — ver glossário.

17 de novembro de 1964 eles foram julgados culpados e sentenciados a 15 e 10 anos, respectivamente. Kemp, Brooks e Trew foram julgados culpados da acusação alternativa e condenados a penas de 5, 4 e 4 anos, respectivamente, cada uma delas suspensa parcialmente depois. Fomos informados de que De Keller foi solto depois de ter cumprido aproximadamente dois anos, ou menos, de sua pena de dez anos, enquanto Kemp, Brooks e Trew também foram soltos antes de completar suas penas.

Não queremos de modo algum manifestar inveja ou ressentimento por aqueles que tiveram a felicidade de serem soltos e que escaparam da dureza da vida na prisão e estamos contentes por saber que eles agora levam uma vida normal. Mas nos referimos aos casos deles com o intuito específico de mostrar que nossa reivindicação é razoável, e também de enfatizar que se espera que um governo seja coerente em suas diretrizes e que conceda o mesmo tratamento a todos os seus cidadãos.

Há uma diferença importante entre o nosso caso e o de De Wet e Leibbrandt. Eles foram soltos somente depois que a rebelião tinha sido esmagada e que a Alemanha tinha sido vencida e portanto já não representavam ameaça à segurança do Estado quando foram soltos. Em nosso caso, porém, pode ser alegado que nossa revolução está planejada para o futuro e que considerações de segurança exigem que sejamos tratados de modo diferente. Acrescente-se a isso o fato de que nossas convicções não mudaram e que nossos sonhos continuam os mesmos de antes de sermos encarcerados. Tudo isso pareceria confirmar a opinião de que nosso caso é distinguível de todos os anteriores. Temos certeza, porém, de que o senhor não será tentado a pensar nessa linha, pois tal raciocínio traria implicações sinistras. Significaria que, se considerações de segurança hoje requerem que sejamos mantidos na prisão, não poderemos ser soltos quando completarmos nossas respectivas sentenças, se a situação atual permanecer inalterada, ou se piorar. A verdade crua é que o conflito racial que ameaça seriamente o país hoje se deve unicamente às políticas míopes e aos crimes cometidos por este governo.

O único meio de evitar o desastre não é manter homens inocentes na cadeia, mas abandonar suas ações de provocação e adotar políticas sensatas e esclarecidas. Se uma luta destrutiva e derramamento de sangue vão acontecer neste país é algo que depende inteiramente do governo. A contínua supressão de nossas aspirações e o exercício do poder baseado na coerção empurram nosso povo cada vez mais para a violência. Nem o senhor nem eu podemos predizer [o que] o país terá que pagar ao final dessa disputa. A solução óbvia é nos soltar e instaurar uma ampla conferência para buscar uma solução amigável.

Nossa reivindicação principal é que nos solte e, até essa decisão ser tomada, nos trate como presos políticos. Isso significa que devemos ser supridos de boa alimentação, roupas apropriadas, camas e colchões, jornais, rádios, bioscópio[i] [e]

---

i Um cinema ou filmes.

um contato melhor e mais próximo com nossas famílias e amigos daqui e do exterior. O tratamento como presos políticos significa a liberdade de obter todo o material de leitura que não esteja proibido e de escrever livros para publicação; esperaríamos que nos fosse concedida a opção de trabalhar como cada um deseje e decidir os ofícios que cada um pretenda aprender. Em relação a isso gostaríamos de salientar que alguns desses direitos foram desfrutados tanto pelos rebeldes de 1914 como por Leibbrandt e seus colegas, todos eles tratados como presos políticos.

As autoridades prisionais tentam responder a nossa demanda para sermos tratados como presos políticos afirmando que fomos condenados pelos tribunais por infringir as leis do país, que somos como quaisquer outros presos e, portanto, não podemos ser tratados como infratores políticos.

Esse é um argumento espúrio que insulta os fatos. Por essa ótica, De Wet, Kemp, Maritz, Leibbrandt e outros seriam criminosos comuns. Traição, sabotagem, filiação a uma organização ilegal eram infrações criminais na época, assim como são hoje. Então por que eles foram tratados de modo diferente? Parece-nos que a única diferença entre os dois casos é de cor.

Diferenças sérias de opinião quanto a um tema específico tinham emergido entre os brancos, e aqueles que perderam na disputa que se originou dessas diferenças acabaram se vendo atrás das grades. Em todos os outros tópicos, especialmente na questão crucial da cor, tanto vitoriosos como derrotados estavam de acordo. Tendo sido resolvido o conflito, foi possível ao governo adotar uma atitude conciliatória e estender aos prisioneiros toda sorte de indulgências. Mas hoje a posição é completamente diferente. Desta vez o desafio vem, não de homens brancos, mas predominantemente de políticos negros que discordam do governo em quase tudo sob o sol. A vitória da nossa causa significa o fim da dominação branca.

Nesta situação o governo encara a prisão não como uma instituição de reabilitação, mas como um instrumento de desforra, não para nos preparar para levar uma vida respeitável e industriosa quando soltos, e para desempenhar nosso papel como membros meritórios da sociedade, mas para nos punir e nos incapacitar, de modo que nunca mais tenhamos de novo a força e a coragem de perseguir nossos ideais. Esse [é] nosso castigo por erguer nossas vozes contra a tirania da cor. Essa é a verdadeira explicação para o mau tratamento que recebemos na prisão — trabalho de pá e picareta de sol a sol pelos últimos cinco anos, uma dieta infame, recusa de material cultural essencial e isolamento em relação ao mundo fora das grades. Essa é a razão pela qual direitos normalmente concedidos a outros presos, incluindo os condenados por assassinato, estupro e crimes envolvendo desonestidade, são negados aos infratores políticos.

Não conseguimos nenhuma redução de sentença. Enquanto o preso comum é classificado no grupo C quando entra na prisão, os infratores políticos são colocados no D, o que comporta menos direitos. Àqueles de nós que conseguiram chegar ao grupo A são negados direitos normalmente desfrutados por criminosos do mesmo grupo. Eles são compelidos ao trabalho de pá e picareta, não têm acesso a jornais, rádios, bioscópio, nem ao contato com visitas, e até mesmo mantimentos lhes são concedidos de má vontade.

Como já indicado no segundo parágrafo acima, faço esse apelo em nome de todos os meus colegas na ilha e em outras cadeias e confio que qualquer concessão que venha a ser feita seja estendida a todos sem exceção.

A Lei de Prisões de 1959 confere ao senhor os poderes necessários para conceder o abrandamento que buscamos. Sob as disposições dela o senhor está habilitado a nos conceder liberdade condicional. De Wet e outros foram soltos sob o método anterior.

Para concluir, registramos que os anos que passamos nesta ilha foram anos difíceis.[i] Praticamente cada um de nós teve [nosso] quinhão completo das agruras que os prisioneiros não brancos enfrentam. Essas agruras foram por vezes o resultado da indiferença oficial pelos nossos problemas, outras vezes deveram-se a pura perseguição. Mas as coisas melhoraram um pouco e temos esperança de que dias melhores estejam por vir. Tudo o que desejamos acrescentar é que confiamos que, ao avaliar esta solicitação, o senhor tenha em mente que as ideias que nos inspiram e as convicções que dão forma e direção a nossas atividades constituem a única solução para os problemas de nosso país e estão em conformidade com as concepções esclarecidas da família humana.

Atenciosamente,
[Assinado N. Mandela]

Para a sra. P. K. Madikizela, madrasta de Winnie Mandela[ii]

466/64: Nelson Mandela: Carta que substitui a visita de abril de 1969.

4-5-69

Nossa querida mãe,

Consigo finalmente escrever a você! Tinha planejado fazer isso em algum momento no fim do ano passado, mas a notícia chocante da morte da minha mãe perturbou completamente esse arranjo. Zami[iii] me escreveu imediatamente assim que voltou

---

i Em 1969, Mandela e os outros réus do Julgamento de Rivonia encarcerados em Robben Island estavam lá havia quase cinco anos. **ii** A mãe de Winnie Mandela morreu quando esta tinha dez anos de idade. Seu pai se casou de novo nove anos mais tarde com uma diretora de escola, Nophikela Hilda Madikizela. **iii** Zami é um dos nomes de Winnie Mandela.

de casa e me deu detalhes completos da assistência que você e Bawo[i] deram a ela e de tudo o que vocês fizeram em relação ao funeral. Em 12 de outubro, Sibali Timothy Mbuzo[ii] tinha viajado de Umtata[iii] para me visitar. Em seu relato ele chamou particularmente minha atenção para a sua presença naquela ocasião.

Esses relatos me trouxeram algum alívio e paz. Nunca na vida pensei que não teria a possibilidade de enterrar minha mãe. Ao contrário, eu alimentara a esperança de que teria o privilégio de cuidar dela em sua velhice e de estar ao seu lado quando chegasse a hora fatal. Zami e eu tentamos com todas as forças convencê-la a ir morar conosco em Joanesburgo, ressaltando que ela ficaria mais perto do Baragwanath Hospital, o que lhe garantiria assistência médica contínua e adequada, e que ao se mudar para o Reef[iv] ela possibilitaria a Zami dar-lhe atenção efetiva e completa. Discuti a questão com minha mãe quando ela me visitou em 6/3/66 e de novo em 9/9/67. Mas ela passou toda a sua vida no interior e se apegou a seus prados e morros, a seu povo bom e seus hábitos simples. Embora tenha passado alguns anos em Joanesburgo, ela achava muito difícil afastar-se de casa & dos túmulos da família. Mesmo respeitando plenamente suas opiniões & sentimentos, tinha a esperança de poder convencê-la com o tempo a subir para lá.[v]

A última visita dela me despertou sentimentos contraditórios. Eu sempre ansiara por aquelas visitas e estava de fato muito feliz em voltar a vê-la. Mas suas condições físicas me preocuparam. Ela havia perdido muito peso e parecia adoentada.

Fiquei vendo-a caminhar devagar até o barco que a levaria de volta ao continente e temi que fosse a última vez que a via. Depois disso escrevi a ela pedindo-lhe que pensasse no meu conselho para se mudar para o Rand.[vi] Numa resposta alegre e encantadora ela me garantiu que estava bem e conseguiu acalmar meus temores. Eu estava começando a achar que minha angústia era infundada quando recebi a trágica notícia. Fiquei entretanto aliviado graças aos relatos de Zami e Sibali Timothy e particularmente graças à informação de que a família e os amigos tinham comparecido em grande número. Sua própria presença naquela ocasião e o interesse pessoal que você demonstrou têm para mim uma importância que nenhuma caneta pode descrever corretamente. Tudo o que eu gostaria que você soubesse é que penso em você e em Bawo com o mais profundo afeto.

---

i Columbus Kokani Madikizela, pai de Winnie Mandela — ver glossário. ii Sibali Timothy Mbuzo, parente próximo do cunhado de Mandela Daniel Timakwe e por muito tempo um membro destacado do CNA no território do Transkei. *Sibali* significa "cunhado" em isiXhosa. iii Umtata (hoje chamada Mthatha) era a capital do território do Transkei. iv O Reef (no caso, veio de minério) em Joanesburgo refere-se à região rochosa em que o ouro foi descoberto pelo australiano George Harrison em 1896. A corrida do ouro deu origem a Joanesburgo, que hoje faz parte da província de Gauteng. v Mandela se refere à ida de sua mãe a Joanesburgo. vi Nome abreviado de Witwatersrand, uma serrania de 56 quilômetros de comprimento na província sul-africana de Gauteng, onde Joanesburgo está localizada.

Fiquei contente em saber que Bawo se aposentou. Suas exaustivas obrigações no serviço público eram uma fonte de preocupação para Zami e para mim, e ficamos de fato aliviados quando ele parou para começar um merecido descanso que, espero, acabará por levar a um completo restabelecimento. Isso também dará a você a oportunidade de cuidar dele e de lhe conceder toda a atenção necessária para fazer frente à enfermidade. Tenho confiança de que Sibali Mpumelelo & Nyawuza,[i] Niki e Marsh,[ii] Nali e Sef,[iii] Bantu e marido,[iv] Lunga, Nyanya, Msutu e Tanduxolo[v] provavelmente compartilhem o mesmo sentimento. Em uma de suas cartas Zami relatou que você também estava adoentada. Anseio pela sua carta que me contará que se recuperou.

Em março do ano passado Bawo escreveu e informou que pretendia me fazer uma visita quando se aposentasse. Em minhas atuais circunstâncias, uma visita, especialmente da família, é algo cujo valor e importância só quem já esteve atrás das grades pode avaliar plenamente. Nada me daria mais prazer do que ver Bawo. Mas me pergunto se, em vista de sua saúde e idade, não seria arriscado demais para ele fazer essa jornada exaustiva. Eu ficaria feliz se vocês ponderassem a questão sob essa luz.

Zami me informa que Bawo recebeu uma carta especial deste Departamento alertando-o para que não mande os Relatórios que eu pedi. Ao receber essa informação entrei imediatamente em contato com o major Kellerman, que era então o oficial comandante deste local e me dera permissão para obter tal material, e ele me disse que nada sabia sobre o caso, mas faria uma averiguação junto a Pretória. Infelizmente ele foi transferido poucos dias depois. Como eu não queria sobrecarregar o novo oficial comandante com esse assunto, decidi não o levar adiante e proponho que o encaremos como encerrado. Lamento por todas as despesas em que Bawo possa ter incorrido e pelas inconveniências que eu possa ter causado. Acredito que Msutu e Tanduxolo foram transferidos para fora de Joanesburgo. Onde eles estão agora e o que estão fazendo? Essa informação me desapontou muito, pois ambos eram extremamente prestativos para Zami. Passo boa parte do tempo pensando nela, nas dolorosas experiências que está atravessando e nos numerosos problemas que a fustigam como resultado da minha ausência. Minha confiança e minha consideração por ela têm crescido consideravelmente. Minha única esperança é que um dia eu possa estar em condições de dar a ela a paz, o conforto e a felicidade que compensem as agruras por que passou.

Aliás, e apesar da natureza trágica da ocasião, foi para ela uma maravilhosa experiência ir à terra natal e encontrar você, Bawo e membros da minha família. Ela

---

i Ver nota i da página seguinte.　**ii** Niki Xaba, irmã mais velha de Winnie Mandela (ver glossário), e seu marido, Marshall Xaba.　**iii** Nancy Vutela, irmã de Winnie Mandela, e seu marido, Sefton Vutela. **iv** Nobantu Mniki, irmã de Winnie Mandela, e seu marido, Earl Mniki.　**v** Msutu Thanduxolo, irmão de Winnie Mandela.

e as crianças foram o alvo de um amor e de uma afeição genuínos que lhes fizeram imensamente bem.

Eu soube que a carta que escrevi a Mpumelelo pouco antes de Nyawuza me visitar em 30/12/67,[i] e na qual eu discutia assuntos familiares e de amigos, nunca chegou. Não houve resposta a outra que escrevi ao dr. Mbekeni[ii] de Tsolo em dezembro passado. Estou tomando a precaução de registrar esta, para garantir que você a receba.

E agora, mãe, eu gostaria que você soubesse que penso em você e seus filhos com terna afeição. Minhas lembranças carinhosas a Mpumelelo & Nyawuza, tio Silas,[iii] Mleni, mestre Madikizela e a Amasogutya Onke[iv] e, claro, sem esquecer Bawo.

Seu filho afetuoso,
Nelson

SRA. P.K. MADIKIZELA
MBONGWENI BUS SERVICE
BIZANA,
TRANSKEI.

◇◇◇◇◇◇◇◇◇◇

Em maio de 1969, a esposa de Mandela, Winnie, foi arrancada de sua casa em Soweto à noite, na frente das duas apavoradas filhas pequenas do casal, e passou os catorze meses seguintes em detenção solitária, que ela chamou de "tortuosa agonia mental".[51] Na prisão ela sofreu anemia, bronquite e problemas cardíacos.

Durante essa época o casal não sabia quem estava cuidando das crianças e em que condições elas eram obrigadas a viver. Mandela não podia ter certeza de que suas cartas chegavam a ela. E só podemos estar certos de que uma determinada carta foi recebida quando há uma resposta se referindo à correspondência anterior. Embora o molestamento policial não fosse novidade para sua esposa, pode-se imaginar a angústia de dois progenitores presos tentando cuidar à distância de seus filhos.

Ele escreveu a sua esposa, aos filhos e a vários membros da família em tentativas desesperadas de descobrir o que estava acontecendo em suas vidas órfãs fora da prisão.

---

i Em seu registro das visitas de familiares, ele anota que Sibali Nyawuza o visitou naquele dia. Mandela confundiu seu nome de clã e se referiu a ele como Manyawuza. *Sibali* quer dizer "cunhado" em isiXhosa. **ii** Primo de Mandela. **iii** Tio de Winnie Mandela. **iv** Referindo-se a toda a família dela.

N. Mandela. S.B.
AD.

ONTVANGSKANTOOR
RECEPTION OFFICE
20. - 5.
PRIVAATSAK/PRIVATE BAG
ROBBENEILAND/ROBBEN ISLAND
P R I S O N

Messrs Frank, Bernadt & Joffe,
P. O. Box 252.
Cape Town.
Dear Sirs,   Attention: Mr Brown

   I understand that my wife has been arrested with several
other persons in Johannesburg and that she is presently under detention.
   In this connection I should be pleased if you would kindly
instruct your Johannesburg correspondent to furnish me with the
following information:

1. The date of the arrest and the nature of the charge.
2. Whether or not she has been released on bail and the amount thereof?
3. The full names and addresses of her co detainees.
4. Whether she received my letter of 4th April?
5. The name of the person, if any, who is now in charge of our Johannesburg
home.

   Your prompt attention will be highly appreciated

                    Yours faithfully.
                    NRMandela.
                    NELSON MANDELA.

Carta para os advogados srs. Frank, Bernadt & Joffe,
20 de maio de 1969, ver a próxima página.

III

Para Frank, Bernadt & Joffe, seus advogados

[Com outra caligrafia] N. Mandela S.B.[i]

[Carimbada] Gabinete de Recepção Robben Island, 20 de maio de 1969

Srs. Frank, Bernadt & Joffe
Caixa Postal 252.
Cidade do Cabo.

Caros senhores,

<u>A/C: Sr. Brown</u>

Fui informado de que minha esposa foi presa com várias outras pessoas em Joanesburgo e que está atualmente detida.

Em função disso, eu ficaria grato se os senhores fizessem a gentileza de instruir seu correspondente em Joanesburgo para que me forneça as seguintes informações:

1. A data da prisão e a natureza da acusação.
2. Se ela foi ou não solta mediante fiança, e qual o valor desta.
3. Os nomes completos e endereços dos que foram presos com ela.
4. Se ela recebeu minha carta de 4 de abril.
5. O nome da pessoa, caso haja, que está agora cuidando da nossa casa em Joanesburgo.

Serei imensamente grato por uma rápida providência de sua parte.

Atenciosamente,
[Assinado NRMandela]
NELSON MANDELA

---

i S.B. indica que esta é uma carta especial. B é inicial de "Brief", "carta" em africâner. Cartas especiais não eram deduzidas da cota de um prisioneiro.

Para Zenani e Zindzi Mandela,[i] sua filha do meio e sua caçula

23.6.69

Minhas queridas,

Mais uma vez nossa amada mamãe foi presa e agora ela e o papai estão na cadeia. Meu coração sangra quando penso nela em alguma cela policial longe de casa, talvez sozinha e sem ninguém com quem conversar, e sem nada para ler. Vinte e quatro horas por dia sentindo falta de suas pequenas. Pode ser que se passem meses e até anos antes que vocês a vejam de novo. Por muito tempo talvez vocês vivam como órfãs, sem seu lar e seus pais, sem o amor natural, o afeto e a proteção que a mamãe costumava lhes dar. Agora vocês não vão ter festas de aniversário nem de Natal, nem presentes, nem vestidos novos, nem sapatos nem brinquedos. Ficaram no passado os dias em que, depois de tomar um banho quentinho ao anoitecer, vocês se sentavam à mesa com a mamãe e saboreavam sua comida simples e gostosa. Não mais as camas confortáveis, com os cobertores quentinhos e os lençóis bem limpos que ela costumava providenciar. Ela não estará aí para fazer com que amigos levem vocês ao bioscópio, a concertos e peças, ou para lhes contar histórias bonitas, ajudá-las a ler livros difíceis e responder às muitas perguntas que vocês gostariam de fazer. Não terá condições de lhes dar a ajuda e a orientação de que precisam à medida que vão crescendo e novos problemas vão surgindo. Talvez nunca mais a mamãe e o papai voltem a se juntar a vocês na Casa nº 8115 da Orlando West,[ii] o lugar do mundo todo que nos é mais querido.

Não é a primeira vez que a mamãe vai para a cadeia. Em outubro de 1958, apenas quatro meses antes do nosso casamento, ela foi presa com 2 mil outras mulheres quando protestavam em Joanesburgo contra os passes de locomoção[iii] e passou duas semanas na prisão. No ano passado ela cumpriu quatro dias, mas agora ela voltou para a cadeia e não sei dizer quanto tempo ficará detida desta vez. Tudo o que desejo que vocês sempre tenham em mente é que temos uma mamãe valente e determinada que ama sua gente com todo o seu coração. Ela abriu mão de prazeres e confortos por uma vida cheia de sacrifício e penúria por causa do profundo amor que ela tem por seu povo e seu país. Quando vocês forem adultas e pensarem detidamente nas experiências desagradáveis que a mamãe atravessou e na obstinação

---

i Zenani Mandela (1959-) e Zindziswa Mandela (1960-) — ver glossário. **ii** O endereço da família em Soweto. **iii** Em meados dos anos 1950 o governo nacional começou a emitir cadernetas de registro que as mulheres negras deviam carregar consigo todo o tempo. Isso levou a uma série de protestos e campanhas que levaram, por sua vez, a milhares de prisões. Num discurso proferido em 1976 depois do Levante de Soweto, Winnie Mandela teria dito, segundo foi noticiado: "Temos de portar passes que abominamos porque sem eles não podemos ter casa, não podemos trabalhar, somos expulsas das cidades, não podemos registrar nascimentos, sem eles não podemos nem mesmo morrer".

com que ela se aferrou a suas convicções, vocês começarão a compreender a importância da contribuição dela à batalha pela verdade e pela justiça e quanto ela sacrificou de seus interesses pessoais e de sua felicidade.

A mamãe vem de uma família rica e respeitada. É uma assistente social qualificada e na época do nosso casamento, em junho de 1958,[i] tinha um emprego bom e confortável no Baragwanath Hospital. Ela estava trabalhando ali quando foi detida pela primeira vez, e no fim de 1958 perdeu o emprego. Mais tarde ela trabalhou para a Sociedade do Bem-Estar da Criança na cidade, um cargo de que gostava muito. Foi enquanto trabalhava lá que o governo determinou que ela não saísse de Joanesburgo, que ficasse em casa entre as seis horas da tarde e as seis horas da manhã, que não participasse de reuniões, nem entrasse em nenhum hospital, escola, universidade, tribunal, conjunto habitacional ou hospedaria, nem qualquer distrito africano, com exceção de Orlando, onde ela morava. Essa ordem tornou difícil para ela prosseguir com seu trabalho na Sociedade do Bem-Estar da Criança e ela perdeu esse emprego também.

Desde então a mamãe tem vivido uma vida árdua e precisou tentar manter uma casa sem um salário garantido. No entanto, ela de algum modo conseguiu comprar comida e roupas para vocês, pagar suas mensalidades escolares e o aluguel da casa, e ainda me mandar dinheiro regularmente.

Saí de casa em abril de 1961, quando Zeni tinha dois anos e Zindzi, três meses. No início de janeiro de 1962 viajei pela África e visitei Londres por dez dias, retornando à África quase no fim de julho do mesmo ano. Fiquei tremendamente abalado quando encontrei a mamãe. Eu a deixara com boa saúde, robusta e com uma boa cor. Mas ela de repente perdera peso e era apenas uma sombra da pessoa que era antes. Percebi na hora a aflição que minha ausência tinha causado a ela. Eu não via a hora de ter um tempinho para lhe contar sobre minha viagem, os países que visitei e as pessoas que conheci. Mas minha prisão em 5 de agosto pôs um fim a esse sonho.

Quando a mamãe foi presa em 1958, eu ia visitá-la todos os dias, levando comida e frutas. Eu me sentia orgulhoso dela, especialmente porque a decisão de se unir às outras mulheres para protestar contra os passes de locomoção foi tomada livremente por ela, sem nenhuma sugestão minha. Mas a atitude dela diante da minha própria detenção me fez conhecer a mamãe melhor e de modo mais completo. Logo que fui preso, nossos amigos aqui e no exterior ofereceram a ela bolsas de estudos e sugeriram que ela deixasse o país para estudar no exterior. Acolhi de bom grado essas sugestões, pois sentia que os estudos poderiam afastar a mente dela dos problemas. Discuti o assunto com ela quando veio me visitar na Prisão de Pretória em outubro de 1962. Ela me disse que, embora muito provavelmente viesse a

---

i Eles se casaram em 14 de junho de 1958 na aldeia natal de Winnie Mandela, Bizana, no Transkei.

ser detida e encarcerada, como todo político em luta pela liberdade devia esperar, ela mesmo assim ficaria no país e sofreria junto com seu povo. Estão vendo agora como é corajosa a mamãe que nós temos?

Não se preocupem, minhas queridas, temos um montão de amigos; eles vão cuidar de vocês, e um dia a mamãe e o papai vão voltar e vocês não serão mais órfãs sem lar. Então nós também viveremos em paz e alegria como todas as famílias normais. Enquanto isso vocês precisam estudar muito e passar nos exames, e se comportar como boas meninas. A mamãe e eu lhes escreveremos muitas cartas. Espero que tenham recebido o cartão de Natal que lhes mandei em dezembro e a carta que escrevi às duas em 4 de fevereiro deste ano.

Com muito muito amor e um milhão de beijos.

Afetuosamente,
Papai

SRTAS. ZENI & ZINDZI MANDELA
A/C SRA. IRIS NIKI XABA[i]
CAIXA POSTAL 23,
DUBE VILLAGE
SOWETO, JOANESBURGO

Para Winnie Mandela,[ii] sua esposa

23.6.69

Minha querida,

Um dos meus pertences preciosos aqui é a primeira carta que você me escreveu, em 20 de dezembro de 1962, pouco depois da minha primeira condenação. Durante os últimos seis anos e meio eu a reli incontáveis vezes & os sentimentos que ela expressa são hoje tão reluzentes e viçosos quanto no dia em que a recebi. Com as aspirações & opiniões que você sustenta & o papel que está desempenhando no atual embate de ideias, eu sempre soube que você seria presa mais cedo ou mais tarde. Mas, levando em consideração tudo o que passei, eu tinha de algum modo a vaga esperança de que tal calamidade fosse protelada & de que você fosse poupada do infortúnio & da miséria da vida na prisão. Sendo assim, quando a notícia da sua

---

i Irmã mais velha de Winnie Mandela — ver glossário. ii Nomzamo Winifred Madikizela-Mandela (1936-2018) — ver glossário.

detenção chegou a mim, em 17 de maio, no meio das preparações febris para meus exames finais, marcados para dali a apenas 25 dias, eu estava totalmente despreparado & me senti solitário & com frio. Que você estivesse livre & pudesse, dentro de limites, se locomover de um lado para outro significava muito para mim. Eu esperava com ansiedade pelas suas visitas & pelas de membros da família & amigos que você organizava com sua característica habilidade & entusiasmo, e pelos adoráveis cartões de aniversário, de aniversário de casamento e de Natal que você nunca deixou de mandar, & pelas somas que, a despeito das dificuldades, você conseguia juntar. O que tornava o desastre ainda mais devastador era o fato de que você me visitara pela última vez em 21 de dezembro & eu estava esperando que você viesse de novo no mês passado ou em junho. Estava também esperando sua resposta à minha carta de 2 de abril, na qual eu discutia sua enfermidade & fazia sugestões.

Por algum tempo, depois de receber a notícia, minhas faculdades mentais pareciam ter parado de funcionar & eu retornei quase instintivamente à sua carta, como sempre tinha feito no passado toda vez que minha determinação esmorecia ou quando eu queria afastar a mente de problemas torturantes:

A maioria das pessoas não se dá conta de que a tua presença física não teria significado coisa alguma para mim se os ideais pelos quais você tem dedicado sua vida não tivessem sido compreendidos. Viver na esperança, penso eu, é a mais maravilhosa das coisas. Nossas curtas vidas juntos, meu amor, têm sido sempre cheias de expectativa... Nestes anos febris & violentos passei a amar você mais do que nunca... Nada pode ser mais valioso do que ser parte integrante da formação da história de um país.

Essas são algumas das joias que aquela carta maravilhosa contém & depois de mergulhar nela em 17 de maio eu me senti de novo feliz da vida. Desastres sempre virão & passarão, deixando suas vítimas completamente prostradas ou robustecidas & amadurecidas & mais aptas a enfrentar a onda seguinte de desafios que possa advir. É precisamente no momento atual que você deve lembrar que a esperança é uma arma poderosa & que nenhuma força na terra pode tirá-la de você; & que nada pode ser tão valioso como fazer parte da história de um país. Valores permanentes na vida & no pensamento social não podem ser criados por pessoas que são indiferentes ou hostis às verdadeiras aspirações de uma nação. Por um motivo: aqueles que não têm alma, nem senso algum de orgulho nacional & tampouco ideais a conquistar não podem sofrer nem humilhação nem derrota; não podem desenvolver nenhuma tradição, não são inspirados por nenhuma missão sagrada & não podem produzir mártires ou heróis nacionais. Um novo mundo será conquistado não por aqueles que permanecem à distância, de braços cruzados, mas por aqueles que estão na arena, cujas vestes são rasgadas pelas tormentas & cujos corpos são mutilados no curso do combate. A glória pertence àqueles que nunca abandonam a verdade mesmo quando as coisas parecem sombrias e sinistras, àqueles que tentam de novo & de novo, àqueles que nunca se deixam desencorajar por insultos, humilhações & mesmo derrotas. Desde a aurora da história, a humanidade dignificou & respeitou gente corajosa & honesta, homens & mulheres como você, querida — uma garota comum que vem de uma aldeia do interior que nem aparece na maioria dos mapas,[i] esposa de um kraal,[ii] que é a coisa mais humilde mesmo para padrões camponeses.

Meu senso de devoção a você me impede de dizer em público mais do que eu já disse neste bilhete que deve passar por muitas mãos. Um dia teremos a privacidade que nos permitirá compartilhar os pensamentos ternos que mantivemos soterrados em nossos corações durante os últimos oito anos.

No devido tempo você será indiciada & provavelmente condenada. Sugiro que discuta a questão com Niki[iii] imediatamente depois de ser indiciada & que tome as providências necessárias para obter fundos necessários ao estudo, ao vestuário, aos mantimentos de Natal & outras despesas pessoais. Deve também combinar com ela para que lhe mande, assim que você for condenada, fotos com as devidas molduras de couro. Por experiência própria, descobri que uma foto de família é tudo na prisão & você deve tê-la desde o começo. Do lado de cá, você receberá todas as minhas cartas mensais, querida. Escrevi uma longa carta a Zeni & Zindzi, aos cuidados de Niki, explicando a situação numa tentativa de mantê-las informadas & animadas. Só espero que elas tenham recebido minha carta anterior, de 4 de fevereiro. No mês passado escrevi à mamãe[iv] em Bizana[v] e a Sidumo.[vi] Este mês escreverei para Telli[vii] & ao tio Marsh.[viii] Não tive notícias de Kgatho,[ix] nem de Maki,[x] Wonga,[xi] Sef,[xii] Gibson,[xiii] Lily,[xiv] Mthetho[xv] & Amina,[xvi] para os quais escrevi entre dezembro e abril.

---

i A aldeia natal de Winnie Mandela é Mbongweni, Bizana, Transkei. **ii** *Kraal* é uma palavra africâner para um grupo tradicional de cabanas rodeadas por uma cerca para guardar o gado. **iii** Niki Xaba (1932-85), a mais velha das irmãs de Winnie Mandela — ver glossário. **iv** Mãe (na verdade, madrasta) de Winnie Mandela. **v** O distrito em que ela nasceu. **vi** Sidumo Mandela, primo dele. **vii** Telia (Telli ou Tellie) Mtirara, parente de Mandela. **viii** Marido de Niki Xaba, irmã mais velha de Winnie Mandela (para Niki Xaba, ver glossário). **ix** Makgatho Mandela (1950-2005), segundo filho de Mandela — ver glossário. **x** Makaziwe Mandela (1954-), filha mais velha de Mandela — ver glossário. **xi** K. D. Matanzima (1915-2003), sobrinho de Mandela, um chefe Thembu e ministro-chefe para o Transkei — ver glossário. Seu nome do meio era Daliwonga, que era abreviado para Wonga. **xii** Sefton Vutela, cunhado de Mandela. **xiii** Gibson Kente (1932-2004), dramaturgo, compositor e diretor. Assim como Mandela, era do clã Madiba, por isso Mandela se refere a ele como sobrinho — ver glossário. **xiv** Lilian Ngoyi (1911-80), política e ativista antiapartheid e pelos direitos da mulher — ver glossário. **xv** Chefe Mthetho Matanzima (m. 1972), filho do sobrinho de Mandela K. D. Matanzima e chefe da região de Noqayti — ver glossário. **xvi** Amina Cachalia (1930-2013), amiga e ativista antiapartheid e pelos direitos das mulheres — ver glossário.

Foi possível escrever esta carta graças a uma gentil autorização do brig. Aucamp[i] & estou certo de que ele estará disposto a te ajudar se você quiser responder a esta carta enquanto você ainda estiver detida. Se você conseguir, por favor confirme se recebeu minha carta de abril. Enquanto isso, gostaria que você soubesse que estou pensando em você em todos os momentos do dia. Boa sorte, minha querida. Um milhão de beijos & toneladas & toneladas de amor.

Com devoção,
Dalibunga

Para Niki Xaba,[ii] irmã de sua esposa

15.7.69

Minha querida Niki,

Eu tinha planejado inicialmente escrever esta carta para o tio Marsh.[iii] Mas eu a considero uma mãe para Zami[iv] & não apenas sua irmã mais velha, & quando recebi a notícia da detenção de Nyanya,[v] além da de Zami, me dei conta do quanto essa história toda deve tê-la perturbado. Nessas circunstâncias, decidi mandar a carta a você.

Na carta que escrevi para a Ma[vi] em Bizana em 4 de maio, contei a ela que passava uma porção de tempo pensando em Zami, nas experiências dolorosas que ela estava sofrendo & nos numerosos problemas que lhe ocorreram como resultado da minha ausência. Ressaltei que minha confiança & consideração por ela tinham aumentado consideravelmente, & que minha única esperança era de que um dia eu pudesse ter condições de lhe dar a paz, o conforto e a felicidade que compensassem seus terríveis dissabores. Mal sabia eu naquele momento que apenas oito dias depois Zami estaria de volta à cadeia. Sua prisão é um verdadeiro desastre para a família & devo confessar que estou muito preocupado. Ela não está bem de saúde[vii] & a prisão pode agravar seu estado. Quando fui preso tive a felicidade de ela estar fora & livre. Antes de eu ser condenado ela me viu em todos os dias de visita sem exceção, trouxe-me provisões deliciosas & roupas limpas, & me escreveu cartas doces & encantadoras, & não perdeu sequer um dia dos meus dois

---

i Brigadeiro Aucamp, oficial comandante de Robben Island — ver glossário. **ii** Niki Xaba (1932-1985), a irmã mais velha de Winnie Mandela — ver glossário. **iii** O marido de Niki Xaba, Marshall Xaba. **iv** Zami é um dos nomes de Winnie Mandela. **v** A irmã caçula de Winnie Mandela, Nonyaniso Madikizela, que era também conhecida como Nyanya. **vi** Nophikela Hilda Madikizela, madrasta de Winnie Mandela e Niki Xaba — ver glossário. **vii** Winnie Mandela tinha problemas cardíacos.

julgamentos, aos quais levou muitos amigos & parentes, incluindo minha mãe. Nunca esquecerei o dia da sentença no Caso Rivonia, pois, além da imensa multidão de apoiadores & simpatizantes que apareceu, estavam sentadas atrás de mim Zami, Ma, Nali[i] & Nyanya. Foi um raro momento que acontece poucas vezes na trajetória de um homem & que aprofundou meu amor & meu respeito por Zami & me aproximou dos meus parentes — de Ma, Nali, Nyanya e de todos vocês. Durante meus cinco anos nesta ilha, Zami me visitou não menos que nove vezes & organizou outras dez visitas que me puseram em contato com parentes & amigos que eu muito valorizo & respeito. Mesmo quando as dificuldades dela própria se acumulavam, quando ela estava sem emprego e enfrentando problemas de saúde, ela pensava primeiro & acima de tudo em mim & em minha felicidade & nunca deixava de me mandar dinheiro e lindas cartas, cartões de aniversário & de aniversário de casamento. Todas essas coisas têm significado muito para mim. É preciso ser um prisioneiro para avaliar plenamente o valor verdadeiro de muitas coisas em que nem prestamos atenção na vida fora das grades. Durante os quase sete anos do meu encarceramento, Zami tem estado verdadeiramente ao meu lado. Agora chegou a vez dela & ela precisa de todo o meu amor & afeto, de toda a minha solidariedade & ajuda, & no entanto não posso fazer absolutamente nada por ela. Ela não pode esperar ansiosamente por nenhuma visita minha que pudesse levar alguma mudança bem-vinda à rotina deprimente à qual está submetida agora, nenhuma provisão saborosa que pudesse ser benéfica à sua saúde fragilizada, nenhuma carta terna & afetuosa que lhe trouxesse lembranças felizes. Se ela acabar sendo indiciada, não me será possível mostrar solidariedade mediante minha presença física, & nenhuma das incontáveis coisas que ela fez por mim como prisioneiro eu terei condições de fazer por ela.

Os rostos meigos de filhos pequenos, distorcidos pelo medo e pelo aturdimento, vendo sua mãe querida levada embora no meio da noite, & incapazes de compreender as questões envolvidas, são uma lembrança que assombraria até a mais destemida das mães. Acrescente a esse quadro o fato de que durante anos as filhas dela talvez vivam como órfãs & que ela pode ser completamente privada da oportunidade de dar-lhes a ajuda & orientação de que precisariam nos anos mais críticos de suas vidas. Sei quanto Zami é devotada às crianças & se há uma coisa que poderia piorar seu estado de saúde é a incerteza & insegurança que agora as ameaçam. Estas são as razões pelas quais vejo sua prisão como um desastre familiar, Niki. Não estou em condições de fazer nenhuma previsão quanto ao modo como ela vai fazer diante da situação & certamente não arriscarei nenhuma profecia. Mas o retrospecto dela até agora a mostra como uma mulher de grande coragem que se manteve fiel a seus princípios a despeito de graves provações. Minha única esperança é

---

i Nali Nancy Vutela, irmã de Winnie Mandela.

que ela ache possível sobreviver a mais esta, apesar de sua saúde debilitada. Estou igualmente orgulhoso de Nyanya & passei a amá-la mais do que nunca. Às vezes penso que se eu estivesse em casa nestes últimos oito anos ela teria feito bons progressos tanto em seus estudos como nas ideias sobre a vida. Em minha última carta a Bawo expressei minha preocupação com o fato de que ela estava ociosa em casa & sugeri que deveria pelo menos receber algum ensino vocacional. Espero que ela também tire proveito dessa experiência.

No momento em que escrevi a Ma eu estava na verdade esperando uma visita de Zami, já que a última vez que a tinha visto havia sido em dezembro & não recebera visita dela desde então. Estava prevista para fevereiro uma visita do nosso amigo Radebe (Mgulwa),[i] mas, por razões que ignoro, ele não veio. Eu tinha esperado ansiosamente essa visita porque ela me oferecia a única oportunidade de ouvir alguma coisa sobre Zami & as crianças, já que aparentemente nenhuma das cartas que eu tinha escrito mensalmente desde dezembro último havia chegado a seu destino. Em 28 de junho outro bom amigo, Moosa Dinath,[ii] que viria de Joanesburgo com o expresso propósito de discutir problemas familiares causados pela detenção de Zami, também não apareceu & de novo as autoridades prisionais não foram capazes de me dar uma explicação para esse misterioso comportamento da parte dos meus visitantes. Agora sei que antes de 12 de maio Zami tinha solicitado uma permissão de visita para Kgatho para 24 de maio. As autoridades nunca sequer me informaram sobre essa visita. O resultado é que tenho sido completamente apartado da minha família & amigos num momento em que tal contato é absolutamente essencial. Em 23 de junho escrevi a Zeni & Zindzi uma longa carta que enviei ao brig. Aucamp[iii] no Centro de Operações em Pretória, & pedi-lhe que a encaminhasse a você. Espero que pelo menos essa tenha chegado. Em dezembro escrevi a Nali, em fevereiro a Zeni & Zindzi, em março a meu sobrinho Gibson Kente[iv] e a Lilian.[v] Todas essas cartas foram endereçadas a Orlando West, 8115. O fato de não ter recebido nenhuma notificação de recebimento me leva a inferir que as cartas não foram recebidas & talvez o tio Marsh[vi] faça as investigações e deixe você saber. Escrevi também a Tellie[vii] pedindo a ela que investigasse a respeito das cartas a Kgatho[viii] & Maki[ix] em janeiro &

---

i Alfred Mgulwa (Radebe é seu nome de clã), tio de Winnie Mandela.   **ii** Mandela conheceu Moosa Dinath quando este era membro do Congresso Indiano no Transvaal e negociante em Joanesburgo. Renovaram sua amizade na prisão em 1962, enquanto Mandela esperava julgamento e Dinath estava cumprindo pena por fraude.   **iii** Brigadeiro Aucamp, oficial comandante de Robben Island — ver glossário.   **iv** Gibson Kente (1932-2004), dramaturgo, compositor e diretor. Assim como Mandela, era do clã Madiba, por isso Mandela se refere a ele como sobrinho — ver glossário.   **v** Lilian Ngoyi (1911-80), política e ativista antiapartheid e pelos direitos das mulheres — ver glossário.   **vi** Marshall Xaba, marido de Niki Xaba, a irmã mais velha de Winnie Mandela (para Niki Xaba, ver glossário).   **vii** Telia (Telli ou Tellie) Mtirara, uma parente de Mandela.   **viii** Makgatho (Kgatho) Mandela (1950-2005), segundo filho de Mandela — ver glossário.   **ix** Makaziwe (Maki) Mandela (1954-), filha mais velha de Mandela — ver glossário.

fevereiro. Lamentei saber que você se envolveu num acidente de carro no qual fraturou uma perna. Espero que esteja se recuperando bem & estou ansioso para obter alguns detalhes em sua próxima carta. Como estão indo as crianças & como é o nome delas? Com quantos anos estão? Quantos filhos tem Bantu?[i] Meu carinho e minhas afetuosas lembranças a Marsh, Bantu & marido, Tellie, Mfundo etc.

Cordialmente,
Nel

SRA. NIKI IRIS XABA, ORLANDO WEST, 8115, JOANESBURGO

Para Tellie Mtirara, uma parente

Carta que substitui a visita de junho de 1969

15.7.69

Minha querida Nkosazana,[ii]

É possível que eu não conheça sequer uma pessoa que recebe bem os problemas. Isso é compreensível, já que os problemas frequentemente interferem nos planos da gente, no prazer & na felicidade. Pior ainda: eles podem trazer um bocado de dissabores & sofrimentos. A detenção de Nobandla[iii] me transtornou de verdade precisamente porque traz consigo esses perigos. Ela pode ser mantida na cadeia durante anos, sem julgamento. Se por fim for condenada, poderá receber uma sentença dura. Em qualquer dos casos isso significaria muitos anos de separação forçada de seus filhos, parentes & amigos, muitos anos de labuta & suor & privação dos direitos de uma pessoa livre. É um alto preço a pagar. Mas, embora sempre dolorosos & desagradáveis, os problemas podem ter a vantagem de nos lembrar dos confiáveis e dedicados membros da família, para os quais a gente instintivamente se volta quando advêm os tempos difíceis. Desde que eu vi você no tribunal durante o Caso Rivonia, & especialmente depois que acompanhou Nobandla à Cidade do Cabo, em agosto de 1964, tem sido minha intenção escrever para lhe agradecer pela pronta e infalível ajuda que prestou em casa. Mas o próprio fato de você ser da família me induziu a tomar por certo que sempre saberá que tenho a mais alta consideração por você & que estou plenamente consciente do importante papel que está desempenhando em

---

i Nobantu Mniki, uma das irmãs de Winnie Mandela. **ii** "Senhora", "senhorita" ou "princesa", em isiXhosa. **iii** Um dos nomes de Winnie Mandela.

casa na minha ausência. Isso por sua vez me deu a desculpa por adiar o ato de lhe escrever até que eu tivesse tratado dos casos que me pareciam os mais urgentes. Mas a nova detenção de Nobandla me apartou da família, de meus amigos & parentes e agora preciso contar com você & Niki.[i] Vocês duas terão de providenciar minhas visitas, bem como as de Nobandla quando ela puder recebê-las.

Já escrevi & pedi a Niki para investigar se as cartas que escrevi a Zeni & Zindzi,[ii] Nali,[iii] Gibson[iv] & a Lilian[v] foram recebidas. Gostaria que você me relatasse se Kgatho,[vi] Maki[vii] & a sra. Amina Cachalia[viii] receberam suas cartas, que foram escritas em janeiro, fevereiro e abril, respectivamente. Solicito as seguintes informações adicionais sobre Kgatho: Como está sua saúde? Ele foi circuncidado?[ix] Passou nos exames suplementares que prestou em março? Que trabalho ele está fazendo atualmente & quais são seus planos para o futuro? Talvez seja aconselhável que ele venha me ver para que possamos discutir a questão como um todo. Eu gostaria de saber também se Nobandla ainda possui o carro & o telefone de casa, bem como que providências foram tomadas, se é que foram, para o pagamento das contas. Como você sabe, temos um advogado da família que lidou com todos os problemas de Nobandla no passado & eu ficaria grato se você fizesse a gentileza de me dar o nome do advogado ou dos advogados que estão cuidando dos interesses dela no momento & que vai representá-la quando ela for indiciada. Em minha carta a Niki mencionei que este ano eu esperava visitas de Kgatho, Moosa Dinath[x] & Alfred Mgulwa[xi] & nenhum deles apareceu & eu ficaria grato em ser informado de por que eles deixaram de vir. Em dezembro passado escrevi ao dr. Wonga Mbekeni,[xii] A.C. Tsolo,[xiii] agradecendo a ele por ter comparecido ao funeral da minha falecida mãe & por sua contribuição para as despesas da cerimônia. Dei-lhe também minhas condolências pela morte de Nkosazana Nozipho[xiv] & lhe pedi para me mandar algumas informações que indiquei. Como ele não respondeu

---

i Niki Xaba (1932-1985), a mais velha das irmãs de Winnie Mandela — ver glossário. **ii** Zenani (1959-) e Zindzi (1960-) Mandela, suas filhas mais novas — ver glossário. **iii** Nali Nancy Vutela, irmã de Winnie. **iv** Gibson Kente (1932-2004), dramaturgo, compositor e diretor. Assim como Mandela, era do clã Madiba, por isso Mandela se refere a ele como sobrinho — ver glossário. **v** Lilian Ngoyi (1911-80), política, ativista antiapartheid e pelos direitos das mulheres — ver glossário. **vi** Makgatho Mandela (1950-2005), segundo filho de Mandela — ver glossário. **vii** Makaziwe Mandela (1954-), filha mais velha de Mandela — ver glossário. **viii** Amina Cachalia (1930-2013), amiga e ativista antiapartheid e pelos direitos das mulheres — ver glossário. **ix** A circuncisão era um rito tradicional de passagem para a masculinidade adulta. Mandela passou pelo rito aos dezesseis anos. **x** Mandela conheceu Moosa Dinath quando este era membro do Congresso Indiano no Transvaal e negociante em Joanesburgo. Renovaram sua amizade na prisão em 1962, enquanto Mandela esperava julgamento e Dinath estava cumprindo pena por fraude. Ele e sua esposa, Maud Katzenellenbogen, que era amiga de Winnie, elaboraram um plano para tirar Mandela da prisão, mas o plano foi engavetado quando Winnie ficou desconfiada dele. **xi** Tio de Winnie Mandela. **xii** Um primo de Mandela que negociou com tios de Winnie Madikizela ou com outros membros idosos da família dela o casamento entre Mandela e Winnie, e que era na época presidente da Associação Médica do Transkei. **xiii** Agência do Correio de Tsolo, no Transkei. **xiv** *Nkosazana* significa "senhorita" ou "princesa" em isiXhosa. Nozipho Mbekeni era enfermeira e irmã de Wonga Mbekeni, portanto prima de Mandela.

eu suponho que não tenha recebido aquela importante carta. Você precisa, contudo, responder esta imediatamente, sem esperar pela resposta de Wonga. A dele pode ser enviada depois, quando você tiver notícias a respeito dele.

Você por acaso sabe onde Nyanya[i] está alojada? Se você puder se comunicar com ela, por favor transmita-lhe meu carinho & diga que estou muito orgulhoso mesmo dela. Você deve transmitir também meu carinho & minhas calorosas lembranças a Amakhosazana Nombulelo & Nobatembu[ii] & me dizer se Nombulelo ainda está trabalhando na fábrica de edredons em Selby. E há Nkosazana Nqonqi,[iii] por quem tenho a maior admiração e respeito. Ela sempre foi uma torre de energia para mim. Nos idos de 1942 ela vivia perto da estação de energia elétrica em Orlando East. Depois se mudou para perto do Centro Comunitário, em seguida para Jabavu & finalmente para Killarney. Frequentei esses lugares & ela sempre me tratou muito afetuosamente, como fazia frequentemente com membros da família. Quando me casei com Nobandla elas moravam juntas na casa dela em Killarney. Um dos meus desejos é que ela viva até eu ser solto para que eu possa ter a oportunidade de lhe agradecer pelo que fez por mim & por Nobandla. Você com certeza me contará tudo sobre a criança que deve estar bem grande agora.

No ano passado recebi cartas muito inspiradoras de Jonguhlanga,[iv] Nkosikazi NoEngland[v] & do chefe Vulindlela.[vi] No curso dos quase sete anos que tenho passado na prisão recebi muitas cartas de amigos de várias partes do país, a todas as quais dou muito valor. Mas as cartas da família têm um significado especial para mim, particularmente quando vêm de gente como as dos Abahlekazi[vii] & Nkosikazi[viii] acima, que têm feito tremendos sacrifícios em meu favor & em quem confio completamente. Quanto a você, Nkosana,[ix] só preciso mencionar que convivi com você desde o início dos anos 1950 & uma das notáveis qualidade [sic] que você possui em alto grau é honestidade, amor & dedicação à família. A maneira livre & aberta como você discutia os problemas comigo & as críticas valiosas & construtivas que fazia a mim, tudo isso criou uma impressão profunda que não esqueço até hoje. Com pessoas como você e Niki em volta de casa eu tenho pouco motivo de preocupação. Estou plenamente confiante de que vocês duas farão o possível para

---

i Nonyaniso (Nyanya) Madikizela, irmã caçula de Winnie Mandela. **ii** *Amakhosazana* significa "as senhoritas". Nombulelo Judith Mtirara é irmã de Sabata Jonguhlanga Dalindyebo (ver glossário) e Nobatembu é filha do primo de Nelson Mandela. **iii** Nqonqi Mtirara, uma prima de Mandela. **iv** Rei Sabata Jonguhlanga Dalindyebo (1928-86), chefe supremo do território do Transkei e líder do Partido Democrático Progressista, o partido de oposição no Transkei que contestava as leis do apartheid — ver glossário. **v** Esposa do regente chefe Jongintaba Dalindyebo, que foi o tutor de Mandela depois que o pai deste morreu, quando ele tinha doze anos (ver glossário). **vi** Chefe Vulindlela Mtirara/Matanzima, um chefe Tembu e parente de Mandela. **vii** "Os cavalheiros acima", em isiXhosa, referindo-se a Jonguhlanga e ao chefe Vulindlela Mtirara. **viii** "Senhora", em isiXhosa, referindo-se à esposa do regente. **ix** "Senhorita", em isiXhosa.

manter as coisas firmes & equilibradas. Meu carinho & minhas calorosas lembranças a Nkosazana Samela[i] & marido & a Mtsobise.[ii]

Cordialmente,
Tat'omncinci[iii]

SRTA. TELLIE MTIRARA,
ORLANDO WEST, 8115, JOANESBURGO

◇◇◇◇◇◇◇◇◇◇

Como se 1969 não pudesse ficar ainda pior, chegou um telegrama trazendo notícias devastadoras. O primeiro filho de Mandela, Madiba Thembekile "Thembi", tinha morrido num acidente de carro na Cidade do Cabo. Sua esposa, Thoko, sobrevivera à colisão, mas a morte dele deixou órfãs de pai as duas filhinhas do casal, Nandi e Ndileka. Mandela teria de esperar até que elas completassem dezesseis anos, a idade mínima exigida para visitas, para ter o direito de vê-las.

Winnie Mandela ainda estava na prisão, e ele desabafou seu sofrimento à mãe dela e à mãe de Thembi — sua primeira esposa, Evelyn — e a muitos outros membros da família. As cartas seguiam sendo o único instrumento para sua paternidade à distância e elas não eram suficientes, sem falar da imprevisível jornada delas até o mundo externo. Incapaz de confortar fisicamente quem quer que fosse e de estar à beira da sepultura quando seu filho foi enterrado, Mandela teve de contar com seus camaradas em busca de consolo e com sua própria força interior.

Quando foram soltos, os colegas de Mandela puderam relatar sua própria aflição ao vê-lo firmemente envolto num cobertor prisional marrom, sentado em sua cela ao lado de seu amigo Walter Sisulu.[iv]

---

i Samela Mtirara, parente de Mandela. *Nkosazana* significa "senhora", "senhorita" ou "princesa" em isiXhosa. **ii** Olive Nomfundo Mandela, filha da irmã de Mandela, Notancu. **iii** "Tio mais jovem" ou "irmão (ou irmã) do mesmo clã", em isiXhosa. **iv** Walter Sisulu (1912-2003), ativista do CNA e do MK e corréu no Julgamento de Rivonia, preso junto com Mandela — ver glossário.

Para Winnie Mandela,[i] sua esposa

Carta especial para Zami[ii]

16.7.69

Minha querida,

Esta tarde o oficial comandante recebeu o seguinte telegrama do advogado Mendel Levin:[iii]

"Favor avisar Nelson Mandela que seu Thembekile[iv] faleceu dia 13 do corrente em razão de acidente de automóvel na Cidade do Cabo".

É difícil acreditar que nunca mais verei Thembi. Em 23 de fevereiro passado ele fez 24 anos. Eu o tinha visto no fim de julho de 1962, poucos dias depois de voltar da minha viagem ao exterior. Ele era então um rapaz vigoroso de dezessete anos que eu jamais poderia associar com a morte. Estava vestindo uma das minhas calças, que era um pouquinho larga & comprida demais para ele. O detalhe era significativo & me fez ficar pensando. Como você sabe, ele tinha uma porção de roupas, dava importância ao que vestia & não tinha razão alguma para usar minhas roupas. Fiquei profundamente comovido, pois os fatores emocionais subjacentes à sua ação eram muito óbvios. Nos dias seguintes minha mente & meus sentimentos ficaram agitados ao perceber o peso & a pressão psicológicos que a minha ausência de casa tinha imposto às crianças. Recordei um incidente em dezembro de 1956, quando eu era um prisioneiro à espera de julgamento no Forte de Joanesburgo. Naquela época Kgatho[v] estava com seis anos e morava em Orlando East. Embora soubesse muito bem que eu estava na cadeia, ele foi até Orlando West & disse a Ma[vi] que sentia minha falta. Naquela noite ele dormiu na minha cama.

Mas me deixe voltar a meu encontro com Thembi. Ele tinha vindo se despedir de mim antes de partir para um colégio interno. Ao chegar, me saudou calorosamente, segurando minha mão com firmeza & por um bom tempo. Depois nos sentamos & conversamos. De algum modo a conversa se deslocou para os seus estudos, & ele me deu o que me pareceu, à luz de sua idade na época, uma apreciação interessante do *Júlio César* de Shakespeare, que muito me agradou.

---

i Nomzamo Winifred Madikizela-Mandela (1936-2018) — ver glossário. **ii** As cartas especiais não eram deduzidas da cota de um prisioneiro. Zami é um dos nomes de Winnie Mandela. **iii** Mendel Levin era um advogado que Maud Katzenellenbogen, amiga de Winnie Mandela, propôs como defensor de Winnie. Depois de consultar Mandela, ela não o usou e acabou escolhendo Joel Carlson em vez dele. **iv** Madiba Thembekile (Thembi) Mandela (1945-69), filho mais velho de Mandela — ver glossário. **v** Makgatho Mandela (1950-2005), segundo filho de Mandela — ver glossário. **vi** Ele está muito provavelmente se referindo a sua mãe, Nosekeni Fanny Mandela, que ficou com eles por um tempo.

Tínhamos trocado uma correspondência regular desde que ele partira para a escola em Matatiele & depois, quando mudou para Wodehouse.[i] Em dezembro de 1960 viajei uma certa distância de carro para me encontrar com ele. Durante aquele período eu o via como uma criança & o abordava predominantemente por esse ângulo. Mas nossa conversa em julho de 1962 me fez lembrar que eu não estava mais falando com uma criança, mas com alguém que estava começando a ter uma atitude firme na vida. Tinha de repente se convertido de um filho em um amigo. Fiquei de fato um tanto triste quando ele acabou partindo. Não pude sequer acompanhá-lo até um ponto de ônibus nem tampouco vê-lo partir da estação, pois um proscrito, tal como eu era na época, deve estar disposto a abrir mão de importantes deveres paternos. De modo que meu filho, não!, meu amigo saiu sozinho para abrir caminho por conta própria num mundo onde eu só poderia encontrá-lo secretamente & muito de vez em quando. Eu sabia que você havia comprado roupas para ele & lhe dado algum dinheiro, mas mesmo assim esvaziei meus bolsos e transferi a ele todos os cobres de que um fugitivo miserável podia dispor. Durante o Caso Rivonia ele se sentou atrás de mim um dia. Eu me virava a todo momento para trás, acenando com a cabeça & lhe dando um largo sorriso. Na época quase todo mundo acreditava que receberíamos certamente a pena máxima & isso estava claro no rosto dele. Embora ele acenasse de volta todas as vezes, em nenhuma delas ele retribuiu o sorriso. Nunca imaginei que jamais voltaria a vê-lo. Isso foi há cinco anos.

De lá para cá, você me fez muitos relatos interessantes sobre ele em suas cartas & durante suas visitas. Fiquei particularmente contente ao notar o apego dele à família & o interesse pessoal que assumiu em questões que afetavam seus parentes. Esse apego & esse interesse estão demonstrados na afetuosa carta que ele escreveu a você em junho de 1967, no fato de ter ido te encontrar no aeroporto quando você me visitou no mesmo mês, no fato de cuidar da Ma[ii] & levá-la ao cais para embarcar para Robben Island, no fato de visitar você quando veio recentemente a Joanesburgo com a família dele & de ter levado Zeni & Zindzi[iii] para passear. Não sei se ele conseguiu visitar o túmulo da Ma.

Ele mandou mensagens por meio de Kgatho & me deu a honra paterna de pedir que eu escolhesse o nome de seu bebê. Maki[iv] me contou também que ele comprou roupas para Kgatho e para ela própria & todas as outras coisas de que eles precisavam. Sei quanto a morte dele foi um golpe devastador para você, querida,

---

i Wodehouse Junior Secondary School, em Cofimvaba, Transkei.   ii A mãe de Nelson Mandela e avó de Thembi que morreu em setembro de 1968.   iii Zenani (1959-) e Zindzi (1960-) Mandela, suas filhas mais novas — ver glossário.   iv Makaziwe Mandela (1954-), a filha mais velha de Mandela — ver glossário.

& escrevo para te transmitir minha mais profunda solidariedade. Mandei a Ntoko[i] nossas condolências. Embora sua vida tenha sido ceifada tão cedo, ele descansará em paz porque cumpriu seu dever para com os pais, irmão & irmãs & parentes. Todos nós sentiremos falta dele. É uma pena que nem você nem eu possamos lhe prestar as últimas homenagens devidas pelos pais a um filho amado que partiu. Perder uma mãe & um primogênito, & ter sua companheira de vida encarcerada por tempo indeterminado, e tudo isso num período de dez meses, é um fardo pesado demais para um homem carregar, mesmo nas melhores condições. Mas eu não estou de modo algum me queixando, minha querida. Tudo o que desejo é que saiba que você é meu orgulho & o de toda a nossa grande família.

Nunca senti tanta falta de você quanto no momento presente. É bom lembrar isso neste dia de amargos infortúnios & amargos reveses. O escritor P. J. Schoeman contou a história de um comandante supremo africano que levou seus magníficos guerreiros negros para uma caçada. Durante a caçada o filho do comandante foi morto por uma leoa & o próprio comandante foi gravemente castigado pela fera. A ferida foi então cauterizada com uma lança em brasa & o dignitário ferido contorceu-se de dor enquanto a chaga era tratada. Mais tarde Schoeman perguntou-lhe como estava se sentindo & ele respondeu que a ferida invisível era mais dolorosa que a visível. Agora eu sei o que o comandante queria dizer. Penso em você todos os momentos do dia. Montanhas de amor & um milhão de beijos, Mhlope.[ii]

Com devoção,
Dalibunga

NKOSIKAZI NOBANDLA MANDELA. ORLANDO WEST, 8115
JOANESBURGO

---

i Evelyn Ntoko Mandela (1922-2004), a primeira esposa de Mandela (entre 1944 e 1958) e mãe de Thembi — ver glossário. ii Um dos nomes de Winnie Mandela.

16. 7. 69.

Special letter.

Dear Evelyn,

This afternoon the Commanding Officer informed me of a telegram received from attorney Mendel Levin of Johannesburg in which he reported the death of Thembi in a motor accident in Cape Town on July 13.

I write to give you, Kgatho & Maki my deepest sympathy. I know more than anybody else living today just how devastating this cruel blow must have been to you for Thembi was your first born & the second child that you have lost. I also am fully conscious of the passionate love that you had for him & the efforts you made to train & prepare him to play his part in a complex modern industrial society. I am also fully aware of how Kgatho & Maki adored & respected him, the holidays & good time they spent with him in Cape Town. In the letter written in October 1967 Maki told me that Thembi helped you in buying them all they needed. My late Ma gave me details of the warm hospitality she received ~~she received~~ from him when she visited me on the Island. Throughout the last five years up to March this year, Nobandla gave me interesting accounts of his attachment & devotion to the family & the personal interest he took in all his relatives. I last saw him five years ago during the Rivonia trial & I always looked forward to these accounts for they were the main channel through which I was able to hear something of him.

The blow has been equally grievous to me. In addition to the fact that I had not seen him for at least sixty months, I was neither privileged to give him a wedding ceremony nor to lay him to rest when the fatal hour had struck. In 1967 I wrote him a long letter drawing his attention to some matters which I thought it was in his interest to attend to without delay. I looked forward to further correspondence ~~to~~ & to meeting him and his family when I returned. All these expectation have now been completely shattered for he has been taken away at the early age of 24 and we will never again see him. We should all be consoled & comforted by the fact that he had

Páginas de uma carta especial para Evelyn Mandela,
16 de julho de 1969, ver páginas 130-1.

many good friends who join with us in mourning his passing away. He fulfilled all his duties to us as parents and has left us within an inheritance for which every parent is proud — a charming Molokazana & two lovely babies. Once more I extend to you, Kgatho & Maki my sincere condolences and trust that you will muster enough strength and courage to survive this painful tragedy. Fondest regards to Sam & Khezi, to Nomanage, Lulu, Phundi, Ntosisi, Nscolisi, Mangezi & waza.

Nobandla joins me in this message of sympathy.

Yours very sincerely,
Nelson.

Para Evelyn Mandela,[i] sua ex-esposa e mãe de Thembi[ii]

16.7.69

Carta especial[iii]

Querida Evelyn,

Esta tarde o oficial comandante me informou sobre um telegrama enviado pelo advogado Mendel Levin, de Joanesburgo, no qual ele relatava a morte de Thembi num acidente de carro na Cidade do Cabo em 13 de julho.

Escrevo para prestar a você, Kgatho & Maki[iv] minha mais profunda solidariedade. Sei mais do que nenhuma outra pessoa viva como esse golpe cruel deve estar sendo devastador para você, pois Thembi era seu primogênito & o segundo filho que você perdeu.[v] Estou também plenamente consciente do fervoroso amor que você tinha por ele & dos esforços que fez para instruí-lo & prepará-lo para desempenhar seu papel numa complexa sociedade industrial moderna. Estou consciente também do quanto Kgatho & Maki o adoravam & respeitavam, das férias & bons momentos que tiveram juntos na Cidade do Cabo. Em sua carta escrita em outubro de 1967 Maki me contou que Thembi ajudou você a comprar tudo de que eles precisavam. Minha falecida Ma me deu detalhes da calorosa hospitalidade que recebeu dele quando me visitou na ilha. Ao longo dos últimos cinco anos, até março passado, Nobandla[vi] me fez interessantes relatos do apego & devoção dele à família & do interesse pessoal que demonstrava por seus parentes. Eu o vi pela última vez há cinco anos, durante o Julgamento de Rivonia, & sempre ansiava por receber tais relatos, pois eram o principal canal através do qual eu tinha condições de ouvir alguma coisa sobre ele.

O golpe também foi atroz para mim. Se não bastasse o fato de que eu não pude vê-lo por pelo menos sessenta meses, não tive a oportunidade nem de lhe propiciar uma cerimônia de casamento nem de enterrá-lo quando chegou a hora fatal. Em 1967 escrevi a ele uma longa carta chamando sua atenção para alguns assuntos que eu julgava que eram de seu interesse e que deveriam ser enfrentados sem demora. Eu esperava com ansiedade novas correspondências & mais ainda me encontrar com ele e sua família quando eu voltasse. Todas essas expectativas

---

i Evelyn Ntoko Mandela (1922-2004), a primeira esposa de Mandela (entre 1944 e 1958) e mãe de Thembi — ver glossário. ii Madiba Thembekile (Thembi) Mandela (1945-69), filho mais velho de Mandela — ver glossário. iii Cartas especiais não estavam deduzidas da cota de um prisioneiro. iv Seus filhos remanescentes com Evelyn Mandela — Makgatho (Kgatho) Mandela (1950-2005), segundo filho de Mandela (ver glossário), e Makaziwe (Maki) Mandela (1954-), filha mais velha de Mandela — ver glossário.v A primeira filha de Mandela com Evelyn morreu devido a uma doença quando tinha nove meses. Seu nome era Makaziwe. Depois eles deram o mesmo nome à segunda filha do casal. vi Um dos nomes de Winnie Mandela.

foram agora despedaçadas, pois ele foi levado embora na idade precoce de 24 anos e nunca mais o veremos. Devemos nos sentir consolados & confortados pelo fato de que ele tinha muitos bons amigos que agora se unem a nós no luto por seu falecimento. Ele cumpriu seus deveres conosco como pais e nos deixou uma herança da qual todo pai se orgulha — uma encantadora Molokazana[i] & dois bebês adoráveis. Mais uma vez estendo a você, Kgatho e Maki minhas sinceras condolências & confio que vocês juntarão força & coragem suficientes para sobreviver a esta dolorosa tragédia. Minhas mais ternas lembranças a Sam & Tshezi,[ii] a Nomanage, Lulu, Phindi, Nosisi, Mxolisi, Mongezi & Waza.[iii]

Nobandla se junta a mim nesta mensagem de solidariedade.

Cordialmente,
Nelson.

Para o coronel Van Aarde, oficial comandante, Robben Island

22 de julho de 1969

Oficial Comandante,
Robben Island

A/C Coronel Van Aarde

Meu filho mais velho, Madiba Thembekile,[iv] de 24 anos, faleceu na Cidade do Cabo em 13 de julho, em decorrência de ferimentos que sofreu num acidente de automóvel.

Eu gostaria de participar, com despesas por minha conta, das providências relativas ao funeral e de prestar minhas últimas homenagens à sua memória. Não tenho informação alguma sobre onde ele será enterrado, mas suponho que será na Cidade do Cabo, ou em Joanesburgo ou ainda em Umtata.[v] Em relação a isso eu ficaria grato se o senhor me desse permissão para ir imediatamente, com ou sem escolta, ao local onde o corpo dele descansará. Se ele já tiver sido enterrado quando o senhor receber este pedido, eu lhe solicitarei então a permissão para visitar o túmulo com o propósito de "depositar a pedra", a cerimônia tradicional reservada às pessoas que perderam o enterro propriamente dito.

---

i A palavra isiXhosa para "nora". Ele está se referindo à viúva de seu falecido filho Thembi, Thoko Mandela — ver glossário. **ii** Irmão e cunhada de Evelyn Mandela. **iii** Membros da família de Evelyn Mandela. **iv** Madiba Thembekile (Thembi) (1945-69), filho mais velho de Mandela — ver glossário. **v** Umtata (hoje chamada de Mthatha) era a capital do território do Transkei.

Tenho a firme esperança de que o senhor, na ocasião atual, achará possível tratar este pedido com mais humanidade do que aquela que reservou a uma solicitação semelhante que fiz há apenas dez meses, em setembro de 1968, de licença para comparecer ao funeral de minha mãe. Aprovar aquela solicitação teria sido um ato generoso de sua parte, que teria causado uma profunda impressão em mim. Tal gesto humanitário teria contribuído muito para amenizar o duro golpe e o doloroso infortúnio de um homem aprisionado que perde a mãe, e teria me proporcionado a oportunidade de estar presente à beira do túmulo. Eu poderia acrescentar que vi meu falecido filho pela última vez há mais de cinco anos e que o senhor saberá avaliar prontamente quanto estou ansioso para comparecer ao funeral.

Por fim, gostaria de ressaltar que existem precedentes, já que há governos que levaram em consideração solicitações dessa natureza.[i]

NELSON MANDELA[ii]

Para Makgatho Mandela,[iii] seu segundo filho

28.7.69

Meu querido Kgatho,

Mostraram-me seu telegrama de 17 de julho no qual você me informava da morte de Thembi[iv] num acidente de carro. No dia anterior o oficial comandante havia recebido um telegrama semelhante do advogado Mendel Levin de Joanesburgo. Espero que a esta altura sua mãe[v] tenha recebido a carta que escrevi em 16 de julho expressando minhas condolências a ela, a você e a Maki.[vi]

É um preceito sábio não ficar remoendo calamidades passadas, por mais desastrosas que elas possam parecer, e devemos tentar nos reconciliar com o horrível fato de que Thembi, seu amado irmão, não está mais entre nós e nunca voltaremos a vê-lo. No entanto, seu falecimento é uma séria perda para a família e deixou uma ferida profunda e dolorosa que talvez leve muitos anos para cicatrizar.

---

i Ele provavelmente está se referindo ao primeiro-ministro da Índia, Jawaharlal Nehru (1889-1964), e desenvolve o tema mais extensamente em sua carta a Nolusapho Irene Mkwayi de 29 de setembro de 1969 (ver página 146) e na nota que a acompanha. ii Em sua carta a Nolusapho Irene Mkwayi de 29 de setembro de 1969 (ver página 146), ele escreve que esse pedido de autorização para comparecer ao funeral de Thembi foi "simplesmente ignorado". iii Makgatho Mandela (1950-2005) — ver glossário. iv Madiba Thembekile (Thembi) (1945-69), filho mais velho de Mandela — ver glossário. v Evelyn Ntoko Mandela (1922-2004), a primeira esposa de Mandela (entre 1944 e 1958) — ver glossário. vi Makaziwe (Maki) Mandela (1954-), filha mais velha de Mandela — ver glossário.

Penso na sua mãe, que deve ter sofrido um choque tremendo ao perder um filho ainda tão no início da vida e que já tinha começado a assumir algumas das pesadas obrigações de um pai, que agora vão pesar sobre ela de todos os lados. Penso mais particularmente em você e em Maki, porque percebo plenamente como deve ter sido duro o golpe da morte de Thembi em vocês dois. Ele amava sinceramente vocês, e vocês, por sua vez, gostavam muito dele. Ele era não apenas um irmão, mas a pessoa a quem vocês naturalmente recorriam em busca de conselho e auxílio. Ele era o escudo que protegia vocês do perigo e os ajudava a erigir a autoconfiança e a coragem de que precisam para lidar com os numerosos problemas com que se defrontam ao crescer. Vocês podiam se abrir com ele em relação a muitos assuntos que um filho ou filha hesitaria em revelar a seus pais, e agora que ele se foi vocês devem estar se sentindo perdidos, solitários e tristes. Na Cidade do Cabo ele proporcionou um lar para vocês, onde podiam passar férias animadas, conhecer novos amigos e aprender mais sobre seu país e seu povo. A morte dele significa que vocês não terão mais condições de desfrutar dessas vantagens e que daqui em diante terão de lutar e vencer suas próprias batalhas e depender de seus próprios recursos.

Acho que é conveniente e apropriado destacar apenas uma notável virtude dele que me causou uma profunda impressão. O amor e devoção dele por você, Maki, Zeni,[i] Zindzi,[ii] e pelos parentes em geral, criou a imagem de um homem que respeitava os laços de família e estava destinado a desempenhar um papel importante na criação, educação e desenvolvimento das crianças. Ele próprio já desenvolvera para si uma posição em que se tornara objeto do amor, admiração e respeito de suas irmãs e uma fonte de orgulho para a família.

Lá no meu 8115[iii] eu era mantido constantemente informado sobre o inabalável interesse dele por todos nós, e detalhes de sua hospitalidade durante a recente visita que realizou com sua família a Joanesburgo eram relatados. A falecida vovó[iv] nunca perdia a chance de dizer alguma coisa elogiosa sobre ele sempre que me visitava aqui, e eu lamento sinceramente que a morte tenha negado a ele a oportunidade de exercer plenamente esse seu magnífico dom a serviço da família.

Detesto fazer sermões, Kgatho, até mesmo para meus próprios filhos, e prefiro discutir os assuntos com qualquer pessoa numa base de perfeita igualdade, em que minhas concepções são oferecidas como pareceres que o interlocutor está livre para aceitar ou rejeitar como lhe aprouver. Mas eu estaria faltando com meu dever se não alertasse para o fato de que a morte de Thembi coloca uma pesada responsabilidade nas suas costas. Agora você é o filho mais velho e será seu dever

---

i Zenani (Zeni) Mandela (1959-), filha do meio de Mandela. **ii** Zindziswa (Zindzi) Mandela (1960-), filha caçula de Mandela. **iii** A casa de Mandela na rua Vilakazi, em Orlando West, Soweto. **iv** A mãe de Nelson Mandela, Nosekeni Fanny Mandela, que morreu em 1968 — ver glossário.

manter a família unida e servir de exemplo para suas irmãs, ser um orgulho para seus pais e para todos os parentes mais velhos. Isso significa que você terá de se esforçar mais nos estudos, nunca se deixar abater por dificuldades ou reveses e nunca desistir da batalha mesmo na hora mais escura. Lembre-se de que vivemos numa era de conquistas científicas, sendo a mais incrível delas o recente pouso do homem na Lua. Esse é um evento sensacional que enriquecerá o conhecimento que o homem tem do universo e pode até mesmo resultar numa modificação de muitas hipóteses fundamentais em vários campos do conhecimento. A geração mais jovem deve estudar e se preparar de modo a absorver facilmente as repercussões de longo alcance dos avanços no setor espacial. Esta é uma era de intensa e feroz competição na qual as maiores recompensas estão reservadas àqueles que passaram pela formação mais completa e atingiram as mais elevadas qualificações acadêmicas em seus respectivos campos. Os temas que agitam a humanidade hoje clamam por mentes treinadas, e o homem que for deficiente quanto a isso estará incapacitado, porque não dispõe do instrumental e do equipamento necessários para assegurar o sucesso e a vitória a serviço de seu país e seu povo. Levar uma vida organizada e disciplinada e abrir mão dos prazeres reluzentes que atraem o jovem médio, trabalhar árdua e sistematicamente em seus estudos ao longo do ano, tudo isso no final trará a você as cobiçadas recompensas e muita felicidade pessoal. Isso inspirará suas irmãs a seguir o exemplo de seu irmão amado, e elas se beneficiarão enormemente do seu conhecimento científico, da sua vasta experiência, do seu esmero e das suas realizações. Além disso, os seres humanos gostam de estar ao lado de uma pessoa trabalhadora, disciplinada e bem-sucedida, e ao cultivar essas qualidades você conquistará para si muitos amigos. É isso que eu gostaria de enfatizar. Talvez você queira discutir o assunto com Sisi Tellie[i] no 8115, que vai providenciar um passe[ii] para você vir me ver, de modo a podermos discutir planos futuros relacionados a sua educação.

Em janeiro passado eu lhe escrevi uma longa carta discutindo precisamente esse assunto e outras questões pessoais. Escrevi a Maki uma carta semelhante em 16 de fevereiro. O fato de você não ter respondido me levou a suspeitar que nenhum de vocês dois recebeu minhas cartas. Fiz indagações e descobri que não havia indício algum de que elas tivessem sido postadas para vocês. Fiquei chocado de verdade ao saber que minhas cartas não chegam a vocês e a outros membros da família & amigos, já que elas são meu único meio de comunicação com vocês. Espero que pelo menos esta chegue a seu destino. Por favor me informe a respeito dos resultados de seus exames suplementares.

---

i Telia (Telli ou Tellie) Mtirara, uma parente de Mandela. *Sisi* significa "irmã" em isiXhosa e frequentemente é usado para se referir a uma mulher na mesma faixa etária. ii Passes ou autorizações eram exigidos de todos os visitantes.

Por fim eu gostaria de lhe agradecer muito sinceramente por me informar da morte de Thembi e de dizer que vou lembrar de você e sua atitude nesta tragédia familiar. Por favor me informe o nome completo de Molokazana,[i] seu endereço atual e os nomes dos Abazukulu.[ii] Minhas afetuosas lembranças a todos.

Afetuosamente,
Tata.[iii]

SR. MAKGATHO LEWANIKA MANDELA, CASA Nº 8115
ORLANDO WEST, JOANESBURGO

Para Sefton Vutela, marido de Nancy (Nali) Vutela, irmã de Winnie Mandela

28.7.69

Meu caro Sef,

Fiquei perplexo ao descobrir que quase todas as cartas que escrevi desde dezembro a membros da minha família, parentes & amigos não alcançaram seus destinatários, inclusive uma que escrevi a você há sete meses. Espero que esta chegue sem problemas & que as forças invisíveis que têm sido responsáveis pelo misterioso mas sistemático desaparecimento da minha correspondência & que me apartaram completamente da minha família e amigos sejam inspiradas por um sentimento de justiça & imparcialidade a fazer uma trégua & deixar esta carta atravessar o bloqueio.

Tenho com você uma dívida que talvez me seja difícil saldar. No dia em que meus colegas e eu recebemos nossas sentenças no Julgamento de Rivonia,[iv] Nali, Zami,[v] minha falecida mãe e Nyanya[vi] estavam sentadas no meio do público. O delito pelo qual tínhamos sido condenados no dia anterior impunha uma pena capital, & havia muitos que temiam que no devido tempo fôssemos condenados às incontáveis legiões de mortos. A bem da verdade, logo no primeiro dia de consultas, o advogado se sentiu na obrigação de nos informar que a acusação dera indícios de que pediria a pena máxima, pelo menos para alguns dos acusados. A gravidade da situação foi suficientemente enfatizada & fomos devidamente aconselhados a nos preparar para

---

i "Nora", em isiXhosa. Ele está se referindo à esposa de Thembi, Thoko Mandela — ver glossário. **ii** "Netos", em isiXhosa e em isiZulu. Mandela está se referindo aos filhos de Thembi e Thoko Mandela, Ndileka (1965-) e Nandi (1968-) Mandela — ver glossário. **iii** "Pai", em isiXhosa. **iv** Ver glossário. **v** Outro nome de Winnie Mandela. **vi** Nonyaniso (Nyanya) Madikizela, irmã mais nova de Winnie Mandela.

aquele sombrio e penoso fim de todos os nossos sonhos. Não sou corajoso nem audaz, & desde meus dias de juventude sempre fui assaltado pela fraqueza crônica de sentir a ânsia de viver & de ser uma testemunha ocular da introdução das transformações radicais pelas quais meus compatriotas vêm lutando tão bravamente no curso dos últimos três séculos. Na condição de camaradas disciplinados e dedicados que lutam por uma causa valiosa, devemos estar prontos para desempenhar qualquer tarefa que a história possa nos designar, por mais alto que seja o preço a pagar. Esse foi o princípio norteador de nossas carreiras políticas, & mesmo enquanto atravessávamos os vários estágios do julgamento. Devo, no entanto, confessar que, no que me dizia respeito, a ameaça de morte não despertava em mim nenhum desejo de desempenhar o papel de mártir. Eu estava pronto a fazer isso se fosse necessário. Mas o anseio de viver esteve sempre por perto. Mas o hábito e a familiaridade nutrem o desprezo até pela horrenda mão da morte. A fase crítica durou apenas algumas horas, & eu era um homem preocupado & exausto quando fui dormir no dia em que soube da batida de Rivonia.[i] Mas quando me levantei na manhã seguinte o pior tinha passado & eu tinha de algum modo juntado força & coragem suficientes até mesmo para ponderar que, se não havia outra coisa que eu pudesse fazer para levar adiante a causa que todos nós amávamos tão ardentemente, até mesmo o desfecho que nos ameaçava talvez servisse a um propósito útil em questões mais amplas. Essa crença serviu para alimentar & reabastecer minhas escassas provisões de coragem até o último dia do processo. Ela era reforçada pela convicção de que nossa causa era justa & pelo amplo apoio que recebemos de organismos & indivíduos influentes de ambos os lados da linha divisória de cor. Mas toda a fanfarra de trombetas & todos os hosanas cantados por nós & por nossos simpatizantes no curso do julgamento não teriam valor algum se a coragem nos abandonasse quando chegasse a hora decisiva.[ii] A imensa multidão reunida quando a sentença foi proferida em 12 de junho nos serviu de verdadeira inspiração. Quando entramos no tribunal naquela manhã meus olhos pousaram imediatamente em Nyanya, Nali, Ma & Zami. A Ma & Zami sempre foram uma torre de força para mim & com muita frequência conseguiram me estimular a realizar muito mais do que minhas limitadas capacidades permitiam. Fiquei contente em vê-las naquela ocasião. Mas para mim a presença de Nali foi uma injeção de ânimo; teve uma significação que de algum modo transcendia a mera presença física de uma cunhada. Encarei aquilo como um ato de solidariedade da parte de vocês por causa do princípio supremo que estava em causa. Sempre me lembrarei daquele dia.

Em 1967 Nali viajou os 1600 quilômetros entre Joanesburgo & a Cidade do Cabo, chegando à ilha em 4 de fevereiro. Ela me fez uma visita que me entusiasmou de

---

i A diligência policial na Fazenda Liliesleaf em 11 de julho de 1963, na qual foi presa a maioria dos companheiros de Mandela no Julgamento de Rivonia. ii Mandela e seus camaradas receberam muito apoio dentro e fora da África do Sul durante o Julgamento de Rivonia. A coragem a que ele se refere está relacionada à expectativa de que seriam sentenciados com a pena de morte.

verdade. Estava ótima & com uma aparência esplêndida & fiquei de fato muito feliz em vê-la mais uma vez.

Algum tempo antes você tinha pessoalmente embalado & enviado para mim a bibliografia de que eu precisava para meus estudos & sua assinatura a lápis nos livros significou muito para mim. Acima de tudo está a ajuda inestimável que você deu a Zami, cujos detalhes ela me expôs repetidas vezes na correspondência & durante suas visitas. Talvez não seja descabido dizer aqui que muitas vezes, na vida normal, quando livres & felizes, construímos para nós torres de marfim nas quais nos recolhemos & dentro das quais nos inflamos de orgulho & vaidade & tratamos com indiferença & mesmo com desdém a generosidade & o afeto dos amigos. Atrás de grades de ferro tais torres artificiais desmoronam facilmente & atos de amabilidade se convertem em joias de valor inestimável. Quero lhe garantir com toda a sinceridade que sou profundamente grato por tudo o que você e Nali fizeram por mim & por Zami. As áreas do norte ficam a muitas milhas de distância de sua aldeia natal no Transkei, das planícies & morros onde transcorreu sua infância, & de sua parentela & amigos. Com frequência tenho sentado & pensado demorada & profundamente em você & em Nali, & têm sido inúmeras as ideias que passam pela minha cabeça, tudo o que preciso dizer no momento é que desejo a vocês dois & às crianças (sobre as quais gostaria de receber informações quando você responder) boa saúde, força & muita sorte & prosperidade nos tempos que virão.

Zami também me contou da ajuda prestada por Cameron,[i] meu cortês cunhado, & ficarei grato se você fizer a gentileza de dizer a ele que seu auxílio me causou uma profunda impressão. Não tive o privilégio de conhecer a esposa dele & anseio por encontrá-la um dia. Penso em Kha & Tami também. Não sei se me seria fácil reconhecê-la, já que a vi apenas uma ou duas vezes, mas ainda lembro que ela é uma linda garota, como são todas as mulheres Madikizela, caso contrário como você acha que conseguiriam arrastar você, Tami & eu para o altar?

Minhas mais ternas lembranças a Tshutsha, NKOMO & VUYIZANA Dabane, Mthuthu & sua Joyce.[ii] Meu vívido carinho a Nali.

Cordialmente,
Nel

SRTA. NANCY MADIKIZELA,
A/C SRA. NIKI IRIS XABA.[iii]
CASA Nº 8115 ORLANDO WEST, JOANESBURGO

---

i Um dos irmãos de Winnie Mandela.   ii Nothuthuzelo e Joyce Mgudlwa, parentes de Winnie.
iii Niki Xaba (1932-1985), irmã mais velha de Winnie Mandela — ver glossário.

Para Zenani e Zindzi Mandela,[i] sua filha do meio e sua caçula

3 de agosto de 1969

Minhas queridas,

Em 17 de julho recebi um telegrama de Kgatho[ii] no qual ele me contou que Buti[iii] Thembi, seu amado irmão, tinha morrido num acidente de carro. O acidente ocorreu em Touws River, perto da Cidade do Cabo, em 13 de julho. Fui informado de que, além dele, dois europeus, que vieram recentemente da Itália para este país, também morreram. Seu irmão será enterrado hoje em Joanesburgo. Em seu telegrama Kgatho me informou que me mandaria depois os detalhes completos de como Thembi morreu. Mas as cartas que me mandam levam um tempo muito longo para chegar a mim, e no momento em que escrevo ainda não chegou a carta de Kgatho, e por isso não estou em condições de lhes dar mais pormenores sobre o assunto.

Escrevo em nome da mamãe e em meu próprio para expressar a vocês nossa mais profunda solidariedade. Todos nós tínhamos grande carinho por Thembi e muito orgulho dele, e ele, por sua vez, era dedicado a nós, e é muito triste mesmo pensar que não o veremos nunca mais. Sei quanto ele amava vocês. A mamãe me escreveu em 1º de março e me disse que ele passava férias com a família em Joanesburgo, e que durante esse período ele saiu com vocês várias vezes e lhes deu muito prazer e alegria.

A mamãe também me informou que ele tinha convidado vocês para passar as próximas férias de dezembro com ele na Cidade do Cabo e que vocês esperavam ansiosamente por essa grande diversão. Ali vocês teriam visto o mar; lugares como Muizenberg e Strand, onde poderiam nadar. Teriam também visto o Castelo, um grande forte de pedra que foi concluído por volta do ano de 1679. Ali viveram os governadores do antigo Cabo. Foi ali também que o famoso rei africano Cetywayo ficou retido por um tempo depois da Batalha de Isandhlwana em janeiro de 1879, em que o exército zulu derrotou os ingleses. Na Cidade do Cabo vocês teriam visto também a Table Mountain, que tem cerca de 1.085 metros de altura. Do alto da montanha dá para ver Robben Island além das ondas. A morte de Thembi significa que vocês não vão poder passar as férias de dezembro lá, e que também perderão os prazeres e os lugares lindos que mencionei acima, e todos estamos muito tristes porque o nosso Thembi se foi de verdade. Ele significava muito para nós e vamos sentir sua falta.

Não foi possível para a mamãe e para mim comparecer ao funeral dele. Nós dois estamos na cadeia e nosso pedido de permissão para ir ao funeral não foi atendido. Vocês também não compareceram, mas quando voltarem da escola Kgatho

---

i Zenani Mandela (1959-) e Zindzi Mandela (1960-) — ver glossário. ii Makgatho (Kgatho) Mandela (1950-2005), segundo filho de Mandela — ver glossário. iii "Irmão", em isiXhosa e em isiZulu.

vai tomar as providências para que sejam levadas para ver o túmulo e dar adeus ao seu amado irmão. Talvez um dia a mamãe e eu possamos também visitar o túmulo. Mas agora que ele partiu devemos esquecer o fato doloroso da sua morte. Agora ele dorme em paz, minhas queridas, livre de problemas, preocupações, doença ou necessidade; não pode sentir nem dor nem fome. Vocês devem prosseguir com seus estudos, continuar brincando e cantando canções.

Desta vez escrevi a vocês uma carta triste. Em 23 de junho eu lhes tinha escrito outra carta que era igualmente triste, porque tratava da prisão da mamãe. Este ano tem sido mesmo muito ruim para nós, mas dias felizes virão, em que estaremos cheios de alegria e risadas. O que é ainda mais importante é que um dia a mamãe e eu voltaremos e viveremos felizes com vocês numa casa, sentaremos juntos em volta de uma mesa, ajudaremos vocês com os muitos problemas que enfrentarão ao crescer. Mas até lá a mamãe e eu vamos escrever a vocês regularmente. Toneladas e toneladas de amor, minhas queridas.

Afetuosamente,
Tata.[i]

SRTAS. ZENI E ZINDZI MANDELA
A/C SRA. NIKI IRIS XABA,[ii]
CASA Nº 8115 ORLANDO WEST, JOANESBURGO

Para Irene Buthelezi,[iii] amiga, esposa do chefe Mangosuthu Buthelezi[iv]

3-8-69

Nossa querida Mndhlunkulu,[v]

Fiquei comovido com a mensagem de condolências contida no telegrama enviado por meu chefe, Mangosuthu, em nome da família, que recebi em 18 de julho (meu aniversário), & eu gostaria que ele soubesse que lhe sou profundamente grato por isso. 1968 & 1969 têm sido anos difíceis e penosos para mim. Perdi minha mãe há apenas dez meses. Em 12 de maio minha esposa foi presa por tempo indeterminado sob a Lei do Terrorismo, deixando para trás crianças pequenas como órfãs virtuais, & agora meu filho mais velho se foi para não mais voltar. A morte é um

---

i "Pai", em isiXhosa.   **ii** Niki Xaba (1932-1985), irmã mais velha de Winnie Mandela — ver glossário.
iii Ver glossário.   **iv** Chefe Mangosuthu Buthelezi (1928-), príncipe Zulu e político — ver glossário.
v Uma referência isiXhosa à realeza.

desastre pavoroso, não importa a causa & a idade da pessoa atingida. Quando ela se aproxima gradualmente, como no caso de uma enfermidade normal, os parentes próximos pelo menos estão prevenidos & o golpe pode não ser tão devastador ao chegar finalmente. Mas quando a gente fica sabendo que a morte levou uma pessoa robusta e saudável no apogeu da sua vida, então só passando pela experiência para perceber como ela pode ser totalmente paralisante. Essa foi a experiência pela qual passei em 16 de junho quando me informaram a morte do meu filho. Fui sacudido da cabeça aos pés & por alguns segundos eu não soube exatamente como reagir. Eu devia estar mais preparado, pois Thembi não foi o primeiro filho que perdi. Nos anos 1940 perdi uma filhinha de nove meses.[i] Ela havia sido hospitalizada & vinha fazendo grandes progressos quando subitamente seu estado sofreu uma virada brusca & ela morreu na mesma noite. Pude vê-la durante os momentos críticos em que ela lutava desesperadamente para manter dentro de seu tenro corpo as últimas centelhas de vida que estavam escapando. Eu nunca soube se foi uma sorte ou um azar ter presenciado aquela cena atroz. Ela me assombrou por muitos dias & me desperta lembranças dolorosas ainda hoje; mas isso deveria ter me fortalecido para enfrentar catástrofes semelhantes. Mas veio então o 26 de setembro passado (aniversário da minha esposa), quando fui informado da morte da minha mãe. Eu a vira pela última vez no setembro anterior, quando ela me visitou na ilha na idade madura de 76 anos,[ii] tendo viajado totalmente sozinha de Umtata.[iii] Seu aspecto me afligiu bastante. Tinha perdido peso &, embora animada & encantadora, parecia adoentada & exausta. Ao final da visita pude vê-la caminhar devagar até o barco que a levaria de volta ao continente, & de algum modo me passou rapidamente pela cabeça o pensamento de que aquela era a última vez que a via. Mas, à medida que os meses foram passando, a imagem que eu formara de sua última visita começou a se dissipar & eu me tranquilizei por completo com a animadora carta que ela me escreveu depois atestando sua boa saúde. O resultado foi que quando soou a hora fatal, em 26 de setembro, eu estava de novo totalmente despreparado & por alguns dias passei em minha cela momentos dos quais nem quero me lembrar. Mas nada do que vivenciei nos anos 1940 & em setembro do ano passado pode se comparar ao que sofri em 16 de julho. A notícia me foi revelada por volta das duas e meia da tarde. De repente meu coração pareceu ter parado de bater & o sangue morno que tinha corrido livremente pelas minhas veias nos últimos 51 anos se congelou. Por um tempo não consegui pensar nem falar & minha energia parecia estar se esvaindo. Por fim, voltei com um enorme peso nos ombros para minha cela,

---

i A primeira filha de Mandela com sua esposa Evelyn morreu de doença aos nove meses de idade. Chamava-se Makaziwe. Eles depois tiveram juntos outra filha a quem deram o mesmo nome.
ii Sua mãe visitou-o duas vezes em Robben Island, em 6 de março de 1966 e em 9 de setembro de 1967.
iii Umtata (hoje chamada de Mthatha) era a capital do território do Transkei e fica a cerca de mil quilômetros de Robben Island.

o último lugar onde um homem golpeado pelo sofrimento deveria estar. Como de hábito, meus amigos aqui foram bondosos & prestativos e fizeram o possível para me manter animado. Meu segundo filho, Kgatho,[i] me mandou um telegrama em 17 de julho & me senti muito melhor. O telegrama do chefe me causou uma funda impressão & contribuiu grandemente para o meu completo restabelecimento do choque. Eu gostaria de garantir a ele que sempre me lembrarei de sua inspiradora mensagem de condolências, bem como da que ele mandou por ocasião da morte da minha mãe. Eu me sinto potente & forte & confiante por causa dos bons votos & mensagens de solidariedade que vieram de meus amigos de confiança, entre os quais tenho o privilégio de incluir você & o chefe.

Meus pensamentos retornam com muita frequência aos anos 1940, quando morei em Mzilikazi,[ii] onde conheci seus pais. Seu pai, o filho de Mzila, era verdadeiramente um homem muito distinto que eu admirava & respeitava com toda a sinceridade. Era digno, cortês & confiável & durante os quatro anos da minha estada em Mzilikazi tivemos relações amistosas. As conversas que eu tinha com ele indicavam que era um homem orgulhoso das tradições & conquistas de seu povo, & este aspecto, mais do que qualquer outra coisa, me fascinava. Mas, embora amasse & respeitasse sua própria história & cultura, ele era sensível a ideias modernas & progressistas & valorizava a educação. Quanto a isso você & seu irmão podem ser testemunhas. Ele era visto com frequência no Centro Social dos Homens Bantos[iii] com seu traje de gala preto e dourado, adornado de medalhas e fitas, jogando damas & outros jogos com notável destreza contra ilustres esportistas daquela cidade. Sempre me lembrarei dele como um homem que me deu muito incentivo & ajuda em meus dias de luta. Não me esqueci da Velha Dama & do caloroso sorriso com que sempre me saudava. Eu já dava muito valor a isso mesmo na época, mas é preciso estar há sete anos atrás das grades para avaliar plenamente quão preciosa pode ser a bondade humana. Deu-me grande prazer atuar em nome dela quando o patrimônio do Velho foi liquidado. Lembre-se sempre de que eu valorizo enormemente meu vínculo com a sua família & que tenho grande estima pelo chefe. Minhas mais afetuosas lembranças a vocês todos e ao dr. Dotwane[iv] & a sua cunhada.

Mais uma vez, muito obrigado ao chefe por sua mensagem inspiradora.

---

i Makgatho Mandela (1950-2005), ver glossário.   **ii** Mandela está se referindo a um complexo de mineração onde ele morou quando trabalhava como guarda de segurança de uma mina de ouro, no início dos anos 1940. O nome Mzilikazi é provavelmente um apelido que provém do sobrenome do administrador do complexo na época, Mzila, que era o pai de Irene Buthelezi. Mandela a conhecia desde que ela era criança.   **iii** O Centro Social dos Homens Bantos (Bantu Men's Social Centre — BMSC), fundado em Sophiatown, Joanesburgo, em 1924, foi um importante local de encontro cultural, social e político para negros sul-africanos. Suas instalações incluíam um ginásio de esportes e uma biblioteca, e ele sediou lutas de boxe, reuniões políticas e bailes. Mandela e outros quatro fundaram ali a Liga Jovem do CNA em 1944.   **iv** Dr. Mafu Dotwana era o marido da parente de Mandela Dili Mtirara.

Cordialmente,
Nelson

SRA. IRENE BUTHELEZI
"KWAPHINDANGENE", CAIXA POSTAL 1,
MAHLATHINI, ZULULÂNDIA

Para o brigadeiro Aucamp,[i] oficial comandante, Robben Island

5 de agosto de 1969

Oficial comandante
Robben Island

A/c.: Coronel Van Aarde.

Por gentileza aprovar a carta urgente para o brig. Aucamp, em anexo.

[Assinado NRMandela]
NELSON MANDELA. 466/64

[Anotação manuscrita com outra caligrafia] Mandar do modo normal ao brig. Aucamp. [Rubricada e datada] 5/8/69

5 de agosto de 1969

[Anotação manuscrita com outra caligrafia] Nelson Mandela 466/64 Carta ao brig. Aucamp

5 de agosto de 1969

Comissário de Prisões   EXTREMAMENTE URGENTE
Caixa Postal Privada, Pretória.

A/c: Brig. Aucamp

---

i Brigadeiro Aucamp, oficial comandante de Robben Island — ver glossário.

Eu ficaria grato se o senhor aprovasse a carta anexa à minha esposa, que [discute] a importante e urgente questão da representação legal. Tenha a bondade de providenciar junto à equipe [da polícia de Segurança] para que a entregue a ela o mais rápido possível.

Eu ficaria grato além disso se o senhor me concedesse a permissão que venho solicitando desde 20 de maio para me comunicar com a firma dos srs. Frank, Bernadt e Joffe. Eu gostaria de lembrar-lhe que, desde a prisão de minha esposa, nenhuma das doze cartas que escrevi até junho último tinha chegado a seu destino. Quatro visitas sucessivas que foram arranjadas para mim [nos] últimos seis meses deixaram de se concretizar. Até mesmo cartas endereçadas [a mim] foram retardadas inexplicavelmente, uma prática discricionária que contrasta drasticamente com o tratamento dispensado a meus companheiros de prisão. Uma carta que chegou à ilha em 24 de abril só me foi entregue 44 dias depois, em 7 de junho. Uma outra, que foi recebida pela Caixa Postal em 17 de junho, só me foi dada 39 dias depois, em 26 de julho. Devo acrescentar que até o momento em que escrevo não recebi nenhuma informação autêntica sobre a morte do meu filho. Meu filho mais novo me telegrafou em 17 de julho — quatro dias depois do acidente fatal — e me informou que me mandaria em seguida os pormenores completos. Mas, a julgar pelas experiências anteriores, provavelmente não me deixarão recebê-los oportunamente, apesar da sua grave natureza. Para efeito de contraste, menciono uma carta que foi escrita para um companheiro de prisão em 16 de junho e que chegou a ele seis dias depois. Uma outra [escrita para o] mesmo homem em 13 de julho chegou a ele, de novo, seis dias depois de escrita. Diante das circunstâncias, é razoável que eu insista com o senhor para que atenda à minha solicitação sem mais demora. Não é desejável que eu seja mantido na ignorância quanto a questões tão importantes para mim e minha família, e apelo ao senhor para agilizar o assunto. Com relação a isso, eu gostaria que soubesse que eu lhe sou profundamente grato pela oportunidade que está me dando de me comunicar com minha esposa. A aprovação da licença pedida acima me possibilitará lidar com todos os problemas domésticos causados pela detenção de minha esposa e será um complemento apropriado e lógico à ajuda que o senhor já concedeu a mim e a ela.

[Assinado NRMandela]
Nelson Mandela. 466/64

Para Olive Nomfundo Mandela, sua sobrinha

8.9.69

Minha querida Mtshana,[i]

Fiquei verdadeiramente muito chocado ao saber que você, uma garotinha adolescente, numa metrópole bruta e cruel como Joanesburgo, está morando completamente sozinha há quatro meses, exposta a todo tipo de perigo, e que aqueles que levaram embora de casa sua tia[ii] não tiveram nem o cuidado básico e razoável de garantir que você pelo menos ficasse segura, providenciando para que alguma pessoa adulta cuidasse de você e da casa.[iii] Como você consegue sua comida, compra suas roupas e seus artigos de limpeza, vai até a escola e volta, paga suas taxas escolares e livros, e todas as muitas coisas que uma menina da sua idade precisa, tudo isso é encarado por eles como não sendo problema deles. Posso muito bem imaginar como as coisas estão sendo duras e difíceis para você nestes tempos. Você tem que cuidar sozinha de todos os afazeres domésticos, como cozinhar, limpar a casa e lavar a sacada, o que deixa você quase sem tempo para se dedicar às tarefas da escola. Soma-se a isso a tensão causada por muitas horas de solidão, pela incerteza quanto ao tempo que a tia vai demorar para voltar e pelo medo do desconhecido. Talvez em alguns dias você levante de manhã e vá para a escola sem ter comido, nem tomado chá, porque não tem dinheiro para comprar carne, leite, ovos, açúcar, pão, manteiga, farinha de milho, nem carvão, nem querosene.

É possível que você fique longos períodos sentada se perguntando por que é tão desafortunada, comparando-se com as crianças felizes e bem alimentadas que encontra na escola e em Soweto, crianças que moram com seus pais, que estão sempre rindo, que nunca sofreram em sua vida e que não têm nenhum dos problemas que agora te afligem. Talvez de quando em quando você tenha dúvidas se voltará a ver a mim e a sua tia algum dia, e ache difícil entender por que todo esse sofrimento humano tenha que acontecer no mundo cristão do século XX. Tem havido momentos na minha vida em que, apesar da minha idade avançada, também tenho essas dúvidas e dificuldades. A pouca instrução que eu tenho me permite seguir com grande interesse os progressos que o homem vem fazendo no milhão de anos de sua história na Terra, evoluindo de um selvagem atrasado e supersticioso ao indivíduo cultivado que hoje se supõe que ele seja. No entanto, as experiências cruéis que você e outros membros da sua família têm sofrido, todo o seu sofrimento e infortúnio, me fazem perguntar se é correto falar de qualquer ser humano como

---

i "Sobrinha" ou "sobrinho", em isiXhosa. ii Winnie Mandela. iii Filha da irmã de Mandela, Notancu, Olive Nomfundo Mandela morou na casa da família em Orlando West, 8115, e foi deixada sozinha quando Winnie Mandela foi presa.

alguém cristão ou civilizado. Hoje, você é uma órfã que vive a maior parte do dia em solidão, tristeza e temor, porque sua tia e eu, que estamos vivos e bem de saúde, e que lhe teríamos dado as chances na vida que você merece, fomos encarcerados por outros seres humanos, por nossos próprios compatriotas que, como verdadeiros cristãos e seres civilizados, deveriam nos tratar com amor e bondade. Fomos capturados e jogados na cadeia não porque tenhamos matado, roubado ou cometido outro crime qualquer, mas porque defendemos a verdade, a justiça, a honra e princípios, e porque nunca concordaremos que algum ser humano seja superior a nós. Se toda a minha vida e a da tia Nobandla[i] tiver que ser passada na prisão e nunca mais voltarmos a ver você; se nunca tivermos a chance de te mandar para a universidade como desejávamos, de te dar um casamento decente quando chegar a hora de casar e de te ajudar a montar sua própria casa, então, querida Mtshana, você pelo menos saberá a história verdadeira a nosso respeito. Não terá sido porque não amamos você, Kgatho, Maki, Zeni e Zindzi,[ii] ou porque não tenhamos consciência de nossas obrigações de pais. Será devido ao fato de que amamos tanto vocês que nunca poderíamos permitir que fossem privados em seu próprio país dos direitos e oportunidades que os seres humanos desfrutam há muitos séculos em outros lugares. Essa é a verdade genuína que explica por que somos prisioneiros, por que estamos longe de casa e por que você está sozinha na Orlando West, 8115.

Quaisquer que sejam as dificuldades que você esteja enfrentando agora, Mtshana, não se deixe abater e não abandone os estudos. Embora presos, vamos fazer tudo o que estiver ao nosso alcance para te manter na escola e te mandar para a universidade. Não deixe de passar nos exames no fim do ano. Ainda que esteja vivendo sob grandes dificuldades no momento, você não morrerá de fome nem de solidão. Sisi Tellie,[iii] tio Marsh e tia Niki[iv] sempre estarão prontos para te ajudar. Além disso, você tem amigos bons e confiáveis, como a tia Gladys,[v] a quem pode recorrer em busca de conselho e assistência. Um dia estaremos de volta em casa e você, exatamente como as outras crianças na escola e [em] Soweto, viverá feliz conosco. Ficarão no passado sua solidão, sua vida infeliz e seu medo do desconhecido, e não existirão mais os perigos a que está exposta hoje. Você precisará batalhar menos do que agora, poderá se alimentar melhor e voltar a rir de alegria. Até lá, gostaríamos que soubesse que estamos orgulhosos de ter você como nossa Mtshana, uma garota valente e esperta como você, e nada nos dará mais satisfação do que saber que passou nos seus exames.

---

i Nobandla é um dos nomes de Winnie Mandela.   ii Os filhos de Mandela Makgatho, Makaziwe, Zenani e Zindziswa.   iii Telia (Telli ou Tellie) Mtirara, uma parente de Mandela. *Sisi* significa "irmã" em isiXhosa e é usado com frequência para se referir a uma mulher da mesma faixa etária.   iv Marshall Xaba e sua esposa Niki Xaba, irmã mais velha de Winnie Mandela (para Niki Xaba, ver glossário).   v Tia de Winnie Mandela.

Meu amor e minhas mais afetuosas lembranças a Kgatho, Maki, Zeni, Zindzi, Matsobiyane,[i] e a Sisi Tellie, tio Marsh, tia Niki e tia Gladys.

Boa sorte! Uma montanha de amor, Mtshana.
Seu Malume[ii]

SRTA. NOMFUNDO MANDELA
CASA Nº 8115 ORLANDO WEST
JOANESBURGO

Para Nolusapho Irene Mkwayi, esposa do prisioneiro Wilton Mkwayi[iii]

29.9.69

Nossa querida Nolusapho,

Eu me senti realmente reconfortado pela tocante mensagem de condolências que você me mandou por ocasião da morte do meu filho mais velho, Thembi.[iv] Tanto o texto do cartão de pêsames quanto os sentimentos que você registrou à mão junto ao texto impresso foram singularmente apropriados & contribuíram muito para me inspirar.

Recebi a trágica notícia em 16 de julho, & seis dias depois apelei ao oficial comandante por uma licença para comparecer ao funeral, com despesas por minha conta, & com ou sem escolta.[v] Acrescentei que, caso Thembi já tivesse sido enterrado quando minha solicitação fosse recebida, eu deveria ter permissão de visitar seu túmulo com o propósito de "depositar a pedra" (ukubek'ilitye[vi]) — a cerimônia tradicional reservada àqueles que perdem o enterro propriamente dito.

Dez meses antes disso eu tinha feito um apelo semelhante quando minha mãe faleceu, & embora as autoridades tenham adotado então a linha dura e recusado o que eu considerava ser, sob todos os aspectos, um pedido razoável, mesmo assim tive a esperança de que, desta vez, a morte de dois membros da família num período tão curto fosse provavelmente induzir as autoridades a me dar a única oportunidade que eu teria na vida de prestar minhas últimas homenagens a Thembi. Na carta de solicitação eu me referi expressamente ao fato de que me negaram licença para estar presente à beira do túmulo quando minha mãe encontrou seu último

---

i A neta do primo de Mandela. **ii** "Tio", em isiXhosa. **iii** Wilton Mkwayi (1923-2004), sindicalista, ativista e preso político — ver glossário. **iv** Madiba Thembekile Mandela (1945-69) — ver glossário. **v** Ver carta ao coronel Van Aarde de 22 de julho de 1969, página 131. **vi** *Ukubek'ilitye* significa literalmente "colocar uma pedra", e é uma cerimônia para aqueles que perderam o enterro propriamente dito.

repouso, destacando ao mesmo tempo que aprovar esse novo pedido seria um ato generoso da parte deles, que me causaria uma profunda impressão positiva. Chamei atenção para o fato de que tinha visto Thembi pela última vez cinco anos atrás, & expressei a esperança de que eles soubessem avaliar quanto eu estava ansioso para comparecer ao funeral.

Claro que eu estava ciente de que, há trinta anos, os britânicos tinham aprisionado um famoso combatente pela liberdade numa das colônias, um homem que posteriormente se tornou primeiro-ministro quando seu país conquistou a independência completa em 1947.[i] Ele estava na cadeia quando a saúde de sua esposa se deteriorou & se tornou necessário que ele a acompanhasse à Europa para receber tratamento médico.

O imperialismo britânico trouxe indizíveis infortúnios e sofrimentos a milhões de pessoas pelo mundo afora, & quando os ingleses se retiraram deixaram para trás países que tinham sido espoliados, e cujos povos estavam condenados a muitos anos de pobreza, fome, doença e analfabetismo. Esse período forma o capítulo negro da história britânica & muitos historiadores têm censurado com justiça a Grã-Bretanha. Por outro lado, os ingleses são bastante reconhecidos por amigos & inimigos como portadores de uma visão ampla & de uma atitude sensível perante problemas humanos, & de um profundo respeito por homens que estão dispostos a abrir mão de sua vida por uma causa nobre. Muitas vezes, no curso de conflitos políticos com líderes de movimentos nacionais em suas antigas colônias, eles foram capazes de tratar de modo humano os infratores políticos & de conceder a eles ajuda genuína & substancial sempre que necessário. Foi o que aconteceu quando o político mencionado acima se defrontou com o problema da enfermidade de sua esposa, e os ingleses o liberaram para viajar ao exterior. Infelizmente, a esposa morreu depois de chegar à Europa & em seguida o desconsolado homem voltou a seu país para cumprir o restante da sua pena. É assim que se espera que um governo esclarecido trate seus cidadãos & foi assim que o governo britânico respondeu, com base na compaixão, a um apelo feito por oponentes políticos há pouco mais de trinta anos.

---

i Mandela está se referindo a Jawaharlal Nehru. Mais tarde, numa conversa com Richard Stengel em 1993, ele relembrou: "Primeiramente, eu tinha que prestar minhas homenagens junto ao túmulo da minha mãe, que morreu em 1968 quando eu estava na prisão. Eu pedira às autoridades prisionais que me deixassem comparecer ao funeral e citei o caso do Pandita Nehru, isto é, antes de ele ser um primeiro-ministro, antes da independência — antes da independência da Índia. Sua esposa estava doente, tinha contraído tuberculose, e Nehru estava na cadeia, e então ele pediu aos britânicos permissão para levar a esposa à Alemanha, que na época, ao que parece, tinha a reputação de contar com os mais avançados métodos de cura da tuberculose. Os britânicos concordaram e ele deixou a prisão e levou sua esposa à Alemanha. Infelizmente ela acabou morrendo, mas ele então voltou à prisão e os britânicos decidiram soltá-lo por causa da tragédia". (Conversa com Richard Stengel, 13 de janeiro de 1993, CD 15, Nelson Mandela Foundation, Joanesburgo.)

Tanto no caso da minha falecida mãe como no de Thembi, me defrontei não com o problema da doença, mas da morte. Não pedi permissão para viajar para o exterior, mas para outra parte do meu país que estava sob a vigilância constante de uma Força de Segurança vigorosa & experimentada. No caso de Thembi, meu apelo foi simplesmente ignorado & não recebi sequer a cortesia de uma resposta. Um pedido adicional de permissão para obter cópias das matérias de imprensa sobre o acidente fatal foi recusado & até o momento eu não tenho nenhuma informação fidedigna sobre como Thembi morreu. Todos os meus esforços para obter os serviços de um advogado para investigar a questão da responsabilidade legal pelo acidente, e de qualquer litígio que pudesse emergir disso e da questão do seu espólio de um modo geral, foram infrutíferos. Eu não apenas fui privado da oportunidade de ver pela última vez meu filho mais velho & amigo & orgulho do meu coração; sou mantido no escuro quanto a tudo o que se refere a ele & seus assuntos.

Em 6 de setembro recebi um relato sobre os assuntos da minha família que me perturbou enormemente. Minha sobrinha, Nomfundo,[i] que ainda é uma adolescente, mora virtualmente sozinha na casa, & acredito que a senhora que ficou lá depois da prisão de Zami[ii] se assustou e foi embora. Essa indiferença me deixou completamente aturdido & manteve bem abertas as dolorosas feridas que as sinistras mãos da morte fizeram no meu coração.

Sua mensagem deve ser vista à luz desses fatos; dos obstáculos & frustrações que me cercam. Felizmente, meus numerosos amigos aqui & fora da prisão me inundaram de mensagens de solidariedade & encorajamento & o pior agora já passou. Entre essas estava a mensagem que você me mandou; você, Nolusapho, a esposa dos Amagqunukhwebe,[iii] os filhos de Khwane,[iv] Cungwa, Pato e Kama.[v] Gostaria que soubesse que sou profundamente grato por sua maravilhosa mensagem. Embora eu ainda não tenha tido o privilégio de conhecê-la pessoalmente, tenho o retrato de alguém que ama genuinamente seu povo & que sempre coloca o bem-estar & a felicidade dos outros acima dos seus. Que você tenha sido capaz de me mandar essa mensagem apesar de sua própria enfermidade & de seus problemas pessoais diz muito mais a seu favor do que a linguagem pode expressar. Desejo-lhe sinceramente uma rápida & completa recuperação.

---

i Olive Nomfundo Mandela, filha da irmã de Mandela, Notancu. **ii** Um dos nomes de Winnie Mandela. **iii** Os Amagqunukhwebe são um subgrupo da nação Xhosa. **iv** Khwane kaLungane, um conselheiro e guerreiro do rei Tshiwo (1670-1702) de amaXhosa, comandou o chefado de amaGqunukhwebe e estabeleceu a dinastia Khwane. **v** Descendentes de Khwane que lhe sucederam como reis.

Muito obrigado pelo amável cartão de Natal que você & Nomazotsho me mandaram. Meu carinho & minhas afetuosas lembranças a Georgina,[i] Nondyebo,[ii] Beauty,[iii] Squire[iv] & Vuyo.

Cordialmente,
Nelson

PARA: NOLUSAPHO IRENE MKWAYI.
CASA Nº 11842 ORLANDO WEST EXTENSION.
JOANESBURGO.

Para o secretário de Relações Exteriores, Universidade de Londres

1º de outubro de 1969

Secretário de Relações Exteriores,
Universidade de Londres
Senado,
Londres, W.C.I.

Caro senhor,

Ficarei grato se fizer a gentileza de me creditar como aprovado em jurisprudência e teoria legal e de me permitir escrever os três trabalhos restantes para a parte II do curso de bacharelado em direito em duas ocasiões separadas, isto é, eu gostaria de escrever o de lei pública internacional em junho de 1970 e os das outras duas disciplinas em junho de 1971.

Como prisioneiro submetido a árduos trabalhos forçados, estou sofrendo uma dificuldade considerável para me preparar para escrever quatro trabalhos num exame e qualquer concessão que o senhor puder fazer a esse respeito me dará uma chance justa de mostrar conhecimento e competência em cada uma das disciplinas em questão.

---

i Amiga de Winnie Mandela que serviu como uma de suas damas de honra.   **ii** Nondyebo Jane Bam, enfermeira e ativista antiapartheid. Era irmã de Brigalia Bam (1933-), que Mandela mais tarde, quando presidente, indicou como chefe da Comissão Eleitoral Independente da África do Sul, e de Fikile Bam (1937-2011), que também ficou preso em Robben Island entre 1964 e 1975.   **iii** Nobantu Mniki, uma das irmãs de Winnie Mandela.   **iv** Henry Makgothi (1928-2011), um professor de colégio que foi demitido por suas atividades políticas. Foi eleito presidente do CNA no Transvaal em 1954 e foi um dos acusados no Julgamento de Traição. Foi preso quando tentava deixar o país e sentenciado a dez anos de prisão. Depois de solto ele viveu no exílio e trabalhou para o CNA. Retornou à África do Sul em 1990 e serviu como líder da bancada do CNA no Conselho Nacional de Províncias até 1999.

Devo acrescentar que um dos meus principais problemas tem sido a obtenção das últimas edições dos livros escolares recomendados e a consulta às obras de referência, bem como às publicações que me permitiriam ficar em dia com a evolução do direito em cada disciplina. O custo total do material de estudo de que preciso para me preparar para os exames é, em minhas circunstâncias, proibitivo. Só terei condições de arcar com tais custos se o que resta do curso for dividido em etapas, conforme indicado acima.

Atenciosamente,
[Assinado NRMandela]
NELSON MANDELA

Para o oficial comandante, Robben Island

9 de outubro de 1969

Oficial comandante
Robben Island
A/C: Major Huisamen

Devo informá-lo de que em 21 de maio de 1969 tive uma entrevista com o brigadeiro Aucamp,[i] no curso da qual me esforcei para convencê-lo a reconsiderar a decisão de pôr fim aos estudos de pós-graduação no fim de 1969.

Ele resumiu os motivos pelos quais o governo tomou essa atitude e lamentou não estar em uma posição que lhe permitisse nos ajudar na questão. Mas fez a importante ressalva de que a referida decisão se aplicaria apenas àqueles que estavam fazendo cursos de pós-graduação junto à Universidade da África do Sul, e não àqueles que estavam estudando em universidades do exterior. Ele destacou que o Departamento de Prisões fizera um acordo com a Unisa[ii] para permitir àqueles cujos cursos de pós-graduação tenham sido interrompidos como resultado da decisão citada que prossigam seus estudos depois de completar seu tempo de prisão.

Uma vez que estou matriculado na Unisa como estudante do bacharelado (Honours)[iii] em ciência política, a decisão se aplica a mim. Mas o brigadeiro Aucamp indicou também que eu teria permissão para completar meus estudos de direito junto à Universidade de Londres, e expôs as razões pelas quais tal concessão tinha

---

i Brigadeiro Aucamp, oficial comandante de Robben Island — ver glossário. ii University of South Africa (Universidade da África do Sul). iii *Honours Courses*: no "sistema de honras" universitário britânico (e de algumas ex-colônias), os cursos que habilitam para a obtenção de um *honours degree*, um diploma concedido com distinção. [N. T.]

sido feita a mim. Eu vinha planejando completar os cursos restantes com base na informação fornecida a mim pelo brigadeiro, e confio que seja possível para o senhor transmitir toda a minha correspondência para a Universidade de Londres.

Devo acrescentar que, por experiência própria, julgo muito exaustivo, e quase impossível, terminar quatro disciplinas do último ano de uma só vez, e minha única esperança de sucesso é espaçar ao longo de dois anos os exames que faltam.

Eu gostaria também de chamar sua atenção para o fato de que a bibliografia obrigatória é volumosa e cara e não está disponível na África do Sul. Comprá-la de uma vez só está muito além dos meus recursos financeiros e a única alternativa é o alívio que busco junto ao secretário de Relações Exteriores daquela universidade, tal como exposto na carta anexa.

[Assinado N. R. Mandela]
NELSON MANDELA. 466/64

Para Adelaide Sam Mase, cunhada de sua primeira esposa, Evelyn Mandela[i]

3.11.69

Minha querida Tshezi,[ii]

Sou grato a Sibali Sam[iii] pela mensagem de condolências contida em sua carta de 20 de agosto. A morte de Thembi[iv] foi uma experiência dolorosa para todos nós. Particularmente para mim, sobretudo quando se leva em conta o fato de que fazia cinco anos que eu não o via e de que meu pedido de permissão para comparecer ao funeral não foi atendido. Nunca me esquecerei de Thembi.

Em 6 de setembro, no mesmo dia em que recebi a carta afetuosa de Mqwati,[v] minha sobrinha Tellie[vi] visitou a ilha e me fez um relato do funeral, e para mim foi uma espécie de consolo saber que o comparecimento público foi bom. O relato de Tellie foi confirmado por minha cunhada, a sra. Xaba,[vii] que estava no aeroporto quando o corpo chegou da Cidade do Cabo e estava presente à beira do túmulo. Fiquei contente em saber que vocês viajaram de Rand[viii] para a ocasião e em ter

---

i Evelyn Ntoko Mandela (1922-2004) — ver glossário. **ii** O nome de clã de Adelaide Sam Mase.
iii *Sibali* significa "cunhado" em isiXhosa. Mandela está se referindo ao marido de Adelaide, Sam.
iv Madiba Thembekile Mandela (1945-64) — ver glossário. **v** O nome de clã de Evelyn Mandela. Ela foi casada com Mandela de 1944 a 1957. **vi** Telia (Telli ou Tellie) Mtirara, uma parente de Mandela.
vii Niki Xaba (1932-1985), irmã mais velha de Winnie Mandela — ver glossário. **viii** Nome abreviado de Witwatersrand, uma serrania de 56 quilômetros de comprimento na província sul-africana de Gauteng, onde Joanesburgo está localizada.

notícias da excelente contribuição feita pelo povo de Engcobo,[i] ao qual sou enormemente agradecido.

Li as vívidas e significativas passagens das escrituras que Mqwati[ii] gentilmente mencionou a mim. Ele é um expert em assuntos religiosos, fato que me faz respeitar suas opiniões sobre todas as questões relacionadas ao evangelho. Tudo o que eu quero dizer aqui é que a importância das passagens citadas por ele reside no fato de que elas nos falam de um modo de vida que nos teria trazido paz e harmonia muitos séculos atrás, se a humanidade tivesse aceitado plenamente e praticado com afinco os ensinamentos que elas contêm. Elas visualizam um novo mundo onde não haverá guerras, onde a fome, a doença e a intolerância racial deixarão de existir, precisamente o mundo pelo qual estou lutando, o mundo pintado pelo profeta Isaías, em que o lobo e o cordeiro hão de viver lado a lado, o leopardo e a criança, o bezerro e o leão, todos convivendo pacificamente.[iii] Claro que Mqwati e eu nem sempre temos visto sob o mesmo prisma o modo como esse mundo há de vir.[iv] Nas numerosas discussões que tive com ele tentei insistentemente frisar um ponto central: que o novo mundo nascerá como resultado de nosso próprio suor e nossas próprias lágrimas, nossos sacrifícios e batalhas. Os progressos feitos pelo homem ao longo dos 500 mil anos que separam as formas primitivas e simples de organização social dos avançados e complexos sistemas da era moderna, e mais especialmente os rápidos e tremendos avanços dos últimos cinquenta anos, mostram com muita clareza que num futuro previsível a humanidade herdará o reino descrito pelo profeta Isaías.

As vidas e as ações de eminentes homens religiosos mostram que aqueles que lutam por uma nova ordem não precisam divorciar a teoria da prática. Moisés compartilhou as privações comuns com seus compatriotas no Egito e depois os conduziu pessoalmente da escravidão à Terra Prometida. Em seus esforços para instaurar a Igreja cristã, São Paulo entrou em conflito com a autoridade estabelecida e com interesses arraigados. O promotor que o processou disse, segundo consta: "A verdade simples é que este homem é uma autêntica praga; ele promove a agitação entre os judeus pelo mundo todo, e é o cabeça da seita dos nazarenos".[v] Dali em diante essa "seita dos nazarenos" iria se espalhar por quase todos os cantos do globo e seria abraçada por muitas nações como sua religião oficial. O homem descrito como uma autêntica praga tornou-se posteriormente um santo amado e respeitado por milhões de cristãos no mundo todo. Você há de convir, porém, que não é possível discutir a fundo problemas importantes como esses por correspondência e só direi o suficiente para indicar que a difusão da fé cristã e o novo mundo que ela criou foram resultado do esforço físico do vasto e destemido exército do evangelho. Tudo

---

i Evelyn Mandela nasceu em Engcobo, no Transkei.   **ii** Mqwati é o nome do clã de Evelyn Mandela. Presume-se que aqui a referência seja a Sam Mase, irmão de Evelyn.   **iii** Ele está parafraseando livremente o texto de Isaías 11,6.   **iv** Evelyn Mandela era testemunha de Jeová.   **v** Atos 24,5.

que eu gostaria de acrescentar é que fiquei profundamente comovido com a afetuosa carta de Mqwati,[i] e sei que a morte de Thembi foi tão dolorosa para vocês quanto foi para mim.

Alguns meses atrás eu soube que seu irmão, Justice, que trabalhava para o Departamento de Informação no Transkei, tinha falecido. Ele e eu éramos amigos próximos em Healdtown[ii] e a notícia da sua morte me chocou enormemente. Embora não nos tenhamos encontrado nem trocado correspondência nos últimos vinte anos, eu nunca o esqueci e sempre me dava algum prazer receber uma ou outra notícia dele. Por favor, transmita minhas condolências atrasadas à família. Condolências similares são devidas a Temba Mdaka pela morte de sua primeira esposa, Nomayeza. Eles também estavam em Healdtown na mesma época que o falecido Justice e eu. Ela era uma dama muito cordial e refinada e fiquei triste de verdade ao saber que tinha partido. O chefe Dumalisile Mbekeni[iii] é um homem pelo qual tenho o mais elevado apreço. Passei bastante tempo com ele no Royal Kraal em Mqekezweni[iv] e fiquei muito impressionado por seu vasto conhecimento e oratória. Assegure-lhe de que não o esqueci. Um dia voltarei e espero ansiosamente revê-lo. Até lá eu gostaria de mandar minhas lembranças a ele e a toda a sua família, e mais especialmente a Mgcawezulu.[v] Nunca parabenizei meu chefe, filho de Sakhela,[vi] por sua nomeação como chefe dos Amaqwati, e ficaria grato se você fizesse a bondade de me informar o nome completo e endereço dele, incluindo isikhahlelo.[vii]

Minhas calorosas lembranças a Mqwati, Gordon, Jani,[viii] Sodinga Gcanga[ix] e Danile Xundu.[x]

Cordialmente,
Nelson.

SRA. ADELAIDE SAM MASE,
CAIXA POSTAL 43,
ENGCOBO.

---

i Evelyn Ntoko Mandela (1922-2004), a primeira esposa de Mandela (de 1944 a 1957) — ver glossário. **ii** O colégio wesleyano (metodista) em Fort Beaufort, nos arredores do território do Ciskei, que Mandela frequentou quando jovem — ver glossário. **iii** Um primo de Mandela e irmão do dr. Mbekeni. **iv** Também grafada Mqhekezweni, é o palácio real Thembu onde Mandela foi criado a partir dos doze anos, quando foi confiado aos cuidados do chefe Jongintaba Dalindyebo depois da morte de seu pai. **v** Um parente do chefe Dumalisile Mbekeni. **vi** Um parente de Evelyn Mandela. **vii** "Título honorífico", em isiXhosa. **viii** Parentes de Evelyn Mandela. **ix** Um ativista da Campanha do Desafio (para a Campanha do Desafio, ver glossário). **x** Um sacerdote de Port Elizabeth.

16.11.69

Dade Wethu,

I believe that on Dec. 1 you & 21 others will appear in the Pretoria Supreme Court on a charge under the Sabotage Act, alternatively, for contravening the provisions of the Suppression of Communism Act. I am informed that you have all instructed Mr Joel Carlson to act in the matter.

From the particulars of the charge it would seem that you would require me to give evidence on your behalf & I look forward to an early consultation with you and Counsel. I would certainly consider it irregular & unjust & contrary to the elementary principles of natural justice to force you to start a long and protracted trial on a serious charge without arrangements having first been made for us to meet. We have not seen each other since Dec. last year & a meeting between us would go a long way towards easing the strains & stresses of the last 5 months & putting you in a better physical condition & frame of mind. Only after such a meeting could you have some-thing approximating a fair trial, & I sincerely hope it will be possible to arrange it. I am also keen to discuss the question of how you should conduct your defence & to anticipate the tactics the state will most certainly use.

Since our wedding day in June 1958, you have, under some pretext or other, been dragged 5 times before the criminal courts & once before a civil one. The issues involved, at least in part of this litigation are better forgotten than recalled. They caused us much grief & concern. This will be the 5th occasion, & I suspect that here there is much that lies beneath the surface & the proceedings are likely to be the bitterest experience of your life to date. There will be those whose chief interest will be to seek to destroy the image we have built over the last decade. Attempts may be made to do now what they have repeatedly failed to achieve in some cases. I write to warn you in time of what lies ahead to enable you to prepare yourself both physically & spiritually to take the full force of the merciless blows that I feel certain will be directed systematically at you from the beginning to the end of the trial. In fact the trial & the circumstances surrounding it, may so far influence your thoughts & actions that it might well constitute an important landmark in your entire career, compelling you to re-exa-mine very carefully values you once firmly cherished & to give up pleasures that once delighted your heart.

Already the months you spent in detention have been a severe test for you & when you come to the end of the case, you will have got a deeper understa—

Uma carta para Winnie Mandela, 16 de
novembro de 1969, ver páginas 158-61.

nature of human nature & its frailties & what human beings can do to others once their privileged position is endangered. When this threat emerges all the lofty virtues of western democracy about which we read so much in books are brushed aside. Neither the moral standards of modern civilisation, the teachings of the Christian faith, the universal idea of the common brotherhood of men, nor pure sense of honour will deter the privileged circles from applying the multitudinous pressures at their disposal on those who fight for human dignity. Those who are in the front line should be willing and ready to draw the fire on to themselves in order to inspire their colleagues & make things easier for them. In the battle of ideas the true fighter who strives to free public thinking from the social evils of his age, need never be discouraged if, at one & the same time, he is praised & condemned, honoured & degraded, acclaimed as saint & cursed as an irredeemable sinner. In the course of your short but lively political career you have been the object of all these contradictory labels, but you have never wavered; instead you held firmly to your convictions. Today even a bigger test faces you for a conviction will certainly entail many years of sorrow & suffering behind iron doors. But I have not the slightest doubt whatsoever that you will fight to the bitter end with all the tenacity & earnestness that you have shown on previous occasions, for you know only too well that substantial victories will be won by those who stand on their feet & not by those who crawl on their bellies.

In planning your own case & working out your strategy it will be important to bear in mind that you are engaged in a contest with an adversary who possesses vast resources in wealth & means of propaganda & who will be able to give facts any twist, which he considers expedient. In such a situation your best defence, & one no power on earth can ever penetrate, is truth, honesty & courage of conviction. Nothing must be done or said which might imply directly or indirectly a repudiation of your principles & beliefs. The rest I prefer discussing with you if & when I see you. That moment may or may not come. I do hope it will. If it doesn't, then I know that you will, nevertheless be in good hands & that you will be able to manage even without my help & advice. For the present, I send you, my good wishes & fondest regards. I will keep my fist clenched, & will do anything to assist you, Ngutyana. How is our dear Nyanya? Do tell me something about her.

I have just received the tragic news that Camoor in Botswana had a stroke which resulted in paralysis & the amputation of a leg. To be struck down by such a fatal illness far away from your country & people is a disaster that might well make recovery difficult. I think of just how helpful he has been to you in my absence & regret it very much that we are not in a position to assist him. As far as I know, as an awaiting-trial prisoner, you can write as many letters as you please & I suggest that you immediately write to tell him that we wish him speedy recovery. Kgatho visited me on Oct. 25, following upon Nkwazana Jellie who was here on Sept. 6. On Nov. 8 I received a distressing letter from her in which she bitterly complains for having been left behind when relatives visited you on Oct. 28. She is very good to us, & is receiving rough treatment from certain quarters. I hope it will be possible for you, to let her know that she means much to us.

I received a stimulating letter from Amina & she paid you flattering compliments. I am sure you will be happy to know that your friends have not forgotten you. I believe Lily has at last got my letter. In July she sent me a warm moving message of sympathy. I also received an equally inspiring condolence card from Irene. She seems to be a wonderful girl & has built up an impressive image. This month I wrote to Mrs Adelaide Mase, the wife of Mamgwati's brother at Engcobo, thanking them for the letter they wrote me in August. Mamgwati also wrote in Oct. in reply to the message I sent to her on behalf of Yara I.

The salutation to this letter will not surprise you. In the past I have addressed you in affectionate terms for then I was speaking to Nobandla, wife of Ama-Dlomo. But on this occasion, I can claim no such prerogatives because in the freedom struggle we are all equal & your responsibility is as great as mine. We stand in the relationship, not of husband & wife, but of sister & brother. Until you return to 8115, or some other appointed place, this is how I will address you: O·K? Perhaps this arrangement will provide room for the legions of students, medical or otherwise, that have crossed the life of one or other of us.

Finally, Mhlope, I do wish you to know that you are the pride of my heart, & with you on my side, I always feel I am part of an invincible force that is clearly to win new worlds. I am confident that, however dark & difficult times might seem to be now, one day you will be free & able to see the beautiful birds & lovely fields of our country, bath in its marvellous sunshine & breathe its sweet air. You will again see the picturesque scenery of the land of Faku where your childhood was spent & the kingdom of Ngubengcuka where the ruins of your own kraal are to be found.

I miss you bitterly! Tons & tons of love & a million kisses.

Devotedly,
Dalibhunga.

NKOSIKAZI NOBANDLA MANDELA
c/o BRIGADIER AUCAMP.
PRETORIA.

Para Winnie Mandela,[i] sua esposa

16.11.69

Dade Wethu,[ii]

Pelo que sei, em 21 de dezembro você e outras 21 pessoas vão comparecer diante da Suprema Corte em Pretória em julgamento com base na Lei de Sabotagem,[iii] por infringir as determinações da Lei de Supressão do Comunismo.[iv] Fui informado de que todos vocês orientaram o sr. Joel Carlson para atuar no caso.

Pelos pormenores da acusação fiquei com a impressão de que você me pediria para fornecer evidências em sua defesa & anseio por uma consulta prévia com você e o advogado. Eu certamente consideraria irregular & injusto & contrário aos princípios elementares da justiça natural obrigarem você a enfrentar um longo e arrastado julgamento sob acusações graves sem que antes tenham sido tomadas providências para que nos encontremos. Não nos vemos desde dezembro do ano passado & um encontro entre nós seria um grande avanço no sentido de aliviar a tensão & os desgastes dos últimos cinco meses & colocar você em melhores condições físicas & estado de espírito. Somente depois de tal encontro você poderia ter algo parecido com um julgamento justo, & eu espero sinceramente que seja possível providenciá-lo. Estou também muito interessado em discutir a questão de como você deve conduzir sua defesa & se preparar para as táticas que o Estado muito provavelmente usará. Desde o dia do nosso casamento, em junho de 1958, você foi, sob um pretexto ou outro, levada três vezes a tribunais criminais & uma vez a um cível.[v] As questões envolvidas, pelo menos em parte desse litígio, é melhor esquecer. Elas causaram muito sofrimento & preocupação. Esta será a quinta ocasião, & suspeito que haja muito mais coisas sob a superfície, & que o processo tenda a ser a experiência mais penosa de toda a sua vida até hoje. Haverá aqueles cujo principal interesse será o de destruir a imagem que construímos ao longo da última década. Podem tentar agora o que eles fracassaram repetidamente em fazer em casos anteriores. Escrevo para alertar você a tempo do que vem por aí, para que possa se

---

i Nomzamo Winifred Madikizela-Mandela (1936-2018) — ver glossário. **ii** Normalmente escrito como uma única palavra, significa "irmã" em isiXhosa. **iii** A Emenda nº 76 da Lei Geral também é conhecida como "Lei de Sabotagem" de 1962. Ela permitia uma detenção de noventa dias sem julgamento. Os acusados junto com Mandela no Julgamento de Rivonia, presos em 1963, foram retidos com base nos "Noventa Dias". A lei também ampliava a definição de sabotagem, de modo a incluir greves, tornando-as um crime capital. **iv** Uma lei aprovada em 26 de junho de 1950, pela qual o Estado bania o Partido Comunista Sul-Africano e proibia qualquer atividade considerada comunista, definindo "comunismo" em termos tão amplos que qualquer pessoa que protestasse contra o apartheid estaria violando a lei. **v** Winnie Mandela foi presa em outubro de 1958 e mantida na prisão por duas semanas por ter participado de um protesto contra a extensão das leis do passe de locomoção às mulheres. Foi presa em 1963 por ter comparecido a uma concentração e absolvida. Em 1967 ela foi acusada de resistir à prisão e em seguida absolvida. Foi então sentenciada a doze meses de prisão por violar a ordem de interdição.

preparar tanto física como espiritualmente para assimilar os golpes impiedosos que com certeza serão dirigidos sistematicamente contra você do início ao fim do julgamento. Na verdade, o julgamento & as circunstâncias que o cercam podem influenciar de tal maneira seus pensamentos & ações que é bem possível que se tornem um marco em toda a sua trajetória, impelindo você a reexaminar com muito cuidado valores que em outros tempos lhe eram tão caros & a abrir mão de prazeres que antes deleitavam seu coração.

Os meses passados na cadeia já estão sendo um duro teste para você & quando o caso chegar ao fim você terá uma compreensão mais profunda da natureza humana & suas fragilidades & do que os seres humanos podem fazer aos outros quando sua posição de privilégio é ameaçada. Quando essa ameaça emerge, todas as imponentes virtudes da democracia ocidental, sobre as quais tanto lemos nos livros, são postas de lado. Nem os padrões morais da civilização moderna, os ensinamentos da fé cristã, a ideia universal da fraternidade entre os homens, nem o puro senso de honra vão impedir os círculos privilegiados de exercer as inúmeras pressões à sua disposição sobre aqueles que lutam por dignidade humana. Aqueles que estão na linha de frente devem estar dispostos e prontos para atrair o fogo inimigo para si, de modo a inspirar seus camaradas & tornar as coisas mais fáceis para eles. Na batalha de ideias o verdadeiro combatente que se empenha em libertar o pensamento público dos males sociais de sua época não deve jamais desanimar se, a um só tempo, for louvado & condenado, reverenciado & aviltado, aclamado como santo & amaldiçoado como pecador sem salvação. No curso da sua curta mas intensa carreira política você tem sido objeto de todos esses rótulos contraditórios, mas nunca fraquejou; ao contrário, aferrou-se firmemente a suas convicções. Hoje um teste ainda maior está à sua frente, pois uma condenação certamente ocasionará muitos anos de aflição & sofrimento atrás de portas de ferro. Mas não tenho a menor dúvida de que você lutará até o último momento com toda a tenacidade & dedicação que mostrou em ocasiões anteriores, pois sabe muito bem que vitórias substanciais serão conquistadas por aqueles que se mantêm de pé & não por aqueles que rastejam com a barriga no chão.

Ao planejar seu próprio caso & traçar sua estratégia será importante ter em mente que você está envolvida num embate com um adversário que possui vastos recursos materiais & meios de propaganda & que será capaz de distorcer os fatos como considerar conveniente. Em tal situação sua melhor defesa, & uma que nenhum poder na terra pode sobrepujar, é a verdade, a honestidade, a coragem da convicção. Nada deve ser feito ou dito que possa sugerir direta ou indiretamente um repúdio de seus princípios & crenças. O resto eu me proponho a discutir com você se & quando nos encontrarmos. Esse momento pode acontecer ou não. Espero que aconteça. Mas, se não acontecer, de todo modo sei que você estará em boas mãos & que será capaz de lidar com a questão mesmo sem minha ajuda & meus conselhos. Por ora, mando-lhe meus melhores votos & meus pensamentos mais afetuosos. Vou manter o punho cerrado, & farei qualquer coisa para ajudar você, Ngutyana.[i] Como vai nossa querida Nyanya?[ii] Conte-me alguma coisa sobre ela.

Acabei de receber a trágica notícia de que Cameron,[iii] no Botsuana, sofreu um derrame que resultou em paralisia & na amputação de uma perna. Ser golpeado por um mal tão grave longe do seu país & do seu povo é um desastre que pode muito bem tornar difícil a recuperação. Fico pensando em como ele vinha sendo prestativo com você na minha ausência & lamento muito que não estejamos em condições de ajudá-lo. Até onde eu sei, na situação de prisioneira à espera de julgamento você pode escrever quantas cartas desejar & sugiro que escreva imediatamente a ele dizendo que lhe desejamos uma rápida recuperação. Kgatho[iv] me visitou em 25 de outubro, a exemplo de Nkosazana Tellie,[v] que esteve aqui em 6 de setembro. Em 8 de novembro recebi uma carta perturbadora dela, queixando-se amargamente de ter sido deixada de lado quando parentes visitaram você em 28 de outubro. Ela é muito boa para nós & tem recebido um tratamento errado de algumas pessoas. Espero que você possa fazê-la saber que significa muito para nós.

Recebi uma carta alentadora de Amina[vi] & ela faz elogios rasgados a você. Tenho certeza de que você gostará de saber que nossos amigos não te esqueceram. Creio que Lily[vii] recebeu finalmente minha carta. Em julho ela me enviou uma afetuosa & tocante mensagem de solidariedade. Também recebi um cartão de condolências igualmente inspirador de Irene.[viii] Ela parece ser uma garota maravilhosa & e se tornou alguém de quem a gente tem uma impressão muito boa. Este mês escrevi à sra. Adelaide Mase,[ix] a esposa do irmão de Mamqwati,[x] em Engcobo, agradecendo a eles pela carta que me escreveram em agosto. Mamqwati também escreveu em outubro em resposta à mensagem que lhe enviei em teu nome & no meu.

A forma de tratamento com que inicio esta carta não te surpreenderá. No passado eu vinha me dirigindo a você em termos afetuosos, pois estava então falando com Nobandla,[xi] esposa de Ama-Dlomo.[xii] Mas na presente ocasião não posso lançar mão dessa prerrogativa porque na luta pela liberdade somos todos iguais & a sua responsabilidade é tão grande quanto a minha. Mantemos hoje um relacionamento não de marido & mulher, mas de irmã & irmão. Até que você retorne ao nº 8115, ou a algum

---

i Um dos nomes de Winnie Mandela. Ela vem do clã amaNgutyana. ii Nonyaniso (Nyanya) Madikizela, irmã mais nova de Winnie Mandela. iii Um dos irmãos de Winnie Mandela. iv Makgatho Mandela (1950-2005), segundo filho de Mandela — ver glossário. v Telia (Telli ou Tellie) Mtirara, uma parente de Mandela. *Nkosazana* significa "senhorita" ou "princesa" em isiXhosa. vi Amina Cachalia (1930-2013), amiga e ativista antiapartheid e pelos direitos das mulheres — ver glossário. vii Lilian Ngoyi (1911-80), política, ativista antiapartheid e pelos direitos das mulheres — ver glossário. viii Possivelmente Irene Buthelezi, uma velha amiga, esposa do chefe Mangosuthu Buthelezi, ou então Irene Mkwayi, esposa do companheiro de prisão Wilton Mkwayi (ver glossário). ix Ver carta de 3 de novembro de 1969, páginas 151-5. x Evelyn Ntoko Mandela (1922-2004), a primeira esposa de Mandela (entre 1944 e 1958) — ver glossário. Maqwati era seu nome de clã, grafado por Mandela aqui como Mamqwati. xi Nobandla é um dos nomes de Winnie Mandela. xii Mandela pertencia ao clã AmaDlomo.

outro lugar designado, é assim que vou me dirigir a você, o.k.? Talvez este arranjo abra espaço para as legiões de estudantes, de medicina ou outra área, que têm cruzado a vida de um ou outro de nós.

Para finalizar, Mhlope,[i] quero muito que você saiba que é o orgulho do meu coração, & que com você ao meu lado eu sempre me sinto participante de uma força invencível pronta para conquistar novos mundos. Estou confiante em que, por mais sombrios & difíceis que os tempos pareçam agora, um dia você estará livre & poderá ver os lindos pássaros & os campos aprazíveis do nosso país, banhar-se no seu sol maravilhoso & respirar seu ar fresco. Você verá de novo o cenário pitoresco da terra de Faku,[ii] onde passou sua infância, & do reino de Ngubengcuka,[iii] onde se encontram as ruínas de seu próprio kraal.

Sinto enormemente a sua falta! Montanhas de amor & um milhão de beijos.

Com devoção,
Dalibunga

NKOSIKAZI NOBANDLA MANDELA A/C BRIGADEIRO AUCAMP.[iv]
PRETÓRIA.
24.3.70: Reescrita & entregue para ser postada como correspondência registrada.
4.4.70: Canhoto do registro entregue a mim pelo carcereiro-chefe Joubert.

Para o secretário de Relações Exteriores, Universidade de Londres

18 de novembro de 1969

Secretário de Relações Exteriores,
Universidade de Londres,
Senado, Londres, W.C.1.

Caro senhor,

Em 1º de outubro de 1969 eu lhe escrevi a carta transcrita abaixo, à qual o senhor não respondeu:

---

i Um dos nomes de Winnie Mandela. **ii** O rei Faku controlava toda a Pondolândia. Em 1854 ele assinou um tratado com os britânicos que lhe permitiu reinar de modo soberano. O bisavô de Winnie Mandela, Madikizela, foi o último chefe a manter um tratado com os britânicos. **iii** O rei Ngubengcuka foi o bisavô do pai de Mandela, Nkosi (chefe) Mphakanyiswa Gadla Henry (m. 1930). **iv** Brigadeiro Aucamp, oficial comandante de Robben Island — ver glossário.

"Ficarei grato se o senhor fizer a gentileza de me creditar como aprovado em jurisprudência e teoria legal e de me permitir escrever os três trabalhos restantes para a parte II do curso de bacharelado em direito em duas ocasiões separadas, isto é, eu gostaria de escrever o de lei pública internacional em junho de 1970 e os das outras duas disciplinas em junho de 1971.

"Como prisioneiro submetido a árduos trabalhos forçados, estou sofrendo uma dificuldade considerável para me preparar para escrever quatro trabalhos num exame, e qualquer concessão que o senhor puder fazer a esse respeito me dará uma chance justa de mostrar conhecimento e competência em cada uma das disciplinas em questão.

"Devo acrescentar que um dos meus principais problemas tem sido a obtenção das últimas edições dos livros escolares recomendados e a consulta às obras de referência, bem como às publicações que me permitiriam ficar em dia com a evolução do direito em cada disciplina. O custo total do material de estudo de que preciso para me preparar para os exames é, em minhas circunstâncias, proibitivo. Só terei condições de arcar com tais custos se o que resta do curso for dividido em etapas, conforme indicado acima."

Eu agora ficaria agradecido se o senhor fizesse a gentileza de me responder logo que lhe seja possível, enviando junto um certificado de aprovação de candidatura ao exame público de direito internacional, em junho próximo, caso aprove minha solicitação.

Atenciosamente,
[Assinado N.R. Mandela]

NELSON MANDELA

[Anotações em africâner com outras caligrafias]
1. Coronel (para sua informação)
   Setor de estudos. Deel Mandela so mee[i]
2. Brig. Aucamp[ii] me contou pessoalmente por telefone em 26/11/69 que Mandela precisa concluir seus exames em 1970. Essa requisição não pode ser atendida.

[Rubricada]
Maj. 27.11.69
[outra assinatura e data de 9.1.70]

---

i "Compartilhar com Mandela", em africâner. ii Brigadeiro Aucamp, oficial comandante de Robben Island — ver glossário.

Para Paul Mzaidume,[i] tio de Winnie Mandela

19.11.69

Meu caro Radebe,[ii]

Recebi relatos inquietantes dizendo que meu filho, Makgatho,[iii] Orlando West, 8115, não está muito inclinado a ir a Fort Hare[iv] no ano que vem. Ele deveria ter se inscrito no início deste ano, mas teve de fazer um exame suplementar em março & aparentemente achou que não poderia ser admitido num curso de graduação. Seria trágico se ele perdesse mais um ano & eu ficarei grato se você fizer o que estiver ao seu alcance para colocá-lo na faculdade em fevereiro a qualquer custo.

Ele me visitou em 25 de outubro & me garantiu que já havia preenchido & enviado à Secretaria os devidos formulários de inscrição. Também discutimos a questão das taxas & mesada enquanto ele estivesse na faculdade, & lhe dei os nomes de dois amigos em Joanesburgo que, acredito, estarão dispostos a ajudá-lo a esse respeito. Kgatho poderá lhe dar os nomes & endereços deles, & eu aconselharia você a encontrá-los pessoalmente & debater com eles toda a questão.

Você pode dizer a Kgatho que, ao apelar a você para que dê uma assistência nesse assunto, não desejo de modo algum sugerir que duvido das garantias que ele me deu. Tenho total confiança na integridade pessoal & no senso de honra dele & não acredito que ele pudesse me enganar deliberadamente em questões relacionadas a sua futura carreira. Estou, porém, a mais de mil quilômetros de Joanesburgo, & é natural & razoável que me sinta preocupado com qualquer informação que tenda a indicar que ele não está agindo com a prudência e a diligência que espero dele. Também levo em consideração o fato de que talvez ele tenha problemas particulares que, por causa das minhas presentes circunstâncias, não esteja disposto a me confidenciar. Eu me pergunto até se ele não acha humilhante ou constrangedor discutir ajuda financeira com pessoas que lhe são estranhas, & estou pedindo a você que assuma um interesse pessoal no assunto, pois acredito que a intervenção de um parente que negocie em nome dele essas questões delicadas aliviará pelo menos esse constrangimento.

No momento ele tem um bom emprego & salário garantido, o que lhe permite ajudar na manutenção da família & pagar pela educação das irmãs. Por essa razão, talvez ele duvide da sensatez de jogar fora um posto lucrativo que lhe torna possível fazer frente a importantes responsabilidades familiares, só para começar de novo do zero alguns anos depois. Some-se a isso a idade dele. Aos dezenove anos qualquer

---

i Em 1958 Mandela e Winnie Madikizela celebraram seu noivado na casa dos tios dela, Phyllis e Paul Mzaidume, com quem Winnie estava morando na época. **ii** O nome de clã de Paul Mzaidume. **iii** Makgatho (Kgatho) Mandela (1950-2005), segundo filho de Mandela — ver glossário. **iv** Faculdade Universitária de Fort Hare, Alice, território do Ciskei — ver glossário.

rapaz em sua posição talvez não ache fácil resistir às reluzentes atrações de uma grande metrópole. Menciono todas essas coisas porque penso que você deva ser plenamente informado sobre o tipo de problemas que possam estar influenciando o curso dos pensamentos & ações dele, & para que você possa lidar com a situação. Seja como for, deixo a questão toda com você & com Mzala,[i] Khati.[ii]

Casualmente, sábado passado recebi uma amável carta da minha filha mais velha, Maki,[iii] que está concluindo o J.C.[iv] na Orlando High School. Ela tinha intenção de estudar ciências, mas a morte de seu irmão mais velho, Thembi,[v] com cujo apoio financeiro ela contava, abalou claramente seus planos. Ela agora me informa que não está mais inclinada a ser cientista porque não poderá contar com recursos para esse propósito. Quando saí de casa em abril de 1961 tínhamos feito preparativos para a educação de todos os filhos & as coisas foram muito bem até o fim de 1967. Mesmo depois dessa data, Zami,[vi] apesar de todas as suas tremendas dificuldades, conseguiu manter as coisas razoavelmente equilibradas. Mas agora que ela também está ausente as coisas parecem estar se desmantelando. Você pode mencionar esse aspecto aos meus amigos também.

Não gosto de deixar meus pensamentos se demorarem muito em Zeni & Zindzi.[vii] Já era muito duro para elas que eu estivesse ausente de casa. Deve ser ainda pior agora que Zami teve o mesmo destino. Não tenho como ter certeza de que essa desagregação da nossa família não as tenha afetado seriamente. Escrevi a elas em junho & em julho, mas fiquei sabendo que nenhuma das cartas chegou. Tenho muito poucas informações sobre elas & isso aumenta minha angústia & preocupação. Mas sempre me consolo com o fato de que você, Khathi, Marsh,[viii] Niki[ix] e muitos de nossos amigos estão aí para lhes dar todo amor & afeto & proteção de que elas precisam. Se há uma coisa que contribuiu para a deterioração da saúde de Zami foi precisamente a difícil situação atual das crianças, às quais ela é profundamente apegada. Mas você ficará contente em saber que ela conta com você entre aqueles que não pouparão esforços para fazer as crianças esquecerem que estão órfãs.

Recebo de quando em quando notícias dela & para mim é um prazer poder dizer que, apesar de sua saúde debilitada, ela está com uma ótima disposição. Que garota! Ela foi valente o bastante para me arrastar ao altar, mas nunca antes suspeitei que sua coragem a levaria tão longe. Eu me sinto mesmo muito pequeno quando comparo meus esforços insignificantes com os pesados sacrifícios que ela está fazendo.

---

i "Primo" ou "prima", em isiXhosa. **ii** Khati é Kathazwa, filha do primo de Mandela. **iii** Makaziwe Mandela (1954-), filha mais velha de Mandela — ver glossário. **iv** Junior Certificate, equivalente ao diploma do antigo ginásio (hoje ensino fundamental II). **v** Madiba Thembekile Mandela (1945-69), filho mais velho de Mandela — ver glossário. **vi** Um dos nomes de Winnie Mandela. **vii** Zenani Mandela (1959-) e Zindziswa Mandela (1960-), filha do meio e filha caçula de Mandela — ver glossário. **viii** O cunhado de Mandela, Marshall Xaba, marido de Niki Xaba. **ix** Niki Xaba (1932-1985), irmã mais velha de Winnie Mandela — ver glossário.

Minha única preocupação agora é saber como C.K.[i] e Niki assimilaram a coisa toda. Radebe, para mim foi um grande prazer receber sua tocante carta há exatamente doze meses, & saber um pouco sobre abazala[ii] & vovó. É espantosa a rapidez com que as crianças crescem. Foi difícil acreditar que Khathi já estava indo para a universidade. A bem da verdade eu tinha planejado escrever para ela & ficar sabendo alguma coisa sobre Fort Hare, mas o caso de Kgatho me obrigou a escrever a você em vez disso. Meu carinho & minhas calorosas saudações a todos.

Cordialmente,
Madiba

MASHUMI PAUL MZAIDUME
ORLANDO WEST, 7012
JOANESBURGO

24.3.70: Reescrita & entregue para ser postada como correspondência registrada.
4.4.70: Canhoto do registro dado a mim pelo carcereiro-chefe Joubert.[iii]

Para Thoko Mandela,[iv] sua nora, viúva de seu filho Thembi[v]

29.11.69

Minha querida Thoko,

Escrevi não menos que sete cartas sobre a morte de Thembi, seja para expressar minhas condolências a membros da família, seja para agradecer àqueles que gentilmente enviaram mensagens de solidariedade. Numa ocasião assim eu teria gostado de me comunicar com você imediatamente depois de receber a trágica notícia, mas não pude fazer isso porque não tinha seu endereço.

Em julho passado escrevi a Kgatho pedindo o endereço & outros detalhes essenciais, mas ele só me deu essas informações quando me visitou, em 25 de outubro. No mês anterior eu tinha pedido a minha sobrinha Tellie[vi] que fizesse em teu nome o pedido de uma permissão de visita, pois minha intenção na época era te

---

i Columbus Kokani Madikizela, pai de Winnie Mandela — ver glossário.   **ii** "Primos", em isiXhosa.
iii As duas anotações foram escritas por Mandela na margem da primeira página da carta.   **iv** Ver glossário.
v Madiba Thembekile (Thembi) Mandela (1945-69), filho mais velho de Mandela — ver glossário.
vi Telia (Telli ou Tellie) Mtirara, uma parente de Mandela.

escrever depois que você tivesse estado aqui. A carta de Beryl[i] me deu esperança de que eu te veria hoje. Em vez disso veio Lulu[ii] & embora eu anseie por te ver em dezembro, sinto que não posso mais adiar esta carta.

Desde a ocorrência do acidente fatal, membros da família & oradores junto ao túmulo, bem como amigos de várias partes do país, devem ter dito muita coisa que ajudou a elevar o teu ânimo & a trazer algum tipo de paz & esperança no teu luto.

Aqueles que conheciam bem Thembi devem ter reservado a maior parte de seus comentários para lembrar a você os talentos & conquistas dele, sua devoção a você & às crianças & aos pais dele. Alguns talvez tenham enfatizado que ele tinha apenas 24 anos quando a morte o levou, deixando para trás uma viúva & duas crianças bem pequenas para enfrentar sozinhas o duro & traiçoeiro mundo em que vivemos, & sem a ajuda, o apoio e a orientação que um diligente marido & pai estaria sempre pronto a dar a sua família.

Outros podem ter salientado o importante fato de que a morte chega a toda & qualquer família, golpeando de uma hora para outra um pai ou uma mãe amados, ou um filho, um irmão ou irmã, [e] de que o essencial não é tanto a calamidade particular que acontece com a gente, mas a atitude que adotamos diante dela. Essas e outras observações de natureza semelhante devem ter sido dirigidas a você por hábeis & experientes oradores & eu não acho possível acrescentar algo, exceto dizer que fiquei particularmente feliz ao saber da contribuição prestada pelos teus pais, pelo povo da Cidade do Cabo & de Joanesburgo, & pelo grande número de pessoas que acompanharam nosso Thembi na hora de seu descanso final.

Talvez algum dia eu tenha o privilégio de encontrar teus pais & agradecer pessoalmente a eles pelo amor & ajuda que deram a ele enquanto viveu & por homenageá-lo quando faleceu. Por ora eu pediria a você que transmitisse a eles esses sentimentos.

Talvez já tenha pensado & quem sabe até começado a tratar do assunto que eu gostaria de discutir com você. Thembi tinha apenas dezenove anos quando o vi pela última vez, e na época frequentava a escola na Suazilândia, onde acredito que você o tenha conhecido. Era um período difícil na vida de qualquer jovem, no qual ideias de todos os tipos passavam pela cabeça. Eu já estava na cadeia havia quase dois anos & tinha sido incapaz de ajudá-lo a resolver os numerosos problemas que ele estava encontrando pela frente.

Consequentemente, eu nunca soube quais eram as ambições de vocês na vida, nem tenho familiaridade com seus planos na época da morte dele, nem com as resoluções & compromissos que possam ter assumido juntos. Mas, de acordo com a

---

i Beryl Lockman, sobrinha de Walter Sisulu que estava morando com Thoko. Ela depois se casou com o irmão de Thoko, Leonard Simelane. ii Lulama (Lulu) Mgudlwa era sobrinha da primeira esposa de Mandela, Evelyn Mandela.

recente carta de Maki,[i] vocês dois tinham grandes aspirações, declaração que confirma opiniões semelhantes dadas a mim por mamãe Winnie. Eu sempre me lembrarei dele e reservarei o 13 de julho de todos os anos como seu dia. Transmita minhas lembranças ao teu irmão pela morte da esposa dele.

Talvez a melhor maneira de relembrar Thembi seja fazer as coisas que ele mais valorizava na vida, as coisas que tornavam a vida prazerosa & cheia de significado para ele & levar adiante todas as resoluções conjuntas de vocês que as circunstâncias permitirem. Em minha carta a Thembi em 1966 ou 67, sugeri que vocês dois tivessem o cuidado de não negligenciar sua educação & que, se achassem difícil voltar ao colégio interno, deveriam se matricular num programa de ensino de uma Faculdade por Correspondência. Quero repetir essa sugestão para que você a considere. Hoje há milhões de pessoas no mundo todo que estão estudando privadamente & fazendo excelentes progressos. Ao elevar seu nível de instrução, elas aumentam seu conhecimento e se tornam mais valiosas para servir seu país & seu povo. Para você, Molokazana,[ii] os estudos avançados serviriam a um duplo propósito. Manteriam sua mente envolvida em alguma ocupação produtiva que, por sua vez, garantiria a você alguma medida de segurança & independência. Em segundo lugar, tornaria mais fácil para você perseguir seus sonhos de vida.

Mas você deve ter em mente que esta carta vem de alguém que está na cadeia há pouco mais de sete anos & que está desconectado da evolução do país. Você pode julgar melhor & portanto deixo o assunto todo em suas hábeis mãos. Lembre-se de que o fato de aceitar ou não o meu conselho em nada alterará minha atitude com relação a você. Você é minha nora, da qual tenho muito orgulho. É muito cara a mim & não vejo a hora de nos encontrarmos no mês que vem. Espero que seu braço continue a melhorar & te desejo completo restabelecimento & boa sorte.

Foi muito gentil da parte de Lulu vir de carro de Reef[iii] para me visitar. Eu não a via desde que fui preso & passei com ela sessenta minutos de real prazer & alegria. Em minhas atuais circunstâncias, é muito encorajador saber que os parentes pensam na gente. Fiquei feliz também ao ver de relance Beryl quando ela saiu. Fiquei muito impressionado quando me contaram que ela estava morando com você neste triste momento da tua vida. De várias fontes continuamos ouvindo relatos agradáveis sobre ela. Ela parece ter herdado as boas qualidades da falecida mãe, que era muito próxima de mim[iv] & cuja amizade eu valorizava de verdade. Meu carinho & minhas calorosas lembranças a Ndindi, Nandi.[v] Afetuosamente teu, papai.

---

i Makaziwe Mandela (1954-), filha mais velha de Mandela — ver glossário.   **ii** "Nora", em isiXhosa.
iii O Reef (no caso, veio de minério) em Joanesburgo refere-se à região rochosa em que o ouro foi descoberto pelo australiano George Harrison em 1896. A corrida do ouro deu origem a Joanesburgo, que hoje faz parte da província de Gauteng.   **iv** Rosabella (Barbie) Sisulu, irmã de Walter, que se casou com Thomas Lockman.   **v** Ndileka (1965-) e Nandi (1968-) Mandela, as filhas de seu falecido filho Thembi (para Thembi Mandela, ver glossário).

SRA. LYDIA THOKO MANDELA
"HILLBROW"
SEVENTH AVENUE, RETREAT.

◇◇◇◇◇◇◇◇◇◇

Na seguinte carta a Winnie Mandela, que estava então sob julgamento, Mandela passa em revista um livro de um autor sul-africano que retrata o julgamento de Cristo. De acordo com o advogado de Winnie Mandela, Joel Carlson, na primeira vez em que ele conseguiu vê--la, e a seus 21 companheiros de processo, eles tinham ficado "quase duzentos dias" sem permissão para tomar um banho ou uma ducha.[52] No momento em que Mandela escreveu esta carta o julgamento havia começado. Eles eram acusados de promover os objetivos do CNA e de conspirar para a consecução de sabotagem, embora nenhum ato de violência fosse alegado.

Mandela estava ciente de que aquele era literalmente o julgamento e o teste da vida de sua jovem esposa, e sua tentativa de animá-la o fez mergulhar profundamente na história da injustiça do julgamento de Cristo, e por extensão do dela e de outros combatentes pela liberdade. Se esta carta tivesse chegado a ela, teria certamente lhe infundido uma coragem vinda de uma ilha nos confins do país.

Para Winnie Mandela,[i] sua esposa

466/64 Nelson Mandela [com outra caligrafia]

1º de janeiro, 1970

Dade Wethu,[ii]

Um romance de Langenhoven, *Skaduwees van Nasaret* [Sombras de Nazaré],[iii] descreve o julgamento de Cristo por Pôncio Pilatos quando Israel era uma província romana & Pilatos era seu governador. Li o romance em 1964 & agora falo puramente de memória. Muito embora o incidente descrito no livro tenha ocorrido há uns 2 mil anos, a história contém uma moral cuja verdade é universal & tão vívida & plena de significado hoje como no apogeu do Império Romano. Depois do julgamento, Pilatos escreve a um amigo em Roma, a quem faz notáveis confissões. Sucintamente esta é a história tal como contada por ele &, por conveniência, eu a escrevi em primeira pessoa:

Como governador de uma província romana julguei muitos casos envolvendo todos os tipos de rebeldes. Mas este julgamento de Cristo eu jamais esquecerei! Um

---

i Nomzamo Winifred Madikizela-Mandela (1936-2018) — ver glossário. **ii** A grafia habitual é *Dadewethu*, significando "irmã". **iii** C. J. Langenhoven, *Skaduwees van Nasaret* (Nasiolale Pers, 1927).

dia uma imensa multidão de sacerdotes judeus & seus discípulos, literalmente tremendo de raiva, juntaram-se diante do meu palácio & exigiram que eu crucificasse Cristo por ele alegar ser o rei dos judeus, apontando ao mesmo tempo para um homem cujos braços & pés estavam pesadamente acorrentados. Olhei para o prisioneiro & nossos olhares se cruzaram. No meio de todo o alvoroço & barulho, ele permanecia perfeitamente calmo, quieto & confiante, como se tivesse milhões de pessoas a seu lado. Eu disse que o prisioneiro violara a lei judaica & não a lei romana & que era aos judeus que cabia julgá-lo. Mas, apesar da minha explicação, eles insistiam obstinadamente em pedir sua crucificação, e eu compreendi imediatamente o dilema deles. Cristo se tornara uma força poderosa no território & as massas populares estavam lhe dando pleno apoio. Nessa situação, os sacerdotes sentiam-se impotentes & não queriam assumir a responsabilidade de condená-lo e sentenciá-lo. Sua única solução era induzir a Roma imperial a fazer o que eles não eram capazes de fazer.

Na época festiva sempre foi habitual a prática de soltar alguns prisioneiros & como as festas estavam acontecendo então, sugeri que aquele prisioneiro fosse libertado. Mas em vez disso os sacerdotes pediram que Barrabás, um prisioneiro famigerado, fosse libertado & que Cristo fosse executado. A essa altura eu entrei no Tribunal & ordenei que me trouxessem o prisioneiro. Minha esposa & as esposas das autoridades romanas ocupavam os assentos na tribuna reservada aos convidados ilustres. Quando o prisioneiro entrou, minha esposa & suas companheiras instintivamente se levantaram, como sinal de respeito por Cristo, mas logo se deram conta de que aquele homem era um judeu & um prisioneiro, & por isso se sentaram de novo. Pela primeira vez em minha experiência encarei um homem cujos olhos pareciam me ver por dentro, enquanto eu era incapaz de sondá-lo. Inscrito em seu rosto havia um lampejo de amor & esperança; mas ao mesmo tempo ele ostentava a expressão de alguém profundamente consternado pela loucura & pelo sofrimento da humanidade como um todo. Ele ergueu o olhar & seus olhos pareceram perfurar o teto & enxergar além das estrelas. Ficou claro que naquele salão a autoridade não estava em mim como juiz, mas lá embaixo no banco dos réus onde estava o prisioneiro.

Minha esposa me passou um bilhete informando que na noite anterior ela sonhara que eu tinha sentenciado um homem inocente, cujo único crime era o de ser um messias para seu povo. "Ali diante de você, Pilatos, está o homem do meu sonho; que a justiça seja feita!" Eu sabia que o que minha esposa dizia era bem verdade, mas meu dever exigia que eu condenasse aquele homem, ainda que ele fosse inocente. Guardei o bilhete no bolso & dei prosseguimento ao caso. Informei ao prisioneiro qual era a acusação contra ele & lhe pedi para indicar se era ou não culpado. Várias vezes ele me ignorou completamente & ficou claro que considerava o processo todo uma completa irrelevância, uma vez que eu já havia tomado minha decisão quanto à sentença. Repeti a pergunta & garanti a ele que eu dispunha da autoridade para salvar sua vida. O lampejo do prisioneiro dissolveu-se num sorriso & pela primeira vez ele falou. Admitiu que era rei & com aquela única & simples resposta ele me destruiu totalmente. Eu tinha imaginado que ele negaria as acusações como fazem todos os prisioneiros, & sua admissão levou as coisas ao ponto crítico.

Você sabe, meu caro amigo, que quando um juiz romano julga um caso em Roma, o que o norteia é simplesmente a acusação, a lei & as evidências diante do tribunal, & sua decisão será determinada unicamente por esses fatores. Mas nas províncias distantes de Roma estamos em guerra. Um homem que está no campo de batalha só está interessado em resultados, na vitória & não na justiça, & o juiz está, ele próprio, sendo julgado. De modo que, ainda que eu soubesse muito bem que aquele homem era inocente, meu dever exigia que eu lhe impusesse a pena de morte & foi o que eu fiz. Na última vez que o vi ele estava cambaleando com esforço em direção ao Calvário, em meio a zombarias, insultos & golpes, sob o peso esmagador da cruz opressiva em que ele estava destinado a morrer. Decidi escrever a você esta carta pessoal porque acredito que esta confissão a um amigo aliviará pelo menos minha consciência inquieta.

Este é, em resumo, o julgamento de Jesus & qualquer comentário é desnecessário; exceto que Langenhoven escreveu a história nos anos 1920 (?)[i] para despertar a consciência política de seu povo numa África do Sul onde & quando, a despeito da independência formal que seu povo desfrutava, os órgãos de governo, incluindo o Judiciário, eram monopolizados por ingleses. Para os africâneres, esta história pode recordar experiências desagradáveis & reabrir velhas feridas, mas pertence a uma fase que passou. Para você e para mim ela levanta questões de natureza contemporânea. Espero que você a julgue significativa & útil, & confio que lhe traga um pouco de alegria. Molokazana[ii] me fez uma visita sábado passado. É uma garota encantadora & fiquei satisfeito de fato em vê-la. Em 14.1.70 ela estará em Joanesburgo para a cerimônia do "Kulula".[iii] Estou escrevendo a Ntambozenqanawa[iv] para pedir a ele & a Jongintaba Mdingi[v] que a ajudem nessa tarefa. No mês passado eu escrevi a ela & a Vuyo Masondo[vi] & expressei a esta última nossas condolências pela morte do irmão dela em Umtata. Montanhas de amor, Mhlope,[vii] e um milhão de beijos. Que a boa sorte esteja a seu lado!

Com devoção, Dalibunga.

NKOSIKAZI NOBANDLA MANDELA, A/C BRIGADEIRO AUCAMP,[viii]
PRETÓRIA

---

i Ponto de interrogação inserido pelo próprio Mandela. **ii** Ele está se referindo provavelmente a Thoko Mandela, viúva de seu filho Thembi — ver glossário. **iii** Uma cerimônia para marcar a retirada dos trajes de luto. Fazia dezoito meses que Thembi Mandela havia morrido. **iv** O primo de Mandela, chefe Ntambozenqanawa Nkoyisane. **v** O irmão do chefe Mdingi que batizou as filhas de Mandela Zenani e Zindziswa. **vi** A esposa do companheiro de prisão Andrew Masondo. **vii** Um dos nomes de Winnie Mandela. **viii** Brigadeiro Aucamp, oficial comandante de Robben Island — ver glossário.

Para o chefe Ntambozenqanawa Nkoyisane, seu primo[i]

[Traduzido do isiXhosa]

1º de janeiro de 1970

enviada em 8.1.70

A! Ntambozenqanawa,

Recebi o relato de que a cerimônia fúnebre de meu filho mais velho no dia 3 de agosto foi promovida por você e por meus chefes Jongintaba e Vulindlela.[ii] Fiquei profundamente abatido quando recebi a notícia do falecimento dele, mais ainda por não ter podido estar ao lado do túmulo para lhe dar adeus. Serviu de alívio saber que a maior parte de nossos parentes pôde comparecer ao funeral. Eu gostaria de expressar minha gratidão a você, Zondwa e Tshawe[iii] pelo papel excepcional que desempenharam nos assuntos relacionados a minha família. A mesma gratidão também se estende ao chefe Jongintaba e a toda a sua família e amigos.

Estou ciente de como você deve estar atarefado e de que talvez nem sempre tenha tempo para escrever em resposta. Eu ficaria contente se você encontrasse tempo para me escrever para contar sobre Balisile, onde ele está, como está sua saúde e com que frequência você o vê. Na última vez que verifiquei, o filho dele estava completando o colégio; o que está fazendo agora? Quais foram as últimas notícias que você teve de Ntabayitshe? É alguém em quem eu confio e que demonstrou ser um homem de coragem e de alta inteligência. Ele me dá orgulho. Fiquei profundamente desapontado pelo fato de ele não ter podido me visitar. Por favor transmita minhas lembranças a ele e a Zwelidumile.

A filha do chefe Msungulwa Mgudlwa esteve aqui no mês passado, me informando que Jonguhlanga[iv] está aí. Eu gostaria também de ter notícias da saúde dele. Minha nora[v] veio me visitar sábado passado. Em 14 de janeiro ela estará em Joanesburgo para participar de uma cerimônia simbolizando o final de seu período de luto. Eu prometi a ela que falaria com você e com o chefe Jongintaba para que a ajudassem com a cerimônia. Minha ex-esposa é agora membro de uma igreja que não acredita em sacrifício de animais.[vi] Deixo então essa cerimônia nas mãos competentes de vocês.*

Com os melhores votos,

---

i Tirada de um caderno de capa dura em formato A4, no qual ele copiava algumas de suas cartas. **ii** Chefe Vulindlela Mtirara/Matanzima, um chefe Thembu e parente de Mandela. **iii** Primos de Mandela. **iv** Rei Sabata Jonguhlanga Dalindyebo (1928-86), chefe supremo do território do Transkei e líder do Partido Democrático Progressista, o partido de oposição no Transkei que se opunha às leis do apartheid — ver glossário. **v** Thoko Mandela, viúva de seu filho Thembi — ver glossário. **vi** Evelyn Mandela era testemunha de Jeová.

Cordialmente,
Dalibhunga

* Meu irmão mais novo, Marshall Xaba,[i] Mofolo, 1086, prometeu me visitar. Espero ansiosamente vê-lo quando ele tiver tempo. Eu ficaria grato também se ele me informasse se minha sogra, a mãe de Nobandla,[ii] recebeu em Bizana a carta que lhe escrevi em 4 de maio. Gostaria também de ter notícias sobre a saúde das crianças e seu desempenho na escola. [Esta e as demais notas chamadas por asterisco são de autoria do próprio Mandela]

Chefe Ntambozenqanawa Nkoyisane
a/c Makgatho Mandela[iii]
Casa nº 8115 Orlando West
Joanesburgo

◇◇◇◇◇◇◇◇◇◇◇◇

Não se sabe se esta carta de 1970 teria chegado a Adelaide Tambo,[iv] já que Mandela usa o nome real dela e não um codinome como o que usou em 1968, quando lhe escreveu como Matlala Mandela e enviou a carta ao seu próprio endereço em Soweto (ver carta na página 70). Em 1970, o presidente do CNA, Oliver Tambo,[v] continuava sendo um dos principais inimigos do governo sul-africano e ainda dirigia uma organização ilegal,[vi] atuando pela derrubada do regime do apartheid.

Para Adelaide Tambo,[vii] amiga, ativista antiapartheid e esposa de Oliver Tambo, presidente do CNA e ex-sócio de Mandela em seu escritório de advocacia

[Com outra caligrafia, em africâner] 466/64 Carta Especial[viii] de Nelson Mandela a Adelaide Tambo[ix]

---

i Marido de Niki Xaba, irmã mais velha de Winnie Mandela (para Niki Xaba, ver glossário). ii Nobandla é um dos nomes de Winnie Mandela. iii Makgatho (Kgatho) Mandela (1950-2005), segundo filho de Mandela — ver glossário. iv Adelaide Tambo (1929-2007), amiga, ativista antiapartheid e esposa de Oliver Tambo, ex-sócio de Mandela em seu escritório de advocacia e presidente do CNA — ver glossário. Os Tambo estavam vivendo no exílio em Londres. v Oliver Reginald Tambo (1917-93), amigo, ex-sócio em seu escritório de advocacia e presidente do CNA — ver glossário. vi O CNA foi uma organização proibida entre 1960 e 1990. vii Adelaide Tambo (1929-2007) — ver glossário. viii As cartas especiais não eram computadas na cota do prisioneiro. ix É interessante que neste caso as autoridades prisionais estivessem cientes de que a carta era destinada a Adelaide Tambo e que, ao que parece, a tenham enviado mesmo assim.

31 de janeiro de 1970

Kgaitsedi yaka yoratehang,[i]

Vi Zami[ii] pela última vez em dezembro de 1968, e é provável que ainda se passem anos antes que eu possa encontrá-la de novo. Ela foi detida em maio passado, cerca de uma semana antes do dia em que viria me visitar & quando eu estava me preparando para escrever esta carta a você. A ausência dela frustrou completamente meus planos, obrigando-me a me comunicar, à razão de uma carta por mês, com amigos & parentes sobre uma ampla variedade de questões familiares urgentes. Kgatho[iii] me visitou ontem & trouxe consigo uma multidão de novos problemas, mas mesmo assim decidi não adiar mais esta carta a você.

Maki,[iv] que virá me visitar em junho próximo, está cursando os últimos anos de colégio na Orlando High School. Zeni & Zindzi[v] estão na Our Lady of Sorrows, um colégio interno católico romano na Suazilândia, & passam as férias com nosso amigo comum Allan.[vi] Infelizmente, não me foi possível obter informação alguma sobre os exames delas.

Fiquei bem triste ao saber que você não pôde prosseguir seus estudos de medicina. OR[vii] & eu tínhamos discutido a fundo a questão durante a viagem[viii] & quando voltei abordei o assunto com Xhamela[ix] & outros, indicando-lhes que tinha sugerido a OR que você devia ser incentivada a fazer o curso, opinião com a qual eles concordaram plenamente. A bem da verdade, apenas alguns dias antes de sermos informados de que você abandonara os estudos, houve especulações aqui sobre se você já os teria completado, & embora as razões aventadas para a sua decisão fossem perfeitamente compreensíveis, lamentamos saber que Dali & irmãs[x] tinham privado você dessa oportunidade. Aliás, eu ficaria contente em ouvir alguma coisa sobre o progresso escolar & os interesses especiais deles. Sempre tive a esperança de que vocês me mandassem uma foto de família de não mais que 15×20 cm de tamanho. Mas sei que OR vive perpetuamente no exterior & que isso talvez não seja possível. Estou certo, porém, de que Thembi, Dali & Dudu[xi] adorariam posar para mim.

Ficamos satisfeitos de verdade ao ter um pouco mais de informação sobre vocês todos. Nos dias que se seguiram discutimos e rediscutimos os vários itens com

---

i "Minha querida irmã", em Sesotho e em Setswana. **ii** Um dos nomes de Winnie Mandela. **iii** Makgatho Mandela (1950-2005), segundo filho de Mandela — ver glossário. **iv** Makaziwe Mandela (1954-), filha mais velha de Mandela — ver glossário. **v** Zenani Mandela (1959-) e Zindziswa Mandela (1960-), filha do meio e filha caçula de Mandela — ver glossário. **vi** Dr. Allen Nxumalo, médico e velho amigo de Mandela. Líder do Partido Democrático da Suazilândia, que foi dissolvido depois da independência, em 1968, e primeiro-ministro da Saúde da Suazilândia. **vii** O marido dela, Oliver Reginald Tambo (1917-93), amigo de Mandela, seu ex-sócio no escritório de advocacia e presidente do CNA — ver glossário. **viii** Mandela está se referindo muito provavelmente a sua viagem clandestina pela África e a Londres em 1962. **ix** Nome de clã de Walter Sisulu, seu companheiro no Julgamento de Rivonia. **x** Os filhos dos Tambo. **xi** Os filhos dos Tambo.

grande entusiasmo & muitas reminiscências foram evocadas, algumas evidentemente um pouco modificadas aqui & ali, & outras distorcidas pela idade avançada. Eu até relembrei como, num dia no fim dos anos 1950, voltei da Chancellor House[i] e me entretive com uma história narrada pelo tio de Zami que me divertiu bastante. Ele acabara de voltar de um dorp[ii] no interior do Estado Livre onde OR defendera um caso. No curso de uma altercação com o juiz, segundo o relato, esta autoridade baixou uma decisão contra a qual meu antigo parceiro protestou vigorosamente, mudando no discurso do inglês para o latim. Isso, conforme foi contado com verve a Zami & a mim, deixou o magistrado paralisado. Saborosas anedotas desse tipo também são contadas a respeito da curta mas brilhante carreira legal de Gcwanini.[iii] Lembro-me de ter ouvido, numa manhã, uma rememoração detalhada de suas traquinagens por um admirador entusiástico & imaginativo. Conta-se que um destacado juiz do Transvaal teria dito que, no curso de uma longa carreira como magistrado, nunca conhecera ou tivera notícia de um advogado que pudesse rivalizar com o poder devastador de Gcwanini como interrogador. Há todo um catálogo de histórias adoráveis de vocês, Nkunzebomvu, Malome, Mqwati & outros,[iv] que, por mais que possam parecer exageradas & romantizadas, baseiam-se em algum incidente factual & indicam o poderoso impacto que vocês vêm exercendo desde o final dos anos 1950 sobre as nossas capacidades individuais e, coletivamente, sobre a massa do povo. Ficamos igualmente contentes em ter notícias de Bakwe,[v] Gambu Bros, Mpandla, Temba, Mzwai[vi] (cujo domínio do árabe espero que tenha avançado), Mainrad, Raymond,[vii] Tough Alfie & Moloi, bem como de nossas amazonas: Maggie,[viii] Radi, Long Ruta Jozi & Fiki. Pensamos em Mhlekazi Madiba de OE, Pulatsheka, Hector, Dinone, Joe Joseph Sejake,[ix] moleque Ruta, Florence, Kay, Edith & todos os nossos colegas lá sem exceção. Ficamos sabendo que a saúde de Malome & a de Nkunzebomvu não são das melhores, mas temos confiança em que a disposição animada & tremenda coragem deles os capacitarão no devido tempo a dar a volta por cima & recuperar-se plenamente.

Estou ansioso para escrever a Dave[x] para lhe expressar minha gratidão por tudo o que ele tem feito por mim, mas não sei ao certo se, em vista das circunstâncias, seria a melhor coisa a fazer. Talvez você possa me aconselhar a respeito na sua

---

i Chancellor House era o edifício em que Mandela e Oliver Tambo deram início a sua firma de advocacia, Mandela e Tambo, em 1952.   **ii** "Vilarejo", "aldeia", em africâner.   **iii** O advogado Duma Nokwe — ver glossário.   **iv** Amigos e camaradas.   **v** Bakwe (Joe) Matthews (1929-2010), ativista político e filho de Frieda e Z. K. Matthews — ver glossário. Um amigo de Mandela que estava vivendo no exílio. **vi** Possivelmente Esme Matshikiza, agente social e esposa de Todd Matshikiza (1920-68), escritor e músico que compôs a trilha musical do internacionalmente bem-sucedido musical sul-africano *King Kong* (1969). Eles estavam vivendo em Londres.   **vii** Raymond Mhlaba (1920-2005), ativista do MK e réu do Julgamento de Rivonia que foi preso com Mandela — ver glossário.   **viii** Esposa de um ativista do CNA em Londres.   **ix** Amigos baseados no Lesoto.   **x** David Astor (1912-2001), editor de jornal britânico e apoiador do CNA.

resposta. Seja como for, gostaria que ele soubesse que sempre penso nele, em Mary,[i] Michael, Colin,[ii] Thony[iii] & Freda.[iv] Eu também ficaria grato se você fizesse a gentileza de me passar o endereço da mãe de Bakwe.[v] Enviei uma mensagem a ela por intermédio de Zami por ocasião da morte do prof[vi] & gostaria de escrever a ela tão logo isso possa ser arranjado. Espero que Mary Letele,[vii] Tristie & Ezme[viii] estejam bem & que o tempo tenha ajudado a curar suas feridas.

Os detalhes submetidos por Wamba a Europa Publications, Bedford Square, 18, W.C.1, precisam ser revisados, corrigidos ou complementados por OR. A melhor opção teria sido mandá-los diretamente a ele, mas, como você sabe, não foi possível. O assunto agora está nas mãos dele.

Em dezembro de 1968 e de novo em 1969 enviei a você e sua família cartões de Natal & espero que os tenham recebido. Pela primeira vez desde a minha condenação há oito anos, não recebi cartão nenhum de Zami & crianças nem tampouco uma carta dela. Senti que alguma coisa estava faltando quando "celebrei" o grande dia ngombona namarewu.[ix]

Em outros tempos eu teria achado muito difícil ficar indefinidamente sem ver Zami & sem receber cartas ou notícias dela & das crianças. Mas a alma humana & o corpo humano têm uma infinita capacidade de adaptação & é espantoso como a gente pode se endurecer; & como conceitos que antes a gente tratava como relativamente desimportantes de repente tornam-se significativos & cruciais.

Nunca imaginei que o tempo & a esperança pudessem significar tanto para mim quanto significam agora. Uma personagem importante comentou a morte da Ma e de Thembi[x] & o encarceramento de Zami & disse: para você nunca vem mera chuva, mas tempestade. Era assim também que eu me sentia na época. Mas as numerosas mensagens de condolências & solidariedade que recebemos nos deram um bocado de encorajamento & o ânimo está elevado como você sempre viu. A esperança é uma

---

i Mary Benson (1919-2000), amiga, escritora, jornalista e ativista antiapartheid — ver glossário. **ii** Cônego Collins (1905-82), pastor anglicano indicado como cônego da Catedral de Saint Paul, em Londres, em 1948. Em 1956 ele encarregou sua organização Christian Action [Ação Cristã] de levantar fundos para a defesa dos 156 acusados no Julgamento de Traição (para o Julgamento de Traição, ver glossário) na África do Sul. Isso deu origem ao Fundo de Defesa e Ajuda para a África Meridional. **iii** Anthony Sampson (1926-2004), escritor, ativista antiapartheid e amigo que estava morando em Londres. **iv** Freda Levson (1911-2004), ativista sul-africana antiapartheid que se exilou na Inglaterra. Administrava o Fundo de Defesa e Ajuda com Mary Benson (ver glossário) e Ruth Mompati. **v** Frieda Matthews (1905-98), uma das primeiras mulheres negras a obter um diploma universitário na África do Sul — ver glossário. **vi** O marido de Frieda Matthews, professor Z. K. Matthews (1901-68), acadêmico, político e ativista antiapartheid — ver glossário. **vii** Esposa do dr. Letele, que participou da Campanha do Desafio (para a Campanha do Desafio, ver glossário). **viii** Possivelmente Esme Matshikiza, uma assistente social e esposa de Todd Matshikiza (1920-68), escritor e músico que compôs a trilha musical do internacionalmente bem-sucedido musical sul-africano *King Kong* (1959). Eles estavam morando em Londres. **ix** Ele está se referindo em isiXhosa à farinha de milho (*ngombona*) e a uma bebida não alcoólica (*rewu*) feita de mingau de farinha de milho ligeiramente fermentado. Nesse contexto, *nama* significa "com". **x** Madiba Thembekile (Thembi) Mandela (1945-69), filho mais velho de Mandela — ver glossário.

arma poderosa mesmo quando nada mais pode restar. O que tem me amparado até mesmo nos momentos mais sombrios é a consciência de que sou membro de uma família sofrida & testada que triunfou sobre muitas dificuldades. Numa família tão ampla as opiniões podem ser divergentes em quase tudo, mas temos conseguido sempre resolver as coisas em conjunto & seguir em frente mesmo assim. Esse fato dota meu espírito de asas poderosas. Minhas calorosas saudações a todos & com muito carinho a você, OR, Thembi, Dali & Dudu.

Cordialmente,
Nel

Sra. Adelaide Tambo, a/c sr. Aziz Pahad, North End House, Fitzjames Avenue, 83, Londres W14

◇◇◇◇◇◇◇◇◇◇

Mandela chamava sua casa em Soweto, no número 8115, na esquina das ruas Vilakazi e Ngakane, em Orlando West, Joanesburgo, de "ponto central" de seu mundo.[53] Ele e sua primeira esposa, Evelyn, mudaram-se para lá com o bebê do casal, Thembekile, em 1946. Criaram os filhos ali, e a mãe de Mandela passava períodos na casa de tempos em tempos. A casa de três quartos custava 17 xelins e 6 pence por mês de aluguel (pessoas negras não tinham permissão para possuir imóveis). Foi no 8115 que Mandela e sua segunda esposa, Winnie, foram acolhidos depois de seu casamento, em junho de 1958, e onde os filhos do novo casal também foram criados. Foi ao 8115 que ele retornou quando foi libertado da prisão. Em sua autobiografia, ele descreve a casa como "idêntica a centenas de outras construídas em terrenos do tamanho de um selo postal em ruas de terra. Tinha o mesmo telhado de estanho, o mesmo chão de cimento, uma cozinha apertada e um bucket toilet[i] *nos fundos. Embora houvesse iluminação pública nas ruas, usávamos lampiões a querosene dentro das casas, pois estas ainda não tinham eletricidade. O quarto era tão pequeno que uma cama dupla ocupava quase todo o espaço".[54]*

Foi do 8115 que Winnie Mandela foi arrancada em várias ocasiões enquanto seu marido estava na prisão. Durante esses períodos, membros da família vinham tomar conta da casa.

---

i *Bucket toilet*: sem tradução satisfatória em português, é um banheiro improvisado, numa construção separada da casa, em que um balde ou latão faz as vezes de vaso sanitário. [N.T.]

Para Marshall Xaba, marido de Niki Xaba,[i]
irmã mais velha de Winnie Mandela

3 de fevereiro de 1970

Enviada em 18.2.70

Meu querido tio Marsh,

Por favor, evite qualquer providência referente à Casa nº 8115 de Orlando West que tenha o efeito de privar Kgatho e suas irmãs de um lar durante nossa ausência.

Kgatho[ii] me viu sábado passado e me pareceu terrivelmente aborrecido com o fato de que alguém que não é parente e que não é aceitável para ele e Tellie[iii] fique encarregado da casa. Ele prefere minha sobrinha, Lulu,[iv] que me visitou em 29 de novembro. Sou a favor da sugestão de Kgatho, desde que seja aceitável para Zami,[v] e ficaria grato se você fizesse a gentileza de informá-la sobre a minha opinião. Devo confessar que a angústia de Kgatho quanto a esse assunto como um todo tem me preocupado desde que ele levantou o problema, em 31 de janeiro, e julgo extremamente indesejável que ele em algum momento se sinta lesado e inseguro. Ele me contou que a questão talvez seja acertada com as autoridades municipais esta semana, e espero que esta carta chegue a você a tempo e antes que você se comprometa com uma decisão que pode causar mal-estar. Eu gostaria que você mostrasse esta carta a Kgatho e lhe desse paz de espírito antes que ele parta para Fort Hare.[vi]

Desnecessário para mim, tio Marsh, garantir-lhe que estou plenamente ciente de que você e Niki não têm nenhuma outra motivação nessa questão e que seu único propósito é salvaguardar nossos interesses, e estou certo de que, agora que está ciente da minha visão sobre o problema, você fará tudo o que estiver ao seu alcance para resolver as coisas de modo amigável e satisfatório.

O tempo foi tão curto quando vi Kgatho que me esqueci de lhe perguntar a respeito do desempenho escolar e da saúde de Zeni e Zindzi.[vii] Por favor me dê alguma informação quando responder. Em sua carta de setembro Niki indicou que vocês tinham feito uma solicitação para me visitar e que tinham esperança de que eu pudesse recebê-los. Estou ansioso também para saber se a Ma de Bizana[viii] recebeu minha carta de maio passado. Diga a Bantu[ix] que ela está livre para me visitar,

---

i Niki Xaba (1932-85), irmã mais velha de Winnie Mandela — ver glossário. ii Makgatho (Kgatho) Mandela (1950-2005), segundo filho de Mandela — ver glossário. iii Telia (Telli ou Tellie) Mtirara, uma parente de Mandela. iv Lulama (Lulu), sobrinha de sua ex-esposa Evelyn Mandela. v Winnie Mandela, sua esposa. vi Faculdade Universitária de Fort Hare, em Alice, no território do Ciskei — ver glossário. vii Zenani Mandela (1959-) e Zindziswa Mandela (1960-), filha do meio e filha caçula de Mandela — ver glossário. viii Nophikela Hilda Madikizela, madrasta de Winnie Mandela. ix Nobantu Mniki, irmã de Winnie Mandela.

e que eu ficaria mesmo contente em vê-la. Espero que a carta a Nali,[i] que escrevi em julho do ano passado, tenha sido recebida.

Vou escrever a meus queridos amigos, os Ngakane,[ii] na primeira oportunidade possível, e contribuir para a tua explicação.

Minhas calorosas lembranças e meu amor a você, Niki e família.

Cordialmente,

Nel

SR. MARSHALL XABA,

Caixa Postal 23, Jabavu,

Joanesburgo

Para Tellie Mandela, uma parente

6 de março de 1970

Enviada em 17.3.70

Minha querida Nkosazana,[iii]

Recebi sua carta que foi postada em Joanesburgo em 22 de outubro e na qual você relatava que Joel[iv] tinha concordado em representar Nobandla.[v]

Recebi também sua segunda carta, escrita em 28 de outubro, na qual você me informou que Joel havia de fato se apresentado quando o caso foi enviado de volta no mesmo dia. Sou muito grato por todos os esforços que você está fazendo para pôr em ordem nossos problemas domésticos, e mais particularmente pelo importante papel que desempenhou na obtenção dos serviços de Joel. Qualquer que seja o desfecho dos dolorosos episódios em que Nobandla está envolvida agora, nada me deixa mais satisfeito do que o fato de que o caso e nossos assuntos estão nas mãos de um homem em quem tenho plena confiança; e por isso sou muito agradecido a você, Nkosazana.

Fiquei muito perturbado ao saber que você não pôde vê-la nas celas do tribunal quando ela e seus amigos foram detidos de novo para uma retomada do

---

i Nali Nancy Vutela, irmã de Winnie Mandela. **ii** Vizinhos de Soweto. **iii** "Senhorita", em isiXhosa.
iv Joel Carlson, advogado de Mandela — ver glossário. **v** Winnie Mandela, sua esposa.

julgamento.[i] Em minhas atuais circunstâncias, Madiba,[ii] problemas que eu poderia ter resolvido facilmente se tornam extremamente difíceis de enfrentar. Você, o tio Marsh e Niki[iii] são todos muito próximos de Nobandla e de mim, e estão fazendo o que podem para nos ajudar de todas as maneiras possíveis...

Como você sabe, Kgatho[iv] me visitou em 31 de janeiro e mencionou o problema de quem devia cuidar da casa quando ele for para Fort Hare,[v] enfatizando ao mesmo tempo que o problema era extremamente urgente. Eu tinha a esperança de que a visita fosse durar uma hora, como de hábito, mas infelizmente nos deram apenas trinta minutos e a conversa foi encerrada antes que eu tivesse emitido minhas opiniões. Eu teria preferido mandar um telegrama a Kgatho e a Marsh, expondo meus pontos de vista, mas essas coisas nem sempre são possíveis aqui, e apesar da urgência da questão tive que me contentar com uma carta via aérea a Marsh apenas, sem ter sequer certeza de que ela tenha chegado a seu destino.

Naquela carta eu pedia a Marsh que evitasse qualquer arranjo a respeito da casa que tivesse o efeito de privar Kgatho e suas irmãs de um lar durante nossa ausência. Informei a ele que considerava Lulu[vi] a pessoa mais apropriada para esse propósito, desde que Nobandla aprovasse a solução. Espero que essa questão tenha agora sido resolvida satisfatoriamente.

Em sua carta de 28 de outubro você relata que a casa estava devendo R34 [34 rands, moeda sul-africana] e que você tomou providências para que essa quantia fosse paga. Kgatho também me contou que você comprou vestidos para Zeni e Zindzi.[vii] Nenhuma palavra que eu escreva poderá expressar adequadamente nossa gratidão a você. Talvez um dia possamos ter o privilégio de uma oportunidade de retribuir sua bondade, por mais modesto que nosso ato de reciprocidade possa ser.

Aliás, eu gostaria que você soubesse que me deu muita alegria saber que você se sentiu totalmente diferente depois de me visitar em outubro do ano passado, que a nuvem de depressão se dissipou e você começou a olhar para o lado ensolarado das coisas. Esse é o espírito correto. Já se disse, com razão, que quando você sorri o mundo todo sorri com você, mas quando você chora, chora sozinho. Lembre-se disso!

---

i Em 16 de fevereiro de 1970, as acusações contra Winnie Mandela e seus 21 corréus foram subitamente retiradas, mas no curto período em que tecnicamente estavam "livres para ir e vir" eles foram detidos de novo no tribunal. Foram mandados de volta à prisão, e em 4 de agosto de 1970 Winnie Mandela e dezenove outros foram formalmente acusados no tribunal. Três de seus companheiros anteriores de processo não estavam lá. Um sofrera um colapso e dois tinham desaparecido depois de libertados.
ii Madiba é um nome de clã e qualquer pessoa do clã pode ser chamada assim. **iii** Marshall Xaba, marido de Niki Xaba, irmã mais velha de Winnie Mandela. **iv** Makgatho (Kgatho) Mandela (1950-2005), segundo filho de Mandela — ver glossário. **v** Faculdade Universitária de Fort Hare, Alice, no território do Ciskei — ver glossário. **vi** Lulama (Lulu) era sobrinha de sua primeira esposa, Evelyn Mandela. **vii** Zenani (1959-) e Zindzi (1960-) Mandela, filha do meio e filha caçula — ver glossário.

Em 1º de janeiro, escrevi a Vulindlela,[i] diretamente para Umtata,[ii] e a Ntambozenqanawa,[iii] aos cuidados de Kgatho. Em 19 de novembro eu tinha escrito ao tio de Nobandla, sr. Paul Mzaidume,[iv] em Orlando West, 7012. Estou ansioso para verificar se cada uma das minhas cartas chega a seu destino e ficaria grato se você gentilmente checasse se[v] Ntambozenqanawa e o tio de Nobandla receberam as suas.

Por fim, eu gostaria que Joel soubesse que preciso urgentemente de R100 para propósitos de estudo e ficaria contente se ele fizesse a gentileza de levantar essa quantia em meu nome. Não há nada mais que eu possa fazer agora que Nobandla está ausente.

Mais uma vez eu lhe agradeço por tudo o que está fazendo e mais especialmente por ter tornado possível que Joel atuasse em defesa de Nobandla. Minhas afetuosas lembranças a todos e muito amor a você.

Cordialmente,
Buti[vi] Nel

SRTA. TELLIE MANDELA.
CASA Nº 8115 ORLANDO WEST.
JOANESBURGO

Para Makgatho Mandela,[vii] seu segundo filho

31.3.70

Enviada em 2.4.70

Meu querido Kgatho,

Passei um bom tempo nestes últimos meses pensando em você. Embora você tenha me visitado pela última vez em 31 de janeiro, parece que não o vejo há décadas, de tanta falta que sinto. Espero que seja possível nos reunirmos antes que este ano acabe, para discutir assuntos familiares confidenciais que não podem ser abordados adequadamente por correspondência.

---

i Chefe Vulindlela Mtirara/Matanzima, um chefe Thembu e parente de Mandela. **ii** Umtata (hoje chamada de Mthatha) era a capital do território do Transkei. **iii** Primo de Mandela, chefe Ntambozenqanawa Nkosiyane. **iv** Ver carta na página 163. **v** Uma anotação a lápis no que parece ser outra caligrafia diz "É aqui que devo começar". **vi** "Irmão", em isiXhosa. **vii** Makgatho (Kgatho) Mandela (1950-2005) — ver glossário.

O afastamento forçado da família sempre foi uma experiência trágica & dolorosa, & durante os últimos sete anos do meu encarceramento eu percebi como pode ser frustrante não ter condição alguma de proporcionar orientação & ajuda aos filhos no emaranhado de problemas que eles enfrentam ao crescer. Em 1966 recebi relatos de que o falecido Thembi[i] tinha perdido interesse em seus estudos, preferindo um emprego de motorista a uma carreira acadêmica. No início de 1967 escrevi a ele e o instei a retomar seus estudos, ou voltando a um colégio interno, ou matriculando-se numa faculdade por correspondência. Assegurei a ele que seriam tomadas as devidas providências para o pagamento das taxas & para uma mesada pessoal. Também o alertei para que se abstivesse de uma linha de conduta que teria o efeito de privá-lo da oportunidade de obter uma carreira respeitável & bem-sucedida, mantendo-o sempre inferior aos outros em questões de conhecimento científico geral, condenando-o para sempre à situação degradante de ser subserviente a outros seres humanos & objeto de sua exploração. Embora você tenha me trazido uma mensagem dele em outubro de 1967, ele nunca respondeu de fato ao meu conselho. No entanto, Thembi era um bom rapaz, cheio de potencial & talento. A falecida vovó,[ii] a Ma Nobandla[iii] & outros parentes & amigos sempre me faziam bons relatos sobre Thembi quando me visitavam ou me escreviam. Acredito sinceramente que se eu estivesse em casa em 1966 ele não teria sucumbido à tentação que o induziu a largar a escola numa idade crítica da vida.

Em 28 de julho do ano passado escrevi a você uma longa carta[iv] sobre as importantes responsabilidades familiares que caem sobre os seus ombros agora que Thembi se foi. Ressaltei que você agora é o filho mais velho, & que seria seu dever manter a família unida & dar um bom exemplo a suas irmãs. Chamei particularmente sua atenção para o fato de que os tópicos que interessam hoje em dia à humanidade requerem mentes instruídas & o homem que for desprovido dessa instrução não poderá servir efetivamente a seu povo & a seu país. Enfatizei ainda que levar uma vida disciplinada & organizada & abrir mão dos prazeres reluzentes que atraem o rapaz médio, trabalhar árdua & sistematicamente em seus estudos ao longo do ano, tudo isso lhe traria no final recompensas cobiçadas & muita felicidade pessoal. Em 25 de outubro você me informou que tinha passado em seus exames suplementares & indicou ao mesmo tempo que havia renovado sua candidatura a uma vaga em Fort Hare.[v] Fiz sugestões quanto à questão das taxas & durante sua última visita você relatou que tudo tinha sido providenciado & que partiria para a universidade em 14 de fevereiro. Agora sou informado de que você nem foi para Fort Hare nem se matriculou na Unisa.[vi] Rumores & comentários ainda mais desagradáveis feitos por jovens & velhos chegaram ao

---

i Madiba Thembekile (Thembi) Mandela (1945-69), filho mais velho de Mandela, que morreu num acidente de carro — ver glossário. **ii** A mãe de Mandela, Nosekeni Fanny Mandela, que morreu em 1968. **iii** Nobandla é um dos nomes de Winnie Mandela. **iv** Ver carta de 28 de julho de 1969, página 132. **v** Faculdade Universitária de Fort Hare, em Alice, no território do Ciskei — ver glossário. **vi** Universidade da África do Sul.

meu conhecimento. Claro que tenho a mais plena confiança em você, Kgatho, & não tirarei nenhuma conclusão para um lado ou para o outro até que você me dê uma explicação completa.

Estou convencido, porém, de que a causa básica de nossos problemas atuais é minha ausência de casa, bem como o fato de que, em minhas atuais circunstâncias, não tenho os meios adequados para permanecer em contato estreito com você & seus problemas. Talvez se estivéssemos juntos meu conselho & minha orientação tivessem poupado os dois preciosos anos de sua vida que você já desperdiçou. Ficarei feliz se você me responder imediatamente depois de receber esta carta, mas até lá devo adverti-lo a não seguir nenhuma conduta que acabe por prejudicar sua saúde & arruinar sua carreira, qualquer que seja o prazer & alegria que ela possa lhe proporcionar agora. Uma grande quantidade de talento & potencial está escondida dentro de você, meu querido Kgatho, & há com certeza um futuro brilhante para você, se der a si mesmo uma chance. Você obteve seu J.C.[i] com louvor; você é diplomático & sutil ao lidar com os problemas. Não é hora de deixar que o talento acumule ferrugem. Os jovens da sua idade, alguns bem mais jovens, estão se destacando no campo da educação, nos esportes, na música & em outras importantes esferas. Ao empreender essas conquistas eles são inspirados por seu orgulho pessoal, por seu desejo de enaltecer o bom nome & a reputação de suas respectivas famílias & por seu amor & devoção à causa do povo. O que você está fazendo? Será que você não tem nem orgulho nem consciência, força de vontade & independência? Qualquer pessoa, jovem ou velha, que esteja mantendo você longe da universidade & de seus estudos não é um amigo genuíno, mas um embusteiro & um perigo para você. Cuidado: avalie a situação antes que seja tarde! Vá a Fort Hare este ano se eles o aceitarem & me responda no retorno do correio.

Quando você me visitou em janeiro levantou a perturbadora questão da casa. Eu tinha a esperança de que aquela sua visita durasse uma hora, como de costume, mas como você sabe a conversa foi interrompida abruptamente & sem aviso prévio depois de passados trinta minutos & consequentemente não tive condição de lhe transmitir minhas posições sobre o tema urgente que você queria discutir comigo. Na segunda-feira seguinte tentei desesperadamente me comunicar com você antes que deixasse a Cidade do Cabo.[ii] Tentei também contatar o sr. Xaba[iii] no mesmo

---

i Junior Certificate, equivalente ao diploma do antigo ginásio (hoje ensino fundamental II). ii Em *Longo caminho para a liberdade*, Mandela descreveu a sala das visitas em Robben Island como "apertada e sem janelas". Escreveu: "Do lado dos prisioneiros havia uma fila de cinco cubículos com uma janelinha de vidro cada, que davam para cubículos idênticos do outro lado. A gente se sentava numa cadeira e olhava através do vidro grosso, manchado, que tinha uns poucos buraquinhos para permitir a conversação. Era preciso falar bem alto para ser ouvido. Mais tarde as autoridades instalaram microfones e alto-falantes em frente ao vidro, um melhoramento secundário". (NM, *Long Walk to Freedom*, p. 476.) iii Marshall Xaba, o tio dos filhos de Mandela e marido de Niki Xaba, irmã de Winnie Mandela (para Niki Xaba, ver glossário).

dia para lhe dizer que não fizesse nada que tivesse como efeito privar você e suas irmãs de um lar na nossa ausência.[i] Mas meus esforços foram malsucedidos & ao que parece a carta via aérea registrada que escrevi para ele em 3 de fevereiro não chegou. Diga a Lulu[ii] enquanto isso que estou tentando providenciar para que ela permaneça na casa. Espero por Maki[iii] em junho próximo. Minhas calorosas lembranças & amor a todos vocês. Afetuosamente seu, Tata[iv]

Makgatho Lewanika Mandela, 8115 Orlando West, Joanesburgo.

Para o oficial comandante, Robben Island

2 de abril de 1970

Oficial comandante
Robben Island

A/c: Oficial médico

Minha pele fica muito seca e rachada depois de cada banho, problema que piora durante o inverno.

Em 1967 o médico dr. Kaplan recomendou que eu aplicasse Pond's Cold Cream, que eu usava com frequência antes da minha condenação. Depois disso discuti o problema com o oficial médico local, que me deu uma espécie de vaselina. Mas, além da sua inadequação e da inconveniência que ocasionava, ela não me ajudou e, mesmo a contragosto, fui obrigado a abandonar seu uso. Por conta disso, eu ficaria grato se o senhor me autorizasse a encomendar, com despesas por minha conta, e pelo tempo que for sensatamente necessário, o mencionado Cold Cream.

[Assinado NRMandela]
NELSON MANDELA: 466/64

[Anotação presumivelmente de uma autoridade prisional] Em minha estudada opinião o Ponds Cold Cream é feito à base de um creme chamado lanolina. Adeps Lanal, que contém lanolina, é igualmente bom para o problema de pele desse paciente. 2.4.70

---

i Ver carta de 3 de fevereiro de 1970, página 177.   ii Lulama (Lulu), sobrinha de sua ex-esposa Evelyn Mandela.   iii Makaziwe Mandela (1954-), filha mais velha de Mandela — ver glossário.   iv "Pai", em isiXhosa.

[Em outra caligrafia] Aprovado conforme requerido 22.4.70

[Em africâner] Coronel.
Ele também me falou sobre isso. A recomendação do médico abaixo. [Rubricado e datado 22.4.70]

Hospital,

Para sua informação e execução

Para o oficial comandante, Robben Island

20 de abril de 1970

Oficial comandante
Robben Island

A/c.: Coronel Van Aarde

Estou muito incomodado e chocado pelo modo como o Gabinete dos Censores está controlando minhas visitas, e pediria que o senhor investigasse pessoalmente o problema na primeira oportunidade possível e pusesse fim a essas irregularidades injustificadas.

Molly de Jager,[i] minha nora, "Hillbrow", 7ª Avenida, Retreat, Cidade do Cabo, vem se empenhando há quase três meses para obter uma permissão para me visitar. Ela fez a primeira solicitação no comecinho de fevereiro e me informou desse fato numa carta recebida pelo Gabinete dos Censores no dia 12 do mesmo mês. No mês passado fui informado pelo Gabinete dos Censores de que a carta de solicitação dela não tinha sido "recebida". Ela solicitou de novo no início deste mês e fui alertado a esperar uma visita dela no sábado, 18 de abril. Ela não apareceu.

Mas Beryl Lockman, que visitou no sábado passado seu tio, Walter Sisulu,[ii] e que mora no mesmo endereço da minha nora, informou seu tio de que ela e minha nora tinham solicitado permissões de visita no mesmo dia. Ela recebeu sua própria

---

i Thoko Mandela, viúva de seu falecido filho Thembi (tanto para Thoko como para Thembi Mandela, ver glossário). Ela adotou o sobrenome De Jager de um parente de modo a poder viver em Retreat, uma área para pessoas *coloured* (mestiças) ("Honouring Thembekile Madiba", Nelson Mandela Foundation, 22 de fevereiro de 2012, https://www.nelsonmandela.org/news/entry/honouring-thembekile-mandela).
ii Walter Sisulu (1912-2003), ativista do CNA e do MK e companheiro do Julgamento de Rivonia, foi preso com Mandela — ver glossário.

permissão, que não continha a única informação essencial que um passe desse tipo deve conter, a saber, a data para a qual a visita tinha sido agendada. Beryl informou ao tio que minha nora não tinha vindo porque a permissão dela não tinha chegado. Estou esperando que ela venha <u>no dia 25 do corrente e peço-lhe que garanta que sua visita não seja impedida de novo</u>.[i]

Não preciso lhe afiançar que esta carta não tem o intuito de ser uma crítica ao tenente Nel, o oficial diretamente encarregado do Gabinete dos Censores, que costuma tratar com simpatia cada uma das minhas solicitações.

[Assinado NR Mandela]

Para Makaziwe Mandela,[ii] sua filha mais velha

1º de maio de 1970

Minha querida,

Fiquei contente ao saber por Kgatho[iii] que você passou nos exames do seu JC[iv] e que agora está seguindo adiante com o colégio.

O bom progresso que você está fazendo nos estudos mostra que você é uma estudante talentosa e perspicaz, capaz de obter as mais altas qualificações e de conquistar as melhores recompensas, desde que, evidentemente, trabalhe de modo árduo e sistemático desde o começo do período letivo até o exame final. Espero que em sua próxima carta seja possível me dizer as avaliações que você obteve em cada disciplina, bem como sua nota agregada. Sei muito bem que nem sempre é fácil para uma criança africana estudar como aluno semi-interno.

A família africana média vive na pobreza, numa casa pequena e abarrotada, sem a privacidade que uma estudante precisa para se concentrar em seus estudos, e não pode se dar ao luxo de empregar ajudantes domésticos para limpar a casa, preparar as refeições da família e lavar a louça. Todas as tarefas caem sobre os ombros da adolescente, tendo como resultado que à noite ela nunca está suficientemente bem-disposta quando vai fazer seu dever escolar. Em comparação, uma garota que estuda num colégio interno desfruta de muitas vantagens em relação a uma semi-interna. Ali o ambiente e a atmosfera são inteiramente diferentes. Ela tem tempo de sobra para estudar, pode discutir problemas com seus colegas de classe, obter ajuda de estudantes mais avançados, conversar na maior parte do tempo no ambiente em

---

i Não se sabe se o trecho foi sublinhado por Mandela ou pelas autoridades. **ii** Makaziwe (Maki) Mandela (1954-) — ver glossário. **iii** Makgatho (Kgatho) Mandela (1950-2005), segundo filho de Mandela e irmão de Makaziwe — ver glossário. **iv** Junior Certificate, equivalente ao diploma do antigo ginásio (hoje ensino fundamental II).

que as matérias são ensinadas, encontrar farta recreação em jogos, ginástica e música e ter um alto padrão de desempenho em seus exames no final do ano.

Essas dificuldades são muito atenuadas no caso daqueles alunos cujos pais são afortunados o bastante para dispor de um nível de instrução razoavelmente alto e se mantêm a par dos desenvolvimentos modernos no campo da educação mediante uma ampla leitura. Eles podem atenuar os problemas da criança dando-lhe assistência e orientação. Kgatho seria sem dúvida de grande ajuda se vocês morassem juntos. Eu também teria acrescentado minha parte se estivesse livre. Por isso estou ciente das desvantagens que você deve estar enfrentando para levar adiante seus estudos. É à luz dessas dificuldades que vejo os resultados dos seus exames. Inclino-me para a opinião de que você teria ido muito melhor se estivesse num colégio interno. Você foi bem e lhe transmito minhas mais entusiásticas felicitações!

Em sua carta sem data que chegou a minhas mãos no dia 15 de novembro do ano passado você diz que não quer mais ser cientista porque não haverá recursos disponíveis para você estudar para essa profissão. Discutiremos esse assunto mais detidamente quando você vier me visitar em junho próximo e quando farei sugestões concretas. Enquanto isso, quero lhe dar a garantia de que, a despeito das minhas atuais circunstâncias, farei tudo o que estiver ao meu alcance para levantar os recursos necessários para seus estudos de graduação. Não acredito que nenhuma das minhas filhas que seja de fato apegada aos estudos possa ser impedida de chegar à universidade por causa de falta de recursos financeiros. Você deve ter em mente que, com um pai que está cumprindo pena de prisão perpétua, você e Kgatho são como órfãos. Para vocês dois a instrução é mais do que uma questão de status. É uma questão de vida ou morte. Enquanto houver dinheiro para custear seus estudos você deve agarrar a oportunidade com as duas mãos. Só assim poderá ter segurança e um futuro brilhante. Só quando dispuser das melhores qualificações você será capaz de obter boas ocupações e aliviar sua mãe de suas atuais responsabilidades e de seu pesado fardo. Seja como for acertaremos os detalhes no mês que vem.

Sim, estou sabendo que mamãe Winnie está na cadeia e concordo com você que ainda se passará um bom tempo até ela ser solta. Ela completará um ano inteiro presa no dia 12 deste mês. Está com ótima disposição. Nyanya[i] também tem se saído muito bem e sinto orgulho delas. Não posso lhe dar uma resposta clara e objetiva quanto a quem está cuidando das crianças. Mas você, Kgatho, Sisi Tellie,[ii] Makazi Niki[iii] e nossos numerosos amigos estão aí para cuidar delas. Quanto a mim, tenho tentado nos últimos catorze meses tirar proveito da única oportunidade que tenho de manter contato com elas — escrevendo-lhes cartas. Fiz isso em 4 de

---

i Nonyaniso (Nyanya) Madikizela, irmã mais nova de Winnie Mandela. **ii** Telia (Telli ou Tellie) Mtirara, uma parente de Mandela. *Sisi* significa "irmã" em isiXhosa e é usado frequentemente para se referir a uma mulher da mesma faixa etária. **iii** Niki Xaba (1932-1985), irmã mais velha de Winnie Mandela — ver glossário. *Makazi* significa "irmã da sua mãe" em isiXhosa.

fevereiro, 23 de junho e 3 de agosto, mas para minha grande frustração nenhuma dessas cartas chegou a elas, ao que parece.

Fiquei contente em saber que você visitou o túmulo da vovó e da hospitalidade do chefe supremo Sabata.[i] Ele é uma pessoa maravilhosa e não sei como poderei retribuir tudo o que tem feito por mim. Li em algum lugar que você compareceu ao casamento de Mthetho[ii] em janeiro passado. A própria viagem para a cerimônia deve ter sido uma experiência emocionante. Fico contente em observar que você está mantendo contato estreito com membros da família. Laços firmes assim podem lhe dar muita força e inspiração. O chefe Mdingi e sua esposa estão bem? Quantos anos tem a filha deles e o que ela está fazendo? Em 3 de novembro do ano passado escrevi a Ma-Tshezi[iii] agradecendo-lhes a carta de condolência que ela e o tio Sam[iv] me mandaram por ocasião da morte de Thembi.[v] Transmiti também a Ma-Tshezi meus pêsames pela morte de seu irmão Justice. Não tive resposta e não sei se eles receberam minha carta.

Lulu[vi] escreveu em março pedindo permissão para ficar em nossa casa em Orlando West. Eu já tinha escrito no mês anterior ao tio Xaba[vii] pedindo-lhe que evitasse qualquer arranjo relativo à casa que tivesse o efeito de privar Kgatho e suas irmãs de um lar. Informei-lhe que preferia que Lulu ficasse na casa, desde que Mamãe-Winnie concordasse com esse arranjo. Diga isso a Lulu.

Hoje é 1º de maio, seu aniversário. Muita sorte e felicidade e que você possa receber sempre mais, querida. Espero que tenha recebido o cartão de aniversário que lhe mandei no mês passado.[viii] Afetuosamente,

Tata[ix]

Srta. Maki Mandela,
Casa nº 5818, Orlando East
Joanesburgo

---

i Rei Sabata Jonguhlanga Dalindyebo (1928-86), chefe supremo do território do Transkei e líder do Partido Democrático Progressista, o partido de oposição no Transkei que combatia as leis do apartheid — ver glossário. ii Chefe Mthetho Matanzima (m. 1972), filho de K. D. Matanzima e chefe da região de Noqayti — ver glossário. iii Adelaide Mase, cunhada da primeira esposa de Mandela, Evelyn, e tia de Makaziwe; ver a carta na página 151. iv Sam, irmão de sua primeira esposa, Evelyn Mandela. v Madiba Thembekile Mandela (1945-69), primeiro filho de Mandela — ver glossário. vi Lulama (Lulu), sobrinha de sua ex-esposa Evelyn Mandela. vii Marshall Xaba, marido de Niki Xaba, irmã mais velha de Winnie Mandela — ver carta de 3 de fevereiro de 1970, página 177. viii Em algum momento de seu período na prisão Mandela teve permissão para mandar cartões de felicitações em ocasiões especiais. ix "Pai", em isiXhosa.

Para o oficial comandante, Robben Island

[Anotação em outra caligrafia] Censores façam a gentileza de discutir [Rubricada e datada de 3.6.70]

29 de maio de 1970

Oficial comandante,
Robben Island.

A/c: Coronel Van Aarde

Ontem, informei ao senhor que no dia 4 de maio lhe escrevi duas cartas, uma relacionada a assuntos que estão sendo tratados pelo brigadeiro Aucamp[i] e a segunda que lidava com questões de natureza local, a maioria das quais já recebeu sua atenção.

Há, no entanto, dois assuntos que foram mencionados na segunda carta de 4 de maio e que ainda estão pendentes.

1. [ii]Em junho eu espero que minha filha, Makaziwe,[iii] venha me visitar pela primeira vez na sua vida desde que fui preso, e estou ansioso para que tal visita seja arranjada para o próximo mês, que é quando ela estará de férias.

2. O segundo assunto que ainda está pendente é a carta especial para Marshall Xaba[iv] que[v] entreguei para postagem em 3 de fevereiro com um pedido de que fosse enviada por via aérea expressa. Ao que parece a carta foi enviada por correio normal em 18 de fevereiro, apesar da importância de seu conteúdo e da urgência. O senhor há de recordar que durante a entrevista de 24 de maio eu lhe informei que em 10 de março a carta ainda não havia chegado a seu destino, o que me levou a deduzir que tinha provavelmente sido extraviada.[vi]

[Assinado NRMandela]
NELSON MANDELA: 466/64

---

i Brigadeiro Aucamp, oficial comandante de Robben Island — ver glossário. ii Há duas linhas horizontais no lado esquerdo deste parágrafo. Possivelmente obra de uma autoridade prisional. iii Makaziwe Mandela (1954-), a filha mais velha de Mandela — ver glossário. iv Marido de Niki Xaba, irmã mais velha de Winnie Mandela (para Niki Xaba, ver glossário). Ver carta a Adelaide Mase na página 151.
v e vi É provável que os trechos tenham sido sublinhados por um agente prisional.

Para Leabie Makhutswana Piliso,[i] sua irmã mais nova

1º de junho de 1970

Minha querida Nkosazana,[ii]

Sua carta de 9 de março de 1969 chegou devidamente a mim e fiquei contente ao saber do papel que Jonguhlanga[iii] continua a desempenhar ajudando a resolver as dificuldades que minha ausência de casa tem trazido a você e ao restante da família.

Recebi a notícia do seu casamento com sentimentos ambíguos. Um casamento feliz é a ambição de todos os seres humanos, e o fato de você ter encontrado seu parceiro de vida me dá uma alegria genuína. Como já expressei meus sentimentos e opiniões numa carta anterior que continha minhas felicitações a você e Sibali,[iv] não considero necessário acrescentar aqui coisa alguma sobre esse aspecto da questão. Basta dizer que é para mim uma fonte de verdadeiro orgulho ter mais um cunhado. Meu único lamento é que talvez se passem muitos anos antes que eu o veja. Embora a notícia do seu casamento tenha me agradado muito, meu prazer se misturava com preocupação e inquietude, porque sei bem como uma garota dotada de orgulho nacional pode se sentir desconfortável quando a conclusão do casamento não é acompanhada pelos costumeiros ritos tradicionais. Assim sendo, foi para mim um grande alívio saber que Jonguhlanga tinha levado a você todos os artigos necessários e que tinha providenciado para que fosse conduzida formalmente ao seu novo kraal. Jonguhlanga tem uma grande família e pesadas responsabilidades, e é um sinal de seu profundo amor e devoção a todos nós o fato de ter sido capaz, apesar de suas inúmeras obrigações, de dar a você a assistência descrita em sua carta.

Em outubro de 1968 mandei uma longa carta agradecendo a ele por ter organizado o funeral da Ma[v] e pelas pesadas despesas com que arcou pessoalmente naquela ocasião. Nobandla[vi] me escreveu fazendo um longo relato de todo o evento. Cerca de uma semana antes de eu receber a carta de Nobandla, Sibali Timothy Mbuzo[vii] me visitara com o expresso intuito de me fornecer um relato em primeira mão do falecimento e do funeral da Ma. Serviu-me de grande consolo ouvir dele que uma grande multidão acorreu para homenageá-la à beira do túmulo. Fiquei particularmente contente ao saber que você conseguiu comparecer. A Ma era muito apegada a você e a sua morte deve ter te causado uma dor indizível. Espero

---

i Leabie Makhutswana Piliso (1930-97). ii *Nkosazana* significa "senhorita" em isiXhosa. iii Rei Sabata Jonguhlanga Dalindyebo (1928-86), chefe supremo do território do Transkei e líder do Partido Democrático Progressista, o partido de oposição no Transkei que combatia as leis do apartheid — ver glossário. iv *Sibali* significa "cunhado" em isiXhosa. v Nosekeni Fanny Mandela, sua mãe, que morreu em 1968. vi Winnie Mandela, sua esposa. vii Sibali Timothy Mbuzo, parente próximo do cunhado de Mandela, Daniel Timakwe, e durante muito tempo membro destacado do CNA no território do Transkei. *Sibali* significa "cunhado" em isiXhosa.

que agora você esteja completamente recuperada. Tellie[i] veio me visitar em outubro passado e me contou que você e Baliwe[ii] conseguiram comparecer ao funeral de Thembi em Joanesburgo, outro desastre familiar que me abalou violentamente. Eu teria gostado de comparecer a ambas as cerimônias, mas em minhas atuais circunstâncias não é fácil realizar tais desejos. Aliás, em conexão com o funeral da Ma eu também escrevi a Daliwonga,[iii] Nkosikazi NoEngland,[iv] Vulindlela,[v] Wonga,[vi] Thembekile ka Tshunungwa[vii] e Guzana[viii] para lhes agradecer por sua participação.

Achei que discutiria a situação da menina com Nobandla quando ela viesse me visitar em maio do ano passado. Eu tinha plena consciência da importância de toda a questão de tirá-la de Mount Frere[ix] e minha esperança era combinar com Nobandla que ela fosse mandada para o mesmo colégio interno de Zeni e Zindzi.[x] Mas, como você a esta altura já sabe, ela foi presa em 12 de maio, quase duas semanas antes da visita a mim que estava agendada, e ainda está na prisão. Desde a detenção dela tenho experimentado dificuldades consideráveis para cuidar dos nossos assuntos domésticos. Tudo indica que quase todas as cartas que escrevo não chegam ao seu destino. Não fui capaz de estabelecer contato com Zeni e Zindzi a despeito de repetidos esforços que tenho feito e de várias cartas que escrevi a elas. Vou continuar tentando contatar uma amiga que, na ausência de Nobandla, será a pessoa mais adequada para ajudar a ajeitar nossos assuntos, e vou manter a questão em primeiro plano na minha mente. A propósito, Zeni e Zindzi devem se sentir às vezes muito solitárias e com saudade de casa, e tenho certeza de que uma carta alegre vinda de você uma ou duas vezes por ano as deixaria animadas e esperançosas. Você pode sempre escrever a elas aos cuidados da sra. Iris Niki Xaba,[xi] Caixa Postal 23, Jabavu, Joanesburgo.

Em março escrevi a Sibali, sra. Timothy Mbuzo.[xii] Hoje estou enviando uma carta especial a Mhlekazi Sidumo.[xiii] Ele nunca respondeu a que lhe mandei em maio de 1969. Suspeito que essa tenha sido uma das inúmeras cartas minhas que inevitavelmente "se extraviam", sobretudo depois da prisão de Nobandla. Você

---

i Telia (Telli ou Tellie) Mtirara, uma parente de Mandela. **ii** Uma das irmãs de Mandela. **iii** K. D. Matanzima (1915-2003), sobrinho de Mandela, um chefe Thembu e ministro-chefe para o Transkei — ver glossário. Seu nome do meio era Daliwonga. **iv** Esposa do regente Jongintaba Dalindyebo, ela criou Mandela como um de seus próprios filhos quando ele foi morar com eles depois da morte de seu pai. **v** Chefe Vulindlela Mtirara/Matanzima, um chefe Thembu e parente de Mandela. **vi** Wonga Mbekeni era um estudante do Lovedale College, que ficava nas proximidades, quando Mandela estava na Faculdade Universitária de Fort Hare. **vii** Um ativista do CNA e membro da família real Thembu, foi julgado junto com Mandela no Julgamento de Traição de 1956 (para o Julgamento de Traição, ver glossário). **viii** Knowledge Guzana (1916-), advogado e líder do Partido Democrático no Transkei — ver glossário. **ix** Uma cidadezinha no Transkei. **x** Zenani Mandela (1959-) e Zindziswa Mandela (1960-), filha do meio e filha caçula de Mandela — ver glossário. **xi** Irmã mais velha de Winnie Mandela — ver glossário. **xii** Esposa de Sibali Timothy Mbuzo. *Sibali* significa "cunhado" em isiXhosa. **xiii** Sidumo Mandela, primo de Mandela. *Mhlekazi* significa "senhor" ou "ilustre senhor".

pode telefonar ou escrever a Sisi Connie Njongwe,[i] Station Road, Matatiele, e dizer a ela que foi um verdadeiro prazer receber sua carta inspiradora e obter notícias sobre a família. Diga a ela que em agosto do ano passado recebi uma carta de condolências de Robbie e Zuki, e fiquei preocupado ao saber que Jimmy[ii] tinha extraído um disco e em seguida fraturado uma perna. Connie nem sequer fizera menção a isso em sua carta. Diga a eles que sei quanto Jimmy é forte e corajoso, e que não tenho a menor dúvida de que ele ainda é o mesmo homem animado, sempre cheio de autoconfiança e esperança. Escreverei tão logo isso possa ser providenciado. Connie informará a Robbie que eu estava prestes a responder à doce e encorajadora carta deles quando as condições meteorológicas em seu território pioraram. Vou escrever-lhes umas linhas assim que as condições melhorarem. Montanhas de amor.

Com muito afeto, Buti[iii] Nel

Sra. Nowam Leabie Piliso
Caixa Postal Mkemane Store, Mount Frere

=====

Para Nkosikazi Nokukhanya Luthuli, viúva do ex-presidente geral do CNA chefe Albert Luthuli[iv]

8 de junho de 1970

Nossa querida Ma,

Em julho de 1967 o major Kellerman, então oficial comandante desta prisão, me deu permissão para escrever a você uma carta especial de condolências em nome de todos nós por ocasião do falecimento do chefe.

Sob circunstâncias normais teríamos certamente comparecido ao funeral para prestar homenagem pessoalmente à memória de um grande guerreiro no momento em que passava da vida para a história. Um veterano de muitas campanhas que era amado profundamente por seu povo e respeitado em toda parte como um extraordinário paladino daqueles que carregam sobre os ombros a maldição da pobreza e da necessidade, que são afligidos pela doença e pela ignorância, que nunca conheceram felicidade e paz de verdade, e para os quais as oportunidades de progresso e

---

i Connie Njongwe, esposa do dr. James "Jimmy" Njongwe (1910-76), médico, líder do CNA e organizador da Campanha do Desafio (para a Campanha do Desafio, ver glossário) no Cabo Oriental — para Jimmy Njongwe, ver glossário. *Sisi* significa "irmã" em isiXhosa e frequentemente é usado para se referir a uma mulher na mesma faixa etária. **ii** James "Jimmy" Njongwe. **iii** "Irmão", em africâner. **iv** Ver glossário.

realização estão fora do alcance. Por uma década e meia ele dominou a vida pública do país e nos conduziu com grande habilidade durante uma das fases mais difíceis de nossa luta por altos ideais e uma vida melhor. O chefe foi, de muitas maneiras, um homem notável. Era um verdadeiro nacionalista cujos pés estavam firmemente plantados em seu solo natal e que extraía muita força e inspiração da cultura tradicional, mas que, não obstante, tinha uma perspectiva progressista e sem o menor traço de arrogância racial e provincianismo. Sua personalidade vigorosa e seu cérebro perspicaz eram temperados pela humildade, modéstia e aceitação inequívoca do princípio da liderança coletiva. Embora fosse sempre calmo e contido, aqueles que entravam em contato com ele eram inspirados por seu afeto e amizade e por sua disposição em reconhecer o bom trabalho e os talentos de outras pessoas. Era um líder nacional no sentido pleno da expressão e especialmente qualificado para comandar um amplo movimento nacional. Estava livre de todas as tendências sectárias, uma doença terrível que mutilou e até destruiu movimentos poderosos e que em vários momentos de nossa história ergueu sua cabeça horrenda. Era um prazer vê-lo em ação tanto quando se dirigia a uma grande plateia como quando participava de uma reunião de comitê (ou quando deu seu memorável testemunho no Julgamento de Traição). Seus discursos públicos eram simples e francos, e eram emitidos ou expressos sem nenhum apelo violento às emoções da plateia. Nas discussões de comitê, tinha a capacidade de ouvir os outros com paciência e atenção e quando finalmente falava ele iluminava as questões que ocasionavam o maior nível possível de concordância. Nunca caía na tentação de tentar exibir seu conhecimento, nem jamais tentava se mostrar superior a qualquer um de seus colegas. Não obstante sua formação como professor e sua antiga posição como chefe tribal, nunca tive motivo para sentir que ele enfrentasse seus deveres públicos com prevenção excessiva e conservadorismo. Pelo contrário, dava a forte impressão de um patriota movido por ideias radicais e avançadas e que estava sintonizado com os mais revolucionários da geração mais jovem.

(Sua morte foi um grave revés para os nossos esforços para viver vidas decentes e honradas.) Para você foi uma perda desastrosa, pois significou muitos anos de solidão, de labuta e suor sem a ajuda versada e experiente de um parceiro de vida que era profundamente apegado a você. A morte dele também privou as crianças da orientação de um pai que estava bem equipado para exercer os deveres da paternidade porque estava no centro da atividade pública e era altamente sensível a ideias progressistas. Lamentamos sua perda para você e a família e para a comunidade como um todo e lhe transmitimos nossa sincera solidariedade. Estávamos certos, porém, de que a imensa coragem que você demonstrou ao longo do período mais perigoso da carreira do chefe iria ajudá-la a atravessar esta experiência infeliz. Também expressamos a esperança de que a imensa multidão que acorreria ao funeral e as inúmeras mensagens de condolências que chegariam de várias partes do mundo pudessem servir como tônico para os seus sentimentos feridos.

Aquela carta foi, em nossas atuais circunstâncias, o único meio que encontramos de transmitir a você e à família os sentimentos expressos acima, e não tínhamos a menor suspeita de que você não a receberia. Que enorme foi a nossa decepção quando descobrimos que ela não chegou às suas mãos! Uns três meses depois de ter entregado a carta para que fosse postada, escrevi a Alan[i] para lhe dar nossos pêsames pela morte de sua esposa. Sentíamos que o destino o tratara de modo muito brutal ao levar sua esposa tão pouco tempo depois da morte de seu amigo, o chefe. (Nós louvamos a posição firme que ele adotou quanto a muitas questões públicas e lhe agradecemos pelo testemunho para mitigação de sentença que ele prestou em nosso favor no Julgamento de Rivonia[ii]), e concluí a carta dizendo a ele que estávamos confiantes em que nem a tragédia familiar nem a idade avançada o levariam a baixar as armas. Agora sabemos que a carta a Alan também nunca chegou. Não podemos imaginar que alguém iria deliberadamente intrometer-se em cartas de condolências e impedi-las de chegar aos enlutados. Estou, entretanto, tomando a precaução de registrar esta para garantir que chegue em segurança. Em nosso atual ambiente palavras amáveis alcançam um impacto que não é fácil ou sensato analisar. Basta dizer que elas conseguem mais do que o mero ato de levantar o moral. Seu curto mas amável bilhete de janeiro de 1966 nos empolgou enormemente. Agradou-nos muito saber que o mundo, nosso povo e particularmente sua Ma pensam em nós todos os dias. Sua carta está entre minhas posses mais preciosas. Calorosos votos e saudações a Norman, Fana, Ntombazana e Kwena, Thandeka e Tulani; a Sibongile e à dra. Ngobese[iii] e a todas as crianças.

Cordialmente,
Nelson

Nkosikazi Nokukhanya Luthuli
Caixa Postal Groutville, Stanger, Natal

---

i Alan Paton (1903-88), escritor e fundador e líder do Partido Liberal antiapartheid da África do Sul. Ele prestou testemunho para mitigar a pena de Mandela e seus corréus no Julgamento de Rivonia — ver glossário. **ii** Alan Paton disse que, como todo mundo, o povo africano aspirava a "viver uma vida decente" e que Mandela era o sucessor natural do presidente-geral do CNA, chefe Albert Luthuli. Falando dos acusados, ele disse: "Nunca tive dúvida alguma quanto à sinceridade deles, sua profunda devoção à causa de seu povo e seu desejo de ver a África do Sul tornar-se um país do qual todas as pessoas possam participar". (Joel Joffe, *The State vs. Nelson Mandela: The Trial That Changed South Africa*. Londres: One World Publications, 2007, p. 249.) **iii** Todos camaradas ativistas, incluindo a dra. Helen Ngobese, amiga de Winnie Mandela que foi uma de suas damas de honra.

Para Winnie Mandela,[i] sua esposa

20 de junho de 1970

Dade Wethu,[ii]

De fato, "os grilhões do corpo muitas vezes são asas para o espírito". Tem sido assim há tanto tempo, e assim sempre será. Shakespeare em Como gostais[iii] expressa a mesma ideia de um modo um pouco diferente:
"Doces são os usos da adversidade,
Assim como um sapo, feio e venenoso,
Ostenta joia preciosa na cabeça."[iv]

Outros ainda proclamaram que "apenas grandes metas podem despertar grandes energias".

No entanto, meu entendimento da verdadeira ideia por trás dessas simples palavras ao longo dos 26 anos da minha trajetória tumultuosa tem sido superficial, imperfeito & talvez um pouquinho acadêmico. Há um estágio na vida de todo reformista social em que ele vocifera sobre palanques fundamentalmente para descarregar os fragmentos de informação mal digerida que se acumularam em sua cabeça; uma tentativa de impressionar as multidões, mais do que de começar uma calma & simples exposição de princípios & ideias cuja verdade universal é tornada evidente pela experiência pessoal & pelo estudo mais aprofundado. Quanto a isso não sou nenhuma exceção & fui vítima da fraqueza da minha geração não apenas uma, mas cem vezes. Devo ser franco & dizer a você que quando olho retrospectivamente para alguns dos meus primeiros escritos & discursos fico horrorizado com seu pedantismo, sua artificialidade e falta de originalidade. A gana de impressionar & apregoar é claramente perceptível. Como suas cartas contrastam com isso, Mhlope![v] Eu hesito em cumular você de elogios, mas você vai me desculpar por minha vaidade e orgulho, Ngutyana.[vi] Fazer um elogio a você pode acabar sendo um autoelogio da minha parte, já que você & eu somos uma coisa só. Talvez sob as atuais condições esse tipo de vaidade possa servir como uma alavanca poderosa para nosso ânimo.

Durante os oito anos solitários que passei atrás das grades eu às vezes desejei que tivéssemos nascido na mesma hora, crescido juntos e passado cada minuto da nossa vida na companhia um do outro. Acredito sinceramente que se tivesse sido esse o caso eu seria um homem sábio. Cada uma das suas cartas é um pertence precioso & frequentemente consegue despertar forças que eu nunca suspeitei que

---

i Nomzamo Winifred Madikizela-Mandela (1936-2018) — ver glossário. **ii** Normalmente escrito em uma só palavra, significa "irmã" em isiXhosa. **iii** Título provavelmente sublinhado por Mandela. **iv** William Shakespeare, *Como gostais*, Ato 2, cena 2. **v** Um dos nomes de Winnie Mandela. **vi** Um dos nomes de Winnie Mandela. Ela vem do clã amaNgutyana.

estivessem escondidas em meu ser. Em suas mãos a caneta é realmente mais poderosa que um sabre. As palavras fluem livre & naturalmente & expressões comuns adquirem um significado que é ao mesmo tempo desafiador & estimulante.

O primeiro parágrafo da sua comovente carta, & mais especialmente a frase de abertura, me abalou violentamente. Senti literalmente cada um dos milhões de átomos que compõem meu corpo puxando com força em todas as direções. Os lindos sentimentos que você repetidamente infundiu em mim desde a minha prisão & condenação & particularmente durante os últimos quinze meses são claramente o resultado mais de experiência real do que de cultura livresca. Eles vêm de uma mulher que não vê seu marido há quase dois anos, que foi afastada de seus filhos pequenos por mais de doze meses & que foi castigada duramente pela solidão, pelo enfraquecimento & pela doença sob condições nada propícias para a recuperação, & que por cima de tudo isso precisa enfrentar o teste mais severo de sua vida.

Entendo perfeitamente, querida, quando você diz que sente minha falta & que um dos poucos golpes que você julga difíceis de assimilar é ficar sem notícias minhas. O sentimento é recíproco, mas está claro que você atravessou uma experiência muito mais devastadora do que as que já enfrentei. Tentei de modo árduo & paciente me comunicar com você. Mandei-lhe uma longa carta em 16 de novembro;[i] depois um cartão de Natal, e de novo uma carta em 1º de janeiro[ii] — todas elas escritas num momento em que você era uma prisioneira aguardando julgamento. Depois de 13 de fevereiro fui informado de que não poderia me comunicar com você & meu enérgico pedido de um relaxamento dessa restrição específica não teve sucesso.

Sua enfermidade tem sido teimosa & persistente, e eu gostaria de receber um boletim médico adequado do Departamento de Prisões para ajudar a acalmar meu espírito. O brig. Aucamp[iii] me deu um relato muito genérico que me inquietou intensamente. Fiquei chocado ao saber que você teve que ser hospitalizada & ao constatar sinais de seu atual estado de saúde na sua própria caligrafia instável. Acredito totalmente em você quando diz que encolheu até ficar do tamanho de Zeni.[iv] Foi um tipo de alívio saber que foi examinada por vários especialistas & que exames de sangue foram feitos. Mas eu sei, Mntakwethu,[v] que cada pedaço dos seus ossos, cada grama da sua carne & cada gota do seu sangue, que todo o seu ser enfim é forjado numa única peça de granito, & que nada no mundo, nem mesmo a doença, pode apagar os fogos que queimam em seu coração. De pé! Mãos à obra! Que meu amor e minha devoção sejam seu escudo & o ideal de uma África do Sul livre seja sua bandeira.

---

i Ver carta na página 158. **ii** Ver carta na página 168. **iii** Brigadeiro Aucamp, oficial comandante de Robben Island — ver glossário. **iv** Zenani Mandela (1959-), filha mais velha do casal — ver glossário. **v** Um termo carinhoso em isiXhosa.

Alguns dias depois de sua prisão em maio do ano passado pedi a concessão de uma carta especial a meu advogado[i] em conexão com os seguintes assuntos urgentes:

1. A indicação de alguém para cuidar da casa & pagar o aluguel;
2. A indicação de um guardião legal para as crianças;
3. A tomada de providências para a manutenção, formação e educação das crianças;
4. A tomada de providências para levantar fundos para sua educação, artigos de higiene, vestuário & outras necessidades no caso de você ser julgada culpada e encarcerada;
5. A tomada de providências para levantar fundos para minha própria educação, artigos de higiene & outras necessidades durante sua ausência na cadeia.

Embora eu tenha feito repetidas representações em diversas ocasiões, a solicitação não foi atendida. Agora, porém, instruí o sr. Brown, da firma de Frank, Bernadt e Joffe,[ii] na Cidade do Cabo, a dar atenção imediata a essas questões. Concordo com sua sugestão de que o padre Leon Rakale & o tio Mashumi[iii] sejam nomeados guardiães conjuntos das crianças. Eu gostaria de acrescentar o nome do tio Marsh.[iv] Escrevi a ele uma carta urgente em 3 de fevereiro referente à casa.[v] Tenho dúvidas se chegou a recebê-la. Nunca respondeu. Quando Kgatho[vi] me visitou em 31 de janeiro, indicou que ele & Tellie[vii] eram favoráveis a que Lulu[viii] (irmã de Mxolisi) se mudasse para a casa. Informei o tio Marsh desse fato & indiquei que eu ficaria contente se ela o fizesse, desde que você aprovasse. Mxolisi me visitou no sábado passado & disse que não tinha ouvido nada do tio Marsh. Talvez você queira discutir o assunto com ele & Niki[ix] quando eles forem visitá-la. Também tenho dúvidas se Mashumi recebeu minha carta escrita em 19 de novembro[x] & reescrita em 4 de abril. Pedi-lhe que me fizesse um relato sobre Zeni & Zindzi[xi] e que ajudasse Kgatho a entrar na universidade. Não recebi resposta alguma de Mashumi também. Kgatho está em casa e não tenho nenhuma informação segura sobre o porquê de ele não ter ido a Fort Hare.[xii] Fiz os arranjos necessários para o pagamento de taxas & mesada & quando veio me visitar em janeiro ele me confirmou que tudo

---

i Ver carta aos srs. Frank, Bernadt & Joffe de 20 de maio de 1969, à página 112, embora nem todos os pontos que ele menciona estejam de fato incluídos ali. ii Seus advogados. iii O tio de Winnie Mandela, Paul Mzaidume. iv Marshall Xaba, marido de Niki Xaba, irmã mais velha de Winnie Mandela (para Niki Xaba, ver glossário). v Ver página 177. vi Makgatho (Kgatho) Mandela (1950-2005), segundo filho de Mandela — ver glossário. vii Telia (Telli ou Tellie) Mtirara, uma parente de Mandela. viii Lulama (Lulu) era sobrinha de sua ex-esposa, Evelyn Mandela. ix Niki Xaba (1932-1985), irmã mais velha de Winnie Mandela — ver glossário. x Ver carta na página 163. xi Filhas de Mandela — ver glossário. xii Faculdade Universitária de Fort Hare, em Alice, no território do Ciskei — ver glossário.

tinha sido acertado & que partiria para a universidade em 14 de fevereiro. Acredito que ele não esteja trabalhando. Minha carta a ele de 31 de março não teve resposta.

Escrevi três cartas a Zeni & Zindzi. Agora sei que as duas primeiras nunca chegaram. A terceira foi escrita em 1º de junho. Não recebi informação alguma sobre elas desde a sua prisão, exceto os relatos que você me fez. É verdade que a carta de Niki de 9 de setembro me informou que elas estavam bem.

Eu, porém, espero acertar em breve a questão toda com o sr. Brown & providenciar para que você seja informada regularmente.

Levantei mais uma vez o tema de uma possível visita minha a você & não posso lhe dizer nada no momento, apenas que o brig. Aucamp prometeu discutir o assunto com o comissário [de Prisões]. Falando francamente, penso que o comissário tem sido inusitadamente duro & não tem mostrado a consideração & auxílio que normalmente espero dele em circunstâncias dessa natureza.

Dade Wethu, quisera eu estar em condições de lhe contar alguma coisa que pudesse alegrar seu coração & fazer você sorrir. Mas, a meu ver, talvez tenhamos que esperar ainda muito tempo por esse momento radiante & feliz. Enquanto isso, devemos "beber da taça da amargura até a borra".[i] Quem sabe — não, tenho certeza — os bons tempos voltem, e então a vida vai adoçar nossas línguas & curar nossas feridas. Acima de tudo lembre-se do 10 de março. Essa é a fonte da nossa força. Eu nunca a esqueço.

Montanhas de amor, Mhlope,[ii] e um milhão de beijos.
Com devoção,
Dalibunga

Nkosikazi Nobandla Mandela
Prisão de Pretória

Para Winnie Mandela,[iii] sua esposa

1º de julho de 1970

Dade Wethu,[iv]

---

i "Drink the cup of bitterness to the dregs": trecho de uma carta de 1814 do político e advogado norte-americano John Quincy Adams (1767-1848), que viria a ser o sexto presidente dos Estados Unidos, a sua esposa, Louisa Catherine Adams. [N.T.] ii Um dos nomes de Winnie Mandela. iii Nomzamo Winifred Madikizela-Mandela (1936-2018) — ver glossário. iv Normalmente escrito numa só palavra, significa "irmã" em isiXhosa.

Thoko[i] me visitou de novo em abril passado. Em fevereiro ela me mandou R10 na qualidade de "dinheiro trocado", como definiu. A segunda visita foi muito mais fácil que a primeira. Nesta, ela ainda trazia os sinais de alguém cuja energia tinha sido drenada pelo choque da morte & cujos nervos estavam destroçados por uma prolongada ruminação em torno da medonha experiência que se abatera sobre ela tão precocemente em sua vida conjugal. Embora eu a estivesse encontrando pela primeira vez, foi fácil notar que estava vendo uma sombra de seu verdadeiro ser. A visita quase abalou meu próprio equilíbrio, especialmente quando ela me mostrou o retrato de Thembi. O sentimento de angústia & depressão que tinha me atingido de modo tão cruel quando recebi a terrível notícia da morte dele retornou e começou a roer impiedosamente minhas entranhas. Mais uma vez eu era defrontado com a horrenda realidade da vida. Ali estava uma moça ainda inexperiente, que acabara de completar 25 anos & que olhava para mim esperando que eu dissesse algo que pudesse consolá-la; algo que afastasse sua mente da dor & lhe desse alguma esperança. Era uma daquelas ocasiões que tendem a enfatizar quão pouco sabemos sobre a vida real & seus problemas, a despeito de toda a literatura que lemos & de todas as histórias que ouvimos.

As coisas foram inteiramente diferentes em abril. Ela parecia majestosa & animada e até já conseguia usar seu braço ferido. Tive enorme prazer com sua visita. Quando penso nos desastres que se abateram sobre nós ao longo dos últimos 21 meses, eu me pergunto com frequência o que é que nos dá a força & a coragem para seguir em frente. Se as calamidades tivessem o peso de objetos físicos, nós teríamos sido esmagados há muito tempo, ou então estaríamos agora corcundas, vacilando sobre as pernas, & com o rosto cheio de desolação & completo desespero. No entanto, todo o meu corpo pulsa de vida & está cheio de esperança. Cada dia traz um novo sortimento de experiências & novos sonhos. Ainda sou capaz de andar perfeitamente ereto & com firmeza. O que é ainda mais importante para mim é saber que nada poderá jamais prostrar você & que seu andar continua ágil & gracioso como sempre foi — uma garota capaz de rir animadamente & contagiar os outros com seu entusiasmo. Tenha sempre em mente que é assim que eu penso em você.

Acredito que você tenha sido indiciada e que seja levada a juízo de novo em 3 de agosto. Em 19 de junho me encontrei com o brig. Aucamp[ii] & ele me assegurou de que estou livre para discutir o caso com você & lhe dar os necessários conselhos & encorajamento. Na primeira acusação eu era um coconspirador & uma carga[iii] se referia a certas conversas que teriam ocorrido quando você me visitou. Estou pronto a testemunhar a favor de todos vocês, quer esteja ainda citado como coconspirador ou não, se a defesa considerar meu depoimento relevante & necessário. Será

---

i Thoko Mandela, viúva de seu filho Thembi — ver glossário. **ii** Brigadeiro Aucamp, oficial comandante de Robben Island — ver glossário. **iii** Significando "acusação".

para mim um real prazer poder ser de alguma ajuda a você & a seus destemidos camaradas para desfechar os golpes que vocês esperaram tanto tempo para desferir & para virar o jogo contra aqueles responsáveis pela profusão de injustiças que estão sendo cometidas descaradamente contra vocês. As várias objeções apresentadas durante o último julgamento foram inteiramente apropriadas & me agradaram muito — meu punho está cerrado. Elas retrataram vocês como determinados & lúcidos combatentes pela liberdade que são plenamente cônscios de suas responsabilidades sociais & que não têm ilusão alguma quanto ao tipo de justiça ministrada pelos tribunais do país hoje em dia, tanto os inferiores como os superiores. O primeiro julgamento gorou porque vocês não fraquejaram & não pediram clemência nenhuma. O golpe contra vocês desta vez pode ser mais maldoso & vingativo que o do último julgamento, & mais calculado para enxovalhar do que para estabelecer culpas do modo habitual. Vocês mostraram uma agilidade extraordinária & uma espantosa resistência durante os últimos treze meses, & qualquer comentário meu seria inteiramente redundante. Mas nestes tempos febris, em que o adversário está tramando ardilosamente & espalhando armadilhas por todo lado, somos chamados a ser extremamente cautelosos & vigilantes; & não há nada errado em chamar atenção para os perigos que nos aguardam, ainda que esses perigos estejam claramente à nossa vista. Lutamos contra um dos últimos bastiões de reação no continente africano. Em casos desse tipo, nossa missão é simples — no momento apropriado declarar de modo claro, firme & preciso as aspirações que acalentamos & a África do Sul maior pela qual lutamos. Nossa causa é justa. É uma luta por dignidade humana & por uma vida decente. Nada deve ser feito ou dito que possa ser interpretado direta ou indiretamente como uma negociação de princípios, nem mesmo sob a ameaça de uma acusação mais grave & de uma pena mais severa. Ao lidar com pessoas, sejam elas amigas ou inimigas, você é sempre educada & amável. Isso é igualmente importante em debates públicos. Podemos ser francos e autênticos sem ser afoitos ou ofensivos, podemos ser educados sem ser subservientes, podemos atacar o racismo & seus males sem nutrir em nós mesmos sentimentos de hostilidade entre diferentes grupos raciais.

Esses são assuntos que precisamos discutir em absoluta confidência & nenhuma terceira pessoa deve ficar sabendo deles. Qualquer impressão de que estou fazendo sermão ou dando conselhos virtuosos me encherá de vergonha. Você sabe, querida, que nunca tentei fazer esse tipo de coisa. Que eu precise correr esse risco hoje é um sinal dos tempos incomuns em que vivemos & de que grandes questões estão em jogo. São homens & mulheres como nós, Mhlope,[i] que estão enriquecendo a história do nosso país & criando um legado do qual gerações futuras sentirão verdadeiro orgulho. Sei que, mesmo que na manhã de 3 de agosto você tenha encolhido

---

i Um dos nomes de Winnie Mandela.

até ficar menor que Zeni,[i] & mesmo que a própria vida possa estar escoando para fora de você, você tentará juntar forças suficientes para levar seu corpo ao tribunal para defender os ideais pelos quais muitos de nossos patriotas deram a vida ao longo dos últimos quinhentos anos. Já escrevi a Brown[ii] sobre as crianças & estou esperando visita dele para breve. Nyanya[iii] está dentro ou fora?[iv] Ela pode me visitar?[v] Montanhas de amor & um milhão de beijos, querida.

Com devoção, Dalibunga

Para Winnie Mandela,[vi] sua esposa

1º de agosto de 1970

Dade Wethu,[vii]

Será possível que você não recebeu minha carta de 1º de julho? De que outro modo posso explicar seu estranho silêncio num momento em que o contato entre nós se tornou tão vital?

Em 1º de junho fiquei sabendo que você tinha ficado de cama por dois meses & que seu estado de saúde[viii] era tão ruim que você não se apresentou com seus amigos quando o caso foi reaberto formalmente. O seu silêncio se deve a uma piora de sua saúde ou a carta de julho sofreu o destino das 39 cartas mensais, cartas em lugar de visitas & cartas especiais que escrevi desde a sua detenção em 12 de maio de 1969, todas as quais, exceto duas, parecem não ter chegado a seu destino? Nem mesmo Kgatho, Maki, Zeni, Zindzi,[ix] Tellie,[x] a Ma de Bizana,[xi] Marsh[xii] & Mashumi[xiii] responderam. Estou ficando mais inquieto a cada dia. Sei que você responderia rapidamente se recebesse meu recado & temo que não o tenha feito porque ou não recebeu a carta ou não está em condições de escrever.

---

i Zenani Mandela (1959-), a filha mais velha do casal — ver glossário. **ii** Brown era o advogado de Mandela na Cidade do Cabo. **iii** Nonyaniso (Nyanya) Madikizela, irmã mais nova de Winnie Mandela. **iv** Nonyaniso tinha sido presa por estar em Joanesburgo sem um passe de locomoção. Ele está perguntando se ela ainda está na prisão. **v** O registro de Mandela das visitas de familiares contém uma anotação relativa a 26 de dezembro de 1971: "Nyanya visita recusada". Significa que não foi dada a permissão para que ela o visitasse. **vi** Nomzamo Winifred Madikizela-Mandela (1936-2018) — ver glossário. **vii** "Irmã", em isiXhosa. **viii** Winnie Mandela tinha problemas cardíacos. **ix** Os quatro filhos de Mandela. **x** Telia (Telli ou Tellie) Mtirara, uma parente de Mandela. **xi** Nophikela Hilda Madikizela, madrasta de Winnie Mandela. **xii** Marshall Xaba, marido de Niki Xaba, irmã mais velha de Winnie Mandela (para Niki Xaba, ver glossário). **xiii** O tio de Winnie Mandela, Paul Mzaidume.

A safra de desgraças que colhemos das dilacerantes frustrações dos últimos quinze meses não vai se apagar da mente com facilidade. Sinto-me como se tivesse sido embebido em fel, cada parte de mim, minha carne, minha corrente sanguínea, ossos & alma, de tão amargo que é estar completamente impotente para te ajudar nas duras & ferozes provações que está atravessando. Que enorme diferença faria para sua saúde debilitada & para seu ânimo, para minha própria angústia & para a tensão que não consigo afastar, se pelo menos pudéssemos nos encontrar; se eu pudesse estar ao seu lado & apertar você contra mim, ou se pudesse ter uma visão da sua silhueta através da grade de arame espesso que inevitavelmente estaria entre nós. O sofrimento físico não é nada, comparado ao esmagamento dos delicados laços de afeto que formam a base da instituição do casamento & da família que unem marido & mulher. Este é um momento pavoroso na nossa vida. É um momento de desafio das convicções mais caras, que submete as resoluções a um duro teste.

Mas enquanto eu puder desfrutar o direito de me comunicar com você, ainda que para mim ele só exista formalmente, & até que ele seja expressamente arrancado de mim, os registros testemunharão o fato de que tentei árdua & zelosamente alcançar você escrevendo todos os meses. Devo a você essa obrigação & nada vai me desviar dela. Talvez esta linha de conduta renda belos dividendos um dia. Sempre haverá homens bons na terra, em todos os países, & mesmo aqui no nosso. Um dia talvez tenhamos ao nosso lado o apoio genuíno & firme de um homem íntegro & franco, ocupante de alta posição, que considere impróprio furtar-se a seu dever de proteger os direitos & privilégios até mesmo de seus mais ferrenhos oponentes na batalha de ideias que está sendo travada hoje em nosso país; uma autoridade que tenha um senso de justiça & equidade suficiente não apenas para tornar reais os direitos & privilégios que a lei nos concede hoje, mas que também nos compense por todos os que nos foram ilicitamente retirados. A despeito de tudo o que vem acontecendo, em meio ao fluxo e refluxo das marés do destino dos últimos quinze meses, tenho vivido na esperança & na expectativa. Às vezes chego a acreditar que esse sentimento é parte integrante do meu eu. Parece estar tecido em meu ser. Sinto meu coração bombeando continuamente esperança a cada parte do meu corpo, aquecendo meu sangue & animando meu espírito. Estou convencido de que inundações de desastres pessoais nunca poderão afogar um revolucionário determinado, assim como o acúmulo de desgraças que acompanham as tragédias não poderá jamais sufocá-lo. Para um combatente pela liberdade a esperança é como o colete salva-vidas para um nadador — garante que ele permaneça com a cabeça fora d'água & livre de perigo. Eu sei, querida, que se a riqueza fosse computada em termos das toneladas de esperança & pura coragem que se aninham em seu peito (essa ideia eu recebi de você) você seria certamente uma milionária. Lembre-se sempre disso.

A propósito, outro dia sonhei com você agitando todo o seu corpo numa graciosa dança havaiana no BMSC.[i] Eu estava em pé numa das extremidades do famoso salão, com os braços estendidos, pronto para te abraçar enquanto você vinha rodopiando em minha direção com o sorriso encantador do qual sinto uma falta tão desesperadora. Não sei explicar por que a cena ocorria justo no BMSC. Que eu me lembre, só fomos a um baile lá uma vez — na noite da festa de casamento de Lindi.[ii] A outra ocasião foi o concerto que organizamos em 1957, quando eu estava te cortejando, ou você a mim. Nunca sei ao certo se posso te lembrar de que foi você que tomou a iniciativa nesse sentido.[iii] Seja como for, o sonho foi para mim um momento glorioso. Se é para eu sonhar quando durmo, por favor dance a música havaiana para mim. Gosto de te ver alegre & cheia de vida.

Gostei de ler *Portrait of Indian S. Africans* [Retrato de indianos sul-africanos],[iv] de Fatima — uma vívida descrição da vida indiana, escrita num estilo lindo & simples. Com sua modéstia característica, ela diz no prefácio que o título ainda é pretensioso para um livro que apenas roça a superfície. Mas os aspectos que compõem seu tema são investigados com habilidade. Ela levanta uma questão de interesse mais amplo quando ressalta que "as diferenças que dividem não são diferenças de costumes, de rituais & tradição, mas diferenças de status, de padrões de vida, de acesso ao poder e de técnicas de mando. Essas são as diferenças que em todos os tempos determinaram os destinos das pessoas & dos povos, e os mesmos povos e as mesmas culturas em algum momento desfrutaram de elevados privilégios e em outros momentos de nenhum". O livro contém capítulos que tocam em outros assuntos fundamentais & temo que algumas das observações dela sobre questões públicas atuais possam suscitar debates acalorados. Aprecio a franqueza brutal de sua escrita, mas talvez, já que ela decidiu levantar esses assuntos, seu dever seja não apenas de comentar, mas também de inspirar, de infundir em seus compatriotas esperança & algo pelo qual viver. Espero que você tenha condições de ler o livro antes que o caso se encerre. É um trabalho brilhante escrito por uma intelectual brilhante. Eu o apreciei por completo.

O sr. Brown, nosso advogado da Cidade do Cabo, deveria ter estado aqui em 29 de julho para tratar da questão da tutela das crianças. O mar estava muito agitado & é provável que tenha sido essa a razão de ele não ter aparecido. Espero que ele venha

---

i O Centro Social dos Homens Bantos (Bantu Men's Social Centre — BMSC), fundado em Sophiatown, Joanesburgo, em 1924, foi um importante local de encontro cultural, social e político para negros sul--africanos. Suas instalações incluíam um ginásio de esportes e uma biblioteca, e ele sediou lutas de boxe, reuniões políticas e bailes. Mandela e outros quatro fundaram ali a Liga Jovem do CNA em 1944. **ii** Uma das irmãs de Lionel Ngakane. **iii** Mandela conheceu Winnie Madikizela quando ela estava consultando seu colega advogado Oliver Tambo, em 1957. Eles saíram juntos pela primeira vez em 10 de março de 1957 e se casaram em 14 de junho de 1958. **iv** Fatima Meer, *Portrait of Indian South Africans* (Durban: Avon House, 1969).

logo. Enquanto isso, estou escrevendo a nosso amigo, Duggie Lukhele,[i] solicitando que ele averigue como elas estão & nos faça um relato detalhado. Com certeza manterei você informada sobre a evolução dos acontecimentos. Não se deixe perturbar pelo caos em nossos assuntos domésticos & pelas dificuldades que estamos enfrentando para nos comunicar oficial & abertamente um com o outro. Esta é uma fase de nossa vida que vai passar & nos deixar ainda de pé, & talvez até mais fortes. Ia quase me esquecendo de contar que minha segunda solicitação para te visitar foi sumariamente rejeitada, apesar do fato de eu ter citado a tua atual enfermidade como uma razão para renovar o pedido. O comissário nem sequer considerou ser seu dever acalmar meus temores me inteirando do teu estado de saúde.[ii] Houve uma época em que experiências assim me deixariam furioso; agora sou capaz de recebê-las com calma. Me habituei a elas. Fique bem, minha querida; não se deixe abater pela doença nem pela saudade das crianças. Lute com todas as suas forças. Meu punho está firme. Montanhas de amor & um milhão de beijos. Com devoção, Dalibunga

Nkosikazi Nobandla Mandela, Prisão Central, Pretória

Para o senador Douglas Lukhele,[iii] amigo e ex-colega

1º de agosto de 1970

Meu querido Duggie,

Nossas filhas Zeni & Zindzi,[iv] de onze e dez anos respectivamente, estão na "Nossa Senhora das Dores", um colégio interno católico em Hluti.[v] Estamos extremamente perturbados porque, desde a prisão de Zami[vi] em 12 de maio passado, não tivemos notícias delas. A informação que me chegou é que elas estão passando férias com Allan. Eu teria gostado de escrever diretamente a ele & sua esposa, para lhes agradecer pela hospitalidade, mas não sei bem se, levando em conta a posição atual dele, tenho liberdade para fazer isso. Eu gostaria que eles soubessem que Zami &

---

i Douglas Lukhele, advogado suazilandês formado em Harvard que fez estágio na firma de advocacia de Mandela e Oliver Tambo nos anos 1950. Ele foi o primeiro procurador-geral suazilandês e juiz da Suprema Corte da Suazilândia. **ii** O brigadeiro Aucamp estava também em contato com Winnie Mandela, já que estava a cargo da segurança em todas as prisões onde se encontravam os detidos por infrações políticas. **iii** Advogado suazilandês formado em Harvard que fez estágio na firma de advocacia de Mandela e Oliver Tambo nos anos 1950. Ele foi o primeiro procurador-geral suazilandês e juiz da Suprema Corte da Suazilândia. **iv** Zenani Mandela (1959-) e Zindziswa Mandela (1960-), filha do meio e filho caçula de Mandela — ver glossário. **v** Hluti fica na Suazilândia. **vi** Um dos nomes de Winnie Mandela.

eu somos profundamente gratos. Entendi que a sra. Birley,[i] que agora está dando conferências numa universidade britânica, tinha conseguido uma bolsa de estudo para as meninas em Waterford[ii] para o ano que vem. Escrevi a elas três cartas & mandei um cartão de aniversário, mas parece que nada disso chegou. Por favor, investigue & me faça um relato detalhado, de preferência por carta registrada, assim que for possível. Cartas minhas quase nunca chegam ao seu destino & aquelas endereçadas a mim não têm sorte melhor. Tenho esperança de que os fados impiedosos que interferem continuamente na minha correspondência & que me apartam da minha família num momento tão crítico serão persuadidos por considerações de honra & honestidade a deixar esta carta passar. Sei que, assim que ela chegar a suas mãos, meus problemas estarão virtualmente superados.

Você sabe que eu sou essencialmente um rústico, como muitos de meus contemporâneos, nascido & criado numa aldeia do interior[ii] com espaços abertos, paisagem encantadora & abundância de ar puro. Embora antes da minha prisão & condenação, oito anos atrás, eu tenha vivido por duas décadas como um homem da cidade, nunca consegui me livrar da minha origem camponesa, & volta & meia eu passava algumas semanas na minha região natal como meio de rememorar os momentos felizes da minha infância. Ao longo do meu encarceramento meu coração & minha alma sempre estiveram em algum lugar bem distante desta cela, no veld[iii] e no mato. Atravesso estas ondas com todas as lembranças & experiências que acumulei ao longo do último meio século — lembranças dos territórios em que cuidei do gado, cacei, brinquei & onde tive o privilégio de frequentar a escola tradicional de iniciação.[iv] Eu me vejo mudando para o Reef[v] no início dos anos 1940, para ser colhido na fermentação das ideias radicais que estavam agitando os mais conscientes entre os jovens africanos. (Casualmente foi nesse estágio que conheci Allan, então funcionário do Union College.) Lembro-me dos dias em que trabalhei como estagiário, lambendo selos diariamente, fazendo todo tipo de tarefas, incluindo comprar xampu & outros cosméticos para as senhoras. Chancellor House![vi] Foi lá

---

i Lady Elinor Birley (Mandela escrevia erradamente seu nome como "Eleanor"), cujo marido, Sir Robert Birley (1903-82), era ex-diretor do Eton College e na época professor visitante na Universidade de Witwatersrand. Enquanto esteve ali, os Birley esforçaram-se para adquirir livros e criar uma biblioteca em Soweto, que se tornou então conhecida como Biblioteca Birley.   ii A escola Waterford Kamhlaba, na vizinha Suazilândia.   ii Qunu, no Transkei.   iii "Campo", em africâner.   iv Mandela descreve a importância da iniciação à masculinidade adulta em *Longo caminho para a liberdade*: "Para o povo Xhosa, a circuncisão representa a incorporação formal dos homens no seio da sociedade. Não é apenas um procedimento cirúrgico, mas um ritual longo e elaborado de preparação para a virilidade adulta. Como um Xhosa, conto meus anos como homem a partir da data da minha circuncisão". (NM, p. 30.)   v O Reef (no caso, veio de minério) em Joanesburgo refere-se à região rochosa em que o ouro foi descoberto pelo australiano George Harrison em 1896. A corrida do ouro deu origem a Joanesburgo, que hoje faz parte da província de Gauteng.   vi Chancellor House era o prédio em que Mandela e Oliver Tambo deram início a seu escritório de advocacia, Mandela e Tambo, em 1952.

que OR[i] & eu ficamos mais íntimos do que éramos como colegas & como membros da Liga.[ii] Em torno de nós desenvolveram-se novas e fecundas amizades — Maindy,[iii] Zubeida Patel & Winnie Mandleni, nossas primeiras datilógrafas;[iv] a falecida Mary Anne, cuja morte súbita e precoce nos abateu enormemente, Ruth,[v] Mavis, Godfrey,[vi] o boxeador Freddy & Charlie, o íntegro & popular zelador & faxineiro que não faltava um dia no Mai-Mai.[vii] Por algum tempo você batalhou quase sozinho & contra tremendas dificuldades para manter a firma viva quando OR e eu ficamos imobilizados pelo Julgamento de Traição. Lembro-me até do estranho incidente que ocorreu quando você visitou a mim & Zami em nossa casa em Orlando West em dezembro de 1960. Quando você chegou ao portão um raio caiu com tanta força que Zeni, então com apenas dez meses, foi lançada ao chão, onde ficou imóvel por alguns segundos. Que alívio quando ela se virou & começou a berrar; foi por um triz. Sua presença no DOCC[viii] naquela ocasião conferiu um significado novo & mais profundo a sua magnífica atuação em Winburg[ix] & acrescentou mais peso & brilho aos elogios que desde então se acumularam sobre você em honra dos seus extraordinários serviços à coletividade feminina.

Lenvick! Ali você se estabeleceu tendo Manci como assistente & habilmente auxiliado pelo sereno & enérgico Joe Magame. Não me esqueço das boas coisas que você fez por mim pessoalmente naqueles dias. Eu ainda estava envolvido no T.T.[x] & durante os intervalos você me mantinha ocupado me passando trabalho, & assim me foi possível ajudar Zami de alguma maneira a manter aceso o fogo do lar. Espero que algum dia

i Oliver Reginald Tambo (1917-93), amigo, ex-sócio no escritório de advocacia e presidente do CNA — ver glossário.   ii Membros da Liga da Juventude do CNA, criada em 1944. Jovens africanos mais militantes, como A. P. Mda (1916-93), Anton Lembede (1914-47), Walter Sisulu (1912-2003), Jordan Ngubane (1917-85), Victor Mbobo, William Nkomo (1915-72), David Bopape (1915-2004), Oliver Tambo (1917-93) e Mandela ajudaram a fundar a organização, proposta pelo dr. Lionel Majombozi (m. 1949).   iii Maindy Msimang, também conhecido como Mendi Msimang, era um funcionário administrativo do CNA em Londres.   iv Para a firma de advocacia de Mandela e Tambo.   v Ruth Mompati (1925-2015) foi também uma das datilógrafas de Mandela e Tambo. Ela se tornou membro do CNA e foi uma das líderes da Marcha das Mulheres de 1956 para protestar contra os passes de locomoção para mulheres negras. vi Godfrey Pitje (1917-97), ex-presidente da Liga da Juventude do CNA e advogado que trabalhou para a firma de Mandela e Tambo.   vii Um dos mais antigos mercados tradicionais de ervas medicinais e mercadorias religiosas em Joanesburgo.   viii O Donaldson Orlando Community Centre era um espaço comunitário em Soweto que sediou bailes, concertos e lutas de boxe. Foi construído pelo Fundo Donaldson, estabelecido em 1936 pelo tenente-coronel James Donaldson D.S.O. para "fazer progredir o status, melhorar as condições e eliminar as desvantagens sofridas pela população africana negra da África do Sul; e para buscar seu bem-estar e seu aprimoramento". Nelson Mandela costumava lutar boxe lá nos anos 1940 e 1950 e passou muitos inícios de noite treinando no ginásio com seu filho mais velho, Thembi.   ix Ele está possivelmente se referindo a um protesto em Winburg, no Estado Livre de Orange (hoje chamado Estado Livre).   x O Treason Trial (Julgamento de Traição) (1956-61) foi o resultado de uma tentativa do governo do apartheid de extinguir o poder da Aliança do Congresso, uma coalizão de organizações antiapartheid. Em ações realizadas no início da manhã de 5 de dezembro de 1956, 156 indivíduos foram detidos e acusados de alta traição. Ao final do processo, em março de 1961, todos os acusados ou tiveram as acusações revogadas, ou, no caso dos últimos 28 acusados (incluindo Mandela), foram absolvidos.

eu seja capaz de retribuir. Seja como for, fiquei muito contente quando me informaram que sua pátria,[i] o lindo país que é tão cheio de promessa & potencial, podia agora se beneficiar plenamente do seu talento. Fiquei ainda mais satisfeito quando me contaram que você agora é membro do Senado do seu país. Mas soube ao mesmo tempo que para você deve ter sido um golpe doloroso cortar seus laços com um país que havia escolhido como lar permanente & ser apartado de uma comunidade à qual você serviu com tanto zelo & coragem. Essas & outras reminiscências ocupam os longos & difíceis momentos da minha vida atual. Armas espirituais podem ser dinâmicas & com frequência têm um impacto difícil de avaliar, exceto à luz da experiência real em dadas situações. De certo modo elas fazem de prisioneiros homens livres, convertem cidadãos comuns em monarcas, & lama em ouro puro. Para dizer de maneira bem direta, Duggie, são só minha carne & meus ossos que estão fechados entre estas espessas paredes. À parte isso permaneço cosmopolita em minha perspectiva; em meus pensamentos sou livre como um falcão. A âncora de todos os meus sonhos é a sabedoria da humanidade como um todo. Sou inspirado mais do que nunca pela convicção de que a igualdade social é a única base para a felicidade humana. Nós & os filhos de Mswati[ii] & Mbandzeni[iii] estamos ligados por um milhão de fios. Temos uma história comum & aspirações comuns. O que é precioso para vocês toca nosso próprio coração. É sob essa luz que pensamos no 6 de setembro[iv] — um evento histórico que marca o fim de uma época & a ascensão de um povo cujo orgulho & cuja consciência nacional ajudaram-no a sobreviver às mudanças de destino trazidas pela era imperialista a nosso continente. É em torno dessas questões que giram meus pensamentos. Eles estão centrados nos humanos, nas ideias pelas quais eles se batem; no novo mundo que está emergindo, a nova geração que declara guerra total contra todas as formas de crueldade, contra toda ordem social que sustente o privilégio econômico de uma minoria & que condene a nós, a massa da população, à pobreza e à doença, ao analfabetismo & a todo o séquito de males que acompanham uma sociedade estratificada. Lembranças minhas a Ntlabati, esposa de Leslie, Andrew & esposa, Stanley Lollan,[v] Maggie Chuene, Regina Twala, Wilson & Gladys[vi] se ainda estiverem por aí. Sou particularmente grato a Wilson por cuidar de meu filho, Kgatho,[vii] depois que ele foi expulso da escola por organizar uma greve, & por toda a ajuda que ele e Gladys lhe deram. Que todos estejam bem & animados; meu punho está firme! Cordialmente, Nel

Senador D. Lukhele, Parlamento, Lobamba, Suazilândia

---

i Douglas Lukhele era da Suazilândia. **ii** Mswati II (c. 1820-68), rei da Suazilândia entre 1840 e 1868. **iii** Ingwenyama Mbandzeni (1855-99), filho de Mswati II e Nandzi Nkambule. Rei da Suazilândia entre 1875 e 1879. **iv** A Suazilândia se tornou independente do domínio britânico em 6 de setembro de 1968. **v** Um antigo corréu do Julgamento de Traição (para o Julgamento de Traição, ver glossário) que vivia então na Suazilândia. **vi** Amigos de Mandela. **vii** Makgatho Mandela (1950-2005), segundo filho de Mandela — ver glossário.

Para Winnie Mandela,[i] sua esposa

31 de agosto de 1970

Os censores me pediram para abreviar a carta, argumentando que ela excedeu as quinhentas palavras[ii]

Dade Wethu,[iii]

Sua carta de 2 de julho me foi mostrada em 14 de agosto — um mês e doze dias depois que você a escreveu. Foi a mais encantadora de todas as suas cartas, ultrapassando até mesmo a primeiríssima, de 20 de dezembro de 1962. Se já houve uma carta que eu desejei desesperadamente guardar e ler em silêncio repetidas vezes na privacidade da minha cela, era essa. Era uma compensação pelas coisas preciosas das quais a sua prisão me privou — os cartões de Natal, aniversário e aniversário de casamento —, as pequenas coisas em que você nunca deixa de pensar.[iv] Mas me ordenaram que a lesse imediatamente & a arrancaram da minha mão assim que cheguei à última linha.

O brig. Aucamp[v] tentou justificar esse procedimento arbitrário com a frágil desculpa de que na carta você deu o nome dele como seu endereço em vez do da sua prisão. Ele prosseguiu dizendo que minhas cartas para você eram tratadas da mesma maneira, & que você não tinha permissão para ficar com elas. Quando o pressionei por uma explicação ele foi evasivo. Eu me dei conta de que havia importantes questões em jogo que tornam inevitável a criação de graves violações do seu direito, como prisioneira à espera de julgamento, de escrever e receber cartas, bem como a restrição de meu direito correspondente. Nossas cartas são submetidas a uma censura especial. A verdade é que as autoridades não querem que você compartilhe o conteúdo das cartas que lhe escrevo com suas colegas daí, & vice-versa. Para impedir isso eles recorrem a todos os meios, lícitos ou torpes. É possível que as comunicações entre nós sejam reduzidas ainda mais, pelo menos enquanto durar o julgamento. Como você sabe, o direito que eu usufruía quanto a minhas cartas mensais normais para & de amigos & parentes praticamente desapareceu com a sua prisão. Venho tentando me comunicar com Matlala[vi] desde janeiro passado[vii] &

---

i Nomzamo Winifred Madikizela-Mandela (1936-2018) — ver glossário. ii Isso aparece no pé da primeira página. iii Normalmente escrito como uma única palavra, significa "irmã" em isiXhosa. iv Esta frase aparece na margem da carta original de Mandela. v Brigadeiro Aucamp, oficial comandante de Robben Island — ver glossário. vi Adelaide Tambo (1929-2007), amiga, ativista antiapartheid e esposa de Oliver Tambo, ex-sócio de Mandela no escritório de advocacia e presidente do CNA — ver glossário. Os Tambo estavam vivendo no exílio em Londres. vii Ver carta de 31 de janeiro de 1970, página 173.

com Nolusapho[i] desde novembro. Em 19 de junho o brig. Aucamp explicou que outro departamento o instruíra a não encaminhar essas cartas, acrescentando ao mesmo tempo que não estava em condições de me dar as razões dessas instruções, mas que estas não eram influenciadas pelo conteúdo das cartas. Essa revelação solucionou o enigma do desaparecimento da maioria das cartas que escrevi nos últimos quinze meses. O assunto traz consigo implicações ainda mais sérias. Eu gostaria de estar numa posição em que sempre pudesse confiar no que as autoridades me dizem, mas estou achando cada vez mais difícil conciliar os desejos com a experiência. Duas vezes em julho & mais cedo neste mês, fui informado de que sua carta não havia chegado. Agora percebi que a carta na verdade estava aqui quando me asseguravam do contrário. Fiquei também contrariado ao saber por você que Marsh[ii] vinha solicitando uma permissão para me visitar e que tinha sido informado pelo Departamento de Prisões que havia longas filas de visitantes para mim. Nada poderia estar mais longe da verdade. Só tive três visitas durante os últimos oito meses — em janeiro, abril & junho.[iii] É fácil entender por que eles relutam em permitir que Marsh venha me ver. Ele está em contato com você & uma visita dele não agradaria a Liebenberg[iv] e ao SB,[v] que desejam me desconectar de você. Venho tendo inúmeras experiências dessa natureza e cada uma delas me deixa triste e frustrado.

A propósito, eu soube que você e seus colegas desfrutam agora de mais direitos. Pedi mais detalhes & fiquei chocado ao descobrir que, mesmo depois de ter sido formalmente acusada, você não tinha permissão para receber de fora da cadeia uma muda de roupa & comida.[vi] Como pode uma pessoa honesta & inteligente justificar essa barbaridade? Pelo que eu sei & acredito, como prisioneira à espera de julgamento você tem direito a roupas limpas & a alimentos fornecidos por parentes & amigos. Não são privilégios, mas direitos legais. A tragédia de toda a situação é a despreocupada ignorância das autoridades competentes quanto às implicações das ultrajantes declarações que elas emitem com frequência. Eu lamento profundamente ficar sabendo das assim chamadas concessões que invariavelmente chegam tão tardiamente & que são tão triviais a ponto de causar mais ofensa & mágoa do que gratidão e reconhecimento.

Mas sua carta é maravilhosa! Há momentos na vida de um casal que não se esquecem facilmente & as ocasiões que você descreve com tanto sentimento eu

---

i Nolusapho Irene Mkwayi, esposa do colega de prisão Wilton Mkwayi (ver glossário). **ii** Marshal Xaba, marido de Niki Xaba, irmã mais velha de Winnie Mandela (para Niki Xaba, ver glossário). **iii** Em 31 de janeiro de 1970 ele recebeu uma visita de uma hora de seu filho Makgatho; em 28 de abril de 1970 foi visitado pela viúva de seu filho Thembi, Thoko, por trinta minutos, e em 13 de junho de 1970 ele recebeu uma visita de uma hora de Mxolisi, sobrinho de Evelyn Mandela e irmão da sobrinha de Mandela, Lulu. **iv** Possivelmente um policial da divisão de segurança pública da Polícia da África do Sul. **v** "Security branch", a divisão de segurança (da Polícia da África do Sul). **vi** Winnie Mandela foi mantida em confinamento solitário por dez meses, recebendo refeições apenas comíveis e sendo interrogada por cinco dias e cinco noites em sequência.

relembro com igual emoção & sempre penso nelas. As informações sobre os modos & gostos de Zeni & Zindzi[i] me interessaram muito. Eu gostaria de saber mais sobre elas, & será para mim uma verdadeira alegria quando eu romper a barreira & conseguir estabelecer contato com elas. Aliás, eu estava outro dia relendo o formidável telegrama que você me mandou há dois anos, por ocasião do meu quinquagésimo aniversário. Eu me dei conta de que não vai demorar para eu me tornar um ancião, o título mais elevado que mesmo os homens mais comuns adquirem em virtude da idade avançada. Então será bastante apropriado que eu adquira um tanto de corpulência para inflar minha dignidade & dar o devido peso àquilo que digo. Se a obesidade fosse o meu sonho, eu teria à minha disposição todos os meios de realizá-lo. Para poder exibir meu barrigão tudo o que eu preciso fazer é relaxar & abarrotar meu desgraçado estômago de carboidratos — papa de milho ao amanhecer, milho no almoço & papa de milho[ii] na janta. Mas o problema são suas cartas. Elas formam um sólido muro entre mim e a senilidade. Depois de ler uma delas o processo natural parece se inverter, & nunca sei ao certo se estou envelhecendo ou ficando mais jovem. Esta última sensação parece predominar.

Que falta eu sinto de Amasi,[iii] grosso e azedo! Você sabe, querida, que se há um aspecto no qual eu deixo na poeira todos os meus contemporâneos ou pelo menos no qual eu posso me gabar de não ficar atrás de ninguém — é no apetite saudável.[iv] Houve um tempo em que eu podia digerir enormes quantidades de comida em qualquer ordem. Podia começar pelo pudim e comer todo o resto de trás para diante & me sentir feliz & satisfeito do mesmo jeito ao final. Lembro-me bem dos comentários dolorosos de uma dona de casa que era também estudante de medicina na época. Ela & o marido me convidaram para jantar um dia. Eu tinha construído uma formidável reputação de carnívoro. Depois de observar meu desempenho por algum tempo & ver os pratos cheios sobre a mesa desaparecendo rapidamente um depois do outro, & eu me concentrando especialmente na carne, ela decidiu compartilhar comigo os benefícios de seu imenso saber. Falou sem rodeios que eu morreria de trombose coronária provavelmente com quarenta e poucos anos. Fui tolo o bastante para desafiar sua afirmação, & tentei sustentar meu argumento com a

---

i Zenani (1959-) e Zindzi (1960-) Mandela, filhas do casal — ver glossário. **ii** Mingau feito de milho moído. **iii** Bebida tradicional africana de leite fermentado que tem uma consistência entre o iogurte e o queijo cottage e um sabor azedo. Em *Longo caminho para a liberdade*, Mandela descreve como sua queda por essa bebida quase arruinou seu disfarce quando ele entrou na clandestinidade em 1961. Quando estava escondido no apartamento do membro do Congresso dos Democratas Wolfie Kodesh, no subúrbio branco de Berea, em Joanesburgo, Mandela às vezes deixava uma garrafa de leite no peitoril da janela, para fermentar. Uma noite ele entreouviu alguns jovens discutindo em zulu do lado de fora: "O que é que o 'nosso leite' está fazendo nessa janela?". Sabendo que pareceria estranho um negro estar fazendo *amasi* num subúrbio branco, Mandela percebeu que havia despertado suspeitas, e saiu dali na noite seguinte (p. 329). **iv** Devido ao processo de fermentação, o *amasi* tem uma alta quantidade de ácido láctico, o que lhe dá muitos dos benefícios de alimentos probióticos, inclusive uma digestão melhorada.

declaração ousada de que a trombose era desconhecida entre nossos antepassados apesar do fato de serem grandes carnívoros; diante disso, ela apanhou um livro enorme, do qual leu em voz alta e com ênfase deliberada a passagem mais relevante. Foi uma experiência traumática. Quase imediatamente comecei a sentir um milhão de dores na região do coração. Aquele aviso, dado daquela maneira brutal e direta, me tornou cauteloso, & embora tenha continuado gostando de carne eu reduzi seu consumo. Mas meu apetite continuava tão aguçado como sempre & não perdi meu status de herói nesse terreno. Sinto falta das maravilhosas refeições que você preparava em casa com tanto cuidado, colocando todo o seu coração naquilo — pão caseiro fresquinho, macarrão com carne moída, ovo & queijo, língua & rabo de boi, costeletas, fígado & bife, mingau & mel com o perfume intenso que sempre vinha misturado com seus pratos. Acima de tudo sinto falta de Amasi — a comida pela qual eu amava afiar meus dentes & esticar minha pança, o único ato que eu realmente saboreava, que ia direto para o meu sangue & meu coração & produzia um contentamento perfeito. Um ser humano, qualquer que seja sua cor, e não importa que viva sob um regime de cristãos, fariseus, hipócritas, pagãos ou daqueles que escolhem flertar abertamente com o demônio, não deve jamais ser impelido a encarar o consumo de refeições como uma mera necessidade. Será provavelmente este o caso se a dieta for pobre, monótona, mal preparada e sem gosto. Se pelo menos eu pudesse ter Amasi. Você lembra como carregávamos uma cabaça ao voltar de Mbongweni?[i] Que viagem adorável, Mhlope![ii] Tenho certeza de que a faremos novamente. Enquanto isso eu sei que sua coragem vai crescer com o perigo & que você lutará com todo o seu vigor. Lute, assim como fizeram seus valentes antepassados do Zuurveld a Ngwavuma,[iii] de Nxuba Ntaba Busuku, o Notável, até a terra de Nyabela.[iv] Lute como os valorosos herdeiros de Mafukuzela,[v] Seme,[vi] Makgatho,[vii] Rubusana[viii] e a constelação de heróis que defenderam o direito inato de nosso povo. Este 26 de setembro será seu segundo aniversário na cadeia. Que o

---

i A aldeia de Mbongweni é a terra natal de Winnie Madikizela-Mandela, no distrito de Bizana, no Transkei. **ii** Um dos nomes de Winnie Mandela. **iii** Confrontos armados entre os bôeres e os Xhosa em disputa por terra e gado começaram no Zuurveld nos anos 1870. Ngwavuma é uma cidade na província de KwaZulu-Natal próxima de onde o assassinado rei Zulu Dingane foi enterrado. **iv** O rei Nyabela lutou contra os bôeres na Guerra Mapoch de 1882-83. Ele foi derrotado e condenado à prisão perpétua. **v** Um nome honorífico de John Langalibalele Dube (1871-1946), o primeiro presidente do Congresso Nacional dos Nativos Sul-Africanos (que posteriormente se tornou o CNA). **vi** Ele está se referindo muito provavelmente a Pixley ka Isaka Seme (c.1881-1951), primeiro advogado negro da África do Sul e fundador e presidente do Congresso Nacional dos Nativos Sul-Africanos (que posteriormente se tornou o CNA). **vii** Sefako Mapogo Makgatho (1861-1951), segundo presidente do Congresso Nacional dos Nativos Sul-Africanos (que depois se tornou o CNA). Makgatho Mandela (1950-2005), o segundo filho de Mandela, foi assim batizado em sua homenagem. **viii** Walter Rubusana (1858-1936), ministro, intelectual e um dos fundadores do Congresso Nacional dos Nativos Sul-Africanos (que posteriormente se tornou o CNA) que levou uma delegação a Londres em 1914 para protestar contra a Lei da Terra dos Nativos de 1913, que limitou a posse da terra por africanos.

próximo te encontre em liberdade. Penso sempre em você, Ngutyana.[i] Vou me engajar na batalha e fazer o que me for possível quando o advogado me convocar. Um milhão de beijos e montanhas de amor a você. Com devoção, Dalibunga.

Para Makgatho Mandela,[ii] seu filho

31 de agosto de 1970

Heit my Bla,[iii]

Não sei se devo me dirigir a você como filho, mninawa[iv] ou, como diríamos no dialeto, meu* doce brigadista. O laço de pai & filho que nos manteve unidos por duas décadas gradualmente se enfraquece à medida que você cresce plenamente, enquanto o da amizade se torna cada vez mais forte & profundo. Estou começando a ver em você um colega próximo com o qual posso discutir esperanças & desesperos, reveses & conquistas, alguém com quem posso conversar de igual para igual; para quem posso abrir meu coração. É para esse amigo que eu escrevo agora; para você, Lewanika, **meu bla, como diria o pessoal lá no Rand.[v] Para você eu posso escrever livremente & esquecer a linguagem formal ou elevada. Você deve estar terrivelmente ocupado; não tive notícias suas nos últimos sete meses. Sei que escreverá logo que puder. Eu até gostaria de te deixar em paz, mas sinto muito a sua falta e estou ansioso para saber como está indo. O que é mais importante é que dia 8 de setembro você faz vinte anos & só isso já é suficiente para justificar minha intrusão. Naturalmente não será possível para mim nem para a mamãe estar em casa para organizar uma festa de aniversário, te dar nosso amor intenso & nossos votos especiais, sentar em torno da mesa da família & banquetear, cantar alegremente, contar histórias & nos regozijar com você de coração aberto. Mas estaremos pensando em você. A família tem muito orgulho de você & assiste ao seu progresso com interesse verdadeiro. Que você receba sempre coisas boas, muita sorte & a melhor das saúdes & conquistas. Espero que você agora tenha recebido o cartão que contém nossas saudações e bons votos.

Estive remoendo lembranças nos últimos dias & me voltaram à mente eventos do passado em que você aparece com destaque — momentos animados no ginásio

---

i Um dos nomes de Winnie Mandela. Ela vem do clã amaNgutyana. ii Makgatho (Kgatho) Mandela (1950-2005), segundo filho de Mandela — ver glossário. iii É uma saudação que diz algo como "Olá, meu irmão". Mais tsotsitaal do que africâner. iv "Irmão jovem", em isiXhosa. v Nome abreviado de Witwatersrand, uma serrania de 56 quilômetros de comprimento na província sul-africana de Gauteng, onde Joanesburgo está localizada.

de esportes com Jerry Moloi,[i] Simon Tshabalala,*** Joe Motsepe, Joe Mokotedi, Eric Ntsele, Freddie Ngidi, Selby Msimang & outros rapazes maravilhosos;[ii] os tostões que gastamos para proporcionar a você o prazer de nadar na Piscina Huddlestone,[iii] de acompanhar Nyanya[iv] para ver a apresentação de *King Kong*[v] em Milner Park; a quantidade de peixe que você consumiu quando viajamos juntos de Qamata a Joanesburgo[vi] e uma infinidade de outros episódios. Lembro tudo isso como se tivesse acontecido outro dia mesmo. Aqueles eram dias em que você levava uma vida feliz, livre de problemas & protegida de todas as agruras & inseguranças pelo amor dos pais. Você não trabalhava, a comida era farta, a roupa era abundante & você dormia tranquilo. Mas alguns de seus colegas de brincadeiras naquela época andavam por aí completamente nus & sujos porque os pais deles eram pobres demais para vesti-los & mantê-los limpos. Frequentemente você os trazia para casa & lhes dava comida. Às vezes saía de casa com o dobro do dinheiro da taxa da piscina para ajudar um amigo necessitado. Talvez na época você agisse puramente por afeto infantil por um amigo, & não porque tivesse se tornado consciente dos extremos de riqueza & pobreza que caracterizavam nossa vida social. Espero que continue hoje tão disposto como naquele tempo a ajudar os que são castigados pela necessidade. É uma coisa boa ajudar um amigo sempre que se pode; mas atos individuais de generosidade não são a resposta. Aqueles que querem varrer a pobreza da face da Terra precisam usar outras armas que não a bondade. Há milhões de pessoas assoladas pela pobreza & analfabetas, massas de gente desempregada, homens & mulheres que são extremamente mal pagos, que moram em habitações sujas & superlotadas, que se alimentam praticamente de dikgobe, papa, mngqusho, motoho & marhewu,[vii] cujos filhos nunca tomam leite & que estão expostos a todo tipo de doenças.

Esse não é um problema que possa ser superado por atos individuais de generosidade. O homem que tentasse usar suas próprias posses para ajudar todos os

---

i Um boxeador com quem Mandela treinava. **ii** No ffim dos anos 1940 e nos anos 1950 Mandela treinou no Donaldson Orlando Community Centre, um espaço comunitário em Soweto que abrigava bailes, concertos e lutas de boxe. **iii** A única piscina para negros em Joanesburgo ficava em Orlando West, Soweto. Foi instaurada pelo padre Trevor Huddlestone (1913-98) nos anos 1950. **iv** Nonyaniso (Nyanya) Madikizela, irmã mais nova de Winnie Mandela. **v** Ópera-jazz com elenco inteiramente negro criada por Todd Matshikiza e Pat Williams, *King Kong* é a história real do campeão de boxe Ezekile Diamini, cujo nome no ringue era King Kong, e é ambientada em Sophiatown, um subúrbio multirracial de Joanesburgo onde negros podiam ter propriedade alodial. Ela foi representada a partir de 1959 para um público multicultural recorde. Em 1961 foi transferida para o West End de Londres, para uma temporada de duzentas apresentações, e lançou a carreira internacional de Miriam Makeba e Hugh Masekela, entre outros. Mandela assistiu à noite de estreia, em 2 de fevereiro de 1959, no Great Hall da Universidade de Witwatersrand. **vi** Qamata é uma cidadezinha que foi anteriormente parte do Transkei e antes disso parte da Tembulândia ocidental. Fica a aproximadamente 830 quilômetros de Joanesburgo, de carro. **vii** Comidas sul-africanas tradicionais. *Dikgobe* é milho cozido. *Papa* é um mingau feito de farinha de milho. *Umngusho* é farinha de milho com feijão-de-lima. *Motoho* é um mingau de sorgo fermentado. *Marhewu* é uma bebida fermentada feita de farinha de milho e açúcar.

necessitados se arruinaria para sempre & com o tempo passaria a viver, ele próprio, de esmolas. A experiência mostra que esse problema só pode ser efetivamente enfrentado por um corpo disciplinado de pessoas inspiradas pelas mesmas ideias & unidas numa causa comum. A maioria de nós nunca teve as oportunidades desfrutadas pela juventude atual — uma ampla e variada literatura progressista que aborda a luta do homem para dominar os recursos físicos da natureza; os clássicos imortais que enfatizam, por um lado, a dependência dos seres humanos uns dos outros, & por outro lado os conflitos sociais que nascem dos interesses distintos que dividem a sociedade em vários estratos. Eu tinha quase 35 anos quando comecei a ler sistematicamente obras dessa natureza, & que diferença elas fizeram na minha própria perspectiva! Você parece ser mais militante & um democrata melhor do que eu era na sua idade & espero que seja seletivo em suas leituras. Vamos discutir a carta com mais detalhe na sua próxima visita. Por enquanto, espero que você aprecie *O Don tranquilo*, de Sholokhov.[i] Tellie[ii] recebeu a carta de 6 de março de 1970?[iii] Escrevi também a você em 31.3.70[iv] & para Maki[v] em 1.5.70.[vi] Mais uma vez, minhas entusiásticas congratulações por seu vigésimo aniversário. Mantenha seguro & limpo o recanto do 8115.

Afetuosamente,
Tata[vii]

Makgatho Lewanika Mandela, 8115, Orlando West, Joanesburgo.

* Pronuncia-se meyi.[viii]
** Pronuncia-se meyi.
*** Ele foi brutalmente torturado pela Polícia de Segurança Pública em 1964, o que resultou na deterioração da sua saúde.

---

i Romance premiado do escritor russo Mikhail Sholokhov, publicado em quatro volumes entre 1928 e 1940, que trata da vida de cossacos do Don durante a Revolução Russa e a guerra civil. Sholokhov ganhou o Prêmio Nobel de literatura pela obra em 1965. A certa altura do seu encarceramento, Mandela teve permissão para encomendar livros (ver, por exemplo, carta à livraria Vanguard Booksellers, 26 de setembro de 1971, página 262). ii Telia (Telli ou Tellie) Mtirara, uma parente de Mandela. iii Ver carta na página 178. iv Ver carta na página 180. v Makaziwe Mandela (1954-), filha mais velha de Mandela — ver glossário. vi Ver carta na página 185. vii "Pai", em isiXhosa. viii Mandela fornece a pronúncia africâner da palavra *my* que tem o mesmo significado que tem em inglês: "meu" [N.T.].

Para o ministro da Justiça[i]

14 de setembro de 1970

Ministro da Justiça,
Union Buildings
Pretória.

Minha esposa foi detida em 12 de maio de 1969 e está presa desde então.

Eu a vi pela última vez em dezembro de 1968. Duas vezes depois da sua detenção eu pedi ao comissário de Prisões[ii] que tomasse as providências para que eu pudesse me encontrar com ela. A segunda solicitação foi feita depois que recebi a informação de que ela havia sido hospitalizada como resultado da deterioração de sua saúde. Ambas as solicitações foram recusadas. Agora faço um apelo especial ao senhor para que aprove o pedido.

Há importantes e urgentes problemas domésticos que não podemos resolver adequadamente sem nos encontrarmos. Ao examinar a questão o senhor deve ter em mente que não há nada na lei ou na administração da Justiça que me impeça como marido de ter conversas com ela enquanto ela estiver enfrentando um julgamento, político ou não. Pelo contrário, é meu dever dar-lhe toda a ajuda de que ela necessita. O fato de eu ser um prisioneiro não deveria, por si, me privar da oportunidade de honrar as obrigações que devo a ela. O senhor há de ter em mente também que ela está presa há mais de quinze meses, dez dos quais passados em confinamento solitário — uma experiência terrível que deve ser a principal responsável pela piora de seu estado de saúde.[iii] Acredito sinceramente que o prazer que ela extrairia de um encontro entre nós levaria a uma recuperação completa e a colocaria numa posição melhor para enfrentar o julgamento.

Ao considerar ambas as solicitações, o general Steyn não mostrou o elevado senso de valores e de sentimentos humanos que pude associar a ele como indivíduo durante os últimos oito anos. Quero ter a esperança de que o senhor, como chefe executivo do Departamento de Justiça, esteja bem fundamentado no princípio da retidão e da equidade de modo a não fazer ouvidos moucos a este apelo, e de que toda a propensão do seu espírito seja usada para sustentar as virtudes que seu cargo simboliza.

[assinado NR Mandela]
Nelson Mandela: 466/64

---

i O ministro da Justiça da África do Sul entre 1966 e 1974 era Petrus Cornelius Pelser. **ii** General Steyn. **iii** Winnie Mandela tinha problemas cardíacos.

17th September 1970

The Minister of Justice,
Union Buildings
Pretoria.

My wife was detained on May 12, 1969 and has been in custody ever since.

I last saw her in December 1968. Twice after her arrest, I asked the Commissioner of Prisons to make arrangements for me to meet her. The second application was made after I had received information that she had been hospitalised as a result of deteriorating health. Both applications were refused. I now make a special appeal to you to approve the request.

There are important and urgent domestic problems which we cannot properly solve without seeing together. In examining the matter you will bear in mind that there is nothing in the law or administration of justice to preclude me as husband from having consultations with her while she is facing trial, political or otherwise. On the contrary, it is my duty to give her all the help that she requires. The fact that I am a prisoner ought not of itself to deprive me of the opportunity of honouring the obligations that I owe her. You will also bear in mind that she has been in custody for more than 15 months, 10 of which were spent in solitary confinement — a frightful experience which must have been formerly responsible for the worsening of her condition. I sincerely believe that the pleasure she would derive from a meeting between us would induce a speedy and complete recovery, and put her in a better position to stand trial.

In considering both applications, General Steyn failed to show that high sense of values and human feeling that I have come to associate with him as an individual during the last 8 years. I am willing to hope that you, as executive head of the Department of Justice, are well instructed in the principles of righteousness and equity not to turn a deaf ear to this appeal, and that the whole bent of your mind will be used to uphold those virtues that your office symbolises.

NRwlandela.
NELSON MANDELA: 466/64

Uma carta para o ministro da Justiça, 14 de setembro de 1970.

◇◇◇◇◇◇◇◇◇◇

*Winnie Mandela foi solta em 15 de setembro de 1970, após 491 dias na prisão. Duas se-
manas depois, a ordem para sua interdição — na prática, prisão domiciliar — foi renovada por mais cinco anos. Ela era obrigada a permanecer em casa das seis da tarde às
seis da manhã nos dias de semana e das duas da tarde às seis da manhã nos fins de semana. Não tinha permissão de receber visitas que não fossem os próprios filhos. Ela pediu permissão para visitar o marido na prisão, o qual tinha visitado pela última vez em
28 de setembro de 1968 durante uma hora. O magistrado local rejeitou seu pedido. Ela
acabou obtendo a permissão e pôde vê-lo por trinta minutos em 7 de novembro de 1970.*

Para Winnie Mandela,[i] sua esposa

1º de outubro de 1970

Minha querida,

Um alívio enfim! Recebi seu inesperado telegrama me informando da sua soltura. Tenho certeza de que você ficou tão surpresa ao ser libertada quanto eu ao receber a maravilhosa notícia. Eu teria gostado de responder também por telegrama imediatamente
depois de receber o seu, mas não disponho dessas conveniências nem mesmo numa
ocasião tão importante quanto a absolvição num julgamento capital. Tive de esperar
dois meses antes de poder te mandar minhas mais calorosas congratulações por ter
cumprido 491[ii] & ainda emergir como a garota vigorosa que é, & com o ânimo elevado.

A você & a seus amigos determinados eu digo: bem-vindos de volta! Se eu estivesse em casa quando vocês voltaram eu deveria roubar uma cabra branca de um homem rico, abatê-la & servir-lhes ivanya no ntloya[iii] para ajudar a digeri-la. Só desse
modo um mendigo como eu poderia festejar e homenagear seus heróis.

Você está de volta & de acordo com minha promessa eu dou adeus a "dadewethu"[iv]
& retorno a "Minha querida", para você, minha cara Mhlope.[v] Essa é a forma de
tratamento que eu usei desde agosto de 1962,[vi] & lamentei muito quando tive de
abandoná-la.

---

i Nomzamo Winifred Madikizela-Mandela (1936-2018) — ver glossário. ii Winnie Mandela cumpriu 491
dias na prisão. iii Uma bebida sul-africana tradicional de boas-vindas que é servida quente aos convidados. É feita do sedimento de uma cerveja tradicional de milho e sorgo, chamada *umqombothi*, misturado
com *intloya*, a parte líquida do *amasi* (bebida de leite coalhado). iv "Irmã", em isiXhosa. Ele até então
vinha fazendo questão de chamá-la assim porque a estava tratando como uma camarada na luta contra
o apartheid. v Um dos nomes de Winnie Mandela. vi Mandela foi preso em 5 de agosto de 1962.

Agora que você está de volta eu sinto sua falta ainda mais, muito mais, do que quando estava presa. Tentei arduamente te visitar, com a certeza de que tal encontro faria muito bem a você. Mas tentei também com o objetivo de me salvar da catástrofe. Houve ocasiões em que me senti & reagi como alguém em quem alguma coisa se rompeu de repente. Eu mal conseguia me concentrar & a imagem de você se deteriorando num cubículo sombrio & isolado, sem nada para ler & ninguém com quem conversar, era intolerável. Sua soltura me aliviou, mas agravou a minha saudade. Não posso esperar mais. Quero muito ver você; agora é minha vez de encolher até ficar menor que Zeni.[i] Quando você vem? Ah, como eu queria uma visita com contato físico, em que eu pudesse te abraçar, sentir o calor do seu sangue, sorrir direto para os seus olhos, conversar normalmente, sem ser obrigado a gritar para ser ouvido, como acontece atualmente. Anseio por te ver numa atmosfera calma & decente, como cabe a um homem & sua esposa quando discutem delicados assuntos domésticos depois de uma separação de quase dois anos. Mas aqueles que carregam a cruz não devem jamais se esgoelar se o caminho é ladeira acima, & não o farei. Como está sua saúde? Chegou a ver Zeni & Zindzi?[ii] Que novidades você me conta?

Casualmente, várias horas antes de receber sua empolgante mensagem eu tinha entregado uma carta endereçada ao ministro da Justiça pedindo-lhe que permitisse um encontro entre nós. Eu me imagino ainda lutando por muito tempo depois que a batalha tiver sido vencida. Se o seu apelo tivesse sido negado pelo tribunal & minha solicitação ao ministro recusada, eu provavelmente acabaria apelando a um feiticeiro, ou suplicando à Divindade, ou me voltando para Marx. Felizmente não tive de escolher uma dessas alternativas. Lamentei saber que Ramotse[iii] permaneceu atrás das grades. Que ele tenha sorte também quando o caso for a julgamento.

A esta altura você já sabe que nosso amigo, o sr. Denis Healey,[iv] acompanhado do embaixador britânico, me visitou em 19 de setembro. Fiquei contente em vê-lo de novo. Ele me contou que você fizera uma visita a Helen[v] & Shanti.[vi] Contou também

---

i Zenani Mandela (1959-), filha do meio de Mandela. **ii** Zenani Mandela (1959-) e Zindziswa Mandela (1960-), filha do meio e filha caçula de Mandela — ver glossário. Ambas estavam em um colégio interno na Suazilândia. **iii** Ativista do MK, Benjamin Ramotse foi ferido gravemente em dezembro de 1961 em uma das primeiras explosões do MK, que matou o camarada combatente Petrus Molefi. Ramotse foi preso e submetido a julgamento, mas fugiu do país enquanto estava em liberdade sob fiança. Em seu livro *No Neutral Ground*, Joel Carson descreve como Ramotse "conduziu atividades guerrilheiras nas fronteiras da África do Sul durante os oito anos seguintes, quando foi sequestrado no Botsuana e levado da Rodésia à África do Sul para ser julgado finalmente em 1970". (Londres: Davis-Pynter Ltd., 1973, p. 117.) **iv** Denis Healey (1917-2015), político do Partido Trabalhista britânico, que Mandela conheceu durante sua curta visita a Londres em 1962. Mais tarde Healey visitou-o na prisão. **v** Helen Joseph (1905-92), professora, assistente social e ativista antiapartheid e pelos direitos das mulheres — ver glossário. **vi** Shanti Naidoo (1935-), ativista antiapartheid — ver glossário. Com outra ativista, Nondwe Mankahla, ela se recusou a testemunhar contra Winnie Mandela e foi sentenciada a dois meses de prisão. O irmão de Shanti, Indres Naidoo (1936-2016), cumpriu uma longa sentença de prisão em Robben Island — ver glossário.

que naquela noite você iria comparecer a um baile oferecido em homenagem a ele. Fiquei muito contente ao saber disso porque, depois da horrenda experiência que teve recentemente, você precisa relaxar & ter um bocado de diversão. Divirta-se, mas cuidado com o excesso de bebida, se puder. É uma estranha coincidência que você tenha decidido visitar os Joseph e os Naidoo justamente quando eles estavam muito presentes nos meus pensamentos. Eu queria que você tivesse conhecido o pai de Shanti, Naran,[i] um homem corajoso que era amplamente conhecido por sua dedicação & simplicidade. Fomos presos juntos em junho de 1950 & ficamos detidos por algumas horas antes de sermos liberados. Quando chegamos à residência deles em Doornfontein[ii] estávamos famintos e exaustos. Amma,[iii] ostentando aquele seu sorriso fácil e espontâneo, nos apresentou uma refeição de siri & arroz. Foi a primeira vez que vi aquelas criaturas cozidas, & a mera visão delas me causou náusea & tudo em meu interior — incluindo meu estômago — começou a protestar violentamente. Você sabe, querida, que nunca desisto facilmente em questões desse tipo. Tentei ser tão educado quanto possível nas circunstâncias & até ousei mastigar uma ou duas patas. Foi uma aventura delicada. Dali em diante me tornei muito apegado aos Naidoo e passei a gostar muito de siris. Shanti não passava então de uma garotinha. Eu a veria se transformar numa moça destemida que seguiu de perto os passos do pai. Mas nunca suspeitei que ela tivesse tamanha força de caráter, determinação e persistência.

Quanto a nossa amiga Helen,[iv] penso que ela é uma mulher que continuaria a brandir a espada mesmo no além-túmulo; isto é, se a morte permitir às suas vítimas engajar-se em tais atividades póstumas. Com sua formação, suas qualificações, seu status social & suas oportunidades, ela não tinha razão alguma para arruinar sua brilhante carreira seguindo o caminho que escolheu.[v] Tinha imunidade, podia pertencer a qualquer grupo respeitável e se expressar de modo livre & completo sobre qualquer questão pública. Só uma pessoa de altos princípios, completamente dedicada aos ideais de liberdade, tomaria essa decisão fatal. Tenho o mais elevado apreço por ela. Será com certeza uma das primeiríssimas pessoas que irei visitar quando voltar, assim como você & Nomvula[vi] fizeram um dia depois da sua soltura. Ela pode desferir & assimilar golpes, & tenho certeza de que ainda estará na luta quando as pessoas de todas as raças da África do Sul depositarem seus restos mortais para o descanso eterno. Transmita a ela, Amma & Shanti o meu caloroso afeto...

Voltando a você, querida, seus amigos me impressionaram tremendamente. Não fiquei menos surpreso com David, Elliot, Mqwati, Rita, Douglas, Thoko, Martha

---

i Thambi Naransamy "Naran" Naidoo (1901-53), também conhecido como Roy, era filho de um antigo colaborador do Mahatma Gandhi. **ii** Um distrito na área central de Joanesburgo. **iii** Mãe de Shanti Naidoo. **iv** Helen Joseph. **v** Nascida na Grã-Bretanha, a professora Helen Joseph trabalhou na Força Aérea Auxiliar Feminina durante a Segunda Guerra Mundial e depois foi à África do Sul como assistente social. Tornou-se consciente da realidade da vida sob o apartheid e envolveu-se politicamente. **vi** Joyce Nomafa Sikhakane (1943-), jornalista e ativista antiapartheid — ver glossário.

& Livingstone. Um dia terei a oportunidade de saber alguma coisa sobre Samson, Jackson, Nomvula, Paulos, Joseph, David Dalton, Victor, George, Joseph Chamberlain, Simon, Owen & Samuel & Peter.[i] Minhas carinhosas lembranças a todos eles.

Estou orgulhoso de você, querida, que para mim é mais que o mundo. Espero ouvir de você histórias maravilhosas quando eu voltar para casa. Um dia partiremos de vez. Então estaremos livres dos problemas deste mundo. Mesmo aí haverá esperança para nós. Espero que nos permitam dormir lado a lado como fizemos na privacidade do nosso quarto durante os quatro anos de vida de casados que conseguimos viver juntos. Um milhão de beijos e montanhas de amor.

Com devoção, Dalibunga

Nkosikazi Nobandla Mandela, 8115, Orlando West, JHB.

===

Para o ministro da Justiça[ii]

[Traduzido do africâner][iii]

19 de novembro de 1970

Ilustre ministro da Justiça
Pretória

Eu ficaria muito grato se o senhor me concedesse uma entrevista numa data que lhe fosse conveniente para discutirmos os seguintes tópicos:

1. As condições de saúde de minha esposa[iv]
    Fui informado de que minha esposa sofreu um ataque cardíaco em 8 de novembro de 1970. Até o momento em que escrevo não recebi detalhes sobre a gravidade

---

i Camaradas de Winnie Mandela que foram acusados junto com ela. **ii** O ministro da Justiça da África do Sul entre 1966 e 1974 era Petrus Cornelius Pelser. **iii** É provável que Mandela estivesse escrevendo ao ministro da Justiça em africâner numa tentativa de ganhar a simpatia do opressor. Em conversa com Richard Stengel em 1992, ele explicou que estudou africâner na prisão porque "como figura pública você quer conhecer as duas principais línguas, as línguas oficiais do país, e o africâner é uma língua importante, falada pela maior parte da população branca do país e pela maior parte das pessoas *coloured* [mestiças ou de origem indiana], e não a conhecer é uma desvantagem. Porque quando você fala [uma] língua, inglês… muitas pessoas entendem você, incluindo africâneres, mas quando fala africâner você sabe que vai direto ao coração deles. Então é importante saber a língua. Especialmente na prisão, era muito importante". (NM em conversa com Richard Stengel, 9 de dezembro de 1992, CD 5, Nelson Mandela Foundation, Joanesburgo.) **iv** As sublinhas nesta carta foram provavelmente feitas por Mandela.

da sua doença e não sei em que hospital ela está sendo tratada. Eu gostaria de visitá-la, na esperança de que a visita a anime e apresse a sua recuperação.

2. Nossos assuntos domésticos

O senhor me permitiu receber uma visita de trinta minutos em 7 de novembro. Antes disso, eu a havia visto em 21 de dezembro de 1968, e a duração da mencionada visita foi insuficiente para que pudéssemos discutir adequadamente nossos assuntos domésticos. Quanto a isso eu gostaria de lhe garantir que este pedido não é um esforço para abusar de um privilégio de que desfrutei há doze dias. Diante das circunstâncias, uma visita de duas horas não seria descabida. Por favor, leve em conta que o problema cardíaco dela a impedirá de me visitar no futuro próximo.

3. As implicações de novas acusações contra minha esposa

Fui informado de que minha esposa, junto com sua irmã Nonyaniso Madikizela, foi acusada no tribunal local de Joanesburgo de infringir os termos da Lei de Supressão do Comunismo, nº 44, de 1950,[i] tal como emendada. A acusação a obriga a passar doze horas reclusa em casa todas as noites. Temo que o sacrifício exigido por esse tipo de situação, bem como o processo adicional contra ela pelo Estado, possa exacerbar seu problema de saúde. Evidentemente, o caso está sub judice[ii] e não farei nenhuma solicitação a esse respeito.

Nesta comunicação estou mencionando apenas os principais pontos que formariam a base da entrevista e não tentei fazer uma exposição abrangente dos argumentos que poderiam me apoiar no encaminhamento das questões acima.

NELSON MANDELA 466/64

Para Sanna Teyise,[iii] proprietária do restaurante Blue Lagoon

[Traduzido do africâner]

1º de dezembro de 1970

Minha querida irmã,

---

i Uma lei aprovada em 26 de junho de 1950, pela qual o Estado bania o Partido Comunista Sul-Africano e proibia qualquer atividade considerada comunista, definindo "comunismo" em termos tão amplos que qualquer pessoa que protestasse contra o apartheid estaria violando a lei.   ii Isto é, o caso ainda está sob consideração judicial e impedido de ser discutido publicamente em outros lugares.   iii Em outros lugares ele se refere ao sobrenome dela como "Thys" em vez de Teyise.

Muitas vezes tenho me perguntado se o Blue Lagoon[i] ainda está firme no nº 10 da rua Von Wieilligh ou se jaz em alguma parte abandonado e solitário. Em qualquer outra localização ele nunca será o mesmo lugar que conheci um dia. Em outro lugar ele não será mais que uma sombra do agitado ponto de encontro que nos manteve unidos nos últimos 25 anos.

Seu Lagoon não era simplesmente um nome onde a gente podia pedir um prato delicioso. Era uma instituição com uma história rica; com laços históricos com a Motortown, os centros esportivos Bantu e Wemmer, o BMSC,[ii] a Dorkey House,[iii] os bioscópios Rio[iv] e Uno,[v] o Mai-Mai,[vi] o Restaurante Myibuye e todas as atividades que aconteciam dentro e em torno desses estabelecimentos. Até mesmo a decadente loja do Charlie, atravessando a Melrose Street, e o açougue do Kruger constituíam partes importantes do seu popular café.

Seu café era a instituição em torno da qual girava a vida das pessoas. Pessoas bem conhecidas, incluindo Seretse Khama,[vii] Oliver Tambo,[viii] Eduardo Mondlane[ix] e Joshua Nkomo,[x] jantavam e relaxavam frequentemente ali. Os Motieloas, Twalas, Moikangoas, Nongawuzas, Xakanas, Malis, Hermanus, Leleti, Dlambulo, Mzondeki, Njongwe Magoa, Magagane [e] Zibi foram em um ou outro momento membros da família Lagoon,[xi] e tiravam grande proveito de sua interação com você, assim como você se beneficiava da amizade com eles. No que diz respeito a minha relação com o café, prefiro não dizer nada a esta altura. Nunca estarei em condições de retribuir tudo o que você fez e significou para mim.

Em 1952 eu recebi no seu café um importante professor universitário norte-americano. E vinha do mesmo país um assistente social que foi seu freguês habitual por uns três meses. Minha memória não é tão boa quanto foi um dia, mas não foi no mesmo ano que um destacado parlamentar britânico comeu no seu estabelecimento? Talvez os anos 1952-53 tenham constituído também o período em que você fez sua mais importante contribuição individual para o progresso e a felicidade da nossa nação. Duas vezes por dia, ao longo de seis meses, você alimentou cem de nossos colegas no hospital

---

i Um restaurante em Joanesburgo frequentado por Mandela quando ele morava lá. **ii** O Centro Social dos Homens Bantos (Bantu Men's Social Centre — BMSC), fundado em Sophiatown, Joanesburgo, em 1924, foi um importante local de encontro cultural, social e político para negros sul-africanos. Suas instalações incluíam um ginásio de esportes e uma biblioteca, e ele sediou lutas de boxe, reuniões políticas e bailes. Mandela e outros quatro fundaram ali a Liga Jovem do CNA em 1944. **iii** Sede da African Music and Drama Association nos anos 1950 e local de ensaio usado por músicos proeminentes como Hugh Masekela e Miriam Makeba. **iv** O Rio Cinema, em Joanesburgo, sediou uma série de lutas de boxe nos anos 1950. **v** Uno Cinema, Joanesburgo. **vi** Um dos mais antigos mercados tradicionais de ervas medicinais e mercadorias religiosas em Joanesburgo. **vii** Seretse Khama (1921-80) tornou-se o primeiro presidente do Botsuana independente, em 1966. **viii** Oliver Reginald Tambo (1917-93), amigo, ex-sócio no escritório de advocacia e presidente do CNA — ver glossário. **ix** Eduardo Mondlane (1920-69) foi fundador e presidente da Frente de Libertação de Moçambique (Frelimo), criada em 1962. **x** Joshua Nkomo (1917-99) foi fundador e líder da Zimbabwe African People's Union (Zapu), criada em 1961. **xi** Todos os citados eram amigos e conhecidos que frequentavam o restaurante Blue Lagoon.

geral — do seu próprio bolso![i] Com isso o Lagoon cumpriu plenamente sua vocação e assim criou uma poderosa camaradagem entre todos nós. Mencionei sua contribuição ao nosso bem-estar. Veja, não esquecemos. Se você acha isso, está errada, minha garota. Éramos da opinião de que as refeições que você servia eram baratas demais e alguns de nós sugeriram que aumentasse seus preços. Mas você se recusou firmemente. As razões que apresentou nos comprovaram que você tem discernimento e empatia e um sentimento de amor que a liga a seus semelhantes. No entanto, a magnitude do seu sacrifício é ainda maior se contrastada com o fato de que o dono do imóvel se aproveitou do seu dilema legal aumentando exorbitantemente o aluguel. Seu restaurante contém e exibe características ao mesmo tempo cosmopolitas e paroquiais. Às vezes parecia que eu estava em Griquatown, no coração do distrito de Postmasburg,[ii] onde vi a família Thys[iii] reunida e seus parentes: Tukkie, Jojo, Nomyo,[iv] Nomanto, Platman, Phinatjie, Tooi, Lilly, Andries, Bella, a irmã de Bella e seu irmão pastor,[v] Nontombi,[vi] Klaasie, Maye, Ouboetie e Ma, Aletta, Esther[vii] e Ma, Willem e a filha perdida, Qadi.[viii] Talvez a esta algura Qadi tenha se tornado uma enfermeira-chefe ou supervisora. Onde ela está empregada? E quanto ao meu gracioso irmão, JoJo, que nunca teve dificuldade em lamber as últimas gotas do fundo de uma garrafa! Você se lembra de quando a boa aparência de Phinatjie salvou-a uma vez quando tivemos que nos apresentar diante do Comitê de Classificação?[ix] Foi para mim um prazer ajudar sua família a evitar o que poderia ter sido uma catástrofe. Phinatjie e seu patrão* ainda moram em Pretória? Espero que os problemas de coluna dela tenham diminuído.

Nunca esquecerei como o irmão de Bella pôs fim a meus argumentos quando tive a audácia de desafiar sua autoridade em questões de religião.

Sanna, eu gostaria de poder discutir o presente e o futuro com você. Qual é o homem com grandes anseios e ambições que quer viver no passado? Mas não tenho escolha quanto a essa questão particular. Para discutir temas viáveis a pessoa tem que dispor de fontes autênticas de informação e desfrutar da maior liberdade para se expressar. Não tenho nem uma coisa nem outra. Agora você entende por que eu preciso desencavar os esqueletos de pessoas amadas a esta hora tardia e por que estou falando de coisas que ocorreram muito tempo atrás? Eu gostaria de poder discutir livremente o futuro com você! Sinto falta

---

i O Blue Lagoon era conhecido por fornecer refeições gratuitas de vez em quando, e é possível que isso tenha acontecido durante a Campanha do Desafio de 1952. **ii** Na Província do Cabo. **iii** A família de Sanna Teyise. Eles também usavam o sobrenome Thys. **iv** Nomvuyo Vuyiswa "Tiny" Nokwe (1928-2008), esposa do advogado Duma Nokwe (para Duma Nokwe, ver glossário). Numa comunicação por e-mail com Sahm Venter em 11 de dezembro de 2017, Nomvuyo Nokwe escreve: "Acredito que esta seja uma referência cifrada a nossa mãe, Vuyiswa Nokwe, cujo sobrenome de solteira era Malangabi (1929-2008)". **v** Amigos. **vi** Amigo. **vii** Esther Maleka, uma ativista do CNA que trabalhava para a organização na clandestinidade. **viii** Amigos e parentes da família Thys. **ix** Ele está provavelmente se referindo à Lei de Registro da População de 1950, pela qual todo cidadão sul-africano deveria se submeter a um comitê de classificação para ser fichado de acordo com suas características raciais.

de você e da sua família, e agora que escrevi esta carta tenho certeza de que a saudade vai diminuir.

Não tenho a formação necessária para compreender as condutas dos homens e prefiro deixar os assuntos da alma humana para o devoto Tukkie. Mas posso falar com autoridade sobre meus próprios sentimentos, e digo: estou novo e fresco como o orvalho da manhã e veloz como o vento. Meu ser transborda de esperança e não tenho dúvida de que os bons e velhos tempos que passamos juntos irão voltar, talvez durante esta década, dentro de cinco anos ou mesmo no ano que vem. Mantenha firmes suas convicções, minha amiga, e tenha coragem. Uma garota diligente e otimista como você não tem razão alguma para se desesperar. Quando a vida a fustigar por todos os lados, lembre-se de que tem muitos amigos que a admiram e a saúdam.

Afetuosamente,
Boet Nel[i]

* Naturalmente, o marido dela.

Para: Sanna Teyise, a/c Sra. Nobandla Mandela, 8115, Orlando West, Joanesburgo.

Para o oficial comandante, Robben Island

24 de dezembro de 1970

Oficial comandante,
Robben Island

A/c: Oficial médico

Meu laudo médico mostrará que minha pressão arterial permaneceu durante vários meses perigosamente alta e que me queixei frequentemente de dores de cabeça e tontura.

Fui submetido a um tratamento diário de seis reforçados Rantrax (50) e seis Aldimets, cujo efeito é me deixar cansado e sonolento durante as horas de trabalho. Em várias ocasiões quando eu saio com o span,[ii] tenho de pedir ao carcereiro encarregado, muito a contragosto, que me deixe deitar tanto antes como depois do almoço. Até onde eu sei, a pressão não subiu acima do nível que atingiu em 14 de

---

i "Irmão Nel", em africâner. ii Palavra africâner para "equipe", usada na prisão.

setembro de 1970. Ao contrário, tem havido uma leve melhora e mesmo as dores de cabeça estão diminuindo.

Atribuo a melhora ao tratamento e ao repouso completo que estou tendo. Expliquei minha situação de modo franco e completo ao oficial médico, ao chefe da Carceragem Fourie e ao carcereiro encarregado do setor. Algum tempo atrás recebi a ordem de permanecer na cela por um período determinado, e quando esse período terminou eu voltei ao trabalho, mas não passei muito bem. As dores de cabeça e a tontura reapareceram, bem como a sensação de fadiga e sonolência. Fiquei na cela e relatei imediatamente a situação ao dr. Going, que prometeu intervir na questão.

Estou relatando de novo a situação porque considero adequado que o senhor esteja plenamente ciente da minha saúde, e confio que ao examinar a questão o senhor seja movido apenas por considerações de saúde e humanitárias.

[Assinado NRMandela]
NELSON MANDELA: 466/64

Para o oficial comandante, Robben Island

24 de dezembro de 1970

Oficial comandante
Robben Island

A/c: Oficial médico

Eu ficaria grato se o senhor fizesse a gentileza de reconsiderar sua decisão de rejeitar meu pedido de licença para encomendar 4 libras de mel por mês por motivo de saúde.

Mostraram-me seu comentário acerca da minha solicitação anterior, no qual o senhor declarou que eu não precisava do mel requisitado. Devo lembrá-lo de que eu lhe mostrara anteriormente um folheto da SABC[i] que continha um depoimento do dr. McGill. Chamei sua atenção para alguns parágrafos, mas deixei passar a declaração crucial contida na página 5, a qual estou ansioso para que o senhor leia.

Uma leitura atenta do meu relatório médico revelará que, embora eu tenha sido submetido a um tratamento de intensidade mais alta, e embora o risco de elevação da pressão tenha sido estancado, ele está longe de ter sido normalizado. Ao reexaminar a questão como um todo, peço-lhe que tenha em mente que solicitações dessa natureza

---

i South African Broadcasting Corporation (Empresa Sul-Africana de Radiodifusão).

envolvem não apenas assuntos médicos, mas também de psicologia etc. Confio que o senhor me dará uma oportunidade para discutirmos o tema outra vez se considerar esta segunda solicitação inadequada para o propósito de levá-lo a reconsiderar sua decisão.

[Assinado NRMandela]
NELSON MANDELA

[Anotação à mão]
OC[i]

O tratamento que ele está seguindo é o melhor que a medicina moderna pode proporcionar. O mel não é uma substância terapêutica para a hipertensão. Remeto o senhor, portanto, ao meu comentário anterior sobre o assunto. Estou preparado para ver Mandela a qualquer hora para verificar de novo sua pressão arterial.

Para Winnie Mandela,[ii] sua esposa

28 de dezembro de 1970

Minha querida,

Você sempre fala carinhosamente da Ma de Bizana,[iii] exatamente como uma filha devotada deve sentir em relação a sua mãe. Você está perfeitamente justificada em sua atitude, pois ela criou você & ajudou na sua formação. O que ela fez por nós durante o casamento & quando eu voltei para buscar Nyanya justifica o amor & o respeito que você tem por ela. Você fala com uma disposição semelhante sobre Sibali Manyawuza[iv] & minhas próprias experiências com ela confirmam sua impressão.

Você provavelmente recordará muitos momentos da sua infância em que pôs em dúvida se eles eram carinhosos o bastante com você, em que sentiu que precisava de mais amor, de um pouco de agradecimento pelo que tinha feito, ou de um presentinho. Isso já não faz a menor diferença. Temos muitas evidências de que você está sempre nas preocupações deles. Houve muito mais na recente viagem deles a Pretória do que o mero interesse num julgamento em que a filha estava envolvida, & o efeito da presença deles ali ficou evidente na contundente carta que você me

---

i Oficial comandante. **ii** Nomzamo Winifred Madikizela-Mandela (1936-2018) — ver glossário. **iii** Nophikela Hilda Madikizela, madrasta de Winnie Mandela. **iv** Sibali Nyawuza. Mandela confundiu seu nome de clã e se referiu a ele como Manyawuza. *Sibali* significa "cunhado" em isiXhosa.

escreveu pouco depois. Lamento que, ao que tudo indica, eles não estejam recebendo minhas cartas. Devo mais a eles do que um umkhwenyana[i] normalmente deve.

Muitas vezes especulei sobre o que teria acontecido se a filha de Mzaidume[ii] ainda vivesse. Inclino-me a pensar que nossos problemas pessoais teriam sido bem menores & que a tua luta para continuar viva não seria tão renhida. Ela estaria praticamente morando com você, assim como a filha de Nkedama[iii] fazia de quando em quando, & provavelmente teria providenciado muitas visitas & presentes para Zeni & Zindzi,[iv] para fazê-las esquecer de tua ausência. Muitas vezes refleti sobre a miríade de dificuldades que sofre uma garota que cresce sem a mãe. Estou em condições de avaliar esse problema porque eu tinha uns dez anos[v] quando meu pai morreu. O chefe Jongintaba, o regente da tribo,[vi] sustentou uma grande família, além de cumprir suas pesadas responsabilidades tribais. Ele cuidou de mim com o zelo de um pai natural & me deu oportunidades na vida que meu próprio pai teria encontrado dificuldade para proporcionar. No entanto, apesar de todo amor & atenção que o chefe me dava, havia momentos em que eu sentia falta do meu próprio pai & até me sentia como um órfão. Você provavelmente experimentou um sentimento semelhante. Ma-Radebe[vii] deveria estar viva hoje. Eu teria alguém que tirasse um pouco, só um pouquinho, do fardo pesado que oprime meu coração hipertenso. Sofreríamos juntos & eu desabafaria com ela tudo o que hesito em confidenciar até mesmo a nossa querida Niki.[viii] Às vezes vejo em Zami[ix] as reações de alguém que sentiu falta daquela educação intensiva & preciosa, do carinho & amor que uma mãe pode dar a uma filha amada & tornar a infância realmente aprazível, algo que a pessoa pode rememorar com doces lembranças.

Você concentra toda a sua atenção em mim & passa pouco tempo consigo mesma. Mesmo agora, Mhlope,[x] você não está mostrando a cautela & a vigilância necessárias. Você nos deve a obrigação de estar extraordinariamente alerta — uma obrigação para com aqueles que te amam & pensam em você o tempo todo; para com aqueles para quem você é uma fonte de inspiração & orgulho: Ama-Dlomo[xi] & Amagutyana,[xii] Kgatho,[xiii] irmãs, & sobrinhas, Nyanya,[xiv] Tellie,[xv] Nomvula[xvi] & muitos outros, & acima de todos consigo mesma & comigo.

---

i "Genro", em isiXhosa. **ii** A mãe de Winnie Mandela, Nomthamsanqa Gertrude Mzaidume, que morreu quando ela tinha dez anos. **iii** É provável que Mandela esteja se referindo a sua mãe, Nosekeni Fanny, cujo pai se chamava Nkedama. **iv** Zenani (1959-) e Zindzi (1960-) Mandela, filhas do casal — ver glossário. **v** O pai de Mandela morreu em 1930, ano em que ele completou doze anos. **vi** Chefe Jongintaba Dalindyebo (m. 1942), o chefe e regente do povo Thembu. Ele se tornou tutor de Mandela depois da morte do pai deste — ver glossário. **vii** A mãe de Winnie Mandela, Nomthamsanqa Gertrude Mzaidume. **viii** Niki Xaba (1932-1985), irmã mais velha de Winnie Mandela — ver glossário. **ix** Um dos nomes de Winnie Mandela. **x** Um dos nomes de Winnie Mandela. **xi** Dlomo é uma das "casas" de que Mandela descende. **xii** Winnie Mandela nasceu no clã AmaNgutyana. **xiii** Makgatho Mandela (1950-2005), segundo filho de Mandela — ver glossário. **xiv** Nonyaniso (Nyanya) Madikizela, irmã mais nova de Winnie Mandela. **xv** Telia (Telli ou Tellie) Mtirara, uma parente de Mandela. **xvi** Joyce Nomafa Sikhakhane (1943-), jornalista e ativista antiapartheid — ver glossário.

A troca de ideias, tão plena & tão franca quanto possível nas circunstâncias, tornou-se vital, mesmo sobre assuntos que em outros tempos consideraríamos relativamente desimportantes. Você não entendeu esse fato de modo algum. Nunca parou para pensar que mesmo sua sombra pode revelar coisas, deixar pegadas claras & te denunciar. Tenha cuidado, querida, & dê a nós, a você & a mim, a chance de enfrentar aquelas questões urgentes que tivemos que negligenciar por completo nos últimos seis anos. Percebi & aceitei plenamente o que você pretendeu me dizer em sua carta danificada de 30 de novembro. Fiquei mais alegre & desde então minhas esperanças aumentaram.

Ficarei contente se na sua próxima carta eu souber que você continua a aconselhar honesta & destemidamente nossa prima em todos os assuntos. Deixe que ela seja realista, que fale de coração & não apenas da boca para fora, se adapte às novas circunstâncias, viva com simplicidade & resista ao gosto por ter um séquito. Você fará isso? Ela é uma garota formidável & precisa da sua ajuda; você pode atuar como um espelho para ela. Você me interrogou severamente sobre minha saúde em 12 de dezembro. Tentei de todas as maneiras desconversar, mas você não afrouxou. Ficou claro que estava agindo com base em informações precisas. Quem andou espionando para você? Espiões não são boa coisa, mesmo quando são pessoas honestas. Não se inquiete, querida, eu espero viver mais que Matusalém & estar com você muito tempo depois que você tiver entrado na menopausa, quando nem mesmo Zeni & Zindzi queiram te paparicar, quando todo o brilho que você tem agora tiver ido embora & seu corpo, incluindo seu rosto adorável, não passar de rugas, a pele dura como a de um rinoceronte. Eu vou pajear e cuidar de você de todas as maneiras. De quando em quando vamos visitar a fazenda, caminhar com os dedos da minha mão esquerda encaixados nos da sua mão direita, observando você dar uma corridinha para colher algumas lindas flores silvestres, exatamente como fez no domingo, 10 de março.[i] Você estava deslumbrante naquele vestido de nylon preto com bolinhas brancas. Todos os dias serão sempre 10 de março para mim. O que importa a idade ou [um] pouco de pressão arterial para nós? Nada! Você está feliz agora? Diga que sim; é disso que eu gosto em você! Eu sempre soube que você é uma boa garota. Continue exatamente assim.

Mas você é uma bruxa! Sempre enfeitiçando seu homem; ubethelela izikhondwana[ii] & sem correr risco algum. Não tem confiança em si mesma? Esqueceu o que passamos juntos, & o comentário com que te saudei em 7 de novembro? Você poderia estar usando seus oculozinhos Mazawattee[iii] de Ncora[iv] que usou em outros tempos para ler & eu te amaria apaixonadamente do mesmo jeito. Por que me deu aquela foto encantadora? Ela me deixou nostálgico.

---

i A primeira vez que Nelson e Winnie Mandela saíram juntos como namorados foi em 10 de março de 1957. **ii** Ele está expressando em isiXhosa quanto está apaixonado e feliz com ela. **iii** Ele se refere aos óculos redondos que Winnie Mandela usava na época, que pareciam os pequenos óculos usados por uma velhinha e uma criança numa propaganda do chá Mazawattee. **iv** Em seu segundo compromisso como assistente social, Winnie Mandela foi ao Centro Rural Ncora, no distrito de Tsolo.

Imagine arrastar a pobre Nyanya para esta encrenca. Como é possível que vocês duas sejam tão confiantes, livres, joviais e bonitas apesar de tudo o que está acontecendo à sua volta? Nyanya se tornou uma bela dama. Conte-me alguma coisa sobre o noivo dela, seu nome, ocupação & domicílio. Escrevi para Nali[i] em dezembro de 68, reescrevi por intermédio de Niki em 28/7/69. Ela não recebeu? O que você sabe a respeito?

Suspendi os estudos de africâner até completar os de direito. O que você está fazendo?

Obrigado pelo dinheiro.

Estou cruzando os dedos pelo 15 de janeiro. Esteja em plena forma física e espiritual!

Sinto demais a sua falta. Anseio por te rever quanto antes. Enquanto isso escreva-me todos os meses cartas longas & amáveis. Não imagina o êxtase que suas visitas & cartas me trazem.

Montanhas & montanhas de amor & um milhão de beijos. Com devoção, Dalibunga.

Nkosikazi Nobandla Mandela, 8115 Orlando West, Joanesburgo

◇◇◇◇◇◇◇◇◇◇◇

Joyce Sikhakhane (1943-) era uma jornalista e ativista antiapartheid que foi submetida a julgamento com Winnie Mandela e outras vinte pessoas em 1969. Ela nunca recebeu a carta a seguir e só soube dela quando foi contatada em 2008 por Ruth Muller, então da equipe da Fundação Nelson Mandela. Sikhakhane não conhecera de fato Mandela antes de ele ser preso, mas brincara com os filhos de seu primeiro casamento, já que morava perto deles.

Sikhakhane estava noiva de Samson "John" Fadana, um parente de Mandela. Quando eles foram ao Tribunal Local para se casar a polícia ameaçou indiciá-la, pois ela estaria infringindo a ordem de interdição (semelhante à prisão domiciliar). A polícia então "recomendou" que Fadana deixasse Joanesburgo e mandaram-no de volta ao Transkei. Sob as leis de "controle de fluxo" do apartheid, uma pessoa africana precisava de permissão para morar numa cidade, e as autoridades tinham poder para remover qualquer um da cidade ao "recomendar" que saísse. Fadana mais tarde se casou com outra pessoa no Transkei.

Mandela deve ter ficado sabendo que Sikhakhane era jornalista, e é por isso que ele se refere nesta carta a uma série de conhecidos jornalistas, a maioria deles da influente revista Drum, *que lançou a carreira de muitos jornalistas negros e representou uma nova identidade urbana negra em contraste com os estereótipos tribais e pastoris das pessoas negras*

---

i Nali Nancy Vutela, irmã de Winnie Mandela.

difundidos pelo regime do apartheid. Sikhakhane começara a trabalhar como jornalista em dezembro de 1963, pouco depois de se matricular na faculdade.

Para Joyce Sikhakhane,[i] camarada de Winnie Mandela

FAVOR LER O PÓS-ESCRITO ANTES DE LER ESTA CARTA

1º de janeiro de 1971

Minha cara Nomvula,[ii]

Re roba matsoho[iii] para você & John![iv] É verdade? Como vocês puderam fazer isso comigo, tomar decisões tão grandiosas sem me dar sequer uma pista? Devo ter perdido montanhas de carne & pudim na festa de noivado. Para o seu casamento eu teria sido aceito exatamente como sou, sem ter que envergar uma sobrecasaca, camisa engomada & cartola. O que é ainda mais importante para mim: seu casamento teria sido uma ocasião na qual eu poderia ter brilhado afinal. Eu ensaio diariamente com uma flautinha de um tostão; todo mundo a chama assim aqui, embora tenha custado R2,00. Ainda estou no estágio do bê-a-bá, mas com um pouco mais de treino eu poderia tentar o *Messias* de Händel no grande dia.

Vocês têm fibra, no sentido verdadeiro do termo. Foi amor, amor à aventura ou as duas coisas juntas que fizeram vocês correrem tamanho risco? Não há companhia de seguros em lugar nenhum do país que possa proteger vocês de um perigo tão óbvio. Alguém tão esperançoso & ambicioso como John muito provavelmente não vai deixar que os doces prazeres de uma vida familiar equilibrada interfiram em seu padrão de pensamento e ação. Além disso, mesmo à distância, a associação com uma Nomvula tenderia a mantê-lo em estado de alerta o tempo todo. O que você espera que o pobre sujeito faça quando você estiver de fato entrincheirada bem dentro da casa dele, com os ouvidos atentos a tudo e perscrutando a situação geral como sempre, questionando isto, condenando aquilo & exigindo atitude em todas as frentes? Ele vai ficar maluco.

Contam a história de uma mulher (acho que ela mora na tua rua)[v] que tem reservas formidáveis de força de vontade & iniciativa, & que fez um acordo fatal & notável semelhante ao que vocês agora estão cogitando fazer. A empreitada foi árdua desde o início. Escassos quatro meses depois que soaram os sinos do casamento,

---

i Joyce Nomafa Sikhakhane (1943-), jornalista e ativista antiapartheid — ver glossário. **ii** Mandela a chama de Nomvula porque ela era noiva de seu parente John Fadana. **iii** Significando "aplauso" em Sesotho. **iv** Samson "John" Fadana, com quem Mandela estivera preso. **v** Ele está se referindo a Winnie Mandela.

um clamor público por justiça no Reef[i] a obrigou a passar duas semanas atrás das grades em Ameshoff Street. Yena nowakwakhe[ii] andaram sobre a corda bamba durante 48 meses, até que seus sonhos de uma vida doméstica bem organizada terminaram abruptamente. O marido se foi & um autêntico caos passou a reinar no espírito dela & em tudo à sua volta. Ela agora vive como um nadador em mar revolto, fustigada & agitada por ondas gigantes & correntes traiçoeiras. É essa vida desgraçada que você quer levar agora?

Desconfio que você retrucará imediatamente dizendo que em questões dessa natureza eu deveria me dirigir não a sua cabeça, mas a seu peito, persuadir não o seu cérebro, mas o seu coração, pois foi este último que John conquistou; ou foi você a conquistadora? Se esta é a sua resposta, então eu digo: Aleluia! Muito bem!! Sermões sobre esses assuntos, mesmo vindo de amigos bem-intencionados, são descabidos. O que o coração sente pode muito bem ser, muito frequentemente, a única justificativa para o que fazemos. Conheço John desde os anos 1940 & tenho por ele uma consideração muito alta. É humano & generoso & dono de uma mente enérgica & sensata. Acredito sinceramente que nele você encontrou um parceiro ideal que vai tornar sua vida alegre & aprazível, & que vai te encorajar a aprimorar as capacidades que sem dúvida já possui. Você pegou um peixe grande, irmãzinha! Ou então você vai me corrigir, dizendo: Buti, sou uma pessoa modesta, mas não posso deixar de pensar que o John é que é um sujeito de sorte. Foi ele, não eu, que pegou um peixe grande. Sou o peixe mais raro da criação, o celacanto!

Esse é um duelo a ser disputado por vocês dois & eu vou ficar de fora. Mas quero que você saiba uma coisa: Siqhwabizandla![iii] Que o dia do casamento seja radiante & adorável & a noite iluminada por uma lua dourada.

Eu teria gostado de escrever para vocês dois, mas evitei deliberadamente essa opção. John & eu somos muito próximos & posso conversar francamente com ele sobre assuntos pessoais sem magoá-lo. Se eu falasse diretamente com ele talvez caísse na tentação de ignorar tudo o que eu disse aqui e de fazer sermões. Minha carta poderia ser tanto de felicitações como de reprimenda, um pedido de explicações que talvez causasse pruridos de consciência. Mas com você eu posso realmente falar como falei aqui, & é assim que eu gostaria que fossem as coisas. Lembre-se de que vocês dois são muito queridos para mim.

Obrigado pelo cartão de Natal que você mandou em dezembro de 1969. O fato de eu não o ter recebido não faz diferença alguma para o meu sentimento de gratidão. Só lamento que me tenha sido negada a oportunidade de possuir uma recordação que teria feito John e outras pessoas se retorcerem de inveja. Foi muito gentil da sua

---

i Um nome da área de Joanesburgo que se refere ao veio (*reef*) de ouro descoberto ali pelo australiano George Harrison em 1896.   **ii** Expressão isiXhosa para uma pessoa e seu parceiro ou parceira.   **iii** "Nós nos congratulamos com vocês. Literalmente, estamos batendo palmas", em isiXhosa.

parte e de Thoko,[i] Rita,[ii] Miriam & nossa irmã por pensarem em mim. Transmita a elas minhas afetuosas lembranças. Você tem visto nossa irmã ultimamente?[iii] Estou preocupado com ela. Tenho visto todas as tormentas que desabam sobre ela. O dano ocasionado pelo incessante bombardeio a que ela foi submetida por um longo período deteriorou visivelmente a sua saúde. Mas me dá prazer constatar que ela está enfrentando bem as coisas. Transmita a ela todo o meu amor.

Você provavelmente está em contato com um velho amigo que nunca esqueço, Benjy.[iv] Eu quis escrever para ele, mas em todas as ocasiões acabei hesitando por razões que você prontamente entenderia. Ele é brilhante & destemido, o tipo de homem que deve chegar ao topo da sua profissão. Sua ousadia me faz lembrar de outro amigo por quem tenho grande admiração, Henry Nxumalo,[v] outro empreendedor. Transmita-lhe minhas saudações.

Você tem notícias de Cecil?[vi] Uma vez escrevi para ele,[vii] mas ele já estava estabelecido em Nova York quando minha carta chegou ao Rand.[viii] Lamento que ele tenha precisado partir, porque desempenhava um papel especial, que o tornava realmente valioso. Nos meios de comunicação importantes que controlava, ele enfatizava os assuntos que nos unem enquanto comunidade. Em seu trabalho & em sua casa ele mantinha um diálogo com aqueles que repetidamente se viam em desacordo sobre questões vitais & usava seus recursos para estreitar as distâncias & para evitar o separatismo.

Li recentemente um artigo estimulante de Lewis Nkosi[ix] sobre problemas culturais & fiquei contente em perceber que ele continua magnífico. Meus pensamentos voltaram imediatamente a meados dos anos 1950, a outros amigos da mesma profissão: ao falecido Can Themba, Todd Matshikiza[x] & Nat Nakasa, a Bloke Modisane, Benson Dyantyi, Robert Resha... Leslie Sehume, Arthur Maimane, Simon

---

i Thoko Mngoma, uma ativista do CNA no distrito de Alexandra. Ela também foi detida e submetida a processo no que ficou conhecido como Julgamento dos Vinte e Dois, quando Winnie Mandela e outras 21 pessoas foram detidas e acusadas de trabalhar pelo então banido CNA. O julgamento começou em 1º de dezembro de 1969, e em 16 de fevereiro de 1970 as acusações foram retiradas. Antes mesmo de deixar o tribunal eles foram presos de novo. Em 3 de agosto de 1970 Winnie Mandela e dezenove outros foram submetidos a nova acusação. Foram absolvidos em 14 de setembro de 1970. **ii** Rita Ndzanga (1933-), ativista do CNA e sindicalista. Ela também foi uma das acusadas no Julgamento dos Vinte e Dois. Seu marido, Lawrence, foi morto na prisão pela polícia de segurança pública. Seus dois filhos estavam no MK, mas morreram depois de 1994. **iii** Provável referência a Winnie Mandela. **iv** Muito provavelmente é Benjamin Pogrund (1933-), ex-editor do *Rand Daily Mail* e amigo de Mandela — ver glossário. **v** Henry Nxumalo (1917-57) foi um jornalista investigativo da revista *Drum* e escreveu matérias expondo a desigualdade racial. Foi assassinado enquanto fazia uma reportagem. Os assassinos nunca foram encontrados. **vi** Cecil Eprile (1914-93), amigo, jornalista e editor de jornal — ver glossário. **vii** Ver carta de 11 de fevereiro de 1967, página 52. **viii** Nome abreviado do Witwatersrand, uma serrania de 56 quilômetros de comprimento na província sul-africana de Gauteng, onde Joanesburgo está situada. **ix** Lewis Nkosi (1936-2010), escritor sul-africano que começou como jornalista escrevendo para o *Ilanga Lase Natal* [Sol de Natal], para a revista *Drum* e para o *Golden City Post*. Ele criticava o governo do apartheid, e suas obras, consequentemente, foram proibidas. **x** Todd Matshikiza (1920-68), escritor e músico que compôs a trilha do musical sul-africano de sucesso internacional *King Kong* (1960).

Mogapi, Bob Gosani, Harry Mashabela, Casey Motisi, Ronnie Manyosi, Layton Plata, Doc Bikitsha, Mayekiso & Icaneng. Sinto falta de todos.[i]

Muitos deles são de primeiro nível e sustentam muito bem a comparação com seus congêneres do outro lado da linha da cor — Ruth First, Stanley Uys, Brian Bunting, Margaret Smith, Charles Bloomberg & outros.[ii] Não preciso dizer que eu não concordava com tudo o que eles diziam, mas ouvia-os pacientemente porque com frequência eles falavam uma linguagem que eu compreendia bem & chamavam a atenção para problemas concretos. Espero que eles ainda tentem manter firmes esses padrões elevados. Que novos rostos há por aí? Como está o Owen?[iii] Vi alguns dos teus manuscritos.[iv] Você não vai se ofender se eu lhe disser que fiquei muito impressionado. Uma ou duas linhas me causaram preocupação, mas minha confiança em você me ajuda a ter esperança de que você certamente seria capaz de me dar uma explicação que eu poderia aceitar.

Re roba matsoho! Com amor, cordialmente,
Buti[v] Nel

Srta. Joyce Sikhakhane, a/c Nkosikazi Nobandla Mandela, 8115 Orlando West, Joanesburgo

P.S.: Esta carta vai te divertir. Recebi a informação de que você estava noiva de um de meus grandes amigos, daí esta carta. Embora Zami[vi] tenha corrigido o erro, deixei que fosse enviada tal como escrita originalmente.[vii]

---

i À parte Bob Gosani, que era fotógrafo, trata-se predominantemente de jornalistas e editores sul-africanos que trabalhavam para a revista *Drum*. ii Jornalistas brancos que eram ativos na luta anti-apartheid ou a apoiavam. iii Owen Vanqa, um jornalista do Cabo Ocidental que foi submetido a julgamento junto com Joyce Sikhakhane, Winnie Mandela e vinte outras pessoas em 1969 e 1970. iv Quando Sikhakhane foi entrevistada em 2008 pela Fundação Nelson Mandela a respeito dessa carta, ela disse que pensou que Mandela estivesse se referindo a artigos de revista publicados com a assinatura dela ("The Lost Letter", Nelson Mandela Foundation, 22 de julho de 2008, https://www.nelson-mandela.org/news/entry/the-lost-letter). v "Irmão", em isiXhosa. vi Um dos nomes de Winnie Mandela. vii Sikhakhane de fato se casou com Samson Fadana, mas um dia depois a polícia de segurança pública disse-lhe que ela seria "indiciada por ter entrado no Tribunal Local ilegalmente e estando na presença de mais de uma pessoa. Eles me disseram que meu assim chamado casamento era nulo e inócuo porque fora feito ilegalmente. Esse foi o fim do casamento". ("The Lost Letter", Nelson Mandela Foundation, 22 de julho de 2008, https://www.nelsonmandela.org/news/entry/the-lost-letter).

Para Nomabutho Bhala,[i] uma amiga

1º de janeiro de 1971

*Ntombi yakowethu,[ii]

Muito obrigado mesmo por sua carta inesperada, mas muito gentil, de junho do ano passado. Eu tinha a esperança de responder a ela mais cedo, mas você sabe muito bem quais foram minhas dificuldades esse tempo todo.

Embora o fardo tenha sido em boa medida aliviado, pelo menos temporariamente, ainda há problemas complicados a resolver. Contudo, não posso adiar ainda mais esta resposta.

Sua carta foi uma das mais curtas que recebi, seu conteúdo resumindo-se a uma única oração composta. No entanto, é uma das melhores cartas que li em muito tempo. Eu achava que a nossa geração de agitadores das massas tinha desaparecido no fim dos anos 1950. Acreditava também que, com toda a experiência de quase trinta anos nas costas, no curso dos quais escutei atentamente muitos oradores persuasivos e li biografias de primeira categoria de algumas das mais proeminentes figuras públicas do mundo, não seria fácil me deixar levar pela mera beleza da prosa ou pela fala insinuante de um orador. No entanto, as poucas linhas que você rabiscou despretensiosamente naquela modesta folha de papel me comoveram muito mais que todos os clássicos que já li. Muitas das personalidades que figuram em seu notável sonho viveram, com simplicidade e sem registros escritos, uns três séculos atrás. Nem você nem eu os vimos planejar as operações que os tornariam famosos na história, nem assistimos a suas ações. De muitos deles não há sequer um retrato autêntico que pudesse ao menos nos dar uma vaga ideia de seus traços físicos ou de sua personalidade. Contudo, mesmo uma citadina como você, que vive na segunda metade do século XX, com todos os fantásticos progressos e conquistas que o marcam, e que está apartada da influência da vida tribal, não pode apagar de seus pensamentos, planos e sonhos os rudes e bravios heróis da idade neolítica. Eles eram homens incomuns — as exceções que se encontram também em outras partes do mundo; no que diz respeito a sua economia e suas ferramentas, viviam na Idade da Pedra, e no entanto fundaram reinos grandes e estáveis por meio de armas de metal. Nos conflitos que mais tarde abalariam o país, eles se saíram muito bem, neutralizando por um período contínuo de mais de cem anos uma comunidade que estava milênios à sua frente em termos de organização econômica e tecnologia, e que fazia pleno uso dos recursos científicos à sua disposição.

Encontro a explicação para o seu sonho no simples fato de que você lê lições mais profundas nos seus ancestrais. Você encara os feitos heroicos deles durante os

---

i Tirado do caderno de capa dura em formato A4 no qual ele copiava algumas de suas cartas. **ii** "Nossa irmã", em isiXhosa.

séculos imortais de conflitos como um modelo para a vida que devemos levar hoje. Quando seu país foi ameaçado, eles mostraram o mais alto grau de patriotismo. Assim como eles se recusaram a usar o primitivismo de seu sistema econômico e a ineficiência de suas armas como desculpa para esquivar-se ao seu dever sagrado, do mesmo modo a atual geração não há de se permitir ser intimidada pelas disparidades que a atual correlação de forças internas parece implicar.

Os catorze grandes nomes que você menciona em sua carta tornaram-se legendários em nossa história, e confiamos que a futura geração continue a prestar homenagem a sua imortalidade. Mas a história plena de nossa herança permanece incompleta se esquecemos aquela linhagem de heróis nativos que prepararam o terreno para os grandes conflitos que subsequentemente se extinguiram, tendo se desincumbido magnificamente também.

Os Khoi-khoi[i], dos quais descende o grosso de nosso povo coloured, foram comandados habilmente por Autshumayo[ii] (o primeiro prisioneiro político da África do Sul a ser exilado em Robben Island), Odasoa[iii] e Gogosoa.[iv] Durante a Terceira Guerra de Libertação, em 1799, Klaas Stuurman[v] tomou a iniciativa sem precedentes de juntar forças com Cungwa, chefe dos Amagqunukhwebe.[vi]

Muitas pessoas, incluindo combatentes da liberdade com um longo histórico de lutas e sacrifícios, falam dos Abatwa[vii] com desprezo. No entanto, vários historiadores sul-africanos têm escrito relatos objetivos e vívidos sobre seu espírito indomável e suas qualidades nobres. Quem ler narrativas das batalhas de Sneeuberg entre os Abatwa e os bôeres, e mais especialmente aquela entre os Abatwa, comandados por seu chefe, Karel, e um comando de mais de cem bôeres em torno da grande caverna em Poshuli's Hoek,[viii] terá uma ideia da importante contribuição à história da África do Sul dada por uma comunidade que em outros tempos foi a única

---

i Os Khoikhoi (também chamados Khoi ou cói) formam um dos quatro grupos que habitaram originalmente a África do Sul. Eram um povo pastoril que dependia de seu gado e de suas ovelhas para a subsistência. **ii** Autshumao (que Mandela grafa como Autshumayo) foi um líder khoikhoi no século XVII. Aprendeu inglês e holandês e trabalhou então como intérprete durante a ocupação holandesa do Cabo da Boa Esperança em 1652. Ele e dois de seus seguidores foram banidos para Robben Island em 1658 pelo primeiro administrador colonial, Jan van Riebeeck, depois de mover uma guerra contra colonizadores holandeses. Ele foi uma das primeiras pessoas a ser encarceradas em Robben Island e o único a conseguir escapar de lá. **iii** Odasoa foi chefe dos Cochoqua nos anos 1600. **iv** Gogosoa foi chefe supremo dos Goringhaiqua durante o século XVII. **v** Um líder do povo Khoi, que se estima ter vivido entre 1743 e 1803. **vi** Os Amagqunukhwebe são um subgrupo da nação Xhosa. Cungwa era descendente de Khwane kaLungane, conselheiro e guerreiro do rei Tshiwo (1670-1702) de amaXhosa, que comandava a chefatura de amaGqunukhwebe e estabeleceu a dinastia Khwane. **vii** Também conhecidos como Batwa e Abathwa, eles vivem na República Democrática do Congo, na Uganda Oriental e em Ruanda. Historicamente foram referidos como "povo pigmeu" devido a sua baixa estatura e foram discriminados de forma generalizada. **viii** Uma descrição da batalha de Poshuli's Hoek aparece em *The Native Races of South Africa: A History of the Intrusion of the Hottentots and Bantu into the Hunting Grounds of the Bushmen, the Aborigines of the Country*, George S. Stow (publicado em 1905), que Mandela leu e transcreveu enquanto estava preso.

ocupante de nosso lindo país. Em numerosas refregas eles mostraram coragem e ousadia invulgares e continuavam a lutar desesperadamente mesmo depois que a última flecha tinha sido atirada.

Esses são os homens que lutaram por uma África do Sul livre antes que chegássemos ao campo de batalha. Eles desbravaram o caminho, e é o esforço conjunto deles que abastece a fonte da vasta corrente da história sul-africana. Somos herdeiros de um legado tripartite; uma herança que nos inspira a lutar e morrer pelos mais altos ideais da vida. O título "herói africano" abarca todos esses veteranos. Anos depois personalidades mais articuladas e sofisticadas iriam seguir seus passos e, no processo, o cenário da história seria enriquecido mil vezes — os Selope Themas,[i] Jabavus,[ii] Dubes,[iii] Abdurahmans,[iv] Gools,[v] Asvats,[vi] Cachalias,[vii] e agora você e sua geração juntaram-se a essa legião de honra.

Tenho muito apreço por sonhos grandiosos e gostei particularmente do seu; tocou de perto meu coração. Talvez em seu próximo sonho haja alguma coisa que empolgue não apenas os filhos de Zika Ntu, mas os descendentes de todos os heróis famosos do passado. Numa época em que algumas pessoas estão encorajando febrilmente o desenvolvimento de forças fracionárias, erigindo a tribo como a forma final e mais elevada de organização social, jogando um grupo nacional contra o outro, sonhos cosmopolitas são não apenas desejáveis, mas um dever sagrado; sonhos que enfatizam a unidade especial que mantém juntas as

---

i Selope Thema (1886-1955), membro destacado do Congresso Nacional dos Nativos Sul-Africanos e secretário da delegação representante dos negros sul-africanos na Conferência de Paz de Versalhes e no governo britânico em 1919. **ii** John Tengo Jabavu (1859-1921), acadêmico, escritor, editor de jornal e ativista político. Pai de Davidson Don Tengo Jabavu. Criou o primeiro jornal de propriedade de um negro, *Imvo Zabantsundu* [Opinião negra], em 1884. Ajudou na instauração da Faculdade Nativa Sul-Africana (Faculdade Universitária de Fort Hare) em 1916. Davidson Don Tengo Jabavu (1885-1959), filho de John Tengo Jabavu. Acadêmico, poeta e ativista político e antiapartheid. Primeiro professor negro da Faculdade Universitária de Fort Hare, em Alice. Presidente da Convenção Pan-Africana (All-African Convention — AAC), instaurada em 1935 em oposição à legislação segregacionista. Educador e cofundador do Congresso Nacional dos Nativos Sul-Africanos (rebatizado como Congresso Nacional Africano em 1923). **iii** John Langalibale Dube (1871-1946). Educador, dono de editora, editor e ativista político. Primeiro presidente geral do Congresso Nacional dos Nativos Sul-Africanos (rebatizado de CNA em 1923), estabelecido em 1912. Instaurou a Escola Industrial Cristã Zulu em Ohlange. Criou o primeiro jornal bilíngue zulu/inglês, *Ilanga lase Natal* (*Sun of Natal*), em 1904. Oponente da Lei da Terra de 1913. Membro da executiva da Convenção Pan-Africana, 1935. Mandela votou na escola de Ohlange em 1994 pela primeira vez na sua vida, em seguida visitou o túmulo de Dube para relatar que a África do Sul agora estava livre. **iv** Abdullah Abdurahman (1872-1940), a primeira pessoa *coloured* a ser eleita para a Câmara Municipal da Cidade do Cabo, em 1904, e para a assembleia da província do Cabo, em 1914. Presidente da Organização Política Africana, que combatia a opressão racial contra os *coloureds*. **v** Cissie Gool (1897-1963), filha de Abdurahman. Fundadora e primeira presidente da Liga Nacional de Libertação, presidente do Front Unido Não Europeu nos anos 1940 e primeira mulher *coloured* a se formar em direito na África do Sul e a ser chamada para o Tribunal do Cabo. **vi** Dr. Zainab Asvat (1923–2013), ativista político, membro do Congresso Indiano no Transvaal e médico. **vii** A família Cachalia foi proeminente na luta antiapartheid na África do Sul.

forças da liberdade — um laço forjado por lutas, sacrifícios e tradições comuns. Tentei com todas as forças resistir à prosa maravilhosa da sua carta e captar principalmente sua importante mensagem. Alguns dizem que o chauvinismo é uma das minhas fraquezas. Talvez tenham razão. É bem verdade que o meu sangue e o meu cérebro nem sempre estão em sincronia. Com muita frequência a razão me induz a abordar com cuidado o que excita meus sentimentos. Só me cabe esperar que eu consiga manter esse equilíbrio adequado. Por fim, todos sabemos que o preço que você já pagou é alto, e tenho medo de especular sobre o que ainda terá que pagar. Sua coragem me comove imensamente e torna meus sacrifícios uma ninharia em comparação com os seus. Minhas calorosas lembranças a você, sua família e todos.

Ozithobileyo,[i] Nelson

* Original em zulu

Sra. Nomabutho Bhala, 588L KwaMashu, Durban

========

Para o oficial comandante, Robben Island

[Traduzido do africâner]

2 de janeiro de 1971

Oficial comandante,
Robben Island.

A/C Fourie

O primeiro dia do ano nunca é uma ocasião apropriada para anunciar novidades frustrantes. Infelizmente, ambas as suas cartas negando meu pedido de visita e a censura à carta de minha esposa chegaram a mim nesse dia significativo.

Creio que não vou me queixar disso, mas apenas dizer que o violonista precisa ter um talento especial para convencer seus ouvintes a escutá-lo atentamente. Precisa sempre tentar prender a atenção de seu público, trazê-lo para o seu lado. Somente uma pessoa munida de amor por seus semelhantes, e que se preocupa com os outros, terá êxito ali onde a força e o poder seriam exercidos em vão. Esse princípio

---

i "Obedientemente seu", em isiXhosa.

simples é aplicável também a assuntos corriqueiros, e é válido até mesmo em instituições onde deve ser mantida uma disciplina rígida.

[Assinado NR Mandela]
Nelson Mandela 466/64

Para Tim Maharaj, esposa do companheiro de prisão Mac Maharaj

1º de fevereiro de 1971

Minha cara Ompragash,[i]

Tentei duas vezes captar um vislumbre de seu rosto nos compartimentos dos visitantes & fracassei nas duas; a primeira foi no ano passado, quando você parecia igualmente determinada a me negar esse prazer, & depois em 5 de dezembro de 1970, quando se esquivou completamente.

É improvável que eu tenha tido uma chance melhor de testemunhar mais uma vez quanto é poderosa a força da tradição. Quem teria suspeitado que a sombra do purdah[ii] pudesse induzir uma moça viajada como você a se curvar ao seu poder. No entanto, foi isso que aconteceu todas as vezes em que me aproximei de você. Para mim o seu rosto é um rosto por trás da cortina, está certo que intangível, mas cortina mesmo assim. Eu estava ansioso para verificar a alegação, repetida muitas vezes por um camarada daqui, de que a esposa mais radiante & encantadora se encontra no Wakuff Building, em Durban.[iii] Estava também ávido para comparar o rosto verdadeiro com a atraente fotografia que é orgulhosamente exibida para mim numa refinada moldura de couro em algum lugar aqui; contrastar o original com a cópia de papel. Agora perdi a esperança, daí esta carta. Talvez por este meio eu possa conseguir mais do que uma visão fugidia de uma jovem dama vestida na última moda & habilmente retocada pelos salões de beleza. Talvez eu consiga passar através da bem-educada Tim para chegar à simples Ompragash.

---

i Ela era hindu, e esse é um nome hindu. Tim era seu apelido. **ii** Uma prática em algumas sociedades hindus e muçulmanas em que as mulheres são escondidas dos homens ou de estranhos por uma cortina, tela ou um tecido qualquer. **iii** Na época ela estava dividindo um apartamento com seu irmão George no Wakuff Building, perto da Queen's Street, em Durban. Essas diferentes maneiras de se referir à mesma pessoa eram concebidas para confundir os censores da prisão.

A propósito, quase esqueci de confidenciar que um dia um inocente engraçadinho removeu a foto da prateleira, & acredite: o mundo quase veio abaixo.[i] Um rapaz, pelo qual tenho de resto o mais alto apreço, ficou lívido de fúria (ou seria ciúme?) & revirou quase todas as celas, a minha incluída. Eu digo "a minha incluída" porque, na condição de seu Oompie,[ii] eu deveria estar imune a todo tipo de molestamento por parte daqueles que nos são tão queridos. Mas, caso você receba um relato distorcido, eu me apresso em ressaltar que espiritualmente ele permanece tão nobre quanto foi durante os quatro meses febris que antecederam o inesquecível 18 de dezembro.[iii] Ele é resistente como o aço & tenta ser flexível como uma vara de marmelo. Claro que nada é mais fácil do que criticar os outros, & talvez o seu homem tenha defeitos em abundância. Mas, se for esse o caso, você os conhecerá melhor do que eu. Melhor ainda: você pode ralhar comigo & dizer que mesmo deuses, messias & santos foram criticados por alguns & amaldiçoados por outros; por que com ele seria diferente? Estou inteiramente com você. Nosso respeito por ele aumenta com o tempo que passamos juntos & estou disposto a deixar que a idade & a experiência moderem a impaciência dele &, se durante as festas de Natal de 1976 ainda se ouvirem ecos da sua veemência, estou certo de que você saberá lidar com a situação.[iv]

O fato de escrever para uma amiga em Durban me faz lembrar de incidentes divertidos. Em 1961 eu visitei a cidade incógnito e me hospedei com outro amigo.[v] Eles tinham uma filha adorável de uns seis anos com a qual fiz amizade imediatamente. De manhã tomei um banho & em seguida ajeitei o cabelo & a barba com um pente. Satisfeito por estar bem limpo & apresentável, entrei na sala de estar & a peguei no meu colo. Ela me encarou & exclamou: Você está com a cara suja, vá lavá-la! Ainda teve mais. Como meu anfitrião & sua esposa tinham que sair para trabalhar, eu passei

---

i Na época os prisioneiros só tinham permissão para ter consigo uma fotografia. Mandela está zombando da reação do marido de Tim, seu companheiro de prisão Mac Maharaj, quando alguém tirou a foto de Tim da sua cela. **ii** Mandela está se referindo a si mesmo como *Oompie*, diminutivo carinhoso da palavra africâner *oom*, que significa "tio". Mandela chamava Mac de *neef*, que significa "sobrinho". Numa mensagem de e-mail a Sahm Venter em 22 de agosto de 2017, Maharaj escreve: "Aqui ele está sustentando que Mac não deveria ter revistado sua cela. Na verdade, foi Madiba que surrupiou a foto da cela de Mac!!!!". **iii** "Os quatro meses que antecederem o 18 de dezembro referem-se aos quatro meses que Mac passou na detenção sem julgamento e sendo pesadamente torturado. As referências a 'espiritualmente' e 'resistente' e 'flexível' são trazidas à baila para assegurar Tim de que Mac está em boa forma apesar das torturas que sofreu. (Nota: relatou-se que Mac foi na época um dos presos que sofreram as mais duras formas de tortura.) Por isso Mandela fez questão de garantir a Tim que Mac estava em boas condições físicas e psicológicas." (Mac Maharaj num e-mail a Sahm Venter, 22 de agosto de 2017.) **iv** Ele está se referindo ao fato de que Mac Maharaj deveria ser solto em 18 de dezembro de 1976, daí sua alusão às "festas de Natal". "Ele está informando Tim de que Maharaj está ansioso para entrar de novo na luta e que ela deve se preparar para isso... e ele sabe que ela lhe dará apoio, quando diz: 'Estou certo de que você saberá lidar com a situação'" (Mac Maharaj num e-mail a Sahm Venter, 22 de agosto de 2017). **v** Mandela está se referindo ao período em que estava foragido da polícia, durante o qual os meios de comunicação o rotularam de "Pimpinela Negra", em alusão a "Pimpinela Escarlate".

o dia na casa da mãe de um deles. Uma senhora jovial cujo conhecimento de inglês era mínimo. Tudo o que o meu anfitrião foi capaz de dizer ao me apresentar a ela foi: Este é nosso amigo; nós passaremos aqui para pegá-lo ao anoitecer. Como ficou claro em seguida, a tal senhora ficou desconfiada & decidiu solucionar aquele enigma à sua maneira. Passei o dia inteiro dentro de casa, sem me aventurar a sair. Mal sabia eu que tinha encontrado uma pessoa cem vezes mais esperta do que eu. O diálogo entre nós se desenrolou mais ou menos assim: Pergunta: De onde você é? Resposta: Pietersburg. P: Quando chegou? R: Ontem. P: É sua primeira vez em Durban? R: Sim. P: Fica até quando? R: Amanhã. Eu estava ficando inquieto quando felizmente o interrogatório cessou & pensei que meus problemas tivessem terminado. O almoço estava delicioso & o sabor esplêndido do chá da tarde me conquistou por completo. Eu estava desfrutando o dia & começando a relaxar quando a velha senhora entrou no meu quarto & retomou suas investigações. Ela me convidou para acompanhá-la ao centro de compras. Eu não podia & declinei educadamente. Ela me perguntou então a que distância ficava Pietersburg. Eu não sabia ao certo, mas arrisquei um palpite: Uns 900 quilômetros, eu disse. Então veio a pergunta que eu menos esperava: Você vem de tão longe & passa o tempo todo lendo um livro em seu quarto? Eu estava convencido de que ela percebia tudo & achei difícil responder. Mudei de assunto. Visitei Durban várias vezes depois disso, mas preferi ficar longe dela & passar fome a correr o risco de outro interrogatório. Espero que ela esteja bem.[i]

Niggie,[ii] você está nos nossos pensamentos desde que informou Mac de sua intenção de fazer a operação. Sob circunstâncias normais muitos de nós teriam feito uma visita a você no hospital & levado flores, ou enviado votos de melhoras que talvez chegassem durante o período de recuperação. Mas em nossas atuais circunstâncias nenhuma dessas coisas era possível & não pudemos fazer mais do que expressar nossa solidariedade diretamente ao Neef aqui.

A breve trégua concedida a Zami[iii] me possibilita dar vazão aos sentimentos que venho abrigando desde que a dolorosa notícia chegou a nós. Envio-lhe esta carta na esperança de que possa ajudar a clarear tudo à sua volta, manter seu ânimo elevado, trazer esperança ao seu coração & permitir que você desfrute de uma vida tão plena quanto possível nas circunstâncias. Já se disse mil e uma vezes que o que importa não é tanto o que acontece a uma pessoa, mas sim o modo como essa pessoa lida com isso.[iv] Pode soar tolo da minha parte despejar sobre você algo que é mais do que sabido por todos. No entanto, sempre que é minha vez de ser a vítima de algum infortúnio, esqueço justamente essas coisas simples, & desse modo deixo

---

i Não conseguimos descobrir quem era essa pessoa. Mandela claramente desejou mandar suas lembranças à família dela. **ii** *Niggie* é a palavra africana para "sobrinha", que é como ele se dirige a Tim, já que chama seu marido de "sobrinho". **iii** Um dos nomes de Winnie Mandela. **iv** Ele se refere à soltura da sua esposa e ao fim do seu julgamento para inspirar Tim a ter força para enfrentar sua cirurgia.

que o inferno desabe sobre mim. Pensamos em você e esperamos que você aproveite plenamente a viagem & a estada na Cidade do Cabo.

Minhas afetuosas lembranças a Phyl[i] & filhos. Admiro realmente a habilidade dela para lidar com situações por controle remoto. Ela mandou duas fotos de família. A primeira, singela & adorável, botou MD[ii] de pé novamente. Mas foi a segunda que conseguiu operar melhor o prodígio. É o mais belo retrato dela que já vi. Sua mensagem é clara & inequívoca: Querido, eu sou o centro do universo; porto seguro de todos os seus sonhos! Nunca mais ouço MD se queixar de qualquer indisposição. Ao contrário, agora ele anda saltitando & mostra um pouco do brilhante rapaz que foi com Monty[iii] & outros a Pretória em meados dos anos 1940 e que depois nos fez um estimulante relato da missão no Gandhi Hall.[iv] O que uma mulher não pode fazer por um homem! Por fim, eu gostaria que você soubesse que estará sempre em nossos pensamentos. Só espero que na próxima vez que nos encontrarmos o purdah tenha sido removido. Zami se une a mim nesta mensagem de bons votos. Com amor,
Oom Nel

Sra. Tim Maharaj, Caixa Postal 346, Dalbridge, Natal

Para Ishmael & Martha Matlhaku,[v] amigos

1º de fevereiro de 1971

Meus caros Ishy & Mohla,[vi]

---

i Phyllis Naidoo, esposa do companheiro de prisão M. D. Naidoo e cunhada de Tim. **ii** M. D. Naidoo, membro do Partido Comunista Sul-Africano e do Congresso Indiano Sul-Africano que ficou preso em Robben Island por cinco anos e estava no Setor B com Mandela. Era irmão de Tim Maharaj. **iii** Monty Naicker (1910-78), médico, político e ativista antiapartheid — ver glossário. **iv** O Gandhi Hall ficava na Fox Street, em Ferreirastowm, Joanesburgo. Foi usado para encontros políticos nos anos 1940 e 1950. O relato a que Mandela se refere foi feito por M. D. Naidoo num encontro no Gandhi Hall para camaradas do então Transvaal e versou sobre os progressos da Campanha de Resistência Pacífica. Esta foi empreendida pelos congressos indianos do Transvaal e de Natal entre 1946 e 1948 contra a Lei da Posse de Terra por Asiáticos de 1946, que buscava confinar a propriedade de terras por asiáticos a determinadas áreas. O dr. Monty Naicker, presidente do Congresso Indiano de Natal, estava na primeira leva de ativistas que se opuseram a essa lei, protestaram contra as leis raciais e provocaram a própria prisão. (Parafraseado de um e-mail de Mac Maharaj para Sahm Venter, 22 de agosto de 2017.) **v** Também grafado Matlaku. **vi** Martha Matlhaku trabalhou um tempo como secretária particular de Mandela. Seu marido, Ishmael, frequentemente transportava camaradas ou ativistas para a fronteira com Botsuana e era também encarregado do transporte dos líderes, incluindo Mandela. Quando percebeu que suas atividades estavam sendo monitoradas, ele se mudou para Botsuana e instalou-se em Mochudi como refugiado. Mais tarde Martha juntou-se a ele. Ele continuou a auxiliar ativistas da África do Sul que cruzavam a fronteira para Botsuana.

Kgele banna![i] Vocês esquecem os amigos com tanta facilidade? Por que não estão escrevendo? O modo como se comportam comigo estes dias me dá a impressão de que vocês abriram mão de sua linda casa em Phomolong[ii] e colocaram o pé na estrada só para se livrar de mim. Vocês sabem que nada me daria mais satisfação do que receber notícias suas, e que Zami[iii] não iria se queixar se vocês me escrevessem umas linhas de vez em quando. Mas vocês nunca me decepcionaram no passado, e não encontro razão para que fizessem isso agora. Vai ver que a culpa é minha; que não estão me escrevendo porque esperam que eu escreva primeiro. Muito bem, então, aqui está minha carta. Para quando posso esperar a de vocês?

Adoro pensar nos tempos felizes que passamos juntos no passado; nos dias do início dos anos 1940 quando cheguei ao Reef[iv] vindo do interior e conheci Mohla. Ela era então secretária de um corretor de imóveis, Nkomo, e foi uma das primeiras pessoas a fazer amizade comigo na Cidade Dourada.[v] Naquela época ela se movimentava nos círculos de Marjorie Pretorius, Dorothy Qupe, Nomvula Stimela, Meisie Dingane, Florence Mosenyi, Edith Ntisa e Emily Gabushane.[vi] Mais tarde se tornou secretária de Xamela[vii] e passou a frequentar novos ambientes e novos círculos. De quando em quando viajava a trabalho a várias partes do país, entrando em contato com muitas de nossas figuras públicas. Seus modos encantadores e sua gentileza a tornaram querida de muitos de nós e fizeram dela a pessoa ideal para servir a um escritório que buscava cuidar de pessoas de todas as posições sociais. Ela trabalhava duro até altas horas e quase nunca se queixava. Vocês ainda se lembram da ocasião, alguns dias antes de 26 de junho de 1950, em que Nomvula e sua Lami quase me estrangularam por ser feitor de escravos? Tínhamos uma montanha de trabalho para realizar e a convocação de jovens voluntários trouxe um bom número deles ao escritório, Nomvula e Lami entre eles. Quando nós os fizemos trabalhar depois das dez da noite, mesmo aquele lindo par não pôde aguentar. Para me salvar decidi imediatamente decretar tshayile.[viii]

Mohla era membro do Clube Internacional de Joanesburgo[ix] e quando me tornei secretário do clube, em 1951, ela dedicou um bocado de seu tempo livre ajudando a planejar atividades e a levantar fundos e datilografando para nós. Foi durante esse período que você chegou às manchetes na imprensa quando uma conhecida firma de advocacia de Joanesburgo mandou um registro do Tribunal Local de

---

i "Estou chocado", em Setswana.   **ii** Um subúrbio de Soweto.   **iii** Um dos nomes de Winnie Mandela.
iv Um nome para a área de Joanesburgo que faz referência ao veio de ouro de Witwatersrand, onde o ouro foi encontrado pela primeira vez pelo australiano George Harrison em 1896.   **v** Joanesburgo é chamada de Cidade Dourada devido a suas origens como uma cidade de mineração do ouro no século XIX.
vi Amigos e camaradas de Mandela.   **vii** Nome de clã de Walter Sisulu (para Walter Sisulu, ver glossário).
viii Em fanekalo, uma língua híbrida usada nas minas e baseada predominantemente no isiZulu, no inglês e em um pouco de africâner, Mandela está dizendo que decidiu anunciar que era hora de ir para casa.
ix Fundado em 1949 como ponto de encontro de pessoas de todas as nacionalidades e raças. Sediava debates e recebia convidados internacionais. Mandela foi durante um tempo seu secretário.

Vereeniging[i] para você datilografar. Lembra disso? Talvez sua visão ampla e seu amor ao progresso e às reformas tenham sido muito influenciados por suas experiências durante esse mesmo período de contatos com membros de vários grupos da população. Você está sempre seguindo em frente e encontrando no processo meios de ser útil à comunidade como um todo. Um de seus dons é um olhar aguçado para aquelas coisas mais elevadas da vida que afastam nossa mente dos problemas e enchem nosso coração de sentimentos de alegria. Claro que todos nós temos, em graus variados, tendências egoístas e Mohla tem suas próprias falhas desse tipo. Ela gasta uma parte do seu tempo e do seu dinheiro consigo mesma, recheando seu guarda-roupa com trajes de qualidade, dirigindo por aí carros de último tipo e mobiliando sua casa com móveis finos.

Tudo somado, a impressão dominante que tenho de Mohla é a de uma garota que tenta viver para os outros, um fato que deve torná-la útil onde quer que se encontre.

Mohla e eu nos conhecemos antes de Zami e Ishy entrarem na nossa vida. A amizade entre nossas respectivas famílias foi construída sobre alicerces assentados por você e eu. Primeiro veio Ishy, que tirou você do seu refúgio em Kraaipan[ii] e colocou de novo em circulação. Aliás, você não nos contou a história toda de como Ishy te descobriu. Talvez um dia tenhamos o prazer de te ouvir fazer o memorável relato. Posso convidar o Mof[iii] para a ocasião?

Ishy desempenhou um papel não menos relevante. Ele nos colocou em contato com homens como David Motsamayi,[iv] Sydney Kgaje, Cecil Ntoeli e outras figuras da sociedade que formam uma parte importante da opinião pública do Rand,[v] e oferecia prontamente seus serviços sempre que precisávamos deles. A propósito, espero que Bra[vi] Dave não tenha se incomodado com o fato de eu usar seu nome como disfarce. Se tivesse tido a oportunidade, eu o teria consultado quanto a isso.

Mas, para voltar ao nosso tema, Zami entrou em cena apenas em 1957 e nossa amizade imediatamente se aprofundou numa sólida camaradagem. Ela sempre mostrou respeito por meus sentimentos e tratou todos os meus amigos afetuosamente. Não consigo pensar em um único caso em que ela tenha, ainda que indiretamente, tentado me influenciar contra qualquer um dos meus inúmeros amigos. De nosso lado, a intimidade do nosso relacionamento se deve em grande medida ao temperamento doce dela e ao seu amor por vocês.

---

i Uma cidade na província do Transvaal (hoje província de Gauteng). ii Uma cidade na província do Transvaal, que hoje é parte da província Noroeste. iii Sem explicação na edição original, Mof talvez seja aqui o termo africâner (e holandês) para se referir pejorativamente a um alemão, possível alusão a um amigo comum dos correspondentes. [N. T.] iv David Motsamayi era um cliente de Mandela, e quando Mandela passou para a clandestinidade adotou seu nome. Esse nome aparece também em seu passaporte etíope. v Nome abreviado do Witwatersrand, uma serrania de 56 quilômetros de comprimento na província sul-africana de Gauteng, onde se situa Joanesburgo. vi Forma coloquial de "*brother*" (irmão).

Ainda se lembra da última vez que vi vocês? Lá no Forte em setembro de 1962[i] vocês levaram um montão de comida boa e me presentearam com um lenço caro que espero que Zami tenha guardado para mim. Ela me contou que vocês cuidaram dela e das crianças até o dia de ir embora. Ela ficou bem triste ao saber que não os veria por um bom tempo, que não poderia visitá-los nem ter o prazer de recebê-los em Westcliffe.[ii]

Embora eu estivesse a 1600 quilômetros de distância quando vocês se foram, sua partida me entristeceu consideravelmente, e me senti completamente só. Vinha sendo um consolo para mim saber que, em caso de emergência, Zami sempre poderia contar com vocês. Além do mais, os custos da mudança e da montagem da nova casa devem ter consumido boa parte das suas reservas. Deve ter sido um momento doloroso para vocês o de virar as costas para o seu lar, os seus amigos e os lugares onde nasceram.

Quanto a mim, vou sentir saudade do sorriso contagiante de Ishy, das brincadeiras picantes de Mohla, da xícara quente de chá, da comida deliciosa e dos refrescos que nunca faltavam quando eu os visitava em Phomolong. Vocês se dão conta agora do que representam para nós, para mim e para Zami, e o que uma carta sua vai significar? Para quando posso esperá-la?

Mohla, prefiro não dizer nada agora sobre nosso querido Nyinyi, que agora repousa num campo distante de Phomolong. Um dia você vai me contar tudo sobre essa tragédia. Talvez eu possa pegar sua mão e te levar para uma curta caminhada em silêncio. Enquanto isso vamos tentar esquecer.

Lembrem-se, estou esperando sua carta, que espero que seja tão doce e agradável como as que me escreveram de Kraaipan. Façam minha cunhada e seu marido, os Vutelas, saberem que penso neles e que espero que tenham recebido minha carta de 28 de julho de 1969. Penso também em Ngwana wa Kgosi, David Moiloa, em Edna, que não viu Mike por quatro anos, Nana e marido, e no veterano Dan. Peter e Jerry ainda estão por aí? A todos eles mando minhas calorosas saudações.

Por fim, gostaria que Fish[iii] e esposa soubessem que sempre estarei em dívida com eles por tudo o que fizeram por mim. Eu me senti completamente à vontade com eles.

Com todo o meu amor.
Ke nna Madiba, Moforutse ya'binang tshwene morena li Mofu Magadi.[iv]

Ishmael & Martha Matlhaku

---

i Ele está se referindo ao período em que ficou detido na Old Fort Prison (Prisão do Forte Velho) em Joanesburgo, depois de ser preso quando estava em fuga em 1962. ii Mandela se refere ao subúrbio de Westcliff em Joanesburgo, mas grafa o nome erradamente como Westcliffe. iii Fish Keitsing (1919--2005) era um ativista radicado em Botsuana que hospedou e ajudou Mandela em sua viagem de 1962. iv Na língua Sesotho o sentido dessa frase é "Meu nome é Madiba, cujo totem é um babuíno, cavalheiro e senhora". *Mofumagadi* significa "esposa do chefe/rainha mãe", e é livremente usado para demonstrar respeito para uma mulher casada.

Para Zenani Mandela,[i] sua filha do meio

1º de março de 1971

Minha querida,

No dia 5 de fevereiro deste ano, sexta-feira, foi seu 12º aniversário, e em 1º de janeiro eu te mandei um cartão com minhas felicitações e meus bons votos. Você o recebeu? De novo eu digo: muitas felicidades.

Para mim não é fácil acreditar que nossa Zeni, que não era mais que um bebê quando a vi pela última vez, é agora uma mocinha na quinta série de um colégio interno, e estudando disciplinas que nunca aprendi na escola, como francês, física e matemática. Ainda me lembro claramente da noite em que você nasceu, em 1959. Em 4 de fevereiro daquele ano eu voltei para casa muito tarde e encontrei a mamãe extremamente inquieta. Corri em busca da falecida tia Phyllis Mzaidume, e nós dois levamos a mamãe de carro ao Hospital Baragwanath. Houve uma coincidência notável. A própria tia Phyllis nasceu num 5 de fevereiro, e no caminho para o hospital ela torcia para que você nascesse no mesmo dia, e foi exatamente o que aconteceu. Quando ela recebeu a notícia do seu nascimento, ficou tão feliz como se ela própria tivesse gerado você.

Seu nascimento foi um grande alívio para nós. Apenas três meses antes a mamãe tinha passado quinze dias na cadeia sob circunstâncias que eram perigosas para uma pessoa na condição dela.[ii] Não sabíamos quais danos isso poderia ter causado a você e à saúde dela, e ficamos felizes de verdade ao sermos abençoados com uma filha saudável e encantadora. Você se dá conta de que quase nasceu na prisão? Não são muitas as pessoas que tiveram essa experiência de ter estado na cadeia antes mesmo de nascer. Você tinha só 25 meses de vida quando saí de casa e, embora eu a tenha visto frequentemente desde então até janeiro de 1962, quando deixei o país por um curto período, nunca mais voltamos a morar juntos.

Você certamente não se lembrará de um incidente que me comoveu muito na época e sobre o qual nem gosto de pensar. Perto do fim de 1961 você foi levada à casa de um amigo e eu já estava esperando quando você chegou.[iii] Eu estava sem paletó e sem chapéu. Tomei você em meus braços e durante uns dez minutos ficamos trocando abraços e beijos e conversando. Então de repente você pareceu se lembrar de alguma coisa. Você se desvencilhou de mim e começou a vasculhar o

---

i Zenani Mandela (1959-) — ver glossário. ii Winnie Mandela foi presa em outubro de 1958 e mantida na prisão por duas semanas por participar de um protesto contra a extensão às mulheres dos passes de locomoção. iii Mandela está se referindo ao período em 1961 em que ele estava foragido das autoridades e morando separado da família.

ambiente. Num canto encontrou o restante das minhas roupas. Depois de apanhá-las, você as deu para mim e me pediu para ir para casa. Segurou minha mão por algum tempo, puxando desesperadamente e me implorando para que eu voltasse. Foi um momento difícil para nós dois. Você sentia que eu tinha abandonado você e a mamãe, e o seu pedido era justo. Era similar ao bilhete que acrescentou à carta da mamãe de 3 de dezembro de 1965, no qual você escreveu: "Você vai voltar no ano que vem? Minha mãe vai te buscar de carro". Sua idade, em 1961, tornava difícil para mim explicar minha conduta a você, e a expressão angustiada que vi no seu rosto me assombrou por muitos meses desde então. Felizmente, porém, você logo se acalmou e nos despedimos em paz. Mas durante vários dias eu fiquei perdido em pensamentos, me perguntando como iria fazer para te mostrar que não tinha traído você e a família. Quando voltei à África do Sul, em julho de 1962, vi você e Zindzi[i] duas vezes e foi última vez que nos encontramos. Em 1964 vocês foram levadas à Suprema Corte em Pretória e fiquei absolutamente desapontado quando não permitiram que vocês me vissem.[ii] Desde então anseio por ver vocês. Você poderá me visitar em 1975, quando completar dezesseis anos. Mas estou ficando impaciente e os próximos cinco anos me parecem mais longos que a eternidade. Que carta linda você me escreveu no mês passado! Merci beaucoup! Comecei 1971 com um grande ímpeto. A sua foi a primeira e única carta que eu recebi da família este ano e eu a reli muitas vezes. Vou guardá-la como um suvenir. Fiquei muito contente em saber quais são suas disciplinas para este ano e espero que você estude com afinco desde o começo e que passe de ano. O francês é uma língua importante. No continente africano tem mais gente que fala francês do que inglês. Latim, zulu, física, matemática e geografia também são úteis e você deve dedicar muita atenção a elas. Fiquei contente também em saber que você faz caminhadas nas montanhas e sobre o lindo cenário que você descreve.

Vi a anotação que você fez no verso da carta pedindo ao carteiro para expedir logo a carta e para "ser como Elvis, go man, go". A música do Elvis é muito animada e popular e fico feliz em constatar que você gosta dela também. Espero que você ame também a música de Miriam Makheba [sic],[iii] Mohapeloa,[iv] Caluza,[v] Tyamzashe,[vi]

---

i A irmã de Zenani, Zindziswa Mandela (1960-) — ver glossário. ii Ele está se referindo ao Julgamento de Rivonia — ver glossário. iii Zenzile Miriam Makeba (1932-2008), cantora e atriz sul-africana, embaixadora da Boa Vontade da ONU e ativista. iv Joshua Pulumo Mohapeloa (1908-82), letrista que trabalhava com Gibson Kente em suas produções musicais (Sahm Venter, conversas telefônicas com a sobrinha de Gibson Kente, Vicky Kente, 23 de julho de 2017). v R. T. Caluza (1895-1969), compositor e músico zulu que transcende muitos gêneros musicais, incluindo hinos religiosos, ragtime e vaudevile. Escreveu o primeiro hino do Congresso Nacional dos Nativos Sul-Africanos, "iLand Act", protestando contra o Native Land Act (Lei da Terra Nativa) de 1913. vi Benjamin Tyamzashe (1890-1978), compositor, regente de coro, organista e professor sul-africano.

Paul Robeson,[i] Beethoven,[ii] Tchaikovsky.[iii] O que é ainda mais importante: confio que um dia você será capaz de compor, cantar e tocar sua própria música, ou você prefere ser uma estrela do balé, além de cientista, médica ou advogada?

Que esportes você pratica? Basquete, natação ou atletismo, especialmente as modalidades de pista (isto é, corrida), te manterão saudável e forte e te darão o prazer de ajudar seu colégio a conquistar vitórias. Tente a sorte, querida.

Que esta carta te proporcione a mesma alegria e felicidade que a sua me trouxe.

Dê o meu carinho a Zindzi, Maki,[iv] Kgatho,[v] e abazala[vi] Andile, Vuyani, Kwayiyo e Maphelo, e, claro, a você e a mamãe.

Montanhas de amor e uma infinidade de beijos.

Com afeto,

Tata[vii]

Srta. Zeni Mandela, 8115 Orlando West, Joanesburgo

Para Christine Scholtz,[viii] amiga

[Traduzido do africâner]

1º de março de 1971

Minha querida Kiesie,[ix]

Sempre ouvi falar da cidade de Worcester.[x] Para mim era o lugar onde fabricam vinagre, ou será que é molho,[xi] aquele líquido popular que torna nossa comida tão saborosa e que um belo camarada salpicou no meu peixe outro dia. Do povo de Worcester, de seus anseios, lutas e contribuições para o nosso progresso e bem-estar,[xii] porém, eu nada sabia. Em dezembro de 1947 fiz minha viagem à Cidade do Cabo. Naturalmente o trem parou na tua estação, mas mesmo naquela ocasião Worcester era um mero nome, como os muitos outros pelos quais passávamos. Nos anos

---

i Paul Robeson (1898-1976), cantor norte-americano envolvido com o movimento pelos direitos civis. ii Ludwig van Beethoven (1770-1827), compositor e pianista alemão. iii Pyotr Ilyich Tchaikovsky (1840--93), compositor russo do período romântico. iv Makaziwe Mandela (1954-), filha mais velha de Mandela — ver glossário. v Makgatho Mandela (1950-2005), segundo filho de Mandela — ver glossário. vi "Primo" ou "prima", em isiXhosa. vii "Pai", em isiXhosa. viii Tirado do caderno de capa dura em formato A4 no qual ele copiava algumas de suas cartas. ix Diminutivo de Christine em africâner. x Uma cidade na província do Cabo Oriental. xi A Union Vinegar Company foi estabelecida na cidade em 1913. Além de fazer vinagre, produzia o molho Worcester (que se originou na cidade britânica de Worcester, e não na homônima da África do Sul). xii Muitos ativistas antiapartheid vinham da cidade de Worcester.

1940 o nome de John Alwyn começou a se espalhar, e quando retornei a Boland[i] em 1955 resolvi visitá-lo.

Você ainda se lembra do nosso amigo de tempos passados, Greenwood, o cabense do Transkei, que ostentava sempre uma gravata vermelha? Sim, ele mesmo! Ele foi comigo. Naquela época os eventos e as circunstâncias tinham cobrado seu preço de Alwyn, mas de todo modo foi um prazer apertar sua mão. Eu estava fazendo contato com uma pessoa que tinha feito um esforço louvável no interesse do progresso social. Mais tarde ele se extraviou, mas não podemos por isso apagar seu nome da história.

Em 5 de dezembro de 1956 me juntei a Ayesha Dawood, Joseph Mphoza, Joseph Buza[ii] e outros. Por dois anos nós nos sentamos no Drill Hall em Joanesburgo, organizamos expedições, discutimos problemas e expusemos nossos sentimentos. Em certo momento um bom amigo e eu recebemos cachos de uvas doces de Ayesha e as apreciamos muito. Em abril de 1961 Archie Sibeko[iii] e eu passamos o dia todo ali e ficamos contentes com a oportunidade de conversar com os pais e familiares deles. Desde então Worcester deixou de ser um pequeno ponto no mapa da África do Sul. Era a terra natal de camaradas queridos com opiniões e sentimentos que eu respeitava. Sei, claro, que hoje em dia estão dispersos. Ayesha está em Londres e Buza em King William's Town.[iv] Tenho certeza de que eles se lembrarão de Worcester com ternura.

Fui informado das trágicas circunstâncias em que o pai de Ayesha morreu. Deve ter sido um terrível golpe para ela. Espero que ela e seu velho marido e seus filhos estejam com saúde e vivendo bem. Você percebe quanto meu coração está ligado intimamente a Worcester e seu povo? O laço entre mim e vocês, Kiesie, é um dos motivos pelos quais estou te escrevendo esta carta! A propósito, sabia que nossos caminhos quase se cruzaram em dezembro passado? Esperei ansiosamente por sua visita na esperança de transmitir pessoalmente a você o meu carinho. Talvez tenha sido eu que te desapontei.

Muito tempo atrás eu era pastor de ovelhas[v] e gostava de verdade dos meus deveres. Até hoje sonho com meus tempos de pastor. No entanto, devo ressaltar que eu não era um pastor sob condições modernas, em que uma pessoa tem sua própria fazenda cercada e pastagens do tamanho do mundo — situação que tornaria o sujeito egoísta e mesquinho, pensando apenas no seu bem-estar pessoal. Não, eu era pastor nas Reservas, em meio ao povo pobre que vivia em terras do governo e que precisava compartilhar pastos comunais. As pessoas acham que cuidar de um rebanho é a única tarefa de um pastor. Sim, é verdade que cuidar do seu rebanho e

---

i Uma região na província do Cabo Oriental. **ii** Três dos acusados no Julgamento de Traição (para o Julgamento de Traição, ver glossário) que vinham da cidade de Worcester. A maioria dos 156 acusados foi presa em 5 de dezembro de 1956. **iii** Um camarada acusado no Julgamento de Traição de 1956-61. **iv** Uma cidade na província do Cabo Oriental. **v** Quando criança, crescendo no Transkei.

fazê-lo crescer é a principal tarefa de um pastor, mas uma tarefa igualmente importante para os que dependem de pastagens comunais é a manutenção da harmonia entre vários pastores. Eles têm que cooperar na construção de açudes e cisternas e na ação unida contra inimigos comuns. Em tais circunstâncias há pouca oportunidade para tendências egoístas e mesquinhas. Pessoas em outras ocupações poderiam talvez extrair lições dessa experiência.

Ah, como fui me desviar do assunto, me afastando de Worcester e de meus camaradas? Deixe-me voltar ao tema, então. Sei de um korrelkop[i] cujo aniversário é em 8 de fevereiro. Talvez para muita gente ele seja um sujeito desconhecido, mas causou profunda impressão naqueles que o conhecem bem. No que me diz respeito acho melhor não dizer nada. Infelizmente o ponto de vista dele e o meu coincidem numa porção de questões pertinentes; tocamos nossos assuntos sob o mesmo guarda-chuva e qualquer elogio ou crítica que eu pudesse fazer se refletiria diretamente em mim. Ademais, nem você nem eu temos a pretensão de ser profetas, e sendo assim não sucumbiremos à tentação de embarcar em especulações inúteis. O que eu posso dizer é que os três anos que passei com ele aumentaram minhas expectativas a seu respeito e que o considero um valioso acréscimo ao círculo de amigos que tenho na tua cidade. Ele é o cordão que me une, por um lado, a você, a Jose, a Soes e a todos os amigos que você ama, e mesmo ao abacateiro diante da tua casa; e por outro lado é o laço entre mim e a pastagem da minha infância.

Os últimos quatro anos devem ter sido terríveis para você, um tempo cheio de aflições — de luta com problemas e encargos que impuseram demandas pesadas às finanças domésticas e momentos de preocupação, solidão e saudade dos entes queridos que estavam ausentes, bem como as periódicas viagens difíceis que traziam alento e alívio, mas não tanto quanto deveriam, porque quando você chegava ao seu destino não podia expressar o que trazia no coração, não podia se livrar completamente do peso sobre seus ombros. Talvez os tempos tempestuosos também tenham te extenuado tremendamente e pérolas tenham começado a aparecer em seus cabelos. Ah, pobres mulheres! Durante sua última visita, a minha Zami[ii] também se queixou de que estava ficando grisalha rapidamente. Claro que não serve de consolo para você o fato de isso estar acontecendo também com outras famílias. O sofrimento dói, mesmo quando atinge uma porção de vítimas ao mesmo tempo. Mas pelo menos você agora tem um alívio que espero que usufrua plenamente. Dê a seu korrelkop um katkop,[iii] puza,[iv] e de vez em quando merluza com molho. Tenho certeza de que ele próprio se encarregará do seu vinho Oom Tas.[v]

---

i Uma palavra africâner para descrever alguém de cabelo encaracolado. ii Um dos nomes de Winnie Mandela. iii "Pão", em africâner. iv "Uma bebida", em africâner. v Ele está se referindo a Tassenberg, um vinho tinto seco popular na África do Sul.

Dia do casamento! Quando? É uma pena que eu não esteja em condições de ter o prazer de ser seu mestre de cerimônias.

Meu carinho e meus votos de felicidades.

Afetuosamente,

Nel.

Srta. Christine Scholtz,
Hammer Street, 14
Worcester

Para Fatima Meer,[i] amiga e camarada

1º de março de 1971

Minha querida Fatima,

Esta carta deveria ter ido para Shamim, Shehnaz ou Rashid.[ii] Ouvi-los diretamente me daria uma visão mais profunda das mudanças nos padrões de pensamento & perspectiva entre os jovens.

Meu filho, Kgatho,[iii] um dos meus melhores companheiros, me visita duas vezes por ano. Ao que parece, estamos de acordo nas questões mais importantes, mas de quando em quando ele tira as teias de aranha da minha mente ao assumir um ponto de vista diferente sobre assuntos que eu antes encarava como axiomáticos. Algumas vezes chego a suspeitar que ele vê em mim algo como uma relíquia útil do passado, uma espécie de suvenir para lembrá-lo da época em que me considerava alguém que sabia tudo sob o sol, & em que engolia qualquer coisa que eu lhe dissesse. Sua independência de pensamento & ideias novas têm tornado agradáveis minhas conversas com ele, & é isso que acredito que eu teria se conversasse diretamente com as crianças. Percebe agora por que prefiro Rashid & irmãs a você?

Tenho vivido com a minha geração todos estes anos, uma geração inclinada a ser conservadora & a olhar para trás na maior parte do tempo. Tenho vontade de conhecer um pouco mais sobre as novas ideias que se agitam entre a juventude moderna. Mas notícias sobre as crianças tendem a me fazer lembrar de problemas sobre os quais prefiro nunca pensar. Quando me contam que nossa Shamim está

---

i Fatima Meer (1928-2010), escritora, acadêmica e ativista antiapartheid e pelos direitos das mulheres — ver glossário. **ii** Filhos de Fatima e Ismail Meer. **iii** Makgatho (Kgatho) Mandela (1950-2005), segundo filho de Mandela — ver glossário.

na universidade, construindo lindas maquetes de casas, o peso total dos meus 52 anos desaba sobre mim. Ela aparece na página 70 do "Retrato[i]...". Desconfio que Shehnaz seja a segunda à esquerda dela. Se errei o palpite, faça-a lembrar que ela era pouco mais que um bebê quando a vi pela última vez, & seus traços devem ter mudado um bocado depois que ela cresceu o bastante para estar na nona série. Procurei em vão por Rashid & dei alguns chutes aleatórios entre os rapazes na página 40. Lamentei muito quando soube que ele não conseguiu ir a Waterford,[ii] pois ele teria atuado [como] irmão mais velho das minhas Zeni & Zindzi.[iii] Não esqueci a linda toalhinha de rosto com que elas me presentearam na última ocasião em que estive lá & adoro ter informações sobre elas sempre que podem dedicar um tempinho a escrever cartas.

Eu poderia ter endereçado a carta a Ismail,[iv] meu primeiríssimo amigo do outro lado da fronteira de raça, camarada da minha juventude. Você sabe que praticamente moramos juntos na Kholvad[v] & foi ele que me pôs em contato com Dadoo,[vi] os irmãos Naicker,[vii] os Cachalia,[viii] Nana Sita,[ix] os Naidoo,[x] Pahad,[xi] Nathie,[xii] os

---

i *Portrait of Indian South Africans* [Retrato de Sul-Africanos Indianos], de Fatima Meer (Durban: Avon House, 1969). ii Escola Waterford Kamhlaba, na vizinha Suazilândia. iii Zenani (1959-) e Zindzi (1960-) Mandela, filha do meio e filha caçula de Mandela — ver glossário. iv Ismail Meer (1918-2000), marido de Fatima, advogado e ativista antiapartheid — ver glossário. v Kholvad House, um conjunto residencial no centro de Joanesburgo onde Ismail Meer tinha um apartamento. Mandela escreve em *Longo caminho para a liberdade*: "Em Wits conheci e fiquei amigo de Ismail Meer, J. N. Singh, Ahmed Bhoola e Ramlal Bhoolia. O centro dessa comunidade fortemente unida era o apartamento de Ismail, Flat 13, Kholvad House, quatro quartos num prédio residencial no centro da cidade. Ali estudávamos, conversávamos e dançávamos até de madrugada, e virou uma espécie de quartel-general para jovens combatentes pela liberdade. Eu às vezes dormia lá quando ficava muito tarde para tomar o último trem de volta para Orlando" (p. 105). vi Dr. Yusuf Dadoo (1909-83), médico, ativista antiapartheid e orador. Presidente do Congresso Indiano Sul-Africano, representante de Oliver Tambo no Conselho Revolucionário do MK e presidente do Partido Comunista Sul-Africano — ver glossário. vii Monty Naicker (1910-78), médico, político e ativista antiapartheid — ver glossário. M.P. Naicker (1920-77), ativista antiapartheid, jornalista, líder e organizador do Congresso Indiano de Natal, do Partido Comunista Sul-Africano e da Aliança do Congresso. Os Naicker não eram irmãos, mas camaradas. viii Maulvi Cachalia (1908-2003), ativista antiapartheid e membro destacado do Congresso Indiano Sul-Africano, do Congresso Indiano do Transvaal e do CNA — ver glossário. Yusuf Cachalia (1915-95), irmão de Maulvi Cachalia. Ativista político e secretário do Congresso Indiano Sul-Africano — ver glossário. Suas famílias também estavam envolvidas no combate ao apartheid. ix Nana Sita (1898-1969), presidente do Congresso Indiano do Transvaal, seguidor da filosofia de *satyagraha* (não violência) de Gandhi. x A família Naidoo de Rocky Street, Yeoville, em Joanesburgo. Naransamy Roy (1901-53) e Ama Naidoo (1908-93) e suas famílias. xi Goolam Pahad, membro do comitê executivo do Congresso Indiano do Transvaal e pai dos ativistas Essop (1939-) e Aziz (1940-) Pahad. xii Solly Nathie (1918-79), membro do comitê executivo do Congresso Indiano do Transvaal.

Singh,[i] Hurbans,[ii] Poonan,[iii] Nair,[iv] Seedat,[v] AI Meer[vi] & outros líderes eminentes da comunidade indiana. Com ele eu gostaria de conversar livre & abertamente sobre o passado. Mas o problema, minha dificuldade, é você, behn.[vii] Hesito em colocar o bhai[viii] numa situação em que ele tivesse que esconder de você minhas cartas a ele, ou em que você se sentisse obrigada a revistar os bolsos dele. Não tenho a menor dúvida do que aconteceria se você visse alguma dessas cartas: você o assaria vivo. Eu frequentemente me pergunto se você e Radi[ix] já pararam para pensar quanto da paz de espírito & da felicidade que as cerca vocês devem a mim. Lembre-se de que Ismail, J. N. [Singh] & eu constituímos um trio sólido por quase trinta anos. Vou me aferrar à nossa promessa: nunca, jamais, em circunstância alguma, dizer alguma coisa inconveniente sobre um dos outros. Eles concordarão prontamente que eu nenhuma vez dei com a língua nos dentes. De todo modo, o que é que eu poderia pensar em divulgar? Conversas de anjos! É o que seus maridos & eu somos & sempre fomos. O problema, claro, é que a maioria dos homens de sucesso está sujeita a alguma forma de vaidade. Chega um estágio na vida em que eles consideram permitido ser egoístas & se gabar em público de seus feitos ímpares. Que doce eufemismo a língua inglesa criou para o autolouvor! Escolheram chamá--lo de autobiografia, em que as deficiências dos outros são frequentemente exploradas para enaltecer as louváveis realizações do autor. Tenho dúvidas sobre se algum dia sentarei para rabiscar minhas experiências. Não tenho nem as realizações de que poderia me vangloriar nem o talento para fazê-lo. Mesmo que eu bebesse aguardente todos os dias da minha vida, nem assim eu teria coragem de tentar uma coisa dessas. Às vezes acho que através de mim a Criação pretendeu dar ao mundo o exemplo de um homem medíocre no sentido verdadeiro da palavra. Nada poderia me seduzir a fazer propaganda de mim mesmo. Se eu estivesse em condições de escrever uma autobiografia, a sua publicação teria sido adiada até que nossos ossos já estivessem repousando, & talvez eu tivesse deixado escapar algumas alusões incompatíveis com a minha referida promessa. Os mortos não têm preocupação

---

i J. N. Singh (m. 1996), membro do Congresso Indiano do Transvaal e do Congresso Indiano de Natal. Estudou para se formar em direito com Nelson Mandela na Universidade de Witwatersrand. Sua esposa, Radhi Singh (m. 2013), era ativista antiapartheid, professora e advogada. ii Gopal Hurbans — tesoureiro do Congresso Indiano de Natal e um dos acusados no Julgamento de Traição (para o Julgamento de Traição, ver glossário). iii George e Vera Poonan. iv Billy Nair (1929-2008), camarada e membro do MK que foi acusado de sabotagem em 1963. Ficou preso no Setor B com Mandela em Robben Island e foi solto em 1984 — ver glossário. v Dawood Seedat (1916-76) foi um dos acusados no Julgamento de Traição de 1956 e detido durante o Estado de Emergência de 1960 (tanto para o Julgamento de Traição como para o Estado de Emergência de 1960, ver glossário). Era vice-presidente do Congresso Indiano de Natal. Ele e sua esposa, Fatima, foram banidos por cinco anos em 1964, depois a ordem foi estendida até 1974. vi Tio de I. C. Meer (1918-2000) (para I. C. Meer, ver glossário). vii "Irmã", em guzerate. viii "Irmão", em guzerate. ix Esposa de J. N. Singh, um ativista que estava nos comitês executivos tanto do Congresso Indiano de Natal como do Congresso Indiano Sul-Africano.

alguma, & se a verdade & nada mais que a verdade sobre eles emergisse, a imagem que tenho ajudado a manter mediante meu silêncio perpétuo seria arruinada, mas isso seria problema da posteridade, não nosso. Está vendo agora o risco que estaria implicado em escrever para Ismail? Seja como for, você sabe que ele é pesadão, move-se devagar & provavelmente eu iria esperar sentado por uma resposta.

Quase posso ouvir você fazer a pergunta pertinente: Aonde vai nos levar essa verbosidade toda? Boa pergunta! A verdade é que estou tentando encontrar uma desculpa para escrever a você. Como posso resistir a falar com você, behn, se você sempre me tratou de modo tão gentil? Você, Ismail & eu nos libertamos das inibições de nossos ancestrais caucasoides & negroides & estabelecemos relações firmes & calorosas que nem mesmo a tempestuosa década de 1960 foi capaz de abalar ou esfriar. Nós forjamos nosso próprio kutum: silusapho lendw'enye.[i] Lembre-se das numerosas ocasiões em que morei com vocês desde o início dos anos 1960 lá na Umngeni Road;[ii] os pais de Pamela eram seus vizinhos colados na época? Eu me mudei com vocês para Sydenham.[iii]

De quando em quando Zami[iv] me dá alguma notícia boa sobre você. Embora seu pedido de permissão para me visitar tenha sido recusado, fiquei contente em saber que estou em seus pensamentos. Li & reli o "Retrato".[v] Esplêndido! Uma história comovente & muito bem contada; é uma mina de informações para mim. O fato de que foi você que escreveu me obrigou a lê-lo como se estivéssemos conversando informalmente. Quase li as 235 páginas de uma assentada, & isso me ajudou a tentar superar uma fragilidade que eu nunca tinha conseguido eliminar. Sou um daqueles que possuem pedacinhos de informação superficial sobre uma variedade de assuntos, mas que carecem de profundidade & conhecimento elaborado na única coisa em que eu deveria ter me especializado, a saber: a história do meu país & do meu povo. Eu vinha tentando ler com atenção & real interesse tudo o que se relaciona com a história africana, mas minha tendência era negligenciar a história de outros grupos nacionais. Foi então que li o "Retrato…". Tive a oportunidade de apreciar a fascinante história humana que começa em 1860.[vi] Pedi a Zami que tentasse obter o livro & manifestei a ela minhas próprias opiniões sobre os tópicos levantados no cap. III. Nossas interpretações podem não coincidir completamente & espero abordar a questão como um todo na minha próxima carta.

---

i Uma frase isiXhosa que significa "Provimos de uma só família". *Silusapho* quer dizer "somos uma família" e *lendw'enye* quer dizer "uma casa".   ii Onde Ismail e Fatima Meer moraram de 1951 a 1958, antes de se mudarem para sua casa em Burnwood Road em Sydenham, Durban.   iii O subúrbio de Durban para onde os Meer se mudaram depois.   iv Um dos nomes de Winnie Mandela.   v *Portrait of Indian South Africans* [Retrato de sul-africanos indianos].   vi Embora houvesse indivíduos indianos na África do Sul antes disso, entre novembro de 1860 e 1911 (quando o sistema de trabalho contratado foi interrompido) cerca de 152 mil trabalhadores arregimentados em toda a Índia chegaram a Natal. Depois de cumprir seus contratos, os primeiros grupos de indianos ficavam livres para permanecer na África do Sul ou voltar para a Índia.

Enquanto isso, eu digo Mubarak![i]
Com todo o meu carinho a você, Ismail & crianças,[ii] Radhi & J.N.,[iii] Molly & Monty,[iv] Alan & esposa,[v] G.R.[vi] & família, Dawood & Fatima.[vii]

Cordialmente,
Nelson

Sra. Fatima Meer, Burnwood Road, 148, Sydenham, Durban

Para o oficial comandante, Robben Island

31 de março de 1971
Oficial comandante,
Robben Island

Att: Coronel Badenhorst

Devo informar que dois grandes cadernos de capa dura nos quais eu mantinha cópias da minha correspondência desde fevereiro de 1969 foram tirados da minha cela. O segundo desses cadernos contém folhas soltas de papel nas quais eu estava rascunhando as três cartas para abril de 1971.[viii]

Preciso informar também que recebi permissão do oficial comandante da época para usar o referido material para manter cópias dessa correspondência. Devo ressaltar ainda que o comissário de Prisões, general Steyn, o brigadeiro Aucamp[ix] e o chefe da Carceragem Fourie estão cientes de que mantenho cópias de todas as cartas que escrevo.

---

i "Congratulações" em guzerate. **ii** Ismail Meer e os filhos do casal. **iii** J.N. Singh (m. 1996). **iv** Monty Naicker. **v** Alan (1926-2013) e Beata Lipman (1928-2016), amigos deles. Alan, um arquiteto, projetou a casa deles em Sydenham. **vi** G. R. Naidoo, um fotógrafo sul-africano. Compareceu a uma festa na casa dos Meer em Durban na qual Mandela estava presente um dia antes de ser preso, em 5 de agosto de 1962. **vii** Fatima Seedat (1922-2003) era gêmea de Rahima Moosa, uma das líderes da Marcha das Mulheres de 1956. Membro do congresso indiano de Natal e do CNA, Fatima foi presa por sua atuação na Campanha de Resistência Pacífica empreendida pelos Congressos Indianos do Transvaal e de Natal entre 1946 e 1948 contra a Lei da Posse da Terra por Asiáticos de 1946, que buscava confinar a posse de terra por asiáticos a determinadas áreas. Foi presa de novo em 1952 por participar da Campanha do Desafio (para a Campanha do Desafio, ver glossário). **viii** O grupo ou nível em que um prisioneiro era inserido pelas autoridades vinha com vários graus de direitos. Não há uma lista oficial registrando quando Mandela estava num determinado grupo ou nível, mas podemos estimar pelo que ele escreveu no alto de algumas cartas que estava no nível B em 1972 e no nível A depois de 1973. **ix** Brigadeiro Aucamp, oficial comandante de Robben Island — ver glossário.

[Assinado NRMandela]
NELSON MANDELA: 466/64

[Anotação em africâner com outra caligrafia]

Coronel,

Eu não estou "ciente"[i] do domingo à noite quando o flagrei. Ele pode sair por aí falando bobagens. As outras pessoas tinham muito medo. Eu não tenho medo de nada. Bom material de leitura para o triturador de papéis.

[Rubricado e datado de 31.3.71]

Para Thoko Mandela,[ii] sua nora, viúva de seu filho Thembi[iii]

1º de abril de 1971

Minha querida Thoko,

Quisera eu ter algum meio de influenciar a força invisível que governa nossa vida e determina nossas venturas e desventuras.

Uma família destroçada, uma jovem viúva arrasada pela dor e batalhando sozinha contra circunstâncias pesadamente adversas, duas crianças órfãs destituídas da segurança de um lar estável e de amor paterno, além de famintas na maior parte do tempo, são castigos cruéis que tornam a vida dura e amarga. Muitas vezes tenho me perguntado se as maravilhosas invenções e progressos trazidos pela ciência nos tornam mais seguros e felizes que nossos ancestrais de cem mil anos atrás. Claro, houve marcos significativos na batalha do homem contra a ignorância, a pobreza e a doença. Estão sendo descobertos meios de nos tornar menos dependentes da natureza e seus humores, de nos dar maior controle sobre nosso ambiente e, no processo, acabamos por ter padrões de vida relativamente mais elevados.

Mas o destino continua sendo traiçoeiro e nos trazendo sofrimento e infortúnio que não merecemos. A família já teve uma alarmante quantidade de catástrofes. Por que Mkozi[iv] teve de morrer logo depois de Thembi? Durante sua última visita Kgatho me contou que você tinha comparecido ao funeral de Kapadika, um dos amigos mais íntimos de Thembi e que falou em nome da Cidade do Cabo em 3

---

i Embora a anotação esteja em africâner, a palavra "ciente" aparece em inglês (*aware*) entre aspas. ii Ver glossário. iii Madiba Thembekile (Thembi) Mandela (1945-69), filho mais velho de Mandela — ver glossário. iv Provavelmente o pai de Thoko Mandela.

de agosto de 1969.[i] Por que todas essas coisas tinham que acontecer com você praticamente ao mesmo tempo? Posso imaginar as perguntas incômodas que Ndindi e Nandi devem estar fazendo: Nunca mais vamos ver o papai? Ele agora está junto com o vovô de Diepkloof?[ii] O Tatomkulu[iii] não vai voltar nunca de Robben Island? Quem vai nos trazer vestidos e chocolates? E outras tantas perguntas irrespondíveis. A notícia da morte do teu pai me perturbou. Eu teria ficado ainda mais perturbado se não tivesse tido o privilégio de testemunhar quanto você pode ser corajosa e digna em face da tragédia pessoal. Sei que você não é o tipo de pessoa que deixa o sofrimento subjugá-la. A despeito de tudo o que aconteceu, você não perdeu tudo. Há muitas pessoas que não têm mãe, padrasto, sogro e sogra, nenhum grupo de parentes e amigos como os que você tem, amigos e parentes que pensam em você e desejam seu bem. Ademais, você tem a oportunidade de tornar radiante e significativo o seu futuro e o de Ndindi e Nandi. Você é jovem e cheia de saúde e talento. Lembre-se disso, Thoko.

Como você sabe, não cheguei a conhecer Lennard,[iv] mas todos os relatos que chegaram a mim indicam que ele é igualmente corajoso e sereno. Minha profunda solidariedade a vocês dois. Você vai me mandar um relato do funeral? Quando você voltou de Joanesburgo? Está trabalhando?

Em março do ano passado escrevi a Lennard e lhe dei um punhado de mensagens. Nunca tive notícias dele. Talvez a sua resposta inclua essa informação.

Espero que você não tenha esquecido o assunto que mencionei em minha carta de 29 de novembro de 1969,[v] relacionado com a sua posição pessoal. Espero que na sua próxima visita você me relate algum progresso. Estou ansioso para ver você em condições de poder orientar as crianças na escolha de carreiras e de prepará-las para essas carreiras. Deve existir uma atmosfera doméstica que as incentive a lutar pelos mais altos ideais na vida, e isso depende em grande parte de você. Hoje sua mãe e sua sogra estão aí para te ajudar a criar Ndindi e Nandi, mas mais cedo ou mais tarde elas também vão passar para o descanso eterno, deixando você sozinha na luta para encarar a difícil tarefa de supervisionar o progresso das crianças. Vou falar mais sobre essa questão quando você vier. Enquanto isso, por favor leia a carta de novo.

Nandi está de fato com uma aparência excelente em seu traje castanho e branco. A vegetação verde que forma o fundo da foto é linda e me faz lembrar dos dias felizes e românticos da minha infância. Quase posso sentir os doces perfumes que devem ter preenchido a área onde ela posou. Notei particularmente o sorriso travesso

---

i Mandela deve estar se referindo ao funeral de Thembi Mandela. Seu corpo chegou a Joanesburgo, vindo da Cidade do Cabo, em 29 de julho de 1969. (Sophie Tema, "Chega o corpo do filho de Mandela", *The World*, 30 de julho de 1969.) **ii** Um subúrbio em Soweto, Joanesburgo. **iii** "Vovô", em isiXhosa. **iv** O irmão de Thoko, Leonard Simelane. Mandela grafou errado o seu nome. **v** Ver carta na página 165.

dela. É uma foto encantadora e estou feliz por você a ter mandado. Eu a deixo ao lado da de Zeni e Zindzi.[i]

Muito obrigado pelo lindo cartão de Natal que você me mandou. Você deve ter vasculhado toda a Cidade do Cabo para encontrá-lo. Gosto do fundo vermelho brilhante e da composição artística dele. Também recebi o de Ntombi com a ilustração da estatueta de chocolate. Vocês devem ser duas bruxinhas. Parecem conhecer meus gostos melhor do que eu mesmo. São de fato lindos e fiquei feliz em recebê-los.

O que está acontecendo? Por que você ainda não veio? Escreveu lá atrás em novembro dizendo que tinha solicitado uma permissão de visita. Passaram-se quatro meses inteiros e você não apareceu. Você fez a solicitação por carta registrada? Sabe quanto estou ansioso por vê-la logo? Talvez seja aconselhável que, antes de renovar sua solicitação, você telefone para a mamãe Winnie, Orlando 113, e descubra se ela já não solicitou uma permissão para me visitar.

Minhas mais cordiais saudações a sua mãe e seu padrasto, e meu carinho a você, Ndindi, Ntombi e Lennard.

Com afeto,
Tata[ii]

Sra. Lydia Thoko Mandela, "Hillbrow", 7ª Avenida, Retreat

Para "Sisi"[iii]

1º de abril de 1971

Querida Sisi,[iv]

Pensar em você e em casa me faz muito bem. Na maior parte do tempo esses pensamentos me dão um enorme prazer. Sou capaz de lembrar muitos incidentes divertidos dos meus tempos de adolescente.

Num início de noite o chefe saiu abruptamente do seu quarto arrastando um formidável porrete para castigar Justice[v] por ter esquecido sua pasta de couro em

---

i Zenani Mandela (1959-) e Zindziswa Mandela (1960-), filha do meio e filha caçula de Mandela — ver glossário. **ii** "Pai", em isiXhosa. **iii** Tirado do caderno de capa dura em formato A4 em que ele copiava algumas de suas cartas. **iv** Sisi pode ser a esposa do chefe regente Jongintaba Dalindyebo (ver glossário). Em sua autobiografia original escrita na prisão, Mandela diz que uma mulher chamada Sisi o repreendia por conversar durante as orações quando ele morava no Great Place em Mqhekezweni depois que seu pai morreu, quando ele tinha doze anos. **v** Justice Dalindyebo, filho de Jongintaba Dalindyebo e sobrinho de Mandela que era uns quatro anos mais velho que ele. Cresceram juntos como irmãos no Great Place em Mqhekezweni. Fugiram juntos para Joanesburgo em 1941, quando o regente começou a arranjar casamentos para eles.

Umtata.[i] Cenge, ao lado de cujo carro estávamos parados, saltou para o volante e saiu a toda a velocidade, enquanto Justice dava no pé e desaparecia noite adentro. Eu não estava envolvido na história, ou pelo menos era o que eu pensava, então não saí de onde estava. Mas quando o chefe foi se aproximando eu de repente me dei conta de que iria pagar o pato. "Não sou o Justice!", protestei em voz alta. Ouvi de volta a terrível resposta: "É sim!". Você conhece o resto da história.

E teve também aquela ocasião inesquecível em que você me deu uma bronca por ter roubado milho verde[ii] do jardim do reverendo Matyolo. Naquela noite o chefe estava indisposto e você conduziu as orações familiares. Mal tínhamos dito "Amém" quando você se virou para mim e trovejou: "Por que você nos desonra roubando de um sacerdote?". Eu tinha na ponta da língua uma [resposta] franca e direta, a saber, que comida roubada era para mim mais gostosa do que todos os pratos adoráveis que eu recebia sem esforço de você. Mas o momento que você escolheu para dar sua bronca inesperada me deixou sem fala. Senti que todos os anjos do céu estavam escutando, horrorizados por meu crime infernal. Nunca mais me meti na propriedade de um clérigo, mas espigas de milho de outros jardins continuaram a me tentar. Há dezenas de incidentes como esse que eu fico lembrando na solidão da minha cela.

Mas por que é que eu sinto tanto a sua falta? Há momentos em que meu coração quase para de bater, oprimido pelo peso da saudade. Sinto falta de você, de Umqekezo[iii] e de seu povo. Tenho saudade de Mvezo, onde nasci, e de Qunu, onde passei os primeiros dez anos da minha infância. Anseio por ver Tyalara, onde Justice, Mantusi,[iv] Kaiser[v] e eu nos submetemos aos ritos tradicionais de virilidade. Eu adoraria me banhar de novo nas águas do Umbashe,[vi] como fiz no início de 1935 quando nos lavamos do ingceke.[vii] Quando verei de novo Qokolweni, e Clarkebury,[viii] a escola e instituição que me capacitou a enxergar os contornos distantes e imprecisos do mundo em que vivemos? Frequentemente me pergunto se a srta. Mdingane,[ix] que me ensinou o alfabeto, ainda vive. Sinto saudade de Bawo[x] Mdazuka, Menye,[xi]

---

i Umtata (hoje chamada Mthatha) era a capital do território do Transkei. **ii** Espigas novas de milho. **iii** Outro nome para Mqhekezweni, ou Great Place (Local Grandioso), onde Mandela foi criado pelo regente Jongintaba Dalindyebo depois que seu pai morreu. **iv** Mandela escreve sobre a iniciação em *Longo caminho para a liberdade*: "A escola da cerimônia tradicional da circuncisão foi organizada principalmente para Justice. O restante de nós, 26 ao todo, estava lá principalmente para lhe fazer companhia" (p. 30). **v** K. D. Matanzima (1915-2003), sobrinho de Mandela, um chefe Thembu e ministro-chefe para o Transkei — ver glossário. **vi** Um rio no Transkei. **vii** Uma substância branca de barro que é espalhada sobre o corpo durante a iniciação tradicional à virilidade adulta. **viii** Mandela frequentou o Clarkebury Boarding Institute (Colégio Interno Clarkebury), na cidade de Engcobo, no Transkei, a partir dos dezesseis anos. **ix** Sua primeira professora, que lhe deu o nome Nelson. **x** *Bawo* é um termo de respeito por uma pessoa mais velha. **xi** Amigo de Mandela.

Pahla,[i] Njimbana, Mbanjwa,[ii] os Mvulane[iii] e todos os outros sábios e eloquentes conselheiros da Corte de Mqekezweni.[iv] Penso no chefe Jongintaba, que possibilitou que eu chegasse aonde cheguei. Ele me inspirou a estabelecer metas para mim mesmo, que espero que sejam consideradas convergentes com os interesses da comunidade como um todo. Nossas esperanças e objetivos giram em torno desse ideal. Acima de tudo eu sinto a falta da Ma com sua bondade e modéstia. Eu sabia que a amava enquanto ela era viva. Mas só agora que ela se foi é que eu penso que podia ter dedicado mais tempo para deixá-la confortável e feliz. Você sabe quanto eu devo a ela e ao chefe. Mas como e com que um prisioneiro pode saldar uma dívida com os falecidos?

Você e todos os membros da família são meu orgulho especial. Nada me comove mais do que saber que todos vocês são minha carne e meu sangue. Mas há momentos em que fico extremamente preocupado com vocês. Na verdade, houve ocasiões em que desejei ter nascido num formigueiro ou ter sido trazido pela legendária cegonha, sem nunca ter parentes, uma companheira, filhos ou responsabilidades familiares. Repetidamente formulei a pergunta: É justo uma pessoa negligenciar sua família por conta do envolvimento em questões mais amplas? Está certo alguém condenar seus filhos pequenos e seus pais idosos à pobreza e à fome na esperança de salvar as multidões desgraçadas deste mundo? O bem-estar público não é algo remoto e secundário em relação ao da própria família do sujeito?[v] O princípio segundo o qual a caridade começa em casa não se aplica às questões sociais? A Ma esteve sob forte pressão até o último dia da sua vida. A carta que você me escreveu em novembro de 1968 mostrou que você encarou problemas semelhantes. As ideias que nos movem são uma compensação justa por seus suplícios atuais? Essas são perguntas que me atormentam diariamente. Acrescente-se a isso o fato de que muitos de meus sonhos como indivíduo ruíram à medida que me tornei mais comprometido com questões mais amplas; muitas das minhas ilusões foram despedaçadas, para não falar da quantidade de oportunidades que perdi. Por contraste, vi muitos de meus amigos de infância e colegas de faculdade desenvolverem panças protuberantes e "traseiros largos", vivendo bem e desfrutando complacentemente muitos dos prazeres que eu mesmo gostaria de ter. Mas a tentativa de responder a essas pertinentes perguntas dissolveu as dúvidas que eu tinha e levou a uma certeza maior quanto à correção da minha postura. Espero ter ganhado no processo uma recompensa inestimável — uma consciência objetiva e ativada, a capacidade de sonhar com eras douradas, de viver pelo que poderia vir a ser.

---

i Um nome tradicional de clã. ii Um amigo de Mandela. iii Parentes por afinidade de Justice Dalindyebo. iv O Great Place ou palácio real em Mqhekezweni, no Transkei, onde Mandela foi criado a partir dos doze anos. v Mandela escreveu esta frase na margem e ligou-a ao texto incluindo um asterisco depois da palavra "sociais" ao final da oração seguinte.

Eu vivo na esperança de receber cartas calorosas e amáveis e visitas de parentes e amigos, de você, Hlamba ngobubende.[i] Espero que sua próxima carta seja tão completa e informativa quanto a última que mandou. Acima de tudo, vivo na esperança imediata de voltar um dia para casa; para Mqekezweni[ii] e Qunu[iii] e para ser acolhido por você e saborear incum, isandlwana, iqeba ne thumbu.[iv]

Minhas calorosas lembranças a Justice e sua esposa, Lala e marido, a Lulu, Sandile, Mlungiseleli, Nokwezi, Lindehru Nomqopiso, Zabonke e família.[v] Por último, mas não menos importante, a você, Nyawuza.[vi] Espero que Jonguhlanga[vii] tenha recebido minha carta de condolências.

Com afeto, Dalibunga

Para o oficial comandante, Robben Island

4 de abril de 1971

Oficial comandante,
Robben Island

Att: Tenente Badenhorst

Em acréscimo à minha carta endereçada ao senhor em 31 de março de 1971, devo informá-lo de que na manhã de ontem me dei conta pela primeira vez de que dois de meus cadernos de capa dura de folhas de papel almaço, nos quais mantenho cópias da minha correspondência, foram tirados sub-repticiamente da minha cela.

Relatei imediatamente o acontecido ao chefe da Carceragem Carstens na presença do carcereiro Meyer. Ambos negaram enfaticamente que tivessem revistado minha cela no dia anterior e tirado os cadernos desaparecidos. Acrescentaram ainda que não tinham informação alguma sobre a identidade da pessoa que retirara os

---

i Mandela está se referindo a um nome de clã.   **ii** Em *Longo caminho para a liberdade* ele escreve esse nome como Mqhekezweni.   **iii** A aldeia onde Mandela passou a infância.   **iv** Diferentes partes de carne, em isiXhosa. *Incum* é uma parte macia do peito, *isandlwana* é um tipo específico de tripa, *iqeba* é a parte macia embaixo do queixo e *ithumbu* é o intestino em geral. Pode ser visto como um prato especial preparado para receber alguém.   **v** Amigos.   **vi** Nyawuza ou Mnayawuza refere-se a membros do clã Nyawuza que Mandela conheceu na infância.   **vii** Rei Sabata Jonguhlanga Dalindyebo (1928-86), chefe supremo do território do Transkei e líder do Partido Democrático Progressista, o partido de oposição no Transkei que contestava o regime do apartheid — ver glossário.

cadernos. Pedi ao C/C Carstens que investigasse o assunto e depois me apresentasse um relatório.

Na noite de 31 de março decidi fazer uma busca minuciosa na minha cela para descobrir que outros objetos poderiam eventualmente estar faltando e fiquei bastante chocado ao perceber que a minha caneta prateada Parker T Ball também havia desaparecido. Eu a usei pela última vez em dezembro de 1970, mas continuava a vê-la no estojo onde a guardava até outro dia mesmo. Na manhã do 1º de abril comuniquei o fato ao carcereiro Meyer, já que o C/C estava de folga.

Tenho sérias desconfianças de que a pessoa que tirou os cadernos da cela levou também a caneta e peço-lhe que investigue o problema e faça com que esse objeto seja restituído. O desaparecimento da minha caneta me perturbou tremendamente. A minha é a quinta a desaparecer nos primeiros três meses deste ano. Passei sete anos no setor das Celas Individuais e é a primeira vez que sofremos tais perdas.

Eu ficaria agradecido também se o senhor fizesse a gentileza de me prestar as seguintes informações:

1. O nome do funcionário, se for do seu conhecimento, que tirou os cadernos da minha cela.
2. A razão ou razões pelas quais eles foram retirados.
3. A data em que me serão devolvidos.

Devo acrescentar que um dos cadernos contém os rascunhos completos de duas das três cartas que eu pretendia escrever este mês. O sumiço desse caderno significa que terei que adiar o envio das mencionadas cartas até tê-lo de novo em mãos.

Eu ficaria grato também se o senhor me autorizasse a escrever ao brigadeiro Aucamp a respeito de uma carta que escrevi ao ministro da Justiça no ano passado[i] mencionando meus assuntos domésticos. Alguns aspectos da solicitação que fiz foram atendidos, e ele me pediu para levar-lhe de novo o assunto. Em relação a isso, eu gostaria de chamar a atenção para o fato de que uma cópia daquela carta, que eu queria consultar antes de escrever ao brig. Aucamp,[ii] está num dos cadernos desaparecidos, e eu lhe ficaria muito agradecido se o senhor me permitisse ter acesso a ele.

[Assinado NR Mandela]
NELSON MANDELA: 466/64

---

i Ver carta de 14 de setembro de 1970, página 214. ii Brigadeiro Aucamp, oficial comandante de Robben Island — ver glossário.

Para o oficial comandante, Robben Island

14 de junho de 1971

Oficial comandante,
Robben Island

Att: Major Huisamen

Faço referência à carta que lhe enviei em março deste ano, na qual eu informava que minha preparação para os exames finais para bacharel em direito na Universidade de Londres em junho de 1971 tinha sido prejudicada por uma enfermidade que me obrigou, muito a contragosto, a suspender por completo meus estudos por vários meses.[i]

Em fevereiro deste ano minha saúde tinha melhorado tanto que retomei minha preparação para os citados exames, mas descobri que tinha perdido meu poder de concentração e resistência, e as dores de cabeça que tinham me preocupado durante a segunda metade de 1970 reapareceram. Discuti o problema com o dr. Poleksi, o oficial médico, e foi depois de me consultar com ele que escrevi em março ao senhor e ao adido cultural. Em resposta a minha carta o senhor me informou então que comunicara o assunto ao seu Quartel-General e, ao mesmo tempo, me aconselhou a continuar me preparando para os exames.

Tentei arduamente seguir seu conselho e me empenhei ao máximo, mas percebi que, embora minha saúde continuasse melhorando, a recuperação não era rápida e completa o bastante para me possibilitar um progresso satisfatório em meu trabalho, a principal dificuldade sendo, como sempre, as dores de cabeça recorrentes. A hipertensão postural, doença da qual eu sofro, é agravada pela tensão e pelo esforço mental, duas coisas que naturalmente acompanham o estudo e a preparação para exames. Em tais circunstâncias fui levado a avaliar qual seria a melhor maneira de prosseguir os estudos sem atravancar o progresso da recuperação, e a resposta óbvia foi estender o curso por dois anos, com a meta de concluí-lo em junho de 1972. Sua insistência para que eu o conclua em 1971 foi um apelo para tentar algo que está inteiramente além das minhas condições físicas.

Talvez eu possa acrescentar que eu deveria ter concluído em junho de 1970 e não o fiz porque o Departamento de Prisões deixou de encaminhar à universidade os documentos que me habilitariam a fazer os mencionados exames.

O Departamento tentou justificar sua ação com o argumento de que minha permissão para estudar naquela universidade tinha expirado. Como o senhor está ciente,

---

i Enquanto estava sob julgamento em 1962, Mandela teve um colapso na prisão e foi diagnosticado como hipertenso.

só fui informado em setembro de que poderia retomar meus estudos. Mesmo que eu estivesse com a saúde perfeita, teria sido muito difícil conseguir uma aprovação com apenas oito meses de preparação para um curso final de um ano em que teria que dar conta de quatro disciplinas amplas e complexas de uma única vez.

Em decorrência disso, preciso lhe pedir que me conceda mais doze meses para concluir a graduação. Gostaria que o senhor soubesse que, de acordo com as normas que regem esse curso, se eu não satisfizer os examinadores neste junho em cada uma das quatro disciplinas remanescentes, serei obrigado a repetir não apenas estas, mas também as outras quatro que completei para a parte I do exame final. Uma leitura atenta das notas gerais e da lista de leituras para orientação dos estudantes, além do plano de ensino, mostrará que tais exames requerem uma preparação prolongada e intensiva. Por essa razão, reluto muito em enfrentar os exames vindouros, já que minha preparação foi prejudicada, e espero que o senhor reconsidere sua decisão e atenda ao pedido feito acima. Não preciso salientar que uma eventual recusa sua a minha reivindicação me ocasionará uma pesada perda financeira.

[Assinado NRMandela]
NELSON MANDELA: 466/64

[anotação em africâner com outra caligrafia]
21/6/71

Coronel,
O pedido de prorrogação já foi rejeitado pelo brig. Aucamp. Seus estudos agora estão encerrados e seus livros guardados junto a seus pertences.

Para a livraria Vanguard Booksellers[i]

26 de setembro de 1971

Gerência,
Vanguard Booksellers,
Commissioner Street, 123
Joanesburgo

[Anotação manuscrita em africâner] Chefe da carceragem De Jager, este tipo de coisa não é permitido.

---

i Sua amiga e camarada Helen Joseph (1905-92) trabalhava ali (para Helen Joseph, ver glossário).

Caro senhor,

Anexo aqui a soma de R5,00 e ficarei grato se o senhor fizer a gentileza de enviar, logo que lhe seja possível, os seguintes presentes de aniversário às pessoas mencionadas abaixo, junto com um cartão simples contendo as palavras indicadas sob cada título:

1. NKOSIKAZI NOBANDLA MANDELA, Casa nº 8115, Orlando West, JHB. "A selva",[i] de Upton Sinclair.
   Minha querida,
   Para o seu aniversário. Um milhão de beijos & montanhas de amor.
   Dalibunga

2. SR. KGATHO MANDELA, Casa nº 8115, OW, JHB. "Por quem os sinos dobram",[ii] de Ernest Hemmingway [sic]
   Para você meu irmão
   Se quiser continuar sendo um "gato" inteligente e belo, leia este livro.
   Irmão (vulgo) Pai

3. SRTA. MAKI MANDELA, 8115, OW, JHB.
   "A pérola",[iii] de Steinbeck
   Minha querida,
   Com todo o meu amor!
   Tata

Se esses títulos não estiverem disponíveis, por favor substitua-os por outros adequados que tenha em seu estoque e depois me informe. Por gentileza coloque a diferença na minha conta.

Atenciosamente,
[Assinado NRMandela]
NELSON MANDELA

---

i *A selva* (1906), de Upton Sinclair, retrata as duras condições de trabalho e a exploração dos imigrantes que viviam em Chicago, EUA. **ii** *Por quem os sinos dobram* (1940), de Ernest Hemingway, conta a história de um jovem norte-americano trabalhando com uma unidade de guerrilha em 1937 durante a Guerra Civil Espanhola. **iii** *A pérola* (1947), de John Steinbeck, conta a história de um pescador de pérolas, Kino, e aborda temas como a força destruidora da cobiça, o racismo e o destino.

Para o oficial comandante, Robben Island

27 de março de 1972

Oficial comandante,
Robben Island

Att: Chefe da Carceragem Van der Berg[i]

O parafuso direito dos óculos aqui anexos está solto e precisa ser afixado ou trocado. Queira fazer a gentileza de mandá-los ao oculista para o reparo, com despesas por minha conta.

[Assinado NRMandela]
NELSON MANDELA: 466/64

[Anotações em africâner]
R5,00 gevrees[ii] [e rubrica]

Coronel,
Para sua decisão, por favor [e rubrica]

Hospital,
Mostrar H/K
Correio Geral Caixa 11 (8) (b)
[Assinatura] 27/3/72
Aprovado com despesas à custa dele
[Assinatura]
10/4/72

[Anotação no alto em outra caligrafia]

466/64 Nelson Mandela (Grupo B)

◇◇◇◇◇◇◇◇◇◇◇◇

*Em 1971 Winnie Mandela tinha sido condenada a doze meses de prisão por se comuni-
car com uma pessoa banida em sua casa. Ela apelou com sucesso contra a condenação e*

---

i Este nome está riscado e rubricado por outra pessoa e datado de 27.3.72.   ii "Congelados", em africâner (normalmente grafado "gevries"), o que pode significar que as autoridades congelaram essa quantia.

a sentença. No ano seguinte ela teve êxito em seu apelo contra as sentenças de seis e de doze meses por receber visitas.

Para Winnie Mandela,[i] sua esposa

[Anotação com outra caligrafia no alto da carta] 466/64 Nelson Mandela (Grupo B)

PRIMEIRO DE JUNHO de 1972

Minha querida,

Mais uma vez suas cartas não estão chegando, e quando chegam é com grande atraso. A de 30 de JANEIRO só me foi dada em 4 de MARÇO, e a de 26 de FEVEREIRO eu só recebi em 15 de ABRIL.

Em 25 de FEVEREIRO eu tinha discutido toda a questão da nossa correspondência com o comissário de Prisões, general Steyn, indicando a ele que eu tinha recebido só três das doze cartas que você me escreveu em 1971, & que você também só recebera três das cartas que te escrevi no mesmo período.

Contei a ele então que eu vinha tendo essa dificuldade desde 1969 & que o oficial comandante repetidas vezes me explicara que todas as minhas cartas tinham sido enviadas & que eu tinha recebido toda a correspondência que chegara. O GPO[ii] repudiou enfaticamente minha insinuação de que a nossa correspondência tinha sofrido interceptação em seu trânsito pelo GPO[iii] e prometeu que mandaria investigar o problema.

Cerca de uma semana depois eu discuti a mesma questão com o brig. Aucamp,[iv] a quem ela tinha sido mencionada pelo GPO. No final da conversa ele prometeu que instruiria o funcionário pertinente a lhe contar tão logo uma carta tua fosse recebida pela prisão. Essa providência, garantiu, resolveria minhas dificuldades a esse respeito, garantia que eu aceitei inteiramente. Mas agora estamos exatamente no ponto em que estávamos antes de eu fazer essas queixas ao GPO e ao brig. Aucamp. Embora em 8 de ABRIL o tenente Fourie tenha me contado na tua presença que ele tinha recebido tuas cartas de FEVEREIRO & MARÇO, apenas a de FEVEREIRO havia sido entregue & ainda estou esperando a de MARÇO. As de ABRIL & MAIO também estão atrasadas. Fico inquieto ao perceber que as minhas queixas ao chefe do Departamento de Prisões & uma garantia do brig. Aucamp, com relação a um assunto que eles podem facilmente resolver, podem se revelar infrutíferas.

---

i Nomzamo Winifred Madikizela-Mandela (1936-2018) — ver glossário. **ii** Commssioner of Prisons (Comissário de Prisões). **iii** General Post Office (Correio Geral). **iv** Brigadeiro Aucamp, oficial comandante de Robben Island — ver glossário.

A gente não deveria ter de experimentar dificuldades desse tipo para se comunicar com a família.

Como você sabe, nenhum dos cartões de aniversário que você me mandou desde 1969 chegou a minhas mãos. Não tive a coragem de te dizer que nem mesmo os cartões de Natal mandados pelas crianças em 1º de dezembro chegaram. Não posso sequer ter certeza de que Maki[i] recebeu o cartão de aniversário que lhe mandei no mês passado. Sugiro que você se comunique imediatamente com o GPO em Pretória, ou então, se ele não estiver lá, por meio do endereço dele na Cidade do Cabo, e traga o problema todo à sua atenção de novo. [?] você registre todas as suas cartas & deverá ter pouca dificuldade em descobrir junto ao GPO onde elas foram despachadas, se chegaram a seu destino, quem as recebeu e em que data.

É bom que você saiba que suas cartas para mim são duramente censuradas. Você não numera as páginas e muitas vezes é difícil saber se me deram a carta toda, mas as linhas 43, 44, 45, 46 & 47 da segunda página da sua carta de 30 de janeiro foram eliminadas. Com exceção das palavras "vive na prisão", toda a linha 12 da primeira página da carta de 26 de FEVEREIRO também foi eliminada. As linhas 30, 31 e 32 da página 2 dessa mesma carta foram riscadas & as últimas SETE linhas foram suprimidas.

Mantenha agora cópias de todas as cartas que me escreve e daqui em diante você estará mais apta a saber quais as coisas que deve evitar em cartas futuras. Minha segunda carta foi para Thoko[ii] & a terceira, para Shadrack & Nyanya.[iii] Por favor, verifique se o tio Allen recebeu minha carta de abril. Você tem informação sobre a que escrevi a Douglas Lukhele?[iv] Parece que Lily[v] planeja me visitar em novembro. Ela naturalmente está livre para vir, desde que você aprove. Pretendo escrever a ela, talvez no mês que vem, aos teus cuidados de novo, para indicar que seria desejável que ela providenciasse a visita por teu intermédio. Novembro, no entanto, não é uma ocasião apropriada para ela, porque é a época em que você ou as crianças gostariam de vir. A propósito, no ano passado pedi a você que providenciasse para que Kgatho[vi] estivesse aqui em dezembro, pois pensei que você tivesse escolhido novembro por não ter condições de vir no Natal. Seja como for, por favor me diga logo o que você pensa a respeito da pretendida visita em novembro. Em novembro de 1970 a mãe de Joe[vii] — Caixa Postal 36, Gaborone — prometeu me mandar O ALBERTI'S ACCOUNT OF THE

---

i Makaziwe Mandela (1954-), filha mais velha de Mandela — ver glossário. **ii** Thoko Mandela, viúva de seu falecido filho Thembi (para Thembi Mandela, ver glossário). **iii** Nonyaniso (Nyanya) Madikizela, irmã mais nova de Winnie Mandela. **iv** Douglas Lukhele, advogado suazilandês formado em Harvard que fez estágio na firma de advocacia de Mandela e Oliver Tambo nos anos 1950. Ele foi o primeiro procurador-geral suazilandês e juiz da Suprema Corte da Suazilândia. Ver a carta de Mandela a ele na página 203. **v** Lilian Ngoyi (1911-80), política, ativista antiapartheid e pelos direitos das mulheres — ver glossário. **vi** Makgatho (Kgatho) Mandela (1950-2005), segundo filho de Mandela — ver glossário. **vii** Provavelmente Frieda Matthews (1905-98), amiga de Mandela e esposa de seu professor na universidade Z. K. Matthews, já que ela era de Botsuana e seu filho Bakwe Matthews (1929-2010) era também conhecido como Joe — ver glossário para esses três indivíduos.

XHOSA IN 1807.[i] Escrevi imediatamente em resposta para dizer a ela que a autoridade encarregada dos estudos na época tinha aprovado que eu recebesse o livro. Não tive mais notícia dela. Você mantém contato com Sef & Nali?[ii] Lembra-se do que eles fizeram por você? Diga a Zeni & Zindzi[iii] que vou escrever para elas em breve. Enquanto isso, montanhas & montanhas de amor e um milhão de beijos, querida.

Com devoção, Dalibunga

Nkosikazi Nobandla Mandela, 8115 Orlando West, Joanesburgo

Para o oficial comandante, Robben Island

NELSON MANDELA: 466/64

7 de março de 1973

Oficial comandante,
Robben Island.

Minha obturação dentária está me causando transtornos; dói e às vezes sangra quando eu como. Além disso, é sensível ao quente e ao frio.

Por essa razão eu ficaria grato se o senhor fizesse a gentileza de providenciar que um dentista me atendesse o mais rápido possível. Tenho fundos suficientes para cobrir as despesas.

NELSON MANDELA: 466/64
[Assinado NRMandela]

Para o oficial comandante, Robben Island

7 de março de 1973

Oficial comandante,
Robben Island.

---

i *Ludwig Alberti's Account of the Xhosa in 1807, translated by W. Fehr* [Descrição dos Xhosa em 1807 por Ludwig Alberti, traduzida por W. Fehr] (Cidade do Cabo: A.A. Balkema, 1968).   **ii** Nancy e Sefton Vutela, irmã de Winnie e seu marido.   **iii** Zenani (1959-) e Zindzi (1960-) Mandela, suas filhas — ver glossário — que estavam no colégio interno em Botsuana.

A última vez que meus olhos foram examinados para a confecção de óculos de leitura foi em novembro de 1970, e eu ficaria grato se o senhor fizesse a gentileza de providenciar para que sejam examinados de novo quanto antes. Tenho fundos suficientes para cobrir os custos de tal exame.

NELSON MANDELA: 466/64
[Assinado NRMandela]

Para Helen Suzman,[i] membro da oposição no Parlamento da África do Sul

Nelson Mandela 466/64 $\qquad$ Grupo A $\qquad$ 1º de março de 1974

Cara doutora Suzman,

Acabo de saber com sincero prazer que a Universidade de Oxford a honrou com o diploma em direito civil, e escrevo para lhe transmitir minhas calorosas congratulações.

Não sei exatamente quando o diploma foi conferido, se a senhora teve condições de viajar até lá para recebê-lo, nem tenho a menor ideia do discurso que proferiu na ocasião, se é que houve discurso. Evidentemente, as opiniões sobre importantes questões de princípio e método nem sempre coincidem, mesmo entre aqueles que são inspirados pelos mesmos ideais e cujo objetivo na vida é substancialmente o mesmo. Suas reservas quanto a muita coisa que considero natural e inevitável são bem conhecidas e mesmo compreensíveis. Não obstante isso, o seu discurso seria um que, por razões óbvias, eu teria lido com muita atenção. Ele seria uma tentativa de apresentar o ponto de vista de um amplo segmento da opinião liberal que tem permanecido resolutamente franco. Talvez um dia eu tenha a oportunidade de vê-lo.

Enquanto isso, espero que não considere despropositado de minha parte dizer que essa é uma honra que a senhora merece plenamente. Uma carreira pública como a que escolheu, ainda mais se consideradas todas as circunstâncias, apresenta desafios que intimidariam o homem médio. Ela requer uma pele resistente e nervos fortes, o que a senhora possui de sobra. Significa trabalho duro, agruras o tempo todo, muitos dias, semanas e até meses longe de seus entes queridos, e resultados que, embora tenhamos a esperança de que venham ainda em nosso tempo de vida, talvez sejam na verdade desfrutados apenas pela posteridade, muito depois que nós, que labutamos por eles, já tenhamos saído de cena. É sempre uma fonte de grande consolo saber que nossos esforços

---

i Helen Suzman (1917-2009), acadêmica, política, ativista antiapartheid e parlamentar do partido de oposição — ver glossário.

são amplamente reconhecidos. Oxford lhe deu uma injeção de ânimo, um fato que deve ter sido fonte de grande prazer para sua família e para a causa mais ampla a que a senhora serve. Talvez a senhora me permita a esperança um pouquinho egoísta de que isto chegue a tentá-la a vir para o lado de cá com mais frequência do que fez até hoje.[i]

A África do Sul produziu uma rica legião de mulheres eminentes que desempenharam um papel independente na nossa história. No início do século passado Manthatisi[ii] ascendeu ao comando do que era, para os padrões da época, um exército poderoso que influenciou o curso dos acontecimentos neste país, particularmente no Estado Livre e no Cabo Norte-Ocidental. Olive Schreiner[iii] foi uma militante liberal com uma pena enérgica. Mesmo hoje alguns dos seus escritos e discursos poderiam converter geleia em rocha sólida. Por outro lado, Cissie Gool[iv] atuou dentro de um perímetro comparativamente menor, mas suas atitudes em questões essencialmente locais tiveram repercussões que foram muito além do Cabo Ocidental. Uma contemporânea da senhora, Elisabeth Eybers,[v] escreveu alguns dos mais lindos poemas no país e, como uma "Dertiger",[vi] abriu caminhos no campo da literatura. Na linha de frente entre as mulheres que estão hoje dando uma contribuição significativa no terreno educacional, literário, político e sociológico está Fatima Meer,[vii] que atrai atenção num âmbito bem amplo, enquanto Ray Alexander,[viii] uma ativa sindicalista desde os anos 1930, foi uma figura imponente na luta dos trabalhadores por uma vida melhor.

Essas são apenas algumas das muitas mulheres da África do Sul que deixaram, e estão deixando, uma marca definitiva nas questões públicas. O laço que une todas é a notável tradição que elas construíram. Talvez seja essa notável tradição que, consciente ou inconscientemente, inspirou a senhora a se aventurar a sair do refúgio do seu lar confortável e feliz e mergulhar nas tempestades e frustrações de sua vida atual. Se hoje essa notável tradição ainda encontra eco no mais importante órgão de governo aqui, é principalmente porque a senhora teve a coragem de entrar na arena quando muitos teriam preferido permanecer como espectadores.

Talvez às vezes a senhora tenha sido levada quase ao desespero pelo que parece ser um esforço sem esperança — uma tarefa assumida por uma só pessoa quando

---

i Suzman levantou continuamente no Parlamento a questão dos presos políticos e encontrou Mandela e seus companheiros pela primeira vez em Robben Island em 1967. **ii** A rainha Manthatisi liderou o povo Tlôkwa durante o período das guerras Difiqane/Mefacane, 1815-40, até seu filho, Sekonyela, ter idade suficiente para governar. **iii** Olive Schreiner (1855-1920), escritora, feminista, socialista e pacifista sul-africana. **iv** Cissie Gool foi a fundadora e primeira presidente da Liga de Libertação Nacional, presidente da Frente Unida Não Europeia nos anos 1940 e primeira mulher *coloured* a se formar em direito na África do Sul e ser chamada para o Tribunal do Cabo. **v** Elisabeth Eybers (1915-2007), poeta sul-africana que escrevia predominantemente em africâner. **vi** Os "Dertigers", ou "escritores dos anos 1930", foram um grupo de poetas sul-africanos de língua africâner que renovaram a literatura da primeira metade do século XX. [N.T.] **vii** Fatima Meer (1928-2010), escritora, acadêmica e ativista antiapartheid e pelos direitos das mulheres — ver glossário. **viii** Ray Alexander nasceu na Letônia e chegou em 6 de novembro de 1929 à África do Sul, onde se filiou ao Partido Comunista da África do Sul aos dezesseis anos.

seria necessária toda uma legião. Confio que qualquer dúvida que a senhora possa ter nutrido esteja agora completamente afastada, que considerará a honra conquistada, bem como as numerosas mensagens de congratulações que certamente recebeu, como uma expressão tangível do valor crucial de seus esforços. A senhora tem muitos amigos e apoiadores.

Mais uma vez, minhas calorosas congratulações! Que o próximo mês seja um momento de alegria para a senhora e seus colegas. Meus melhores votos à senhora e sua família.

Cordialmente,
[Assinado NR Mandela]

Dra. Helen Suzman, Membro do Parlamento, a/c Nkosikazi Nobandla Mandela, Casa nº 8115, Orlando West, Caixa Postal Phirima, Joanesburgo

1/3/74

SECRETO[i]

CARTA DO PRISIONEIRO MANDELA A SRA. H SUZMAN, MP.

EXCELENTÍSSIMO VICE-MINISTRO DE PRISÕES.

1. Segue em anexo a cópia datilografada de uma carta do prisioneiro Nelson Mandela, endereçada à sra. H Suzman, MP [membro do Parlamento]. Via Nkisikazi[ii] [sic] Nobandla Mandela[iii] ou Orlando West, para sua informação.
2. Como a carta não trata de assuntos domésticos, mas está repleta de sugestões e ideias políticas, ela não foi liberada.

JC STEYN
COMISSÁRIO DE PRISÕES
SUBCOMISSÁRIO CHEFE (EM EXERCÍCIO)

Cópia para sua informação
[Rubricado]

COMISSÁRIO DE PRISÕES

[Carimbo datado] 3-4-1974

---

i Não está claro se ao marcar como "Secreto" este bilhete explicativo o funcionário pretendia que permanecesse em segredo que a carta não foi enviada. **ii** A grafia correta seria *Nkosikazi*, significando "senhora" em isiXhosa. **iii** Nobandla é um dos nomes de Winnie Mandela.

466/64. N. Mandela - A/B. aan *Kom...* *...* *...*

Robben Island Prison.
Robben Island.
13 May 1974.

The Honourable Advocate J. Kruger,
Minister of Justice
Pretoria.
Dear Sir,

I should be pleased if you would treat this matter as one of the utmost urgency. I should have liked to have made these representations more than two months ago, but due to my current circumstances and the measured pace at which government departments are accustomed to move, it has not been possible for me to write earlier than today.

1

In this connection, I should be grateful if you would:
(a) grant my wife, Mrs Winnie Mandela, House no. 8115 Orlando West, Johannesburg, a permit to acquire a firearm for purposes of self-defence;
(b) request the Minister of Police to order members of the South African Police in dealing with my wife to confine themselves strictly to the execution of their duties according to law.
(c) use your influence with the City Council of Johannesburg to relax their influx control regulations and to allow my brother-in-law, Mr Msuthu Thanduxolo Madikizela, and his wife to live permanently with my wife at 8115 Orlando West, Johannesburg.
(d) arrange with the Minister of Police for members of the South African Police to guard the house daily from 7 p.m. to 6 a.m. until my brother-in-law and his family join my wife.
(e) to request the minister of Interior to furnish my wife with a passport to enable her to holiday abroad.
(f) grant my wife and me a two-hour contact visit for the purpose of discussing the special problems outlined here.

2

My wife is a person upon whom notice has been served under the provisions of the Suppression of Communism Act, 44 of 1950. I have not had the opportunity of seeing the actual text of the abovementioned notice, but to the best of my knowledge and belief, she is prohibited from

GP-S-(F)-0

Uma carta para o ministro da Justiça, 13 de
maio de 1974, ver páginas 273-84.

271

2

attending gatherings, entering a factory, an educational centre or similar places. Though she is free to take up employment within the urban area of Johannesburg, she is otherwise ~~compelled~~ confined to Orlando Township and is not permitted to enter the rest of the area in Johannesburg known as Soweto.

3

In terms of the abovementioned notice, and with the exception of our two daughters now aged 15 and 13 respectively, no person is allowed to visit the house during certain specified hours. As the children were then, and still are, away at a boarding school for the greater part of the year, this meant that she had to live all alone in the house.

4

Towards the end of 1970 and again on 27 May 1971 I wrote to your predecessor, Mr P.C. Pelser, requesting him to grant me an interview to enable me to discuss with him my wife's house arrest and its implications. In this connection I wish to refer you to the following passage in my letter of 27 May 1971:

"I consider it dangerous for a woman and detrimental to her health to live alone in a rough city like Johannesburg. She suffers from an illness which is caused by worry and tension and which has on occasions rendered her unconscious. Believe me when I say that I have since September last year lived in a real nightmare. She has visited me three since her release from prison, and the harmful effects of many nights of loneliness, fear and anxiety are written across her face. She looks pale and spent. I am further told that her hardships have been carefully and fully explained to you, without success, by herself as well as her legal representative. I cannot get myself to accept that you could remain indifferent where the very life of another human being is actually involved, and I ask you to relax the notice to enable her to live with friends and relatives."

In addition, I raised other family problems which I considered serious and repeated the request for an interview.

5

I was informed by the Commanding Officer at the time, and by Brigadier Aucamp, that both letters had been forwarded to your predecessor.

◇◇◇◇◇◇◇◇◇◇◇

Em 1973 Winnie Mandela foi sentenciada a doze meses por ter almoçado com suas filhas na presença de uma pessoa banida, o fotógrafo Peter Magubane. Seis meses foram deduzidos de sua pena quando ela apelou, e ela foi obrigada a cumprir os restantes seis meses na Prisão de Kroonstad, em Kroonstad, no Estado Livre de Orange (hoje Estado Livre).

Quando não estava na prisão, ela vivia num estado de insegurança em casa, onde mais de uma vez foi atacada fisicamente na calada da noite. Mandela fez tudo o que estava ao seu alcance, incluindo uma petição ao ministro da Justiça, para que fornecesse proteção a ela.

Para o ministro da Justiça

[Mensagem em outra caligrafia em africâner, no alto da carta] 466/64 N. Mandela. Carta especial ao comissário sobre como sua esposa está sendo tratada

13 de maio de 1974

Ilustre advogado J. Kruger,[i]
Ministro da Justiça
Pretória.

Caro senhor,

Eu ficaria agradecido se o senhor tratasse esta questão com a máxima urgência. Eu gostaria de ter feito este apelo mais de três meses atrás, mas, devido a minhas atuais circunstâncias e ao ritmo lento com que os departamentos governamentais estão acostumados a se mover, não me foi possível escrever-lhe antes.

I

Por essa razão, eu ficarei grato se o senhor:

a) conceder a minha esposa, sra. Winnie Mandela, Casa nº 8115 Orlando West, Joanesburgo, permissão para adquirir uma arma de fogo com o propósito de autodefesa;

b) solicitar ao ministro da Polícia que ordene aos membros da polícia sul-africana que, ao lidar com minha esposa, se limitem estritamente à execução de seus deveres de acordo com a lei;

---

i James (Jimmy) Kruger (1917-87), ministro da Justiça e da Polícia entre 1974 e 1979 — ver glossário.

c) usar sua influência junto à Câmara Municipal de Joanesburgo para relaxar suas normas de controle de fluxo de pessoas e permitir que meu cunhado sr. Msuthu Thanduxolo Madikizela[i] e sua esposa morem permanentemente com minha esposa no 8115 de Orlando West, Joanesburgo;

d) providenciar com o ministro da Polícia para que membros da polícia sul-africana protejam a casa entre sete da noite e seis da manhã até que meu cunhado e sua família passem a viver com minha esposa;

e) solicitar ao ministro do Interior que forneça a minha esposa um passaporte para que possa passar suas férias no exterior;

f) conceder a minha esposa e a mim uma visita pessoal de duas horas com o propósito de discutir os problemas especiais delineados aqui.

2

Minha esposa é uma pessoa que foi indiciada de acordo com as disposições da Lei de Supressão do Comunismo, 44, de 1950. Não tive a oportunidade de ver o texto do mencionado indiciamento, mas até onde eu sei ela está proibida de comparecer a reuniões, de entrar numa fábrica, num centro educacional e em locais semelhantes. Embora esteja livre para arranjar um emprego nos limites da área urbana de Joanesburgo, à parte isso ela está confinada ao distrito de Orlando e não tem permissão para entrar no restante da área de Joanesburgo conhecida como Soweto.

3

Nos termos do mencionado indiciamento, e com exceção de nossas duas filhas, hoje com quinze e treze anos de idade respectivamente, nenhuma pessoa está autorizada a visitar a casa durante determinadas horas. Como as crianças estavam, e ainda estão, num distante colégio interno durante a maior parte do ano, isso significa que ela tem que morar sozinha na casa.

4

Perto do fim de 1970 e de novo em 27 de maio de 1971 eu escrevi ao seu antecessor, sr. P.C. Pelser,[ii] solicitando-lhe que me concedesse uma entrevista em que eu pudesse discutir com ele a prisão domiciliar de minha esposa e suas implicações. Em relação a isso, eu gostaria de mencionar ao senhor a seguinte passagem da minha carta de 27 de maio de 1971:

"Considero perigoso para uma mulher e prejudicial a sua saúde morar sozinha numa cidade bruta como Joanesburgo. Ela sofre de uma doença causada pela preocupação

---

i Msutu Thanduxolo, irmão de Winnie Mandela. ii Ver cartas de 14 de setembro de 1970 e 19 de novembro de 1970, páginas 214 e 219.

e pela tensão e que ocasionalmente a deixa inconsciente. Acredite-me quando digo que desde setembro do ano passado tenho vivido num verdadeiro pesadelo. Ela me visitou três vezes desde sua soltura da prisão, e os danosos efeitos de muitas noites de solidão, medo e angústia estão escritos no seu rosto. Ela parece pálida e esgotada. Fui informado também de que suas agruras foram explicadas detalhada e extensamente ao senhor, sem sucesso, por ela própria, bem como por seu representante legal. Não consigo aceitar que o senhor possa permanecer indiferente quando é a própria vida de outro ser humano que está envolvida, e peço-lhe que relaxe o indiciamento para possibilitar que ela viva com amigos e parentes."

Além disso, levantei outros problemas familiares que considerava sérios e repeti a solicitação de uma entrevista.

5

Fui informado pelo oficial comandante da época, e pelo brigadeiro Aucamp,[i] de que ambas as cartas tinham sido encaminhadas ao seu antecessor. Lamento informar-lhe, porém, que o sr. Pelser nem sequer me concedeu a cortesia de acusar o recebimento delas, que dirá de respondê-las devidamente. No entanto, algum tempo depois que a carta de maio de 1971 tinha sido encaminhada, minha esposa me informou que o indiciamento tinha sido relaxado e que ela agora podia morar com os parentes ou amigos que estivessem habilitados a permanecer nos limites da área urbana de Joanesburgo nos termos das normas de controle de fluxo de pessoas. Ela me informou também que, embora os termos do indiciamento fossem ainda restritivos, alguns dos problemas dos quais eu me queixara em minha segunda carta haviam sido um pouco amenizados.

6

Em decorrência do mencionado relaxamento, nossos amigos, o sr. e a sra. Madhlala, foram morar com minha esposa. Até onde sei, os Madhlala não estavam associados a nenhuma das organizações políticas que combatem a opressão racial em geral e a política de segregação em particular. A despeito disso, a Polícia de Segurança Pública arrastou-os repetidamente ao seu quartel-general e submeteu-os a extenuantes interrogatórios. Como resultado desse tormento eles foram compelidos a contragosto a deixar nossa casa. As notícias sobre as experiências dos Madhlala na nossa casa espalharam-se amplamente e as pessoas, incluindo amigos próximos que concordariam prontamente em residir com minha esposa, ficaram com medo e agora relutam em fazer qualquer coisa que possa atrair a atenção da Polícia de Segurança Pública, até porque hoje não há quase ninguém que queira compartilhar o tipo de vida que minha esposa é obrigada a levar.

i Brigadeiro Aucamp, oficial comandante de Robben Island — ver glossário.

3

81/142289
(Z. 13.)

I regret to advise you, however, that Mr Pelser did not even favour me with the courtesy of an acknowledgment to say nothing of a reasoned reply. ~~However,~~

* Some time after the May 1971 letter had been forwarded my wife informed me that the notice had been relaxed and that she could now live with such relatives or friends as were qualified to remain within the urban area of Johannesburg in terms of its influx control regulations. She further informed me that although the terms of the notice were still restrictive, some of the problems about which I had complained in my second letter had somewhat eased.

6

In pursuance of the aforementioned relaxation our friends, Mr and Mrs Madhlala, came to live with my wife. To the best of my knowledge and belief, the Madhlalas were not associated with any of the political organisations that fight against racial oppression generally and the policy of Separate Development in particular. In spite of this, the Security Police repeatedly dragged them to their headquarters and subjected them to gruelling interrogation. As a result of this harassment they were reluctantly compelled to leave our place. The news of the experiences of the Madhlalas at our house spread far and wide and people, including those close friends who would readily agree to reside with my wife, took fright and are now unwilling to do anything that may attract the attention of the Security Police, so much so that today there is hardly any person who is willing to share the type of life my wife is forced to lead.

7

The one and only person who is still prepared to live with my wife is Mr Madikizela, and I must request you to use your influence with the City Council of Johannesburg to give him permission to live at 8115 Orlando West. I must add that prior to her endorsement out of the urban area of Johannesburg, Mr Madikizela, stayed with my wife.

8

The fears I expressed in my letters to your predecessor were not unfounded. On several occasions my wife has been the subject of brutal

GP-S-(F)-8

Uma carta para o ministro da Justiça, 13 de
maio de 1974, ver páginas 273-84.

4

81/142289
(Z. 15.)

night attacks from criminals whose identity is unknown to us. In this connection I wish to quote from a letter she wrote to me on 6 December 1972:

"You must have perhaps heard from our mutual informer of the serious events which have left me quite shaken. Briefly, the house was broken into whilst I went home with the children to see my sick father. All our little valuable possessions were taken, the strange thief did extensive damage to the house, smashed to pieces what he could not take, tore down paintings from the walls, broke our glass partition, smashed the glass doors, removed books and personal documents..."

"Then at 3.30 am Sunday morning two weeks ago, three black men gained entry into the house through the same window which I had not fixed because the police had not taken the statement of the burglary. They tried to strangle me with a cloth. Had he not taken a deep breath as he bent over my neck to tie the cloth I would not have heard anything. I did not know I could scream so much, they switched off the light & fighting them off in the dark saved me. I sustained slight injuries. I was given police protection for a few days whilst an urgent application was made for someone to stay with me. My attorneys applied for Msuthu & Nompumiso & her husband temporarily whilst the Minister is deciding on Msuthu. However, I was subsequently granted permission for a Mr & Mrs Msokomsoko whom I met at work, they have been given 7 days at a time & their permit is expiring tomorrow. Our problem is that no one is prepared to share my kind of life, the situation is far worse now."

I also quote from her letter of 20 March 1974:

"The last attempt on my life on the 9th [i.e. 9 February] has left me quite speechless.... The damage to the house was quite ~~speechless~~ extensive. I have been battling to repair what can be repaired, the garage doors need complete replacement. The hatred with which iron doors were torn apart like pieces of wood is indescribable. It is a mystery to me how the house doors took so long to give in with such heavy impact on them."

These events show that the effect of the restrictions placed upon my

GP-S-(T)-B

B

wife, and the persistent refusal of the Johannesburg City Council to allow Mr Madikizela to stay with her, have made her an easy target to a mysterious type of thugs. An Alsation dog, which she acquired at the end of 1970, was poisoned and killed quite obviously by a person who has considerable experience in dealing with dogs that are trained to do police duties and to accept food from one person only.

All the fears I expressed to your predecessor have been confirmed and today my wife lives under perpetual danger and acute anxiety. I am reluctantly compelled to request you to give her a permit to acquire a firearm for purposes of self-defence, a request which I hope you will consider fair and reasonable, having regard to all the circumstances. I might add that last year a man attempted to stab her in the streets of Johannesburg in broad daylight and she was saved only by the intervention of friends. The man was subsequently arrested, but I have been told that the charge was later withdrawn.

9

In the light of my wife's experiences I must ask you to arrange for the house to be guarded by members of the South African Police daily from 7pm to 6am until Mr Madikizela moves in.

I must point out that from all the reports I have received the Security Police have acted towards my wife in a manner which I cannot accept as a proper execution of their duties. She is shadowed wherever she goes, taximen whom she hires to convey her to and from work are frequently interrogated, and those who come to stay with her persistently harassed. Generally their attitude is hostile and on occasions positively provocative. Your intervention could give her some respite and ease the strain.

10

In spite of all her bitter experiences my wife has no intention whatsoever of leaving the house. But I think it advisable for her to be furnished with a passport to enable her to travel abroad on holiday. Getting away from Orlando for a month or two might ease the strain and benefit her health immensely.

11

I must add that although I have now completed eleven years of my sentence, and although I have reached 'A' Group, the highest

7

A única pessoa que ainda está preparada para morar com minha esposa é o sr. Madikizela, e devo solicitar ao senhor que use sua influência junto à Câmara Municipal de Joanesburgo para lhe dar permissão de morar no 8115 de Orlando West. Devo acrescentar que antes da recomendação para que saísse da área urbana de Joanesburgo o sr. Madikizela morava com minha esposa.

8

Os temores que expressei em minhas cartas a seus antecessores não eram infundados. Em diversas ocasiões minha esposa foi alvo de brutais ataques noturnos de criminosos cuja identidade nos é desconhecida. A esse respeito eu gostaria de transcrever trechos de uma carta que ela me escreveu em 6 de dezembro de 1972:

"Você talvez tenha ficado sabendo por meio de nosso informante comum dos sérios acontecimentos que me deixaram completamente abalada. Em resumo, a casa foi invadida quando eu fui com as crianças à casa da família para visitar meu pai doente. Todos os nossos pouco valiosos pertences foram levados, o estranho ladrão causou estragos generalizados na casa, despedaçou o que não conseguiu levar, destruiu quadros das paredes, quebrou nossa divisória de vidro, despedaçou as portas de vidro, sumiu com livros e documentos pessoais...[i]

"E então às 3h30 da madrugada de domingo, duas semanas atrás, três homens negros entraram na casa pela mesma janela quebrada que eu não tinha consertado porque a polícia não tinha registrado a ocorrência do arrombamento. Eles tentaram me estrangular com um pano. Se o sujeito não tivesse respirado profundamente ao se debruçar sobre o meu pescoço eu não teria ouvido coisa alguma. Eu não sabia que era capaz de gritar tão alto, eles apagaram a luz & expulsá-los aos golpes na escuridão foi o que me salvou. Fiquei com ferimentos leves. Recebi proteção policial por alguns dias enquanto um apelo urgente era feito para que alguém viesse morar comigo. Meus advogados solicitaram que viesse Msuthu, & temporariamente Nonyaniso[ii] e seu marido, enquanto o ministro decide sobre Msuthu. No entanto, posteriormente recebi permissão para hospedar o sr. & a sra. Ntsokonsoko, que conheci no trabalho, e eles receberam sete dias de uma vez e essa permissão está expirando amanhã. Nosso problema é que ninguém está preparado para compartilhar meu tipo de vida, a situação está muito pior agora."

Transcrevo também trecho de sua carta de 20 de março de 1974:

"O último atentado contra a minha vida, no dia 9 (isto é, 9 de fevereiro), me deixou completamente sem fala... O estrago da casa foi grande. Tenho tentado

---

i Elipse do próprio Mandela.　　ii Nonyaniso (Nyanya) Madikizela, irmã mais nova de Winnie Mandela.

consertar o que tem conserto, mas as portas da garagem precisam de uma substituição completa. O ódio com que as portas de ferro foram arrebentadas, como se fossem pedaços de madeira, é indescritível. É para mim um mistério como as portas da casa demoraram tanto para ceder a um impacto tão violento sobre elas."

Esses acontecimentos mostram que os efeitos das restrições impostas a minha esposa e a persistente recusa da Câmara Municipal de Joanesburgo em permitir que o sr. Madikizela more com ela tornaram-na um alvo fácil para um tipo misterioso de assassinos. Um cão pastor alsaciano, que ela adquiriu no fim de 1970, foi envenenado e morto por uma pessoa que tem obviamente uma experiência considerável no trato com cachorros treinados para desempenhar tarefas de guarda e para aceitar comida de uma única pessoa.

Todos os temores que expressei para seus antecessores se confirmaram e hoje minha esposa vive sob perigo perpétuo e angústia aguda. A contragosto sou obrigado a solicitar ao senhor que lhe dê permissão para adquirir uma arma de fogo com propósito de autodefesa, pedido que espero que considere justo e razoável, tendo em vista todas as circunstâncias. Devo acrescentar que no ano passado um homem tentou esfaqueá-la nas ruas de Joanesburgo em plena luz do dia e ela foi salva pela intervenção de amigos. O homem foi detido em seguida, mas fui informado de que a acusação depois foi retirada.

9

À luz das experiências de minha esposa preciso pedir ao senhor providências para que a casa seja protegida por membros da polícia da África do Sul diariamente das sete horas da noite às seis da manhã. Até que o sr. Madikizela se mude para lá.

Devo ressaltar que, por todos os relatos que tenho recebido, a Polícia de Segurança Pública tem agido em relação a minha esposa de uma maneira que não posso aceitar como uma execução apropriada de seus deveres. Ela é seguida por toda parte, taxistas que contrata para levá-la e trazê-la do trabalho são frequentemente interrogados, e aqueles que a visitam são persistentemente importunados. Em geral a atitude dos policiais é hostil e, ocasionalmente, provocativa. Sua intervenção poderia dar a ela algum alívio e relaxar a tensão.

10

A despeito de todas as suas amargas experiências, minha esposa não tem intenção alguma de sair da casa. Mas julgo aconselhável que ela obtenha um passaporte que lhe possibilite viajar de férias para o exterior. Sair de Orlando por um ou dois meses poderia aliviar a tensão e beneficiar tremendamente sua saúde.

6.

classification a prisoner may attain, I have never been given the privilege of a contact visit with my wife. I have been ~~forced~~ to discuss serious domestic * across a glass partition, and under difficult conditions where I have to shout to be heard even in regard to highly confidential matters. Moreover, the one hour allocated for the visit is too short a period, if account is taken of our special problems. I must accordingly ask you to allow me a two-hour contact visit, with all the normal liberties and courtesies associated with such visits, for the purpose of discussing these special problems.

12.

I am quite certain that if you think that my representations are reasonable and substantial, and you consider it your duty to help, all red tape will be brushed aside and our problems could be solved with a stroke of the pen.

13.

It would be quite easy for you to reject each and every one of the requests I have made. You could, for example, point out that the question of the relaxation of influx control regulations is a matter outside your competence and within the jurisdiction of the Johannesburg City Council. You could adopt the same attitude towards my request in regard to the South African Police and passports, and tell me that my wife and I should apply directly to the appropriate authorities. You could even go further to rub it in by adding that my wife, in fighting racial oppression, has deliberately invited all the troubles she is now experiencing, and that the Security Police, in giving more than ordinary attention to her movements and activities, are carrying out their normal duties under the law.

14

I am well aware that, in view of all the circumstances, my representations will have to be approached cautiously and carefully, and that a decision either way ~~entails~~ with care a heavy responsibility. Your official capacity may demand that you should pay attention to policy and security considerations which will result ~~to~~ in grave injustices to specific individuals. I am also aware that the decisions you arrive at in your ministerial capacity may frequently clash with your own personal feelings in matters of this nature.

15

The representations contained in this letter are made in the knowledge and certainty that they can be approved in such manner and under such conditions as will not endanger the security of the State or the public interest.

Above all, is the fact that the central issue in this matter is that the life of another human being, of a citizen, is at stake. I feel confident that in examining my requests you will allow humanitarian considerations to override all others, and do everything in your power to enable my wife to lead at last a normal and happy life

Yours faithfully,
NRmJandela.
NEhSON MANDELA. 466/64.

Uma carta para o ministro da Justiça, 13 de
maio de 1974, ver páginas 273-84.

11

Devo acrescentar que, embora eu tenha completado agora onze anos da minha pena, e embora tenha alcançado o Grupo "A", a maior classificação que um prisioneiro pode obter, nunca me foi concedido o direito de uma visita privativa da minha esposa. Tenho sido obrigado a discutir sérios problemas domésticos através de uma divisória de vidro, e sob condições difíceis, em que tenho que gritar para ser ouvido mesmo quando trato de assuntos altamente confidenciais. Além disso, o período de uma hora demarcado para a visita é curto demais, tendo em vista nossos problemas especiais. Por isso preciso solicitar-lhe que me conceda uma visita privativa de duas horas, com todas as liberdades e consentimentos relacionados a tais visitas, com o propósito de discutir esses problemas especiais.

12

Tenho plena certeza de que, se o senhor julgar razoáveis e substanciais as minhas queixas e considerar que é seu dever ajudar, toda a burocracia será posta de lado e nossos problemas poderão ser resolvidos com uma canetada.

13

Seria muito fácil para o senhor rejeitar cada uma das solicitações que fiz aqui. Poderia, por exemplo, lembrar que a questão do relaxamento das normas de controle do fluxo de pessoas está fora das suas atribuições e dentro da jurisdição da Câmara Municipal de Joanesburgo. O senhor poderia adotar a mesma atitude quanto a minha solicitação referente à polícia sul-africana e aos passaportes e me dizer que minha esposa e eu deveríamos recorrer diretamente às autoridades adequadas. Poderia ir além, acrescentando que minha esposa, ao combater a opressão racial, provocou deliberadamente todos os problemas que está enfrentando e que a Polícia de Segurança Pública, ao dar mais do que uma atenção rotineira a seus movimentos e atividades, está cumprindo seus deveres normais estabelecidos pela lei.

14

Estou bem consciente de que, em vista de todas as circunstâncias, minhas queixas e solicitações terão de ser abordadas de modo atento e cuidadoso e de que uma decisão, qualquer que seja, implicará uma pesada responsabilidade. Sua incumbência profissional pode exigir que o senhor dê atenção a considerações de estratégia e segurança que resultem em graves injustiças a indivíduos específicos. Também estou consciente de que as decisões a que o senhor chega em sua missão ministerial podem frequentemente chocar-se com seus sentimentos pessoais em questões dessa natureza.

15

As queixas e solicitações contidas nesta carta são feitas com a consciência e a certeza de que podem ser aprovadas de tal maneira e sob tais circunstâncias de modo a não colocar em risco a segurança do Estado ou o interesse público. Acima de tudo está o fato de que a questão central neste caso é que a vida de outro ser humano, de uma cidadã, está em perigo. Tenho confiança em que, ao examinar minhas solicitações, o senhor deixará que as considerações humanitárias se sobreponham a todas as outras e fará tudo o que estiver a seu alcance para permitir que minha esposa leve por fim uma vida normal e feliz.

Atenciosamente,
[Assinado NRMandela]
NELSON MANDELA 466/64

Para o ministro da Justiça

[Anotação parcialmente ilegível com outra caligrafia, em africâner] 466/64. Carta especial

25 de maio de 1974

Ilustre advogado J. Kruger,[i]
Ministro da Justiça, Prisões e Polícia,
Pretória.

Caro senhor,

Em acréscimo à minha carta de 13 de fevereiro de 1974[ii] que mencionava os atentados contra a vida de minha esposa, devo informar-lhe que em 22 de maio de 1974 recebi o seguinte telegrama perturbador enviado por ela:
> "Outro ataque odioso 12 da manhã hoje investigação policial nenhuma prisão um rosto de agressor visto ajudante doméstica quase morta estamos bem crianças voltando escola 26/5 ânimo você é nossa força [Fonte][iii] de resistência todo o nosso amor"

Em minha carta de 13 de fevereiro eu deveria ter acrescentado a seguinte passagem da carta de minha esposa de 29 de abril de 1974:
> "Espero que você tenha tomado algumas iniciativas quanto à questão do meu irmão mais novo, Msuthu. O estado de angústia em que eu sempre fico quando as crianças estão por perto é insuportável. Embora eu tenha aprendido a esperar

---

i James (Jimmy) Kruger (1917-87), ministro da Justiça e da Polícia entre 1974 e 1979 — ver glossário.
ii Ele está muito provavelmente se referindo a sua carta de 13 de maio (e não 13 de fevereiro) de 1974. Ver carta na página 273. iii Mandela escreveu "fonte" entre colchetes.

que qualquer coisa me aconteça, não suporto pensar nos perigos a que minhas filhas estão expostas. Os aspirantes a meus assassinos atacaram quatro dias depois que as meninas partiram para o colégio interno na última vez. Como resultado, elas absolutamente não se acalmaram neste semestre, sobretudo Zindzi, que parece estar mais apavorada do que Zeni."[i]

O senhor compreenderá prontamente quando digo que estou muito preocupado com toda a questão e que ficaria muito grato se o senhor a tratasse com a máxima urgência.

Atenciosamente,
[Assinado NRMandela]
NELSON MANDELA 466/64

Para o Conselho de West Rand[ii]

18 de junho de 1974

Administrador
Conselho de West Rand

Caro senhor,

Sou o inquilino registrado da Casa nº 8115, Orlando West, Joanesburgo, e estou cumprindo pena de prisão perpétua. Este é um pedido de autorização para que meu cunhado, o sr. Msuthu Thanduxolo Madikizela, e sua esposa morem com a sra. Nobandla Winnie Mandela, minha esposa, na casa citada.

Minha esposa é uma pessoa sobre a qual pesa um indiciamento com base na Lei de Supressão do Comunismo, 44, de 1950. Não tive a oportunidade de ver o texto integral do mencionado indiciamento, mas até onde eu sei ela está proibida de participar de reuniões, de entrar numa fábrica, num centro educacional e em locais similares. Embora esteja livre para assumir um emprego fora da área urbana de Joanesburgo, à parte isso ela está confinada ao bairro de Orlando West e não tem permissão para entrar no restante da área de Joanesburgo conhecida como Soweto.

Nos termos do indiciamento citado acima, e com exceção de nossas duas filhas, agora com quinze e treze anos de idade respectivamente, nenhuma pessoa

---

i Zindziswa Mandela (1960-) e Zenani Mandela (1959-), filha caçula e filha do meio de Mandela — ver glossário. ii West Rand é um dos 52 distritos em que está dividida a África do Sul. Fica na província de Gauteng e abarca parte da região metropolitana de Joanesburgo, incluindo Soweto. [N.T.]

está autorizada a visitar a casa durante determinadas horas. Como as crianças estavam então, e ainda estão, num distante colégio interno pela maior parte do ano, isso significa que ela teve de morar totalmente sozinha na casa.

Em diversas ocasiões minha esposa foi vítima de ataques noturnos de criminosos cuja identidade nos é desconhecida. Mas, por todos os relatos que recebi, parece claro que esses ataques foram incitados e que embora os indivíduos empregados para levar a cabo a sórdida tarefa de tentar assassinar uma mulher inocente e indefesa possam ser delinquentes, eles na verdade não passam de meros agentes de interesses poderosos. Com relação a isso eu gostaria de transcrever trechos de uma carta que minha esposa me escreveu em 6 de dezembro de 1972:

"Você talvez tenha ficado sabendo por meio de nosso informante comum dos sérios acontecimentos que me deixaram completamente abalada. Em resumo, a casa foi invadida quando eu fui com as crianças à casa da família (isto é, no Transkei) para visitar meu pai doente. Todos os nossos pouco valiosos pertences foram levados, o estranho ladrão causou estragos generalizados na casa, despedaçou o que não conseguiu levar, destruiu quadros das paredes, quebrou nossa divisória de vidro, despedaçou as portas de vidro, sumiu com livros e documentos pessoais...[i]

"E então às 3h30 da madrugada de domingo de manhã [sic],[ii] duas semanas atrás, três homens negros entraram na casa pela mesma janela quebrada que eu não tinha consertado porque a polícia não tinha registrado a ocorrência do arrombamento. Eles tentaram me estrangular com um pano. Se o sujeito não tivesse respirado profundamente ao se debruçar sobre o meu pescoço eu não teria ouvido coisa alguma. Eu não sabia que era capaz de gritar tão alto, eles apagaram a luz & expulsá-los aos golpes na escuridão foi o que me salvou. Fiquei com ferimentos leves. Recebi proteção policial por alguns dias enquanto um apelo urgente era feito para que alguém viesse morar comigo. Meus advogados solicitaram que viesse Msuthu, & temporariamente Nonyaniso e seu marido, enquanto o ministro decide sobre Msuthu. No entanto, posteriormente recebi permissão para hospedar o sr. & a sra. Ntsokonsoko, que conheci no trabalho, e eles receberam sete dias de uma vez e essa permissão está expirando amanhã. Nosso problema é que ninguém está preparado para compartilhar meu tipo de vida, a situação está muito pior agora."

Transcrevo também trecho de sua carta de 20 de março de 1974.

"O último atentado contra a minha vida, no dia 9 (isto é, 9 de fevereiro), me deixou completamente sem fala... O estrago da casa foi grande. Tenho tentado consertar o que tem conserto, mas as portas da garagem precisam de uma

---

i Elipse do próprio Mandela. **ii** Sic do próprio Mandela entre colchetes.

substituição completa. O ódio com que as portas de ferro foram arrebentadas, como se fossem pedaços de madeira, é indescritível. É para mim um mistério como as portas da casa demoraram tanto para ceder a um impacto tão violento sobre elas."

E então em 29 de abril de 1974 ela escreveu:
"Espero que você tenha tomado algumas iniciativas quanto à questão do meu irmão mais novo, Msuthu. O estado de angústia em que eu sempre fico quando as crianças estão por perto é insuportável. Embora eu tenha aprendido a esperar que qualquer coisa me aconteça, não suporto pensar nos perigos a que minhas filhas estão expostas. Os aspirantes a meus assassinos atacaram quatro dias depois que as meninas partiram para o colégio interno na última vez. Como resultado, elas absolutamente não se acalmaram neste semestre, sobretudo Zindzi, que parece estar mais apavorada do que Zeni."[i]

Por fim, eu gostaria de citar o seguinte telegrama perturbador de minha esposa, enviado em 22 de maio:
"Outro ataque odioso 12 da manhã hoje investigação policial nenhuma prisão um rosto de agressor visto ajudante doméstica quase morta estamos bem crianças voltando escola 26/5 ânimo você é nossa força [sic][ii] de resistência todo o nosso amor."

Pouco depois da minha condenação e encarceramento, o sr. Madikizela foi morar com minha esposa em Orlando West, mas depois foi obrigado a sair da área urbana, obrigando assim minha esposa a morar completamente sozinha. A persistente recusa das autoridades locais a permitir que ele retornasse tornou-a um alvo fácil para um misterioso tipo de assassino. Um cão pastor alsaciano que ela adquirira no fim de 1970 foi morto por envenenamento, obviamente por uma pessoa ou pessoas com considerável experiência em lidar com cães treinados para cumprir tarefas de guarda e para só aceitar comida de uma única pessoa.

Eu poderia acrescentar que no ano passado um homem tentou esfaqueá-la nas ruas de Joanesburgo em plena luz do dia e ela só foi salva graças à intervenção de amigos. Embora este aspecto particular não tenha relação direta com a solicitação que lhe faço, julguei apropriado mencioná-lo para que o senhor possa contemplar nosso problema específico dentro de um contexto maior. Durante 1971, e depois que fiz várias queixas por escrito ao sr. P.C. Pelser, então ministro da Justiça,[iii] as

---

i Zindziswa Mandela (1960-) e Zenani Mandela (1959-), filha caçula e filha do meio de Mandela respectivamente — ver glossário. **ii** Sic do próprio Mandela entre colchetes. **iii** Ver carta de 14 de setembro de 1970 e 19 de novembro de 1970, páginas 214 e 219.

restrições impostas a minha esposa foram relaxadas e ela pôde então viver com parentes ou amigos qualificados para permanecer no perímetro urbano de Joanesburgo.

Em decorrência do mencionado relaxamento, nossos amigos, sr. e sra. Madhlala, foram morar com minha esposa em Orlando West. Até onde eu sei, os Madhlala não estavam, e não estão, ligados a nenhuma das organizações políticas que lutam contra a opressão racial em geral, e contra a política de segregação em particular. Apesar disso, a Polícia de Segurança Pública arrastou-os repetidamente a seu quartel-general para submetê-los a extenuantes interrogatórios. Como resultado desse persistente molestamento, os Madhlala, mesmo a contragosto, foram levados a deixar nossa casa. As notícias sobre as experiências dos Madhlala em nossa casa espalharam-se como rastilho de pólvora e as pessoas, incluindo amigos que teriam prontamente concordado em residir com minha esposa, ficaram amedrontadas e relutantes em fazer qualquer coisa que pudesse atrair a atenção da Polícia de Segurança Pública, de tal maneira que hoje não há praticamente ninguém disposto a compartilhar o tipo de vida que minha esposa é forçada a levar.

A única pessoa que ainda está preparada para arriscar sua vida e ficar com minha esposa é o sr. Madikizela. Como ele não está autorizado a permanecer no perímetro urbano dos senhores por mais de 72 horas, devo requerer que sejam relaxadas as suas normas de controle do fluxo de pessoas para permitir que ele e sua esposa possam morar junto com minha esposa.

Estou bem consciente de que, se quisesse recusar esta solicitação, o senhor teria uma infinidade de desculpas, técnicas e outras. Para começar, poderia lidar com a questão formalmente como fizeram repetidamente o primeiro-magistrado de Joanesburgo e a Polícia Sul-Africana e dizer que ela está livre para morar com qualquer pessoa que esteja autorizada a permanecer dentro do perímetro urbano. O senhor poderia também assumir a posição de que abrir exceções vai contra a política do seu Conselho e aconselhá-la a, inversamente, deixar Joanesburgo. Mas faço esta solicitação na esperança de que o senhor considerará a questão em seu mérito e de um ponto de vista humanitário.

Por fim, preciso lhe solicitar que nos autorize a erguer uma cerca em torno da casa, de aproximadamente dois metros e meio de altura e erigida de maneira a impedir que seja escalada por invasores.

Favor tratar a questão com urgência.

Atenciosamente,
[Assinado NRMandela]
NELSON MANDELA

Para o oficial comandante, Robben Island

26 de junho de 1974

Oficial comandante
Robben Island

De acordo com suas instruções tentei ou excluir, ou reescrever os parágrafos contra os quais o senhor faz objeção.[i]

Devo ressaltar, porém, que ao fazer as alegações contidas em minha primeira carta ao Conselho de West Rand, eu não tive intenção alguma de fazer propaganda ou declarações calculadas para atingir um indivíduo ou órgão governamental específico. Os três parágrafos que o senhor me pede que exclua ou são de afirmações baseadas em fatos cuja exatidão não pode ser questionada e aos quais foi dada ampla publicidade na imprensa local e estrangeira, ou são necessárias e óbvias conclusões a partir de fatos concretos, por exemplo o envenenamento do pastor alsaciano. O efeito de sua recusa a que eu os cite tal como fiz na primeira carta só pode ser o de impedir que eu me baseie em fatos que [são] essenciais e mesmo decisivos para a concessão do meu pedido.

Devo, porém, assegurar-lhe que sou sensível aos seus problemas e obrigações especiais a esse respeito.

[Assinado NR Mandela]

[Com outra caligrafia]
Censores
Favor despachar
[Rubricado]
27/6/74

Para Fatima Meer,[ii] amiga e camarada

Nelson Mandela, 466/64   Grupo A   1º de novembro de '74[iii]

---

i Ele foi instruído pelos censores a reescrever sua carta ao Conselho de West Rand de 18 de junho de 1974 (ver página 285), omitindo três parágrafos julgados inaceitáveis. Não sabemos quais eram esses parágrafos. **ii** Fatima Meer (1928-2010), escritora, acadêmica, ativista antiapartheid e pelos direitos das mulheres — ver glossário. **iii** A carta tinha o carimbo "Gabinete dos Censores Robben Island 19-11-74".

Wahali[i] Fatimaben

Mesmo que você não tivesse me mandado aquele telegrama maravilhoso de 14/10, eu estaria seguro de que você & Ismail cuidariam das meninas, de que elas não ficariam órfãs enquanto vocês vivessem, de que na ausência de Zami[ii] haveria alguém a quem elas poderiam recorrer quando surgissem problemas, alguém familiarizado com nossa situação, nossa perspectiva, nossas aspirações & nossos sonhos, & talvez seja o caso de acrescentar, com nossos defeitos. Quanto a isso dificilmente haveria alguém mais qualificado que vocês. Naturalmente eu teria gostado de discutir pessoalmente com você certos problemas suscitados pela prisão de Zami. Para citar só um assunto, Zami & eu estávamos discutindo a possibilidade de as meninas[iii] passarem férias na América neste dezembro. A prima Njisana,[iv] que você conhece bem, estava trabalhando nesse projeto junto com a profa. Gwen Carter[v] & com Lady Birley,[vi] de Londres. As meninas me escreveram várias vezes sobre o assunto. Acho ótimo o desejo delas de passar férias no exterior. Elas frequentam a escola com crianças de famílias abastadas que podem facilmente bancar férias no estrangeiro &, a julgar pelas cartas das meninas, viajar à Europa e à América se tornou uma coqueluche na escola delas. Volta e meia, ao discutir questões dessa natureza, sou tentado a dizer a elas que não esqueçam que são minhas filhas, um fato que pode colocar obstáculos intransponíveis em seu caminho. Mas a dura realidade nem sempre coincide com os desejos das pessoas, especialmente quando essas pessoas são crianças. Não sei até onde a nossa prima avançou com os preparativos, mas a prisão de Zami talvez agora tenha abalado esses planos. Além disso, há aqueles problemas íntimos com que as meninas se defrontam ao lidar com seus impulsos naturais. Com frequência Zami & eu temos tentado discutir estes últimos, mas as atitudes quanto a essas questões evoluem muito rapidamente & tendem a mudar de um dia para outro. Ela terá que correr atrás de um bocado de informação quando voltar para poder ser útil às meninas. Elas são boas meninas, mas, devo confessar, ainda jovens demais para lidar sozinhas com tais problemas. Durban fica a mais de 1600 quilômetros de distância & o custo para vir de lá até aqui é assustador. Não tenho sequer coragem de pedir que você venha. No entanto há problemas que seriam mais bem discutidos pessoalmente do que por correspondência. Como você

---

i *Vehalie* significa "querida" ou "querido" em guzerate. Ele provavelmente deve ter pedido ajuda a um de seus companheiros de prisão que era fluente em guzerate, como Laloo Chiba. Mandela grafou a palavra de várias maneiras, incluindo *wahalie*. *Ben* significa "irmã" em guzerate.   ii Um dos nomes de Winnie Mandela.   iii Zenani (1959-) e Zindzi (1960-) Mandela, filhas dele e de Winnie Mandela — ver glossário. iv Prima de Winnie Mandela.   v Professora Gwendolen M. Carter (1906-91), cientista política canadense-americana, estudiosa de assuntos africanos. Era uma apoiadora.   vi Lady Elinor Birley, cujo marido, Sir Robert Birley (1903-82), era ex-diretor do Eton College e na época professor visitante de educação na Universidade de Witwatersrand.

sabe, só parentes de primeiro grau têm permissão para vir, mas sua posição especial em relação à família em geral & às meninas em particular credencia seu pedido de autorização a ser levado em conta.

Eu gostaria de acrescentar que meu filho, Kgatho,[i] de 24 anos, deve duas disciplinas para poder entrar na universidade. Ele conquistou muito bem o J.C.,[ii] sendo aprovado com louvor, embora tenha feito os exames vários meses depois de ter sido expulso do colégio interno por ter organizado (ou assim se alegou) uma greve estudantil. Desde então ele perdeu toda a sua acuidade & mediante cursos particulares tentou duas vezes sem sucesso chegar à universidade. O verdadeiro problema é que, na sua idade & na minha ausência, ele acha um tanto difícil resistir às atrações da vida na cidade grande. Venho tentando fazê-lo voltar ao colégio interno — Clarkebury ou St. John, ambos no Transkei —, onde ele teria condições de estudar em tempo integral, longe das influências que lhe dificultam a concentração no trabalho. Ele tem um poderoso argumento ao qual recorrer: um emprego confortável que pode perder se aceitar minha sugestão & além disso está noivo. Há um detalhe importante que não me sinto livre para mencionar aqui. No entanto, sugeri que ele poderia tirar uma licença para estudo por um ano para conseguir pelo menos concluir a preparação para a faculdade. Depois disso, falei a ele, discutiríamos os planos seguintes. Fiquei com a impressão de que o tínhamos finalmente convencido & Zami estava às voltas com a organização de fundos para ele & sua noiva voltarem à faculdade. Infelizmente esses planos agora terão de ser adiados também. Eu tinha discutido o assunto com Danapathy[iii] & sugeri que ele convidasse Kgatho a ir a Durban, para levá-lo a lugares como Ngoye, Westville, a tua universidade[iv] & o M.L. Sultan College[v] para ver em primeira mão o que os jovens estão fazendo em outras partes. Eu tinha esperança de que uma tal oportunidade despertasse suas ambições & o induzisse a retomar seus estudos mais seriamente. Tenho consciência das crcs[vi] que talvez tornassem difícil para Danapathy até mesmo pensar em tais assuntos. Talvez você & Ismail possam convidar Kgatho a passar um fim de semana com vocês de modo a poder levá-lo a passear por aí e discutir com ele a questão como um todo. Ele está interessado numa carreira jurídica & Ismail seria a pessoa ideal para lhe insuflar ânimo. Ele mora na Casa 5818 Orlando West, JHB & está empregado na Federated Insurance Co. Vocês podem entrar em contato com ele também por meio de uma ligação pessoal via nossa casa. Ou então a Amina do Yusuf[vii] poderia contatá-lo em nome de vocês. Não posso confiar esses problemas nem às divindades nem aos fados. Estão todos fora do meu alcance.

---

i Makgatho (Kgatho) Mandela (1950-2005), segundo filho de Mandela — ver glossário. **ii** Junior Certificate, o diploma do ensino médio. **iii** O companheiro de prisão M. D. Naidoo. **iv** Fatima Meer trabalhava na Universidade de Natal no território de Natal (hoje KwaZulu-Natal). **v** Universidades em Durban. **vi** "Circunstâncias". **vii** Yusuf e Amina Cachalia — ver glossário.

De acordo com meus registros há 630 mil sul-africanos de origem indiana, 70 mil deles vivendo no Transvaal & 20 mil no Cabo. Como é que na sua província há apenas oito comitês de gestão, contra 25 no Transvaal & três no Cabo? Quem é mais ou menos entusiástico do que quem? Espero uma resposta a minha carta de 1/7 que, segundo me informaram, foi encaminhada a você; ou devo deduzir que meu pedido de desculpas caiu em ouvidos moucos, que você agora esqueceu que nunca golpeamos alguém que se rendeu? A saúde da vó Nic é um tema de grande interesse para todos os membros da família, & é uma fonte de verdadeira inspiração saber que, a despeito de sua idade avançada, ela ainda está ativa & ocupada. Muito poucas pessoas podem caminhar eretas aos oitenta anos, de modo firme & confiante como acho que ela ainda caminha. Como assistente social & viandante que, na maior parte da sua vida, empenhou-se quase exclusivamente em resolver problemas sociais de natureza crucial, levando algum alívio & segurança a pessoas de diferentes condições sociais, ela se tornou algo como um símbolo vivo. Ela construiu laços muito mais fortes do que os de origem, de língua & até mesmo de sangue. Durante décadas ela viajou para cima & para baixo com o nariz no chão como um cão farejador. Ela persiste na estrada batida, mas quase nunca deixou de juntar recursos & iniciativa para abrir um novo caminho sempre que um beco sem saída aparecia à sua frente. A esta altura ela deve conhecer cada córrego naquela província, cada vale, montanha, buraco & folha de grama. Estamos bastante confiantes em que a sra. Monty, M.J. & cia. empregarão sua habilidade & experiência para manter a velha moça em forma até nos encontrarmos de novo. Meu intenso carinho & calorosas lembranças a ela, Shamim, Shehnaz, Rashid,[i] ao teu namorado[ii] &, claro, a você, ben.

Registre suas cartas.

Cordialmente, Nelson

Sra. Fatima Meer, Burnwood Road, 148, Sydenham, Durban

Para o oficial comandante, Robben Island

[Com outra caligrafia e parcialmente ilegível] N. Mandela 466/64

1º de dezembro de 1974

---

i Filhos de Fatima Meer.   **ii** Ismail Meer (1918-2000), marido de Fatima, advogado e ativista antiapartheid — ver glossário.

Oficial comandante,
Robben Island

Att: Coronel Roelofse

Eu ficaria grato se o senhor me permitisse apelar ao comissário de Prisões contra sua decisão de me recusar permissão:

1. para escrever ao ministro da Justiça e informá-lo sobre o ataque perpetrado contra minha casa em Joanesburgo em 18 de setembro de 1974, no curso do qual a garagem foi invadida e o carro danificado;
2. para escrever ao COP[i] e indagar pelos eventuais motivos para que fosse arquivada minha carta à dra. Helen Suzman,[ii] membro do Parlamento, datada de 1º de março de 1974,[iii] na qual eu a cumprimentava por ter recebido o diploma de doutora em direito.

O senhor agora está ciente de que em 13 de maio de 1974 eu escrevi[iv] ao ministro da Justiça solicitando que:

(a) concedesse a minha esposa uma permissão para adquirir uma arma de fogo com propósito de autodefesa;
(b) pedisse ao ministro da Polícia para ordenar aos membros da polícia sul-africana que, ao lidar com minha esposa, se limitassem estritamente à execução de seus deveres de acordo com a lei;
(c) usasse sua influência junto à Câmara Municipal de Joanesburgo para pedir que relaxasse suas normas de controle do fluxo de pessoas para permitir a meu cunhado viver permanentemente com minha esposa em nossa casa em Joanesburgo;
(d) providenciasse junto ao ministro do Interior o fornecimento a minha esposa de um passaporte que lhe possibilitasse passar férias no exterior;
(e) providenciasse junto ao ministro da Polícia para que membros da polícia sul--africana protegessem a casa diariamente das sete horas da noite às seis da manhã até meu cunhado ir morar com minha esposa;
(f) concedesse a minha esposa permissão para uma visita privativa de uma hora, com o propósito de discutir os problemas especiais expostos acima.

---

i "Commissioner of Prisons" (comissário de Prisões). ii Helen Suzman (1917-2009), acadêmica, política, ativista antiapartheid e membro do Parlamento pelo partido de oposição — ver glossário. Suzman levantou continuamente no Parlamento a questão dos presos políticos e conheceu Mandela e seus camaradas em Robben Island em 1967. iii Ver carta na página 268. iv Ver carta na página 273.

Em 25 de maio me vi obrigado a escrever uma segunda carta ao ministro[i] por causa de um novo ataque odioso contra minha família e outros ocupantes da minha casa.

Pouco tempo depois o diretor da prisão, tenente Terblanche, informou-me que o ministro havia encaminhado as questões levantadas em minhas cartas à atenção dos departamentos de Estado apropriados e que eu seria informado no devido tempo sobre os desdobramentos.

Em setembro fui informado pelo tenente Terblanche de que seria julgado o mérito da solicitação de um passaporte por minha esposa e de que ela estava livre para submeter uma requisição formal ao comissário da área em que reside. Fui informado também de que o ministro não tinha condições de satisfazer meu pedido de uma visita privativa de duas horas. Embora mais de seis meses tenham transcorrido desde que o assunto foi levado à atenção do ministro, eu não tive resposta às solicitações feitas em (a), (b), (c) e (e) da carta a ele.

Nesse ínterim, um novo ataque foi perpetrado contra a casa em 18 de setembro. Com relação a isso eu transcrevo trecho de uma carta que recebi de minha esposa, datada de 29 de setembro.

> "Nossos amigos, os 'Bantu Youths', vieram se despedir de nós atacando a garagem e se interessando apenas pelo carro no dia 18. O único consolo é que eles tragam o carro de volta quaisquer que sejam os estragos que ele sofreu."

Transcrevo também um trecho da carta de 8 de outubro de minha esposa para indicar ao senhor a perseguição sistemática que ela tem experimentado e sua angústia e preocupação com a segurança das crianças e da nossa propriedade enquanto está na prisão.

> "Como foi dito, é uma hora da madrugada da data acima. Estou esperando pelo ataque dos 'machos Bantu', um inimigo contra o qual nada posso fazer. Ainda não fui dormir porque a lembrança daqueles golpes cruéis, do vidro estilhaçado, das pancadas horrendas nas portas etc. acabaria comigo. Eu gostaria de imaginar que durante minha ausência não haveria roubo algum de documentos e roupas ou os incidentes mencionados acima. O horror de acontecer o mesmo no nosso minúsculo lar, porque as crianças estão de volta da escola, é minha fonte de grande preocupação."

Devo também mencionar ao senhor uma passagem de uma carta escrita por minha cunhada, sra. Mniki,[ii] datada de 7 de novembro. Ela e seu marido moram agora na casa.

---

i Ver carta na página 284. ii Nobantu Mniki, irmã de Winnie Mandela.

"[...] ela (minha esposa) nos pediu para cuidar e tomar posse da casa, então tivemos que concordar, buti, não havia alternativa porque já tinha havido complicações em relação à casa, mas estamos achando muito duro."

No curso de minha atuação profissional antes da minha condenação & sentença, mantive entrevistas com agentes públicos, e como prisioneiro tive discussões com o comissário de Prisões, general Steyn, com o ex-chefe da Segurança, brigadeiro Aucamp,[i] com outras autoridades do Quartel-General e com todos os oficiais comandantes desta prisão desde 1964. Na minha refletida opinião, a entrevista que tive com o senhor em 23 de novembro foi uma das minhas experiências mais frustrantes e constrangedoras com um representante do governo. Não apenas foram espantosas as razões que o senhor alegou para rejeitar o que eu considero um pedido razoável e lógico baseado em princípios humanitários, mas toda a sua atitude diante da questão estava em flagrante contraste com a abordagem humana, cuidadosa e esclarecida que o general Steyn frequentemente mostra ao lidar com tais temas. Posso estar errado, mas me sinto confiante em que, tendo levado em conta todas as circunstâncias, ele nunca me negaria a oportunidade de informar o ministro sobre o ataque perpetrado contra nossa casa em 18 de setembro e sobre o tipo de vida levado por minha esposa mesmo depois de eu ter pedido ao ministro que desse atenção urgente ao problema. Nas circunstâncias, devo solicitar ao senhor que me permita expor toda a situação ao comissário de Prisões. O fato de minha esposa estar atualmente cumprindo pena de prisão é irrelevante, pois, a julgar pela carta da minha cunhada, ataques de um ou outro tipo estão ainda ocorrendo na casa.

Em 1º de março de 1974 escrevi uma carta à dra. Helen Suzman, membro do Parlamento, na qual a cumprimentava por ter conquistado o grau honorífico de doutora em direito. A carta foi arquivada na minha pasta de acordo com instruções do comissário de Prisões. Nenhuma razão me foi dada para a desaprovação da carta. Em maio o coronel Willemse me aconselhou a discutir a questão diretamente com o comissário de Prisões e prometeu tomar providências para que ele visitasse o setor de celas individuais durante a Sessão Parlamentar. Passaram-se seis meses desde então e eu ficaria grato se o senhor me permitisse discutir a questão com ele por carta. Em particular, eu gostaria que o comissário me informasse:

(a) Se tenho ou não liberdade de escrever à dra. Suzman. Se, como sugeriu o coronel Willemse, tal carta só pode ser escrita com a aprovação do comissário de Prisões, eu solicito agora formalmente tal permissão.

(b) Se a carta foi desaprovada por causa de seu conteúdo.

---

i Brigadeiro Aucamp, oficial comandante de Robben Island — ver glossário.

(c) Para evitar mal-entendidos no futuro, gostaria que o comissário me informasse quais são os princípios que o Departamento de Prisões usa para censurar cartas de prisioneiros e que considerações devo ter em mente ao escrever cartas.

Por fim, em 18 de junho escrevi ao administrador do Conselho Central de West Rand,[i] que agora tirou da Câmara Municipal de Joanesburgo a jurisdição sobre os distritos africanos daquela área. Nunca tive notícia de que essa carta tenha sido recebida e ficaria grato se o senhor me informasse quando ela foi postada e para qual endereço foi enviada.

[Assinado NRMandela]
NELSON MANDELA: 466/64

Para Winnie Mandela,[ii] sua esposa

[Anotação em africâner com outra caligrafia] Manter 913 [o número da pasta de Mandela]

Nelson Mandela 466/64   Grupo A   1.2.75

Dadewethu,[iii]

Esta é a quinta & última carta que te escrevo antes de você sair da prisão.[iv] Temo que a carta de março talvez chegue a Kroonstad depois de você ter sido solta & por isso vou enviá-la direto para casa. Farei o mesmo com a de abril. Minhas outras cartas de fevereiro foram para Zeni,[v] Ndindi[vi] (filha mais velha de Thembi,[vii] que fará 9 anos em 20/2), Sisi Phathiwe & Florence Matanzima.[viii] Sisi Phathiwe é a sra. Nkala & hoje supervisora no Colégio Mditshwa em Ncambele[ix] & provavelmente

---

i Conselho de Administração de West Rand, ver carta na página 285. ii Nomzamo Winifred Madikizela-Mandela (1936-2018) — ver glossário. iii "Irmã", em isiXhosa. iv Winnie Mandela ainda estava cumprindo sua pena de seis meses na Prisão de Kroonstad por ter tido contato com outra pessoa banida. v Zenani Mandela (1959-), a filha mais velha do casal — ver glossário. vi Ndileka Mandela (1965-), a neta mais velha de Mandela. vii Madiba Thembekile (Thembi) Mandela (1945-69), filho mais velho de Mandela — ver glossário. viii Uma esposa de K.D. Matanzima (para K.D. Matanzima, ver glossário). ix Uma aldeia a uns 20 quilômetros de Mthatha no Transkei (hoje província do Cabo Oriental).

a primeira na família de Dalindyebo[i] a se capacitar como professora. Ela esteve em Shawbury.[ii] Como você sabe, Florence é nossa Molokazana.[iii]

Contei a Judy[iv] em minha carta a ela de novembro que eu gostaria de ver Zeni individualmente quando ela completar dezesseis anos. Eu sugeriria que para o aniversário de dezesseis anos dela você tentasse algo um pouco diferente do habitual, digamos, matar um carneiro & chamar os AmaDlomo[v] & amigos. Você poderia consultar Kgatho,[vi] Jongintaba, Ntatho,[vii] Lily,[viii] Dorcas,[ix] Marwede & outros. Um evento como esse deve dar a ela um bocado de orgulho, autoconfiança & alegria. Mas você deve manter isso dentro de certos limites. Há o ainda mais importante aniversário de 21 anos, quando você terá que fazer todo o possível para lançar a garota numa nova vida como uma pessoa independente.

Visitas vindas do outro lado do Kei[x] me afetam de uma maneira especial. Ver a velha senhora,[xi] Mabel,[xii] Luvuyo, Bambilanga,[xiii] o chefe dos Qulunqu,[xiv] Mbuzo, George[xv] & outros reavivou muitas lembranças queridas. Mas há uma lacuna que não foi preenchida. Uma das ardorosas esperanças que venho nutrindo nestes últimos dez anos é a de ver os Amangutyana[xvi] de Mbongweni, uma esperança que foi atiçada pela visita de Manyawuza[xvii] & pelo próprio C.K.[xviii] na única carta que recebi até hoje de Bizana (datada de 12/3/68). Evidentemente, Niki, Nali & Bantu[xix] estiveram aqui, mas elas são pessoas da cidade, para as quais a atitude & o idioma do povo da aldeia agora se tornaram estrangeiros. Cheguei a acreditar que a visita de Nyawuza seria a primeira de uma série que viria dos Amangutyana. Pensei também que o 14/10 iria animar a Ma[xx] & trazê-la aí & aqui de uma vez só. Talvez ela esteja bem ciente de nossa quase expectativa, mas desconfio que a pobre alma esteja sofrendo problemas tremendos. Nunca recebi sequer um bilhete dela & de Mpumelelo apesar das várias cartas que escrevi para a casa. Mas seria imprudente, &

---

i Chefe Jongintaba Dalindyebo (m. 1942), o chefe e regente do povo Thembu. Ele se tornou tutor de Mandela depois da morte do pai deste — ver glossário. **ii** Um colégio dirigido por metodistas. **iii** "Nora", em isiXhosa. **iv** Nombulelo Judith Mtirara é uma irmã de Sabata Jonguhlanga Dalindyebo (para Sabata Jonguhlanga Dalindyebo, ver glossário). **v** Mandela fazia parte do clã AmaDlomo. **vi** Makgatho Mandela (1950-2005), segundo filho de Mandela — ver glossário. **vii** Ntatho Motlana (1925--2008), amigo, médico, homem de negócios e ativista antiapartheid — ver glossário. **viii** Lilian Ngoyi (1911-80), política, ativista antiapartheid e pelos direitos da mulher — ver glossário. **ix** Possivelmente Dorcas Nongxa, uma ativista da Liga de Mulheres do CNA. **x** O rio Kei, no Transkei. **xi** Possivelmente ele se refere à própria mãe. **xii** Mabel Notancu Timakwe (1924-2002), irmã de Mandela. **xiii** Bambilanga (também conhecido como Nxeko) é o irmão do rei Sabata Jonguhlanga, chefe supremo do território do Transkei. **xiv** O povo Qulunqu era do distrito de Engcobo, no Transkei. **xv** George Matanzima (1918-2000), irmão de K.D. Matanzima, líder e chefe no Transkei. Enquanto Mandela estava na Faculdade Universitária de Fort Hare com K.D., George estudava no vizinho Lovedale College. **xvi** Membros da família de Winnie Mandela que vêm do clã amaNgutyana. **xvii** Sibali Nyawuza. Mandela confundiu seu nome de clã e se referiu a ele como Manyawuza. *Sibali* significa "cunhado" em isiXhosa. **xviii** Columbus Kokani Madikizela, pai de Winnie Mandela — ver glossário. **xix** Três das irmãs de Winnie Mandela. **xx** Ele está muito provavelmente se referindo a Nophikela Hilda Madikizela, madrasta de Winnie Mandela.

mesmo injusto, sugerir que ela venha. A beleza dessas coisas é saber que a nossa gente pensa em nós à sua maneira.

Muitíssimo obrigado pelo lindo cartão de Natal, quase idêntico ao de Alan Paton[i] que chegou no mesmo dia. Os restantes vieram de Judy, Rochelle & irmãs,[ii] Tellie[iii] & Mafu,[iv] Leabie & marido,[v] Nolusapho, Gwen Curry, Anne & Benjie,[vi] Phyllis & filhos, família Mkentane, Monica Kobus, Euphemia Mhlatuzana.[vii] Nada das crianças e de Thoko.[viii] Além do seu, que espero que tenha recebido, mandei cartões para os seguintes: Kgatho & Reyne,[ix] as meninas, Maki, Ma & Camagu,[x] Ndindi & Nandi,[xi] Thoko, Buyelekhaya,[xii] Judy & filhos, Bantu & Earl,[xiii] Lily, Fatima & Ismail,[xiv] & Tim. A propósito, na minha última carta falei de Esther,[xv] em vez de Jane, para quem pretendo escrever em março.

A discrição da Hans St.[xvi] quanto a assuntos familiares me impressiona muito. Houve algumas ocasiões notáveis nas quais a cautela foi jogada pela janela. Mas tenho a esperança & a confiança de que isso será evitado no futuro. Há questões na vida em que terceiros, não importa quem sejam, não devem se imiscuir de modo algum. De resto, você pode concluir que a cela é um lugar ideal para aprender a se conhecer, a investigar de modo realista & constante o desenrolar de seus próprios pensamentos & sentimentos. Ao julgar nosso progresso como indivíduos tendemos a nos concentrar em fatores externos, tais como a posição social, a influência & a popularidade, a riqueza & o nível de instrução. São, claro, fatores importantes no dimensionamento do sucesso da pessoa em questões materiais & é perfeitamente compreensível que muitas pessoas se esforcem predominantemente para alcançar tudo isso. Mas fatores internos podem ser ainda mais cruciais na avaliação do desenvolvimento do indivíduo como ser humano. Honestidade, sinceridade, simplicidade, humildade, generosidade pura, ausência de vaidade, disposição para

---

i Alan Paton (1903-88), escritor, fundador e líder do Partido Liberal da África do Sul, antiapartheid. Ele prestou testemunho para a diminuição da pena de Mandela e de seus corréus no Julgamento de Rivonia — ver glossário. **ii** Filhas de Nombulelo Judith Mtirara. **iii** Telia (Telli ou Tellie) Mtirara, uma parente de Mandela. **iv** Um dos irmãos de Winnie. **v** Leabie Makhutswana Piliso (1930-97), irmã de Mandela, e seu marido. **vi** Anne e Benjamin Pogrund (1933-), amigos. Anne é uma artista e Benjamin era ex-editor do *Rand Daily Mail* — ver glossário. **vii** Uma amiga de Mandela. **viii** Thoko Mandela, viúva de seu filho Thembi, e suas duas filhas. **ix** Makgatho (Kgatho) Mandela (1950-2005), segundo filho de Mandela (ver glossário), e sua então esposa, Rose Rayne Mandela, conhecida como Rennie. **x** Makaziwe Mandela (1954-), filha mais velha de Mandela (ver glossário), e seu marido. **xi** Ndileka (1965-) e Nandi (1968-) Mandela, as filhas de seu falecido filho Thembi (para Thembi Mandela, ver glossário). **xii** Buyelekhaya Dalindyebo (1964-), filho de Sabata Jonguhlanga Dalindyebo — ver glossário. **xiii** Nobantu, a irmã de Winnie Mandela, e seu marido Earl Mniki. **xiv** Fatima (1928--2010) e Ismail Meer (1918-2000), amigos. Fatima era professora, escritora e ativista antiapartheid, e Ismail era advogado e ativista antiapartheid — ver o glossário para ambos. **xv** Esther Maleka, uma ativista do CNA que trabalhava na clandestinidade. **xvi** A Hans Street é onde estava localizada a pensão Helping Hand. Winnie Mandela ficou lá quando chegou a Joanesburgo em 1953.

servir aos outros — qualidades que estão ao alcance de todas as almas — são os alicerces da vida espiritual de uma pessoa.

O desenvolvimento em questões dessa natureza é inconcebível sem uma séria introspecção, sem o indivíduo conhecer a si mesmo, suas próprias fraquezas & erros. Pelo menos, se não servir para outra coisa, a cela nos dá a oportunidade de examinar diariamente toda a nossa conduta pessoal, superar o que há de ruim & desenvolver o que há de bom em nós. A meditação praticada com regularidade, digamos uns quinze minutos diários antes de dormir, pode ser muito frutífera a esse respeito. No começo você pode achar difícil identificar os traços negativos na sua vida, mas a décima tentativa pode render uma rica recompensa. Nunca esqueça que um santo é um pecador que segue tentando.

Você deveria também pensar seriamente sobre a nova vida que terá que levar depois de 13 de abril. O pouquinho de luz solar em que você se aqueceu em outros tempos pode ter se apagado & a atmosfera pode estar mais gélida & sombria do que você imagina. Certamente não haverá trombetas anunciando a sua volta & talvez não haja viva alma para te encontrar no Fort, & flechas afiadas podem vir de lados inesperados, até mesmo daqueles que te adoram. Talvez até mesmo retomar velhos trabalhos possa ser um grande evento na sua vida, no qual as explicações mais elaboradas àqueles que estiveram do teu lado deixem de fazer sentido.

Mas mesmo em tais ocasiões as oportunidades de mudança, iniciativa & sucesso são tremendas. As dificuldades dobram alguns homens, mas fortalecem outros. Nenhum machado é afiado o suficiente para cortar a alma de um pecador que continua tentando, de alguém armado com a esperança de que se erguerá & vencerá no final. Tenho todas as razões para te amar. Há tesouros enterrados bem no fundo de você & eu vivo na esperança de ter um dia condições de trazê-los à luz. Meus pensamentos mais ternos sempre giram em torno de você. Um milhão de beijos & montanhas & montanhas de amor.

Com devoção,
Dalibunga

Tua carta de dezembro não chegou. Te escrevi mensalmente desde outubro.
Nkosikazi Nobandla Mandela, a/c Major Van Zyl, Prisão Feminina,
Kroonstad (9500)

Para o ministro da Justiça, J. Kruger[i]

12 de fevereiro de 1975

Ilustríssimo adv. J. Kruger,
Ministro da Justiça, da Polícia e de Prisões,
Pretória.

Caro senhor,

Excertos de sua carta de 13 de janeiro de 1975 endereçada ao oficial comandante foram lidos em voz alta para mim.

Fiquei sabendo que: a) meu pedido para que minha esposa recebesse permissão para possuir uma arma de fogo foi considerado com atenção, mas que o senhor não teve condições de aprová-lo; b) nenhuma queixa contra qualquer membro da Polícia Sul-Africana (incluindo o Setor de Segurança Pública) tinha sido feita por minha esposa e nenhum membro da Polícia Sul-Africana (incluindo o Setor de Segurança Pública) foi especificamente designado para vigiar as atividades dela; c) devido à escassez de pessoal, o pedido que o senhor encaminhou para que membros da SAP[ii] guardassem a casa diariamente não pôde ser atendido, e que se a proteção fosse julgada mesmo necessária por minha esposa ela poderia ser aconselhada a procurar uma das numerosas organizações privadas que realizam serviços dessa natureza; d) o pedido de que meu cunhado tivesse permissão para morar com ela ainda estava sob consideração.

Em relação a isso eu ficaria grato se o senhor fizesse a bondade de reconsiderar sua decisão sobre a questão da licença de porte de arma de fogo. Deveria ser motivo de grande preocupação para as autoridades policiais o fato de que, apesar de persistentes ataques à casa e à família, apesar da SAP, com todo o seu treinamento, competência e experiência, e com todos os vastos recursos e equipamentos modernos à sua disposição para rastrear criminosos, os culpados envolvidos neste caso particular ainda estejam à solta. Não tenho nenhuma informação clara que indique quem é de fato responsável por perseguir minha família. Quando discutimos o problema em 27 de dezembro de [vf. data] 1975[iii] o senhor repudiou qualquer sugestão de que a SAP pudesse estar envolvida de alguma forma, e na ausência de evidências concretas contra ou a favor dessa hipótese eu não pude levar o assunto adiante. Devo

---

i James (Jimmy) Kruger (1917-87), ministro da Justiça e da Polícia entre 1974 e 1979 — ver glossário.
ii South African Police.   **iii** Mandela foi visitado em Robben Island pelo ministro da Justiça Jimmy Kruger, que ofereceu a possibilidade de libertá-lo para viver no Transkei, com a condição de que ele reconhecesse o território do Transkei e se radicasse lá. Numa conversa com Richard Stengel em 22 de dezembro de 1992 Mandela disse: "Eu simplesmente discuti a proposta com seriedade e a rejeitei. Disse que não acreditava nos bantustões, que meu lugar era Joanesburgo e que não iria viver nos bantustões". (CD 11, Nelson Mandela Foundation, Joanesburgo.)

também aceitar sua declaração de que, devido à escassez de pessoal, a SAP não pode proteger a casa como foi solicitado. Mas não tenho como entender por que o senhor reluta em ajudar minha esposa a adquirir uma arma de fogo quando a polícia tem sido totalmente incapaz de lhe dar proteção em face de sérias ameaças a sua vida.

Há literalmente milhares de mulheres sul-africanas, inclusive negras, que têm acesso legal a armas de fogo apesar do fato de levarem vidas normais, desfrutando da proteção de homens vigorosos cujas áreas residenciais são, comparativamente falando, bem patrulhadas por membros da SAP e que não estão expostas a qualquer tipo de perigo. O senhor parece até mesmo duvidar de que a proteção seja de fato julgada necessária por minha esposa, não obstante os minuciosos pormenores já fornecidos sobre o problema.

Tendo em vista a virulência dos últimos dois ataques em particular, a crescente preocupação de minha parte com a segurança da família não é nem um pouco descabida. A saúde de minha esposa já sofreu um colapso e há relatos perturbadores de que as crianças estão achando difícil suportar a tensão. Parece-me que a única solução nestas circunstâncias é conceder a ela uma licença de porte de arma de fogo. Devo acrescentar que, mesmo que o senhor tenha a bondade de permitir que meu cunhado vá morar com ela, o que eu confio que ocorra quanto antes, ainda assim ela requererá a posse da arma. Não se pode esperar que ele defenda de mãos vazias a família contra bandidos armados. Creio que minha esposa estará disposta a submeter-se a qualquer condição razoável que o senhor venha a impor para conceder a licença. A arma de fogo poderia, por exemplo, ser examinada na casa pela SAP sempre que esta julgasse conveniente. Ou então, ela provavelmente estaria disposta a entregar a arma à SAP às sete horas da manhã e pegá-la de volta às cinco horas da tarde, diariamente. A segunda alternativa seria bastante onerosa e também a privaria de proteção durante o dia, e espero que o senhor não a imponha. Mas pode ser que ela esteja preparada para aceitar até mesmo uma condição tão restritiva se puder ao menos se defender à noite. Essas condições devem se adequar a qualquer problema de segurança que a SAP possa ter a esse respeito. Devo acrescentar também que não tenho como aconselhá-la a recorrer a algum tipo de organização privada que fornece serviços dessa natureza, simplesmente porque ela não dispõe de recursos para pagar o preço cobrado por tais organizações. Ela deve ser solta da prisão em 13 de abril e eu preciso dizer ao senhor que estou profundamente perturbado pelo fato de que ela talvez tenha que voltar para a casa para enfrentar de novo todas as provações que experimentou no passado se alguma coisa não for feita para garantir sua segurança.

Lamentei saber que o senhor não foi capaz de me conceder permissão para escrever ao sr. Bram Fischer a respeito de sua enfermidade.[i] Devo lembrar-lhe mais uma vez que ele é um amigo de longa data que foi bom para mim e [minha] família

---

i Ele foi diagnosticado com câncer na prisão.

de inúmeras maneiras. Fui informado de que sua doença é grave e temo que não possa voltar a vê-lo nunca mais. Escrever para ele agora talvez seja a única chance que tenho de dizer-lhe quanto sua amizade significou para mim e fazê-lo saber que neste momento crítico da sua vida minha solidariedade e meus pensamentos estão com ele. Poucas coisas poderiam ser mais agradáveis nessa sua adversidade do que simples palavras de consolo e encorajamento de um amigo. Tais sentimentos podem lhe dar a coragem e a força para lutar, e talvez até ajudem a salvá-lo por completo. O fato de que minha carta seria submetida a uma dupla censura deveria aplacar o temor de que alguma coisa objetável em termos de segurança pudesse se passar entre nós. Deixo de novo a questão inteiramente em suas boas mãos.

Foi de fato muita gentileza sua permitir que eu adquirisse "Ons Eerste Ses Premiers", de Piet Meiring.[i] Estou realmente ansioso para mergulhar nele. A esse respeito, a única dificuldade que posso enfrentar é que ler um livro desses frequentemente tende a atiçar o apetite da gente. Talvez um dia eu tenha condições de agradecer-lhe pessoalmente por seu bondoso gesto.

Por fim, eu gostaria que soubesse que foi para mim um prazer poder trocar ideias com o senhor em questões de preocupação mútua. Sua declaração de que os problemas do nosso país serão resolvidos por negros e brancos conjuntamente coincide com minhas próprias concepções. Levada a sua conclusão lógica, e aplicada objetivamente, tal abordagem poderia proporcionar uma base sólida para harmonizar os esforços comuns de todos os sul-africanos na busca de soluções duradouras. Espero sinceramente que o seu empenho nesse terreno possa ser amplamente recompensado. Mag dit u goed gaan![ii]

Cordialmente,
[Assinado NRMandela]
NELSON MANDELA 466/64

Para Yusuf Dadoo,[iii] camarada no exílio em Londres

NELSON MANDELA 466/64 GRUPO A

1.11.75

---

i Piet Meiring, *Ons Eerste Ses Premiers, 'n Persoonlike Terugblik* [Nossos seis primeiros-ministros, uma retrospectiva pessoal] (Cidade do Cabo: Tafelberg, 1972). **ii** "Que tudo lhe corra bem", em africâner. **iii** Dr. Yusuf Dadoo (1909-83), médico, ativista antiapartheid e orador. Presidente do Congresso Indiano Sul-Africano, representante de Oliver Tambo no Conselho Revolucionário do MK e presidente do Partido Comunista Sul-Africano — ver glossário.

Meu querido Motabhai,[i]

Desde janeiro de 1973 escrevi para a família, parentes & amigos 190 cartas &, durante os últimos treze anos, acumulei uma preciosa fortuna de 199 cartas que contêm sentimentos inspiradores de amor & devoção, solidariedade & esperança. Algumas delas são perturbadoramente realistas & sóbrias, enquanto outras são altamente idealistas.

Você ainda se lembra da CD[ii] de 1952, com seus temas apostólicos de "Encruzilhadas" e "no nosso tempo de vida"? Claro que se lembra. Ainda posso ver [palavra muito difícil de ler] preto como nicotina em roupa cáqui & de batuta na mão, cantando com sua congregação aqueles hosanas emocionantes & pronto para percorrer a pé todo o caminho até o paraíso. Minhas cartas são ricas de sentimentos assim.

Minha tia, que gosta muito de mim & que eu vi pela última vez há uns vinte anos, escreve cartas vivazes: "Um cabeça-quente é amansado por sua própria gente", diz ela numa delas & em seguida preconiza uma submissão total de minha parte na esperança de que tal atitude leve a uma mudança de sentimento nas esferas relevantes. Outras recorrem à última arma daqueles que não têm nenhuma sugestão concreta a oferecer & aconselham que rezemos com afinco & sinceridade porque, argumentam, as divindades nunca podem deixar desamparados aqueles que buscam sua proteção. A terceira categoria enfatiza o que você repetidamente recomendou com insistência em ocasiões formais & informais no passado & que me influenciou nos últimos trinta anos. Esta é a mais rica colheita que amealhei na última década. Mas nenhuma dessas cartas contém uma nota de desespero ou pessimismo & todas elas tomam por certo que um dia estaremos de volta para compartilhar todos os prazeres de uma vida livre. Cada uma delas é um tônico poderoso que mantém meu sangue limpo & minha mente clara. Cada uma que chega faz com que eu me sinta mais forte & mais confiante que no dia anterior.

É principalmente por isso que os sábados são tão importantes aqui. Nossa correspondência sempre é entregue nesse dia. Quase todos os olhos estão geralmente fixos no portão principal do Setor, & agentes que trazem as cartas são naquele momento tão populares quanto astros do cinema. Quando eles aparecem, companheiros que normalmente são pesadões & que costumam andar de um lado para outro como pontífices compenetrados tornam-se de repente alertas e prontos para sair

---

i "Irmão grande", em guzerate. *Mota* significa alguém mais velho — é um sinal de respeito — e Dadoo era conhecido como Mota. ii Iniciada pelo CNA em dezembro de 1951 e lançada junto com o Congresso Indiano Sul-Africano em 26 de junho de 1952 contra seis leis do apartheid, a Campanha do Desafio contra Leis Injustas (conhecida abreviadamente como Campanha do Desafio) envolveu a transgressão de leis racistas por indivíduos, como por exemplo a entrada em recintos reservados "só para brancos", a desobediência ao toque de recolher e atitudes para provocar a prisão. Mandela foi designado chefe nacional dos voluntários, com Maulvi Cachalia como seu adjunto. Mais de 8 500 voluntários foram presos por sua participação na Campanha do Desafio.

em disparada para averiguar se chegou alguma coisa para eles. Sorrisos iluminam imediatamente os rostos dos que estão com sorte, enquanto uns poucos entre eles murmuram uma cantiga por pura alegria. Os restantes saem pisando firme e com altivez, esperando ter melhor sorte da próxima vez. Se Matlala,[i] Reggie,[ii] Muggie, Adie & Barbara soubessem de tudo isso, teriam há muito tempo acusado o recebimento das minhas cartas. Ruth[iii] por acaso recebeu as dela?

Uma porcentagem substancial da correspondência enviada por mim consiste de cartas de condolências. Pode muito bem ser que a morte sempre tenha sido tão comum como é hoje & que antes a pressão do trabalho me deixasse pouco tempo para pensar em tais assuntos. É também possível que minhas atuais circunstâncias tenham feito a morte parecer muito mais trágica do que eu a via antes de ser preso. Com certeza a morte de membros da minha família & outros parentes me atingiu muito duramente. Fiquei igualmente abalado com a de amigos como A.J.,[iv] Amina, Debi, Hymie, Jimmy, Mike, Miriam, Molly & teu sucessor, Nana, Z.K.[v] & outros de quem guardo doces lembranças. Tais perdas fazem inevitavelmente a gente se sentir só depois de ter se acostumado a uma vida em grupo. Tenho achado difícil viver longe de velhos amigos & ainda mais difícil estar longe daqueles que nunca voltarei a ver.

Eu disse a Amina numa carta a ela hoje que me lembro de todos os dias memoráveis de 1952 em diante. Evidentemente, não tenho nada para estimular a memória — fotos que possa tirar da gaveta, registros que possa consultar & balizas que mostrem o rumo futuro das questões. Não obstante, sempre penso em 1946, o ano em que Ismail me apresentou a você. A propósito, ele & eu ainda nos mantemos unidos como éramos durante nossos tempos de universidade.[vi] Fatima[vii] escreve regularmente & chegou a me visitar em 1973. Penso em 1947, ano do congresso médico em que você, Xuma[viii] e Monty[ix] se apresentaram com destaque.[x] James ainda se lembra daquela ocasião? Também me lembro do dia em 1952 no Broadway

---

i Um apelido de Adelaide Tambo (1929-2007), amiga, ativista antiapartheid e esposa de Oliver Tambo, sócio de Mandela no escritório de advocacia e presidente do CNA — ver glossário. Os Tambo estavam vivendo no exílio em Londres.   **ii** O nome do meio de Oliver Tambo era Reginald, e Mandela se referia a ele como Reggie.   **iii** Ele podia estar se referindo à ativista antiapartheid e pelos direitos das mulheres Ruth First (1925-82), que também estava no exílio em Londres.   **iv** Chefe Albert Luthuli (1898-1967), presidente-geral do CNA de 1952 a 1967 — ver glossário.   **v** Professor Z. K. Matthews (1901--68), acadêmico, político, ativista antiapartheid e membro do CNA — ver glossário.   **vi** Ele está indicando a Dadoo, então no exílio, que ainda é próximo de Ismail Meer.   **vii** Esposa de Ismail Meer.   **viii** Alfred Xuma (1893-1962), primeiro negro sul-africano a se tornar médico, presidente geral do CNA entre 1940 e 1949.   **ix** Monty Naicker (1910-78), médico, político e ativista antiapartheid — ver glossário.   **x** Ele está muito provavelmente se referindo a "O Pacto dos Médicos" de 1947, assinado pelos drs. Yusuf Dadoo, Alfred Xuma e Monty Naicker, sobre a cooperação entre o CNA, o Congresso Indiano do Transvaal e o Congresso Indiano de Natal e clamando pela liberdade de ir e vir, pela educação, pelo direito de votar e por oportunidades iguais a todos os sul-africanos "não europeus".

Cinema em que oferecemos a você & Dave[i] um bota-fora de arromba & de tudo o que veio a seguir. Você conhece bem a história.

Penso muito nos dias que virão, nos problemas de adaptação & no reatamento dos velhos fios. É principalmente nesse sentido que nunca vivi de fato nesta ilha. Meus pensamentos estão sempre viajando para cima e para baixo do país, lembrando os lugares que visitei. O *Atlas Oxford*, apesar da idade avançada — eu o comprei em 1963 —, é um dos meus maiores companheiros, & no processo acabei por conhecer o mundo & meu país muito melhor do que quando estava livre.

Mas o propósito desta carta não é falar sobre correspondência, memórias passadas ou o *Atlas Oxford*, mas sim dizer a você que nunca esqueço de lhe desejar felicidades no 5 de setembro.[ii] Pensamos em você com mais orgulho do que as palavras podem expressar. As festas com que costumávamos celebrar seu aniversário estão entre as ocasiões memoráveis que Ahmed[iii] e eu relembramos com frequência. Sabemos muito bem que talvez hoje seja impossível para você celebrar do modo habitual. Mas mesmo assim eu espero que você pelo menos encontre tempo para reunir alguns amigos e se divertir um pouco. Em particular espero que você, os dois Reggies[iv] e o pai de Toni[v] estejam se mantendo unidos como quadrigêmeos.

Pelo amor de deus não me diga que desistiu do indlamu,[vi] que você costumava dançar tão bem em Soweto nos anos 1950. É uma dança sul-africana típica — tão típica quanto "daar kom die Alabama",[vii] o tickiedraai[viii] & o Bharat natium.[ix] Mas eu gostaria de experimentar as mais antigas das nossas danças tradicionais: a dança cerimonial de caça Basarwa[x] & o Khoikhoi askoek.[xi] Elas não apenas mantêm a pessoa em forma & destemida como ela deseja ser, mas também lhe dá uma percepção mais realista de por que os nativos amavam a vida tão intensamente & por que eles se defenderam de modo tão obstinado & por tanto tempo contra as vicissitudes da natureza & a insensatez humana.

Por fim, eu gostaria de te lembrar dos muitos laços que nos unem, o não menos importante deles são as Winnies ao nosso lado[xii] — as mais maravilhosas criaturas sobre a Terra. Mais uma vez, muitas felicidades. Anseio por te encontrar um dia. Enquanto isso te mando minhas lembranças mais calorosas & meus melhores votos para sua Winnie, Shireen[xiii] & todo mundo.

---

i David Bopape (1915-2004), membro do CNA e do Partido Comunista Sul-Africano. **ii** Aniversário de Yusuf Dadoo. **iii** Ahmed Kathrada (1929-2017), membro destacado do CNA e do Partido Comunista Sul-Africano e corréu do Julgamento de Rivonia que foi encarcerado com Mandela — ver glossário. **iv** Um dos Reggies a que Mandela está se referindo é provavelmente Oliver Reginald Tambo. **v** Mandela está possivelmente se referindo ao camarada Rusty Bernstein (1920-2002) (ver glossário) que foi inocentado no Julgamento de Rivonia. O nome de sua filha era Toni. **vi** Uma dança tradicional Zulu. **vii** Uma canção folclórica africâner. **viii** Uma dança tradicional africâner. **ix** Um gênero clássico de dança indiana. **x** Uma dança cerimonial de caça executada pelo povo Basarwa. **xi** Um passo de dança do povo San. **xii** As esposas de ambos se chamavam Winnie. **xiii** Filha de Yusuf e Winnie Dadoo.

Cordialmente, Nelson

Sr. Mota D, Mothabhai,[i] a/c Sra. Amina Cachalia, Caixa Postal 3265, Joanesburgo

---

Para o oficial comandante, Robben Island

Nelson Mandela 466/64

Re: Frasco

O que o major Sandburg solicita é um endosso à minha requisição de um frasco para fins medicinais.

Ele próprio deliberará então sobre a possibilidade de dois frascos.

[Assinado NRMandela]
15.12.75

[Rubricado com outra letra e datado de 5.12.76]

Para Fatima Meer,[ii] amiga e camarada

NELSON MANDELA 466/64

1.1.76

Wahali Fatimaben[iii]

Uma boa cabeça & um bom coração são sempre uma combinação formidável. Mas quando você acrescenta a isso uma língua ou uma caneta instruída o que se tem é algo muito especial & uma simples história que a gente ouviu muitas vezes evoca de

---

i Ao usar o apelido de Dadoo, Mandela está tentando despistar sua identidade. **ii** Fatima Meer (1928- -2010), escritora, acadêmica e ativista antiapartheid e pelos direitos das mulheres — ver glossário. **iii** *Vehali* significa "querida" em guzerate. Ele provavelmente tinha consultado um de seus companheiros de prisão que era fluente em guzerate, como Laloo Chiba. Mandela grafou a palavra de várias maneiras, incluindo *wahalie*. *Ben* significa "irmã" em guzerate.

repente significativas lições morais. Se eu tenho interesse em mitologia? Eu experimentaria até a magia se você a recomendasse. Quanto à mitologia, meu interesse nesse terreno particular tem uma longa história, já que minha mãe me alimentou com ela desde os primeiros anos da minha infância. Tive bastante mitologia na faculdade, mas fora da sala de aula ela pode ser ainda mais desafiadora & cativante & é por isso que achei o teu tema tão especialmente estimulante.

Um elemento de percepção tardia não pode ser completamente eliminado em declarações feitas depois da ocorrência de um fato relevante. Mas eu gostaria que você soubesse que desde outubro de 1974 eu meditei muito, e a ideia da deusa Zamona descendo até o terceiro céu me preocupou repetidamente. Na época não era mais do que uma mera fantasia que vinha & passava como o vento & não dei a ela significado algum. Só quando recebi sua carta maravilhosa & também a de Zami[i] me ocorreu a ideia de que essa fantasia podia ser ou não uma premonição. Talvez não devamos levar esse ponto muito adiante para não cairmos no mundo sobrenatural.

Basta dizer que essa narrativa, expressa com talento característico, dissipou todo o pessimismo que pudesse emanar da crença de que toda vitalidade dos Koras, Kolas, Hadas, Kalas & Biharas foi drenada & de que os espíritos malignos são invencíveis. A lição simples das religiões, de todas as filosofias & da própria vida é de que, embora o mal possa estar barbarizando temporariamente, o bem há de conquistar os louros no final. A tua história expressa essa verdade muito bem. Sempre encarei a multiplicidade de deuses na mitologia grega como mais uma manifestação da crença generalizada de que o destino de todos os assuntos naturais & humanos está nas mãos das divindades cuja excelência sobre-humana é uma fonte de inspiração & esperança para toda a criação — uma excelência que no final das contas vai governar o mundo.

Nós, que fomos criados em lares religiosos & que estudamos em escolas de missionários, experimentamos o agudo conflito espiritual que ocorria em nós quando víamos o modo de vida que considerávamos sagrado ser desafiado por novas filosofias & quando nos dávamos conta de que entre aqueles que rejeitavam nossas crenças como ópio havia pensadores lúcidos cuja integridade & amor por seus semelhantes estavam fora de dúvida. Mas há pelo menos uma coisa que tanto os adeptos das escrituras como os ateus aceitam: que a crença na existência de seres com poderes sobre-humanos indica o que o homem gostaria de ser & como ao longo dos séculos ele tem lutado contra todos os tipos de males & se empenhado por uma vida virtuosa.

Você diz que os mitos não devem ser tomados ao pé da letra & que subjacentes a eles estão as grandes lições morais. Aceito isso plenamente &, por mais mudanças que tenham ocorrido em minha própria perspectiva, eu percebo mais do que nunca o papel dinâmico da mitologia na exposição de problemas humanos & na modelagem do caráter humano. Alguns anos atrás eu estava folheando apressadamente um compêndio das

i Um dos nomes de Winnie Mandela.

obras de Eurípides, Sófocles & outros sábios gregos quando me deparei com a afirmação de que um dos preceitos básicos que herdamos da filosofia clássica grega é de que um homem verdadeiro era aquele que podia se manter firmemente de pé & nunca dobrar os joelhos, mesmo quando lidava com o divino. A passagem do tempo tende a obscurecer até mesmo ensinamentos imortais como esses & a tua história reavivou todo o meu interesse na abstração simbólica. Se tivesse acesso aos Vedas[i] & Upanixades[ii] eu mergulharia neles com o maior prazer. Acho que Chota & Choti[iii] partiram para Meca. Talvez agora seja a hora de Ismail[iv] deixar suas paparicadas rosas & partir também em peregrinação. Espero que você mande notícias de novo.

Passei um momento adorável em 27 de dezembro com Zeni & Zindzi.[v] Eu estava vendo Zeni pela terceira vez & a mais nova pela primeira desde 1962. Ela tem muito ardor dentro de si & espero que venha a explorá-lo plenamente. Elas me contaram que junto com a mãe passaram um esplêndido fim de semana com você & Ismail & estão ansiosas por vê-los de novo, desta vez por um tempo mais longo. Acrescentaram que você agora ganhou uns quilinhos, mas continua ágil & encantadora como sempre. Fico muito contente em saber que Zami agora pode circular livremente & encontrar velhos amigos. A sugestão de que você & ela viajem para a Índia e a Grã-Bretanha conta com todo o meu apoio, embora eu duvide muito que ela consiga os documentos para a viagem. Levar junto as meninas[vi] seria caro demais & eu sugeriria que vocês fossem sem elas. Elas são jovens & sua chance virá no devido tempo. Nunca sei como encerrar uma carta para um casal que sempre foi tão maravilhoso comigo & com minha família. Dizer meramente "muito obrigado" parece formal & insípido. Talvez nada expresse mais claramente o que vocês significam para nós do que essa perpétua dificuldade. Amor & lembranças carinhosas a Ismail, às crianças & a você.

Cordialmente, Nelson

Sra. Fatima Meer, a/c Nobandla Mandela, Casa nº 8115, Orlando West, Caixa Postal Phirima [1898]

---

i Os mais antigos textos hindus, escritos por volta do segundo milênio antes de Cristo. **ii** Escritos entre 600 e 900 a.C., os Upanixades constituem uma seção da literatura védica e são considerados as mais antigas obras filosóficas. **iii** Dr. Mahomed "Chota" Motala (1921-2005), membro do Congresso Indiano de Natal. Sua esposa era Rabia "Choti" Motala. Eles eram de Pietermaritzburg. *Chota* é o termo guzerate para o caçula masculino e Choti para a caçula feminina. Como ele era conhecido como Chota Motala, sua esposa passou a ser conhecida como *Choti*. Chota Motala era parente de Ismail e Fatima Meer. **iv** Ismail Meer (1918-2000), marido de Fatima e advogado e ativista antiapartheid — ver glossário. **v** Zenani Mandela (1959-) e Zindziswa Mandela (1960-), filha do meio e filha caçula de Mandela — ver glossário. **vi** Zeni e Zindzi.

Para o comissário de prisões

[Com outra caligrafia] 466/64 Nelson Mandela — Carta/E[i] para B/O sobre seus estudos

23 de janeiro de 1976

Comissário de Prisões,
Caixa Postal Especial.
Pretória.

Att: Brigadeiro Du Plessis

Acabo de ser informado de sua recusa a atender a minha solicitação para completar o último ano do bacharelado em direito da Universidade de Londres ou da Universidade de Witwatersrand ou para este curso junto à Universidade da África do Sul (Unisa).[ii] Por essa razão, eu ficaria grato se o senhor fizesse a bondade de reabrir a questão e me permitisse seguir o curso junto à Unisa.

Espero que ao considerar esta solicitação o senhor leve em conta o fato de que, embora eu tenha estudado para o diploma de bacharel em direito junto à Universidade de Londres nos últimos doze anos, enfrentei consideráveis dificuldades para obter a bibliografia recomendada e essa foi a verdadeira causa dos meus resultados negativos. Infelizmente, mesmo nas ocasiões em que eu poderia ter obtido a bibliografia necessária, houve dificuldades administrativas consideráveis para enviar dinheiro a Londres, sobretudo ao longo dos últimos três anos. Esta declaração não está sendo feita de modo algum em tom de crítica, mas unicamente para possibilitar que o senhor veja minha solicitação em seu devido contexto.

Além disso, eu gostaria de destacar que o reitor da Faculdade de Direito está disposto a me conceder dispensa de pelo menos sete disciplinas e posso completar o curso em quatro anos. Por isso eu ficaria grato se o senhor me concedesse permissão para me matricular nesse curso.

[Assinado NRMandela]
NELSON MANDELA 466/64

---

i Carta especial. Essas cartas não eram computadas na cota de um prisioneiro.   ii Ele estava apelando às autoridades para que lhe permitissem continuar estudando para obter seu diploma de bacharel em direito.

Para D.B. Alexander,[i] mãe de um ex-prisioneiro, Neville Alexander

[A primeira e a última frase desta carta foram traduzidas do africâner]
Nelson Mandela 466/64   Grupo A   1.3.76

Kgaitsedi,[ii]

Você está sempre em meus pensamentos e me fez bem escrever para lhe enviar meus melhores votos.

Fiquei bastante perturbado quando soube, alguns anos atrás, que sua saúde não estava nada boa. Mas eu tinha confiança em que a mulher que produziu filhos tão adoráveis como Myrtle, Dorothy, Janette, Boy & Edward[iii] iria se erguer & sair de novo por aí inspirando todos os que entram em contato com ela. Espero sinceramente que, com Edward e Dorothy agora de volta das férias,[iv] você esteja se sentindo ainda melhor.

Hoje escrevi a uma amiga que me mandava sempre cartões de Natal e disse que no ano passado eu também tive a esperança de lhe mandar um cartão, mas não pude porque a minha família está toda espalhada e monopoliza minha cota de cartões. É isso que eu gostaria de te dizer também. Confio que você aceite esta breve carta com o mesmo espírito com que ela foi escrita. Ela contém todo o meu afeto e minha gratidão.

Um dos meus passatempos favoritos é examinar todos os cartões que recebi durante o ano anterior & outro dia mesmo eu estava contemplando o que você me mandou em dezembro passado. Ele contém apenas quatro palavras impressas, às quais você acrescentou três com uma letra clara & enérgica. Essa economia de palavras é característica de todas as mensagens sazonais que recebi de você & no entanto elas estão repletas de ternura & inspiração & a cada vez eu me sinto muito mais jovem que o kleinseun[v] Leo. Dankie, Schwester![vi]

Você esteve em Cradock[vii] recentemente?

Visitar aquele mundo vai fazer você recordar seus dias de juventude & aliviar seus pulmões do ar poluído da cidade grande. Espero também que você ainda esteja em contato regular com as crianças. Elas devem estar sentindo muito a sua falta, especialmente Janette e Leo. Espero que o projeto de pesquisa de Edward esteja

---

i Muito provavelmente é Dimbiti Bisho Alexander, mãe de seu companheiro de prisão Neville Alexander (1936-2012). **ii** "Minha irmã", tanto em Sesotho como em Setswana. **iii** O segundo nome de Neville era Edward e ele era um de cinco filhos. Mandela provavelmente está se referindo a ele como Edward e não como Neville para evitar alertar as autoridades para o fato de que está escrevendo sobre outro prisioneiro, o que não era permitido. **iv** Neville Alexander foi solto da prisão em abril de 1974. Ficou então em prisão domiciliar até 1979. Mandela está provavelmente se referindo a sua soltura como "férias" para evitar alertar as autoridades para o fato de que está falando sobre outro prisioneiro. **v** "Neto", em africâner. **vi** "Irmã", em alemão. **vii** Cidade no Cabo Oriental em que Neville Alexander nasceu.

indo bem & que suas descobertas sejam tão valiosas e frutíferas quanto a sua produção acadêmica passada.[i] Por favor dê às crianças minhas calorosas saudações & agradeça Gwen pelo cartão de dezembro de 1974.

Desejo-lhe tudo de bom, boa saúde e sorte em 1976 e nos anos por vir. Com amor.

Cordialmente,
Nelson

Sra. D.B. Alexander
Nº 2, First Avenue,
Lotus River.
Grassy Park (7800) Cidade do Cabo.

Para Felicity Kentridge, advogada e esposa do
advogado de defesa Sydney Kentridge[ii]

Nelson Mandela 466/64   Grupo A   Robben Island

9.5.76

Querida Felicity,[iii]

[Há um risco atravessando os dois primeiros parágrafos abaixo.]

Minha sobrinha-neta, Xoliswa Matanzima, Deckerts Hill, Caixa Postal Qamata (5327), filha do ministro-chefe do Transkei,[iv] está atualmente estudando para o último ano do bacharelado em jurisprudência em Fort Hare.[v] Ela pretende passar dois anos na América & depois retornar para fazer seu doutorado em direito.

---

i Antes de ser preso, Neville Alexander completou seu doutorado na Universidade de Tübingen, na Alemanha. Em 1979 ele publicou o livro *One Azania, One Nation: The National Question in South Africa* [Uma Azânia, uma nação: A questão nacional na África do Sul] (Londres: Zed Press), que foi escrito sob o pseudônimo No Sizwe porque ele estava banido. **ii** Felicity (m. 2015) e Sydney Kentridge (1922-) eram advogados. Sydney fazia parte da equipe de defesa no Julgamento de Traição (para o Julgamento de Traição, ver glossário). Eles se mudaram para Londres nos anos 1970. **iii** Mandela escreveu numa lista da correspondência enviada que entregou esta carta para postagem em 9 de maio; ela foi devolvida a ele em 4 de junho; ele a reescreveu e a entregou de novo para postagem em 21 de julho. Ela foi devolvida definitivamente a ele em 9 de agosto "com o argumento de que eles agora tinham objeção quanto à pessoa". **iv** K. D. Matanzima (1915-2003), sobrinho de Mandela, um chefe Thembu e ministro-chefe para o Transkei — ver glossário. **v** Faculdade Universitária de Fort Hare, em Alice, no território do Ciskei — ver glossário.

O pai dela não está contente com sua opção de estudar direito & argumenta que as mulheres não vêm se saindo muito bem nesse campo. Não obstante, ela está muito interessada numa carreira jurídica & a família me pediu conselho. Estou fora de ação há dezesseis anos & minhas concepções podem estar desatualizadas. Mas nunca, de modo algum, considerei as mulheres menos competentes que os homens nessa & em muitas outras profissões &, dependendo da palavra final do seu pai, incentivei Xoliswa a se formar como advogada. Mas eu disse a eles que iria pedir tua opinião a respeito & tenho certeza de que os teus pontos de vista serão de grande ajuda para ela & altamente apreciados pela família.

Depois que minha carta foi enviada a Qamata,[i] quase caí para trás ao ficar sabendo que você agora se afastou da profissão para se tornar dona de casa. Será que você esqueceu que o ano passado foi 1975, quando as mulheres decidiram se insurgir & se libertar da tirania dos machos? Felizmente, eu também soube na mesma ocasião que Sidney [sic] se tornou um internacionalista afinal de contas. De que outro modo eu poderia descrever um nativo de Joanesburgo que deu aula em Harvard & que, segundo eu soube, esteve recentemente numa arbitragem internacional em Paris?

Você & sua família, parentes & os numerosos amigos que ambos conquistaram ao longo de sua prática nos tribunais & em outras partes têm todo motivo para estarem orgulhosos dele. Ele nos causou uma impressão formidável durante os dias da Sinagoga[ii] & fico contente em perceber que ele correspondeu às altas expectativas que despertou naqueles que admiraram sua habilidade naquele tempo.

Quando visitei vocês no fim dos anos 1950 vocês tinham um filho, um menino bonito.[iii] Espero que você e Sidney [sic] não tenham sido cruéis a ponto de condená-lo a uma vida de solidão, privando-o do prazer de uma companhia, & confio que agora ele tenha pelo menos uma irmã ou irmão.[iv] Ele agora deve estar na universidade & certamente é motivo de orgulho e alegria para vocês dois.

Ainda me lembro claramente da última vez que vi vocês, em junho de 1964, quando pareciam grudados em seus assentos no tribunal & ouvindo atentamente os procedimentos como um leigo que estivesse presenciando aquilo pela primeira vez na vida. Anseio por encontrar você, Sidney[v] e seu filho, quando então espero trocar um caloroso aperto de mãos & dizer: obrigado. Enquanto isso mando a você & família meus melhores votos & minhas lembranças mais carinhosas.

---

i Qamata é uma cidadezinha que foi anteriormente parte do Transkei e antes disso parte da Tembulândia ocidental. Fica a aproximadamente 830 quilômetros de Joanesburgo, de carro. ii Ele está se referindo à Velha Sinagoga, em Pretória, que serviu como tribunal para o Julgamento de Traição de 1956, no qual Sydney Kentridge foi um dos advogados de defesa. iii William Kentridge (1955-), um dos mais famosos artistas e cineastas da África do Sul. iv Os Kentridge tinham quatro filhos. v Sydney Kentridge era amigo de um dos advogados de defesa do Julgamento de Rivonia.

Cordialmente,
Nelson

Sra. Felicity Kentridge, a/c Nkosk Nobandla Mandela, 8115 Orlando West, Caixa Postal Phirima [1848] Joanesburgo

◇◇◇◇◇◇◇◇◇◇

O ano de 1976 na África do Sul foi marcado por uma crescente inquietação entre jovens frustrados com a falta de resistência de seus pais ao apartheid.

A repressão dos anos 1960, que se seguiu à detenção e ao encarceramento de uma série de combatentes pela liberdade, tinha a pretensão de haver suprimido permanentemente a oposição ao regime. A ascensão da Consciência Negra a partir do fim dos anos 1960 culminou no levante estudantil em Soweto em 16 de junho de 1976 contra um plano que submetia os estudantes negros a terem aulas em africâner, a língua do opressor. A polícia respondeu aos protestos pacíficos com balas de verdade, matando centenas. Centenas de outros foram presos, muitos deles terminando como prisioneiros condenados; um número maior ainda deixou o país para engrossar as fileiras dos exércitos exilados de movimentos de libertação. Apartados dos meios de informação até 1980, os prisioneiros em Robben Island só ficaram sabendo o que havia ocorrido em agosto de 1976, quando os primeiros jovens presos começaram a chegar para cumprir suas penas.

A longa carta a seguir, dirigida às autoridades prisionais, detalha os contínuos abusos de autoridade e pode ser lida também como o modo adotado por Mandela para tentar melhorar as condições para todos os prisioneiros, incluindo o novo grupo de rapazes irados. Ele e seu camarada Walter Sisulu[i] destacaram-se por seus esforços para acalmar os agitadores mais exaltados e para indicar-lhes um caminho melhor para sobreviver na prisão.[55]

Para o oficial comandante, Robben Island

12 de julho de 1976

Oficial comandante
Robben Island

Att: Coronel Roelofse

---

i Walter Sisulu (1912-2003), ativista do CNA e do MK e corréu no Julgamento de Rivonia que foi preso junto com Mandela — ver glossário.

A carta em anexo é para atenção especial do comissário de Prisões, general Du Preez, e ficarei grato se o senhor aprová-la e encaminhá-la a ele.

Eu a estou colocando num envelope selado endereçado ao senhor e assinalado "Confidencial e para atenção especial do coronel Roelofse". Mas, a partir do momento que eu a entregar ao agente de plantão no setor, deixarei de ter controle sobre ela e não poderei garantir que ela chegue às suas mãos nas condições em que saiu das minhas.

[Assinado NRMandela]

Para o comissário de prisões

12 de julho de 1976

Comissário de Prisões
Pretória

Att: General Du Preez

Preciso chamar sua atenção para o abuso de autoridade, a perseguição política e outras irregularidades que estão sendo cometidas pelo oficial comandante desta prisão e por membros de sua equipe. Embora esta carta levante queixas de natureza pessoal, algumas delas afetam igualmente outros presos e por essa razão talvez seja necessário citar certos nomes com o intuito de ilustrar tais irregularidades.

Durante os últimos catorze anos do meu encarceramento tentei, na medida das minhas capacidades, cooperar com todas as autoridades, do comissário de Prisões ao carcereiro de Setor, desde que tal cooperação não fira meus princípios. Nunca encarei homem algum como meu superior, nem na minha vida fora da prisão nem dentro dela, e ofereci voluntariamente essa cooperação na crença de que ao fazer isso estava promovendo relações harmoniosas entre presos e carcereiros e contribuindo para o bem-estar de todos nós. Meu respeito pelos seres humanos não se baseia na cor da pele de um homem nem na autoridade que ele pode ostentar, mas meramente em seu merecimento.

Ainda que não concorde com a abordagem do general Steyn aos principais problemas do país e com as diretrizes do Departamento de Prisões, mesmo assim eu o respeitava como chefe de seu Departamento e como indivíduo e nunca tive motivo para questionar sua integridade. Embora eu julgue que ele poderia ter feito mais do que fez para promover o bem-estar dos presos aqui e em outros lugares do país, sua postura cordial e despretensiosa tornava fácil para mim discutir com ele questões delicadas e, a despeito das muitas discordâncias que eu tinha de quando em quando com ele a respeito de decisões que tomava em relação a problemas específicos, ele frequentemente estava preparado para apresentar motivos razoáveis para suas ações.

Avistei-me com o predecessor imediato do senhor, o general Nel, quando ele veio à ilha em 1970 com o sr. Dennis [sic] Healey[i] e, tendo em mente os poucos comentários que trocamos naquela ocasião, não tenho motivo algum para pensar que, como chefe de seu Departamento, ele estivesse aquém do padrão estabelecido por seu predecessor no que se refere à maneira de lidar com os problemas que eu levava à sua atenção. Infelizmente não tive ainda o prazer de uma entrevista com o senhor, mas ao escrever esta carta parto da suposição de que fará tudo o que estiver ao seu alcance para melhorar as relações preso-carcereiro e para promover nosso bem-estar.

Já tive a esta altura não menos que três entrevistas com o brigadeiro Du Plessis, chefe do setor de segurança, e, apesar do fato de nenhuma das minhas reclamações ter sido atendida, ele ao menos tentou dar explicações razoáveis para suas ações e resumiu, tão pacientemente quanto o tempo permitia, a diretriz do Departamento quanto às questões que discutimos.

No meu entendimento, uma das principais funções desse Departamento é manter a boa ordem, a disciplina e a administração adequada da prisão. Em termos das Normas Prisionais, uma atenção especial deve ser concedida à preservação de boas relações entre um prisioneiro e seus parentes, no melhor interesse de ambas as partes. Esse objetivo é normalmente atingido por meio de visitas, cartas, telegramas, cartões de aniversário, Páscoa e Natal.

Um departamento público é criação de uma lei e deveria ser regido em consonância com as normas legais vigentes. As ações tanto dos funcionários como dos prisioneiros em todos os campos de atividade devem se basear em regras que podem ser facilmente atestadas e, mesmo nos casos particulares em que os funcionários têm uma ampla margem de arbítrio, o respeito aos princípios de justiça natural exige uma clara indicação das considerações que serão levadas em conta no exercício de tal arbítrio. Essa regra é observada em muitos países mundo afora por organismos públicos que lidam com problemas humanos, de modo a eliminar ou reduzir os riscos de injustiça ocasionada por má intenção, capricho, arbitrariedade, corrupção, mesquinhez e outros motivos impróprios.

As ações do oficial comandante e seu pessoal que são mencionadas abaixo nada têm a ver com a manutenção da boa ordem, da disciplina e da administração adequada da prisão, nem com a promoção de relações harmoniosas entre prisioneiros e agentes. Tais ações são incompatíveis com a preservação de boas relações entre um prisioneiro e seus familiares e constituem abuso de autoridade, perseguição política e espírito vingativo.

---

i Denis Healey (1917-2015), político do Partido Trabalhista britânico que Mandela conheceu numa curta visita a Londres em 1962. Posteriormente Healey o visitou na prisão.

A ausência de regras claramente definidas que estabeleçam como o arbítrio desfrutado pelos agentes locais deve ser exercido nos casos específicos indicados abaixo deu-lhes ampla margem para a malevolência, a arbitrariedade e outras motivações impróprias.

Em diversas ocasiões tentei em vão chamar a atenção do coronel Roelofse para esses problemas, e é porque ele e o chefe da prisão, o tenente Prins, e o oficial encarregado da censura, o subtenente Steenkamp, mostraram-se aquém do alto padrão de moralidade exigido dos responsáveis pela direção de um departamento público que eu agora me sinto obrigado a expor toda a questão diante do senhor.

1. Abuso de autoridade

(a) Em 27 de dezembro de 1974 o ministro de Prisões, advogado J. T. Kruger, na presença do OC,[i] concedeu-me permissão para adquirir "Ons Ses Eerste Premiers", de Piet Meiring,[ii] e, ao mesmo tempo, informou ao oficial comandante que nada havia no livro que ele considerasse reprovável. Em vista de sua permissão, encomendei o livro, mas, como na época estava fora de catálogo, ele só chegou à ilha em 16 de fevereiro deste ano. Apesar do fato de a permissão para adquiri-lo ter sido dada pelo próprio ministro, e apesar dos meus repetidos esforços para obtê-lo, o OC só liberou o livro em 27 de abril, exatamente dois meses e onze dias depois que ele tinha chegado. Eu provavelmente não o obteria se o brigadeiro Du Plessis não interviesse em meu favor.

(b) Tanto o coronel Roelofse como o tenente Prins têm tido uma prática sistematicamente racista com os prisioneiros do Setor de Celas Individuais e tentado fomentar sentimentos de hostilidade entre nós.

(i) Na reunião do Conselho Prisional deste ano, o OC perguntou a um prisioneiro coloured deste setor o que ele achava do nível de civilização dos "Bantos" do setor e como os presos coloureds estavam se dando com os "Bantos".[iii] Quando esses prisioneiros respondiam que seus colegas africanos neste setor eram homens educados e cultos por quem eles tinham respeito e que todos nos dávamos bem uns com os outros, o OC fazia comentários depreciativos, descrevendo africanos como sendo de um nível mais baixo de civilização e como gente que andava seminua país afora.

(ii) Em duas ocasiões anteriores o então subtenente Prince fez comentários a dois presos indianos, falando a cada um deles numa ocasião diferente,

i Oficial comandante. ii Ver carta ao ministro da Justiça de 12 de fevereiro de 1975, página 300.
iii Embora a palavra "Banto" venha de "Abantu", significando povo, ela também pode ser vista como ofensiva num contexto como este, em que a pessoa que fala está empregando o termo como uma descrição racial. Ele era usado, sob o apartheid, para designar africanos.

dizendo que os africanos eram incivilizados e que quando estivessem no poder iriam atacar igualmente brancos, coloureds e indianos, e enfatizou que a melhor opção para os indianos seria unir-se aos brancos. A um deles ele acrescentou que sempre pensava politicamente nessas questões.

É perigoso confiar a tarefa de promover o bem-estar dos prisioneiros a agentes que sustentam concepções racistas, e é um abuso de autoridade tirar proveito de sua posição oficial para tentar criar sentimentos de hostilidade entre presos de diferentes grupos populacionais. Rejeitamos totalmente o apartheid em todas as suas formas e o OC não tinha direito algum de tentar nos vender uma ideia que reputamos diabólica e perigosa.

Em relação a isso, eu gostaria de dizer ainda que a conduta de tais agentes é não apenas imprópria mas também contrária pelo menos à política oficial declarada. Porta-vozes do governo, incluindo o atual premiê, têm repudiado repetidamente a ideia de que qualquer grupo populacional específico no país seja superior a outros.

2. Interferência indevida em relacionamentos sociais

(a) Minha filha mais nova, Zindziswa,[i] enviou-me fotografias em três diferentes ocasiões, uma das quais eu vi de fato em minha pasta em 1974 quando o subtenente Du Plessis e eu estávamos procurando a cópia de uma carta que eu escrevera a um ex-ministro da Justiça. Quando lhe pedi a foto, ele me disse que deveríamos tratar de uma coisa de cada vez e, por aquele dia, deixei a questão por isso mesmo. Quando posteriormente voltei a pedir a foto, ela havia desaparecido.

Mencionei o caso ao tenente Terblanche, então chefe da prisão, que me disse que iria investigar. Mais tarde, recebi duas outras cartas nas quais minha esposa relatava que minha filha havia enviado outras fotos. Como eu não as tinha recebido, expus imediatamente o assunto ao tenente Prins. Embora eu o tenha mencionado a ele duas vezes depois disso, nunca mais recebi uma palavra dele.

Eu poderia acrescentar que não tive problemas com cartas da minha filha até que Zindziswa se queixou às Nações Unidas da perseguição sistemática movida contra sua mãe pelo governo e acredito que as dificuldades que desde então cercaram sua correspondência comigo e também a da sua irmã mais velha, Zenani,[ii] sejam resultado de um puro ato de vingança do OC em ação conjunta com a Polícia de Segurança Pública.

---

i Zindziswa Mandela (1960-), filha caçula de Mandela — ver glossário.   ii Zenani Mandela (1959-), filha do meio de Mandela — ver glossário.

(b) Em janeiro deste ano minhas duas filhas me escreveram cartas, que enviaram por correio registrado. Embora tanto o tenente Prins como o sargento Fourie, do Gabinete dos Censores, tenham me assegurado que elas não foram recebidas, eu ouvi a mesma informação antes e descobri depois que na verdade as cartas já haviam sido recebidas quando tais afirmações foram feitas.

(c) Duas crianças que vivem com minha esposa também me enviaram duas cartas registradas mais ou menos na mesma época. Por volta de um mês depois, minha esposa me informou desse fato e o sargento Fourie me assegurou como de costume que elas não tinham sido recebidas. Eu o alertei sobre a seriedade de me contar uma inverdade em relação a cartas enviadas por correio registrado e pedi-lhe que fizesse mais investigações. Ele posteriormente me informou que tinha verificado, conforme pedi, mas reiterou sua asseveração anterior.

Relatei então o caso ao tenente Prins, que pouco depois reconheceu que as cartas tinham sido recebidas algumas semanas antes da minha conversa com o sargento Fourie. O tenente Prins me comunicou oficialmente então que as cartas não me seriam entregues porque eram militantes e escritas por crianças que não me conheciam. Uma delas é parente da minha esposa e nasceu quando eu já estava na prisão. A outra tinha apenas cinco anos quando fui sentenciado. O tenente Prins se recusou a me dizer por que o sargento Fourie me dera explicações mentirosas sobre as cartas. Exatamente a mesma coisa aconteceu com as cartas da sra. Adelaide Joseph[i] e mais uma vez os dois agentes citados acima estavam envolvidos.

(d) Cartas escritas por minha esposa para seu parente, o sr. Sandi Sejake, também neste setor, e aquelas escritas por ele a ela não chegaram ao seu destino.

(e) Há muitos casos dessa natureza, mas eu gostaria de citar o do meu companheiro de prisão Theophilus Cholo, que foi condenado em 1973 e não recebeu uma visita da esposa desde então, sendo as cartas o único meio de contato do casal. A última vez que ele recebeu uma dela foi em fevereiro deste ano, e em maio o tenente Prins recusou-se a lhe dar um carta de três páginas dela com o argumento de que seu conteúdo era reprovável, e ao mesmo tempo proibiu-o de dizer a ela que sua carta foi sonegada a ele. Agora vejo as explicações mentirosas que são dadas repetidamente pelas autoridades locais sobre nossa correspondência e a assim chamada objeção ao conteúdo da carta ou à pessoa que a escreveu como uma mera técnica para nos privar do direito legal de preservar boas relações entre nós e nossos parentes e amigos.

---

i A esposa de Paul Joseph (1930-), um ativista político sul-africano exilado em Londres. Quando Mandela foi preso em 1962 ela lhe levava comida na prisão.

3. Censura da correspondência que enviamos

Os seguintes exemplos demonstrarão ao senhor o tipo de dificuldades que estamos enfrentando devido à excessiva desconfiança da parte dos seus agentes e talvez até à dificuldade deles de entender o idioma e a linguagem.

(a) Em 1º de junho de 1975 enviei um cartão a um amigo que tem trinta e poucos anos e terminei a mensagem de felicitações com a saudação em escrita fonética: "Me-e-e-e-i Bra-a-a!", que é uma corruptela do africâner "My Broer" [meu irmão] e uma forma de saudação usada comumente pela juventude urbana de hoje em dia. Mandaram-me reescrever a mensagem toda de aniversário e deixar de fora as palavras citadas acima. Não me pediram explicação alguma e coube a mim o custo desnecessário de usar outro cartão.

(b) Como frequentemente aconteceu no passado, o cartão de aniversário que enviei a minha filha Zindziswa em 1º de dezembro do ano passado não chegou até ela. Em 1º de fevereiro escrevi a minha esposa:

> "Essas são as únicas ocasiões em que às vezes eu desejaria que a ciência pudesse inventar milagres e fazer minha filha receber seus cartões de aniversário perdidos e ter o prazer de saber que seu pai a ama, pensa nela e faz esforços para alcançá-la sempre que necessário. É significativo que repetidas tentativas da parte dela de entrar em contato comigo e as fotos que ela me mandou tenham desaparecido sem deixar traço."

Mais uma vez me mandaram omitir essa passagem e quando pedi uma explicação ao então sargento Steenkamp ele me disse rudemente que a carta não seria enviada se eu não a reescrevesse.

(c) Minha filha Zindziswa joga rúgbi na escola e discutiu abertamente seus interesses esportivos tanto durante suas visitas como em suas cartas. Em sua carta de 8 de fevereiro deste ano, que veio pelos canais oficiais normais, ela se queixou de perda de peso. Em 15 de abril respondi a ela:

> "Mas se você quer mesmo estar nas melhores condições para esportes vigorosos como o rúgbi, que requer tremendas reservas de energia e velocidade, terá que dar a devida atenção a sua dieta — coma bem, repito, coma bem! Apesar de que não sei de onde a mamãe vai tirar dinheiro para isso."

A passagem foi desautorizada e o tenente Prins se recusou a me dar qualquer explicação sobre o assunto.

(d) Minha sobrinha-neta Xoliswa Jozana[i] deseja fazer o bacharelado em direito com o objetivo de trabalhar como advogada, e seus pais pediram meu conselho sobre a conveniência de ela fazer direito. Em 15 de abril eu escrevi em resposta a eles encorajando minha sobrinha-neta a proceder como quisesse, mas ao mesmo tempo avisava aos pais que eu estava distante da prática havia dezesseis anos e por isso ia consultar a sra. F. Kentridge, que em outros tempos atuou na corte de Joanesburgo. Em 9 de maio escrevi à sra. Kentridge[ii] na linha do que foi dito acima e, em 4 de junho, o tenente Prins disse-me de modo arrogante que eu deveria reescrever a carta e deixar de fora os fatos mencionados acima, acrescentando que os Matanzima poderiam pedir o conselho de outra pessoa.

Mais do que sua explicação descabida, o que me chocou foi a hostilidade com que ele falou. Além disso, fiquei me perguntando o que teria acontecido com minha carta de 15 de abril. O que quer que tenham feito com ela, agiram de modo impróprio. Se a encaminharam aos Matanzima, deixaram que eu fizesse a meus parentes uma promessa que eles sabiam de antemão que não me permitiriam cumprir. Se a carta foi retida, eu deveria ser informado a respeito, o que não aconteceu.

Impedir-me de dizer a minha esposa que eu mandei a minha filha um cartão de aniversário que não chegou até ela, que eu sempre penso nela e que as fotos que ela me enviou tinham desaparecido é um ato descabido que não se baseia nem em considerações de segurança nem no desejo de manter a ordem e a disciplina ou de promover meu bem-estar. O mesmo vale para minha carta à sra. Kentridge na qual eu lhe pedia que aconselhasse minha sobrinha-neta quanto ao seu desejo de se tornar advogada.

4. Censura da correspondência recebida

Mas os piores abusos no tocante à censura de cartas são cometidos com a correspondência que vem de fora e, nesse aspecto, o OC e sua equipe têm exagerado. A censura é malevolente e vingativa e mais uma vez não é motivada por considerações de segurança e disciplina nem pelo desejo de promover nosso bem-estar.

Vejo isso como parte de uma campanha de perseguição política sistemática e uma tentativa de nos manter alheios ao que se passa fora da prisão & aos nossos assuntos familiares. O que o OC está tentando fazer é não apenas nos apartar da poderosa corrente de boa vontade e apoio que afluiu sem parar durante os catorze anos do meu encarceramento na forma de visitas, cartas, cartões e telegramas, mas também nos desacreditar junto a nossa família e amigos ao nos apresentar a eles como indivíduos irresponsáveis que nem acusamos o recebimento de

---

i Xoliswa Jozana, filha de K. D. Matanzima (1915-2003), sobrinho de Mandela, um chefe Thembu e ministro-chefe para o Transkei — ver glossário. Seu nome do meio era Daliwonga. **ii** Ver carta na página 311.

cartas escritas a nós nem lidamos com questões importantes que nos são trazidas por nossos correspondentes.

Além disso, o duplo padrão usado na censura das cartas é covardemente calculado para iludir o público passando a falsa impressão de que a correspondência que mandamos para fora não é censurada. No caso das cartas que saem daqui somos instados a reescrevê-las sempre que há algum assunto a que as autoridades prisionais fazem objeção, de modo a eliminar qualquer evidência de que elas foram fortemente censuradas, enquanto as que chegam são severamente mutiladas ou riscadas pelos censores a seu bel-prazer. Nada transmitirá melhor ao senhor a extensão do dano causado a nossa correspondência recebida do que uma inspeção que venha fazer pessoalmente. Muitas das cartas da minha esposa consistem de tiras de informações incoerentes que são difíceis de juntar até mesmo numa pasta.

Minha esposa esteve na prisão várias vezes e conhece bem não apenas as Normas Prisionais relevantes, mas também a suscetibilidade de seus agentes locais a qualquer coisa que eles possam considerar reprovável. Ela faz um esforço consciente para se restringir aos assuntos familiares, no entanto praticamente nenhuma das suas cartas escapa da mutilação.

Em 24 de novembro de 1975 ela me escreveu uma carta de cinco páginas e só os restos de duas páginas chegaram finalmente a mim. A política de censura adotada aqui não é seguida nem mesmo por seus funcionários em outras prisões. Como o senhor sabe, minha esposa cumpriu recentemente uma pena de seis meses em Kroonstad. Algumas de suas cartas passaram pelo OC daquela prisão mas foram fortemente censuradas aqui.

Mas o que detesto intensamente é que nos obriguem a ser partícipes de uma prática baseada em pura falsidade da nossa parte. É imoral que o OC destrua ou retenha cartas de nossos familiares e amigos e ao mesmo tempo nos impeça de contar a eles sobre o que foi feito delas. Considero cruel deixar que as pessoas continuem gastando dinheiro, tempo, energia, boa vontade e afeto enviando-nos cartas e cartões que o OC sabe que nunca nos serão entregues.

Entre dezembro de 1974 e abril de 1976 não menos que quinze cartas para o sr. A. Kathrada foram retidas. Entre elas estavam as de membros da sua família, do prof. Rampol, dos srs. Ismail Bhoola, Essop Pahad[i] e Navraj Joseph.[ii] O tenente Prins recusou ao sr. Kathrada permissão para dizer ao seu pessoal para parar de lhe escrever, acrescentando que achava interessantes as cartas deles. Quando o sr. Kathrada disse que supunha que a polícia de segurança pública também estava interessada, o tenente Prins, embora não tenha dito isso

---

i Essop Pahad (1939-), ativista político exilado em Londres.   **ii** Paul Joseph, ativista político exilado em Londres.

categoricamente, indicou que sim, ela estaria muito interessada. Esse é um caso claro de abuso de autoridade e o senhor deveria emitir um comunicado público em que defina claramente a política de seu Departamento e estabelecer, mais especificamente, o que considera censurável e quais categorias de pessoas não podem nos escrever nem enviar dinheiro ou mensagens de simpatia.

5. Desaparecimento de cartas em trânsito

O número de cartas que desaparecem em trânsito é grande demais para ser explicado com base na ineficiência do Departamento de Correios e, a julgar pela descabida e persistente recusa do OC a permitir que registremos nossas cartas, devo concluir que seu desaparecimento não é acidental. Nesse aspecto, o OC cometeu recentemente um grave erro que confirmou minha suspeita de que nessas questões ele e seus subordinados não estão agindo de modo transparente.

Em 1º de março escrevi ao sr. Q. Mvambo, aos cuidados da minha esposa, e ao mesmo tempo avisei-a a respeito. Ela respondeu que não havia recebido a carta para o sr. Mvambo, e o OC suprimiu essa informação da carta da minha esposa de modo a me manter alheio ao fato. Se o OC não estivesse envolvido no desaparecimento daquela carta, por que tentaria esconder deliberadamente o fato?

O registro da correspondência para fora resolverá parcialmente esse problema específico e a introdução dessa prática não aumentará de modo algum o trabalho dos funcionários locais. Um livro postal para o registro geral de toda a correspondência pode ser usado como em todas as grandes empresas e estamos preparados para fazer o trabalho de secretaria sob a supervisão do sargento encarregado do setor e tudo o que se demandaria dos censores seria fazer exatamente o que estão fazendo agora, isto é, inscrever as cartas nos registros oficiais e postá-las.

6. Visitas

Também aqui as medidas tomadas pelo OC para supervisionar as conversas entre prisioneiros e seus visitantes transcendem as exigências de segurança. Colocar quatro e às vezes até seis carcereiros para vigiar uma visitante, bafejando em seu rosto ou encarando-a ameaçadoramente, é uma forma ostensiva de intimidação.

É meu dever informar-lhe que há uma crença generalizada entre meus companheiros de prisão de que nessas visitas há um aparelho de escuta que grava todas as conversas, incluindo assuntos confidenciais entre marido e esposa. Se for esse o caso, dificilmente haverá justificativa para a demonstração de força geralmente exibida durante tais visitas. Eu poderia acrescentar que me defrontei com uma obstinada oposição do carcereiro encarregado quando, durante uma das visitas de minha filha, fiquei o tempo todo dizendo a ela que não se deixasse perturbar por essas táticas brutais. Durante muitos anos, no passado, apenas um ou dois carcereiros estavam presentes durante essas visitas e eu solicito ao senhor que reintroduza esse sistema.

Além disso, nos era permitido usar lembretes de modo a assegurar que nada de importante escapasse da nossa atenção, e negar-nos esse direito depois de o termos usufruído por mais de uma década é privar-nos das vantagens de uma conversa planejada e sistemática. Asseguramos repetidas vezes ao OC que estaríamos dispostos a submeter tais anotações a inspeção antes e depois da visita. Ademais, como há sempre carcereiros em ação, o risco de passar alguma informação reprovável é absolutamente inexistente.

7. Conhecimento da língua pelos censores

O homem que está diretamente encarregado de censurar nossa correspondência e nossas revistas é o subtenente Steenkamp, que estava anteriormente encarregado deste setor. Embora possa ter sido aprovado na disciplina de língua inglesa, ele certamente não é mais proficiente nessa língua do que eu sou em africâner, e duvido que o sargento Fourie seja melhor nesse quesito. Eu com certeza consideraria uma injustiça se me confiassem a tarefa de censurar cartas em africâner. Nenhuma das autoridades do Gabinete dos Censores está qualificada adequadamente para a tarefa.

Mesmo o OC tem dificuldade de se expressar em inglês. Na verdade, durante os catorze anos do meu encarceramento não conheci nenhum OC cujo inglês fosse tão ruim quanto o de Roelofse, que comanda uma prisão onde a maioria esmagadora de prisioneiros é de falantes de inglês que não têm conhecimento algum do africâner.

O parco domínio da língua pelas autoridades locais, especialmente no Gabinete dos Censores, pode ser um dos fatores que contribuem para a censura despropositadamente rigorosa de nossas cartas e seria apropriado que o senhor revisse toda a estrutura de pessoal e apontasse censores que sejam totalmente familiarizados com o inglês, o hereró, o ovambo,[i] o sotho, o tswana, o xhosa e o zulu.[ii]

8. Proibição da correspondência com apoiadores políticos

O tenente Prins agora me disse que não temos mais permissão de nos comunicar com pessoas que sejam conhecidas no Departamento como nossos parceiros políticos nem com parentes de outros prisioneiros, qualquer que seja o conteúdo da carta. Por esse motivo ele me recusou permissão para escrever uma carta de condolências à sra. N. Mgabela, esposa de um companheiro de prisão nesta ilha, que perdeu um neto. Ele também não me autorizou uma carta à sra.

---

i Hereró e ovambo são línguas da Namíbia. **ii** Sesotho é a língua do povo sotho, Setswana é a língua do povo tswana, isiXhosa é a língua do povo xhosa e isiZulu é a língua do povo zulu.

Lilian Ngoyi,[i] uma amiga de toda a vida, que ajudou a cuidar da minha casa e dos meus filhos quando minha esposa foi presa. Uma carta que escrevi a ela em 1º de janeiro de 1975, na qual lhe agradecia por seu gesto, nunca chegou. A frustração de todas as minhas tentativas de agradecer a ajuda que ela deu abnegadamente e sua bondade com as crianças é uma preocupação constante para mim e devo solicitar ao senhor que me permita enviar a ela uma cópia da carta de 1º de janeiro. Estou igualmente ansioso para enviar à sra. Mgabela minhas condolências e me comprometo a não dizer nada na carta que possa receber alguma objeção razoável por parte do OC

9. Telegramas e cartões de Páscoa

(a) O OC introduziu uma nova prática de não nos deixar ver os telegramas propriamente ditos enviados a nós. Ele não nos deu razão alguma para abandonar uma prática que tinha sido seguida por muitos anos. Mas tive duas experiências nas quais os agentes locais foram totalmente negligentes e deixaram de entregar pontualmente os telegramas.

(i) Em 1972, quando o coronel Willemse era OC, eu esperava num sábado uma visita da minha filha mais velha, Makaziwe.[ii] Naquele sábado fui de fato levado ao setor de visitas, mas ela não apareceu. Mais tarde ela escreveu e fez referência a um telegrama que me enviara adiando a visita. Em resposta a minha inquirição, o telegrama me foi entregue duas semanas depois de ter chegado aqui. O coronel Willemse, porém, deu-me uma explicação que o isentava de qualquer culpa no que se referia a suas atribuições pessoais e encerramos a questão amigavelmente.

(ii) No ano passado recebi um telegrama anunciando a morte do irmão do chefe supremo Sabata Dalindyebo[iii] e me informando o dia em que ele seria enterrado. Embora o telegrama tenha chegado antes do funeral, ele me foi entregue uns seis dias depois do enterro e dessa vez protestei com veemência contra o que considerei uma total irresponsabilidade.

O que acontece agora é que nos dão uma mensagem rabiscada num pedaço de papel, às vezes numa caligrafia difícil de decifrar, e sem a data em que o telegrama foi enviado e recebido, bem como outras informações essenciais. Mais uma vez a crença generalizada é de que alguns desses telegramas são primeiro submetidos ao escrutínio da Polícia de Segurança Pública antes de serem entregues ao destinatário, de modo a encobrir a demora na entrega, e essa prática foi introduzida pelo OC.

---

i Lilian Ngoyi (1911-80), política e ativista antiapartheid e pelos direitos das mulheres — ver glossário. ii Makaziwe Mandela (1954-), filha mais velha de Mandela — ver glossário. iii Rei Sabata Jonguhlanga Dalindyebo (1928-86), chefe supremo do território do Transkei e líder do Partido Democrático Progressista, o partido oposicionista no Transkei que contestava o regime do apartheid — ver glossário.

As pessoas que mandam esses telegramas pagam mais caro para garantir uma transmissão rápida da mensagem, e é uma questão de preocupação pública quando um departamento governamental frustra deliberadamente a operação desobstruída e eficiente de um serviço público pelo qual os cidadãos pagam uma taxa apropriada.

(iii) Há vários anos recebo cartões de Páscoa de uma porção de amigos, mas este ano não chegou nenhum. No mês passado, e novamente em resposta a minhas indagações, o tenente Prins me disse que havia chegado um, mas que ele fazia objeção à pessoa que o enviara e se recusou a revelar a identidade do remetente. Diante do retrospecto exposto acima não acho fácil aceitar a veracidade dessa declaração.

10. Dinheiro recebido para prisioneiros

Há uma impressão geral entre os prisioneiros aqui de que o OC e a Polícia de Segurança Pública estão se apropriando indevidamente do nosso dinheiro. Embora eu não tenha evidência alguma para provar essa alegação, gostaria de chamar sua atenção para os seguintes aspectos:

(a) Em dezembro passado minha esposa me contou que nossos amigos, sr. e sra. Matlhaku, de Botsuana,[i] tinham me mandado R20,00. Imediatamente questionei o tenente Prins e em diversas ocasiões neste ano ele me garantiu, como de costume, que o dinheiro não tinha sido recebido. No início de maio o setor de contabilidade, em resposta a uma solicitação anterior, me forneceu meu saldo e o registro de somas creditadas em minha conta[ii] de fevereiro de 1975 até este ano.

Em 31 de maio o tenente Prins mandou uma mensagem dizendo que uma soma de R30,00 tinha sido recebida dos Matlhaku em 5 de novembro de 1975. O tenente não me explicou por que este ano me disse repetidas vezes que o dinheiro não havia sido recebido nem por que o dinheiro não aparecia como tendo sido creditado na minha conta no registro fornecido pelo setor de contabilidade, como também não esclareceu nada sobre a carta junto à qual veio o dinheiro. Suponho que no devido tempo receberei a leviana desculpa habitual de que o OC faz objeção aos Matlhaku ou ao conteúdo de sua carta.

---

i Ishmael e Martha Matlhaku, ativistas políticos e amigos. Eles estavam exilados em Botsuana.
ii No momento da entrada na prisão, era feita uma lista dos pertences que um prisioneiro tinha consigo. Detalhes da quantia de dinheiro vivo que um detento pudesse ter em mãos eram registrados numa conta individual sob seu nome (não se tratava de uma conta bancária, mas simplesmente de um registro contábil separado). A partir de então, todos os fundos que chegassem à prisão em nome daquele detento eram registrados naquela conta, bem como todos os desembolsos feitos em nome do prisioneiro. Quando era solto, o prisioneiro recebia o que restava na conta.

(b) Queixei-me repetidas vezes a respeito da quantia de R40,00 que, de acordo com minha esposa, foi enviada a mim por meu sobrinho da Cidade do Cabo e cheguei a mencionar o caso ao brigadeiro Du Plessis em 28 de abril, como eu havia feito em relação ao dos Matlhaku. O tenente Prins me pediu para mostrar provas de que essa soma me fora enviada por meu sobrinho e eu mostrei a ele uma carta da minha esposa e prometi apresentar uma segunda, também da minha esposa, que não estava imediatamente à mão quando lhe dei a primeira. No início de maio eu me ofereci para mostrar-lhe a segunda carta e ele indicou que me diria quando a quisesse. Até onde eu sei o assunto não recebeu novas considerações.

(c) Já há vários anos o sr. G. Mlyekisana e amigos da Cidade do Cabo têm mandado a mim e a alguns dos meus companheiros de prisão presentes de Natal na forma de pequenas quantias de dinheiro. Nenhum de nós recebeu coisa alguma dessas quantias no ano passado. Não pode ser mera coincidência. Acredito que o OC, agindo em concordância com a Polícia de Segurança Pública, fez alguma coisa para nos impedir de receber as somas e não quer que saibamos.

(d) Meu amigo, o sr. Robert Matji, de Lesoto, escreveu a certa altura do ano passado e prometeu mandar dinheiro a mim e a outro companheiro preso para propósitos de estudo e, apesar de repetidas averiguações, não nos disseram se esse dinheiro veio ou não.

Devo lhe dizer que a maneira negligente como minhas queixas têm sido investigadas e as longas demoras que envolvem a obtenção das informações mais simples a respeito daquilo que é essencialmente um dinheiro guardado em confiança são um assunto de séria gravidade que o senhor deveria investigar quanto antes para limpar a reputação do seu Departamento ao menos quanto a esse aspecto particular. À luz das minhas experiências com a quantia dos Matlhaku, o senhor perceberá prontamente meu atual estado de espírito com relação a esta questão.

II. <u>Problemas relacionados a questões de saúde</u>

(a) Por volta de julho do ano passado, como resultado de uma lesão que sofri no ano passado enquanto trabalhava na orla marítima,[i] o dr. Edelstein recomendou que eu tivesse um balde sanitário mais leve do que o convencional usado por mim atualmente. O sargento Schoeman, do hospital local, comunicou devidamente a recomendação do médico ao chefe da prisão. Quando surgiram dificuldades, eu conversei pessoalmente com o tenente

---

i Os prisioneiros colhiam algas marinhas.

Prins sobre o assunto. Embora a lesão agora esteja curada, nunca me forneceram o balde recomendado pelo médico.

(b) Em 17 de julho deste ano, e de novo por considerações de saúde, o dr. Edelstein recomendou que eu adquirisse, do meu próprio bolso, um par de pijamas, e essa recomendação feita por um profissional competente da medicina foi rejeitada pelo OC sob o argumento, segundo eu soube, de que os prisioneiros só são autorizados a comprar equipamento esportivo. Com o devido respeito ao OC, parece-me ridículo permitir que compremos equipamentos para mera recreação, concessão que evidentemente apreciamos, e nos recusar permissão para comprar roupa de dormir recomendada por um médico experiente.

A bem da verdade o OC sabe muito bem que sua decisão é arbitrária e incoerente com uma prática que ele mesmo tem seguido. Minha pele é sensível à água salobra[i] usada na ilha, e por recomendação do médico tenho usado um creme especial desde os anos 1960 para manter a pele macia.

Em 5 de julho eu discuti o assunto com o dr. Edelstein e ele ficou surpreso por eu estar encontrando dificuldades nesse terreno e prometeu abordar o assunto diretamente com o OC. Desde então fui informado de que ele não conseguiu demover o coronel Roelofse. Com suas concepções surpreendentemente atrasadas acerca das relações raciais, acredito que o OC tema que, se eu adquirir os pijamas recomendados pelo dr. Edelstein, o médico sênior na ilha, me tornarei virtualmente um homem branco.

Neste país somente os prisioneiros brancos têm o direito de dormir de pijama, com exceção dos companheiros prisioneiros que estão hospitalizados localmente e que são providos de um camisão de dormir que em muitos casos mal chega aos joelhos. Prisioneiros negros aqui dormem nus, apenas com cobertores para cobri-los. Essa é a verdadeira razão para a atitude incomum de um mero leigo de vetar a decisão fundamentada de um profissional competente em seu ofício. Quando consultei o dr. Edelstein em 17 de junho, o sargento Schoeman sugeriu que o hospital prisional me fornecesse um camisão de dormir, que o médico julgou inadequado. Foi depois dessa oferta ter sido feita que o dr. Edelstein fez sua recomendação.

Há treze anos eu tenho dormido nu sobre um chão de cimento que fica úmido e frio durante a estação chuvosa. Embora eu esteja fisicamente sadio e ativo, tais condições insalubres causaram algum dano. Certamente não vou perturbar o dr. Edelstein, que me tratou tão bem, discutindo o assunto de novo com ele. Mas preciso dessa roupa urgentemente e tenho de

---

i Mistura de água doce com água salgada.

solicitar ao senhor que me permita adquirir os pijamas recomendados logo que seja possível.

Espero, general, que o senhor não considere uma ameaça direta ou indireta quando digo que tenho o direito legal de tomar medidas para proteger minha saúde e, uma vez que o médico responsável é de opinião que essas medidas melhorarão a saúde de um homem, o OC não tem jurisdição alguma sobre a questão.

13. Discussões políticas nas sessões do Conselho Prisional[i]

Faz vários anos que a prática, nas sessões do Conselho Prisional, é seus membros envolverem prisioneiros em discussões políticas. Discussões políticas são bem-vindas e podem até ser frutíferas desde que sejam organizadas adequadamente pelas pessoas certas. A premissa correta para qualquer discussão desse tipo é o reconhecimento claro de que somos membros leais e disciplinados de organizações políticas que têm diretrizes definidas e de que em relação a problemas políticos fundamentais não podemos agir como indivíduos, mas como representantes de nossas organizações.

Em segundo lugar, se se espera que as discussões sejam proveitosas, devemos ser informados acerca delas antecipadamente, receber a pauta a ser debatida, os nomes das pessoas que conduzirão tais discussões conosco e seu objetivo principal. Certamente não é função do Conselho conduzir discussões de natureza política e considero imprópria a prática como um todo e solicito ao senhor que a suspenda. A função do Conselho é submeter ao COP (Comissário de Prisões) relatórios sobre a conduta, o treinamento, a atitude e a maturidade de um prisioneiro e fazer recomendações sobre sua classificação, soltura sem restrições, em sursis ou em liberdade condicional.

É também a firme opinião de meus companheiros de prisão de que tais discussões são usadas pelo Conselho com o propósito de castigar aqueles que se opõem à política de segregação deixando de promovê-los de nível.

14. Outros atos de perseguição

Ao longo da nossa permanência aqui temos sido constantemente submetidos a várias formas de perseguição por uma série de razões associadas a eventos políticos exteriores à prisão ou às tensões habituais que caracterizam as relações entre presos e carcereiros. Muitos exemplos podem ser citados para

---

i O ponto 12 da carta original de Mandela estava faltando. Ele deve ter se enganado na numeração ao escrevê-la.

ilustrar esse ponto, mas, para os propósitos desta carta, basta mencionar três dos casos atuais ou recentes.

(a) Como o senhor sabe, as igrejas nos supriram com um sistema de intercomunicação para nos proporcionar música vinda de discos comprados por nós mesmos. Desde a instalação do sistema investimos mais de R1000 em discos. O serviço está sem funcionar há uns cinco meses e não aceitamos a explicação de que a principal dificuldade em restaurá-lo é que o OC não tem como obter as peças de reposição necessárias.

(b) Em 3 de julho tínhamos a expectativa de ver um filme, de acordo com um programa que está em operação já há algum tempo. O filme não foi exibido e a única explicação fornecida pelo subtenente Du Plessis foi de que ele não merecia ser visto.

(c) Um sistema de água quente foi instalado no ano passado e, em várias ocasiões desde a instalação, o aquecedor elétrico enguiçou, mas o eletricista sempre fez o conserto em questão de minutos. Agora faz mais de uma semana que ele está quebrado e o "enguiço" coincide com uma frente fria sobre a ilha. O que chama a atenção no caso é que, embora tenhamos relatado repetidas vezes o problema às autoridades, o eletricista nem sequer veio examinar o dispositivo para ver o que há de errado com ele, e o resultado é que estamos privados[i] de água quente na época do ano em que ela é mais necessária.

A coincidência entre a avaria no aquecedor e a frente fria torna-se mais significativa quando considerada sob o pano de fundo das circunstâncias que a cercam. A prática geral até hoje vinha sendo a de manter a span[ii] dentro das dependências da prisão nos dias de chuva, mas em 7 de julho a span foi enviada para tirar bambu[iii] do mar, embora estivesse chovendo. Os prisioneiros retornaram por volta da hora do almoço todos molhados e com frio. Na manhã de 8 de julho alguns tinham ficado resfriados. Com a possível exceção do rigoroso inverno de 1964, aquele foi com certeza o dia mais frio na ilha nos últimos doze anos. Apesar disso, a span foi mandada de novo ao mesmo ponto, que era o mais exposto às intempéries em toda esta área, das oito horas da manhã até as 3h30 da tarde. A span tremia de frio e muitos estavam quase entorpecidos ao voltar. Em 9 de julho uma delegação formada pelos srs. Billy Nair,[iv] John Pokela e J.B. Vusani discutiu o problema

---

i Mandela inclui uma anotação na margem remetendo a uma nota de pé de página e escreve no final da carta: "Com relação a esse assunto eu falo meramente como leigo e a partir da experiência do que aconteceu no passado quando o aquecedor enguiçou. Pode muito bem ser que o eletricista tenha outros meios confiáveis de identificar a falha sem inspecionar de fato o aparelho em si". **ii** Palavra africâner para "equipe" que era usada na prisão. **iii** Na verdade, era um tipo de alga que tinha o nome africano de *bambous*. (Christo Brand, *Doing Life with Mandela*, Joanesburgo: Jonathan Ball, 2014, p. 38). **iv** Billy Nair (1929-2008), camarada e membro do MK que foi acusado de sabotagem em 1963. Ficou preso no Setor B com Mandela em Robben Island e foi solto em 1984 — ver glossário.

todo com o tenente Prins, que prometeu que durante o inverno a span não seria mais enviada para trabalhar naquele local. Também providenciou para que fosse trazida água quente em barris da cozinha.

15. Reclamações contra subordinados

O tenente Prins, os subtenentes Du Plessis e Steenkamp e o sargento Fourie são todos subalternos demais para serem expressamente mencionados numa carta minha ao senhor. Mas eles são os agentes encarregados das nossas questões e é por meio deles que o OC abusa de sua autoridade e nos persegue.

Tenho trazido repetidamente à atenção dele a maioria das queixas discutidas acima, sem sucesso. Está claro que ele considera seu dever apoiar quase tudo o que é feito por seus agentes contra os prisioneiros, por mais errados que tais agentes possam estar, e não vejo nenhum propósito útil em continuar tratando desses assuntos com ele.

Como já indiquei, tive não menos que três entrevistas com o brigadeiro Du Plessis e, apesar de sua afabilidade e cortesia, está claro que a situação, em muitos aspectos, foge ao seu controle, e o que aconteceu desde sua última visita e minha entrevista com ele parece ter estimulado o abuso de autoridade e a perseguição política.

Se eu não fosse um prisioneiro negro nascido e criado na África do Sul e submetido em sua vida cotidiana a todos os excessos do preconceito racial, eu não teria acreditado que seres humanos normais pudessem ser associados a tamanha mania de perseguir seus semelhantes. É um tipo vil de covardia descarregar ódio vingativo contra homens indefesos que não têm como revidar. Um guerreiro honrado não é um herói de tempos de paz que concentra seus ataques naqueles que não portam armas, mas prefere usar sua espada contra aqueles que estão igualmente armados.

16. A falta de visitas do COP aos presos políticos em Robben Island

Os abusos descritos acima são agravados pelo fato de o senhor não visitar pessoalmente a ilha e portanto não nos dar a oportunidade de discutir esses problemas diretamente com o senhor. O OC nos disse no decorrer de uma entrevista com ele alguns meses atrás que a gestão do general Nel como COP terminaria logo e que não era provável que ele visitasse a ilha antes de sua saída do cargo. Essa foi uma circunstância infeliz, porque visitas regulares do COP são por si sós um meio de controlar abusos pelos subordinados e o CO, sabendo que ninguém viria, se sentiu livre para agir como quisesse.

Quando o general Steyn era COP, ele nos visitava pelo menos uma vez por ano e ouvia reclamações e pedidos. Depois ele trouxe o coronel Badenhorst, que tentou nos aterrorizar, e, com o intuito de lhe dar carta branca para transgredir a lei, o general Steyn ficou longe da ilha enquanto éramos perseguidos, torturados, espancados e humilhados de várias maneiras. Em 1972 eu dei aos juízes Steyn, Theron e Corbett,[i] na presença do general Steyn e do coronel Badenhorst, detalhes da perseguição de que tínhamos sido alvo enquanto este último era OC, enfatizando que, apesar das minhas repetidas solicitações ao general Steyn para que continuasse visitando regularmente a prisão, ele permanecera ausente. Contei aos juízes que ele se mantivera ausente porque percebia que não podia defender as ilegalidades que estavam sendo cometidas por seus subordinados. Tive a clara impressão de que os juízes ficaram tão preocupados quanto eu com o fracasso do general em cumprir seus deveres nesse aspecto particular.

Uma visita feita por alguma outra autoridade do centro de operações, qualquer que seja o seu escalão, não pode substituir uma visita do chefe do Departamento em pessoa. Como já indiquei, nosso tratamento aqui é muito influenciado por acontecimentos políticos externos à prisão e, de certa forma, o OC nos trata como reféns. Toda vez que a África do Sul está sob ataque pesado por suas políticas raciais, as autoridades prisionais tentam descarregar sua ira e sua frustração em nós.

Além disso, qualquer queixa substancial de um prisioneiro político, por mais genuína que seja, tende a ser encarada como uma ameaça à sobrevivência do homem branco, e mesmo autoridades de alto escalão consideram seu dever resistir a ela a qualquer custo. Na atmosfera política reinante, que está sendo denunciada pelo mundo todo, nenhuma autoridade da cúpula que ainda esteja ansiando por promoções e outras vantagens lucrativas depois da aposentadoria vai querer queimar os dedos detendo os abusos de um OC e apoiando os protestos dos homens que desempenharam um papel na mobilização da oposição ao apartheid. Apenas e unicamente o senhor está em condições de assumir uma postura arrojada e confinar as ações do OC dentro dos limites da lei.

É minha firme opinião que as ações dele extrapolam as Normas Prisionais. Um OC e um diretor da prisão que ainda hoje tentam perpetuar o mito da superioridade do homem branco, que equiparam a civilização com a pele branca e a roupa que a pessoa veste, não são as pessoas adequadas e convenientes para estar a cargo de uma instituição que tem entre seus principais objetivos a promoção do bem-estar de prisioneiros negros.

Uma das principais causas de atrito aqui é o vínculo entre esse Departamento e a Polícia de Segurança Pública, e um dos primeiros passos na sua tentativa de atender nossas reclamações deve ser o de cortar completamente tal vínculo. Agentes honestos do Departamento admitem francamente que em muitos aspectos nós, como prisioneiros políticos, estamos fora da alçada do Departamento e somos de responsabilidade da Polícia de Segurança Pública.

---

i O magistrado Michael Corbett (1923-2007) foi o juiz que conduziu o ritual do juramento oficial de Mandela quando ele se tornou presidente da África do Sul em 1994.

Esta última não tem direito legal algum de interferir na administração interna desta instituição e espero que, no tocante a isso, o senhor seja capaz de se impor bem mais do que seus antecessores conseguiram e interromper essa prática injustificada. Nosso tratamento deve ser uma responsabilidade do seu Departamento não apenas na teoria, mas também na prática. O dever da Polícia de Segurança Pública é garantir que sejamos mantidos numa prisão de segurança máxima e a autoridade exercida por ela não deve ir além disso.

Muitos presos encaram o COP, em relação a todos os problemas que nos concernem, como uma mera figura decorativa e julgam que o verdadeiro mandachuva é o chefe da Polícia de Segurança Pública, que ordena ao COP não somente o que fazer, mas também como fazer. Foi a Polícia de Segurança Pública que induziu seu Departamento a querer nos isolar das pessoas de fora da prisão, a nos negar o amor de nossas esposas e filhos e o apoio moral de nossos amigos reduzindo as visitas às chamadas relações de primeiro grau, não permitindo que usemos anotações durante as visitas, censurando perniciosamente cartas, cartões e outros materiais, dando informações falsas sobre cartas, cartões e quantias em dinheiro recebidos em nosso nome e dando azo ao "desaparecimento" sem precedentes de cartas no correio.

Faz algum tempo que me pergunto se devo continuar a ser partícipe de uma prática que considero antiética e que dá a impressão de que ainda usufruo de direitos e privilégios que foram tão mutilados que se tornaram praticamente inúteis. Em particular, tenho ponderado se devo permitir que minha esposa e minhas filhas viajem os 1600 quilômetros de Joanesburgo até aqui, com grande despesa e sacrifício, apenas para me ver em condições tão humilhantes, se devo permitir que gastem tempo, energia e dinheiro para escrever cartas que "desaparecem" em trânsito e cujos restos que chegam a mim são totalmente desconexos e sem sentido. Magoa-me o fato de que antes de cada visita elas tenham de ouvir sermões de agentes valentões e vingativos sobre o que elas podem ou não me dizer ao conversar comigo.

De janeiro de 1973 até junho deste ano eu recebi 42 cartas da minha esposa. Das seis que recebi em 1973, apenas três estavam mutiladas. Das onze que vieram em 1974, sete foram pesadamente censuradas, e, em 1975, seis das dezesseis. Mas o quadro em 1976 é totalmente diferente. Das nove que recebi desde o início do ano apenas uma chegou a mim incólume. É essa situação que me leva a refletir se devo continuar suportando essas afrontas.

Mas ainda acredito que o senhor, como chefe desse Departamento, que ostenta a patente de general, não permitirá nem fará vistas grossas a esses métodos desleais e, até que uma decisão sua prove o contrário, vou continuar a agir na crença de que o senhor não estava a par do que ocorre nesta prisão.

É inútil pensar que perseguições de qualquer gênero algum dia mudarão nossas concepções. O seu governo e o seu Departamento têm uma reputação notória por seu ódio, desprezo e perseguição ao homem negro, especialmente o africano, um ódio e um desprezo que formam o princípio básico de uma multiplicidade de leis e processos do país. A crueldade desse Departamento ao sujeitar nosso povo à prática indecente da thawuza, de acordo com a qual um prisioneiro era obrigado a ficar nu e expor seu ânus para inspeção por um agente na presença de outros prisioneiros, à igualmente obscena prática de um carcereiro enfiar um dedo no reto de um prisioneiro, de agredir presos brutalmente e sem provocação, foram freadas pelo governo depois que elas vieram à tona num escândalo nacional.

Mas a desumanidade do carcereiro sul-africano médio persiste, só que agora ela foi desviada para outros canais e assumiu a forma sutil da perseguição psicológica, um terreno em que alguns dos seus agentes locais estão se empenhando para virar especialistas. O senhor sem dúvida está ciente de que muitos psicólogos consideram a perseguição psicológica em circunstâncias como as nossas ainda mais perigosa que a agressão pura e simples. Tenho a esperança de que um homem da sua posição e experiência compreenderá imediatamente a gravidade dessa perigosa prática e tomará as medidas adequadas para interrompê-la.

É desproposibitado e contrário à experiência histórica deste país pensar que nosso povo possa um dia nos esquecer. Embora tenham transcorrido 160 anos desde as execuções de Schlachters Nek,[i] 74 desde os campos de prisioneiros da Guerra Anglo-Bôer[ii] e 61 desde que Jopie Fourie[iii] fez seu último discurso, eu certamente nunca acreditaria se o senhor me dissesse que esqueceu aqueles patriotas africâneres, os homens cujos sacrifícios ajudaram vocês a se libertar do imperialismo britânico e a governarem o país, e o senhor em particular a ser o chefe desse Departamento.

É com certeza completamente insensato da parte de qualquer pessoa esperar que nosso povo, para quem somos heróis nacionais, perseguidos por lutar para reconquistar nosso país, irá nos esquecer durante nosso tempo de vida no calor da batalha por uma África do Sul livre. O seu povo está massacrando o meu agora, não um século e meio atrás. É a África do Sul atual que é um país de opressão racial, de prisão sem julgamento, de tortura e de sentenças cruéis, e a ameaça de campos de prisioneiros não repousa no passado distante, mas está no futuro imediato. Como pode o nosso povo nos esquecer quando lutamos por libertá-lo de todos esses males?

---

i Em 1815 um fazendeiro bôer chamado Bezuidenhout se recusou a responder a acusações de maus-tratos a seus trabalhadores. Foi morto à bala por um soldado britânico quando vieram prendê-lo. Seus apoiadores tentaram uma vingança e foram presos. Seis foram executados por enforcamento em Schlachters Nek. **ii** Os britânicos mantiveram campos de concentração para mulheres e crianças bôeres durante a Guerra Sul-Africana (1899-1902) e campos separados para prisioneiros negros. **iii** "Jopie" Fourie (1879-1914), um rebelde africâner, foi a última pessoa a ser morta por um pelotão de fuzilamento na África do Sul, depois de rebelar-se contra o governo por este ter optado por apoiar os britânicos na Primeira Guerra Mundial em vez dos alemães.

21.

P. 21 81/143198

life. Of the 6 I got in 1973 only 2 were mutilated. Of the 11 which came in 1974 7 were heavily censored and in 1975 6 out of 16. But the picture for 1976 is totally different. Of the 9 I have received since the beginning of the year only 1 reached me unsealed. It is this situation that makes me wonder whether I should continue enduring these indignities.

But I still believe that you, as Head of this Department who holds the rank of General, will not allow this dubious practice to or condone these underhand methods and, until your actual decision on the matter proves me wrong, I shall continue to act in the belief that you are not aware of what is going on in this prison.

It is futile to think that any form of persecution will ever change our views. Your Government and Department have a notorious reputation for their hatred, contempt and persecution of the Black man, especially the African, a hatred and contempt which forms the basic principle of a multiplicity of the country's statutes and cases. The cruelty of this practice Department in subjecting our people to the indecent practice of thawuza in which a prisoner was required to display his anus for inspection by an official in the presence of other prisoners, the equally obscene practice of a warder poking a finger into a prisoner's rectum, of brutally assaulting them daily and without provocation, was curbed by the Government after it had erupted into a national scandal.

But the inhumanity of the average South African warder still remains; only now it has been diverted into other channels and has taken the subtle form of psychological persecution, a field in which some of your local officials are striving to become specialists. You are no doubt aware that many psychologists regard psychological persecution in circumstances such as ours as even more dangerous than plain assault. I have the hope that a man of your rank and experience will immediately grasp the gravity of this practice dangerous practice and take adequate measures to stop it.

It is pointless and contrary to this country's historical experience to think that our people will ever forget us. Although 160 years have passed since the Slachters Nek executions, 74 since the internment camps of the Anglo-Boer War and 61 since Jopie Fourie made his last speech, I will certainly never
I believe ...

Página de uma carta ao comissário de prisões,
12 de julho de 1976, ver páginas 314-35.

334

Na África do Sul, como em muitos outros países, várias questões dividem prisioneiros e representantes do governo. Não concordo com a política do Departamento do qual o senhor é o chefe. Detesto a supremacia branca e vou combatê-la com todas as armas que tiver à mão. Mas mesmo quando o conflito entre mim e o senhor tiver assumido a forma mais extrema, eu gostaria que lutássemos em torno de princípios e ideias e sem ódio pessoal, de modo que ao fim da batalha, qualquer que seja o resultado, eu possa orgulhosamente trocar um aperto de mãos com o senhor porque enfrentei um oponente íntegro e digno que observou cada detalhe do código de honra e decência. Mas quando seus subordinados continuam a usar métodos sórdidos, então um sentimento de verdadeiro amargor e desprezo se torna irresistível.

[Assinado NRMandela]
NELSON MANDELA

◇◇◇◇◇◇◇◇◇◇◇◇

Winnie Mandela também foi detida em agosto de 1976 quando declarou abertamente seu apoio aos estudantes e à sua sublevação. Ela visitou delegacias de polícia em busca de estudantes desaparecidos, ajudou a providenciar funerais para os que foram mortos e consolou famílias.

Para o oficial comandante, Robben Island

[com outra caligrafia]
466/64
Carta especial[i] apelando para falar pessoalmente com o coronel a respeito de sua esposa

18 de agosto de 1976

Oficial comandante,
Robben Island
A/c: Coronel Roelofse

Esta manhã o chefe da Carceragem Barnard me informou que minha esposa não teria condições de receber o telegrama que entreguei para ser despachado a ela em 12 de agosto, em razão de ela ter sido presa.

Por essa razão, eu ficaria grato se o senhor me concedesse, assim que lhe for possível, uma entrevista para que eu possa discutir o assunto. Gostaria de chamar

---

i Cartas especiais não eram deduzidas da cota de um prisioneiro.

sua atenção para o fato de que minha esposa foi detida em diversas ocasiões antes dessa e já cumpriu sentença duas vezes. Na primeira ocasião em que ela foi presa, o general Steyn, então comissário de Prisões, determinou que era humanitário e sensato que eu recebesse detalhes completos sobre sua detenção, acusação, sentença e local onde estava presa.

Devo acrescentar que de maio de 1969 a setembro de 1970 ela ficou presa com base na Lei do Terrorismo, mas ao longo daquele período eu tive permissão para me corresponder com ela. Assim, ficarei grato se o senhor me conceder uma entrevista esta manhã para discutirmos toda a questão.

[Assinado NRMandela] 466/64

Para Winnie Mandela,[i] sua esposa

Nelson Mandela 466/64 Grupo A Agosto de 76

Dadewethu,[ii]

O conteúdo do teu telegrama pedindo detalhes das disciplinas que ainda devo para o ano final do bacharelado da Universidade de Londres me foi transmitido em 4 de agosto & o meu foi entregue para ser transmitido a você em 12 de agosto — e espero que a esta altura você o tenha recebido.

Minha principal dificuldade em concluir o bacharelado inglês é obter a bibliografia recomendada, sobretudo os manuais, os boletins jurídicos e os jornais especializados. Jurisprudência é essencialmente uma disciplina filosófica & requer referência a uns casos comparativamente pouco numerosos, mas direito administrativo, direito internacional & direito empresarial são disciplinas que se transformam rapidamente & quase todos os anos há algum caso importante que muda um ou outro princípio estabelecido. Sem acesso a essa bibliografia considero pura perda de tempo, energia & dinheiro continuar no bacharelado inglês.

O melhor que eu teria a fazer seria completar as seis disciplinas pendentes para o bacharelado em direito na Wits.[iii] Todas elas são razoavelmente familiares & eu poderia fazê-las todas de uma vez & em seguida enfrentar o latim, que foi acrescentado depois. Em 1974 a Secretaria me informou que eles não faziam objeção a que eu concluísse os cursos pendentes & indicou que pediriam ao ministro (da Educação,

---

i Nomzamo Winifred Madikizela-Mandela (1936-2018) — ver glossário. ii "Irmã", em isiXhosa.
iii A Universidade de Witwatersrand, em Joanesburgo. [N.T.]

suponho) que eu pudesse prestar os exames. Eu não precisaria obter os Certificados DP[i], pois já assisti aulas & passei por todas essas disciplinas específicas. Latim I poderia ser feito junto à Unisa[ii] & então eu pediria dispensa à Wits.

Se tal não for possível, eu preferiria fazer o bacharelado em direito na Unisa, embora seja um curso de 26 disciplinas & para o qual o reitor da Faculdade de Direito está disposto a me conceder sete dispensas. Mas a permissão para que eu estude direito junto à Universidade de Londres, à Wits ou à Unisa foi recusada pelo comissário de Prisões em 18 de dezembro de 1975. Posteriormente discuti a questão com o brigadeiro Du Plessis em 23 de janeiro de 1976 & como resultado fiz uma segunda solicitação, desta vez só para o bacharelado na Unisa. Entre outras razões, porque o curso seria bem mais interessante que o de Londres & eu teria comparativamente menos dificuldades com a bibliografia. Mas novamente a permissão foi recusada pelo comissário em fevereiro último.

No que diz respeito à tua situação pessoal, eu gostaria que soubesse que desde 1970 fiz repetidos apelos pelo relaxamento da tua interdição &, até o mês passado, para que Msuthu[iii] tivesse permissão para morar com você. Perto do fim de 1970 & em 27 de maio de 1971 eu tentei uma entrevista com o sr. P.C. Pelser, então ministro da Justiça, para discutir nossos assuntos domésticos, particularmente as tuas restrições & o colapso da tua saúde devido às experiências bizarras por que passou.[iv] Ele nunca respondeu.

Em 13 de maio de 1974 escrevi uma carta de sete páginas ao atual ministro, sr. J. T. Kruger,[v] na qual lhe pedi que (a) te concedesse uma arma de fogo para propósitos de autodefesa, (b) ordenasse aos policiais que lidavam com você que se restringissem estritamente à execução de seus deveres de acordo com a lei, (c) ajudasse a obtenção de uma autorização para Msuthu morar com você, (d) desse proteção policial à casa diariamente das sete da noite às seis da manhã até que Msuthu estivesse com você, (e) solicitasse ao ministro do Interior a concessão de um passaporte que te permitisse viajar ao exterior, (f) concedesse a você & a mim uma visita reservada de 2hr, para que pudéssemos discutir nossos assuntos domésticos.

Em 25 de maio de 1974 tive que escrever outra carta ao ministro[vi] por causa do odioso ataque à velha senhora & à casa relatado no teu telegrama naquele mesmo mês. Em setembro o diretor da prisão me informou que teu pedido de passaporte seria analisado pelos canais competentes & que você estava livre para submeter uma solicitação formal ao comissário do local onde residia. O ministro recusou o pedido de uma visita reservada de duas horas!

---

i Certificados DP: possível referência à condição de "displaced person" (pessoa fora de sua residência ou, no caso, local de estudo), o que configuraria ensino à distância, uma vez que Mandela estava na prisão. [N.T.]
ii Universidade da África do Sul.   iii Msutu Thanduxolo Madikizela, irmão de Winnie Mandela.
iv É provável que ele esteja se referindo às invasões perpetradas à residência de Winnie Mandela.
v Ver carta na página 273.   vi Ver carta na página 284.

Numa carta ao oficial comandante em 1º de dezembro de 1974 eu expliquei o ataque contra o carro ocorrido em 18 de setembro, tal como descrito na tua carta de 29 de setembro.[i] Também transcrevi trecho da carta de 8 de outubro, que você escreveu à uma hora da madrugada enquanto esperava os "'machos Bantu' atacarem", um inimigo sobre o qual você não sabia nada.[ii] Acrescentei um parágrafo da carta da Bantu[iii] de 7 de novembro em que ela falava das agruras que eles estavam enfrentando na casa na tua ausência.[iv] Embora as restrições a você agora tenham sido abolidas, todas as outras solicitações foram rejeitadas.

Em 12 de fevereiro pedi ao ministro que reconsiderasse sua decisão quanto à questão da arma de fogo & frisei que deveria ser um tópico de grande preocupação o fato de que, apesar dos persistentes ataques à casa & à família, com todo o treinamento, capacidade e experiência da SAP[v] em localizar criminosos, os culpados envolvidos naquele caso ainda estavam à solta.[vi] Eu disse ao sr. Kruger que não podia entender por que ele relutava em ajudar você a adquirir uma arma de fogo quando a polícia havia sido totalmente incapaz de te dar proteção diante de uma séria ameaça à tua vida. Não consegui convencê-lo.

Espero que você tenha recebido minhas cartas de 18 de julho e 1º de agosto e cópias da carta & do cartão de aniversário para você & Zindzi,[vii] ambos datados de 1º de dezembro de 1975. Teus problemas vão continuar & você e as crianças nunca terão um lar de verdade até que um parente próximo passe a viver com vocês. Embora eu tenha o forte sentimento de que meus apelos originais a esse respeito mereciam uma séria consideração, agora eu gostaria de abordar a mesma questão a partir de outro ângulo & aguardar as informações solicitadas em minha carta de 18 de julho.

Em 4 de agosto recebi outro telegrama da esposa de Justice, Nozolile, anunciando a morte de Nkosk NoEngland[viii] & que ela seria enterrada em 31 de julho. Em 12 de agosto mandei a Nozolile um telegrama de condolências. Sábado passado Mabel veio de Mthatha[ix] & me deu detalhes do funeral, que Sabata[x] conduziu muito bem. Escrevi também a Nomafu transmitindo-lhe nossos pêsames. Zindzi me mandou um cartão encantador de aniversário que compensou o fato de que a última carta que recebi de vocês tinha sido a de 27 de junho. É muito estranho não receber um cartão de aniversário de você & de Zeni.[xi]

---

i Ele transcreve trecho da carta de Winnie Mandela em sua carta ao oficial comandante datada de 1º de dezembro de 1974 (ver página 292). **ii** Ele transcreve trecho da carta de Winnie Mandela em sua carta ao oficial comandante datada de 1º de dezembro de 1974 (ver página 292). **iii** Nobantu Mniki, irmã de Winnie Mandela. **iv** Ele transcreve trecho da carta de Nobantu Mniki em sua carta ao oficial comandante datada de 1º de dezembro de 1974 (ver página 292). **v** South African Police (Polícia Sul-Africana). **vi** Ver nota iv da página anterior. **vii** Zindziswa Mandela (1960-), filha caçula de Mandela — ver glossário. **viii** Esposa do regente chefe Jongintaba Dalindyebo, que foi o tutor de Mandela depois que o pai deste morreu, quando ele tinha doze anos (ver glossário). **ix** Grafia alternativa de Umtata (hoje oficialmente chamada de Mthatha), que era a capital do território do Transkei. **x** Rei Sabata Jonguhlanga Dalindyebo (1928-86), chefe supremo do território do Transkei e líder do Partido Democrático Progressista, o partido de oposição no Transkei que combatia o sistema do apartheid — ver glossário. **xi** Zenani Mandela (1959), filha do meio de Mandela — ver glossário.

Espero que você esteja estudando com afinco & tenha cortado outros compromissos até depois dos exames. TE AMO! SINTO SAUDADE & ESPERO ESTAR COM VOCÊ NO TEU PRÓXIMO ANIVERSÁRIO. Com devoção, Dalibhunga.

Nkosk, Nobandla Mandela, 8115 Orlando West, Caixa Postal Phirima [1848], JHB

Para Winnie Mandela,[i] sua esposa

Nelson Mandela, 466/64

19 de agosto de 1976

Dadewethu,[ii]

Ontem eu tinha acabado de te escrever explicando a situação dos meus estudos & fazendo um breve relato dos apelos que fiz em relação às restrições impostas anteriormente a você, bem como sobre Msuthu,[iii] quando soube pelo oficial comandante que você tinha sido presa, mas ele não me deu maiores informações.

Até agora não sei onde & quando você foi detida, nem em que lei essa detenção se baseou, nem onde você está presa, nem qual é a acusação, se é que existe alguma. O que eu sei por ora é que o breve período [de liberdade] que você desfrutou por apenas dez meses em treze anos veio & foi embora meros dois meses antes do seu aniversário; isso em 1976, faltando menos de um quarto de século para o ano 2000, que você certamente verá durante a sua existência. Pedi, entretanto, que o comissário de Prisões me dê informações sobre a sua detenção.

Em minha carta de 1º de agosto, que duvido que você tenha recebido, te agradeci calorosamente por ter vindo até mim no meu aniversário & tentei te incitar a vir, lembrando que 25 & 26 de setembro, assim como 17 & 18 de julho,[iv] caem num sábado & domingo & tive a vaga esperança de que você mordesse a isca, desde que houvesse recursos disponíveis. Agora sei que será impossível. Apesar disso, ou especialmente por causa disso, é sempre uma data que eu espero com ansiedade e carinho como se você ainda viesse. Para mim é sempre uma data que valorizo & exalto mais do que todas as datas da história deste mundo. Vou lembrar de você para além do abalo que me causou naquele 10 de março.[v]

---

i Nomzamo Winifred Madikizela-Mandela (1936-2018) — ver glossário. **ii** "Irmã", em isiXhosa.
iii Msutu Thanduxolo Madikizela, irmão de Winnie Mandela. **iv** Ele está se referindo às datas de aniversário dos dois — o aniversário de Winnie era dia 26 de setembro e o de Mandela, 18 de julho.
v A data do primeiro encontro deles como namorados.

Escrever a você sempre me deu enorme satisfação & alegria. Sinceramente não sei se um dia receberá esta carta, nem as de 18 de julho, 1º de agosto & 18 de agosto & nem quando, se chegar a receber. Mesmo assim, o ato de te escrever remove neste momento todas as tensões & impurezas dos meus sentimentos & pensamentos. É a única hora em que sinto que algum dia no futuro será possível que a humanidade produza santos que serão realmente íntegros & veneráveis, inspirados em tudo o que fazem por um genuíno amor à humanidade & que servirão abnegadamente a todos os humanos. Desde ontem me sinto mais próximo & mais orgulhoso de você do que nunca & tenho certeza de que as meninas também sentem o mesmo.

Não tenho falsas ilusões de nenhum tipo, minha querida mamãe, & conheço bem demais os traumas medonhos que você sofreu nos últimos catorze anos & as lúgubres histórias que têm sido repetidamente alardeadas a seu respeito & que teriam despedaçado completamente outra mulher. Você acha que esqueci de 1963/1964, do 13 de maio & dos dezoito meses que se seguiram, do outubro de 1970 em particular, de abril de 1975 até o mês passado, dos venenosos telegramas e relatos que alguém enviou anonimamente, & de outros de pessoas bem-intencionadas conhecidas de nós dois, todos cheios de informações alarmantes & perversas?[i]

Tem sido para mim uma experiência valiosa observar organizações poderosas & indivíduos de posição elevada se juntarem com o propósito específico de destruir uma mulher virtualmente enviuvada; o fato de serem capazes de descer tão baixo a ponto de trazer ao meu conhecimento todo tipo de detalhes calculados para turvar a imagem clara que tenho da mais maravilhosa amiga que possuo na vida é algo que me desconcerta por completo. Meu consolo tem sido você manter sempre a cabeça no lugar, conservando a família unida & fazendo-nos felizes & otimistas tanto quanto as circs.[ii] permitem a uma garota que tem vivido sob pesada & contínua pressão de todas as direções. Claro, querida mamãe, que não somos mais que humanos — Zeni, Zindzi[iii] & eu gostaríamos que você fosse louvada por todos o tempo todo, exatamente como a dama que se ergueu do vale do Caledon nos anos 1820. Mas, quanto mais você é difamada, mais apegado a você eu fico. Essas são coisas que não deveríamos sequer mencionar em nossa correspondência recíproca. Mas vivemos a 1600 quilômetros de distância um do outro, nos vemos raramente & por períodos curtos & com todo esse ruído em seus ouvidos você pode se perguntar o que o Madiba está pensando. É só por causa disso que achei que devia, de todo modo, soprar a você que EU TE AMO SEMPRE.

---

i Em *Longo caminho para a liberdade*, Mandela pode estar se referindo a tais acontecimentos quando escreve: "Alguns dos itens mais sórdidos eram conhecidos por mim porque quando eu voltava da pedreira encontrava frequentemente recortes de jornal sobre Winnie que tinham sido colocados anonimamente na minha cama pelos carcereiros" (p. 504) e "eu também ficara sabendo por um recorte de jornal que um policial da Divisão Especial invadiu nossa casa em Orlando quando Winnie estava se vestindo e ela reagiu furiosamente, empurrando-o para fora do quarto" (p. 505). **ii** Circunstâncias. **iii** Zenani Mandela (1959-) e Zindziswa Mandela (1960-), filha do meio e caçula de Mandela — ver glossário.

A força do afeto & a crescente admiração por você, Mhlope,[i] criam situações paralisantes. A preocupação & a adoração frequentemente se misturam & às vezes não sei ao certo qual das duas é predominante. Sua saúde, a intensa saudade & inquietação pelas meninas, as muitas horas, meses & até anos de vida solitária, para alguém que ama o ar livre & a cálida luz do sol em que foi criada, que aprecia a companhia de outras pessoas & sabe rir muito bem, que perdeu um emprego confortável, a chance de fazer um exame universitário para o qual tanto dinheiro foi gasto, tanto trabalho árduo, energia & tempo precioso foram despendidos, a incerteza sobre quando voltarei a te ver, tudo isso torna o coração pesado. Quanto a eu te adorar particularmente neste momento, você sabe exatamente o porquê. Você ainda lembra de quando te chamei pela primeira vez de Dadewethu[ii] & de por que persisti nesse tratamento ao longo de todos estes anos? Sim, sim, você lembra, Ngutyana.[iii] Seu otimismo & seu lindo sorriso me revestem de aço mais do que todos os clássicos famosos deste mundo. Você é minha querida & em momentos como estes, é justo falar de modo franco & sincero. Embora eu não possa ter certeza, minha esperança é de que estas duas cartas cheguem a você tal qual foram escritas.

Estou escrevendo também às meninas para aquietá-las & e lhes garantir que você agora é uma veterana que pode cuidar de si mesma & para lhes desejar boa sorte nos exames. Creio que Zeni & Bahle continuam apegadas uma à outra, mas Zeni rompeu com a pobre Fidza & encontrou uma nova jazida de ouro em Mafuta Oupa, sobre quem ela diz que você pode me contar uma porção de coisas. Não sei quem sugerir para hospedar as meninas nas férias de dezembro na tua ausência. Claro que há Kgatho & Rennie,[iv] a sempre prestativa Fatu,[v] Niki[vi] e Bantu.[vii] Mas vou esperar até dispor de um quadro mais claro da situação antes de fazer sugestões concretas. Quem você deixou cuidando das crianças? Você me disse o nome da mãe de Zizwe, mas esqueci. Também vou pedir a Nthato & Sally[viii] que te visitem, se conseguirem passes, & para que cuidem da casa & das meninas. Em 1º de agosto escrevi para tua irmã Connie uma carta de condolências[ix] & pedi que você a encaminhasse a ela. Agora vou pedir a Rennie que faça isso. Com devoção, Dalibhunga.

TE AMO SEMPRE!

Nkosk Nobandla Mandela, a/c Comissário de Prisões. Pretória

---

i Um dos nomes de Winnie Mandela. **ii** "Irmã", em isiXhosa. **iii** Um dos nomes de Winnie Mandela. Ela vem do clã amaNgutyana. **iv** Makgatho (Kgatho) Mandela (1950-2005), segundo filho de Mandela (ver glossário) e sua então esposa, Rose Rayne Mandela, conhecida como Rennie. **v** Fatima Meer (1928-2010), escritora, acadêmica e ativista antiapartheid e pelos direitos das mulheres — ver glossário. **vi** Niki Xaba (1932-1985), irmã mais velha de Winnie Mandela — ver glossário. **vii** Nobantu Mniki, irmã de Winnie Mandela. **viii** Nthato Motlana (1925-2008), amigo, médico, empresário e ativista antiapartheid (ver glossário), e sua esposa, Sally. **ix** Provavelmente uma carta de pêsames pela morte, em 1976, do marido de Connie Njongwe, dr. James "Jimmy" Njongwe (1919-76), médico, líder do CNA e organizador da Campanha do Desafio (para a Campanha do Desafio, ver glossário) no Cabo Oriental — para Jimmy Njongwe, ver glossário.

Páginas de uma carta a Winnie Mandela, 19 de
agosto de 1976, ver páginas 339-41.

completely buffles me!

calculated to dim the clean image I have about the most wonderful friend I have in life. My consolation has always been that you've kept your head, held the family together & made us as happy & optimistic as ever. Would allow a girl who's lived under heavy & sustained pressure from all directions. Of course, dear mum, we're but human-beings, zindzi & we'd like you to be highly praised by all & all the time, just like the lady who rose from the valley of the Caledon in the 1820's. But the more you're slandered, the more attached to you do I become. These are not the things we should even mention in our correspondence to each other. But we live 1000 miles apart, see each other rarely & for short periods & with all the jazz around your ears you may even wonder what Madiba thinks. Only because of this do I think I should nonetheless, hint to you that I love you always.

Strength of affection & rising admiration for you, Mkophe, create stalemate situations. Concern & adoration frequently intermingle & at times I'm not at all certain which is dominant. Your health, the intense longing for & anxiety about the girls, the many hrs. mths & even yrs living alone for one who loves the open air & the warm sunshine in which she was brought up, who likes the company of others & can laugh very well, who has lost a comfortable job, the chance to write a university exam for which so much money had been sunk, hard work, energy & precious time had been spent, the uncertainty when I'll see you again all make the heart heavy. As to why I adore you particularly at this hr you know exactly why. Do you still remember when I first addressed you as Madam ethu & why I've stubbornly stuck to it; all these yrs? Yes, yes, you do, Nguthiana. Your optimism & wonderful smile have put more steel in me than all the famous classics of this world. You're my darling & in moments such as these, its reasonable to speak frankly & sincerely. Although I can't be certain my own hope is that these 2 letters will reached you duly & in the form in which I've written them.

I'm writing to the girls to put them at rest & to assure them that you're now a veteran who can take care of herself & to wish them good luck in the exams. I believe Zeni & Bahle still hold on each other but that Zeni has broken with poor Tielzi & has had a new gold strike in Mafita Dupa about whom she says you'll tell me a lot. I dont who to suggest about where they'd spend their Dec. holidays in your absence. There's of course Kgatho & Rennie, the ever-willing Kgatho Fatu Niki & Bantu. But I'll wait until I've a clearer picture of the situation before I make positive suggestions. Who did you live behind with the exam? You told me the name of Zizwe's mum but have now forgotten it. I'll also ask Ntatho & Sally to visit you & they can get permits & to look after the house & kids. On Aug. 1, I wrote to your sister Connie à condolence letter & asked you to redirect it to her. I'll now ask Rennie to do so. Devotedly, Dalibhunga. I love you always!

Ntsoh. Nelson Mandela, c/o Commissioner of Prisons, Pretoria.

343

Para Winnie Mandela,[i] sua esposa

[Traduzido do isiXhosa]

1º de setembro de 1976

Minha querida irmã,

Como família, te honramos e respeitamos profundamente — você é nosso orgulho e nossa alegria.

Parece até que não te vejo há muito tempo, embora tenha te visto recentemente, em 17 e 18 de julho. Teu retrato tem sido uma fonte de consolo quando penso em você. Contemplá-lo repetidamente é a única coisa que me conforta quando o amor e as reminiscências me subjugam.

Eu me preocupo com as condições de saúde tuas e das meninas, com os exames delas e com tudo o que está atormentando a tua alma. Com todas essas preocupações, sou levado a lembrar quão madura você é para a idade que tem, mostrando inteligência, força de caráter, estabilidade, determinação e resiliência. É por isso que confio tanto em você.

Aceite tuas circunstâncias atuais, não se atormente com as coisas que não pode mudar. Não se preocupe com as meninas, elas são maduras agora, podem se virar sozinhas e planejar o futuro. Meu desejo é um dia abraçá-las para mostrar que não estão sozinhas.

Vou escrever aos Dlomo, aos Ngutyana[ii] e a outros parentes para pedir auxílio para o sustento e para as despesas cotidianas das meninas.

Vou lhes pedir que as convidem para passar com eles as férias escolares, e também que cubram os custos; que custeiem o transporte delas de ida e volta à escola e o transporte para irem visitar você.

Esqueça essas responsabilidades, a casa, o aluguel, o carro, a mobília e a conta de telefone. Escrevi a Rennie,[iii] pedindo-lhe que forneça um relato detalhado sobre tudo isso. Pedi a Kgatho[iv] que recorra a Marsh,[v] Earl,[vi] Zwelidumile e sr. Mdingi para procurar uma pessoa confiável para cuidar da casa e das meninas.

Esqueça totalmente o emprego, as despesas e os sonhos e esperanças que nutria de sustentar a si mesma e às meninas. Agora é hora de esquecer as expectativas

---

i Nomzamo Winifred Madikizela-Mandela (1936-2018) — ver glossário. **ii** A família de Winnie Mandela. Ela vem do clã amaNgutyana. **iii** Esposa de seu filho Makgatho. **iv** Makgatho (Kgatho) Mandela (1950-2005), segundo filho de Mandela — ver glossário. **v** Marshall Xaba, marido de Niki Xaba, irmã mais velha de Winnie Mandela (para Niki Xaba, ver glossário). **vi** Earl Mniki, marido de Nobantu Mniki, irmã de Winnie Mandela.

culturais depositadas em você na qualidade de esposa Dlomo. Cabeça erguida! Meu amor, meus melhores votos de sucesso, esteja onde estiver.

Desde julho te escrevi cinco cartas; em 18 de julho, em 1º de agosto e uma cópia da que te mandei em 9 de dezembro usando o endereço de casa. A carta datada de 19 de agosto[i] foi enviada via comissário de Prisões, com o pedido de que ele a encaminhasse a você, se isso fosse permitido.

Eu estava lendo as cartas que você me escreveu datadas de setembro/outubro de 1974, depois que o Tribunal de Recursos deu sua decisão. Você as escreveu por ocasião de seu quadragésimo aniversário, que você quase passou em Kroonstad.[ii] Elas me trouxeram sentimentos agridoces, embora eu não tenha me deixado dominar pelas emoções.

Sua carta de 29 de setembro destaca o fato de que nos últimos dez anos todos os votos de aniversário que você recebeu têm uma única mensagem. Na carta datada de 9 de outubro, você menciona seus planos de vir me visitar, apesar de temer que a Divisão Especial[iii] frustrasse tais planos.

Em 26 de setembro você completará 42 anos. Embora não possa estar em casa e ter as celebrações habituais, lembre-se de que é o seu grande dia, e meus votos são de que ele a encontre bem e de que você permaneça firme.

Espero sinceramente que não tenha esquecido a promessa que te fiz durante os dezoito (18) meses em que esteve longe de casa, encontrando-a numa total bagunça quando voltou. Eu continuo fiel a ela.

Sinto muito tua falta e te amo, minha querida.

As outras cartas são para Kgatho, Zeni e Zindzi.[iv]

Com amor,
Dalibhunga

Para Winnie Mandela,[v] sua esposa

[Traduzido do isiXhosa]

Nelson MANDELA (466/64)   GRUPO A   1.10.1976

Minha querida irmã,

---

i Ver carta na página 339.   **ii** Prisão de Kroonstad.   **iii** A divisão especial da polícia.   **iv** Zenani (1959-) e Zindzi (1960-) Mandela, filhas dele e de Winnie Mandela — ver glossário.   **v** Nomzamo Winifred Madikizela-Mandela (1936-2018) — ver glossário.

As meninas me deram a boa notícia de que você parece estar bem de saúde. Eu estava preocupado com sua perda de peso desde que voltei da minha viagem ao exterior em julho de 1962.

Os exercícios vão te ajudar um bocado, tente correr em torno do pátio todos os dias, se puder. O exercício é o melhor remédio. Eu começo meu dia correndo e faço alongamento antes de ir para a cama à noite. O exercício é bom para uma porção de coisas, combate a insônia e ajuda a manter o corpo saudável e em forma.

Eu soube que você e Nthato[i] foram atacados e que você acabou levando o caso à Justiça. Se eu soubesse que você estava tomando essa atitude, teria te desencorajado, porque não é um modo seguro de se proteger. Embora tenham sido vocês que foram atacados e sofreram danos na propriedade, você pode estar sujeita aos custos judiciais. Eles podem chegar a milhares de rands. No entanto, se você tomou mesmo essa iniciativa, não recue, vou apoiá-la irrestritamente. Estou ansioso para te ver em janeiro, se tudo correr bem. É nos dias em que os problemas me oprimem que sinto mais falta de você. Não sei onde você pode conseguir o dinheiro para ficar dois dias na sua próxima visita. George[ii] vai tentar obter um passe para Nthato também, para que possamos discutir os problemas. Acho que as meninas deveriam ir estudar na Inglaterra se conseguirem obter os vistos. Elas me contaram sobre a mãe da viúva que está disposta a contribuir para pagar os custos da viagem delas ao exterior. Será uma grande honra Sabata[iii] organizar um jantar em homenagem a Zindzi,[iv] no entanto, se você está planejando uma celebração assim grande, então ambas as meninas devem ser homenageadas, porque Zeni[v] é a mais velha.

Apoio a sugestão de comprarmos a casa em Orlando, quando tivermos o dinheiro, embora isso possa ser um desafio, já que você está desempregada. Fiquei sabendo dos esforços que estão sendo feitos para encontrar alguém que tome conta da nossa casa, por favor me mantenha informado sobre o desenrolar da questão. Depois da tua detenção eu escrevi uma carta indagando sobre o bem-estar das meninas e da propriedade. Não recebi resposta até agora. O único retorno que recebi foi o das meninas. Tua carta datada de 22 de agosto foi a primeira a me dar um relato detalhado dos assuntos da família...

Noto que você não recebeu minhas cartas datadas de 18 de julho e 1º de agosto, que mandei para o endereço da nossa casa. Escrevi a primeira em inglês como de costume, a segunda em isiXhosa, assim como o cartão-postal de 1º de setembro,

---

i Nthato Motlana (1925-2008), amigo, médico, empresário e ativista antiapartheid — ver glossário. **ii** George Bizos (1927-), advogado de defesa no Julgamento de Rivonia — ver glossário. **iii** Rei Sabata Jonguhlanga Dalindyebo (1928-86), chefe supremo do território do Transkei e líder do Partido Democrático Progressista, o partido de oposição no Transkei que combatia o regime do apartheid — ver glossário. **iv** Zindziswa Mandela (1960-), filha caçula dele e de Winnie Mandela — ver glossário. **v** Zenani Mandela (1959-), filha mais velha dele e de Winnie Mandela — ver glossário.

no qual eu te desejava saúde, sucesso e felicidade. Foi enviado a Pretória para que pudesse ser encaminhado a você, assim como os de 18 e 19 de agosto. Espero que a esta altura você já tenha recebido os cinco...

A gente tem uma porção de tempo para a autorreflexão e para pensar em vários assuntos. Agora mesmo estou refletindo sobre todas as coisas que não fiz quando ainda podia fazê-las. Uma delas é justamente não possuir um lar. Fico contente quando penso nas grandes oportunidades que tive, bem como nos tempos felizes que experimentei.

A gente tem tempo de sobra para refletir sobre as coisas aqui, ao contrário da agenda agitada que eu tinha lá fora. Há sempre atividades para manter a mente ocupada: discutir com os camaradas, ler diferentes tipos de livros, fazer atividades recreativas que relaxam a mente, escrever cartas para a família e amigos e ler e reler cartas que chegam de fora. Esses pensamentos me inundam quando eu me deito, aí eles me preocupam. Eles giram em torno de uma pessoa, minha amiga de toda a vida [palavras ilegíveis] eu desnudei minha alma; contudo, o que resta é amor e respeito. Apesar de tudo isso, permaneço rico em espírito.

Fico contente que você esteja em Joanesburgo, mais perto de casa, e especialmente que parentes e amigos te visitem e você fique sabendo de assuntos da família. Passei bons momentos quando as meninas vieram me fazer uma visita, mas fiquei triste por elas terem de voltar no mesmo dia. Embora eu deseje que a planejada viagem delas ao exterior se concretize em breve, sentirei falta delas. Só posso imaginar como será para você, em sua atual situação de viúva, pois agora elas se tornaram verdadeiras amigas tuas. Mas o futuro delas nos obriga a ser obstinados. Acabei de ler duas histórias que foram publicadas em 1957, e espero que um dia eu possa contá-las a você. Não consigo tirar da cabeça estas duas datas, relacionadas [a] nossos amigos: 11 de setembro de 1926 e sexta-feira, 13. Espero com ansiedade tua segunda carta. Outras cartas são para Kgatho,[i] Xoliswa — filha de Daliwonga[ii] — e uma carta de condolências para o sr. Ngakane, tentando consolá-lo. Com amor, minha amiga. Dalibhunga.

Sra. Nobandla Mandela a/c Oficial Comandante, Prisão Feminina, Joanesburgo.

---

[i] Makgatho Mandela (1950-2005), segundo filho de Mandela — ver glossário. [ii] K. D. Matanzima (1915-2003), sobrinho de Mandela, um chefe Thembu e ministro-chefe para o Transkei — ver glossário. Seu nome do meio era Daliwonga.

Para o oficial comandante, Robben Island

[Em outra caligrafia, em africâner] 466/64 Carta Especial[i] de Nelson Mandela a B/O[ii]

7 de outubro de 1976

Oficial comandante
Robben Island

A/C: Coronel Roelofse

Com referência a minha carta de 12 de julho de 1976[iii] endereçada ao comissário de Prisões, general Du Preez, confirmo que em 9 de setembro o senhor me informou que tinha recebido uma carta dele, datada de 26 de agosto, na qual ele declara que está contente que a administração desta ilha esteja agindo apropriadamente e que ele não pode investigar as queixas de indivíduos mantidos em detenção nas prisões do país, ou outras palavras com o mesmo sentido.

Confirmo também que o senhor me recusou permissão para registrar por escrito a resposta do comissário tal como resumida pelo senhor.

Eu tivera a esperança de que o comissário iria encarar o problema com mais atenção e seriedade e que poderíamos arranjar toda a questão satisfatoriamente por meio dos canais do Departamento. Mas sua resposta mostra claramente que ele deu sua bênção oficial a todos os abusos detalhados em minha carta de 12 de julho. Nessas circunstâncias, sou obrigado a lhe pedir, como faço agora, que me permita instruir meus advogados a providenciar para mim uma consulta urgente com o advogado George Bizos,[iv] de Joanesburgo, com o propósito de instituir ações legais contra o Departamento de Prisões por abuso de autoridade, perseguição aos presos e outras irregularidades.

Em particular, pretendo requerer uma ordem que declare que o comissário:

1. tem uma obrigação legal de visitar a mim e a outros prisioneiros nesta ilha e, dependendo da natureza da reclamação ou pedido, lidar pessoalmente com tal reclamação ou pedido;
2. é obrigado a me fornecer os nomes e endereços, se houver, de todas as pessoas que me escrevem cartas ou mandam dinheiro, cartões de aniversário, Natal e

---

i As cartas especiais não eram deduzidas da cota de um prisioneiro. ii Carimbada "Robben Island Officer Commanding — 11-10-76". B/O é Bevelvoerende Offisier em africâner, significando "oficial comandante". iii Ver carta na página 314. iv George Bizos (1927-), advogado de defesa no Julgamento de Rivonia — ver glossário.

Páscoa e telegramas, e, se tal dinheiro por algum motivo não tiver sido creditado na minha conta, [i] é obrigado a me informar devidamente;

3. com relação à censura de correspondência e telegramas, só pode objetar ao seu conteúdo, mas não à pessoa que envia a carta, telegrama ou cartão, a menos que tal remetente esteja sob alguma expressa restrição legal.

Vou também pedir uma ordem que impeça o senhor e seus subordinados de:

1. pregar concepções racistas a prisioneiros de diferentes grupos populacionais no setor de Celas Individuais, onde estou preso, e tentar fomentar sentimentos de hostilidade entre nós;
2. interferir na preservação do bom relacionamento entre mim e membros da minha família e amigos;
3. confiar a tarefa de censurar minha correspondência a pessoas que não são fluentes em inglês e nas línguas africanas;
4. remover a data e outras informações essenciais de telegramas enviados a mim por membros da família, parentes e amigos;
5. tratar a mim e a meus companheiros de prisão como reféns e nos maltratar toda vez que a África do Sul é duramente atacada de uma forma ou de outra pelos numerosos países ou organizações internacionais que se opõem às diretrizes raciais do país;

Pretendo ainda solicitar uma ordem impedindo:

1. o Conselho Prisional de promover discussões políticas comigo e com meus companheiros de prisão em suas reuniões;
2. a Polícia de Segurança Pública de interferir na administração interna do Departamento de Prisões e, mais especificamente, no tratamento aos presos condenados por delitos políticos e encarcerados nesta ilha.

Preciso também lembrá-lo da minha carta de 7 de setembro na qual eu lhe avisava que este mês pretendia usar minhas cartas regulares para escrever à sra. Helen Joseph,[ii] ao

---

i No momento da entrada na prisão, era feita uma lista dos pertences que um prisioneiro tinha consigo. Detalhes da quantia de dinheiro vivo que um detento pudesse ter em mãos eram registrados numa conta individual sob seu nome (não se tratava de uma conta bancária, mas simplesmente de um registro contábil separado). A partir de então, todos os fundos que chegassem à prisão em nome daquele detento eram registrados naquela conta, bem como todos os desembolsos feitos em nome do prisioneiro. Quando era solto, o prisioneiro recebia o que restava na conta. **ii** Helen Joseph (1905-92), professora, assistente social e ativista antiapartheid e pelos direitos das mulheres — ver glossário.

sr. Alan Paton[i] e ao sr. Benjamin Pogrund[ii] para tratar da questão da guarda, manutenção e educação das minhas filhas, ambas menores de idade, e do pagamento de suas taxas escolares e mesadas, livros escolares, despesas de viagens de ida e volta à escola, bem como da orientação delas em face de seus problemas e dos cuidados para o seu bem-estar na ausência de sua mãe, atualmente na prisão.

Em 7 de outubro o tenente Prins me informou que o comissário recusara meu pedido com o argumento de que minha esposa recebia visitas regulares de um advogado e consequentemente estava numa posição melhor para lidar com esses problemas. O comissário, porém, ofereceu-me a possibilidade de uma carta especial ao Conselho de Administração Bantu,[iii] para o qual eu poderia expor todos os meus problemas.

Lamento dizer-lhe que não estou disposto a aceitar a decisão do comissário e que não encaro a oferta dele como uma tentativa genuína de me ajudar a resolver meus problemas domésticos. Pelo contrário, eu a vejo como a típica reação de uma autoridade que está preocupada com questões de cor e é essencialmente indiferente às agruras hoje sofridas pelas crianças e às nossas preocupações com o bem-estar delas. A verdade é que o comissário julga revoltante e contrário à política do governo, que trata os negros como inferiores, o fato de crianças africanas serem assistidas por democratas brancos que tratam todos os seres humanos como iguais.

Se a sua razão para não me permitir confiar meus assuntos domésticos a amigos de toda a vida é o fato de que minha esposa está numa posição melhor para lidar com essas questões, por que me oferece a oportunidade de expor os mesmos tópicos ao Conselho? A sua oferta é mais um exemplo de abuso de autoridade e tem o intuito de me negar a oportunidade de delegar o bem-estar de minhas filhas a pessoas que certamente lhes darão todo o amor e atenção que elas merecem e as farão esquecer que são órfãs.

Além do mais, a decisão do comissário tem o efeito de me privar de meu direito legal, como guardião de minhas filhas, de cuidar de sua integridade e bem-estar e de tomar todas as providências necessárias para promover seus interesses.

Em segundo lugar, a decisão dele é calculada para arruinar financeiramente minha esposa, ao obrigá-la a contratar um advogado e a incorrer em gastos desnecessários com honorários por serviços que eu poderia obter gratuitamente por meio de cartas mensais comuns. O comissário tomou essa decisão espantosa mesmo

---

i Alan Paton (1903-88), escritor e fundador e líder do Partido Liberal da África do Sul, antiapartheid. Ele prestou testemunho para aliviar a sentença de Mandela e de seus corréus no Julgamento de Rivonia — ver glossário. ii Benjamim Pogrund (1933-), ex-editor do *Rand Daily Mail* e amigo de Mandela — ver glossário. iii Sob o regime do apartheid, autoridades brancas designadas pelo governo chefiavam os conselhos de administração Bantu, que controlavam as autoridades negras locais. Eles possuíam todas as casas nas áreas negras e cobravam aluguel dos ocupantes. Também controlavam a eletricidade e outros serviços municipais.

sabendo muito bem que minha esposa está sem trabalho e não tem recursos para contratar um advogado nessa questão particular.

Em terceiro lugar, o comissário sabe também que o Conselho de Administração Bantu nada tem a ver com a questão da guarda, manutenção e educação de crianças, pagamento de suas taxas escolares, mesadas, livros escolares, despesas de viagem de ida e volta à escola, e não pode desempenhar a tarefa de cuidar do bem-estar delas. Mesmo que o Conselho estivesse em condições de fazer isso, eu certamente não confiaria o futuro das minhas filhas a uma instituição do apartheid, cujos membros fazem parte da engrenagem de opressão racial e trabalham em íntima parceria com a Polícia de Segurança Pública e com esse Departamento na perseguição a mim e a minha família.

Em 1973 escrevi ao Conselho pedindo que autorizasse o irmão de minha esposa a morar com ela em nossa casa em Orlando. Ele já tinha ficado antes na casa e, depois de ser fustigado repetidamente pela Polícia de Segurança Pública, recebeu a ordem de deixar o distrito de Joanesburgo. Foi imediatamente depois disso que minha esposa foi submetida a uma série de covardes ataques noturnos que tenho razões para crer que eram todos instigados pela Polícia de Segurança Pública, não importa quem eles concretamente escolheram para desferir os ataques, o último dos quais ocorrido oito dias antes de ela ser presa. Aquele Conselho nunca sequer fez a cortesia de acusar o recebimento da minha carta. Por que ele estaria agora disposto a se encarregar de um problema familiar que é ainda mais oneroso?

A atitude do Conselho não difere em nada da do Comissário, que simplesmente ignorou minha carta a ele de 19 de agosto na qual eu fazia uma série de perguntas em torno da prisão de minha esposa. Não tenho sequer certeza de que as três cartas que escrevi a ela, aos cuidados do comissário, tenham chegado a suas mãos. A única carta que recebi dela desde a sua prisão foi postada em Joanesburgo em 25 de agosto e só me foi entregue em 18 de setembro, ignobilmente mutilada e rabiscada como de costume.

Pelo modo como foi censurada, fica claro que vocês queriam me manter na ignorância de coisas que eram, essencialmente, assuntos domésticos. Minha esposa foi detida em 13 de agosto por volta das 7h30 da manhã e as minhas filhas voltaram do colégio interno no mesmo dia, encontrando a casa trancada. Quatro linhas foram então cortadas da carta, mas a segunda linha depois do corte deixa claro que nas quatro linhas extirpadas ela me dava detalhes de como uma amiga as acolheu naquela noite.

Na mesma carta ela também me conta que havia pedido a seu advogado que me desse detalhes da sua última queixa ao tribunal referente a ataques com coquetel molotov contra a casa em 5 de agosto. Em 9 de outubro recebi uma carta do advogado Ayob[i] que trazia anexada outra carta dela aparentemente destinada a mim.

---

i Ismail Ayob (1942-), advogado de Mandela — ver glossário.

A carta foi aprovada pelo oficial comandante da Prisão de Joanesburgo, mas não me foi entregue, com base na justificativa espúria de que não foi "julgada conveniente para liberação". Se esse argumento fosse verdadeiro, então por que o OC da prisão de Joanesburgo a teria liberado?

Por fim, observo que o comissário se esquivou por completo da questão do dinheiro enviado a mim pelo sr. Pogrund, apesar do fato de que eu tinha feito uma indagação formal sobre a quantia por volta do dia 24 de julho. Por essa razão devo pedir ao senhor que me autorize a instaurar uma ação legal requerendo que o Departamento me forneça uma declaração prestando contas sobre o que aconteceu com aquela quantia.

Espero que o senhor me conceda uma consulta privada com meu advogado e alerto para o fato de que contestarei vigorosamente qualquer condição que queira me impor e que desperte a suspeita de que a entrevista não é reservada.

Trate a questão como extremamente urgente.

[Assinado NRMandela] NELSON MANDELA

Para o oficial comandante, Robben Island

12 de outubro de 1976

Oficial comandante,
Robben Island.

A/c: Tenente Prins

Ficaria grato se o senhor aprovasse a encomenda em anexo aos srs. Prolux Tintas, de papel-madeira de que preciso para revestir meu armário, o custo do qual pode ser debitado da minha conta.[i]

[Assinado NRMandela]
Nelson Mandela 466/64

---

i No momento da entrada na prisão, era feita uma lista dos pertences que um prisioneiro tinha consigo. Detalhes da quantia de dinheiro vivo que um detento pudesse ter em mãos eram registrados numa conta individual sob seu nome (não se tratava de uma conta bancária, mas simplesmente de um registro contábil separado). A partir de então, todos os fundos que chegassem à prisão em nome daquele detento eram registrados naquela conta, bem como todos os desembolsos feitos em nome do prisioneiro. Quando era solto, o prisioneiro recebia o que restava na conta.

[Com outra caligrafia] Aprovado: A ser comprado de Juta's ou de Van Schaick, exclusivamente.
[Rubricado]
14/10/76

◇◇◇◇◇◇◇◇◇◇

Outro golpe sofrido por Mandela e sua família foi a súbita deportação de Winnie Mandela, em 16 de maio de 1977, para a cidade rural de Brandfort, no Estado Livre de Orange (atualmente Estado Livre). Ela foi arrancada da casa da família com sua filha caçula, Zindzi, e jogada numa casa minúscula com uma escassa parte de seus pertences, na localidade africana[i] de Phathakahle, na periferia da cidade. Ela não conhecia ninguém ali e não falava a língua local.

Para Adelaide Tambo[ii] ("Thorobetsane Tshukudu"[iii]), amiga, ativista antiapartheid e esposa de Oliver Tambo, presidente do CNA e ex-sócio de Mandela no escritório de advocacia

Nelson Mandela 466/64

1.1.77

Nossa querida Thorobetsane

No mês passado mandei doze cartões de Natal, todos para membros da família. No entanto excluí você na esperança de que compreenderia que minha cota é limitada & que aqueles que não recebem regularmente mensagens minhas são, com muita frequência, pessoas que estão sempre em meus pensamentos.

Não obstante, pertencemos a um povo muito unido, em que as famílias, os parentes & clãs são mais do que relações de sangue. O sentimento de culpa que pesa sobre mim quando não posso lhe mandar os bons votos da estação vai provavelmente se atenuar um pouquinho quando eu souber que esta carta chegou a você. Digo um pouquinho porque o que o meu coração anseia mesmo é a retomada da nossa correspondência de 1961,[iv] em que falávamos livremente sobre coisas que

---

i Uma "localidade" era uma área que o governo havia separado para os negros e que era geralmente menor que um distrito. **ii** Adelaide Tambo (1929-2007) — ver glossário. **iii** Ela nasceu Adelaide Frances Tshukudu. Thorobetsane era um nome inventado. **iv** Oliver Tambo deixou a África do Sul por orientação do CNA em março de 1960. Sua esposa e seus filhos seguiram-no mais tarde no mesmo ano.

nos eram caras, sobre nosso doce lar & o sonho de construir um lar maior & ainda mais doce bem no Kamhlaba.

De Jeppe[i] vocês se mudaram para o East Rand & em junho de 1962 eu lhes dei adeus.[ii] Durante os últimos catorze anos Zami,[iii] garota consciente que é, tem escrito regularmente & tentado sempre que possível infiltrar detalhes vitais sobre a família. Você, ROR,[iv] Gcwanini[v] & outros são mencionados com frequência, deixando-me com o sentimento tremendo de que, afinal de contas, nosso mundo é o melhor dos mundos. Catorze anos é um longo período no qual os reveses & a felicidade andaram de mãos dadas. Entes queridos envelheceram rapidamente como resultado de todo tipo de problemas físicos e espirituais, terríveis demais para serem mencionados. Laços de afeto tendem a se enfraquecer enquanto o idealista recita a máxima: a ausência faz o coração se enternecer mais, os filhos crescem & desenvolvem pontos de vista não alinhados com os desejos de papai & mamãe. Quando grupos[vi] ausentes finalmente retornam, encontram [um] estranho e inamistoso ambiente. Sonhos [e] agendas mostram-se difíceis de ser satisfeitos & quando o infortúnio ataca, raramente o destino proporciona pontes douradas.

Mas um progresso significativo é sempre possível se nós mesmos tentarmos planejar cada detalhe da nossa vida & ações & só permitirmos a intervenção do destino sob nossas próprias condições. Passo muito tempo lendo e relendo as cartas maravilhosas de Zami & as anotações que faço sobre assuntos da família depois de cada uma das suas visitas & saber que a família conseguiu se manter unida, que as meninas estão crescendo & cumprindo as expectativas, que cada crise, doméstica ou não, nos deixa mais próximos um do outro, mais fortes & mais experientes, é uma fonte de energia que transcende as palavras.

Ainda assim, sinto falta das tuas cartas sinceras que nos faziam, como família, ver--nos com os olhos dos outros. Mas agora, com o seu silêncio de quase uma década, estou começando a sentir que metal nenhum, nem mesmo ouro ou diamante, está livre dos efeitos corrosivos da ferrugem. Eu me pergunto o que terá tornado você tão morosa & desorganizada quanto o ROR com a sua correspondência. Mesmo dando um desconto acho um tanto difícil compreender essa reticência anormal e contínua. Uma família só se sustenta como tal se seus membros mantêm sua mútua obrigação

---

i Um subúrbio de Joanesburgo. **ii** Mandela está falando de quando visitou os Tambo em Londres, em junho de 1962, durante sua viagem clandestina para fora da África do Sul. **iii** Um dos nomes de Winnie Mandela. **iv** Ele está se referindo a Oliver Tambo, frequentemente conhecido como OR. Ao longo de sua carta, Mandela acrescentou um "R" antes do nome. É provável que sua intenção tenha sido evitar chamar a atenção das autoridades prisionais para a pessoa de quem está falando, já que Tambo era um conhecido ativista político que dirigia uma organização proibida. **v** Duma Nokwe (1927-78), ativista político e advogado — ver glossário. Gcwanini era possivelmente seu nome de clã. **vi** No original em inglês, *parties*, que no caso pode ser traduzido por "grupos", "partícipes" ou "partidos", o que cria um possível subtexto concebido para driblar os censores, já que Oliver Tambo e outros dirigentes do então clandestino CNA estavam no exílio. [N.T.]

de compartilhar o que sabem & sentem. A menos que nos empenhemos incessantemente nesse sentido, há a probabilidade de surgirem divergências até mesmo quanto a coisas simples como amor & casamento, cerimônias de iniciação & heranças & o lugar onde os parentes devem ser sepultados. Mas devo te garantir que compreendo muito bem que observações desse tipo podem naturalmente ser muito irritantes se, sem que eu saiba, você tenha feito tanto esforço quanto eu fiz para te contatar, ou até mais.

~~Ainda assim, sinto falta das tuas cartas sinceras que nos faziam como família.~~[i] Espero que a sua pequena Ruta ainda se lembre da minha promessa de comprar para ela um sobretudo se ela aumentasse a família...

Há mais de quinze anos ROR tem sido um entusiástico caixeiro-viajante,[ii] uma ocupação extenuante que o afasta de você & dos filhos por longos períodos. Sua contínua ausência de casa pode ter causado danos emocionais nas crianças & espero que elas estejam bem & fazendo progressos na escola. Pelas cartas de Zami eu concluo que você também se tornou [uma] viajante, provavelmente em tempo integral. Embora talvez não seja muito bom para as crianças que vocês dois estejam constantemente ausentes, ajudará o negócio[iii] a prosperar, te manterá ocupada & te impedirá de ficar com minhocas na cabeça. Amo todos vocês e sinto aguda[mente] a infelicidade de viver longe daqueles cuja amizade tem sido uma fonte de coragem & esperança. Um feliz Natal & um ótimo Ano-Novo vão transpor as milhas que nos separam. Cordialmente, Nel.

Sra. Thorobetsane Tshukudu, a/c Nkosk. Nobandla Mandela, Caixa Postal 2947 JHB. 2000

Para o advogado Duma Nokwe (Gcwanini Miya)[iv]

Nelson Mandela 466/64

1.1.77

Nosso caro Gcwanini,

Quando eu estava livre como uma águia não era fácil me manter a par das novidades no campo da música & do teatro.

---

i Não se sabe quem riscou essa oração.　**ii** Oliver Tambo viajou à Europa, à Escandinávia e aos Estados Unidos para angariar apoio para o CNA e também visitou acampamentos do CNA em Angola e o quartel-general do CNA na Zâmbia.　**iii** Ele está se referindo ao CNA.　**iv** Duma Nokwe (1927-78), ativista político e advogado — ver glossário. Mandela está se dirigindo a Nokwe por dois de seus nomes de clã, para que as autoridades não saibam a quem ele está escrevendo e assim a carta seja postada.

Assistia a alguns dos espetáculos mais atraentes, passava os olhos pelas críticas entre sessões no tribunal & outros compromissos mais sérios & esquecia o assunto. Agora é ainda mais difícil acompanhar os eventos culturais do continente & mesmo o mais cauteloso dos comentários equivaleria literalmente a galopar num terreno em que os próprios anjos temem pisar. Mas talvez para você & Radebe eu possa me arriscar & falar à vontade de coisas sobre as quais minha informação é perigosamente rala, sabendo que vocês guardarão isso com vocês [e] me fornecerão o material de que preciso para falar com mais segurança.

O único aspecto que me deixa hesitante é a proximidade de vocês com Ishy & Mohla[i] &, tendo vivenciado uma vez [a] assustadora experiência de ver você & AP flexionando os músculos ao amanhecer alguns anos atrás junto ao alojamento de Dila,[ii] não estou tão seguro de que depois de passar uma noite inteira na casa de Ishy você não terá vontade de cantar sua canção natalina favorita da estrela nascente[iii] & aí se soltar e revelar coisas sobre as quais deveria silenciar.

Seja como for, três musicais parecem ter atraído um bocado de atenção recentemente, a saber: *Umabatha*,[iv] *Ipi-Tombi*[v] & *Meropa*.[vi] Todos eles parecem tremendos pelo que eu leio, de tal maneira que cheguei a ficar tentado a me perguntar se a alegação de que os africanos são atores natos não será afinal de contas uma verdade.

O primeiro é a adaptação de Welcome Msomi para o *Macbeth* de Shakespeare & é feito de música nativa, tradição & dança. Esse é claramente um dramaturgo promissor que juntou ao seu redor um grupo de intérpretes talentosos e versáteis. Segundo consta, na Inglaterra a peça impressionou uma galáxia de astros como Peter Ustinov,[vii] Sidney Poitier,[viii] Rex Harrison,[ix] a bailarina Margot Fonteyn[x] [&] outro[s] artista[s] & figuras públicas. *Ipi-Tombi* tenta retratar as forças sociais que influenciam a vida dos africanos & mais uma vez, pelas fotos & indícios esparsos que eu vi, os atores parecem ser rapazes e moças de talento. Dizem que bateu todos os recordes em JHB[xi] ao ficar em cartaz por 122 semanas & foi vista por umas 500 mil pessoas. Pelo que entendi também em Londres ela obteve sucesso similar & três companhias a estão encenando atualmente em vários continentes.

---

i Esses são os amigos a quem Mandela escreveu em 1º de fevereiro de 1971 — ver carta na página 240. **ii** Dr. Diliza Mji, amigo e vizinho de Mandela em Orlando West, Soweto. **iii** Esta pode ser uma referência cifrada ao Partido Comunista, ao qual Duma Nokwe era filiado. **iv** Uma versão zulu de *Macbeth* escrita em 1970 pelo dramaturgo sul-africano Welcome Msomi e encenada por atores zulus. **v** Um musical escrito por Bertha Egnos Godfrey e sua filha, Gail Lakier, em 1974. **vi** Um musical produzido pelo canadense Clarence Williams em 1974, que fez uma turnê pelo Japão e pelo Extremo Oriente. Foi adaptado de um musical chamado *Isintu*, criado por Cocky Thlotothlamaje e que, depois de retrabalhado como *Meropa*, teve seu nome mudado para *Kwazulu*. **vii** Peter Ustinov (1921-2004), ator, escritor, cineasta e diretor teatral russo-inglês. **viii** Sidney Poitier (1927-), ator, cineasta, escritor e diplomata bahamense-americano. Encarnou Mandela no telefilme *Mandela and De Klerk*, de 1997. **ix** Rex Harrison (1908-90), ator inglês de teatro e cinema. **x** Margot Fonteyn (1919-91), bailarina inglesa que dançou com a companhia de balé britânica, o Royal Ballet. **xi** Joanesburgo.

Meropa é mais uma tentativa de descrever a condição africana por meio de batuque, música & dança. Em todas essas peças as cenas são excitantes & despertam sentimentos que raramente experimentei ao assistir a espetáculos sofisticados de tipo ocidental. Você deve ter visto as críticas & provavelmente chegou a conversar com alguns dos atores principais.

No entanto, todos eles têm temas importantes que são perturbadores & que deixam em segundo plano a linda encenação no palco. Além do mais, não está claro quem são os verdadeiros chefes & quem manipula o dinheiro. Enquanto Msomi foi apoiado pela profa. E. Sneddon,[i] P. Scholtz[ii] & o inglês P. Daubeny,[iii] Bertha Egnos, Sheila Wartski & Liz Macleish trabalharam juntas em *Ipi-Tombi*. Esta última & *Meropa* foram obviamente escritas por pessoas que não têm familiaridade com nossa vida & cultura nem estão plenamente cientes de nossas aspirações.

Há muito apreço por Bra Gibbs[iv] como dramaturgo & creio que alguns de seus trabalhos lotaram as salas por muitas semanas. Infelizmente, não tive a sorte de ver nenhum de seus scripts nem críticas. Eu gostaria também de ter visto as produções do Instituto de Música, Drama & Literatura & as dos outros jovens artistas negros que acredito estarem começando a se destacar. Te invejo muito. Você ainda vê Bakwe[v] & Dan?[vi] Espero que Mabhomvu,[vii] Alfie, Tom, John, Gabula & teu colega, Joe,[viii] estejam todos bem & com saúde. Escrevi também a Thorobetsane.[ix]

Penso em todos vocês & sinceramente gostaria que hoje pudéssemos estar juntos &, como nos velhos tempos, sentar & contar histórias, exageradas ou não. Que momento seria! As variadas experiências que cada um de nós teve nos últimos quinze anos representam a verdadeira vida. Seja como for, algumas lembranças caras & pensamentos afetuosos introduziram o mundo com seus raios de sol aqui neste meu canto. É por isso que vocês todos estão tão perto, comigo nesta ilha. Talvez um dia eu os ouça cantar e dançar, desta vez não apenas à estrela nascente, por

---

i Elizabeth Sneddon, chefe do Departamento de Oratória e Teatro na Universidade de Natal e diretora da Natal Theatre Workshop Company. Ela contratou Welcome Msomi para escrever *Umabatha*. **ii** Pieter Scholtz, que dirigiu *Umabatha* na Universidade de Natal e traduziu a peça do zulu para o inglês. **iii** Peter Daubeny (1921-75), empresário teatral britânico que levou *Umabatha* a Londres, onde ela foi apresentada para plateias lotadas como parte das World Theatre Sessions comandadas por ele. **iv** Gibson Kente (1932-2004), dramaturgo, compositor e diretor. Como Mandela, ele era do clã Madiba, por isso Mandela se referia a ele como sobrinho — ver glossário. **v** Bakwe (Joe) Matthews (1929-2010), ativista político e filho de Frieda e Z.K. Matthews — ver glossário para esses três indivíduos. **vi** Dan Tloome (1919-92), líder do CNA e do Partido Comunista Sul-Africano que estava trabalhando para o CNA em Botsuana e passou muitas décadas no exílio na Zâmbia. **vii** Palavra-código para o Partido Comunista. *Bhomvu* significa "vermelho" em isiXhosa, e membros do CNA juntavam "Mabhomvu" quando se referiam a uma pessoa considerada comunista. (Nomvuyo Nokwe em um e-mail a Sahm Venter, 11 de dezembro de 2017.) **viii** Membros da liderança do CNA. **ix** Nome inventado para Adelaide Tambo (1929-2007), amiga, ativista antiapartheid e esposa de Oliver Tambo, ex-sócio de Mandela no escritório de advocacia e presidente do CNA — ver glossário. Os Tambo estavam vivendo no exílio em Londres.

favor, mas também canções da terra,[i] acompanhadas pela banda com seus trompetes & clarins, bateria & tudo mais. Feliz Natal & ótimo Ano-Novo para Radebe,[ii] as crianças, você & todos os seus amigos. Cordialmente, Nel.

Sr. Gcwanini Miya, a/c. Nkosk Nobandla, Caixa Postal 2947, JHB, 2000

◇◇◇◇◇◇◇◇◇◇

Em 18 de janeiro de 1977 Mandela queixou-se a um guarda da prisão, tenente Prins, de que cartas a sua esposa não estavam sendo entregues. A conversa de 45 minutos se transformou numa altercação, e Mandela foi em seguida acusado de violar normas prisionais ao "insultar e ameaçar"[iii] um carcereiro.

Ele preparou dois documentos para seus advogados como defesa contra essa acusação. Um documento de quarenta páginas incluía a correspondência entre ele próprio e o oficial comandante de Robben Island, o comissário de prisões e seus advogados. O outro era um documento de oito páginas a respeito da sala da prisão em que as consultas legais eram realizadas. Ele preparou documentos escritos por acreditar que as autoridades prisionais podiam gravar secretamente sua reunião com o advogado. Quando tentou entregar os documentos a seu advogado, Stanley Kawalsky, numa reunião em 2 de fevereiro de 1977, as autoridades prisionais o impediram.

Em 21 de julho de 1977 o comissário de prisões escreveu a Kawalsky permitindo-lhe reunir-se com Mandela e receber documentos e declarações relacionados ao caso.

Mandela apresentou-se no tribunal de Robben Island algumas vezes por conta desse caso, mas em 3 de agosto de 1977 todas as acusações contra ele foram retiradas. Kawalsky não estava presente, e o chefe da carceragem, subtenente Olchers, exigiu que Mandela lhe entregasse os documentos. Ele se recusou, mas não teve alternativa e acabou entregando-os. As autoridades depois se recusaram a devolvê-los.

Em 17 de novembro, Olchers informou a Mandela que o oficial comandante de Robben Island tinha autorizado que os documentos fossem queimados. Kawalsky se envolveu e Mandela acabou movendo uma ação legal contra o ministro de Prisões.

Em 9 de janeiro de 1980 Mandela apresentou à Suprema Corte um apelo contra o ministro de Prisões para ter seus documentos de volta. Duas semanas mais tarde, o oficial comandante da prisão lhe mostrou os documentos que fora instruído a devolver, mas Mandela se recusou a aceitá-los sem antes consultar seu advogado. Em 18 de fevereiro as normas prisionais foram retificadas para permitir que as autoridades guardassem em custódia qualquer artigo pertencente a um prisioneiro. Os advogados de Mandela julgavam que essa mudança era resultado da ação legal dele, mas as autoridades negavam isso.

---

i Canções de liberdade do CNA. **ii** Vuyiswa Nokwe (Radebe é seu nome de clã), esposa de Duma Nokwe. **iii** NM, *Longo caminho para a liberdade*, p. 563.

Sua solicitação foi "rejeitada com custos" em 23 de outubro de 1980, e Mandela entrou com recurso. Seu recurso foi apresentado na corte em 4 de fevereiro de 1981. O caso foi lido em 18 de setembro de 1981 e o veredito foi anunciado em 1º de dezembro de 1981. O recurso foi rejeitado com custos.[56]

Para Frank, Bernadt & Joffe, seus advogados

21 de janeiro de 1977

Srs. Frank, Bernadt & Joffe
Caixa Postal 252
Cidade do Cabo

Caros senhores,

A/C: Sr. Bernadt

Anexo a esta carta uma cópia do registro de acusação que me foi entregue ontem por volta das 4h15 da tarde e que fala por si mesmo. O caso foi agendado para audiência no Tribunal Interno da Prisão de Robben Island em 7 de fevereiro de 1977 às nove horas da manhã, dando-me apenas quatro dias de aviso prévio se levarmos em conta que dia 23 é um domingo.

Por essa razão, eu ficaria grato se os senhores fizessem a gentileza de designar o advogado George Bizos[i], da Ordem dos Advogados de Joanesburgo, ou outro advogado que ele possa recomendar, para me representar.

Os fatos que envolvem o caso todo são turvos e nauseantes, e minha esposa, que trabalha para a firma de Frank e Hirsch em Joanesburgo, e cujo telefone residencial é Orlando 113, e a dra. Fatima Meer,[ii] 148 Burnwood Road, Sydenham, Durban, e o sr. Benjamin Pogrund,[iii] 38A Six Avenue, Parktown North, Joanesburgo, serão testemunhas essenciais. É absolutamente necessário que eu tenha uma consulta plena com o advogado na presença da minha esposa e da dra. Meer antes da data da audiência, para que os fatos relevantes relacionados às intrigas dos representantes do Departamento de Prisões e, neste caso particular, do tenente Prins, agindo em colaboração com a Polícia de Segurança Pública, numa tentativa de manchar o bom nome da minha esposa e criar uma suspeita mútua entre nós, possam ser trazidos à luz e apresentados diante da corte.

---

i George Bizos (1927-), advogado de defesa no Julgamento de Rivonia — ver glossário. **ii** Fatima Meer (1928-2010), amiga, professora, escritora e ativista antiapartheid — ver glossário. **iii** Benjamin Pogrund (1933-), ex-editor do *Rand Daily Mail* e amigo de Mandela — ver glossário.

Tanto minha esposa como a dra. Meer receberam notificações com base na Lei de Segurança Interna, de 1950, e terão de solicitar às autoridades competentes permissão para deixar suas respectivas áreas. Um reexame do caso por pelo menos um mês parece inevitável.

Enquanto isso, eu solicitaria aos senhores que advertissem o oficial comandante a não manipular nem remover qualquer material em minha posse que possa ser relevante para o caso.

Tenho fundos suficientes para cobrir os honorários e despesas.

Atenciosamente,

N.R.MANDELA

Recebido o original desta para transmissão aos srs. Frank, Bernadt & Joffe neste dia 21 de janeiro de 1977.[i]

Promotor Público

[Rubricado com outra caligrafia][ii]

21-1-76

◇◇◇◇◇◇◇◇◇◇◇

Em 25 de abril de 1977 as autoridades levaram com alarde um grupo de repórteres para uma excursão à ilha como resposta a rumores de condições intoleráveis. Como parte de um espetáculo fabricado para a mídia, os guardas puseram os homens para trabalhar no "jardim" perto do pavilhão das celas. Nada mais distante da labuta diária deles, que na época consistia em arrancar algas marinhas na orla.

Foram feitas fotos de Mandela e seus camaradas. Sua reação foi uma furiosa acusação por escrito contra o diretor da prisão pela criação de uma imagem artificial e falsa.

No fim do ano, Mandela e Ahmed Kathrada tiveram seus direitos de estudo revogados quando se descobriu que Mandela vinha escrevendo secretamente sua autobiografia com a ajuda de um punhado de camaradas confiáveis.

---

i Esta frase está escrita na caligrafia de Mandela.　**ii** Não está claro se esta é a assinatura do promotor público, já que eles não assinavam no espaço criado por Mandela.

Para o diretor da prisão, Robben Island

[Datilografada]

19 de maio de 1977

Diretor da prisão
ROBBEN ISLAND

Protestamos com veemência contra o propósito e o modo como foi organizada e conduzida pelo Departamento de Prisões a visita a esta prisão de profissionais da imprensa e da televisão locais e estrangeiras em 25 de abril último. Deploramos a violação deliberada de nosso direito à privacidade mediante a realização de fotos sem a nossa permissão e encaramos isso como uma evidência concreta do desprezo com que o Departamento continua a nos tratar.

Em 26 de abril o colega prisioneiro Nelson Mandela foi informado pelo major Zandberg de que o ministro de Prisões havia finalmente aquiescido às solicitações repetidas ao longo de anos para que a imprensa visitasse Robben Island. Também soubemos que o ministro autorizara a visita desde que nenhuma comunicação ocorresse entre jornalistas e prisioneiros.

O ministro planejou a visita na esperança de que ela limpasse a imagem do Departamento de Prisões, arrefecesse as críticas públicas ao Departamento aqui e no exterior e neutralizasse qualquer publicidade adversa que pudesse surgir no futuro. Para garantir o sucesso do plano não fomos informados previamente sobre a visita, e naquele dia a span[i] do nosso Setor recebeu a tarefa especial de "jardinagem" em vez da retirada de bambu[ii] do mar como normalmente fazemos quando saímos para trabalhar. Cerca de trinta litros de leite foram colocados na entrada do nosso Setor,[iii] obviamente para dar a impressão de que tudo era destinado a nós, quando na verdade recebemos apenas 6,5 litros por dia.

A maioria de nós sabe que uma parcela da imprensa daqui e do exterior é simpática à nossa causa e que essa parcela teria preferido tratar a operação de modo digno. Não obstante, a desconsideração do ministro por nossos sentimentos levou à situação em que totais estranhos estão agora de posse de fotos e filmes em que aparecemos. A indecência da ação do ministro é ainda mais grave quando lembramos a persistente recusa do Departamento em nos permitir tirar fotografias e enviá-las a nossas famílias.

---

i Palavra africâner para "equipe" que era usada na prisão.　ii Na verdade, era um tipo de alga que tinha o nome africano de *bambous*. (Christo Brand, *Doing Life with Mandela*, Joanesburgo: Jonathan Ball, 2014, p. 38). iii Uma anotação manuscrita na margem, presumivelmente de um agente prisional, diz: "Não é verdade. Eu nem sequer vi o leite (JM)".

Enfatizamos o fato de que o modo como o ministro planejou esta visita não difere nem um pouco do das anteriores. Em agosto de 1964 repórteres do "Daily Telegraph"[i] avistaram-se com aqueles de nós que estavam "remendando roupas" em vez de fazer nosso trabalho normal na época, que era o de quebrar pedras com marretas de mais de dois quilos. Tão logo os repórteres partiram recebemos a ordem de voltar a triturar pedras como de costume. No fim de agosto de 1965 a sra. Ida Parker, do "The Sunday Tribune", nos encontrou vestidos de capas de chuva ao voltar da pedreira de calcário — capas de chuva que nos foram entregues às pressas no trabalho no próprio dia da visita e nos foram imediatamente tomadas assim que ela partiu. Só nos foram providenciadas outras capas de chuva mais ou menos um ano depois.

Declaramos enfaticamente que não estamos dispostos, sob nenhuma circunstância, a cooperar com o Departamento em qualquer manobra de sua parte para distorcer o verdadeiro estado das coisas predominante nesta ilha. Com poucas exceções, nossa span tem se mantido nas dependências da prisão há vários meses, mas nosso trabalho normal é o de retirar algas marinhas, e o Departamento não nos deu garantia nenhuma de que não seremos mandados de novo à pedreira.

Citamos também o exemplo dos armários que temos em nossas celas. Os telespectadores provavelmente ficarão impressionados com essa mobília e naturalmente darão todo o crédito ao Departamento. É improvável que tais telespectadores e leitores de jornais sejam informados de que os armários foram construídos esmeradamente com ferramentas brutas numa "oficina" tosca, tendo como matéria-prima caixas de papelão e restos de madeira colhidos na praia pelos presos, que os custos para o embelezamento dos móveis foram bancados pelos próprios presos[ii] e que eles foram construídos por um companheiro de prisão talentoso, Jafta Masemola,[iii] trabalhando aproximadamente oito horas por dia em fins de semana em troca de R1,50 (um Rand e cinquenta centavos) por mês.[iv]

Estamos o tempo todo dispostos a receber reportagens de imprensa e televisão, desde que o objetivo seja apresentar ao público um retrato equilibrado de nossas condições de vida. Isso significa termos autorização para expressar livremente nossas queixas e reivindicações e para fazer comentários sejam eles favoráveis ou não ao Departamento.

Estamos plenamente conscientes de que o Departamento deseja projetar para o mundo uma imagem favorável de suas políticas. Não podemos imaginar uma opção melhor do que abolir todas as formas de discriminação racial na administração, manter-se em dia com reformas penais civilizadas, conceder-nos o status de presos

---

i Foi na verdade o *Daily Express*, identificado pelo fotógrafo Cloete Breytenbach (que acompanhou o escritor John Rydon em visita à ilha) numa entrevista a Sahm Venter, Joanesburgo, 30 de junho de 2013. ii Uma anotação manuscrita na margem diz: "Lixo!". iii Jafta Kgalabi "Jeff" Masemola (1929-90), professor, membro da Liga Jovem do CNA, membro do Congresso Pan-Africano e prisioneiro político — ver glossário. iv Uma anotação manuscrita na margem diz: "O mesmo que outros prisioneiros".

políticos e introduzir uma administração não racial nas prisões do país. Com poucos ou inexistentes esqueletos a esconder, o Departamento não terá mais necessidade alguma de recorrer a estratagemas.

A execução prática do plano foi confiada ao general Roux,[i] e em sua presença os repórteres e cinegrafistas se precipitaram sobre nós como excitados visitantes de uma exposição agrícola.[ii] Por tudo o que vimos do general Roux, estamos convencidos de que ele não tem respeito algum por nossos sentimentos e nossa dignidade. O modo como ele se comportou durante a visita não foi diferente da sua conduta quando visitou a prisão em 15 de novembro de 1976. Naquela ocasião ele conduziu suas entrevistas individuais conosco numa atmosfera sinistra de mistério, na esperança de nos deixar aturdidos quando confrontados com o inesperado. O fato de não ter havido nenhum incidente feio como resultado da ação provocadora no dia 25 de abril se deveu tão só a nosso senso de responsabilidade.

Estamos plenamente conscientes de que não podemos impedir a publicação de artigos sobre as condições prisionais aqui tais como forem autorizados pelo ministro. Mas estamos igualmente conscientes de que, qualquer que seja a lei, a captação de fotos nossas pela imprensa com propósitos de publicação ou outros, sem o nosso consentimento, constitui uma invasão da nossa privacidade. Essa privacidade tem sido ostensivamente violada pelas próprias pessoas que, no contexto da lei, são consideradas nossas guardiãs. E, tendo violado tal privacidade, o Departamento cometeu a temeridade de nos pedir permissão para nos tornar objetos de escrutínio público.

Enfatizamos que não somos pertences do Departamento de Prisões. O fato de sermos prisioneiros não nos priva de modo algum da condição de cidadãos sul-africanos e namíbios, com direito a proteção contra qualquer abuso do Departamento.[iii]

Por fim, deixamos registrado que não podemos tolerar indefinidamente qualquer tratamento que julguemos degradante e provocador e que, se o ministro continuar a agir assim, reservamo-nos o direito de adotar as ações que considerarmos apropriadas.

F. Anthony[iv]
J.E. April[v]
L. Chiba[vi]
T.T. Cholo[vii]

---

i O general Jannie Roux era então o comissário de prisões e acompanhou os jornalistas na visita. **ii** Uma anotação manuscrita na margem diz: "Muito interessante".   **iii** Uma anotação manuscrita na margem diz: "Suponho que todos os outros cidadãos da A.S. também têm direito a proteções contra eles!". **iv** Frank Anthony, preso da União Democrática do Povo Africano. **v** James April (1940-), preso do CNA. **vi** Laloo Chiba (1930-2017), preso do CNA — ver glossário. **vii** Theophilus Cholo (1926-), preso do CNA.

E.J. Daniels[i]
T.L. Daweti[ii]
M.K. Dingake[iii]
M.S. Essop[iv]
J. Fuzile[v]
K. Hassim[vi]
T.H. Ja-Toivo[vii]
A.M. Kathrada[viii]
N.R. Mandela[ix]
J. Masemola[x]
G. Mbeki[xi]
R. Mhlaba[xii]
K. Mkalipi[xiii]
W.Z. Mkwayi[xiv]
A. Mlangeni[xv]
E. Motsoaledi[xvi]
J. Mpanza[xvii]
P. Mthembu[xviii]
B. Nair[xix]
J.N. Pokela[xx]
S. Sijake[xxi]
W.U. Sisulu[xxii]

i Eddie Daniels (1928-2017), preso do Movimento de Resistência Africano — ver glossário. **ii** Thompson Daweti, preso do CNA. **iii** Michael Dingake (1928-), preso do CNA. **iv** Salim Essop, preso do CNA. **v** Jackson Fuzile, preso do CNA. **vi** Kader Hassim (1934-2011), preso da União Democrática do Povo Africano. **vii** Preso namíbio Andimba Toivo ya Toivo (1924-2017), da Organização do Povo do Sudoeste Africano. **viii** Ahmed Kathrada (1929-2017) — réu do Julgamento de Rivonia e preso do CNA e do Partido Comunista Sul-Africano — ver glossário. **ix** Nelson Mandela (1918-2013), réu de Rivonia e preso do MK. **x** Jafta Kgalabi "Jeff" Masemola (1929-90), professor, membro da Liga Jovem do CNA e do Congresso Pan-Africano e preso político. **xi** Govan Mbeki (1910-2001), réu do Julgamento de Rivonia — ver glossário. **xii** Raymond Mhlaba (1920-2005), réu de Rivonia e preso do MK — ver glossário. **xiii** Kwedi Mkalipi, preso do Congresso Pan-Africano. **xiv** Wilton Mkwayi (1923-2004), réu do Julgamento de Little Rivonia e preso do MK — ver glossário. O Julgamento de Little Rivonia ocorreu em novembro de 1964, cinco meses depois de terminado o Julgamento de Rivonia (ver glossário), depois de Laloo Chiba, AC Maharaj, Wilton Mkwayi, Dave Kitson e John Matthews serem acusados de sabotagem por suas atividades em prol do MK. Os três primeiros foram mandados para Robben Island e os outros dois, por serem brancos, ficaram detidos em Pretória. **xv** Andrew Mlangeni (1925-), réu de Rivonia e preso do MK — ver glossário. **xvi** Elias Motsoaledi (1924-94), réu de Rivonia e preso do CNA — ver glossário. **xvii** Justice Mpanza (1937-2002), preso do CNA. **xviii** Peter Mthembu, preso do CNA. **xix** Billy Nair (1929-2008), preso do MK — ver glossário. **xx** John Pokela (1922-85), preso do Congresso Pan-Africano. **xxi** Sandi Sijake, preso do CNA. **xxii** Walter Sisulu (1912-2003), réu de Rivonia e preso do MK — ver glossário.

M.M. Siyothula[i]
J.B. Vusani[ii]
R.C. Wilcox[iii]

Para Nobulile Thulare, uma parente[iv]

Nelson Mandela 466/64

19.7.77

Nossa querida Sisi,

Nossas famílias são muito maiores que as dos brancos & é sempre um puro prazer ser plenamente aceito numa aldeia, distrito ou mesmo conjunto de distritos ocupados pelo seu clã, na condição de um querido membro da casa, quando a gente pode visitar a qualquer hora, relaxar completamente, dormir à vontade & participar livremente da discussão de todos os problemas, onde a gente pode até receber de graça animais de criação & terras para construir.

Como você sabe eu tinha apenas dez anos quando nosso pai morreu,[v] depois de ter sido deposto como chefe & perdido toda a sua riqueza.[vi] Minha mãe não sabia ler nem escrever & não tinha meios de me mandar para a escola. [Contudo,] um membro de nosso clã[vii] cuidou da minha educação desde a escola elementar até Fort Hare[viii] & nunca esperou nenhum reembolso por isso. De acordo com o nosso costume, eu era seu filho e sua responsabilidade. Tenho um grande apreço por essa instituição, não apenas porque ela faz parte de mim, mas também por sua utilidade. Ela cuida de todos aqueles que descendem de um ancestral & os mantém unidos como uma família.

É uma instituição que nasceu & se desenvolveu na zona rural & só funciona bem nessa área. O capitalismo & a industrialização a cortaram em pedaços & agora estamos espalhados por todo o país, o que torna difícil para os membros do clã cumprir suas obrigações uns com os outros. Será que você é capaz de imaginar como

---

i Manner Siyothula, preso do Congresso Pan-Africano. ii Joseph Bransby Vusani. iii Robert Wilcox, preso da União Democrática do Povo Africano da África do Sul (Apdusa). iv Nobulile Thulare é possivelmente uma parente de Mandela por afinidade. v Depois ficou estabelecido tanto por documentação de próprio punho de Mandela como pelas datas de nascimento de seus irmãos e irmãs, que o pai dele, Nkosi (chefe) Mphakanyiswa Gadla Hendry (m. 1930), morreu quando ele tinha doze anos. vi O pai de Mandela foi um chefe deposto por um magistrado depois de uma disputa por causa de gado. vii Chefe Jongintaba Dalindyebo (m. 1942), o chefe e regente do povo Thembu. Ele se tornou o tutor de Mandela depois da morte do pai deste — ver glossário. viii Faculdade Universitária de Fort Hare, em Alice, no território do Transkei — ver glossário. Mandela frequentou Fort Hare a partir de 1939 e foi expulso em 1940 por engajar-se em ações de protesto.

eu me senti no Natal & no Ano-Novo, quando não pude enviar os votos da estação a você, justo a você, que é não apenas nossa irmã, mas uma amiga leal que Zami[i] & eu amamos e admiramos, embora vocês duas estejam sempre envolvidas em todo tipo de escaramuça que ambas fazem parecer uma guerra mundial? Eu com certeza não vou mais gastar meu tempo tentando fazer as pazes entre duas mulheres adultas que deveriam ser mais sensatas do que parecem estar sendo atualmente. Eu esperava que vocês duas me poupassem das incontáveis dores de cabeça que têm me trazido.

Mas o real objetivo desta carta é fazer com que você saiba que continua sendo tão cara à própria Zami & a mim quanto no dia inesquecível em que nos acompanhou cruzando o pátio em Mbizana há quase vinte anos.[ii] Pensamos em você & rezamos para que seja abençoada com ótima saúde & que viva até por mais tempo do que a Velha Dama viveu. É com tudo isso em mente que, do fundo do coração, desejo a você, aos filhos, netos & bisnetos um Feliz Natal & um Ano-Novo brilhante e feliz.

Um dos meus mais caros desejos nestes últimos catorze anos tem sido o de estar de novo com você, escutar suas histórias divertidas, ouvir você fazer suas muitas promessas & quebrá-las repetidamente. Ainda se lembra de quando nos disse que nunca mais voltaria a comer batatas? Também assisti a muitos cultos quando ficava sabendo que você seria solicitada a rezar. Quando as palavras divinas saíam da sua boca elas eram realistas, simples & inspiradoras. Mas houve ocasiões em que você me lembrou Nongqawuse[iii] & profetizou que Sekwati logo se ergueria como Cristo se ergueu. Ainda me lembro claramente como você ficou sem graça na Twist St. & no Templo de Pretória quando Libhebhethe & Vanikeke a lembraram dessas promessas não cumpridas.

Talvez isso tenha tido suas vantagens, pois pode ter feito você ficar sóbria & tornado objeto de suas orações, mais ainda do que nunca antes, as experiências cotidianas de crentes & descrentes. Fui, evidentemente, batizado na Igreja Metodista & frequentei escolas de missionários. Lá fora & aqui eu continuo sendo um membro fiel, mas a perspectiva da gente tende a se ampliar & a acolher esforços em direção a uma unidade religiosa. Tenho ouvido sermões de sacerdotes de diversas igrejas aqui — anglicanos, protestantes da Igreja Reformada Holandesa, hindus, presbiterianos & católicos romanos. Quase me esqueci dos morávios. Em sua maioria são homens eloquentes e experimentados & alguns de seus sermões têm sido memoráveis. Sou a favor de um movimento rumo à fusão de todas as igrejas da África do

---

i Um dos nomes de Winnie Mandela. ii Ele está se referindo a Bizana (e não Mbizana), aldeia natal de Winnie Mandela no Transkei. iii Nongqawuse afirmava que os espíritos lhe haviam dito que o povo Xhosa deveria destruir suas colheitas e matar seu gado, a fonte de sua riqueza, bem como de seu alimento. Se fizessem isso, os colonizadores britânicos seriam lançados ao mar.

Sul, desde que a doutrina da nova igreja seja progressista & se afaste dos rígidos & atrasados dogmas dos velhos tempos.

Por fim, todos os povos mundo afora tiveram clãs em um período ou outro & alguns clãs foram certamente mais poderosos & conhecidos na história do que os nossos. Mas para você, Zami & para mim, o nosso é o mundo inteiro, nosso guarda-chuva & a <u>larga lâmina de aço que remove todos os obstáculos. É nossa esperança,[i] o umbigo que nos conecta como uma família, que ata você & eu, sisi. Há muito tempo não a vejo, mas esta carta é um reencontro & traz à mente todos os momentos adoráveis que passamos juntos no passado. Soube que suas mãos estão reumáticas & que para você é difícil escrever. Dite a resposta às crianças. Mais uma vez um Feliz Natal & Ano-Novo. Afetuosamente, seu Bhuti.[ii]

Sra. Nobulile Thulare, a/c Nkosk Nobandla Mandela, 8115, Orlando West, Caixa Postal Phirima (1848), Joanesburgo.

Para Zenani[iii] e Muzi Dlamini,[iv] sua filha do meio e o marido

[Em outra caligrafia] 466/64 Cartas reescritas

Nelson Mandela 466/64

24.7.77

Meus queridos Zeni & Muzi,

O nascimento de Zaziwe[v] é um dos momentos mais felizes de nossa vida & a mamãe & eu lhes mandamos nossas mais calorosas congratulações.

Gostaríamos de estar aí para festejar diretamente com vocês & ver o bebê em carne e osso. Em seu telegrama a mamãe disse que tentaria ir até aí para ver o bebê & vocês. Se ela conseguiu ou não eu não sei. Mas embora estejamos distantes de vocês nosso orgulho & nosso amor por Zaziwe é forte do mesmo jeito & esperamos que um dia desses tenhamos o prazer de ver sua foto & a do bebê.

Espero que vocês não adiem por motivo nenhum a partida para a Inglaterra. No atual momento o objetivo mais importante deve ser a educação de vocês, e não

---

i Não se sabe se foi Mandela ou uma autoridade prisional que sublinhou esse trecho. **ii** "Irmão", em africâner. **iii** Zenani Mandela (1959-) — ver glossário. **iv** O príncipe Thumbumuzi Dlamini é filho do rei Sobhuza, da Suazilândia, e empresário. Ele e Zenani Mandela casaram-se em 1977. **v** A filha mais velha de Sua Majestade Zenani Dlamini e seu marido, Sua Majestade Thumbumuzi Dlamini. Como membros da família real eles tinham passaportes diplomáticos, o que lhes permitiu viajar com facilidade pelo mundo recolhendo vários prêmios destinados a Mandela. Eles estudaram em Boston, nos Estados Unidos, nos anos 1980.

devem permitir que coisa alguma atrapalhe esse intuito. Sem as qualificações adequadas vocês não estarão aptos a servir a seu povo, nem a apreciar plenamente os estupendos avanços que estão ocorrendo em vários campos do conhecimento. Tais informações & novos princípios de relações humanas podem ser mais bem explorados por aqueles que estão devidamente preparados para esses importantes desafios.

Sinto tua falta, Zeni, & anseio por conhecer Muzi. Espero que vocês venham logo. Enquanto isso, transmitam meus melhores votos & humildes respeitos ao rei e Iindlovukazi.[i] Com amor.

Afetuosamente,
Tata[ii]

Para Zindzi Mandela[iii] & Oupa Seakamela, sua filha caçula e o companheiro dela

Nelson Mandela 466/64

24.7.77

Meus queridos Zindzi & Oupa,

É sempre um grande prazer receber saudações de aniversário de Zindzi. Foi particularmente prazeroso receber a mensagem de vocês dois. Há momentos em que sinto que as melhores coisas se tornam ainda melhores & é exatamente assim que me sinto agora com as mensagens afetuosas de nossa amada mamãe & de você & Oupa.

Zindzi uma vez me prometeu que a mamãe iria me contar tudo sobre Oupa, mas, como vocês bem sabem, ela sempre esteve sob a forte pressão do trabalho & de outros problemas & até agora não conseguiu me dar um retrato completo. Talvez agora Zindzi tenha que fazer isso.

Espero que o sr. de Waal[iv] tenha conseguido providenciar o seu registro. Também espero que você continue a ler & escrever poesia,[v] concentrando-se não apenas na da Europa, mas também da África, Ásia & América Latina; na verdade, na poesia do mundo todo.

---

i O rei Sobhuza da Suazilândia e a rainha mãe. ii "Pai", em isiXhosa. iii Zindziswa Mandela (1960-), filha mais nova de Mandela — ver glossário. iv Winnie Mandela era amiga de um advogado em Brandfort chamado Piet de Waal. Tinha também amizade com o dr. Chris Hattingh, que lhe ofereceu um emprego. No dia previsto para ela começar ele morreu num acidente de carro. v A coletânea de poemas de Zindzi, *Black As I Am* (Los Angeles: Guild of Tutors Press, 1978), foi publicada um ano depois.

Você deve tentar assimilar muito bem as regras &, depois de tê-las dominado, desenvolver seu próprio estilo individual. Pode facilmente se manter dentro das regras, mas ser original & livre. Boa sorte & muito amor,

Afetuosamente,

Tata[i]

Para o diretor da prisão, Robben Island

[Anotação em outra caligrafia, em africâner] Carta ao diretor aprovada

Robben Island
18 de setembro de 1977
Diretor da Prisão,

Protesto com toda a veemência contra a conduta antiética do Departamento de Prisões ao violar meu direito de comunicação confidencial com meus representantes legais.

A persistente infração da lei e o escárnio dos princípios de justiça por funcionários são alguns dos fatores que destruíram relações harmoniosas preso-carcereiro país afora, e isso nos torna difícil conceder a tais funcionários o respeito e a cortesia que daríamos de bom grado àqueles que estão encarregados do nosso bem-estar como prisioneiros. O modo como o Departamento desrespeitou esse direito tende a mostrar que o uso de métodos impróprios de lidar conosco é parte inseparável da política prisional.[ii]

Em 12 de setembro de 1977 fui levado ao Tribunal Interno por conta de uma acusação em que o tenente Prins era o queixoso e que tinha sido reexaminada várias vezes desde janeiro deste ano. O promotor, subtenente Bierenbroodspot, retirou a acusação com base, acredito, na Seção 6 da Lei de Processo Criminal. Quando o tribunal suspendeu a sessão, na presença do promotor, o subtenente Olchers apanhou minha pasta que continha papéis confidenciais relacionados ao caso. Entre esses documentos estava uma declaração de sete páginas na qual eu fornecia as razões pelas quais acreditava que o prédio em que são realizadas as consultas entre prisioneiros e advogados tinha um dispositivo secreto por meio do qual os agentes prisionais podiam ouvir as consultas. Havia também um documento de quarenta páginas com anexos, no qual eu expunha as questões envolvidas, minha defesa da acusação e os nomes de prisioneiros e não prisioneiros que eu considerava testemunhas importantes.

---

i "Pai", em isiXhosa. **ii** As sublinhas nesta carta não parecem ser obra de Mandela, pois não correspondem ao seu traço claro e reto habitual.

Salientei a ambos os oficiais que o direito que eles estavam violando era o das comunicações permanentes e confidenciais não apenas durante, mas também depois da definição do processo. Disse-lhes também que esse direito constituía a base da administração da Justiça em todo o mundo esclarecido e que eu esperava que todo promotor digno desse nome o respeitasse tanto na teoria como na prática. Acrescentei que nada deteria a criação de novos processos contra mim depois que o querelante tivesse estudado minhas declarações e que ao levar meus papéis eles estavam atacando não apenas os princípios da justiça natural, mas também transgredindo uma disposição expressa de suas próprias regras.

Logo ficou claro, porém, que os dois oficiais estavam cumprindo instruções de seus superiores e que nenhum esforço de persuasão seria capaz de convencê-los a não violar o direito. O promotor ficou repetindo que, uma vez que retirara as acusações, não tinha mais jurisdição, pois a questão agora era puramente administrativa. O subtenente Olchers foi ainda mais taciturno e tudo o que conseguiu dizer em resposta a meus argumentos foi que queria a pasta. No curso da discussão eu disse que, até onde eu sabia, a Polícia de Segurança Pública, que é quem de fato governa esta prisão, podia estar esperando pelos documentos em algum lugar do mesmo edifício. Numa tentativa de conciliação, sugeri destruir os papéis na presença deles. Rejeitaram a sugestão e, apesar de meus protestos, tomaram a pasta, prometendo devolvê--la mais tarde naquele mesmo dia. Pedi-lhes então que me dessem um inventário de todos os documentos contidos na pasta. Esse pedido também foi rejeitado.

Meus representantes legais não tinham como estar cientes dessa manobra. Desconfio até de que, quando o Departamento me informou na semana passada que o tribunal iria se reunir em 12 de setembro e que eu tinha recebido permissão para entregar minha declaração a meus advogados, as autoridades prisionais já sabiam que o caso seria retirado. Desconfio também de que o verdadeiro propósito de me darem essa informação era me induzir a encher a pasta de mensagens ilegais que, conforme esperavam, os advogados levariam clandestinamente para fora da prisão.

Minha experiência, durante os meus últimos quinze anos de encarceramento, ensinou-me que, ao lidar com prisioneiros, o agente prisional médio não considera nem um pouco impróprio transgredir a lei, maquinar ardis secretamente e deixar de lado o código moral.[i] Houve notáveis exceções de agentes que tentaram, em situações difíceis, cumprir suas obrigações de modo íntegro e justo e que atenuavam a rígida letra da lei com um pouco de humanismo. Mas tais homens foram poucos e muito espaçados uns dos outros no tempo. Claramente o Departamento prefere que os presos políticos, em particular, sejam tratados por homens que não estão comprometidos a fundo com nenhum padrão exemplar de conduta.

---

i Uma linha vertical foi riscada na margem desse ponto até o final do parágrafo.

Tem sido bem desconcertante para nós ver a tragédia de rapazes de resto talentosos e amistosos que, ao chegar aqui, começam trabalhando muito bem conosco, mas depois são obrigados a fazer muitas coisas que conflitam com seus sentimentos e concepções.

O subtenente Bierenbroodspot é um exemplo pertinente. Nos primeiros estágios de sua atuação ele me causou uma boa impressão e seu senso de justiça e imparcialidade era notável. Mas, oito meses depois de sua chegada, toda a sua personalidade está mudada, o idealismo com que começou seu trabalho desapareceu e o papel que ele desempenhou neste caso agora lhe torna difícil até me olhar cara a cara. Como muitos outros jovens, ele foi obrigado a seguir uma linha de atuação que se choca com seus princípios como indivíduo e como profissional. Conheci muitos oficiais de patentes superiores à dele que se viram num apuro semelhante.

Até lamento que numa carta desta natureza eu tenha que citar o nome dele e o de seu colega, subtenente Olchers. Sei que a estratégia em relação à condução deste caso foi provavelmente traçada nos menores detalhes em esferas superiores, sendo os dois agentes meros funcionários que não tinham escolha senão executar instruções vindas de cima.

No devido tempo o Departamento pode ser instado a justificar sua conduta nessa questão. Espero que quando isso acontecer os propagandistas do governo resistam à tentação de iludir o público alegando que documentos subversivos foram encontrados na pasta, cujo conteúdo não pode ser publicado por "razões de segurança". Nenhum material ilegal pode ser apresentado porque na verdade não havia nenhum.

Espero também que o ministro de Prisões, sr. J.T. Kruger, agora que meus papéis confidenciais estão na posse de seus agentes, tenha grandeza suficiente para reconhecer seu erro e se desculpar junto a meus representantes legais, sr. Kawalsky,[i] sr. Ismail Ayob,[ii] e ao advogado George Bizos,[iii] por haver questionado a integridade deles. Os documentos confidenciais só poderiam ter sido confiscados sob o argumento de que continham comunicações que nada teriam a ver com o caso e as quais os advogados contrabandeariam para fora da prisão, um ato que os tornaria culpados de conduta antiprofissional.

Por fim, devo pedir-lhe que devolva imediatamente todos os papéis para que eu possa relatar todo o caso a meus representantes legais sem mais demora.

Enquanto isso, gostaria que o senhor informasse ao comissário de Prisões, por intermédio de seu oficial comandante, o conteúdo desta carta.

[Assinado NRMandela]
NELSON MANDELA

---

i Stanley Kawalsky (1946-2018), advogado do escritório Frank, Bernadt e Joffe. **ii** Ismail Ayob (1942-), advogado de Mandela — ver glossário. **iii** George Bizos (1927-), advogado de defesa no Julgamento de Rivonia — ver glossário.

Para Winnie Mandela,[i] sua esposa

[Traduzido do isiXhosa]

NELSON MANDELA (466/64)

1977-12-04

Querida irmã,

Houve uma vez um certo agricultor que se especializou em trigo; ele dispunha de todo o material, uma vez que era casado com a filha de um fazendeiro rico. A família era abastada. Eles tinham uma filha de nove anos. Todo mundo acreditava que só a morte poderia pôr fim àquele casamento. Aconteceu que ele foi escolhido para comandar guerreiros, já que estavam em tempos de guerra.

Ele pediu à esposa que lhe preparasse comida e roupa, mas ela se recusou, dizendo ao marido que não ousaria ficar sozinha na fazenda, mas o marido insistiu, afirmando que sua palavra era sempre a palavra final. Então ele partiu com os guerreiros, deixando a esposa para trás. A menina notou que havia uma briga entre seus pais e começou a chorar. Embora a menina tivesse sido sempre a melhor aluna da escola, depois da briga ela começou a declinar.

Aconteceu então que o agricultor e seu destacamento foram capturados na guerra. Na fazenda os trabalhadores se tornaram hostis e não havia produtividade. A esposa encontrou seu ex-namorado, que também era rico. Ele conseguiu persuadi-la a retomar o antigo romance e a pedir o divórcio. Aconteceu que a notícia do mau comportamento da esposa chegou ao pobre marido, que estava na prisão. Ele ficou desapontado porque amava e respeitava a esposa.

Você deve ter em mente que o método acima é a melhor arma para destruir um lar. Foi então que a riqueza se converteu em pobreza.

A esposa escreveu ao marido explicando a intenção do ex-namorado, pois ela ainda tinha consideração pelo marido. O que ela estava fazendo era para averiguar se o marido ainda a amava.

De acordo com o Costume Banto um homem não nada em águas em que meninos nadam habitualmente, então a resposta do marido foi: "Case-se com ele". A esposa, entendendo que o marido não mais a amava, casou-se com aquele homem rico, mas sua filha decidiu não ficar com o novo pai e sim com o tio. Mal haviam transcorrido dois anos quando veio a notícia de que o marido estava voltando, e ele

---

i Nomzamo Winifred Madikizela-Mandela (1936-2018) — ver glossário.

era visto pela comunidade como um verdadeiro líder. Esse rumor foi espalhado por seus seguidores que foram soltos antes dele.

Foram feitos preparativos para a recepção aos líderes na localidade. Foi durante esse período que a esposa se deu conta de que amava seu ex-marido mais do que o atual.

Era uma pena, porque o outrora rico fazendeiro agora era um homem pobre, suas roupas eram grandes demais para ele, ele não tinha nem lar nem esposa. Mas, apesar disso, sua filha se manteve firme a seu lado, assim como os parentes e todo o povo.

É fácil examinar a conduta de um indivíduo mesmo quando ele faz de conta que não é o que de fato é. A ex-esposa começou a chorar em segredo. Uma pessoa perguntou a ela se ainda queria voltar para ele. A resposta foi: "Sim, mas parece que ele não me ama".

O agricultor e sua filha emigraram para outra região, onde ele arrendou uma fazenda e conquistou a felicidade, mas sua ex-esposa nunca foi feliz com o novo marido, embora o mundo estivesse ao alcance das suas mãos. Que vergonha para ela.

Com amor, MADIBA

Sra. Nobandla MANDELA
802 Phathakahle Location
Caixa Postal Brandford (9400) OFS[i]

◇◇◇◇◇◇◇◇◇◇

Em 1975 Walter Sisulu e Ahmed Kathrada abordaram Mandela e sugeriram que ele escrevesse em segredo sua autobiografia na prisão e a mandasse clandestinamente para publicação por ocasião de seu sexagésimo aniversário, em 1978. Ele concordou e começou a escrever. Em Longo caminho para a liberdade, *o livro que enfim veio a público, ele relembrou: "Eu escrevia durante a maior parte da noite e dormia de dia. Durante as primeiras duas semanas, eu tirava uma soneca depois do jantar, acordava às dez da noite e escrevia até a hora do café da manhã. Depois de trabalhar na pedreira, eu dormia então até o jantar, e o processo começava de novo. Depois de algumas semanas assim, notifiquei as autoridades que não estava me sentindo bem e que não iria à pedreira. Elas pareceram não se importar, e a partir de então pude dormir a maior parte do dia".[57] A cada dia Mandela passava o que tinha escrito a Kathrada, que comentava por escrito e entregava o texto a Sisulu. Depois de Mandela fazer as correções, as páginas eram passadas para os companheiros presos Isu "Laloo" Chiba e Mac Maharaj para que as transcrevessem*

---

i Orange Free State, o Estado Livre de Orange, hoje apenas Estado Livre. [N.T.]

em letras muito pequenas. Numa entrevista em 2010, Chiba descreveu como ele e Maharaj transcreveram as seiscentas páginas do manuscrito em cerca de sessenta páginas. Esse manuscrito foi então dividido em potes de cacau e enterrado no jardim do Setor B, em Robben Island.[i] Sua descoberta posterior por agentes prisionais durante a construção de um muro resultou na suspensão por quatro anos dos direitos de estudo de Mandela, Sisulu e Kathrada — cuja caligrafia estava no original.

Para o comissário de prisões

6 de dezembro de 1977

Comissário de Prisões
Pretória
A/c: Major Van Vuuren

O conteúdo da sua carta endereçada ao oficial comandante, datada de 15 de novembro de 1977, foi transmitido a mim no dia 1º de dezembro pelo diretor da prisão. Fui informado de que o senhor cancelou em caráter permanente meu direito de estudar a partir de 1º de janeiro de 1978, sob alegação de que abusei de tal privilégio ao usar material de estudo para escrever minhas memórias.

Devo salientar que fiquei horrorizado ao notar que, ao tomar tal decisão, o senhor violou o princípio de justiça natural e nem sequer considerou necessário me informar de antemão sobre o processo contra mim.

O princípio de justiça natural repousa sobre duas regras básicas que têm sido sustentadas por juízes da mais elevada autoridade no país e formam parte essencial do processo administrativo. Uma pessoa envolvida num inquérito deve dispor de plena e justa oportunidade de defender sua causa e a agência administrativa tem de estar livre de preconceitos.

O objetivo dessas regras é impedir um erro de justiça e garantir que as decisões administrativas sejam tomadas com o espírito e o senso de responsabilidade de uma autoridade administrativa cujo dever é proporcionar justiça chegando a decisões justas por meios justos. Só em Estados fascistas não há espaço para a regra de ouro segundo a qual "a Justiça não deve simplesmente ser feita, mas também mostrar de modo manifesto e indubitável que está sendo feita".

Por essa razão eu lamento lhe dizer que o senhor não agiu de modo algum com boa-fé. O senhor não apenas escondeu o fato de que estava investigando uma

---

i Entrevistas com Isu Laloo Chiba, Ahmed Kathrada, Rashid Seedat, Shabir Ballim, Prema Naidoo e Razia Saleh, Joanesburgo, 2010.

alegação contra mim, mas também me negou a oportunidade de me contrapor a qualquer fato relevante que eu pudesse considerar prejudicial a meus interesses.

É improvável que eu viesse a contestar minha caligrafia se porventura esta tivesse aparecido em qualquer material em sua posse. Mas houve ocasiões no passado em que alguns de nós foram acusados de abusar do direito de estudar, com base em material que ostentava caligrafia estranha, e os estudos deles foram salvos simplesmente porque eles foram capazes de comprovar que a acusação era falsa.

Até onde eu sei, nem o senhor nem nenhum dos membros da sua equipe são peritos em caligrafia e qualquer opinião que o senhor possa ter sobre a identidade de uma caligrafia específica seria completamente sem valor. Mesmo que sua opinião se baseasse em evidência técnica, esses pareceres seriam igualmente indignos de confiança se não fossem testados por mim antes de o senhor chegar a sua conclusão. Tal decisão causaria inevitavelmente grave injustiça ao punir um homem por um delito do qual ele não é culpado.

Por exemplo, se o senhor tivesse me concedido a oportunidade de expor minha causa antes de retirar meu direito, eu talvez pudesse convencê-lo de que no ano passado não tive permissão para estudar e, portanto, não poderia ter abusado desse direito. Isso sem contar o fato de que, de todo modo, no mundo esclarecido dos anos 1970, não vejo nada errado em prisioneiros combatentes pela liberdade escreverem suas histórias de vida e preservarem-nas para a posteridade. Tais direitos têm sido garantidos livremente por todos os tipos de regimes desde a época romana.

Sou obrigado a lhe dizer que a conduta incomum que o senhor adotou ao lidar com essa questão carece tristemente daquele espírito e senso de responsabilidade que esperamos de um diretor de um departamento governamental que trata das questões de quase 100 mil prisioneiros. Acredito sinceramente que seu verdadeiro objetivo ao nos privar de nossos estudos é o de nos emascular mentalmente e aniquilar nosso moral, o que é uma das piores formas de crueldade. O inexplicável abandono da conduta estabelecida no tratamento de toda a questão confirma essa impressão. Esses métodos arbitrários tendem a minar qualquer desejo da minha parte de respeitar a lei e a autoridade, e o senhor não pode esperar que eu aceite uma decisão tão injusta.

Mas, rigorosamente sem preconceito e com o intuito de deliberar o curso de ação que devo seguir, eu gostaria que o senhor me fornecesse os seguintes detalhes:

1) A determinação ou determinações legais sob as quais o senhor cancelou meu direito de estudo.
2) A data ou período exato em que as supostas memórias foram escritas.
3) Se as supostas memórias foram concluídas antes de 1º de janeiro de 1977, supõe-se que eu tinha direito de estudo no período em que as escrevi?
4) Cópias de todas essas memórias que estejam em sua posse.

Por fim, devo lembrá-lo de que me inscrevi para um exame especial[i] em fevereiro de 1978 e estou atualmente me preparando para ele.

[Assinado NRMandela]
NR MANDELA 466/64

Para Amina Cachalia,[ii] sua amiga e camarada

Carta especial[iii]   Nelson Mandela   12.12.77

Vahali Aminaben,[iv]

Recebi uma permissão especial para lhe escrever em referência a um álbum para uma foto de 21×27 cm. A Cidade Mãe[v] não tem como me fornecer desse tamanho & eu gostaria que você indagasse à Juta & Co. ou à Van Schaik's Bookstore, em Pretória, se eles dispõem desse produto em estoque, bem como o preço e o envio. Essas duas livrarias são as lojas às quais estou autorizado a encomendar & se elas não dispuserem do tamanho certo em estoque podem obtê-lo junto a outras firmas. Você não deve comprá-lo e mandá-lo pessoalmente, pois isso seria um desperdício de dinheiro seu. O regulamento proíbe expressamente o recebimento de artigos vindos de fora que não tenham sido encomendados diretamente pelo Departamento de Prisões. Nós então temos de encomendá-lo desse órgão.

Talvez eu possa aproveitar esta chance & lhe pedir que mande uma foto de família para que eu possa assim ter o prazer de ver como Kaene & Nomente estão amadurecendo & como você & Yusuf estão se empenhando em esconder as marcas do avanço insidioso da idade. Sua carta de 18/7/75, a última que recebi de vocês, me deu a esperança de poder ver Miss Joanesburgo, isto é, você, Amina, & eu disse isso com todas as letras na minha resposta de 1º/11 daquele ano, acrescentando que, de todo o muito procurado cardume de peixes snoek[vi] que perambulavam em torno

---

i No original, *aegrotat examination*: no sistema britânico, o *aegrotat* é um certificado que permite a um estudante fazer um exame mesmo tendo perdido parte das provas por doença ou outro motivo de força maior. [N.T.] ii Amina Cachalia (1930-2013), amiga e ativista antiapartheid e pelos direitos das mulheres — ver glossário. iii Cartas especiais não eram deduzidas da cota de um prisioneiro. iv *Vehalie* significa "querida" em guzerate. Mandela provavelmente deve ter consultado algum de seus companheiros de prisão que era fluente em guzerate, como Laloo Chiba, sobre como escrever a palavra. Mandela a grafava de várias maneiras, incluindo *wahalie*. *Ben* significa "irmã" em guzerate. v *Mother City*: a Cidade do Cabo. vi Nome sul-africano para o peixe esfirena ou lúcio-marinho.

da F. Square[i] naqueles tempos eletrizantes, você parecia a mais indicada para conduzir negociações tão delicadas. Ainda estou convencido de que não há ninguém na A. S. que possa rivalizar com ele nesse terreno & de que ele só pode deixar de obter uma permissão para você vir me visitar se não quiser que você venha. Para ter certeza de que vocês iriam entender o meu recado, escrevi a Zami[ii] para lhes dizer que eu não perdoaria você & Yusuf se despertassem em mim expectativas que não poderiam satisfazer. Mas a pobre garota tem estado sob tanta pressão na minha ausência que frequentemente negligencia ou encontra dificuldade em atender até mesmo a questões que afetam aqueles, como você & Yusuf, a quem ela ama muito.

Em sua última carta você comentou que as crianças estavam crescendo, que vocês pretendiam visitá-las naquele agosto por alguns meses & compreensivelmente queixou-se de solidão. Entendo perfeitamente suas dificuldades. Mas minha amiga que é capaz de preparar um pombo assado tão maravilhoso sabe muito bem que, à parte Yusuf, poucos homens a conhecem tão bem quanto eu. Não tenho dúvida de que ela sempre acolherá com alegria a chance de estar totalmente a sós com seu homem; de que quando ela diz que o casal está se sentindo solitário a caneta está pondo palavras na sua boca. Seu coração & todo o seu organismo sentem outra coisa. Você se dá conta de como é duro apagar imagens que os amigos inscrevem na nossa mente durante momentos dolorosos & felizes?

Ainda assim devo admitir que ver Kaene & Nomente deve ter sido um grande momento para vocês. Naquele ambiente eles devem estar tão animados & desinibidos como sua mamãe & seu papai. Aos vinte & dezenove anos, respectivamente, devem estar escrevendo cartas interessantes que lhes trazem muita alegria. Você provavelmente ficará surpresa ao saber que o retrato deles que permanece nítido na minha mente é da última vez que os vi em Jeppe em maio de 1961. Ainda me lembro de como a Nomente entrou correndo na sala de estar & implorou tua atenção, alegando que algum objeto tinha se chocado contra sua testa macia. Pela expressão dela, alguém poderia pensar que ela havia trombado com um trem de carga; e até onde eu sei talvez tenha sido uma inocente borboleta que tocou seu rosto. Assim que conseguiu o que queria, ela ficou um doce de menina & logo saiu saltitando radiante & vivaz como uma íris que floresce com boa terra & boa água. Assim são todas as crianças & essa é uma das razões pelas quais as amamos tanto.

Às vezes me deparo com nomes familiares em publicações aprovadas que circulam por aqui. Outro dia mesmo descobri que o marido de Effie[iii] estava às voltas com uma pesquisa sobre renina, colesterol & coisas do tipo & desejei muito poder ler os resultados de suas investigações. De tudo o que tenho condições de ler,

---

i A Freedom Square (Praça da Liberdade) no subúrbio de Fordsburg, Joanesburgo, era um popular ponto de encontros políticos durante os anos 1940 e 1950. **ii** Um dos nomes de Winnie Mandela. **iii** O marido de Effie Schultz, professor Harry Seftel.

infelizmente em publicações populares & não profissionais, tenho a impressão de que as doenças cardíacas, às quais se julgava antigamente que os negros eram imunes, são agora assassinas implacáveis. Eu gostava de ler a revista médica britânica *The Lancet*. Fiquei me perguntando se Effie também estava fazendo pesquisas.[i] Como estudante, médica residente & clínica geral ela sempre foi uma rebelde. Talvez ainda seja, ou talvez a pressão dos pacientes mal lhe dê tempo para respirar. Espero sinceramente que os problemas de vista de Yusuf tenham diminuído & que ele ainda passe a maior parte do dia louvando o teu rosto, um de seus tesouros mais preciosos. Não será fácil para você encontrar lugar para estacionar na Juta & aposto que suas diminutas pernas continuam tão fortes & confiáveis como eram no início dos anos 1960 & conseguem te levar para fora de Ferreirastown[ii] (ou será Oriental Bazaar?).[iii] Sinto falta de vocês dois & das crianças. Amor & os melhores votos. Com afeto, Nelson

Sra. Amina Cachalia, Caixa Postal 3265, Joanesburgo

Para o diretor da prisão, Robben Island

[Uma anotação lateral em outra caligrafia diz] Parece que é sobre quem é a dra. Ayesha Ahmed.

Robben Island
16 de janeiro de 1978

Diretor da Prisão,
Robben Island.

Ficarei grato se o senhor tiver a bondade de permitir que a dra. Ayesha Ahmed, membro da comunidade malaia da Cidade do Cabo, me faça uma visita especial assim que o senhor julgar possível, para tratar de assuntos relativos à minha família. Ela e seu marido, também médico profissional, são amigos da nossa família e minha esposa e filhas hospedam-se com eles quando vêm me visitar. Embora a dra. Ahmed seja uma das líderes da organização feminina Rape Crisis, até onde eu sei ela não é ativa politicamente, tampouco seu marido.

---

i Effie Schultz era médica e ativista. ii Uma área central empobrecida de Joanesburgo. iii Mandela está se referindo provavelmente à Oriental Plaza, área comercial estabelecida nos anos 1970.

Este ano a nossa filha caçula, Zindzi,[i] planeja estudar na Universidade da Cidade do Cabo e ficará morando com a dra. Ahmed. Sua saúde tem sido afetada pelas dificuldades sob as quais ela cresceu: a prisão de seu pai, inúmeras batidas policiais em nossa casa em altas horas, ataques vindos de vários lados contra minha esposa, a detenção e encarceramento desta, a insegurança causada pela prisão de ambos os pais, a pungente carência de amor paterno e materno e o medo do desconhecido. Todas essas coisas exerceram uma pressão excessiva sobre ela. A dra. Ahmed a vem observando há algum tempo e eu gostaria de obter um relato pessoal dela e de fazer-lhe sugestões também pessoalmente.

Eu poderia escrever para discutir todas essas questões com a dra. Ahmed, mas, como o senhor certamente entenderá, não é desejável, por motivos óbvios, que tais assuntos confidenciais sejam abordados por correspondência. Para concluir, gostaria de lhe garantir que um encontro com a dra. Ahmed me habilitaria a desempenhar meu papel na criação da atmosfera ideal para a restauração da saúde de minha filha.

[Assinado NRMandela]

Para Marie Naicker, a esposa do dr. Monty Naicker

Nelson Mandela 466/64

1.10.78

Querida Marie,

Queira aceitar minhas mais profundas condolências pelo falecimento de Monty.[ii] Todos nós o amávamos e respeitávamos & sua morte nos abalou. Embora a notícia de sua enfermidade já tivesse chegado até nós, não pensávamos que fosse tão grave a ponto de fazê-lo sucumbir.

É lastimável que para nós tenha sido fisicamente impossível estar junto ao seu leito, assim como, tragicamente, muitos dos que estão fora da prisão não puderam visitá-lo quando ele mais precisava deles. Um destes é Mota,[iii] que não teria pou-

---

i Zindziswa Mandela (1960-) — ver glossário. **ii** Monty Naicker (1910-78), médico, político e ativista antiapartheid — ver glossário. **iii** Yusuf Dadoo (1909-83), médico, ativista antiapartheid e orador. Presidente do Congresso Indiano Sul-Africano, representante de Oliver Tambo no Conselho Revolucionário do MK e presidente do Partido Comunista Sul-Africano — ver glossário. Yusuf Dadoo era comumente conhecido como Mota, abreviatura de *Motabhai*, a palavra guzerate para "irmão mais velho". Ele estava vivendo no exílio desde 1960.

pado esforços para estar com Monty, se as circunstâncias permitissem. De nossa parte, lamentamos não ter lhe mandado uma mensagem de afeto durante a sua doença, em reconhecimento pelos sacrifícios que ele fez pela felicidade de todos nós. Saber que seus amigos pensavam nele num momento tão crítico teria lhe dado um pouco de força enquanto ele lutava a última & maior batalha da sua vida. Nossas sentidas desculpas por essa falha.

Acrescentando-se ao falecimento de teus dois irmãos, a morte de Monty deve ter sido um golpe desastroso para você & a família. Confiamos que a reação pública à perda tenha te ajudado a enfrentar a tragédia com coragem. Esteja segura de que você, Krissan, Vasugie & outros membros da família estão permanentemente em nossos pensamentos.

As circunstâncias infelizmente me impedem de dar livre curso a minhas ideias acerca do impacto de Monty sobre os rumos da AS & sobre nós como indivíduos. Basta dizer que ele era um dos nossos heróis nacionais, cuja hábil liderança & ampla experiência estimamos em alto grau. Ele viajou extensamente & conheceu muitas outras figuras internacionais, como o Mahatma Gandhi & o general Smuts. Causou em mim uma forte impressão na primeira ocasião em que nos encontramos, durante os dias febris de 1946. Os trinta anos que se seguiram justificaram a confiança que as pessoas tinham nele como figura pública & como profissional. Sua amizade com Mota, em particular, mostrou entre outras coisas como duas personalidades fortes & proeminentes com pontos de vista diferentes podiam trabalhar juntas em harmonia por uma grande causa. Isso evitou possíveis atritos & pavimentou o caminho para um grande entendimento.

Monty desempenhou um papel importante na união de nosso povo. Seu pacto com o dr. Xuma & com Mota[i] foi uma contribuição significativa para esse fim. Esse desenvolvimento histórico foi submetido a um teste rigoroso apenas doze meses depois de ter sido iniciado. O ano de 1949 foi uma experiência inesquecível para aqueles que deram a vida pela promoção da harmonia inter-racial. Monty desempenhou um papel importante para a rápida restauração da paz & para o avanço na promoção do entendimento & da boa vontade.

Passamos umas duas semanas juntos em JHB[ii] em dezembro de 1956. Durante a investigação preliminar de Traição[iii] que se seguiu, nós nos encontramos diariamente &

---

i "O Pacto dos Doutores" de 1947, assinado pelos doutores Yusuf Dadoo, Alfred Xuma e Monty Naicker sobre a cooperação entre o CNA, o Congresso Indiano do Transvaal e o Congresso Indiano de Natal, clamando pelo direito de liberdade de movimento, educação, direito de voto e oportunidades iguais para todos os sul-africanos "não europeus". ii Joanesburgo. iii Mandela está se referindo ao Julgamento de Traição (1956-61), que foi o resultado de uma tentativa do governo do apartheid de extinguir o poder da Aliança do Congresso, uma coalizão de organizações antiapartheid. Em ações realizadas no início da manhã de 5 de dezembro de 1956, 156 indivíduos foram detidos e acusados de alta traição. Ao final do processo, em março de 1961, todos os acusados ou tiveram as acusações revogadas, ou, no caso dos últimos 28 acusados (incluindo Mandela), foram absolvidos.

pude conhecê-lo melhor. Na solução dos problemas que emergiram durante o processo, pudemos nos servir de sua vasta experiência. Ele conquistou o respeito de todos nós por sua honestidade e franqueza.

Quando, ao final da Conferência PMB[i] em março de 1961, fui apresentar meu relato ao chefe[ii] em Groutville[iii] também fiz uma visita de cortesia a Monty & resumi para ele as resoluções da conferência. Foi um alegre encontro depois de vários meses. Voltei a vê-lo dois dias antes de partir para minha excursão pela África em janeiro de 1962 & mais uma vez informei-o resumidamente sobre a minha missão. Quando voltei, em julho do mesmo ano, nos encontramos de novo. Você deve se lembrar muito bem da ocasião. Tivemos uma longa discussão &, assim como Mota, ele não ficou contente com certos aspectos do meu relato.[iv] Embora eu tenha tentado atenuar sua preocupação, Monty, como sempre, não escondeu seus sentimentos & eu fiquei com a impressão de que não o convenci. Tenho confiança, entretanto, de que os desdobramentos subsequentes tenham provado a ele que meu relato era apropriado & oportuno.

Em 5 de agosto[v] eu disse adeus a vocês dois. Não sabia então que nunca mais teria o prazer de vê-lo. Se soubesse, teria talvez conversado mais tempo com ele & apertado sua mão com mais firmeza.

Embora tenhamos recebido regularmente seus cumprimentos festivos, senti falta de Monty durante os últimos quinze anos & ansiei por notícias dele. Fiquei, portanto, feliz da vida quando Winnie me contou que Monty foi um dos que a acolheram em Durban quando ela saiu da prisão em 1975. Considero que os momentos que passei com ele estão entre os mais fecundos da minha vida & sempre pensarei nele com lembranças afetuosas. Por favor transmita nossas condolências a tuas cunhadas. Embora atrasadas, elas são sinceras. Pensamos também em Ansu[vi] & Fatima[vii] quando Ashwin e Dawood faleceram.

Nosso carinho & os melhores votos para você & as crianças, para Nokukhanya,[viii] Ismail & Fatu,[ix] Radi & JN[x] & para todos os nossos amigos.

---

i Pietermaritzburg All-in Africa Conference (Conferência de Pietermaritzburg para Toda a África), na qual Mandela foi um convidado-surpresa e proferiu um discurso em 25 de março de 1961.   **ii** Chefe Albert Luthuli (1898-1967), presidente-geral do CNA entre 1952 e 1967 — ver glossário.   **iii** Uma cidadezinha no município de Ilembe, no território de Natal (hoje KwaZulu-Natal). O chefe Albert Luthuli vivia ali.   **iv** Mandela está se referindo à decisão do CNA de formar um braço armado.   **v** O dia em que Mandela foi preso.   **vi** Ansuyah Ratipal Singh (1917-78), médica, escritora e a primeira mulher da África do Sul a receber uma bolsa do Conselho para Pesquisa Científica e Industrial. Ela se casou em 1948 com o advogado e membro do Congresso Indiano de Natal Ashwin Choudree.   **vii** Fatima Seedat (1922-2003) era irmã gêmea de Rahima Moosa, uma das líderes da Marcha das Mulheres de 1956. Filiada ao Congresso Indiano de Natal e ao CNA, Fatima foi presa por seu papel na Campanha de Resistência Pacífica empreendida pelos Congressos Indianos do Transvaal e de Natal entre 1946 e 1948 contra a Lei da Posse de Terra por Asiáticos de 1946, que tentava confinar a propriedade da terra por asiáticos a determinadas áreas. Ela foi presa de novo em 1952 por participar da Campanha do Desafio (para a Campanha do Desafio, ver glossário).   **viii** Nokukhanya Luthuli, viúva do chefe Albert Luthuli.   **ix** Ismail (1918-2000) e Fatima (1928-2010) Meer, amigos. Ismail era advogado e ativista antiapartheid, e Fatima era professora, escritora e ativista antiapartheid — para ambos, ver glossário.   **x** Radi e J.N. Singh, amigos.

Cordialmente,
Nelson

Sra. Marie Naicker
a/c Sr. Ismail Meer
148 Burnwood Road
Sydenham, Durban

P.S.: A única mensagem de aniversário que recebi de Durban foi de Annetta Memeth.[i] Eu gostaria de acusar o recebimento, mas não sei o endereço dela. Nelson

---

Para Mangosuthu Buthelezi,[ii] amigo da família e príncipe zulu

Nelson Mandela 466/64

1.10.78

Shenge![iii]

Sua mensagem inesperada de aniversário[iv] despertou doces lembranças & me fez refletir com nostalgia sobre a infinidade de coisas que nos interessam mutuamente. Anos atrás você & eu nos encontrávamos ou em Durban ou em JHB[v] & nos dedicávamos a calorosas conversas tête-à-tête. Cada uma dessas ocasiões nos deixava revigorados & criava um grande anseio de nos encontrarmos de novo em busca de renovação.

Dezoito anos se passaram desde aqueles bons velhos tempos & a distância entre Mahlabatini[vi] & Robben Island tornou-se ainda mais amplificada devido ao nosso respectivo silêncio. Felizmente algumas publicações do governo aqui traziam retratos seus & da sua família. Isso geralmente levava meus pensamentos a você & a Mndlunkulu[vii] Irene. A chegada do seu telegrama naturalmente ajudou a transpor o fosso entre nós.

---

i Esse nome pode ser um código para uma pessoa que Mandela não quer nomear. ii Chefe Mangosuthu Gatsha Buthelezi (1928-), príncipe zulu, membro do CNA até que o relacionamento se deteriorou em 1979, ministro-chefe de KwaZulu entre 1972 e 1994, fundador e presidente do Partido da Liberdade Inkatha em 1975 — ver glossário. iii Nome honorífico do chefe Buthelezi. iv Ele estava escrevendo três meses depois do seu aniversário, muito provavelmente porque havia esgotado na época sua cota de cartas. Também não temos como saber se Mandela recebeu a tempo a carta relativa a seu aniversário em 18 de julho. v Joanesburgo. vi Uma cidadezinha em KwaZulu-Natal onde Buthelezi vivia. vii Uma referência majestática à esposa de Mangosuthu Buthelezi, Irene Buthelezi — ver glossário.

Os pensamentos de amigos, sobretudo dos antigos, são sempre uma fonte de energia & inspiração. Gostaria que você soubesse que valorizo muito sua mensagem. Além do seu telegrama recebi outras seis mensagens de aniversário, três delas da família & as outras três de amigos. Guardo com carinho todas elas & todas têm me dado grande consolo. Sinto-me como se tivesse trinta anos. Por poucas que sejam, são representativas de todos os grupos da população do país. Acredito que elas fazem parte da chuva de bons votos que vieram de longe & de todos os lados. Todas me deram uma injeção de ânimo. Phungashe!![i]

Vi recentemente filmes da coroação do rei Zwelithini[ii] & do seu casamento com a princesa Mantombi.[iii] Você conduziu as danças notavelmente bem. As cenas me fizeram lembrar do lindo território atravessado pelo iThukela,[iv] onde uma parte da nossa história está enterrada. Diferentemente das pirâmides egípcias que atraem todos os anos milhares de turistas de todas as partes do globo, Dukuza[v] desapareceu & talvez até mesmo os marcos referenciais da aldeia real tenham sido destruídos por todos os escombros dos sécs. XIX e XX. Mas a história vai registrar as imponentes realizações que saíram da capital daquele antigo reino, as realizações de Dlangezwa[vi] e Ntshingwayo.[vii] Esses nomes fazem parte da nossa herança & são excelentes modelos com base nos quais podem ser construídos valiosos padrões de vida. Ao contemplar aqueles filmes eu me perguntei, como fiz muitas vezes no passado, o que havia de tão único na água do Mfolosi[viii] que levava todos os que bebiam a atravessar a vida com fervor tão formidável.

À parte o desaparecimento dos Estados nativos de outrora, a AS de apenas dezesseis anos atrás já não é mais a mesma. As criancinhas que deixei para trás se tornaram adultos sérios. Eles vivem em um ambiente de rápidas transformações & de desenvolvimento científico & tecnológico & respondem prontamente aos intrincados desafios da vida. Movem-se com velocidade e leveza em quase tudo o que fazem. Talvez a educação & a influência dos meios de comunicação de massa tenham ajudado a diminuir o fosso entre as gerações. Devemos, por isso, fazer concessão ao que pode parecer superficialmente excessos da juventude. Wordsworth disse sucintamente que "O menino é o pai do homem".[ix]

---

i Um dos nomes de clã de Buthelezi.　**ii** Rei Goodwill Zwelithini kaBhekuzulu (1948-) é rei da nação zulu. Sua coroação foi em 3 de dezembro de 1971.　**iii** Filha do rei da Suazilândia Sobhuza II, a rainha Mantombi Dlamini foi a terceira esposa do rei Zwelithini. Casaram-se em 1977.　**iv** O maior rio de KwaZulu-Natal, onde Buthelezi vivia.　**v** Dukuza era o nome da cidade fundada em 1820 pelo rei zulu Shaka (1787-1828). Depois que ele foi assassinado por seus meios-irmãos, em 1828, a cidade foi destruída pelo fogo. Uma nova cidade chamada Stranger foi construída no local por colonizadores europeus em 1873, mas em 2006 seu nome foi oficialmente mudado para KwaDukuza.　**vi** Um regimento zulu dos anos 1800.　**vii** Ntshingwayo kaMahole Khoza (c. 1809-1882) comandou um vitorioso exército zulu de 20 mil homens contra os britânicos.　**viii** Um rio em KwaZulu-Natal, conhecido também como rio Umfolozi.　**ix** Essas palavras aparecem no poema "My Heart Leaps Up" ("Meu coração bate mais forte"), também chamado "The Rainbow" ("O arco-íris"), escrito em 1802 pelo poeta inglês William Wordsworth.

Desde então os valentes de duas décadas atrás que foram pioneiros em tantos campos já não estão mais conosco & com sua morte desapareceu também uma parte do mundo que eu conhecia tão bem. Durante os últimos dezesseis anos eu mandei numerosas mensagens de condolências a membros da minha família, parentes & amigos. Hoje, por exemplo, escrevi a Marie, viúva do falecido Monty, em Durban,[i] expressando nossos pêsames pela morte do seu marido. Não faz muito tempo tive que mandar mensagens semelhantes para Nokukhanya,[ii] para tia Freda Matthews,[iii] para a filha de Michael, Barbara,[iv] & para a esposa de Moses,[v] para mencionar só alguns casos. Todos os falecidos eram de tal modo parte da grande família que é trágico o fato de seus túmulos estarem tão dispersos.

A perda de veteranos conceituados e respeitados que desempenharam papéis tão decisivos em nossa vida tem sido um golpe duro. Ainda mais arrasador é o fato de não termos podido render homenagem a eles com a nossa presença junto a seus túmulos. Não obstante esses grandes infortúnios, fique certo de que não há sentimento algum de desespero ou isolamento. Correntes de afeição e solidariedade emanam continuamente de todos os pontos cardeais, infundindo confiança & esperança. Anseio de modo otimista pelo dia seguinte, porque ele pode me trazer uma surpresa agradável na forma de uma visita ou de uma carta da família, uma mensagem de boa sorte & estímulo de um velho amigo, assim como o 18 de julho trouxe suas inspiradoras felicitações.

Pelas* poucas fotos que vi de Mndlunkulu,[vi] ela revela poucos sinais de envelhecimento. Ainda se parece muito com a jovem filha que era de Mzila & uMakoti wa kwa Phungashe.[vii] Espero que ela tenha uma vida longa & aguente firme em Phindangene,[viii] acrescentando sabor aos peixes, verduras & saladas & impedindo os filhos de Mnyamana[ix] de se afastarem demais de casa. Também espero que Mntwana Magogo[x] e a mãe e o irmão de Mndlunkulu estejam bem. A todos eles mando minhas calorosas saudações.

Halala Sokwalisa!!![xi] Cordialmente, Nelson.

---

i Ver carta na página 379.　　**ii** Ver carta a Nokukhanya Luthuli de 8 de junho de 1970, na página 191. **iii** Frieda (também grafado "Freda" por Mandela) Matthews (1905-98), uma das primeiras mulheres negras a conseguir um diploma universitário na África do Sul — ver glossário. **iv** Michael Harmel (1915-74), membro do Partido Comunista Sul-Africano e do MK — e sua filha Barbara. **v** Moses Mabhida (1923-86), um ex-secretário-geral do Partido Comunista Sul-Africano e membro do CNA que nasceu em Natal (hoje parte de KwaZulu-Natal). **vi** Irene Buthelezi. **vii** Um nome na família Buthelezi que é também um nome honorífico para Buthelezi. **viii** Buthelezi vivia em Kwa Phindangene. Ele é conhecido também como uMntwana ka Phindangene (o filho de Phindangene). **ix** O avô de Buthelezi era Mnyamana Buthelezi, primeiro-ministro do soberano do reino zulu, rei Cetshwayo kaMpande (c. 1826-84). **x** Princesa Magogo, mãe de Buthelezi. **xi** *Halala* é uma palavra isiZulu usada para enaltecer alguém. *Sokwalisa* é um dos nomes honoríficos de Mangosuthu Buthelezi.

Chefe Gatsha M. Buthelezi, Kwa Phindangene, Caixa Postal 1 Mahlabatini, KwaZulu.

* Eu também soube da morte súbita do filho da sua irmã, Hlubi, & deve ter sido uma experiência muito dolorosa para ela. Faça a gentileza de lhe transmitir minhas mais profundas condolências. Nelson. [Nota do próprio Mandela ao final da carta.]

Para o diretor da prisão, Robben Island

2.10.78

Diretor da Prisão
Robben Island

A/c: Capt. Harding

Faço referência à entrevista que tive com o senhor esta tarde e ficarei grato se fizer a gentileza de me permitir comprar o livro "B. J. Vorster",[i] de D'Oliveira (em inglês).[ii]

Embora eu não saiba ao certo quem são os editores, a Tafelberg Uitgewers ou a Messrs. Juta & Co. certamente devem tê-lo em estoque.[iii]

Já tive autorização para comprar "One Eerste Ses Premiers" e "10 Politieke Leiers",[iv] ambos de Piet Meiring, e espero sinceramente que o senhor aprove minha solicitação e debite da minha conta[v] os custos dela decorrentes.

[Assinado NRMandela]
466/64

---

i Balthazar Johannes Vorster, primeiro-ministro da África do Sul entre 1966 e 1978. **ii** O livro de D'Oliveira chama-se na verdade *Vorster: The Man* (Joanesburgo: Ernest Stanton, 1977). **iii** Mandela de fato leu *Vorster: The Man* na prisão. Embora encarasse Vorster como um racista e fascista, ele disse numa conversa com Richard Stengel que o considerava um "personagem interessante": "Ele discutia as coisas de modo muito objetivo, com seu conhecimento, digamos, limitado da política negra. Cheio de senso de humor com relação a si mesmo". (NM em conversa com Richard Stengel, 23 de dezembro de 1992, Nelson Mandela Foundation, Joanesburgo.) **iv** *10 Politieke Leiers* [10 líderes políticos] (Cidade do Cabo: Tafelberg, 1973). **v** No momento da entrada na prisão, era feita uma lista dos pertences que um prisioneiro tinha consigo. Detalhes da quantia de dinheiro vivo que um detento pudesse ter em mãos eram registrados numa conta individual sob seu nome (não se tratava de uma conta bancária, mas simplesmente de um registro contábil separado). A partir de então, todos os fundos que chegassem à prisão em nome daquele detento eram registrados naquela conta, bem como todos os desembolsos feitos em nome do prisioneiro. Quando era solto, o prisioneiro recebia o que restava na conta.

Para o ministro da Justiça

[Telegrama]

23.10.78[i]

A/c: segurança ABO
Re: Pedido: Série nº 913: Nelson Mandela

[Em africâner] 1. O conteúdo do pedido recebido do prisioneiro nomeado acima está transcrito abaixo:

[Em inglês] "Por favor me autorize a enviar telegrama urgente ao ministro da Justiça referente a meus assuntos familiares x

Em 15 de maio de 1977 minha esposa foi deportada para Brandfort, onde ela agora está confinada e onde não há emprego disponível para ela x

Minha filha, que me visitou ontem, me informa que ela agora recebeu oferta de trabalho na cidade vizinha de Welkom, mas esta fica fora do distrito legal de Brandfort x

Por essa razão eu gostaria de pedir ao ministro que suspendesse a restrição para que minha esposa pudesse assumir o emprego x

Em segundo lugar, o tratamento que minha esposa vem recebendo de membros da Polícia Sul-Africana beira a perseguição ostensiva e eu gostaria de pedir ao ministro que ordene que os policiais se limitem estritamente à execução de suas obrigações de acordo com a lei x

P.S.: O empregador em perspectiva de minha esposa é o dr. Chris Hattingh x
Até onde eu sei ele é um médico clínico geral
[Em africâner] 2. Sua decisão é aguardada x A solicitação não é válida

Fim

Robben Island

---

i Mandela escreveu em seu calendário na prisão que sua esposa e sua filha Zindzi o haviam informado durante uma visita em 4 de junho de 1977 de que Winnie tinha sido deportada para Brandfort, no Estado Livre de Orange, em 16 de maio de 1977. Winnie ainda podia visitá-lo na prisão quando estava morando em Brandfort, mas precisava pedir permissão para sair da cidade.

Para Zindzi Mandela,[i] sua filha caçula

Nelson Mandela 466/64

26.11.78

Minha querida Zindzi,

Você não disse se recebeu ou não minha carta de 30/7. Entre outras coisas, eu te pedia para me mandar a data de aniversário do Oupa,[ii] para que eu pudesse felicitá-lo em tais ocasiões. Por favor confirme o recebimento e me dê essa informação.

Também chegou uma carta de Zeni,[iii] talvez a melhor carta que recebi dela em muito tempo, informativa & redigida com cuidado. Para alguém que, como eu, tem acompanhado à distância o seu desenvolvimento, as cartas dela, especialmente desde o ano passado, mostravam que seu vocabulário & sua capacidade de expressão tinham sido um pouquinho afetados. Mas a última carta mostra que ela está evoluindo de novo, & isso me alegra de verdade. Quando telefonar para ela, por favor transmita minhas congratulações.

Fiquei feliz em saber que você aceitou o conselho da mamãe e agora vai ao colégio de freiras para se preparar para os seus exames. Já enviei a você & Oupa meus mais sinceros votos positivos. Agora repito: "boa sorte". Estou confiante em que você vai conseguir facilmente.

Em Roma morava uma irmã Elizabeth Thys [às vezes grafada Teyise] de Griquatown. Uma vez pedi à mamãe que descobrisse o endereço atual dela, para que eu pudesse expressar minhas condolências pela morte da sua irmã, Sanna, do famoso Blue Lagoon, na Von Wielligh Street, JHB[iv] Sanna ajudou muitos estudantes africanos com dinheiro & refeições;[v] lamentei muito o fato de nem eu nem a mamãe termos podido comparecer ao seu funeral. Escrever a Elizabeth [Tukkie, como a chamávamos] será um pequeno consolo. Ela é bem conhecida da mamãe.

Fiquei contente em saber que você esteve com Lady Eleanor[vi] & que vocês conversaram sobre a tua educação. Espero que você tenha conseguido ir a JHB em 13 & 14/11 para ver Sir Robert[vii] e combinar assuntos relativos à família. Alegrará aos Birley[viii] saber que, pelo menos, não perderam você; que você poderá finalmente aportar na Grã-Bretanha. Estudar na Grã-Bretanha te dará uma imensa vantagem & espero que você tire proveito dessa oportunidade. Podemos discutir depois o

---

i Zindziswa Mandela (1960-) — ver glossário.   **ii** O companheiro de Zindzi, Oupa Seakamela. **iii** Zenani Mandela (1959-), sua filha do meio, irmã de Zindzi. **iv** Joanesburgo. **v** Ele fala sobre isso em sua carta a Sanna de 1º de dezembro de 1970 (ver página 220).   **vi** Lady Elinor Birley (Mandela escreve seu nome erradamente como Eleanor).   **vii** Sir Robert Birley (1903-82), ex-diretor do Eton College e na época professor visitante de educação na Universidade de Witwatersrand.   **viii** Sir Robert e Lady Birley assumiram o financiamento da educação de Zeni e Zindzi.

problema de como obter um passaporte. Até lá, por favor lembre a mamãe sobre isso quando ela vier me visitar da próxima vez.

Os sonhos bizarros que você às vezes tem não são nenhum fenômeno estranho. Você passou a infância num ambiente doméstico inóspito. A tensão desse tipo de vida naturalmente te afetou. Nunca esqueço que você tinha apenas três meses quando tive que abandonar a casa, você, Zeni e a mamãe.

Embora eu tenha te visto com frequência durante os dezoito meses que se seguiram, de agosto de 62 até três anos atrás, quando você começou a me visitar, sentimos falta um do outro. Só de pensar no que você sofreu já fico aterrorizado. Mas o que é importante, querida, é que você enfrentou bem o desafio; você está viva. Você está naquela encruzilhada em que a visibilidade é tão boa que se pode ver o vasto terreno em frente & o horizonte distante. Apesar de todas as nossas dificuldades, a mamãe fez de você & Zeni duas queridas inteligentes, fortes, animadas & afetuosas. É isso que deve dominar teus pensamentos & influenciar tuas ações. Atualmente, como no passado, a mamãe está atravessando uma situação difícil. Mas aquela magnífica representante do povo pondo é uma rocha & pode cuidar de si mesma. Por favor relaxe, minha querida. Tudo vai dar certo no final.

Você também não deve se preocupar nem um pouco com a questão das premonições. No teu caso particular, tudo o que isso significa é que você tem uma capacidade acima da média de prever coisas. Não há nada de mágico nisso. O que seria certamente incorreto é acreditar que tais poderes são conferidos a você por algum ser sobrenatural; que alguns eventos à tua volta têm um significado oculto que escapa ao alcance da ciência.

Para dar um exemplo, não há nada particularmente estranho no teu sonho sobre um tesouro escondido em Bizana.[i] Minha ausência de casa fez você se sentir insegura em inúmeros aspectos, inclusive financeiramente. Você gostaria de morar numa casa espaçosa, de comer & se vestir bem. O vovô C.K.[ii] era um homem abastado que tinha carinho por você, pela Zeni e pela mamãe. Ele deixou um grande patrimônio & desde a sua morte tem havido muita conversa sobre a herança.

No ambiente doméstico em que você cresceu, era natural que se visse profundamente envolvida na questão, mesmo sem ter consciência. A sra. Ngakane era uma velha amiga da família, que vocês chamavam de vovó. Não é estranho que no teu sonho ela fosse um instrumento para satisfazer uma das tuas mais intensas aspirações na vida, isto é, segurança financeira.

O incidente da tartaruga & o do pássaro ferido também são passíveis de explicação científica. A tartaruga é um animal manso & pode muito bem servir de bicho de estimação. Ela pode ter escapado do dono ou já estar bem acostumada com

---

i A aldeia natal de Winnie Mandela no Transkei. **ii** Columbus Kokani Madikizela, pai de Winnie Mandela — ver glossário.

seres humanos. Igualmente, o passarinho podia ser domesticado, estar sendo perseguido por um falcão ou ter sido obrigado pelo ferimento a se empoleirar nos teus braços. Você estará segura se procurar sempre uma explicação científica para tudo o que acontece, mesmo que chegue a uma conclusão errada. Isso faz sentido para você ou estou parecendo um ou toppie do bundu?[i]

Por favor tente convencer Zeni & Muzi a zarpar de uma vez,[ii] antes que enferrujem mais por aqui. Sinto tremendamente a tua falta & anseio por te ver. Toneladas de amor e um milhão de beijos. Afetuosamente,

Tata[iii]

Srta. Zindzi Mantu Mandela, 802, Phathakahle Location, Caixa Postal de Brandfort

P.S. Transmita minhas saudações à madre superiora & a membros da equipe. A mamãe & eu temos uma grande dívida com ela por te dar a chance de estudar com tranquilidade. Talvez um dia tenhamos a possibilidade de agradecer a ela pessoalmente. Tata

---

Para Ndileka Mandela,[iv] sua neta, filha mais velha de seu falecido filho, Thembi[v]

Nelson Mandela 466/64

21.1.79

Minha querida Zukulu,[vi]

Parece que foi ontem que, em 19 de fevereiro do ano passado, te mandei um cartão pelo teu aniversário de treze anos. Agora digo de novo: "Muitas felicidades e um lindo ano!".

Espero que você e Nandi[vii] tenham recebido os cartões de Natal que lhes mandei e que tenham passado um Natal prazeroso. Também espero que você me escreva contando tudo a respeito. Escreva, sim?

Fui informado de que você passou nas provas da 1ª série. A tia Rennie me escreveu de Inanda[viii] para dizer que este ano você vai cursar a 2ª série lá. Não sei se você conseguiu fazer isso. Meus mais efusivos parabéns!

---

i "Um velho da zona rural", em africâner. **ii** Zenani e seu marido, o príncipe Thumbumuzi Dlamini, estavam de partida para os Estados Unidos. **iii** "Pai", em isiXhosa. **iv** Ndileka Mandela (1965-) — ver glossário. **v** Madiba Thembekile (Thembi) Mandela (1945-69), filho mais velho de Mandela — ver glossário. **vi** *Mzukulu* é "neta" ou "neto" em isiXhosa. *Zukulu* é um diminutivo de *mzukulu*. **vii** Nandi Mandela (1968-), sua neta, filha caçula de seu falecido filho, Thembi. **viii** Seminário de Inanda, um prestigioso colégio interno em Durban, KwaZulu-Natal.

Se você estiver em Inanda, por favor me informe sobre o preço das mensalidades para que eu possa tentar conseguir uma bolsa de estudos. Na tua última carta você pediu que eu te mandasse uma jaqueta de couro com gola de pele. Passei o teu pedido para a Khulu[i] Winnie. Ela tem muitos problemas e esquece com facilidade. Mas é uma pessoa muito boa & ama muito você & Nandi. Embora esteja desempregada, ela vai se esforçar para mandar as coisas que você quer.

Não paro de pensar em 1981, que está a dois anos de distância, pois então você poderá me visitar. Morro de vontade de te ver, e não vejo a hora de esse dia chegar.

Transmita meu carinho à mamãe Thoko[ii] e ao tata Phineas.[iii]

Qual é o sobrenome dele e o endereço em Claremont?[iv] Eu queria mandar um cartão de Natal para eles, mas não pude porque não sabia o seu endereço em Claremont.

Enquanto isso, eu desejo que este ano traga a você um montão de alegria & boa sorte. Um milhão de beijos e toneladas de amor, querida.

Afetuosamente, Khulu To Ndindi Mandela. Seminário de Inanda

Srta. Ndileka Mandela
a/c Sra. Rennie Mandela
Seminário de Inanda
Caixa Postal Particular X54105
DURBAN
4000

Para Winnie Mandela,[v] sua esposa

Nelson Mandela 466/64

21.1.79

Mntakwethu,[vi]

Houve muito poucas ocasiões em que realmente temi escrever a você como temo agora. Não tenho como me desculpar por não ter me informado sobre os resultados de seu exame em 26/12.

---

i "Vovô" ou "vovó", em isiXhosa. ii Thoko Mandela, esposa de Thembekile Mandela e mãe de suas duas filhas — ver glossário. iii O segundo marido de Thoko, Phineas Nkosi. *Tata* significa "pai" em isiXhosa. iv Um subúrbio de Durban. v Nomzamo Winifred Madikizela-Mandela (1936-2018) — ver glossário. vi Um termo carinhoso em isiXhosa.

Meu sentimento de culpa é aguçado pelo fato de que alguns dias antes de você vir eu felicitei vários colegas que tinham passado no mesmo exame & me solidarizei com os que foram reprovados; são bons amigos meus, mas apenas amigos. Essa é uma relação que pode ser valiosa & que vale a pena cultivar & proteger. Mas, por mais forte que possa ser, ela carece da ternura & da intimidade que existe entre um homem & sua mamãe, dade[i] & amiga especial que você é. Essa relação particular traz consigo algo que não pode ser separado do eu. Ela impõe à gente certas exigências elementares cuja não efetivação é quase indesculpável. Você está me xingando por este deslize, Ngutyana?![ii] É tarde demais para perguntar isso? No ano passado eu tive outra colheita de quinze visitas e 43 cartas. Destas cartas, quinze vieram de você. Houve sete cartões de aniversário & a mensagem de aniversário de Helen[iii] veio em forma de carta. Tive mais visitas que em 1977, mas, embora as cartas tenham sido mais numerosas que no ano anterior, não alcancei o recorde de cinquenta que recebi em 1975. Essas visitas maravilhosas e cartas adoráveis tornam relativamente agradável a atmosfera à minha volta e animadoras as perspectivas.

Embora animada, em 19/2 você pareceu também um pouco adoentada, e as pequeninas poças d'água em seus olhos afogaram o amor e a ternura que eles sempre irradiam; o amor e a ternura que sempre me puxam para perto de você. Mas a consciência do que eu desfrutei nos últimos vinte anos me fez sentir a força desse amor, ainda que fisicamente atalhada pela enfermidade. Em 29/10 você estava ainda mais majestosa e desejável em seu vestido verde intenso e eu pensei que era sorte sua eu não poder te alcançar [?] nem te confidenciar o que estava sentindo.

Às vezes me sinto como alguém que está fora do trilho, que perdeu a própria vida. Viajar com você até o trabalho de manhã cedo, te telefonar durante o dia, tocar tua mão ou te abraçar quando você se agitava de um lado para outro pela casa, desfrutar teus pratos deliciosos, as horas inesquecíveis no quarto, tudo isso fazia a vida ter gosto de mel. Há coisas que não consigo esquecer. Em 2/12 Zindzi[iv] insinuou que ela & você planejavam vir aqui no aniversário dela. Fiquei ansioso para que chegasse logo o dia, pois iria ver vocês duas juntas pela primeira vez. Mas na manhã daquele dia eu rezei para que vocês não viessem.

Inconscientemente, durante o dia & a noite anteriores eu trabalhei com mais afinco do que me dei conta. Achei que os olhos podiam me trair de novo, deixando vocês preocupadas, como quando Zindzi me visitou em 21/10. Fiquei, portanto, muito aliviado quando vocês não apareceram. Mas estava certo de que vocês estariam aqui poucos dias depois. Que momento incrível acabou sendo, mntakwethu!

---

i "Irmã", em isiXhosa. Nesse contexto, refere-se a Winnie Mandela. ii Um dos nomes de Winnie Mandela. iii Muito provavelmente sua amiga Helen Joseph (1905-72), professora, assistente social e ativista antiapartheid e pelos direitos das mulheres — ver glossário. iv Zindziswa Mandela (1960-), filha caçula dele e de Winnie Mandela.

A única coisa que me deixou preocupado foi notar que você perdeu peso a ponto de colocar em risco a saúde. Apesar do fato de várias pessoas acharem que você parecia filha de Nobandla,[i] o que é muito animador, fiquei perturbado. Francamente, não quero te ver de novo tão emagrecida & ossuda. Por sorte seus trajes elegantes e o lenço de cabelo combinando salvaram a ocasião. Caso contrário, um ano em tudo o mais prazeroso acabaria assim num anticlímax. A propósito, gostei das roupas cáqui que você & Zindzi estavam vestindo em 27/8. Você parecia de fato tão fresca como isidudu fermentando na levedura. Teu amor & tua devoção criaram uma dívida que eu não tenho sequer a pretensão de conseguir pagar. Ela é tão enorme que, mesmo que eu pagasse prestações regulares durante um século, não conseguiria saldá-la. Tudo o que posso dizer, mamãe, é Nangomso![ii]

Quanto à educação da Zeni,[iii] talvez eu tenha sido muito brusco em meu conselho, por conta da raiva. Devemos sempre discutir com ela como a questão deve ser encaminhada. Tudo deve ser feito para que ela possa ir para fora, mesmo que sozinha, se Muzi[iv] não estiver disposto a ir junto. Mantenha a pressão sobre Douglas, Ismail[v] & Muzi.

Espero que a saúde de Zindzi tenha melhorado. Quanto à sua bronquite, sugiro que ela não use antibióticos, e sim chá muito quente. Além disso, ela deve usar tintura de Mendel para a garganta com uma escovinha própria para isso. Foi assim que Mohammed Abula me curou. A bronquite me atormentou por vários meses em 1970, mas foi só usar água ou chá quente & tintura Mendel que ela despareceu até hoje. Me diga se a Lady Eleanor[vi] resolveu a questão do registro dela para os exames.

Se você tiver condições de levantar o dinheiro, um carro será sem dúvida um bom investimento para Zindzi, embora o combustível esteja ficando cada vez mais escasso & caro. Aprovo plenamente a tua posição quanto à sugestão ou insinuação velada de que deveria se mudar para Welkom. Você foi deportada para esse lugar & aí deve permanecer. Ainda que Brandfort não seja mais do que uma aldeia agrícola, agora você plantou os pés aí & pagou um alto preço por fazer isso. Não quero que comece tudo de novo tentando transformar uma caverna numa habitação. Depois da minha prisão você enfrentou tempos difíceis em JHB.[vii] & depois as coisas melhoraram. Como disseram seus representantes legais ao tribunal & ao brigadeiro

---

i Nobandla é um dos nomes de Winnie Mandela. **ii** *Nangamso* é uma palavra isiXhosa que expressa profunda gratidão a uma pessoa que foi além da mera obrigação. Mandela às vezes a grafa *nangomso*. **iii** Zenani Mandela, filha mais velha dele e de Winnie Mandela — ver glossário. **iv** O marido de Zenani, príncipe Thumbumuzi Dlamini, filho do rei Sobhuza, da Suazilândia. **v** Douglas Lukhele, advogado suazilandês formado em Harvard que trabalhou para a firma de advocacia de Mandela e Oliver Tambo nos anos 1950, e Ismail Meer (1918-2000), marido de Fatima, advogado e ativista anti-apartheid — ver glossário. **vi** Lady Elinor Birley, cujo marido, Sir Robert Birley (1903-82), era ex-diretor do Eton College e, na época, professor visitante de educação na Universidade de Witwatersrand. Mandela grafava erradamente o nome dela como "Eleanor". **vii** Joanesburgo.

Coetzee,[i] a tua chegada a Brandfort foi seguida de experiências incomuns que tornaram difícil a tua vida. Mesmo em Brandfort as condições estão melhorando. Se você for para Welkom o mesmo processo vai começar de novo. Repito que você deve permanecer onde está. Nem Kgatho[ii] nem Maki[iii] apareceram.

Quanto à minha saúde, eu me sinto bem tanto física como espiritualmente. Mantenho a forma por meio de exercícios em ambiente fechado & ao ar livre. ABP.[iv] está sob controle. Você me vê com frequência & boatos de que estou doente não deveriam te preocupar. Zwangendaba[v] é um sobrinho tão consciencioso que fico surpreso com o fato de ele até agora não ter ajudado a Zindzi na sua tentativa de escrever a história da família. Você devia descobrir quais são as dificuldades dele antes que a menina ache que estamos indiferentes ao pedido dela. A falta de cooperação da nossa parte pode desencorajá-la. Ainda não consegui saber a data do aniversário do Oupa.[vi] Mais uma vez agradeço um milhão de vezes o teu caloroso amor & teus carinhosos cuidados. EU TE AMO. Com devoção, Dalibhunga

Nkosk. Nobandla Mandela, 802 Phathakahle Location, Caixa Postal Brandfort 9400

Para Makaziwe Mandela,[vii] sua filha mais velha

Nelson Mandela 466/64

13.5.79

Para minha querida Maki
    No seu 25º aniversário.
    1º de MAIO
    Muitas felicidades!

Como você se sente ao completar 25 anos? Eu ainda me lembro de quando estava com oito anos e tinha pressa de ficar velho, para ter uma mecha grisalha nos cabelos como meu pai. Mas agora eu me empenho em permanecer jovem & até tento competir com os jovens em vários jogos de salão e ao ar livre. Embora não seja fácil, é um desafio que eu aprecio plenamente. Tudo de que você precisa, com um quarto de século na bagagem, é usar a quantidade de energia que possui de modo a se manter com boa saúde & curtir a vida quase todos os dias.

---

i Diretor da Polícia de Segurança Pública.　**ii** Makgatho Mandela (1950-2005), segundo filho de Mandela — ver glossário.　**iii** Makaziwe Mandela (1954-), filha mais velha de Mandela — ver glossário. **iv** *Blood pressure* — pressão sanguínea. **v** Um sobrinho. **vi** O companheiro de Zindzi, Oupa Seakamela. **vii** Makaziwe Mandela (1954-) — ver glossário.

Você deve estar se perguntando por que demorei tanto a te mandar um cartão de aniversário. Nos últimos dois meses sofri uma persistente conjuntivite. Fiz um bom tratamento & logo vou consultar um oftalmologista. Tive um problema semelhante em 1976 e ele me receitou o mesmo tratamento que eu uso agora. Ele julgou que, para a minha idade, minha visão é bastante boa. Naturalmente eu sempre me sinto bem. Minha preocupação durante todo esse período tem sido você, querida, & o teu aniversário. É para mim um grande alívio poder dizer afinal: Feliz aniversário! Ukhule ude Ukhokhobe![i] Tia Helen[ii] agora está com 74 anos, mas continua bastante ativa. Talvez você possa viver mais do que ela. De novo: Muitas felicidades! Quanto ao teu desempenho escolar, fiquei contente em saber que você alcançou 58% no teu primeiro teste de sociologia. Conheço bem o prof. Hough[iii] e o sr. Somhlalo[iv] da Jan Hofmeyr School of Social Work em JHB. Mas não tive o prazer de conhecer a srta. Mabete.[v] Por favor transmita a eles todos minhas cordiais saudações. Também gostei de saber que a tia Helen & o tio Steve te escreveram e espero que você tenha respondido a eles prontamente. Dar atenção a assuntos que podem parecer pequenos a muita gente é geralmente uma das marcas de um bom senso de responsabilidade. Você deve cultivar cuidadosamente esse hábito reservando um dia específico da semana ou do mês para escrever cartas. É sempre melhor rascunhar uma carta & depois checar se ela contém erros & aprimorar suas formulações.

Espero que você já tenha escrito ao secretário do Fundo de Bolsas da Memon[vi] para agradecer àquela organização por te ajudar a perseguir tuas mais intensas ambições na vida. Diga-lhe que sem a ajuda deles teria sido quase impossível para você prosseguir em seus estudos universitários. Que eles saibam que você pretende vê-los em junho e agradecer-lhes pessoalmente.

Você deve agradecer também a tia Helen por todos os esforços dela. Diga-lhe que você gostaria de passar as férias de junho com um sociólogo ou estudante de sociologia com quem pudesse aprimorar o teu conhecimento no assunto, bem como o teu inglês.

Você pode talvez pedir a ela que confie a tarefa de encontrar uma pessoa adequada para esse propósito a ILONA[vii] ou à sua (da tia Helen) vizinha, Sheila. O endereço da dra. Fatima Meer é Burnwood Road, 141, Sydenham (4091), Durban. Ela

---

i Uma frase em isiXhosa que significa "Muitos anos de vida". **ii** Helen Joseph (1905-92), professora, assistente social e ativista antiapartheid e pelos direitos das mulheres — ver glossário. **iii** O professor Hough deu aula para Winnie Mandela na Jan Hofmeyr School of Social Work (Escola Jan Hofmeyr de Assistência Social). **iv** Um ex-colega de classe de Winnie Mandela na Jan Hofmeyr School of Social Work, que depois se tornou conferencista na Universidade de Fort Hare. **v** Uma amiga.
vi A Memon Association of South Africa, instituída em 1965, provê bolsas para estudantes de terceiro grau. **vii** Ilona Kleinschmidt, uma amiga, esposa de Horst Kleinschmidt, um ativista que trabalhava para o Instituto Cristão Sul-Africano. Os Kleinschmidt deram ajuda financeira quando Winnie Mandela estava na prisão, e Mandela indicou Kleinschmidt como guardião legal de Zenani e Zindzi Mandela quando Winnie Mandela foi presa em 1974.

ficaria encantada em receber notícias tuas, mas meu único receio é que ela possa te pedir para ir à Universidade de Natal, onde ela é conferencista.

Você está redondamente enganada ao pensar que fui eu que te consegui a bolsa. Tudo o que eu fiz foi pedir à tia Helen que entrasse em contato com alguns de meus amigos de JHB. Eu tinha certeza de que eles levantariam os fundos necessários. Mas àquela altura a mamãe Winnie já tinha contatado o Fundo de Bolsas da Memon por intermédio de nosso advogado, o sr. Ismail Ayob,[i] ele próprio um Memon.[ii] Essa é a história verdadeira. Essa é a pessoa que, mais que qualquer outra, merece a tua gratidão. Se você vai fazer ou não o que qualquer beneficiário decente faria nas tuas circs.[iii] é, evidentemente, uma questão inteiramente tua.

Com relação aos esforços do dr. Vilakazi,[iv] a tua reação veemente também me surpreendeu. Tanto a mamãe Winnie como eu estamos apenas tentando te ajudar e não te dar ordens. Concordo que você deveria primeiro completar sua graduação na F.H.[v] e depois ir para o exterior para buscar o Honours[vi] e um mestrado. Tudo o que você deveria fazer é informá-la devidamente, assinar os formulários & devolvê-los imediatamente a ela; e pedir a ela que adie a bolsa para 1982, quando você estará apta a recebê-la.

Fiquei contente também em saber que Maureen é tua amiga. Eu conheci uma vez um idoso distinto, o sr. Pike, que morava pegado ao Orlando East Communal Hall. Eu me pergunto se a Maureen o conheceu. Talvez ele tenha sido avô dela. Por favor mande a ela minhas lembranças carinhosas.

O endereço da Zeni[vii] é Caixa Postal 546 Mbabane, Suazilândia. O nome oficial dela é Princesa La Mandela Dlamini, e ela e o marido pretendem partir para estudar nos EUA este ano. Você tem razão quando diz que ela é uma pessoa bondosa. Você leu a antologia[viii] da Zindzi?[ix] Ela está sendo vendida agora por livrarias da AS. Infelizmente ainda não vi o livro e não sei nem qual é o título. Estou ansioso por te ver em junho. Enquanto isso, estude com afinco e saiba que estamos torcendo por você. Acima de tudo, nós te amamos & mais uma vez te desejamos um aniversário muito muito feliz & toda a sorte do mundo.

Montanhas de amor e um milhão de beijos
Teu amoroso Tata[x]

---

i Ismail Ayob (1942-), advogado de Mandela — ver glossário.   **ii** O uso da palavra *Memon* por Mandela possivelmente se refere a um subgrupo de muçulmanos que provêm da parte ocidental do sul da Ásia. **iii** Circunstâncias.   **iv** Herbert Vilakazi (1943-2016), professor de sociologia.   **v** Faculdade Universitária de Fort Hare, em Alice, no território do Ciskei — ver glossário.   **vi** *Honours Courses*: no "sistema de honras" universitário britânico, os cursos que habilitam para a obtenção de um *honours degree*, um diploma concedido com distinção. [N.T.]   **vii** Zenani Mandela (1959-), filha do meio de Mandela e meia-irmã de Makaziwe.   **viii** O livro de poesia de Zindzi Mandela, *Black As I Am* (Los Angeles: Guild of Tutor Press, 1978).   **ix** Zindziswa Mandela (1960-), filha caçula de Mandela e meia-irmã de Makaziwe. **x** "Pai", em isiXhosa.

Srta. Makaziwe Mandela, Elukhanyisweni, Caixa Postal de Alice.

P.S. Mande-me a tua foto mais recente de não mais que 15×20 cm. Trate o assunto com urgência.

A propósito, a tia Helen é, ela própria, uma socióloga qualificada com um Honours Degree da Universidade de Londres.

[palavras impressas em cartão:]
Não importa como
Você possa celebrar
Esperamos que
O seu dia especial
Seja do tipo perfeito

Para o diretor da prisão, Robben Island

20.5.79

Diretor da Prisão
Robben Island

A/c: Capitão Hesselman

Ontem o gabinete do censor me informou que a carta da minha filha Zindzi[i] para mim tinha sido retida, sob a alegação de que minha cota para este mês já está completa.

Minha filha prestará exames em breve & pode estar abordando coisas relevantes para tais exames ou alguns problemas que seria aconselhável enfrentar imediatamente. Eu ficaria grato, portanto, se o senhor fizesse a bondade de providenciar para que a carta chegue a minhas mãos o mais rápido possível e seja computada na cota de junho.
[Assinado NRMandela] 466/64

[Anotação em outra caligrafia em africâner] O pedido dele é endossado. É bom deixá-lo ter a carta. [Assinada por um capitão e datada] 21.5.79

---

i Zindziswa Mandela, filha caçula de Mandela — ver glossário.

Para Peter Wellman,[i] amigo e jornalista

Nelson Mandela 466/64

27.5.79

Meu caro Peter

Fiquei bastante lisonjeado ao receber seu telegrama & mais ainda ao saber que sou padrinho das crianças.

Ser padrinho é sempre uma honra íntima.[ii] Para começar, faz da pessoa virtualmente um membro da família & o cumprimento de suas obrigações é um desafio que proporciona alegria & satisfação em abundância em minhas atuais circs.[iii] A honra tem um significado mais amplo que espero merecer. Muitíssimo obrigado, Peter!

Minha atual situação evidentemente tornará um tanto difícil para mim, em certos casos até impossível, fazer o que eu gostaria de fazer. Mas tentarei sempre fazer as crianças saberem que eu as amo & penso sempre nelas. Espero sinceramente que você logo me mande uma foto da família de não mais que 10×15 cm. Já que eu não posso lhes dar chocolates,[iv] pegá-las no colo, conversar, brincar & cantar com elas, que pelo menos eles, o papai & a mamãe, possam todos aparecer no álbum de família. Naturalmente espero que você me dê os nomes completos delas & suas datas de nascimento & um pouco da história da família. Você & Winnie talvez tenham tentado no passado me dizer que eu sou padrinho & me dar todas as informações relevantes. Mas o seu telegrama foi a primeira alusão ao fato que chegou a mim. Mais uma vez, muito obrigado!

Quero que você saiba que ao longo dos meus muitos anos de encarceramento inúmeras mensagens de solidariedade & esperança, enviadas por pessoas de diferentes posições na vida, atravessaram as compactas portas de ferro & as lúgubres paredes de pedra, trazendo para dentro da cela o esplendor & o calor da primavera. Não há duas mensagens iguais & cada uma toca uma nota especial. A sua foi exemplar. Francamente, há momentos, como agora, em que sinto como se o mundo todo, ou pelo menos a maior parte dele, tivesse se enfiado na minha minúscula cela. Tenho comparativamente mais tempo para pensar & sonhar, inundado por um sentimento de envolvimento & com muito mais amigos do que antes. Seu telegrama me impeliu por sobre estas ondas rumo à Cidade Dourada,[v] que, pelas muitas fo-

---

i Peter Wellman (1941-2001) era um jornalista do *Rand Daily Mail* quando conheceu Mandela. Ele costumava levar de carro as filhas de Mandela Zenani e Zindziswa à escola na Suazilândia. **ii** Wellman mandou a Mandela um telegrama pedindo-lhe que fosse padrinho de sua filha Emily. **iii** Circunstâncias. **iv** Quando Emily Wellman conheceu Mandela, depois da libertação deste, ele disse a ela que sentia muito por não ter lhe mandado os chocolates. (Emily Wellman, num e-mail a Sahm Venter, 6 de setembro de 2017.) **v** Joanesburgo é chamada de Golden City devido a suas origens como cidade de mineração de ouro no século XIX.

tografias que tenho visto, parece ter mudado em muitos aspectos em relação à cidade que um dia conheci tão bem.

Algumas favelas foram eliminadas & os problemas sociais subjacentes, transplantados para outro lugar.[i] No processo, recantos amados & abrigos acalentados em doces lembranças foram destruídos, & aqueles que no passado sonharam com o dia em que os barracos se tornassem monumentos sagrados precisaram começar a construir novos santuários.

Nas áreas liberadas edifícios modernos & arranha-céus, todos cintilando de riqueza & poder, dominam o cenário, enquanto espaçosas avenidas cruzam a metrópole tornando mais próximos do que nunca os subúrbios mais afastados. No campo da economia, governo, educação e muitas artes, novos rostos, ansiosos por viver de modos não convencionais, vieram para o primeiro plano, aprofundando o fosso entre as gerações. Pessimistas idosos podem estar o tempo todo olhando em volta temendo que os abutres percebam que a morte está prestes a atacar.

Pensar em JHB[ii] me faz lembrar do meu retorno em 1955 à aldeia rural do outro lado do Kei[iii] onde eu nasci. Durante nossos dias de juventude havia uma mata espessa que cobria uma encosta de montanha. No vale lá embaixo, especialmente nas margens do rio, havia várias árvores imponentes que eu achava que ficariam de pé para sempre. Com exceção do amor e do afeto de Zami,[iv] aquela mata era para mim, quando criança, a coisa mais próxima do paraíso que jamais experimentei. Você já participou de uma caça à raposa, enfaitotado numa elegante calça de montaria, botas reluzentes & esporas, com os corcéis em pleno galope & as raposas urrando? Então pode ter uma ideia de como nos sentíamos naquele matagal. Cheio de frutas silvestres, uma porção de pequenos bichos caçáveis & pássaros, mel silvestre, abundância de água fresca & parlangs,[v] a mata atraía quase todos os meninos da aldeia.

Caçávamos coelhos, doninhas, perdizes & pombos & tirávamos peixes da água. Mesmo quando estava no colégio interno, eu voltava para a mata durante as férias & aproveitava mais ainda as caçadas. Meus primeiros programas movimentados em JHB & suas atrações nunca apagaram da minha mente as lembranças agradáveis da juventude & eu penso com frequência na mata & no veld.[vi] Depois de uma ausência de quinze anos voltei à minha terra & um dos primeiros lugares que eu

---

i Para separar as pessoas de acordo com sua raça, o governo do apartheid decretou uma série de leis, incluindo a Lei das Áreas de Agrupamento, que separava áreas residenciais. A partir dos anos 1950 até o início dos anos 1980, certas áreas eram designadas para ocupação pelos brancos, sendo as pessoas negras retiradas à força. Um dos deslocamentos mais conhecidos aconteceu em Sophiatown, um subúrbio misto perto do distrito comercial central de Joanesburgo. Milhares de pessoas em Joanesburgo foram transferidas para o novo distrito de Soweto. ii Joanesburgo. iii "Rio". iv Um dos nomes de Winnie Mandela. v Palavra inexistente no inglês. Optou-se por mantê-la na grafia original. [N. T.] vi "Campo", em africâner.

visitei foi aquele matagal. Era primavera & a vegetação estava verdinha. O matagal tinha perdido boa parte de seu aspecto pitoresco. As árvores outrora imponentes na margem do rio tinham desaparecido ou definhado & as que ainda estavam saudáveis não pareciam mais tão altivas. Por todo o vale jovens arbustos vigorosos estavam se impondo. Eu me lembrei das palavras de um poeta inglês que disse uma vez: "... muda, dando lugar a uma nova, & Deus se satisfaz de muitas maneiras, a fim de evitar que um bom costume corrompa o mundo".[i] Não vejo este poema há quase quarenta anos & posso ter confundido os versos.[ii] Mas é isso que atravessava o meu espírito enquanto eu examinava o paraíso da minha meninice. Lembranças semelhantes, embora não tão nostálgicas, transportam-me para um mundo que existiu em outros tempos quando vejo fotos de JHB.

Espero ansiosamente ver você e sua família um dia. Enquanto isso, meus pensamentos estão na Main Street,[iii] particularmente depois de receber seu telegrama.

Hazel trabalhou com você em outros tempos. Se você ainda tiver contato com ela & com Hymie transmita-lhes minhas afetuosas lembranças. Aperto a sua mão com muita firmeza. Cordialmente, Nelson.

Sr. Peter Wellman, Main Street, 171, Joanesburgo

Para Alan Paton,[iv] escritor e líder do Partido Liberal que prestou testemunho para mitigar a sentença no Julgamento de Rivonia

Nelson Mandela 466/64   29.7.79

[Anotação em africâner no alto da carta] Rejeitada. Objeções a Alan Paton

Caro dr. Paton,

Esta é a minha terceira tentativa de me comunicar com o senhor nos últimos quinze anos. Escrevi-lhe pela primeira vez logo que passei a poder enviar mais do que apenas duas cartas por ano, agradecendo-lhe por sua corajosa atitude de junho de 1964.[v]

---

i Trecho do poema "Morte d'Arthur", escrito por Alfred Lord Tennyson em 1838. ii Sua citação é na verdade muito próxima. Os versos originais dizem: "The old order changeth, yielding place to new./ And God fulfils Himself in many ways,/ Lest one good custom should corrupt the world". iii Uma rua de Joanesburgo. iv Alan Paton (1903-88) — ver glossário. v Uma referência ao testemunho para mitigação da sentença prestado por Paton em favor de Mandela e dos outros acusados no Julgamento de Rivonia (para o Julgamento de Rivonia, ver glossário).

Não era tão fácil naqueles dias expor-se como o senhor ousou e poucas pessoas esquecerão aquele gesto inspirador.

Na segunda carta expressei minhas condolências pelo falecimento de sua primeira esposa. Ressaltei que a tragédia, tendo acontecido logo após a morte de seu amigo, o chefe Luthuli, deve ter sido excepcionalmente difícil de suportar. Mencionei os Brown,[i] os Kuper[ii] e o falecido dr. Edgar Brookes[iii] e pedi ao senhor que lhes transmitisse minhas cordiais saudações.

Espero que as cartas tenham chegado a suas mãos e que o seu longo silêncio se deva à pressão dos compromissos. Se por acaso elas não chegaram, não o censurarei se julgar que nosso senso de gratidão não é dos mais elevados. Tomei a precaução de registrar esta carta para garantir que ela chegue ao senhor.

Quando eu e um amigo visitamos a casa deles, a sra. Brown serviu-nos café e biscoitos tostados tão frescos e macios que a gente nem precisava mastigar. Quase duas décadas se passaram desde aquele dia, no entanto a lembrança daquela visita não empalideceu. Também encontrei os Kuper uma vez, na casa deles em Durban. Embora eu esteja convencido de que eles nunca deixarão de fazer investigações onde quer que estejam, lamentei saber que tinham emigrado. A contribuição deles nos campos da educação e da literatura foi notável e sua partida deve ter enfraquecido sua escola de pensamento em várias direções. A bem da verdade, fiquei sabendo da emigração deles quando tentei encomendar sua obra sobre a burguesia africana.[iv] Infelizmente, o livro era desconhecido pelas firmas aprovadas por este Departamento.[v] Embora eu nunca tenha tido a honra de encontrar o dr. Brookes, nossa geração de estudantes de administração nativa,[vi] como a disciplina era então conhecida, conhecia-o muito bem. Ele era amplamente reconhecido como a principal autoridade no assunto. Lamentei saber de sua morte e ficarei grato se o senhor fizer a gentileza de transmitir minhas condolências à família.

Em março do ano passado minha esposa me contou que o senhor a visitara em Brandfort. Mesmo em nossos melhores momentos em Joanesburgo, tais visitas sempre nos causavam uma tremenda emoção. Hoje elas adquirem um significado especial e fiquei feliz em saber que muitos de nossos amigos tiveram a coragem e a disponibilidade para viajar a Brandfort[vii] levando apoio moral para a família. Fiquei contente também em saber que o senhor tornou possível o retorno da minha nora

---

i Os Brown eram membros do Partido Liberal.   **ii** Hilda Kuper (1911-92), antropóloga social. Seu marido, Leo Kuper (1908-94), era sociólogo. Eles ajudaram a fundar o Partido Liberal em Natal (hoje KwaZulu-Natal).   **iii** Edgar Brookes (1987-79), político do Partido Liberal Sul-Africano, professor de história e escritor.   **iv** Leo Kuper, *African Bourgeoisie: Race, Class and Politics* (New Haven: Yale University Press, 1965). O livro foi proibido pelo regime do apartheid.   **v** O livro foi proibido na África do Sul.   **vi** Mandela está se referindo a uma disciplina que possivelmente ele estudou na Faculdade Universitária de Fort Hare, que ele frequentou de 1939 a 1940, até ser expulso por se engajar em ações de protesto.   **vii** Brandfort fica a cerca de 350 quilômetros de Joanesburgo, de carro.

Rayne[i] à faculdade. Eu a vi apenas uma vez, quando veio me visitar em 1974. Ela me impressionou como uma garota doce e ambiciosa, muito entusiasmada pela educação. Espero que ela não desaponte aqueles que a amam e querem o seu bem. Outro dia li o artigo que o senhor publicou na *Fair Lady*[ii] de 31 de janeiro sobre sua visita a Zindzi em Brandfort. Infelizmente não pude ficar com a revista nem tomar notas. De todo modo, o artigo me impressionou como uma história poderosa e uma injeção de ânimo para a jovem dama. Ser apresentada às leitoras de *Fair Lady* por um escritor conhecido e tarimbado é uma chancela muito lisonjeira para Zindzi. Quando cheguei à última linha, "a alegria era grande e a tristeza, pequena".

Alguns dias antes de ver sua resenha eu tinha lido um artigo na edição deste mês da *Readers' Digest*. Ele tentava analisar os problemas enfrentados pelos escritores amadores no país. Para ilustrar o tema, o escritor aludia ao número de manuscritos recebidos por várias publicações e ao número dos aceitos por cada uma delas. Entre as revistas mencionadas no artigo está a *Fair Lady*, que em 1977 recebeu setecentos manuscritos de ficção. De acordo com o articulista, ela publicou apenas cinquenta desses textos, em sua maioria vindos do exterior. À luz desses dados, julguei significativo que os esforços de Zindzi tenham atraído a atenção de uma revista tão exigente. Tentarei manter minha mão limpa para poder cumprimentar o senhor com firmeza quando nos encontrarmos.

É por termos tantos bons amigos, cujo apoio e encorajamento têm sido uma tremenda fonte de inspiração, que Zindzi se sentiu animada a apressar o amanhã: "Aumente a velocidade, te espero ansiosamente".

A família enfrentou uma infinidade de problemas, alguns dos quais o senhor conhece. Em minha atual situação é difícil lidar até mesmo com os problemas pessoais. É muito mais difícil intervir quando tais problemas vão além dos parentes de primeiro grau. Mas se a estrada entre Hillcrest[iii] desmoronasse nas bordas & ficasse cheia de crateras, eu faria tudo o que estivesse ao meu alcance para consertá-la, livrando-a de todos os obstáculos que pudessem bloquear a passagem livre do amor e da afeição que caracteriza as relações entre nossas respectivas famílias; espero que nunca se esqueça disso.

Não sei quais foram os trabalhos que o senhor publicou nos últimos dezessete anos, nem tenho como saber. Tudo o que posso lhe dizer é que tenho certeza de que o senhor não ficou ocioso. Na verdade, no ano passado eu soube que uma universidade norte-americana o havia premiado com um título de doutor honoris causa.[iv] Embora eu não tenha mais informações sobre o assunto, fiquei feliz em receber a notícia. Tal honra foi muito merecida. Esse reconhecimento tem um significado

---

i Rose Rayne "Rennie" Mandela, esposa de seu filho Makgatho.   **ii** *Fair Lady* é uma revista feminina sul-africana.   **iii** Paton morava em Hillcrest, em Natal (hoje KwaZulu-Natal).   **iv** Paton recebeu doze títulos honorários de doutor em sua vida, incluindo os da Universidade Yale e da Universidade de Michigan.

pessoal e mais amplo. Para começar, ele mostra que a sua labuta não tem sido em vão, que apesar das secas e das ervas daninhas o senhor semeou em terreno bom, que "a safra é tardia, mas não malogrou". Meu carinho e minhas calorosas saudações ao senhor e sua esposa e a todos os amigos mencionados acima.

Cordialmente,
[Assinado NR Mandela]

Dr. Alan Paton, Caixa Postal 278 Hillcrest 3650, Natal.

====

Para Winnie Mandela,[i] sua esposa

Nelson Mandela 466/64

2.9.79

Minha querida mâmi,[ii]

Entreguei para serem despachados dois telegramas para Nxeko[iii] pedindo-lhe que venha me visitar para tratar de um assunto familiar urgente. Um deles mandei aos cuidados de Qunu e o outro para o endereço de Sithebe. Gostaria que ele agisse imediatamente.

Dou todo o apoio a tua posição quanto a Jonguhlanga,[iv] mas estive pensando no assunto desde que te vi pela última vez. Naturalmente vejo com bons olhos cada oportunidade que você tem de viajar a algum lugar & escapar do confinamento em que está obrigada a viver. Mas não sou a favor de que viaje a Dbn[v] para uma consulta. Uma viagem assim será custosa para a família como um todo, mesmo que os custos dessa viagem em particular sejam pagos...

Quanto à decisão de Reggie[vi] de que você deve fazer algum trabalho de pesquisa e não se preocupar com o emprego no Oppenheimer Hospital, não tenho muita

---

i Nomzamo Winifred Madikizela-Mandela (1936-2018) — ver glossário. **ii** No original, *Mum*, que é uma forma carinhosa e infantil de se referir à mãe, diferente de "mamãe" (*mommy* ou *momma*). [N.T.] **iii** Nxeko (também conhecido como Bambilanga) é irmão do rei Sabata Dalindyebo, chefe supremo do território do Transkei. **iv** Rei Sabata Jonguhlanga Dalindyebo (1928-86), chefe supremo do território do Transkei e líder do Partido Democrático Progressista, o partido de oposição no Transkei que contestava o regime do apartheid — ver glossário. **v** Durban. **vi** Oliver Reginald Tambo (1917-93), amigo de Mandela, seu ex-sócio na firma de advocacia e presidente do CNA — ver glossário. Seu nome do meio era Reginald e Mandela se refere a ele como Reggie.

clareza a respeito, simplesmente porque não disponho dos detalhes necessários, especialmente da tua situação financeira. Mas se ele faz a sugestão você deve examiná-la com muito cuidado. A proposta traz consigo problemas especiais, então você deve discuti-los com ele...

Gostei de saber que pessoas que estão em lugares distantes como Pmburg[i] te visitaram. Aparentemente o dr. Biggs é um cirurgião ortopedista bem conhecido e sua esposa & a sra. [Coring?] Hall são nomes muito familiares naquela província & fora dela. Dê-lhes um abraço em meu nome quando encontrá-los de novo...

Peter Wellman recebeu minha carta de 27/5?[ii] Você provavelmente não terá condições de checar se o sr. Ngakane, Caixa Postal 118 Groot Marico, 2850, recebeu a dele, datada de junho de 1978.

Pela primeira vez desde que vim para cá não mandarei um cartão de aniversário para Kgatho.[iii] Não vejo mais propósito nisso. Você provavelmente sabe que Maki[iv] está de volta a FH[v] e que se matriculou nas outras disciplinas exceto métodos estatísticos, que ela considera difícil. Ela quer muito um emprego em JHB.[vi] Embora esteja disposta a morar com Kgatho, sugeri que ela se hospede com alguém da cidade de modo a aperfeiçoar o seu inglês[vii] e conhecimentos gerais.

Você terá toda a razão em considerar 1979 o ano das mulheres.[viii] Elas parecem estar exigindo que a sociedade faça jus a seus discursos sobre igualdade sexual. A dama francesa Simone Veil sobreviveu a experiências terríveis para se tornar presidente do Parlamento Europeu, enquanto Maria Pintasilgo bota para quebrar em Portugal. Pelos relatos que chegam não está claro quem comanda a família Carter. Há momentos em que quem parece vestir as calças ali é Rosalynn.[ix] Nem preciso mencionar o nome de Margaret Thatcher. Apesar do colapso de seu império mundial & de ter saído da Segunda Guerra Mundial como potência de terceira classe, a Grã-Bretanha em muitos aspectos é o centro do mundo. O que acontece lá atrai a atenção de todo o planeta.

Indira[x] nos lembrará com razão que a esse respeito a Europa está meramente seguindo o exemplo da Ásia, que nas últimas duas décadas produziu não menos que duas primeiras-ministras. Ela poderia até acrescentar que os séculos passados viram muitas mulheres governantes. Isabela da Espanha, Elizabeth I da Inglaterra, Catarina, a Grande, da Rússia (quanto ela era grande eu não sei), a rainha Batlokwa, Mantatisi e muitas mais. Mas todas essas se tornaram soberanas a despeito de si

---

i Pietermaritzburg. **ii** Ver carta na página 397. **iii** Makgatho Mandela (1950-2005), segundo filho de Mandela — ver glossário. **iv** Makaziwe Mandela (1954-), filha mais velha de Mandela — ver glossário. **v** Faculdade Universitária de Fort Hare, em Alice, no território do Ciskei — ver glossário. **vi** Joanesburgo. **vii** A o primeira língua de Makawize era o isiXhosa. **viii** A ONU havia nomeado 1975, quatro anos antes, como Ano Internacional das Mulheres. **ix** Rosalynn Carter (1927-), esposa do presidente Jimmy Carter. **x** Indira Gandhi (1917-84), primeira-ministra da Índia de 1966 a 1977 e de 1980 a 1984.

mesmas — por hereditariedade. Hoje os holofotes iluminam essas mulheres que se ergueram por seus próprios esforços. Para estas, 1979 rendeu uma colheita e tanto.

O caso de Matlala[i] é muito tocante e enfatiza a tragédia da vida que passa despercebida a muita gente. Penso nela todos os anos no 18/7 & nesses dias só espero que ondas telepáticas sejam capazes de nos conectar através das muitas milhas. Por favor transmita a ela o meu carinho e as minhas felicitações.

Em 16/8 o cirurgião ortopédico, dr. Breitenbach, examinou meu calcanhar direito, que de quando em quando me preocupa. Vou discutir mais o assunto com o dr. Edelstein em sua próxima visita à ilha. Naquela manhã em que o *Dias* me levou a CT[ii] o mar estava bravo & embora eu estivesse num ponto abrigado no convés parecia que estava chovendo.[iii] O barco balançava sem parar, cortando as ondas com a proa. A meio caminho entre a ilha & CT um exército de demônios parecia estar em alvoroço e, enquanto o *Dias* era jogado de um lado para outro, era como se mil ferros estivessem se despedaçando. Mantive meus olhos fixos num colete salva-vidas a poucos passos de distância. Havia uns cinco guardas entre mim e o colete, dois deles jovens o bastante para serem meus netos. Eu disse a mim mesmo: "Se acontecer alguma coisa e este barco afundar, vou cometer meu último pecado na terra e me arrepender humildemente quando chegar à Cidade Sagrada. Vou passar por cima deles e ser o primeiro a chegar àquele colete". Por sorte não houve desastre algum.

Mas e quanto a você, minha querida mâmi, o que posso dizer? Aos 45 você mudou tanto desde a noite em que nos sentamos a sós no veld[iv] aberto ao sul da cidade.

Lembra da noite em que recebemos Gwigwi & outros? No entanto, à medida que a juventude se esvai de suas veias e seu rosto outrora cheio & liso mostra sinais de erosão e a tez atraente que te tornava tão desejável nos anos 1950 vai se tornando opaca, mais você fica adorável, mais eu anseio por te abraçar e acariciar. Você é tudo o que uma mâmi deve ser. Feliz aniversário, mâmi querida! EU TE AMO!

Com devoção, Madiba

Nkosk Nobandla Mandela, 802 Phathakahle Location, Caixa Postal Brandfort, 9400

---

i Um apelido de Adelaide Tambo (1929-2007), amiga, ativista antiapartheid e esposa de Oliver Tambo, ex-sócio de Mandela em seu escritório de advocacia e presidente do CNA — ver glossário. Os Tambo estavam vivendo no exílio em Londres. **ii** Cape Town, a Cidade do Cabo. **iii** Prisioneiros de Robben Island eram ocasionalmente enviados à Cidade do Cabo para consultar médicos especialistas. **iv** "Campo", em africâner.

Para o ministro de Prisões e Polícia

NELSON MANDELA 466/64

4 de setembro de 1979

Oficial comandante
Robben Island

A/c: Brig. Botha

Ficaria grato se o senhor fizesse a gentileza de aprovar a carta em anexo ao ministro de Prisões, que fala por si mesma, e a encaminhasse pelos canais normais.

[Assinado NRMandela]

4 de setembro de 1979

Excelentíssimo Sr. L. Le Grange,[i]
Ministro de Prisões e da Polícia
Pretória

Prezado senhor,

Em diversas ocasiões ao longo da última década nós, os presos políticos em Robben Island, fizemos petições ao governo para que fôssemos libertados do cárcere e para que, durante a espera por tal libertação, fôssemos tratados como presos políticos.

Nosso primeiro pedido nesse sentido foi feito numa carta datada de 22 de abril de 1969, endereçada ao sr. P. Pelser, então ministro de Prisões,[ii] na qual nossos argumentos foram expostos. O sr. Pelser não teve sequer a cortesia de responder à nossa carta, apesar de nosso lembrete escrito a ele em 1971. Levantamos de novo a questão com seu predecessor, o sr. J. T. Kruger, mas, a exemplo do sr. Pelser, ele não respondeu.

Em 1973 acrescentamos a esse pedido principal o da introdução de uma administração não racial no Departamento de Prisões. Com isso queríamos dizer, e ainda queremos, não uma administração exercida por negros, mas uma em que os funcionários prisionais sejam escolhidos por mérito e sejam isentos de preconceito racial.

Solicitamos também que todos os membros do Umkhonto weSizwe que foram presos no curso de suas operações tenham reconhecido o status de prisioneiros

---

i Louis Le Grange (1928-91), ministro de Prisões de 1979 a 1980 e ministro da Polícia, de 1979 a 1982 — ver glossário.   ii Ver carta na página 101.

de guerra, nos termos da Convenção de Genebra de 1977, aceita por governos civilizados de diferentes partes do mundo. Também reivindicamos que o seu governo permita que prisioneiros políticos, brancos e negros, sejam mantidos juntos numa prisão. Em conformidade com essa reivindicação, pedimos a imediata transferência de presos políticos brancos da Prisão de Pretória para esta ilha.

Nosso pedido de reconhecimento como presos políticos incluirá, entre outros, os seguintes direitos:

1. receber visitas de contato (privadas) de membros de nossas famílias, amigos e parentes;
2. ser soltos por indulto, sursis ou liberdade condicional;
3. nos misturar livremente com outros presos políticos na ilha e, com esse objetivo, abolir a segregação de prisioneiros uns dos outros;
4. ter permissão para adquirir rádios e jornais;
5. escrever, e receber, um número ilimitado de cartas para membros da família, parentes e amigos (independentemente de sua cor ou filiação política);
6. estudar para qualquer curso ou disciplina junto a uma instituição educacional reconhecida daqui ou do exterior;
7. praticar alguma arte ou ofício;
8. receber quantias de dinheiro de qualquer instituição de caridade ou pessoa para nosso uso pessoal e ter permissão para empregar esse dinheiro com, ou transferi-lo para, aqueles que não têm nenhum;
9. ter acesso a todos os livros e outras publicações que não estejam proibidos;
10. escrever e publicar livros, memórias e ensaios e manter diários;
11. receber uma dieta não racial e, até a introdução de tal dieta, ter permissão para comprar alimentos dos tipos e quantidades que se deseje;
12. comprar mantimentos e artigos de higiene de acordo com os meios e gostos de cada um e, para esse fim, interromper a prática de classificar presos políticos em grupos que os privam desse direito;
13. movimentar-se livremente pela ilha;
14. adquirir e vestir roupas civilizadas de acordo com o gosto pessoal de cada um;
15. ter acesso a nossos representantes legais e ser capazes de realizar consultas legais de tal maneira que não deixe suspeitas de que o Departamento de Prisões está interferindo, direta ou indiretamente, no direito de comunicação confidencial entre prisioneiros e seus representantes legais.

É bem conhecido o fato de que presos comuns, muitos deles condenados pelos crimes mais abomináveis, têm permissão para visitas de contato e acesso a rádios e jornais. São soltos por indulto, sursis ou liberdade condicional. Mas esses direitos não são concedidos a presos políticos cujo único delito é o de ter lutado contra uma política racial e por seu direito inato à liberdade e à dignidade humanas.

Nossa luta por liberdade e igualdade não é sem precedentes na África do Sul. Em nossa carta de 22 de abril fizemos referência à luta do povo africâner contra a dominação britânica. Mudanças políticas foram buscadas por meio da violência, mas, diferentemente de nós, os culpados foram tratados como presos políticos, embora tivessem sido condenados por crime de alta traição.

A disparidade do tratamento é óbvia e manifestamente racial. Logo depois de assumir o poder, o atual governo soltou Robey Leibbrandt[i] e outros acusados de alta traição por conspirar com uma potência estrangeira durante a guerra.

Ainda mais clamoroso é o tratamento diferenciado para infratores políticos negros e brancos. Estudantes brancos que foram condenados por sabotagem em meados dos anos 1960 foram soltos da prisão antes de completar suas respectivas sentenças.[ii] Por outro lado, não houve nenhuma indulgência desse tipo para os estudantes e jovens negros encarcerados no curso das manifestações de 1976. Essas manifestações foram espontâneas e perfeitamente justificadas, atiçadas que foram pela adoção pelo "governo" de medidas injustas e impopulares nas escolas africanas.[iii] Que essas medidas tenham sido posteriormente suspensas é uma admissão tácita pelo Estado de que ele errou ao introduzi-las, para começar. Paradoxalmente, os jovens que foram punidos ainda estão atrás das grades.

Estamos convencidos de que a leniência reservada àqueles que participaram da Rebelião de 1914 e das atividades traidoras na Segunda Guerra Mundial foi induzida pelo fato de eles serem brancos.

Desde o início dos anos 1960, com exceção de cerca de quarenta brancos, a esmagadora maioria dos presos políticos foi de negros. Obviamente, o governo reluta em conceder o status de presos políticos a negros que desafiam a supremacia branca e a discriminação que deriva dela.

Somos vítimas de uma situação que não foi criada por nós e depositamos nas mãos do governo a plena responsabilidade pela situação explosiva que reina agora no país. É ele, e só ele, que tem o poder de evitar a catástrofe nacional que se aproxima, e é nosso sagrado dever alertar os senhores a não arrastar o país a uma guerra civil meramente para defender a opressão racial.

É tempo de o governo rever toda a sua abordagem da questão dos presos políticos, especialmente à luz de recentes declarações de porta-vozes do governo e de ministros que condenam o racismo e proclamam a igualdade de todos os seres humanos, independentemente de sua cor. Se nossa informação está correta e se as intenções do governo não são meramente propagandísticas, parece estar havendo uma

---

i Sidney Robey Leibbrandt (1913-66), o campeão de boxe peso pesado sul-africano, atuou para a inteligência militar alemã sob o pseudônimo "Robert Leibbrand". Era um bôer sul-africano de ascendência alemã e irlandesa.　**ii** Ver carta de 22 de abril de 1969 na página 101.　**iii** Os estudantes estavam protestando contra o Decreto da Média Africâner, que obrigava todas as escolas negras a usar uma mistura meio a meio de africâner e inglês em suas aulas e a ensinar algumas disciplinas apenas em africâner.

mudança em sua política. Isso torna ainda mais forte nossa reivindicação para que sejamos tratados como presos políticos.

Além disso, cabe ao Estado reabrir o caso de cada um dos prisioneiros condenados nos tribunais do país em processos originados basicamente das políticas discriminatórias do governo e de sua negação de direitos básicos aos negros. As penas impostas a nós, que vão de cinco anos a prisão perpétua, têm sido selvagens, para dizer o mínimo. É uma caricatura de justiça sentenciar à prisão um oponente da discriminação racial. Para esse fim, reivindicamos firmemente que se crie uma comissão independente de juristas para rever nossas sentenças. Muitos de nós estão na prisão há mais de dez anos, alguns há dezessete anos. Um ano na vida de um homem na prisão já é privação suficiente, que dirá dezessete anos.

Estamos novamente levando nossas reivindicações ao senhor na esperança de que dará a elas atenção urgente e séria e nos informará de sua decisão no devido tempo.

Atenciosamente,
[Assinado NRMandela]
NELSON MANDELA

[Assinado Raymond Mhlaba]
RAYMOND MHLABA

Para o oficial comandante, Robben Island

Nelson Mandela 466/64

19 de novembro de 1979

Oficial comandante,
Robben Island.

A/c: Brig Botha

Ficarei grato se o senhor tiver a bondade de aprovar a carta em anexo ao comissário de Prisões. Tanto a mencionada carta como o anexo que a acompanha falam por si.

[Assinado NRMandela]
Nelson Mandela 466/64

19 de novembro de 1979

Excelentíssimo Sr. Louis L. Le Grange,
Ministro da Polícia e de Prisões,
Pretória.

Prezado senhor,

1. Nos termos das Regras e Normas Prisionais tenho direito a duas visitas por mês. Durante os últimos dois anos minha esposa tentou sem sucesso usufruir desse privilégio. Em maio de 1977 ela foi deportada de Joanesburgo para Brandfort, onde agora está confinada, com base na Lei de Segurança Interna, de 1950. Embora o Departamento de Prisões lhe conceda prontamente uma permissão de dois dias para me visitar, o magistrado de Brandfort se recusa a autorizá-la a deixar o distrito por mais de um dia. Por esse motivo, ela não tem como vir à ilha por dois dias sucessivos. Na crença de que essa objeção contra uma visita de dois dias tivesse vindo da Polícia de Segurança Pública, discuti a questão com o diretor da Polícia de Segurança Pública, brig. Coetzee, em fevereiro último. Ele, porém, garantiu a mim que a objeção não veio da SAP,[i] mas que foi uma decisão tomada independentemente pelo Departamento de Justiça, garantia que aceitei.*

Quatro meses atrás expus o problema ao comissário de Prisões na esperança de que ele o levasse ao ministro da Justiça. Pedi também que, enquanto se aguardava a decisão sobre o caso, a duração de cada visita da minha esposa fosse estendida para no mínimo uma hora e meia. Até esta data o comissário não deu resposta à minha solicitação.

Quando eu soube que minha esposa pretendia me visitar nos dias 17 e 18 deste mês passei ao oficial comandante um telegrama urgente endereçado ao senhor, pedindo que providenciasse junto a seu colega, o ministro da Justiça, para que minha esposa fosse autorizada pelo magistrado a me visitar nas datas mencionadas acima. Mas o oficial comandante não encaminhou o telegrama, por razões que me foram explicadas. Como eu temia, o magistrado autorizou minha esposa a me visitar apenas no dia 17. No entanto, a meu pedido, este Departamento estendeu a visita a uma hora e meia.

Devo acrescentar que uma visita estendida é uma medida extraordinária que cria problemas para a administração, para minha esposa e para mim, nos quais não me proponho a entrar. Em vista disso, eu agradeceria se o senhor discutisse a questão toda com o ministro da Justiça assim que possível. Enquanto isso, minha esposa está pleiteando uma visita a mim nos dias 25 e 26 do próximo mês e estou ansioso para vê-la nesses dias.

i South African Police, Polícia da África do Sul.

2. Preciso chamar sua atenção para outra condição que o magistrado invariavelmente impõe a minha esposa quando ela vem me visitar. Ele insiste que ela viaje de avião entre Bloemfontein e a Cidade do Cabo. Ele sabe muito bem que ela não consegue arranjar trabalho em Brandfort e que está desempregada há dois anos. Nessas circunstâncias, a condição imposta tem o efeito de dificultar suas visitas. Por essa razão eu ficaria grato se o senhor também abordasse o problema com seu colega.

3. O último ponto que eu gostaria que o senhor examinasse é a maneira como as cartas que escrevo a minha esposa são manipuladas em trânsito. Ela me informa que muitas delas chegam a suas mãos mutiladas ou ilegíveis. De acordo com ela, algumas parecem ter sido tratadas com produtos químicos. Creio que isso seja resultado de testes executados pela Polícia de Segurança Pública para averiguar se as cartas contêm escrita invisível. Tenho escrito cartas da prisão para minha esposa nos últimos dezessete anos. Se a polícia nunca encontrou mensagens secretas nessas cartas ao longo de todo esse período, isso significa que não uso minha correspondência para passar mensagens para fora. Nessa circunstância, não me parece razoável que a polícia continue desfigurando as cartas. Essa prática é aplicada indiscriminadamente a nossa correspondência privada e a comunicações confidenciais entre clientes e seus representantes legais. Na carta que me escreveu em 29 de outubro de 1979 ela me informou que uma carta de um advogado de Durban que tratava de um assunto confidencial foi mutilada de modo semelhante. Exponho a questão ao senhor na crença de que não esteja ciente dessa prática e na esperança de que lhe dê atenção imediata.

Atenciosamente,
[Assinado NRMandela]

*P.S. Petições feitas ao Ministério da Justiça pelo representante legal de minha esposa, por um relaxamento dessas restrições, não tiveram êxito.

[Assinado NRMandela]

◇◇◇◇◇◇◇◇◇◇◇◇

Esta carta à filha caçula de Mandela, Zindziswa, nunca foi enviada. Foi descoberta no Serviço Nacional de Arquivos e Registros da África do Sul com uma anotação de agentes prisionais que diz: "O artigo em anexo que o prisioneiro Mandela juntou a seu cartão de Natal não será enviado. O prisioneiro não foi informado de que esse artigo foi rejeitado. Ele não tem permissão para incluí-lo com o cartão. Discuti isso em 20 de dezembro de 1979 com o brigadeiro du Plessis e ele concorda com a decisão. Guardar na pasta dele".

Para Zindzi Mandela,[i] sua filha caçula

Nelson Mandela 466/64

9.12.79

Minha querida Zindzi,

Às vezes me pergunto o que terá acontecido com nosso ginásio de boxe no que costumava se chamar St. Joseph, em Orlando East. Os muros daquela escola e do DOCC[ii] estão impregnados de doces lembranças que me deliciarão por muitos anos. Quando treinamos no DOCC, no início dos anos 1950, o clube incluía boxeadores amadores & profissionais, além de praticantes de luta livre. O clube era dirigido por Johannes (Skip Adonis) Molosi, um ex-campeão & treinador competente que conhecia a história, a teoria e o lado prático do esporte.

Infelizmente, em meados dos anos 1950 ele começou a negligenciar suas obrigações e a passar longos períodos afastado do ginásio.

Por causa disso, os boxeadores se revoltaram. Duas vezes eu dei um jeito na situação, mas, quando Skip deixou de dar atenção a repetidos protestos dos boxeadores, as coisas chegaram a um ponto de ruptura. Dessa vez fui totalmente incapaz de reconciliar os dois lados. Os boxeadores deixaram o DOCC & abriram seu próprio ginásio no St. Joseph. Thembi[iii] e eu nos juntamos a eles. Simon Tshabalala, que hoje está no exterior, tornou-se o diretor, & o astro do boxe era ainda, evidentemente, Jerry (Unyinja) Moloi, que depois se tornou o campeão dos pesos leves do Tvl[iv] e o principal desafiante pelo título nacional. Além de Jerry, nós produzimos três outros campeões: Eric (Black Material) Ntsele, que venceu Leslie Tanjee pelo título nacional dos pesos-galos, Freddie (Tomahawk) Ngidi, que se tornou campeão peso-mosca do Tvl, título que mais tarde foi conquistado por um de nossos camaradas de ginásio, Johannes Motokedi. Houve outras boas promessas, como Peter, o peso-mosca que construiu a garagem da nossa casa. Ele vinha de Bloemfontein & era um estudante da Escola de Férias em Dube. O próprio Thembi era um bom boxeador & às vezes eu ficava acordado até tarde da noite esperando que ele voltasse

---

i Zindziswa Mandela (1960-) — ver glossário.   ii O Donaldson Orlando Community Centre era um espaço comunitário em Soweto que sediou bailes, concertos e lutas de boxe. Foi construído pelo Fundo Donaldson, estabelecido em 1936 pelo tenente-coronel James Donaldson DSO [condecorado com a Distinguished Service Order] para "fazer progredir o status, melhorar as condições e eliminar as desvantagens sofridas pela população africana negra da África do Sul; e para buscar seu bem-estar e seu aprimoramento". Nelson Mandela costumava lutar boxe lá nos anos 1940 e 1950 e passou muitos inícios de noite treinando no ginásio com seu filho mais velho, Thembi.   iii Madiba Thembekile (Thembi) Mandela (1945-69), filho mais velho de Mandela — ver glossário.   iv Transvaal.

411

de um torneio em Randfontein, Vereeniging[i] ou outros centros. Eu e meus camaradas de ginásio éramos uma família muito unida e quando a mamãe entrou em cena essa família se tornou ainda mais íntima. Jerry & Eric até davam carona à mamãe quando eu não podia e o ginásio em peso compareceu à nossa festa de noivado.

A propósito, Freddie trabalhou para nossa firma como escriturário. Ele era tranquilo & confiável e toda a equipe gostava muito dele. Mas na véspera de Natal eu voltei ao escritório & quem eu encontro estatelado & imóvel na passagem junto à sala principal? Freddie. Sua aparência me chocou tanto que o levei às pressas ao médico. O charlatão só lhe deu uma rápida olhada & me garantiu que o campeão estava o.k., mas que precisava de mais sono. Tinha sucumbido às farras natalinas & passara da conta. Levei-o de carro até sua casa em OE[ii] bastante aliviado. De passagem, eu deveria ter te contado que durante a disputa no DOCC Skip acusou Jerry de tê-lo apunhalado pelas costas exatamente como Marco Antônio traiu seu amigo César. Thembi perguntou quem eram Antônio & César. Na época Thembi tinha apenas nove anos. Skip explicou,* "Não venha nos falar de gente que já morreu". Se eu não estivesse junto, Skip teria arrancado as entranhas do garoto, de tão furioso que estava. Ele se queixou amargamente comigo do que considerou uma descortesia da parte do menino. Lembrei a ele que na minha casa eu era o patriarca & governava a família. Mas que eu não tinha tais poderes no ginásio; que Thembi tinha pagado suas mensalidades de associado, que estávamos na mesmíssima situação & que eu não podia lhe dar ordem nenhuma ali.

Passávamos cerca de uma hora e meia no ginásio & eu chegava em casa por volta das nove da noite. Cansado & quase sem uma gota de água no corpo. A mamãe me dava um copo de suco de laranja fresco e gelado e o jantar era servido com leite coalhado bem preparado. A mamãe estava radiante de saúde & felicidade naqueles tempos. A casa era como uma colmeia com a família, velhos amigos de escola, companheiros de trabalho de Bara,[iii] membros do ginásio & até mesmo clientes visitando a casa para conversar com ela. Por mais de dois anos ela e eu vivemos literalmente em lua de mel. Eu resistia discretamente a qualquer atividade que me mantivesse fora de casa depois do horário de trabalho. No entanto, ela & eu não cessávamos de alertar um ao outro de que aqueles belos dias estavam contados, que tempos duros logo bateriam à nossa porta. Mas estávamos nos divertindo com bons amigos & não tínhamos muito tempo para a autolamentação. Isso foi há mais de duas décadas, e no entanto relembro aqueles dias com tanta clareza que é como se tudo tivesse acontecido ontem.

Mas esta carta, querida, não é sobre velhos colegas de boxe, amigos de escola ou mesmo sobre a mamãe. Ela é endereçada a uma adorável mocinha cuja imagem está sempre na minha mente, uma batalhadora que faz a mamãe & eu perigosamente orgulhosos de ser seus pais. Ao escrever esta carta tenho a foto dela e de sua irmã

---

i Ambos os lugares ficam a uma distância entre cinquenta e sessenta quilômetros de Joanesburgo. **ii** Orlando East. **iii** Baragwanath Hospital, em Soweto, Joanesburgo, onde Winnie Mandela trabalhava como assistente social.

na prateleira de livros à minha esquerda, com as molduras das duas fotos tocando uma à outra & com um simples rosário azul pendendo delas como ornamento. Ele tem um valor sentimental, pois me lembra da nossa conexão com a Igreja católica por meio da "Nossa Senhora das Dores".[i] Essa mocinha é ninguém menos que a nossa dama Mantu Nobutho Zindzi, você, Nkosazana.[ii]

Em 23/12 você fará dezenove anos & eu te mando meu amor e minhas felicitações. A mamãe me diz que você estará aqui naquele domingo & estou antevendo esse dia com grande ansiedade. Até lá, vou manter os dedos cruzados. Alguém disse uma vez que os casais felizes têm filhos felizes & filhos felizes geram famílias felizes e nações felizes. Que você seja abençoada com tudo isso, Mantu.

Mais uma vez, muitas felicidades & uma excelente saúde.

Toneladas e toneladas de amor e um milhão de beijos, querida. Afetuosamente, Tata.[iii]

Srta. Zindzi Mantu Nobutho Mandela
802 Phathakahle, Caixa Postal Brandfort 9400, OFS [Orange Free State]

* teu irmão retrucou

Para o diretor da prisão, Robben Island

NELSON MANDELA 466/64

23.12.79

Diretor da Prisão
Robben Island

A/c: Major Harding

A carta em anexo para minha esposa, datada de 9.12.79, foi devolvida a mim pelo Gabinete do Censor com instruções para que a reescrevesse e deixasse de fora toda a primeira página. Com relação a isso, eu agradeceria se o senhor fizesse a bondade de providenciar para que a mesma carta seja enviada para minha esposa tal como

---

i Our Lady of Sorrows (Nossa Senhora das Dores) era o colégio interno católico romano que Zindziswa estava frequentando, na Suazilândia. **ii** *Nkosazana* significa "senhorita" ou "princesa" em isiXhosa. **iii** "Pai", em isiXhosa.

413

está. A página a que fazem objeção não contém uma única frase ou mesmo palavra que possa ser sensatamente interpretada como contrária à política governamental ou ao Departamento de Prisões ou como uma ameaça à segurança estatal ou uma violação de disciplina.

A carta discute um problema doméstico relacionado a nosso genro. É uma resposta à carta anexa de minha esposa, datada de 23.9.79, e a passagem relevante aparece nas páginas 3 e 4, sublinhada com tinta vermelha. Esta carta dela, bem como o parágrafo destacado, foi aprovada pelos mesmos censores e entregue a mim. Como o senhor prontamente perceberá ao ler tal parágrafo, meus comentários têm o intuito de convencer minha esposa a ver o problema a partir de uma perspectiva mais ampla e a não julgar de modo tão duro as partes envolvidas. Eu a insto a concentrar--se principalmente no aspecto criativo e positivo dos envolvidos.

Não sei se algum dos censores na ilha é fluente na língua na qual está escrita a carta da minha esposa. Mas em seu gabinete há homens que têm um pleno entendimento do idioma e o senhor tem toda a condição de fazer com que traduzam o texto para o senhor.

Preciso chamar sua atenção para o fato de que escrever uma carta, no meu atual estado de saúde, é uma verdadeira tortura. Apesar da rápida melhora do meu calcanhar, ainda não posso me sentar confortavelmente a uma mesa. Toda vez que tento fazer isso, o calcanhar começa a inchar. Nessas circunstâncias, espero que o senhor não me obrigue a reescrever a carta.

Devo também chamar sua atenção para o fato de que pedimos repetidas vezes aos censores para não riscar com caneta as cartas devolvidas, e sim usar um lápis. A vantagem desse procedimento é que, quando um prisioneiro tem êxito em seu apelo a autoridades superiores, ele não precisará ter o trabalho e a despesa de reescrever a mesma carta. Até onde eu sei, quase todos os oficiais comandantes anteriores desta ilha reconheceram que essa reivindicação é razoável e justa e a aprovaram prontamente. Por algum tempo esse procedimento foi seguido pelos censores, mas agora eles voltaram à prática anterior.

Confio que o senhor dará ao assunto uma atenção zelosa e urgente. Devo acrescentar que minha esposa é uma pessoa responsável e experiente e que os problemas do senhor não se multiplicarão se ela receber a carta com o risco atravessando a primeira página. Tudo o que eu preciso dizer a ela é que a página foi riscada sem má intenção e que isso não é culpa de nenhuma pessoa em particular.

[Assinado NRMandela]

Robben Island 7400
South Africa.
8. 1. 80.

Dear Mr Healey,

I crave your indulgence in a personal matter, and unfortunately this 'special letter' is confined to that purpose. I should be grateful if you would be so kind as to arrange a scholarship in England for my grand-niece, Miss Xoliswa Matanzima, whose present address is 17 Nattergasse 21/4, 1170 Wien, Austria. She is the daughter of my nephew, Chief K. A. Matanzima, President of Transkei. Partly to the encouragement of her parents and partly to that of my wife and I, Xoliswa undertook studies abroad. But she is experiencing certain difficulties in Austria.

Her Austrian scholarship for a senior degree in political science will only be tenable in 1981. In the meantime she will have to spend a year to master the German language. Even if she overcomes the language hurdle next February, she is doubtful that she will be sufficiently proficient to undertake a senior degree.

I must stress that she is a talented, industrious and determined person, and has pledged to complete her degree in German if all else fails. Her difficulties will be eased if she studies in the English medium, preferably in England. Attempts are being made to obtain a United Nations Scholarship for her. Even if this is successful, our preference is that the scholarship should be tenable in England. Please contact her for any particulars you may require.

An added problem is that she lives in a flat, the rent of which will be borne by a certain undertaking only up to May 1980, after which she has to meet the rent herself.

If I were free I would have handled these problems myself but, in the circumstances, I am forced to shift my responsibilities to my good friends. You may discuss this matter with my friends, Lord Astor and Mrs Barbara Castle, to whom please convey my fond regards.

I recall with nostalgic memories my meetings with you, Lord Astor, the late Mr Hugh Gaitskill and again with you on Robben Island in September 1970. Our lengthy discussions with Mrs Castle in Johannesburg in the fifties are also unforgettable.

Good health and cheer to you, your family and to all friends, my family and I are well.

Sincerely Yours.
NRMandela

Mr Denis Healey,
The House of Commons
London, England.

Uma carta a Denis Healey, 8 de janeiro de 1980, ver páginas 416-7.

Para Denis Healey, membro do Partido Trabalhista
no Parlamento do Reino Unido[i]

8.1.80

Caro sr. Healey,

Solicito seu favor numa questão pessoal e infelizmente esta "carta especial" está limitada a esse propósito.

Ficarei grato se o senhor tiver a bondade de providenciar uma bolsa de estudos na Inglaterra para minha sobrinha-neta, srta. Xoliswa Matanzima, cujo atual endereço é 17 Nattergasse 21/4, 1170, Viena, Áustria. Ela é filha do meu sobrinho, chefe K.D. Matanzima, presidente do Transkei.[ii] Em parte pelo incentivo de seus pais e em parte pelo meu e de minha esposa, Xoliswa foi estudar no exterior. Mas ela está experimentando certas dificuldades na Áustria.

Sua bolsa para uma graduação em ciência política só estará disponível em 1981. Enquanto isso, ela terá um ano para tentar dominar a língua alemã. Mesmo que consiga superar a barreira da língua em fevereiro próximo, é duvidoso que esteja suficientemente fluente para se dedicar a um curso de graduação.

Devo enfatizar que ela é uma pessoa talentosa, diligente e determinada e se comprometeu a completar sua formação em alemão se tudo mais der errado. Suas dificuldades serão atenuadas se ela estudar no idioma inglês, de preferência na Inglaterra. Estão sendo feitas tentativas de obter uma bolsa das Nações Unidas para ela. Mesmo que se consiga isso, nossa preferência é que a bolsa seja conferida na Inglaterra. Por favor, entre em contato com ela para obter os detalhes que necessitar.

Um problema adicional é que ela mora num apartamento cujo aluguel está garantido apenas até maio de 1980, e depois disso terá que bancar o aluguel por conta própria.

Se eu estivesse em liberdade trataria pessoalmente desses problemas, mas nas atuais circunstâncias sou obrigado a transferir minhas responsabilidades para os bons amigos. O senhor pode discutir a questão com meus amigos Lord Astor[iii] e sra. Barbara Castle,[iv] aos quais peço que transmita minhas afetuosas lembranças.

Recordo com nostalgia meus encontros com o senhor, Lord Astor e o falecido sr. Hugh Gaitskell[v] e depois com o senhor em Robben Island em setembro de 1970. Nossas longas conversas com a sra. Castle em Joanesburgo nos anos 1950 foram também inesquecíveis.

---

i Mandela conheceu Healey (1917-2015) numa breve visita a Londres em 1962. Mais tarde Healey o visitou na prisão.   **ii** K.D. Matanzima (1915-2003), sobrinho de Mandela, um chefe Thembu e ministro-chefe para o Transkei — ver glossário. Ele era pai de Xoliswa Matanzima.   **iii** Durante seu encarceramento, Mandela recebeu apoio financeiro de pessoas como o editor de jornal britânico David Astor (1912-2001). **iv** Barbara Castle, representante do Partido Trabalhista no Parlamento britânico. **v** Político e líder do Partido Trabalhista britânico entre 1955 e 1963.

Meus votos de boa saúde e felicidade ao senhor, sua família e a todos os amigos. Minha família e eu estamos bem.

Atenciosamente,
[Assinado NRMandela]

Sr. Denis Healey,
Câmara dos Comuns,
Londres, Inglaterra

Para Zindzi Mandela,[i] sua filha caçula

Nelson Mandela 466/64

27.1.80

Minha querida,

Setenta e nove foi um ano bom para mim. As pressões que a mamãe tem sofrido há tanto tempo continuaram a se atenuar.[ii] Nos piores momentos, ela sempre foi capaz de me dar um sorriso sedutor. Mas esse sorriso tremeluzia numa pele esticada sobre osso & cartilagem. Da última vez havia rubor em suas faces, fulgor em seus olhos & ela parecia uma polegada mais alta depois de obter os resultados dos exames na Unisa. Vê-la com aquela disposição saudável & alegre faz com que eu me sinta bem de verdade.

Durante o ano você esteve aqui seis vezes e recebi nove cartas tuas, cada uma delas trazendo muito amor & bons votos. Além dos vários telegramas que você mandou, recebi também teus cartões de aniversário & Natal. Tudo isso ajuda a alisar as rugas da idade avançada, torna os membros flexíveis & faz o sangue fluir suavemente.

Ainda lembro que, quando te vi em 20 & 21/10, você estava verdadeiramente estupenda em suas pantalonas & cada tecido da sua roupa parecia gritar por atenção, obrigando todos em volta a observar que "aquela moça do outro lado da divisória é a Mantu".[iii] O impacto da tua visita em 23/12[iv] ainda está fresco na minha memória. Foi um gesto muito significativo da parte de uma jovem dama passar seu aniversário de dezenove anos atravessando & voltando a atravessar as poluídas águas

---

i Zindziswa Mandela (1960-) — ver glossário.   **ii** Winnie Mandela ainda estava vivendo no distrito rural de Brandfort no Estado Livre de Orange (hoje Estado Livre), para onde tinha sido banida em 1977. Ela viveu lá até 1985.   **iii** Um dos nomes de Zindziswa Mandela.   **iv** Ver carta na página 411.

do Atlântico. As tuas visitas acalmam o sentimento nostálgico que brota imediatamente quando penso em como você & eu costumávamos brincar em casa & nas outras tocas em que eu me refugiava. Como sempre você me deixou com uma disposição tremenda. Sempre me lembrarei com carinho daquela visita.

Em 14/1 eu te enviei um telegrama de boa sorte nos teus exames & espero que o tenha recebido. Recebeu minha carta de 9/12[i] & o cartão de Natal? Mais uma vez te desejo toda a sorte do mundo, querida. Espero sinceramente que o excêntrico jovem que te constrangeu quando você estava entrando na sala de exame em junho passado tenha sido varrido por furacões & enchentes & não apareça desta vez.

Diga ao vovô Mdingi[ii] que, em resposta a minhas indagações, o GPO[iii] me informou que o telegrama de condolência que enviei a ele em 17/9 pode não ter sido entregue "por motivos técnicos". O estranho é que um parente dos Mdingi também mandou um telegrama semelhante no mesmo dia para a mesma pessoa no mesmo endereço. Este telegrama atravessou a teia de "problemas técnicos" & chegou ao destino. Fiz outras indagações sobre o que não chegou até você.

Estou te mandando também os resultados dos exames da Maki[iv] na FH,[v] pelos quais você verá que ela se saiu muito bem. Por favor, mostre-os à vovó Amina[vi] assim que possível & depois deixe-os com Ismail,[vii] provavelmente para o Fundo de Bolsas da Memon. Rennie[viii] está preocupada com os resultados, especialmente em biologia. Desejo-lhe boa sorte. Depois de tudo o que sofreu, ela merece passar.

Black As I Am [Negra como Eu Sou][ix] acabou se revelando algo bem diferente do que eu tinha imaginado. Não sei até que ponto você e a mamãe estavam no controle real do projeto conjunto. A composição da sobrecapa, a precedência das notas biográficas e o conteúdo de cada uma dessas notas dão a impressão de que vocês duas não interferiram. Também não estou sabendo se a mesma editora que publicou *Black As I Am* adquiriu os direitos para lançar *Black and Fourteen*. Eu gostaria que você tivesse me consultado antes e amplamente sobre o assunto, porque eu teria discutido com você e a mamãe e aconselhado de modo diferente.

Você sem dúvida tem noção do permanente impacto que a boa literatura pode exercer. Lembre que Homero escreveu em cerca de 1200 a.C. e no entanto suas palavras nos tocam ainda hoje. Mas esse é um aspecto que não deve te preocupar.

---

i Ver carta na página 411.   **ii** Muito provavelmente o chefe Mdingi, um parente de Mandela e chefe Thembu que deu nome às duas filhas mais novas de Mandela. A mais velha das duas ele chamou de "Zenani", que significa "O que você trouxe?", e os Madikizela (a família de Winnie Mandela) chamaram-na de Nomadabi Nosizwe ("Campo de batalha da nação"). Mindgi chamou a caçula de Mantu Nobutho Zindziswa.   **iii** General Post Office, a Agência Central do Correio.   **iv** Makaziwe Mandela (1954-), filha mais velha de Mandela — ver glossário.   **v** Faculdade Universitária de Fort Hare, em Alice, no território do Transkei — ver glossário.   **vi** Amina Cachalia (1930-2013), amiga e ativista antiapartheid e pelos direitos das mulheres — ver glossário.   **vii** Ismail Ayob (1942-), advogado de Mandela — ver glossário.   **viii** Nora de Mandela e mãe de seu neto Thembi.   **ix** O livro de poesia de Zindzi Mandela, *Black As I Am*, Los Angeles: Guild of Tutors Press, 1978.

Levando tudo em conta, você fez mais do que eu esperava. O que Kenneth Rexroth disse sobre a tua poesia resume notavelmente bem minhas próprias opiniões.[i] Eu temia que as excelentes fotografias do livro[ii] ofuscassem a poesia, deixando apenas para a mamãe e o Tata[iii] a sua apreciação. Pensando no assunto agora depois de ver o livro pronto, senti que era aceitável que fosse um projeto conjunto e que em sua estratégia de publicação você tivesse tocado o segundo violino.

É ainda mais notável o fato de que a poesia na verdade roubou a cena e se ergueu acima da fotografia.[iv] A tua caneta é tão eloquente quanto a nossa, querida Mantu. Mas as ideias revelam uma profundidade e uma maturidade que deveriam ser reservadas a mãos mais velhas.

Boa poesia e boa fotografia podem dar até mesmo à pobreza, com todos os seus andrajos, sua imundície e seus vermes, uma dimensão divina raramente perceptível na vida real. O velho da página 29 parece verdadeiramente forte e majestoso. Acho difícil esquecer sua postura calma e confiante. A senhora em prantos na página 48 parece nossa vizinha, a sra. Mtimkulu. A única diferença é que ela parece mais jovem do que os nossos vizinhos devem ser agora.

Nossa querida mamãe esteve aqui esta manhã e ontem e me disse que você estava contente com os trabalhos escolares que escreveu até agora. Que tudo corra bem, Mantu. A Nomfundo[v] está trabalhando atualmente? Já não sei mais quais dos meus velhos amigos ainda estão no Bara.[vi] Provavelmente estão aposentados a esta altura ou se transferiram para outras áreas. Fale-me mais sobre ela na tua próxima carta.

Transmita a Nkosazana Mdingi, Mfundu, Violet,[vii] Kgomotso e marido[viii] meu carinho e meus melhores votos. Montanhas de amor e um milhão de beijos para você.

Afetuosamente, Tata.

Srta. Zindzi Mantu Mandela, Orlando West, nº 8115, Caixa Postal Phirima, 1848

---

i Em sua recomendação do livro, o poeta e ensaísta norte-americano Kenneth Rexroth (1905-83) escreveu: "Os poemas de Zindzi Mandela são assombrosos. São não apenas profundamente comoventes e elaborados com grande habilidade poética — uma espantosa proeza para uma jovem de dezesseis anos —, mas também completamente autoconfiantes e desprovidos de autopiedade". (*Black As I Am*, Los Angeles: Guild of Tutors Press, 1978.) Zindzi na verdade tinha dezoito anos quando o livro foi publicado. **ii** As fotos eram de autoria do premiado fotógrafo Peter Magubane (1932-). **iii** "Pai", em isiXhosa. **iv** As fotos de *Black As I Am* retratam a vida nos distritos negros na África do Sul. **v** Ele está se referindo muito provavelmente a Olive Nomfundo Mandela, filha da irmã de Mandela, Notancu. **vi** Baragwanath Hospital, em Soweto, Joanesburgo. **vii** *Nkosazana* significa "senhorita" ou "princesa" em isiXhosa. **viii** Esses são provavelmente membros da família.

Para o ministro da Educação a/c diretor da prisão

Nelson Mandela 466/64

Robben Island
1º de fevereiro de 1980

Ilustríssimo Sr. J.N.H. Jansen,
Ministro da Educação Nacional

Prezado senhor,

Minha filha, Zindziswa,[i] candidatou-se este ano à admissão na Universidade de Witwatersrand, para o bacharelado em artes. A Universidade aceitou o pedido, sujeito à aprovação do senhor.

Ao solicitar sua aprovação, eu gostaria de chamar sua atenção para o fato de que em maio de 1977 minha esposa foi banida para o distrito de Brandfort, onde ela agora está confinada. Quando minha esposa foi deportada, minha filha estava em férias escolares na nossa casa em Orlando e foi então removida junto com a mãe para Brandfort. Com isso, ela foi obrigada a abandonar a escola na Suazilândia, onde estava fazendo seus exames finais em busca do Certificado Geral de Educação, para fazer companhia à mãe em Brandfort.

Desde a deportação da minha esposa, temos experimentado dificuldades consideráveis para conseguir alguém que cuide da casa. Por fim, minha filha teve de voltar para assumir ela própria essa tarefa. Se o senhor aprovar sua solicitação para estudar na universidade mencionada, ela terá condições de cuidar da casa e ao mesmo tempo dar continuidade a seus estudos.

Eu gostaria de acrescentar que minha filha tem apenas dezenove anos e ainda precisa do cuidado e da orientação da mãe. Por essa razão, ela viaja a Brandfort todos os fins de semana e volta a Orlando às segundas-feiras.[58] Por essas razões a Universidade de Witwatersrand é a instituição mais conveniente para ela. Nenhuma outra universidade neste país é tão adequada.

Estou expondo a questão ao senhor na esperança de que a avalie puramente em seu mérito e conceda a minha filha a permissão solicitada.

Atenciosamente,
[Assinado NRMandela]
N R MANDELA

---

i Zindziswa Mandela (1960-), filha caçula de Mandela — ver glossário.

Para Zindzi Mandela,[i] sua filha caçula[ii]

Nelson Mandela 466/64

10.2.80

Minha querida Mantu,

Outro dia eu estava dando uma olhada nas anotações que extraí de *Black As I Am*.[iii] Infelizmente, o livro propriamente dito já não está comigo &, embora eu possa agora ler a coletânea com um pouco mais de cuidado, não tenho a vantagem de examinar cada poema com a ajuda da fotografia que o acompanha.[iv] Contudo, quando vi pela primeira vez a antologia, tomei a necessária precaução que poderia me ajudar a lembrar da imagem correspondente sempre que eu lidasse com um poema específico.

Ao ler sobre a árvore derrubada,[v] com a imagem da árvore seca acima dela ainda clara na mente, & com as choupanas & a crista montanhosa ao fundo, fiquei imediatamente fascinado pelo simbolismo das contradições que emergem claramente dos versos. É esse tipo de contradição que é inerente a quase todos os aspectos da vida. Na natureza & na sociedade essas contradições estão no centro de cada fenômeno & podem estimular a ânsia pela reflexão séria & pelo progresso verdadeiro.

Sem os versos embaixo da árvore, ela não passaria de uma árvore banal. Dificilmente alguém sequer a notaria. Ela parece ter sido atingida por um raio durante a Idade da Pedra & sua seiva parece ter sido sugada por mil vampiros. Se os objetos inanimados pudessem se tornar fantasmas, aquela árvore facilmente seria um.

A idade ou a doença a destruíram. Ela não pode mais absorver a energia da luz do sol nem extrair o suprimento vital de água do solo embaixo dela. Seus galhos & suas folhas, sua beleza & dignidade, que em outros tempos atraíam o olhar dos amantes da natureza e os bichos de todos os tipos, desapareceram. A árvore não é mais do que lenha sobre raízes. Está tão seca quanto um minério de ferro & poucas pessoas acreditarão facilmente que em algum estágio no curso da sua história ela pôde dar frutos.

---

i Zindziswa Mandela (1960-), filha caçula de Mandela — ver glossário. **ii** Há várias versões desta carta na pasta da prisão de Mandela, incluindo uma escrita em 20 de março de 1980. **iii** O livro de poesia de Zindzi Mandela, *Black As I Am*, Los Angeles: Guild of Tutors Press, 1978. **iv** As fotos eram do premiado fotógrafo sul-africano Peter Magubane (1932-). **v** Um dos poemas do livro, "A Tree is Chopped Down" [Uma árvore é derrubada], refere-se à separação da família: "A tree was chopped down / and the fruit was scattered / I cried / because I had lost a family / the trunk, my father / the branches, his support / so much / the fruit, the wife and children / who meant so much to him / tasty / loving as they should be / all on the ground / the roots, happiness / cut off from him". Em tradução literal: "Uma árvore foi derrubada/ e as frutas se esparramaram/ eu chorei/ porque perdi uma família/ o tronco, meu pai/ os galhos, seu suporte/ tanto quanto/ os frutos, a esposa e filhos/ que significavam tanto para ele/ saborosos/ amorosos como deviam ser/ tudo no chão/ as raízes, a felicidade/ decepadas dele" (Zindzi Mandela, *Black As I Am*, Los Angeles: Guild of Tutors Press, 1978).

No entanto, a metáfora transformou aquele mesmo espetáculo morto num objeto vivo de tremendo significado, mais expressivo que uma árvore jovem & saudável num vale fértil & de água abundante; com um alcance tão extenso quanto o da funda de Davi do relato bíblico. Deve haver poucas coisas na natureza que são tão mortas & ao mesmo tempo tão sinistras como aquela árvore de aspecto desgraçado. Mas em versos ela deixa de ser um objeto insignificante num lugar qualquer & se torna um pertence familiar, uma parte da arte do mundo que ajuda a suprir as carências espirituais de leitores de muitos países. O uso hábil da metáfora faz da árvore o centro de um conflito que é tão antigo quanto a própria sociedade; o ponto em que dois mundos se encontram: o que foi & o que é; o símbolo de uma casa de sonho arrasada, de esperanças despedaçadas pela realidade concreta em que levamos nossa vida.

A boa arte é invariavelmente universal & atemporal & aqueles que lerem a tua antologia poderão ver naqueles versos suas próprias aspirações & experiências. Eu me pergunto que conflitos nos pensamentos & sentimentos da mamãe terão sido suscitados pela antologia. A felicidade & o orgulho devem ter sido transbordantes. Mas deve haver momentos em que a tua caneta arranha as partes mais tenras do corpo dela, fazendo-o tremer de pura dor & angústia, tudo isso tornando sua bile ainda mais amarga.

A derrubada da árvore & a dispersão dos frutos vão fazê-la recordar o adorável pessegueiro que se erguia perto da janela do nosso quarto & sua safra de pêssegos saborosos. Os sonhos dela devem ter sido assombrados pela imagem de um lenhador impiedoso cujo ofício é demolir o que a natureza criou & cujo coração jamais é tocado pelo lamento de uma árvore tombada, pelo despedaçamento de seus galhos & pela dispersão de seus frutos.

Filhos espalhados no chão & fora do alcance! Imediatamente penso no falecido Thembi & na bebê Makaziwe I[i] que veio depois dele & que dorme no Croesus[ii] há três décadas. Penso em todos vocês e no infortúnio em que cresceram & no qual agora têm que viver. Mas me pergunto se a mamãe alguma vez te contou sobre o teu irmão que morreu antes de nascer. Ele era pequenino como o teu punho quando deixei vocês. Ele quase a matou.

Ainda me lembro de um domingo quando o sol estava se pondo. Ajudei a mamãe a sair da cama e ir até o banheiro. Ela tinha apenas 25 anos na época & estava adorável & atraente em seu corpo jovem & macio coberto por uma camisola de seda cor-de-rosa. Mas quando voltamos do banheiro ela de repente bambeou & quase caiu. Notei que ela estava também suando em abundância & descobri que estava mais doente do que havia revelado. Corri ao médico da família & ele a mandou para

---

i Thembekile, seu filho mais velho, que nasceu em 1945 e morreu em 1969, e sua primeira filha, Makaziwe, que nasceu em 1947 e morreu aos nove meses de idade. Mandela e sua primeira esposa, Evelyn, deram o mesmo nome à segunda filha do casal. **ii** Croesus Cemetery, em Newlands, Joanesburgo.

o Coronation Hospital,[i] onde ela ficou por vários dias. Foi sua primeira experiência horrível como esposa; o resultado das agudas tensões causadas em nós pelo Julgamento de Traição,[ii] que durou mais de quatro anos. "Uma árvore foi derrubada" me faz lembrar de todas essas experiências duras.

Mas uma boa caneta pode também nos lembrar dos momentos mais felizes de nossa vida, trazer ideias nobres a nossos antros, nosso sangue & nossas almas. Pode converter tragédia em esperança & vitória. Foi assim que me senti quando cheguei à última página da tua antologia. Teu primeiro feito, querida, desperta a esperança de que venha a produzir obras literárias duradouras. Que assim seja! Toneladas de amor & um milhão de beijos. Afetuosamente, Tata.[iii]

Srta. Zindzi Nobutho Mantu Mandela, 8115 Orlando West, Caixa Postal Orlando [1804] Joanesburgo.

Para Dullah Omar,[iv] advogado & camarada

466/64: Nelson Mandela

1.6.80

Meu querido Abdullah,

Ficamos profundamente perturbados quando soubemos da sua enfermidade. Eu tinha te visto apenas um mês antes de a notícia deprimente chegar até nós & não foi fácil acreditar que a doença pudesse atacar tão subitamente um homem de meia-idade que parecia tão viçoso & forte. Felizmente para nós, recebemos a notícia alguns dias depois de você ter alta do hospital & o choque foi logo atenuado por um sentimento de alívio & alegria. Estamos nos juntando a Farida, às crianças[v] & aos muitos amigos & clientes que te felicitaram pelo restabelecimento.

---

i Em Coronationville, em Joanesburgo. O hospital hoje é chamado de Hospital da Mãe e da Criança Rahima Moosa, em homenagem à ativista Rahima Moosa (1922-93), uma das líderes da Marcha das Mulheres em Pretória, em 1956, para protestar contra a extensão da lei do passe de locomoção às mulheres.
ii O Julgamento de Traição (1956-61) foi o resultado de uma tentativa do governo do apartheid de extinguir o poder da Aliança do Congresso, uma coalizão de organizações antiapartheid. Em ações realizadas no início da manhã de 5 de dezembro de 1956, 156 indivíduos foram detidos e acusados de alta traição. Ao final do processo, em março de 1961, todos os acusados ou tiveram as acusações revogadas, ou, no caso dos últimos 28 acusados (incluindo Mandela), foram absolvidos. iii "Pai", em isiXhosa.
iv Dullah Omar (1934-2004), ativista antiapartheid e advogado — ver glossário. v Esposa e filhos de Dullah Omar.

O hospital & teu médico de família devem ter te dado os melhores conselhos sobre como se cuidar durante & depois da recuperação. Tudo o que eu posso acrescentar aqui é o conselho de senso comum que quase todos os que se preocupam com o teu bem-estar já devem ter dado, isto é, que hamba kahle[i] & deixe os teus colegas de firma tratarem das obrigações mais desgastantes. Talvez umas férias no exterior te beneficiassem imensamente. Enquanto isso, te desejamos uma rápida & completa recuperação & muitos anos de prosperidade e felicidade.

Com relação ao falecimento de Bennie,[ii] nossa filha Zindzi[iii] visitou a casa dele para expressar pessoalmente os pêsames da minha família. Infelizmente Helen[iv] não estava em casa, mas esperamos que ela tenha recebido a mensagem. Na época da sua morte, Bennie estava trabalhando junto com o advogado Dison numa petição da qual eu era o requerente. Eu estava ansioso por um encontro com ele. Mas isso não era para acontecer & fiquei muito triste quando soube da tragédia. Por favor transmita a ela os meus pêsames. Pensamos nela & esperamos que mensagens semelhantes de numerosos amigos & simpatizantes tenham lhe dado coragem para suportar o golpe cruel.

Passando à questão de Sabata Dalindyebo,[v] o processo contra ele ainda estava pendente quando te encontrei pela última vez & espero que os teus correspondentes em Durban já tenham te informado sobre o resultado. Ele foi inocentado & ficou livre da primeira acusação, mas foi multado em R700 pela segunda. Fui informado de que o advogado dele o aconselhou a não recorrer contra a condenação & a sentença. Mas agora recebi uma carta de Sabata na qual ele me informa que mesmo assim ele foi ver o oficial de registro da Suprema Corte em Umtata[vi] & registrou pessoalmente o recurso. Ele também pediu uma autorização para me visitar &, se o Departamento de Prisões lhe conceder o passe solicitado, vou discutir todo o assunto com ele quando vier.

Mas isso não é tudo. Fui informado de que, nesse ínterim, o chefe Matanzima[vii] está tomando medidas para depor Sabata como chefe supremo[viii] & que Sabata

---

i *Hamba kahle* significa "fique bem" em isiXhosa e isiZulu. ii Benjamin "Bennie" Kies (1917-79), professor, ativista antiapartheid e membro do New Unit Movement, que em 1957 foi proibido de lecionar pelo resto da vida por causa de sua atividade política. iii Zindziswa Mandela (1960-), filha caçula de Mandela — ver glossário. iv Helen Kies (1926-), professora e membro da Liga dos Professores da África do Sul e do Non-European Unity Movement. Era casada com o professor e ativista antiapartheid Benjamin (Bennie) Kies. v Rei Sabata Jonguhlanga Dalindyebo (1928-86), chefe supremo do território do Transkei e líder do Partido Democrático Progressista, o partido de oposição no Transkei que contestava as leis do apartheid — ver glossário. Ele fugiu para a Zâmbia em 1980, depois de ser condenado por violar a dignidade do presidente do Transkei, K.D. Matanzima. vi Umtata (hoje chamada de Mthatha) era a capital do território do Transkei. vii K.D. Matanzima (1915-2003), chefe Thembu e ministro-chefe para o Transkei — ver glossário. viii Em sua carta de 14 de junho a Fatima Meer, Mandela escreveu que Sabata "rejeitara de modo valente e honroso a conversão do Transkei num bantustão [territórios de base tribal criados pelo regime do apartheid para manter os negros fora das áreas dos brancos]. K.D. Matanzima, cujo bisavô se recusara a curvar-se aos britânicos, e assim se tornou um homem famoso na Tembulândia, colaborou com o governo, depôs um herói do povo, Sabata, e obrigou-o ao exílio, onde morreu".

pretende buscar uma ordem judicial que impeça Matanzima de tal ato. Espero que os teus correspondentes em Durban me mantenham informado sobre esses desdobramentos; mais especificamente, que eles me mandem uma cópia da Petição e mais a Resposta Juramentada do Interpelado.

Devo confessar que esse caso me preocupa. A saúde de Sabata não é tão boa & temo que a tensão que ele tem sofrido por tanto tempo possa piorar seu estado. O que me encoraja é que ele esteve à altura das expectativas em todos os sentidos da expressão & se comportou muito bem. Temos uma grande dívida com você & com seus correspondentes pelos serviços que prestaram.[i]

Gostaria que o advogado Mohammed soubesse disso.

Mais uma vez, desejamos a você toda a sorte do mundo.

Meu amor & minhas lembranças afetuosas a Farida & às crianças, a Fatima,[ii] a Rahima[iii] e Ike & a todos os filhos deles. Cordialmente, Nelson

Abdullah Omar, Caixa Postal 187, Salt River, 7925

Para Winnie Mandela,[iv] sua esposa

466/64: Nelson Mandela

30.7.80

Minha querida mâmi.[v]

Como ousa me mandar um mero telegrama por ocasião do meu 62º aniversário? Fiquei tentado a botar fogo nele, desde que as chamas destruíssem só o papel em que a mensagem está escrita e não a própria mensagem, & desde que pudesse fazer você sentir a dor aí em Brandfort. Você parece ter esquecido que eu sempre gosto de alimentar minha vaidade exibindo as mensagens carinhosas na prateleira

---

i Dullah Omar estava prestando serviços legais.   **ii** Fatima Seedat (1922-2003) era gêmea de Rahima Moosa, uma das líderes da Marcha das Mulheres de 1956. Membro do Congresso Indiano de Natal e do CNA, Fatima foi presa por sua atuação na Campanha de Resistência Pacífica empreendida pelos congressos indianos do Transvaal e de Natal entre 1946 e 1948 contra a Lei da Posse da Terra por Asiáticos de 1946, que buscava confinar a posse de terra por asiáticos a determinadas áreas. Foi presa de novo em 1952 por participar da Campanha do Desafio (para a Campanha do Desafio, ver glossário). **iii** Rahima Moosa (1922-93), ativista antiapartheid e uma das líderes da Marcha das Mulheres em Pretória, em 1956, para protestar contra a extensão da obrigação dos passes de locomoção para as mulheres. Irmã gêmea de Fatima Seedat.   **iv** Nomzamo Winifred Madikizela-Mandela (1936-2018) — ver glossário. **v** No original, *Mum*, é uma forma carinhosa e infantil de se referir à mãe, diferente de "mamãe" (*mommy* ou *momma*). [N. T.]

de livros durante um tempo suficiente para atrair a atenção dos meus colegas detentos sem precisar convidá-los formalmente.

Você se dá conta de que este ano não recebi sequer o cartão de aniversário de casamento que você manda ocasionalmente? Claro que ambos os cartões, a exemplo de todas as tuas cartas & telegramas, seriam sujeitos à censura habitual; mas, diferentemente do tipo de telegrama eliminado nesse processo, esses podem ser preservados para lembrar a nossos filhos estes dias febris, especialmente os cruciantes problemas aí nesse veld profundo.[i]

Não importa, minha querida mâmi, teu amor & tuas mensagens afetuosas sempre me animam, qualquer que seja a forma em que venham. Fiquei enlevado ao receber os telegramas depois de passar o 19/7 com a Mantu.[ii] Vindo ao mesmo tempo que as visitas de 13 & 19/7, eles fizeram que eu me sentisse ainda mais convicto de que as fontes que brotaram tão fortemente de você em todos esses anos & cujas águas são tão frescas & doces não secarão jamais. É esse o caso, embora você não parecesse estar muito bem. A chama que geralmente resplandece em você estava apagada. Talvez as dores nas tuas costas não tenham se atenuado muito & o mar agitado tenha te afetado sem que você percebesse. Espero que continue fazendo seus exercícios regularmente, querida. A única solução é desenvolver os músculos das costas & deixá-los fortes o bastante para sustentar os ossos da coluna em sua posição. Vá com cuidado, porém, especialmente enquanto durar a dor.

Além do teu telegrama recebi dois cartões, de Zeni & Muzi[iii] e de Zazi & Swati.[iv] Acredito que os da Mantu estejam a caminho. Houve três outros telegramas, um do Ismail de JHB,[v] um de Kepu Kentane[vi] e um de Mangosuthu.[vii] Até agora não recebi sequer um dos inúmeros que os amigos mandaram do mundo todo. De todo modo, é muito confortador saber que tantos amigos ainda pensam em nós depois de tantos anos.

No que se refere à doença de Nali,[viii] espero sinceramente que nada aconteça a ela. Uma tragédia assim abriria uma ferida difícil de cicatrizar. Nós amamos muito a ela & as crianças. Eu teria preferido que ela permanecesse em JHB & encontrasse algum trabalho. Ali ela teria pelo menos a certeza de contar com a melhor assistência médica do país & também estaria mais perto das crianças. Se não fosse pela escassez de médicos & de trabalho em Brandfort, eu a aconselharia firmemente a morar

---

i Winnie Mandela ainda estava vivendo no distrito rural de Brandfort, no Estado Livre de Orange (hoje Estado Livre), para onde tinha sido banida em 1977. Ela morou lá até 1985. *Veld* significa "campo" em africâner e refere-se mais especificamente à savana. ii A filha caçula do casal, Zindzi. iii A filha mais velha do casal, Zenani, e seu marido, o príncipe Thumbumuzi Dlamini, filho do rei Sobhuza da Suazilândia. Eles se casaram em 1977. iv Os filhos de Zenani Mandela, Zaziwe (1977-) e Zamaswazi (1979-). v Joanesburgo. vi Kepu Mkentane, esposa de Lincoln Mkentane, um ex-colega de universidade de Mandela que se tornou advogado. vii Chefe Mangosuthu Gatsha Buthelezi (1928-), príncipe zulu, membro do CNA até a relação se deteriorar em 1979, ministro-chefe de KwaZulu entre 1972 e 1994, fundador e presidente do Partido da Liberdade Inkatha em 1975 — ver glossário. viii Irmã de Winnie Mandela.

com você. A vida na Pondolândia[i] seria tão dura & deprimente quanto tem sido para Lungile[ii] &, se possível, deveríamos tentar ajudá-la. Niki & Marsh[iii] talvez tenham dificuldade em ajudar em vista do relato perturbador que você me fez do que eles passaram recentemente. Eu com certeza não faria objeção alguma a que eles dois ficassem ao lado de Zeni. Tê-los por perto significaria muito para ela.

Fiquei contente em saber que Lungile agora está em JHB fazendo tratamento. Só o fato de estar por um tempo com a sobrinha já pode beneficiar sua saúde. Mas penso que ele provavelmente ficaria mais feliz com você & Nyanya.[iv] Se você ainda tiver algumas roupas minhas, não vou me importar se as der a ele como um presente, desde que você não faça objeção...

Você soube da morte súbita de Sanjay[v] num desastre aéreo & espero que tenha mandado uma mensagem de condolências à mãe dele.[vi] Nada serviria de desculpa para não fazermos isso. Se você ainda não o fez, mâmi, sugiro que envie uma mensagem agora mesmo. Será também adequado que as meninas deixem uma coroa de flores no "túmulo" dele quando forem lá para a cerimônia.[vii] Espero que haja uma coordenação entre você e Reggie[viii] quanto à planejada viagem.

Você não vai acreditar quando eu lhe contar que, além da longa carta que recebi de Muzi,[ix] ele mandou em seguida um lindo cartão-postal de Mombaça.[x] Ele diz que sua volta foi adiada em uma semana e meia. Estou escrevendo para ele via Mbabane[xi] para não correr o risco de desencontro se escrever direto para o Quênia. Estou escrevendo também para a Zeni. Esqueci de te contar durante a tua última visita que o dr. Phatudi[xii] visitou a ilha no mês passado & pediu para me encontrar. Escrevi a ele um bilhete breve no qual ressaltava que não podia consentir com sua solicitação. Mas acrescentei que minha recusa em vê-lo não deveria ser vista como uma descortesia a ele.[xiii]

---

i O distrito no Transkei onde Winnie Mandela cresceu. **ii** Irmão de Winnie Mandela. **iii** A irmã mais velha de Winnie Mandela, Niki, e seu marido, Marshall Xaba (para Niki Xaba, ver glossário). **iv** Nonyaniso (Nyanya) Madikizela, irmã mais nova de Winnie Mandela. **v** Sanjay Gandhi (1946-80), filho da primeira-ministra Indira Gandhi, morreu num acidente de avião em 23 de junho de 1980. **vi** Mandela não conheceu pessoalmente Indira Gandhi, mas ficou impressionado pela posição que ela assumiu contra o apartheid desde 1946. **vii** Fatima Meer escreveu a Indira Gandhi em 1979 sugerindo que Mandela fosse indicado para o Prêmio Jawaharlal Nehru para o Entendimento Internacional. Ele conquistou o prêmio em 1979, e quando Winnie Mandela teve negado o passaporte para comparecer à cerimônia, em 14 de novembro de 1980, ele foi representado por Oliver Tambo. A filha do meio de Mandela, princesa Zenani Dlamini, também compareceu à cerimônia. **viii** Oliver Reginald Tambo (1917-93), amigo de Mandela, ex-sócio em seu escritório de advocacia e presidente do CNA — ver glossário. Seu nome do meio era Reginald e Mandela se referia a ele como Reggie. **ix** Príncipe Thumbumuzi Dlamini, filho do rei Sobhuza da Suazilândia e marido de Zenani Mandela. **x** Uma cidade na costa do Quênia. **xi** A maior cidade da Suazilândia. **xii** Cedric Phatudi, ministro-chefe do território Lebowa, no Transvaal. Um artigo no jornal *Citizen* datado de 28 de junho de 1980 relata que Phatudi iria pedir ao primeiro-ministro P.W. Botha que libertasse Mandela e acrescenta que ele visitara Robben Island naquela semana, mas não se encontrara com Mandela. ("Phatudi pedirá ao PM que liberte Nelson Mandela", *The Citizen*, 28 de junho de 1980.) **xiii** Assim como Mandela se recusara a ser libertado para viver no território (ou bantustão) Transkei, ele também se recusa a reconhecer o território Lebowa.

Fiquei de mãos abanando com relação à Mantu. Ela sugeriu trazer consigo o Oupa[i] para que trocássemos ideias os três. Mas acrescentou que não seria muito fácil discutir o problema comigo em minhas atuais circs.[ii] De todo modo, estou ansioso por vê-los & espero que tenham solicitado a autorização.

A família está crescendo rapidamente, mâmi, &, apesar da tua situação atual, é importante que tentemos adquirir um lar adequado. É muito melhor que trabalhemos em torno da ideia de comprar uma casa em Soweto & abandonemos o plano de ampliar a atual. O imóvel todo é pequeno demais para o nosso propósito. Ali a Mantu nunca poderá ter a privacidade necessária para seus estudos & sua escrita. Minha sugestão é que os R10 000 sejam investidos em tal projeto. Eu gostaria de trocar ideias sobre a questão com alguém como Marsh ou Nthato[iii] se eles pudessem vir me visitar. O outro assunto que tem me preocupado é o fato de que você agora está morando sozinha. Estou queimando os miolos para encontrar uma solução. É uma coisa para a qual temos de encontrar uma saída sem demora. Ambos sabemos de que maneira o fato de você estar sozinha será explorado contra nós. Enquanto isso, sinto muito a tua falta & espero te ver com uma aparência bem melhor na próxima vez. TE AMO! Com devoção, Madiba.

Nkosk. Nobandla Mandela, 802 Phathakahle.

[No pé de cada página dessa carta há um bilhete para Adelaide Tambo.[iv] Pode ser que ele estivesse tentando infiltrá-lo secretamente nesta carta a sua esposa.] "Nossa querida Matlala,[v] sinto muita falta de você, de Reggie & das crianças & espero que estejam todos bem. Tanto você como Reggie precisam de umas férias & de um descanso completo por um par de meses. É absolutamente necessário. Zami[vi] me diz que você está muito zangada com ela por usar parte do dinheiro que você me mandou. Na verdade, ela me consultou antes & eu a autorizei a usá-lo. Você certamente está ciente de que as circs. inverteram os papéis nesta família & que Zami se firmou como a kraal-hand[vii] inconteste, tanto que, quando eu voltar, tenho dúvidas se terei condições de desalojá-la dessa posição. Ela geralmente é uma pessoa frugal & eu dependo inteiramente dela em questões desse tipo. Repito que sinto falta de vocês & que até a caneta que estou usando está repleta de lembranças nostálgicas. Todos nós te amamos, Matlala. Com afeto, Bhuti.[viii] P.S. Um milhão de agradecimentos pelo dinheiro & por tudo o mais. Bhuti."

---

i O companheiro de Zindzi, Oupa Seakamela.   ii Circunstâncias.   iii Nthato Motlana (1925-2008), amigo, médico, empresário e ativista antiapartheid — ver glossário.   iv Adelaide Tambo (1929-2007), amiga, ativista antiapartheid e esposa de Oliver Tambo, ex-sócio de Mandela em seu escritório de advocacia e presidente do CNA — ver glossário para ambos. Os Tambo estavam vivendo no exílio em Londres.   v Um apelido de Adelaide Tambo.   vi Um dos nomes de Winnie Mandela.   vii *Kraal* é uma palavra africâner para um grupo tradicional de cabanas cercadas por uma cerca para guardar o gado. Um *kraal-hand* seria um trabalhador encarregado de cuidar do lugar.   viii "Irmão", em africâner.

Uma carta a Winnie Mandela, 30 de julho
de 1970, ver páginas 425-8.

...ing report you gave me on what they recently went through. I would certainly have no objection to the 2 of them going over to Zeni. It would mean a great deal to her to have them nearby.

It pleased me to hear that Kuzwi, he is now in JHB for treatment, though Mantu thinks that he is a bit violent. Staying a while with his niece may alone benefit his health. But I think he probably would have been more happy with you & Nyanya. If you still have some of my clothing I wouldn't mind giving them to him as a present provided that you have no objection.

I would suggest that you do not worry yourself much about the effect our mother's genes & those of Sobhuza & the elders. Medical science is advancing & conditions that were incurable yesterday can easily be controlled today & even healed altogether tomorrow.

You heard about the sudden death of Sanjay in a private plane accident & I do hope that you sent a message of condolence to his mother. Nothing could ever excuse our failure to do so. If you have not yet done so, Mum, I would suggest that you dispatch a message immediately. It will also be proper for the elders to lay a wreath on his "grave" when they go over for the presentation ceremony. I hope there will be coordination between you & Reggie about the proposed trip.

You will not believe me when I tell you that apart from the long letter I received from Suzi, he also followed with a beautiful post card sent from Mombasa. He says his return has been postponed by 1½ wks. I am writing to him c/o Mbabane lest I should miss him if I direct it to Kenya. I am also writing to Zeni.

I forgot to tell you during the last visit that Mr. Phathuca visited the island last month & asked to see me. I wrote him a short note in which I pointed out that I could not accede to his request. But I added that my refusal to see him should not be regarded as a discourtesy to him.

I came out empty-handed with Mantu. She suggested bringing Oupa along so that the 3 of us could put our heads together. But she added that it will not be so easy to discuss the problem with me in my present circ es. I am, nevertheless, keen to see them & hope that they have applied.

The family is growing fast, Mum, & in spite of our present position, it is of some importance that we try to acquire a proper home. It is far better that we work on the idea of buying a house in Soweto & abandon the plan of extending the present one. The entire stand is too small for our purpose. How can Mantu get the privacy needed for her studies & writing. My suggestion is that the R10,000 should be invested in such a project. I would have liked to exchange views on the matter with someone like Marsh or Ntatho if they could come down. The other matter that worries me presently is the fact that you are now staying alone. I am racking my brains for a solution. It is something for which we should find a way out without delay. We both know how your being alone will be adversely exploited. Meantime, I miss you a lot & hope you will look far better when I see you again. I Love You! Devotedly, Madiba II // khost. Nelson Mandela. 802 Phatakahle

family & Zami has established herself as the undisputed kraal-head, so much so that I doubt if, on my return, I will be able to dislodge her from that position. She is generally a frugal person & I depend entirely on her in matters of this kind. Again I miss you & even this pen that I am using is full of nostalgic memories. We all love you, Mahlala. Very sincerely, Bhuti. P.S. A million thanks for the cash & for everything else. Bhuti.

Para Amina Cachalia,[i] amiga e camarada

466/64: Nelson Mandela

26.10.80

Minha querida Amina,

Eid Mubarak, ben![ii] Como estão as coisas? Já chegou ao estágio em que sofre estranhas dores lombares, ou em que precisa usar óculos? Suponho que seja o caso com todos os homens na minha situação, mas acho difícil te imaginar com uma aparência física diferente daquela com a qual te vi na última vez. Sempre levo um choque quando vejo algum dos meus amigos em publicações disponíveis aqui. Alguns parecem estar se alimentando 24 horas por dia, de tão inchados que estão, enquanto outros se assemelham a laranjas chupadas. Como te contei na minha última carta, entre as pessoas que estão supreendentemente bem estão Fatima & Ismail.[iii] Eles fazem a cela literalmente resplandecer.

Mas é em você que estou pensando no momento & repito: Eid Mubarak! Posso literalmente sentir o cheiro do biryani, do pilau & das samosas que você preparou para a ocasião, com a cintura de Yusuf[iv] se expandindo a cada dia.

Espero que vocês tenham conseguido viajar à Índia, que tenham visto não apenas os santuários em que repousam os Asvats,[v] mas também os lugares famosos daquele país, como o Taj Mahal. Mas espero que Yusuf não tenha investido sua fortuna duramente conquistada num projeto semelhante só para imortalizar você, ou como um monumento aos momentos maravilhosos que vocês passaram juntos. Afinal, a tua lembrança será perpetuada não apenas pelos que tiveram a honra & o prazer de te conhecer, mas pelos palanques & praças em que apareceu, pelas ruas por onde andou & pelos registros que ficarão para a posteridade. Tudo o que eu desejo dizer neste momento é que vocês não sejam tão possessivos no que tange a suas experiências & impressões do país & do povo. Dividam-nas conosco! Vocês se avistaram com Indiraben?[vi]

---

i Amina Cachalia (1930-2013), amiga e ativista antiapartheid e pelos direitos das mulheres — ver glossário. **ii** "Abençoado Eid", em guzerate, em referência a um dos dois feriados oficiais muçulmanos, o Eid-al--Adha, ou Festa do Sacrifício. *Ben* significa "irmã" em guzerate. **iii** Fatima (1928-2010) e Ismail Meer (1918-2000), amigos. Fatima era professora, escritora e ativista antiapartheid. Ismail era advogado e ativista antiapartheid — ver glossário para ambos. **iv** Yusuf Cachalia (1915-95), marido de Amina Cachalia, ativista político e secretário do Congresso Indiano Sul-Africano — ver glossário. **v** Um nome de família dos ancestrais de Amina Cachalia. **vi** Indira Gandhi (1917-84), primeira-ministra da Índia.

Eu literalmente atormentei a Zami[i] a respeito da viagem à Índia & agora sugeri que, se ela & as meninas estiverem encontrando dificuldade em obter os documentos necessários para viajar, deveriam desistir da viagem & deixar OR[ii] tomar as providências necessárias para que outra pessoa compareça à cerimônia.[iii] Apesar dos nossos problemas especiais, não seria conveniente retardar a partida deles por tanto tempo.

Zindzi[iv] me contou durante a visita de julho que Zainub[v] estava de volta para ver o irmão de vocês que estava muito doente. Logo concluí que o enfermo era Solly,[vi] & só quando me informei por aqui foi que descobri que você tem uma porção de irmãos. Que escandaloso o fato de eu saber tão pouco sobre a tua família, eu que fui teu amigo a vida toda. Qual deles é? Zainub ainda está no país ou voltou para a Inglaterra? Espero que ela & Aziz[vii] estejam bem. Você ainda encontra Esackjee & família, Farid[viii] & a dele? Quase não tenho notícias de Mota,[ix] Winnie,[x] Shireen & o caçula[xi] & me pergunto se você recebeu a carta que escrevi a ele vários anos atrás aos teus cuidados.[xii] Por favor seja paciente comigo & não fique zangada mesmo que eu repita perguntas a que talvez você já tenha tentado responder. Você escreve maravilhosamente & eu nunca salto sequer um sinal de pontuação nas tuas cartas. Se eu tivesse recebido os teus comentários a qualquer um desses pontos certamente não voltaria a te atormentar.

Quanto a minha filha Maki,[xiii] eu me pergunto se você recebeu minha carta registrada de 27/4 na qual eu te informava de que ela havia recebido uma bolsa de estudos, mas que, como estudante de assistência social, ainda precisava de muito mais recursos. Eu expressava a esperança de que você & o outro Ismail[xiv] pudessem resolver o problema. Também escrevi a ela dizendo que esperasse por notícias de vocês.

Mas em 11/10 recebi uma carta dela dizendo não ter recebido notícias tuas. Ela acrescentou que tinha dito a Helen[xv] para não se preocupar mais, pois entendia

---

i Um dos nomes de Winnie Mandela. **ii** Oliver Reginald Tambo (1917-93), amigo de Mandela, ex-sócio em seu escritório de advocacia e presidente do CNA — ver glossário. **iii** Fatima Meer escreveu a Indira Gandhi em 1979, sugerindo que Mandela fosse indicado para o Prêmio Jawaharlal Nehru para o Entendimento Internacional. Ele conquistou o prêmio em 1979, e quando Winnie Mandela teve negado o passaporte para comparecer à cerimônia, em 14 de novembro de 1980, ele foi representado por Oliver Tambo. A filha do meio de Mandela, Zenani, também compareceu à cerimônia. **iv** Zindziswa Mandela (1960-), filha caçula de Mandela — ver glossário. **v** A irmã de Amina Cachalia, Zainub Kazi. **vi** Irmão de Amina Cachalia. **vii** O marido de Zainub Kazi, dr. Aziz Kazi. **viii** Antigos companheiros do Julgamento de Traição (para o Julgamento de Traição, ver glossário). **ix** Yusuf Dadoo (1909-83), médico, ativista antiapartheid e orador. Presidente do Congresso Indiano Sul-Africano, representante de Oliver Tambo no Conselho Revolucionário do MK e presidente do Partido Comunista Sul-Africano — ver glossário. Yusuf Dadoo era conhecido comumente como Mota, abreviatura de *Motabhai*, a palavra guzerate para "irmão mais velho". Ele estava no exílio desde 1960. **x** Esposa de Yusuf Dadoo. **xi** Filhos de Yusuf Dadoo. **xii** Ver carta a Yusuf Dadoo de 1º de novembro de 1975, página 302. **xiii** Makaziwe Mandela (1954-), filha mais velha de Mandela — ver glossário. **xiv** Ismail Ayob (1942-), advogado de Mandela — ver glossário. **xv** Provavelmente Helen Joseph (1905-92), professora, assistente social e ativista antiapartheid e pelos direitos da mulher — ver glossário.

que ela (Helen) pudesse estar enfrentando certas dificuldades. Mesmo antes de receber a tua resposta eu tenho certeza de que você tem uma explicação perfeitamente válida. Pode muito bem ser que o fechamento de Fort Hare, a internação dela num hospital como resultado de ferimentos que sofreu durante as manifestações em FH[i] ou a tua ausência durante a viagem à Índia tenham desarranjado os teus planos. Mas achei que você deveria saber que, até o momento em que me escreveu, ela não tinha tido notícias tuas.

Lamentei saber por você que Ismail[ii] estava mal de saúde. Pessoas como ele não deveriam nunca se permitir ficar doentes. Quando elas espirram todos nós ficamos resfriados. Espero que ele esteja melhor agora & que Jamilla & as crianças também estejam bem. Diga a ele que pedi a Zami para levantar R400 para os meus estudos, embora eu não saiba quem ela vai ter que achacar. Não tive coragem de contar a ela que gastei os recursos que ela me mandou mais cedo este ano fazendo a assinatura anual dos jornais *Rand Daily Mail* & *Rapport*. Pretendo me matricular em cinco disciplinas no ano que vem & as taxas da Unisa[iii] ficaram proibitivas. Poucos têm condições de pagar as taxas de R70 por disciplina + R40 de matrícula. Não me deixaram completar as quatro disciplinas pendentes que eu devo do último curso na Universidade de Londres.[iv] Em vez disso, fui autorizado a estudar na Unisa. Não sei nem sequer como vou fazer para obter os livros indicados.

Minhas afetuosas lembranças a todos os nossos amigos & meu carinho a você e Yusuf. Cordialmente, Nelson.

Sra. Amina Cachalia, Caixa Postal 3625, Joanesburgo

4 de janeiro de 1981

P.S. Amina,
Esta carta me foi devolvida pelo Correio de Joanesburgo com a anotação "Não reclamada". Eu a reenvio na esperança de que desta vez você tenha a coragem de buscá-la. Estive pensando que talvez ela tenha chegado a Joanesburgo durante a tua ausência. Te amo como sempre. Cordialmente, Nelson.

---

i Faculdade Universitária de Fort Hare, em Alice, no território do Ciskei — ver glossário. ii Maulvi Cachalia (1908-2003), cunhado de Amina e ativista antiapartheid — ver glossário. iii Universidade da África do Sul. iv As autoridades prisionais não permitiram que Mandela continuasse a estudar para o seu bacharelado em direito junto à Universidade de Londres.

Para Zindzi Mandela,[i] sua filha caçula

[Anotação com outra caligrafia] Carta original censurada 10.2.81

466/64: Nelson Mandela

1.3.81

Minha querida,

A prisão, <u>especialmente para aqueles que ficam em celas individuais,</u>[ii] propicia muitos momentos de reflexão sobre problemas numerosos demais para serem listados num papel. Frequentemente, ao andar de um lado para outro na minha cela minúscula, a mente viaja para longe, relembrando um episódio aqui, um erro acolá. Entre estes está a dúvida se em meus melhores dias fora da prisão eu mostrei suficiente gratidão pelo amor & pela bondade de muitos daqueles que foram amigos & me ajudaram quando eu era pobre & batalhador.

Outro dia eu estava pensando nos Xhoma, da 7ª Avenida, 46, no distrito de Alexandra, onde morei ao chegar a JHB.[iii] Naquela época eu recebia um salário mensal de 2 libras (R4,00)[iv] & dessa quantia eu tinha que tirar o aluguel mensal de 13 xelins e 4 pence, mais a passagem de ônibus de 8 pence por dia, ida e volta. Mas meu senhorio & sua esposa eram amáveis. Eles não apenas me concediam uma prorrogação quando eu não tinha o dinheiro para o aluguel, mas também me ofereciam gratuitamente um lauto almoço aos domingos.

Também me hospedei com o rev. Mabuto, da Igreja Anglicana, no número 46 da 8ª Avenida, no mesmo distrito, & ele e a Gogo,[v] como carinhosamente chamávamos sua esposa, também eram muito bondosos, ainda que ela fosse um tanto rígida, insistindo que eu devia sair só com garotas Xhosa. Embora minha perspectiva política ainda estivesse em formação, Healdtown & Fort Hare[vi] tinham me colocado em contato com estudantes de outros setores do nosso povo, & eu já havia pelo menos desenvolvido um pensamento que transcendia as fronteiras étnicas. Estava determinado a não seguir o conselho dela naquela questão específica. Mas ela & o marido desempenharam de modo admirável o papel de pais para mim.

---

i Zindziswa Mandela (1960-) — ver glossário. ii Sublinhado muito provavelmente por um censor da prisão. iii Mandela fugiu de um casamento arranjado em 1941 depois de sua expulsão da Faculdade Universitária de Fort Hare e foi para Joanesburgo, onde se hospedou com a família Xhoma em Alexandra. iv Ele era um estagiário na firma de advocacia Witkin, Sidelsky & Eidelman. v "Vovó", em isiZulu e em isiXhosa. vi Mandela frequentou a Faculdade Metodista Healdtown, em Fort Beaufort, em 1937, e depois a Faculdade Universitária de Fort Hare, em Alice, em 1939 — ver glossário.

O sr. Schreiner Baduza,[i] proveniente de Sterkspruit,[ii] morava como inquilino com sua esposa no nº 46 da 7ª Avenida. Ele & o sr. J.P. Mngoma,[iii] embora muito mais velhos que eu, especialmente o último, estavam entre meus melhores amigos naquele tempo. O sr. Mngoma era proprietário de imóveis e pai da tia Virginia, uma das amigas da mâmi.[iv] Mais tarde fui apresentado ao sr. P. Joyana, sogro do irmão do falecido chefe Jongintaba Mdingi.[v] Ele (o sr. Joyana) era funcionário de escritório na Rand Leases Mine. Eu costumava viajar até lá aos sábados para apanhar suas rações — samp,[vi] arroz, farinha de milho,[vii] carne, amendoins & outros itens.

Muito mais tarde minha situação financeira melhorou um pouco, mas eu quase não pensava naqueles que tinham estado a meu lado durante os tempos difíceis, nem fui visitá-los, exceto uma ou duas vezes apenas. Tanto os Mabuto[viii] como os Baduza foram depois morar em Soweto & eu visitei os Mabuto algumas vezes. Encontrei os srs. Joyana & Baduza em muitas ocasiões, mas nenhuma vez sequer pensei em retribuir sua gentileza. No final dos anos 1940 & início dos 1950 o sr. Baduza tornou-se uma figura de grande destaque nas questões cívicas de Soweto & nossa ligação se limitava a esse plano.

Fiquei profundamente perturbado quando, num dia do início de 1953, a Velha Dama, sra. Xhoma, outrora uma pessoa linda & vivaz, entrou arrastando os pés na Chancellor House, parecendo muito envelhecida & alquebrada. O velho tinha falecido & ela queria que eu liquidasse suas propriedades. Eu mal ficara sabendo da doença dele, quanto mais da sua morte & funeral, acontecimento que eu não tinha o direito de ignorar.

Mesmo com relação a minha amada Velha[ix] eu não fui tão atencioso quanto deveria ter sido. Eu raramente escrevia para ela, exceto para tentar convencê-la a vir morar comigo em JHB.[x] Há muitos outros exemplos que eu poderia dar & estes são apenas alguns que eu cito como ilustração

---

i Um dos melhores amigos de Mandela. Com sua esposa, hospedou-se na mesma casa que ele em Alexandra. Depois de se mudar para Soweto, tornou-se uma figura proeminente em questões cívicas. **ii** Uma cidade no território do Transkei. **iii** Amigo de Mandela em Alexandra. Proprietário de imóveis e pai de tia Virginia, uma amiga de Winnie Mandela. **iv** Winnie Mandela. **v** Muito provavelmente o chefe Mdingi, parente de Mandela e chefe Thembu que deu nome às duas filhas mais novas de Mandela. A mais velha das duas ele chamou de Zenani, que significa "O que você trouxe?", e os Madikizela (a família de Winnie Mandela) chamaram-na de Nomadabi Nosizwe ("Campo de batalha da nação"). Mdingi chamou a caçula de Mantu Nobutho Zindziswa. **vi** Uma papa feita de milho moído grosso. **vii** Um ingrediente feito de milho moído, também conhecido como maisena, que se mistura na água fervente para fazer um mingau. **viii** Um amigo de Mandela. **ix** Sua mãe, Nosekeni Mandela. **x** Joanesburgo.

Minha prisão por traição em 5/12/56[i] & o longo processo que se seguiu pioraram a situação. O mundo à minha volta literalmente desmoronou, a renda desapareceu & muitos compromissos não puderam ser honrados. Só a entrada em cena da mâmi[ii] ajudou a impor um pouco de ordem aos meus problemas pessoais. Mas o caos tinha chegado longe demais para que ela pudesse trazer de volta a estabilidade & a vida tranquila que eu apenas começara a saborear quando o infortúnio se abateu sobre mim.

São essas coisas que eu fico remoendo quando a mente viaja até os meus tempos na Cidade Dourada.[iii] Mas esse exame de consciência se dissolve totalmente quando penso na mâmi & em todos os filhos, no orgulho & alegria que vocês todos me dão. Entre nós está Nobutho,[iv] a linda Mantu cujo amor & lealdade, visitas, cartas, cartões de aniversário & Natal são uma parte essencial dos esforços da família para me ajudar a suportar muitos dos desafios nas últimas duas décadas. Nobutho é de Capricórnio & de acordo com os astrólogos as estrelas no último mês pressagiaram um período de prazer & excitação que aguarda os capricornianos, que você provavelmente receberá muitos visitantes, muitos convites & que sua saúde será excelente. É uma superstição cuidadosamente elaborada & apresentada de modo atraente. Tem fascinado a humanidade desde a alvorada da história & até mesmo inspirado muita gente que acredita nela a se superar em muitos terrenos. De fato, muitos capricornianos devem ter se sentido lisonjeados ao ler tais previsões fantásticas. Mas vamos deixar de lado as superstições & encerrar esta carta com uma observação que está baseada em fatos. É minha verdadeira mensagem a você, querida — tua capacidade de reconhecer e apreciar o amor & a bondade dos outros. É uma virtude preciosa tentar tornar os outros felizes & fazê-los esquecer suas preocupações. É uma qualidade que você & a Zeni[v] parecem ter herdado da mâmi. Meu desejo é de que ela se aprofunde ainda mais com o tempo, de tal maneira que cada vez mais gente se beneficie dela. Meu amor a vocês dois, Oupa[vi] & Zobuhle.[vii]

Afetuosamente, Tata.[viii]

Srta. Zindzi Mandela, 8115 Orlando West, JHB [1804]
Qual é o endereço de Nozizwe Mvembe?

---

i Mandela está se referindo ao Julgamento de Traição (1956-61), que foi o resultado de uma tentativa do governo do apartheid de extinguir o poder da Aliança do Congresso, uma coalizão de organizações antiapartheid. Em ações realizadas no início da manhã de 5 de dezembro de 1956, 156 indivíduos foram detidos e acusados de alta traição. Ao final do processo, em março de 1961, todos os acusados ou tiveram as acusações revogadas, ou, no caso dos últimos 28 acusados (incluindo Mandela), foram absolvidos. **ii** Winnie Mandela, com quem ele se casou em 1958. **iii** Joanesburgo é chamada de Cidade Dourada devido a suas origens como cidade de mineração de ouro no século XIX. **iv** Um dos nomes de Zindzi. **v** A filha do meio dele. **vi** O companheiro de Zindzi, Oupa Seakamela. **vii** Zoleka Mandela (1980-), filha de Zindzi. **viii** "Pai", em isiXhosa.

Para Winnie Mandela,[i] sua esposa

466/64

26.4.81

Minha querida Mâmi,

Continuo a ter sonhos, alguns bons, outros não. Na véspera da Sexta-Feira da Paixão você & eu estávamos num chalé no alto de um morro com vista para um vale profundo & um grande rio que bordejava uma floresta. Vi você descer a encosta do morro, não tão ereta quanto costuma andar & com passos menos confiantes. Durante todo o tempo a tua cabeça estava baixa, aparentemente à procura de alguma coisa a poucos metros dos teus pés. Você atravessou o rio & levou junto todo o meu amor, deixando-me bem vazio & inquieto. Eu observava com atenção enquanto você perambulava sem rumo por aquela floresta, mantendo-se perto da margem do rio. Imediatamente acima de você havia um casal que apresentava um espantoso contraste. Estavam obviamente apaixonados & concentrados em si mesmos. Todo o universo parecia estar naquele ponto.

Minha preocupação com a tua segurança & a pura saudade de você me fizeram descer o morro para te acolher de volta quando você atravessou de novo o rio retornando para o chalé. A perspectiva de me juntar a você ao ar livre & naquela paisagem linda evocava doces lembranças & eu estava ansioso por segurar a tua mão & dar um beijo apaixonado. Para minha frustração eu te perdi nos desfiladeiros que penetravam profundamente no vale & só te encontrei de novo quando voltei ao chalé. Desta vez o lugar estava cheio de colegas que nos roubaram a privacidade que eu tanto desejava para resolver tantas coisas.

Na última cena você estava estirada no chão num canto, dormindo para fugir da depressão, do tédio e da fadiga. Eu me ajoelhei para cobrir as partes expostas do teu corpo com um cobertor. Sempre que eu tenho tais sonhos acordo me sentindo angustiado & muito preocupado, mas imediatamente fico aliviado ao descobrir que tudo não passou de um sonho. No entanto, desta vez minha reação foi ambígua.

Em 23/4 fui chamado pelo diretor da prisão, coisa bastante rotineira neste estabelecimento & à qual já estou acostumado. De repente senti que ele tinha uma notícia desagradável para me dar. Quando cheguei à sala de reunião, vi que ele falava a alguns membros da equipe no escritório da recepção, do outro lado do corredor, com um telegrama na mão. Isso acentuou minha angústia. Ele não deve ter permanecido ali mais do que um minuto antes de caminhar até mim, mas a tensão

---

i Nomzamo Winifred Madikizela-Mandela (1936-2018) — ver glossário.

da ansiedade era tão aflitiva que parecia que eu tinha esperado uma hora. "Tenho más notícias para você", disse ele ao me entregar o telegrama. Era de Ismail[i] & comunicava a morte de Samela. Fiquei chocado porque sempre penso nela como uma garota jovem, forte & saudável. Pelo que me lembro eu a vi pela última vez no dia em que fui condenado, dezessete anos atrás, & ela trabalhava então no NEH.[ii] Eu me vi imediatamente em dificuldades & não soube a quem deveria mandar uma mensagem de condolências. O pai dela, Mehthafa, em sua época chefe de Sithebe, morreu já no fim dos anos 1930 & enterrou a mãe dela, Nofrance. O irmão de Samela, Zwelizolile, também já é falecido. Sua irmã mais velha, que cursou comigo a sexta série fundamental em Qokolweni[iii] em meados dos anos 1930, se casou, mas esqueci seu endereço & até mesmo o sobrenome do seu marido. Igualmente lamentável é o fato de que nem sei se Samela agora estava casada. Nessas circunstâncias, achei melhor aguardar, na esperança de conseguir os detalhes no devido tempo. Às vezes eu paro para pensar nos incontáveis parentes & amigos que perdemos nos últimos dezoito anos do meu encarceramento, na tragédia de não poder amparar aqueles que significam tanto para nós & de não poder prestar as últimas homenagens quando eles morrem. Sentimentos de choque & dor pela morte de um parente ou amigo íntimo são perfeitamente compreensíveis — CK,[iv] a Velha Dama,[v] Thembi,[vi] Nali,[vii] NoEngland,[viii] Nqonqi,[ix] Connie & vários outros, numerosos demais para serem mencionados. Mas há muitos outros conhecidos que nunca fizeram nada de particularmente significativo para nós além de um caloroso aperto de mão ou de um sorriso amável quando nos encontramos, mas cuja morte nos toca do mesmo jeito. Mas quando se trata de parentes próximos como Samela, & quando a gente recebe a notícia trágica numa circunstância como esta em que me encontro, sem a menor pista sobre a causa da morte, então o golpe se torna particularmente brutal. Espero sinceramente que a hora fatal a tenha encontrado cercada por aqueles que podiam lhe dar amor & cuja profunda preocupação era a garantia de que seus esforços tinham sido plenamente reconhecidos. Pode ser que algum dia eu obtenha mais detalhes.

---

i Ele pode estar se referindo a Ismail Ayob (1942-), um de seus advogados no período em que estava na prisão — ver glossário. **ii** Ele se refere provavelmente ao National Endowment for the Humanities, o Fundo Nacional para as Ciências Humanas, agência federal independente do governo norte-americano. [N.T.] **iii** A escola fundamental que Mandela frequentou em Qokolweni, no Transkei. **iv** Columbus Kokani Madikizela, pai de Winnie Mandela — ver glossário. **v** Provavelmente sua mãe, Nosekeni Fanny Mandela, que morreu em 1968. **vi** Madiba Thembekile (Thembi) Mandela (1945-69), filho mais velho de Mandela — ver glossário. **vii** Nali Nancy Vutela, irmã de Winnie Mandela. **viii** Esposa do regente chefe Jongintaba Dalindyebo, que foi tutor de Mandela depois da morte do pai deste, quando tinha doze anos (ver glossário). **ix** Nqonqi Mtirara, uma prima de Mandela.

... Ontem recebi também uma linda carta de Amina[i] com duas fotos encantadoras. Ela & o seu Yusuf têm enfrentado muito bem o avanço da idade & estão ambos com uma aparência verdadeiramente impressionante. Ela tem toda a razão de alegar que "Yusuf[ii] não parece uma laranja chupada, mas também não parece um filhote obeso...".

Talvez um dia eu consiga saber se a Zindzi[iii] recebeu meu telegrama referente ao colégio interno de Durban que a Fatima[iv] se encarregou de arranjar. Estou pensando em mandar outro telegrama para ela (Fatima) para descobrir se a Zindzi agora está lá. A idade parece ter afetado a capacidade da Zindzi de escrever cartas, até mesmo sobre assuntos tão essenciais como a sua educação. Mas ela é uma garota boa & responsável & eu estou sempre disposto a lhe conceder o benefício da dúvida.

Ao que parece, um amigo deu uma declaração à imprensa de que o teu marido pode estar sofrendo de câncer. Suponho que tal declaração tenha sido dada com boa-fé por alguém que acredita nela. Mas preciso aquietar imediatamente os teus temores, pois não tenho nenhuma razão para suspeitar que alguma parte do meu corpo esteja cancerosa. Só posso achar que o rumor foi desencadeado pela operação no calcanhar direito em novembro de 1979. Ele sarou maravilhosamente & não me dá mais aborrecimento. Tenho, porém, uma dor persistente na parte interna do joelho esquerdo. Mas só a sinto quando subo ou desço alguns degraus & em algumas noites ela tem sido bem cruciante; não tanto, contudo, para me levar a tomar algum analgésico. Até agora tenho conseguido resistir ao uso dessas porcarias. Alguns meses atrás tomei a precaução de fazer um exame de sangue & o laudo médico foi negativo. A dor atual está recebendo atenção &, com exceção da corrida de longa distância, não tem afetado muito meus exercícios. Ainda faço um bocado de exercícios para as pernas, incluindo corrida estacionária. Por favor, diga às meninas & a todos os que possam indagar que me sinto formidável. Com devoção, Madiba. TE AMO!

Nkosk. Nobandla Mandela, 802 Phathakahle, Caixa Postal Brandfort, 9400

---

i Amina Cachalia (1930-2013), amiga e ativista antiapartheid e pelos direitos das mulheres — ver glossário. ii Yusuf Cachalia (1915-95), marido de Amina Cachalia, ativista político e secretário do Congresso Indiano Sul-Africano — ver glossário. iii Zindziswa Mandela (1960-), filha caçula dele e de Winnie Mandela — ver glossário. iv Fatima Meer (1928-2010), amiga, professora, escritora e ativista antiapartheid — ver glossário.

Para Petronella Ferus, viúva do ex-preso político Hennie Ferus[i]

466/64: Nelson Mandela

3.5.81

Querida Sussie,[ii]

A súbita morte do seu amado marido, Hennie,[iii] chocou profundamente a mim e a minha família e eu mando nossas mais profundas condolências a você, a Henshil, Wilna, Peter e tia Stienie.

Vivo na esperança de que um dia possa ter o privilégio de encontrar você e sua família para falar de modo mais livre e completo sobre os aspectos da vida de Hennie que mais me impressionavam. Tudo o que posso dizer aqui é que passei três anos com ele nesta ilha & contemplo retrospectivamente aquele período com lembranças afetuosas.

Ainda me lembro claramente do dia em que ele foi solto daqui, 22 de janeiro, uma partida que aceitei com sentimentos ambíguos. Eu estava triste por me despedir de um camarada tão bom e leal, mas compartilhava a felicidade que a liberdade e a reunião com a família iriam trazer a ele.

Durante aqueles três anos Hennie foi intensamente ativo em esportes, música e outras atividades que buscavam o bem-estar de seus companheiros de prisão. Houve um ano em que ele se tornou o campeão de tênis de mesa do setor de celas individuais, e era um adversário perigoso no xadrez. Era um membro-chave tanto do quarteto como do grande coral que formamos neste Setor. Ambos os grupos musicais desempenharam um papel importante no entretenimento dos companheiros de prisão.

Toda a vida dele foi a de um homem que vivia num mundo muito real, que podia pensar com clareza e agir corretamente. Nesse aspecto ele foi amplamente influenciado pela tia Stienie, ela própria uma pessoa de caráter forte e visão igualmente clara, que sempre será lembrada por seu amor e lealdade à família e à comunidade em geral.

Nunca é fácil preencher a lacuna deixada por um homem como Hennie, mas eu sinceramente espero que seja para você uma fonte de verdadeiro consolo saber que ele foi acompanhado ao seu local de repouso por um cortejo de mais de 4 mil pessoas, quatro equipes de televisão e vários homens de imprensa.[iv] Essa demonstração deu apenas uma pequena medida da alta estima com que ele era visto pelo povo.

---

i Hennie Ferus (1940-81), ativista antiapartheid que tinha sido prisioneiro político em Robben Island. ii "Irmã", em africâner. iii Ele morreu num acidente de carro em 20 de abril de 1981. iv Os participantes do funeral de Hennie Ferus em Worcester vestiam roupas cáqui ou nas cores do CNA e portavam a bandeira ilegal do CNA. Foi percebido amplamente como um "funeral político" que motivou ativistas a se tornarem mais desafiadores (Pippa Green, *Choice Not Fate: The Life and Times of Trevor Manuel,* Joanesburgo: Penguin Books, 2008, p. 166).

Mais uma vez, minha família e eu lhe mandamos nossa mais profunda solidariedade e nosso amor, Sussie. Esperamos que o tempo acabe por curar suas dolorosas feridas e que as crianças sigam os passos do pai e tragam muito orgulho e alegria a você e a tia Stienie. Josephine e sua irmã mais velha, Susan, estão incluídas nesta mensagem de condolências. Cordialmente, [Assinado NR Mandela]

Sra. Petronella Ferus, a/c Sra. Hadjie, 45 Le Seur Street, Worcester, 6850

Para Camagwini Madikizela,[i] filha de seu sobrinho K.D. Matanzima[ii]

466/64 Nelson Mandela

15.11.81

Minha querida Mzukulu,[iii]

Espero que você tenha gostado de sua viagem a CT,[iv] especialmente os cerca de noventa minutos que passou nesta ilha.

Como você sabe, estou aqui há mais de dezenove anos, durante os quais recebi inúmeras visitas de familiares & amigos. A mamãe Nobandla[v] de Brandfort & as meninas vêm naturalmente com mais frequência que outros, & praticamente cada uma de suas visitas me alegra de um jeito muito especial, tornando minha permanência aqui mais tolerável do que seria sem elas.

A tua visita sempre representou muito para mim & quero garantir a você e ao Prince[vi] que percebo muito bem quanto ela foi oportuna e significativa. Ela me atualizou em relação a várias questões importantes, proporcionando-me uma melhor compreensão de alguns problemas familiares que muito me perturbaram durante a maior parte do meu encarceramento, especialmente nos últimos três anos.

Fiquei ainda mais contente ao perceber quanto você & o Prince são devotados um ao outro & aqueles noventa minutos que vocês passaram aqui me deixaram uma boa impressão do Prince & confirmaram plenamente os relatos positivos que a mamãe Nobandla me fazia de tempos em tempos. Só lamento não ter podido ver as crianças, mas espero que você tenha transmitido a elas meu carinho, pelo menos. Será uma enorme satisfação te ver de novo, quando for conveniente para você

---

i Filha de K.D. Matanzima. **ii** K.D. Matanzima (1915-2003), chefe Thembu e ministro-chefe para o Transkei — ver glossário. **iii** "Neta", em isiXhosa. **iv** Cape Town, a Cidade do Cabo. **v** Um dos nomes de Winnie Mandela. **vi** Camagwini Madikizela era casada com o primo-irmão de Winnie Mandela chamado Prince Madikizela.

& para a mamãe Nobandla. Enquanto isso, eu penso nos dias 24 & 25 de outubro com as mais doces lembranças.

Como eu disse durante a tua visita, passei um bom tempo com Zwelithambile durante minha estada de três meses na Cidade Mãe em 1948 e desenvolvemos uma amizade forte de verdade. Embora eu nunca tenha escrito a ele depois de deixar CT, continuei pensando nele & nos momentos adoráveis que passamos juntos. Fiquei, portanto, particularmente chocado ao saber que ele havia falecido. A morte de Mthetho[i] também me pegou de surpresa e eu soube exatamente o que ela significou para você & seus pais. A morte é sempre um evento trágico quando atinge uma pessoa mais velha. Mais ainda quando derruba uma pessoa jovem como o falecido Mthetho. Fiquei contente em saber do filho dele e espero que ele seja abençoado com boa saúde & muita sorte.

Fiquei satisfeito ao perceber que você & o Prince estão esperando uma ampliação da família. Ele ou ela poderá se gabar diante dos outros filhos por ter visitado a ilha muito antes que eles pudessem fazê-lo, ainda que na época da visita não estivesse consciente do fato. Talvez você o(a) traga na sua próxima visita. Como talvez você saiba, é permitido trazer crianças menores de dois anos de idade. Enquanto isso, aguardamos a vinda do bebê e espero que você nos informe quando chegar esse dia maravilhoso.

Também me alegrou saber que a mamãe Nobandla[ii] de Port St. Johns agora está trabalhando, que ela própria dirige seu carro até Durban & que de modo geral está contente com seu trabalho atual. Durante a visita eu resumi a você como apresentei Daliwonga[iii] a ela, bem como alguns detalhes sobre o casamento em Qamata.[iv] Como você deve se lembrar, ela apareceu em JHB[v] por volta de 1958 e começou a trabalhar como enfermeira no Baragwanath,[vi] voltando a Qamata pouco tempo depois. Ela estava com frequência em Orlando naquela época. Eu a vi pela última vez em dezembro de 1960, quando fui lá para apanhar Kgatho.[vii] Penso muito nela e lhe escreverei em breve.

Foi uma coincidência bastante incomum eu receber uma carta da mamãe Nosango,[viii] de Deckerts Hill,[ix] no momento em que estava às voltas com esta carta para você. Diferentemente da mamãe Nobandla de Port St. Johns, ela é uma boa correspondente & escreve cartas sempre repletas de informações. Tais cartas são muito valiosas para alguém na minha atual situação & eu sempre espero ansiosamente por elas. Ela promete que virá aqui no início do ano que vem & também

---

i Chefe Mthetho Matanzima (m. 1972), filho do sobrinho de Mandela K.D. Matanzima e chefe da região de Noqayti. Morreu num acidente de carro — ver glossário.　**ii** Outra das esposas de K.D. Matanzima. **iii** K.D. Matanzima. Seu nome do meio era Daliwonga.　**iv** Uma pequena cidade no que é hoje a província do Cabo Oriental.　**v** Joanesburgo.　**vi** Baragwanath Hospital, em Soweto, Joanesburgo. **vii** Makgatho (Kgatho) Mandela (1950-2005), segundo filho de Mandela — ver glossário. **viii** Uma das esposas de K.D. Matanzima.　**ix** Uma cidade no Transkei.

confirma que Xoli[i] está agora na Universidade de York, na Inglaterra, e que planeja férias de três semanas na África do Sul a partir de 20 de dezembro. Ela provavelmente iria gostar de vir à ilha & espero que você a oriente sobre como providenciar isso.

Esqueci de te perguntar sobre o meu sobrinho, chefe Luvuyo Mtirara, de Mpheko. Ele me visitou várias vezes até 1973. Por favor fale com ele, se puder, e diga que sempre penso nele.

Acredito que o Prince está cuidando de todos os outros problemas que confiei a suas hábeis mãos & que logo vou receber notícias dele. Enquanto isso, penso em vocês com as mais ternas lembranças.

Montanhas & mais montanhas de amor, um milhão de beijos e um feliz Natal & próspero Ano-Novo, Mzukulu. Afetuosamente, Tatomkhulu.[ii]

Nkosazana Camagwini Madikizela,[iii] a/c Madikizela, Madala e Mdlulwa, Caixa Postal 721, Umtata

---

Para Ayesha Arnold[iv]

466/64

15.11.81

Nossa querida Ayesha,

Você certamente será capaz de perceber o sentimento de culpa & vergonha que me tomou desde que recebi seu convite para comparecer ao seu quinquagésimo aniversário, acompanhado do lisonjeiro e divertido cartão de aniversário que você me mandou.

Embora eu tenha recebido a sua carta bem depois de 6/8, deveria ter deixado tudo de lado & escrito esta carta no ato, para que você pudesse receber meus melhores votos antes que os efeitos inebriantes do champanhe e do halal[v] se dissipassem. Talvez você esteja ciente de que ao longo dos últimos três ou quatro meses sofri uma pressão crescente que tornou difícil escrever até mesmo para você & para

---

i Xoliswa Jozana, filha de K.D. Matanzima. **ii** "Vovô", em isiXhosa. **iii** *Nkosazana* significa "senhorita" ou "princesa" em isiXhosa. **iv** A dra. Ayesha Arnold era uma médica na Cidade do Cabo com quem a esposa e os filhos de Mandela se hospedavam quando iam visitá-lo na prisão. Era amiga de Fatima Meer (ver glossário). **v** *Halal*: alimentos (em especial a carne) permitidos para o consumo de acordo com a Xariá, conjunto de preceitos islâmicos. [N.T.]

Zami[i] — duas mulheres cujo amor & afeto têm sido uma grande fonte de energia para mim, & a quem eu não gosto jamais de desapontar.

No momento em que a pressão amainou peguei caneta & papel & aqui está a sua carta, Ayeshaben. Ela leva a você meu amor mais terno & felicitações por chegar ao meio século. Meu sincero desejo é de que você viva o bastante para ser um centurião que passe de um século a outro, & que continue a ser uma fonte de energia & esperança para Ameen,[ii] Shukri & Mymoena[iii] & para sua legião de amigos. Incluí o 6/8 na crescente lista dos aniversários de família & não o esquecerei. A propósito, a data é tão notavelmente próxima do 5/8 — o dia em que fui preso — que vejo as duas datas como uma única. Mais uma vez, minhas calorosas felicitações, Ben.[iv]

O cartão de aniversário era tão espirituoso que eu pensei que tinha sido especialmente concebido e que a mensagem dele tinha sido bolada pelo Muhammad Ali, de tão cheia de punch e verve que era. Os sentimentos afetuosos que você acrescentou fizeram com que eu me sentisse forte como um tanque & cheio de expectativa como um noivo na véspera do dia do [seu] casamento. Você certamente poderá me felicitar pessoalmente um dia & eu espero por ele com muita ansiedade.

Zami havia me contado antes sobre o teu lindo presente. Apesar de ela tê-lo descrito de modo bastante detalhado, eu não tinha ideia de como ele era lindo até prová-lo. Serviu muito bem & imediatamente me senti duas vezes mais alto & com a metade da minha idade. Eu te abraço. Zami também me contou que Ameen desistiu de clínica geral & voltou ao hospital para fazer pediatria. Embora seus pacientes certamente sintam sua falta, & apesar da disparidade de salários, penso que a decisão dele tem muito de elogiável. Com a sua história, formação & experiência ele pode ser um guru médico excepcionalmente valioso. O tratamento de doenças infantis é uma parte essencial da profissão médica. A gente aprende a suportar a doença, a dor & o sofrimento dos adultos, mas é muito perturbador, para dizer o mínimo, ver uma criança inocente sofrendo qualquer forma de aflição ou transtorno físico ou mental. Embora eu não esteja familiarizado com os complexos problemas dessa área, suponho que como um médico de hospital, & à parte seus estudos concretos em pediatria, ele terá, relativamente, mais tempo para a teoria do que era o caso como um atarefado médico na clínica geral.

Outro dia eu estava folheando o álbum de família & me detive particularmente na foto em que você aparece com Ameen & as crianças. Ele parece compenetrado e profissional. Escrita em seu rosto está a expressão de um homem que foi robustecido pelo rude esporte do caratê & que sabe como desfrutar o sucesso na vida sem ostentação. Espero que ele se saia bem em sua nova empreitada & que sua decisão traga um bocado de alegria tanto para os pacientes como para a equipe do Hospital

---

i Um dos nomes de Winnie Mandela. **ii** Ameen Arnold, marido dela, também médico. **iii** Os filhos dos Arnold. **iv** *Ben* significa "irmã" em guzerate.

da Cruz Vermelha.[i] Ali ele provavelmente trabalhará junto com a sra. Monica Kobas, uma velha amiga de Fort Hare.[ii] Se for mesmo esse o caso, por favor peça a ele que transmita a ela & sua família nossas afetuosas lembranças.

Por falar em você chegar aos cem anos, eu estava ouvindo há alguns dias uma gravação de rádio sobre a longevidade, particularmente sobre pessoas que passaram dos cem. O locutor falou sobre a situação na Inglaterra & enfatizou que o número dessas pessoas crescera substancialmente, sobretudo depois da introdução do Sistema Nacional de Saúde naquele país. Fiquei um pouco surpreso, ainda que de um modo positivo, ao ouvir o locutor dizer que a senilidade é um problema que pode ser controlado medicamente mesmo num estágio tão avançado da vida de um homem. Eu tinha a vida toda equiparado idade avançada e senilidade & presumido que a faculdade mental da pessoa devia se deteriorar inevitavelmente com a idade. Mas ao que parece não é necessariamente assim.

Mas, voltando à Mãe Terra, fico contente em saber que Mymoena & Shukri estão fazendo bons progressos na escola. Pela foto, eles parecem estar crescendo bem depressa & a diferença entre a foto deles tirada em Burnwood Road & a que você me mandou agora é extraordinária. Gostaria de vê-los face a face & conversar com eles nessa idade. Seria um grande prazer & esse é um aspecto do qual eu sinto uma falta enorme. Por gentileza transmita a eles o meu carinho.

Pensei que tivesse escrito em algum momento deste ano para te assegurar de que, ao contrário das matérias de imprensa durante a Eleição Geral de abril dizendo que eu estava doente, eu na verdade me sinto muito bem. Mas ao checar meu registro de correspondência não achei nenhuma evidência de que tivesse de fato escrito a você.

Embora eu estivesse quase transbordando de bem-estar na época em que li os comunicados de imprensa que desencadearam as especulações & perturbaram Zami & as meninas, o dr. Coetzee, o médico distrital, me submeteu ao que, como leigo, considerei um exame completo. Pouco tempo depois o dr. Le Roux, que também leciona para estudantes de medicina no Tygerberg,[iii] me fez passar por um check-up ainda mais exaustivo. Os dois me declararam saudável. Em [?]/8, um dia depois de receber teu convite & teu cartão de aniversário, o veredito deles foi confirmado pelo dr. Jorg Nagel da IRC.[iv] Acredito que tal doença possa ser traiçoeira & consumir a pessoa sem trair sua presença nem para a vítima nem para o curandeiro. Abstraindo isso, eu me sinto muito bem & com o ânimo elevado.

Muito obrigado pelas lindas fotos que me mandou; são muito bem tiradas & amei cada uma delas. Mas por que uma pessoa tão generosa teve de ser tão avarenta

---

i Hospital da Cruz Vermelha para Crianças na Cidade do Cabo.   **ii** Faculdade Universitária de Fort Hare, que Mandela frequentou de 1939 a 1940, quando foi expulso por participar de atos de protesto. **iii** Tygerberg Hospital, na Cidade do Cabo.   **iv** Possivelmente "International Red Cross" (Cruz Vermelha Internacional).

desta vez? Pensei que você fosse me mandar uma baciada. Exceto por aquela em que você aparece com Ameen & as crianças, todas elas sumiram. Não consegui salvar nem mesmo aquela em que você aparecia com a Zami.

Por fim, Ayeshaben, gostaria que soubesse que é sempre um prazer pensar em você, em Ameen & nas crianças. E me dá ainda mais prazer & alegria escrever para você. Montanhas de amor & um milhão de beijos.

Cordialmente, Nelson

Dra. Ayesha Ahmed, Esq. 39th Avenue & Connaught Road, Elsies River, 7460

◇◇◇◇◇◇◇◇◇◇

Durante boa parte do tempo de Mandela na prisão ele foi obrigado a escrever a vários organismos governamentais, da polícia ao ministro da Justiça, numa tentativa desesperada de proteger sua esposa. Do momento em que ele foi preso até sua soltura, Winnie Mandela foi objeto de uma campanha contínua de arbitrariedades por parte do regime do apartheid. Seu marido só tinha como ficar sabendo dos ataques contra a esposa por meio de algumas cartas dela que lhe chegavam, ou por meio de advogados e, mais tarde, da mídia. Seu sentimento de impotência deve ter sido avassalador em momentos em que ele pouco podia fazer para ampará-la e só podia imaginar o que ela tinha de suportar. Para agravar sua angústia havia a questão da segurança das filhas do casal.

Para o major-general Coetzee, Polícia Sul-Africana

NELSON MANDELA: 466/64

Robben Island,
27 de novembro de 1981

Major-General Coetzee,
Quartel-General da Polícia Sul-Africana,
Pretória.

Prezado senhor,

Minha esposa tem sido submetida nos últimos doze anos a um contínuo molestamento, e até perseguição, por membros da Polícia de Segurança Pública, e em não menos que três ocasiões ela chegou a ser atacada pela mesma polícia.

Como resultado desse tratamento, e supondo que nenhuma autoridade de alto escalão dos Departamentos de Justiça ou de Polícia estivesse ciente disso, escrevi ao sr. Pelser,[i] então ministro da Justiça, e depois ao seu sucessor, sr. Kruger,[ii] e chamei a atenção deles para a questão. Também lhes solicitei que mandassem a polícia não transgredir a lei na execução de suas tarefas no que se referia a ela. Em nenhum dos casos fui objeto sequer da cortesia de um aviso de recebimento e o molestamento prosseguiu sem trégua. Apesar do fato de eu já ter exposto a questão a dois ministros, e não obstante as interpelações que foram feitas de tempos em tempos ao seu departamento pelos representantes legais da família, bem como os esforços independentes da minha esposa no mesmo sentido, supus esse tempo todo que o senhor talvez não estivesse pessoalmente a par da má conduta da polícia nesse caso.

Mas é o molestamento da minha esposa pela polícia em Brandfort[iii] — especialmente pelos sargentos Prinsloo, De Kock e Ramolohloane — a minha preocupação imediata e é para ele que quero chamar a sua atenção em particular. Parece até que a hostilidade da polícia a ela e à família aumenta à medida que ficam mais perto de expirar as ordens de restrição que lhe foram impostas com base na Lei de Segurança Interna de 1950. A conclusão é clara. Em vista disso, anexo a esta carta uma cópia de uma declaração enviada a mim por minha esposa em 26 de setembro de 1981 e que fala por si.

A petição mencionada no parágrafo (3) da declaração anexada é a solicitação urgente que eu [apresentei] à Suprema Corte, em Bloemfontein, de uma ordem para que a polícia não impeça minha filha de receber visitantes na casa ocupada por minha família em Brandfort.

Com respeito ao parágrafo (11) da mesma declaração devo lhe informar que em 29 de setembro de 1981 o sr. Malefane[iv] foi absolvido e liberado pelo tribunal.

Em 2 de outubro de 1981 recebi o seguinte telegrama de minha esposa:

"Ramolohloane, Mbanyane e De Kock removeram partes do carro e esvaziaram pneus. Caso Malefane rejeitado. Cogitando ação contra a administração e a polícia."

Os policiais têm naturalmente liberdade para remover partes de um automóvel e esvaziar seus pneus se tiverem razão para acreditar que tais medidas são necessárias do ponto de vista da segurança. Mas pela lei espera-se que deixem o carro nas mesmas condições em que o encontraram. Deixá-lo desmantelado e com os pneus vazios extrapola a execução de seus deveres estabelecidos pela lei.

Devo acrescentar que a polícia de Brandfort, especialmente o sargento Prinsloo, levantou várias acusações contra minha esposa, todas elas rejeitadas pelos tribunais.

---

i Ver cartas de 14 de setembro de 1970 e 19 de novembro de 1970, páginas 214 e 219. **ii** Ver cartas de 13 de maio e 25 de maio de 1974 e 12 de fevereiro de 1975, nas páginas 273, 284 e 300. **iii** Winnie Mandela ainda estava morando no distrito rural de Brandfort, no Estado Livre de Orange (hoje Estado Livre), para onde tinha sido banida em 1977. Ela viveu lá até 1985. **iv** M.K. Malefane, um amigo da família.

Pelo que minha esposa me conta, fica claro que o fracasso dele em conseguir uma condenação dela tornou-o ainda mais cruel e vingativo. Ao longo dos últimos quatro anos minha esposa tem me apresentado relatos sobre a conduta do sargento Prinsloo, todos indicando que ele é dado a um comportamento agressivo e a uma linguagem violenta. Com relação a isso eu remeto o senhor ao parágrafo (1) da declaração, no qual ele foi descrito no curso do processo judicial como completamente bêbado ao realizar uma batida na casa da minha família.

Devo acrescentar ainda que quando minha esposa me visitou, em 21 de novembro de 1981, contou-me que, na última ocasião em que realizou buscas na casa, o sargento Prinsloo fez comentários sugestivos de que sabia que estávamos tomando atitudes para relatar sua conduta a seus superiores, e por conta disso fez novas ameaças contra ela em seu estilo agressivo habitual. Não ficou claro para minha esposa e para mim como ele obteve tal informação; embora eu já tivesse escrito ao comissário de Prisões pedindo permissão para me comunicar com o senhor, o sargento Prinsloo aparentemente foi informado da minha correspondência sobre o assunto antes mesmo de eu saber se podia lhe escrever.

Seja como for, estou expondo a questão como um todo ao senhor na esperança de que considere extremamente indesejável que agentes da polícia sem respeito algum pela lei e com uma conduta tão repugnante possam ser encarregados da tarefa de manter a lei e a ordem numa pequena e isolada comunidade rural onde praticamente não há nenhum tipo de sanção para conter uma força policial desregrada.

Há outro aspecto para o qual preciso chamar sua atenção. Minha esposa pode, nos termos do Regulamento Prisional, visitar-me duas vezes por mês. Às vezes acontece, porém, que o barco da ilha não opera em certos dias devido a condições climáticas desfavoráveis. Embora outros visitantes possam então permanecer [na Cidade do Cabo] até que o tempo melhore, ela precisa de qualquer maneira voltar a Brandfort no dia estipulado pelo magistrado daquele distrito, quer tenha ou não sido capaz de me visitar.

Em relação a isso devo acrescentar que ela pretende me visitar no período natalino e também pediu permissão para voltar nos dias 2 e 3 de janeiro de 1982. Como os dois períodos são separados por seis dias e ela gostaria de passar a semana depois do Natal na Cidade do Cabo para evitar incorrer em despesas desnecessárias, espero que o senhor possa providenciar junto ao Departamento de Justiça para que ela permaneça na Cidade do Cabo, como solicitado.

Atenciosamente,
[Assinado NRMandela]
NELSON MANDELA

[Abaixo da carta vem a seguinte declaração anexada, na caligrafia de NRM.]

Declaração referente a certos aspectos do nosso lar, tal como solicitado por meu marido em 26 de setembro de 1981, durante uma visita minha a Robben Island.

1. Depois do caso julgado em 24 de agosto de 1981, que o Estado perdeu, e no qual, em minha defesa, expliquei ao tribunal que o sargento Gert Prinsloo estava completamente bêbado quando comandou a operação de busca na minha casa, o molestamento da minha pessoa e de membros da minha casa se renovou com extremo ardor. O tribunal confirmou que Matthews Mabitsela faz parte do meu lar.

2. Desde então sofri outra incursão policial nas primeiras horas da manhã e mais uma vez fui instada a identificar os visitantes dele [Mabitsela] por um certo sargento De Kock, que ameaçou detê-los e também revistou as pessoas que estavam consertando meu carro, as quais ele pessoalmente encontrou fazendo tal serviço na minha residência.

3. Durante minha última visita, em agosto, o sargento De Kock e o sargento Ramolohloane, que foi nomeado no pedido de visita que meu marido fez em nome de nossa filha Zindzi,[i] foram vistos arrancando uma parte do carro, que em decorrência disso ficou emperrado [por horas] no aeroporto. E de novo na minha última visita, na data mencionada acima, aconteceu a mesma coisa.

4. A questão que tem sido fonte de grande angústia para mim refere-se a nossa filha, Zindzi. Vários estudantes de Bloemfontein que foram detidos e interrogados me informaram que foram indagados a respeito dela e que os interrogadores lhes disseram saber que eles são "envenenados" por ela e que ela seria "removida".

5. Em casa Zindzi vem recebendo os mais vulgares telefonemas anônimos em africâner, um dos quais disse: "Que tal uma bala entre os seus olhos".

6. Por terem me recusado permissão para regularizar os documentos dela, pedi a ajuda de numerosos amigos, que a acompanharam a várias repartições junto com alguns parentes nossos para possibilitar que ela voltasse à escola. Essas pessoas conseguiram que ela obtivesse um "passe" e tirasse um documento de viagem. Então ela foi para a universidade na Suazilândia.

7. Meus familiares em Orlando relatam que têm sido importunados quase diariamente, interrogados sobre os documentos legais de viagem de Zindzi, sobre como os obteve, o que está fazendo na Suazilândia, em que fim de semana estará de visita em casa, onde pretende passar suas férias. Segundo eles, só um sr. Claasen tem sido cortês nessas inquirições.

8. Os telefonemas perseguiram nossa filha na Suazilândia, onde ela foi chamada no meio de uma palestra para ser insultada ao telefone.

---

i Zindziswa Mandela (1960-), a filha caçula do casal — ver glossário.

9. O tenente-general Johan Coetzee contou-me pessoalmente que não gosta de comunicações por parte dos advogados sobre questões familiares, e por essa razão fiz numerosos requerimentos e petições por intermédio tanto do sr. de Wall[i] como do sr. Ismail Ayob,[ii] bem como do magistrado local, para me encontrar com o tenente-general Coetzee e tratar dessas questões. Não obtive sequer a cortesia de uma resposta.

10. Fiz numerosos apelos também ao meu marido para que tentasse intervir, em sua condição de chefe da família. Eu soube que ele próprio tem graves problemas com o atual diretor do Departamento de Prisões, nem sequer sua correspondência tem aviso de recebimento, [mas] ele não tem problemas com os funcionários de Robben Island.

11. Matthews Malefane[iii] está enfrentando agora acusações falsas instigadas todas pelo Setor de Segurança Pública, supostamente referentes a:
    a) Infração de trânsito
    b) Ler uma mensagem para mim no funeral de [L]efty Smith[iv] em Bloemfontein
    c) Estar em Brandfort sem uma licença
    d) Fraude por dar como seu endereço 802 New Location quando não tinha direito legal de estar lá
    O primeiro caso será apreciado em 29 de setembro de 1981.

12. Agentes falantes de africâner telefonaram à esposa do lojista local, sra. Phehlane, e pediram a ela que me chamasse ao telefone. A voz disse: "Sou Mandela, chame-a ao telefone. Fui solto da ilha", e em seguida a insultaram.

13. Continuo recebendo de todo o país inúmeros relatos de amigos e de pessoas que desconheço que são detidas, torturadas e interrogadas a meu respeito.

(Assinado NOMZAMO ZW MANDELA)

---

i Piet de Waal, em Brandfort, cuja esposa, Adele, era amiga de Winnie Mandela. ii Ismail Ayob (1942), advogado de Mandela — ver glossário. iii M.K. Malefane. iv A caligrafia de Mandela não deixa claro se ele está se referindo a "Lefty" ou "Jefty" Smith.

Prisão de Segurança Máxima de Pollsmoor

MARÇO DE 1982 — AGOSTO DE 1988

Nelson Mandela, Walter Sisulu, Raymond Mhlaba e Andrew Mlangeni[i] foram transferidos em 31 de março de 1982 de Robben Island para a Prisão de Segurança Máxima de Pollsmoor, no continente, onde foram colocados numa grande cela coletiva. Pouco depois da chegada do grupo, Mandela escreveu ao "departamento da cozinha" para informar aos funcionários as exigências da sua dieta[ii] e depois a seus advogados, para o caso de não saberem que ele estava agora em outra prisão. Em 21 de outubro de 1982 Ahmed Kathrada veio juntar-se a eles na Prisão de Pollsmoor. Mandela disse que nunca lhe contaram por que tinham sido transferidos. Ele perguntou ao oficial comandante, que respondeu que não podia dizer.

"Fiquei perturbado e inseguro. O que significava aquilo? Para onde estávamos indo? Na prisão a gente só pode questionar e resistir a uma ordem até certo ponto, depois precisa se submeter. Não tivemos nenhum aviso prévio, nenhum preparativo. Eu tinha passado mais de dezoito anos na ilha e agora tinha de partir de modo tão abrupto?

"Cada um de nós recebeu várias caixas grandes de papelão para acomodar nossas coisas. Tudo o que eu tinha acumulado em quase duas décadas teve de caber naquelas poucas caixas. Arrumamos nossa bagagem em pouco mais de meia hora."[59]

Grande complexo prisional de tijolos aparentes aninhado ao pé das montanhas nos arredores da Cidade do Cabo, com camas e comida melhor, Pollsmoor impunha de certo modo uma existência mais dura aos homens. Já não dispunham mais do espaço aberto por onde caminhavam entre o pavilhão das celas e a pedreira de calcário; ou até a orla onde recolhiam algas marinhas. Separados do restante da população carcerária, eles eram mantidos numa cela no último andar e só podiam ver o céu a partir do pátio.

---

i Para informações sobre esses indivíduos, ver glossário. ii Mandela era rigoroso quanto a sua dieta e pedia para que não contivesse sal.

Para o diretor prisional, Prisão de Segurança Máxima de Pollsmoor

D220/82[i]: NELSON MANDELA

Diretor Prisional,
Prisão de Segurança Máxima de Pollsmoor
A/c: Departamento da Cozinha

Por gentileza observem que, por razões de saúde, sigo uma dieta desprovida de sal.
Também não posso comer ovos.
[Assinado NRMandela]
[não datado, mas a data escrita à mão por um agente prisional é 20/04/82]

[em outra caligrafia em africâner] Encaminhado
[Assinado] W/O[ii] Venter

Para o diretor prisional, Prisão de Segurança Máxima de Pollsmoor

D220/82: N MANDELA

21.1.83

Diretor Prisional,
Prisão de Segurança Máxima de Pollsmoor.
A/c: Capitão Zaayman

Devo lhe pedir que investigue, mais uma vez, a questão da carta que a profa. Carter[iii]
me escreveu e da censura da carta da sra. Mgabela,[iv] bem como dos três outros assuntos mencionados abaixo. Repito este meu pedido na esperança e na confiança
de que o senhor reexaminará essas questões com a isenção e o discernimento que
elas merecem.

---

i Ele recebeu um novo número de prisioneiro na Prisão de Pollsmoor (para mais informações sobre
seus números prisionais, ver página 17). **ii** *Warrant Officer*: no caso, subtenente. **iii** Professora
Gwendolen M. Carter (1906-91), cientista política canadense-americana e estudiosa de assuntos africanos. Era uma apoiadora. **iv** Esposa de Patrick Maqubela (m.2009), um quadro do MK que foi solto de
Robben Island em 1990.

Devo enfatizar que a resposta que recebi a meus apelos ao senhor sugere que, apesar do cuidado e da paciência com que expliquei o assunto todo, o senhor na verdade não me entendeu e, por conseguinte, direcionou equivocadamente suas averiguações.

1. Carta da profa. Carter
Nas duas ocasiões anteriores em que levantei esta questão específica com o senhor, afirmei que a profa. Carter me escrevera em maio do ano passado depois de ler reportagens de imprensa dizendo que eu tinha sido transferido para esta prisão. Indiquei também que a carta estava provavelmente jogada em algum gabinete deste estabelecimento e que o senhor talvez fosse capaz de localizá-la no curso de uma investigação adequada.

Mas eis que outro dia o carcereiro a cargo deste setor leu para mim uma nota, supostamente vinda do senhor, dizendo que a Prisão de Robben Island o informara de que nenhuma carta da profa. Carter tinha sido recebida. Em vista desse fato eu lhe expliquei expressamente que a carta havia sido endereçada para esta prisão, portanto eu não podia entender por que Robben Island tinha entrado na história. Devo, portanto, solicitar que o senhor examine de novo essa questão e me informe no devido tempo sobre os resultados da sua investigação.

2. Carta da sra. Mgabela
O senhor não deu resposta alguma ao meu pedido referente a esta questão. Mas na nota que me foi lida pelo carcereiro encarregado havia uma mensagem para o sr. Magubela que parecia ser sua resposta ao pedido que eu lhe fizera anteriormente sobre o mesmo tema.

O senhor há de reconhecer prontamente que não é fácil fazer comentários acerca das palavras concretas que foram consideradas reprováveis pelos censores. Mas o que está perfeitamente claro é que tanto o fato de o senhor não me responder como o erro que cometeu evidenciam que o senhor não deu à questão a atenção que ela merecia.

3. Carta da sra. Njongwe[i]
Cerca de uma semana antes do Natal recebi um cartão natalino da sra. Njongwe no qual ela me dizia que esperasse por uma carta sua. Por isso, ficarei grato se o senhor fizer a bondade de me informar se tal carta foi recebida.

---

i Connie Njongwe, esposa de Jimmy Njongwe (1919-76), médico, líder do CNA e organizador da Campanha do Desafio (para a Campanha do Desafio, ver glossário) no Cabo Oriental — para Jimmy Njongwe, ver glossário.

4. Pontos de argumentação no meu processo contra o ministro de Prisões[i]
   Mais uma vez, o senhor não deu resposta a este tema. Como o senhor sabe, trata-se de uma questão diferente da que o senhor encaminhou a Pretória.

5. Carta da sra. Mandela
   Quando me visitou no dia de Natal, minha esposa me trouxe uma carta enviada a ela por uma organização de mulheres dos EUA. Como não teve permissão para mostrá-la a mim, ela me prometeu enviá-la da Cidade do Cabo pelo correio. Por favor me informe se a carta foi recebida.

   Quero indicar, para concluir, que eu gostaria de fato de tratar diretamente com o senhor dessas e de outras questões que estão sob sua jurisdição, em vez de sobrecarregar o oficial comandante com assuntos que o senhor pode resolver de modo fácil e satisfatório. É com esse espírito que lhe peço que se debruce sobre essas questões, e é com esse mesmo espírito que espero que lide com elas.

[Assinado NRMandela]

[Escrito à mão com outra caligrafia] Subtenente Gregory. Encaminhe a questão ao capitão Zaayman.
[Rubricado]
25/02/83

Para o diretor prisional, Prisão de Segurança Máxima de Pollsmoor

D220/82: N MANDELA

25.2.83

Diretor Prisional,
Prisão de Segurança Máxima de Pollsmoor.

A/c: Major Van Sittert

O carcereiro encarregado deste setor me informa que o senhor baixou a instrução de que nenhum gorro de lã deveria ser comprado para mim e que poderei escolher um chapéu adequado entre os vários modelos fornecidos pelo Departamento de Prisões.

---

i Mandela moveu um processo contra o ministro de Prisões quando documentos que ele entregou a seu advogado foram confiscados.

Confio que o senhor possa reconsiderar sua decisão e que não recusará uma recomendação feita por um médico especialista e por um clínico geral vinculado a esta prisão, recomendações baseadas em considerações médicas e humanitárias e em razões de conveniência.

O curativo e os pontos foram tirados do ferimento[i] em 14 de fevereiro e desde então venho me empenhando para conseguir um gorro. É, para dizer o mínimo, uma falta de consideração da parte deste Departamento negar a mim, por tanto tempo, um artigo que facilitará minha recuperação.

Eu já experimentei usar um chapéu da prisão e ele se mostrou totalmente inadequado. Seu único efeito foi o de deixar o ferimento ainda mais sensível, sem contar o fato de que não posso dormir usando um chapéu.

Tenho confiança em que o senhor terá a bondade de não usar sua autoridade para me tornar uma caricatura de mim mesmo ao me obrigar a ver minha família e meus representantes legais sem um gorro apropriado.

[Assinado NRMandela]

Para Russel Piliso, seu cunhado, marido de sua irmã Leabie[ii]

[Traduzido do isiXhosa]

D220/82: N MANDELA

29.6.83

Querido cunhado,

Recebi a resposta de Miss Leabie me dando informações sobre o papel que você desempenhou durante o enterro da minha irmã Baliwe. Recebi a notícia da morte num telegrama de Bambilanga,[iii] ao qual respondi prontamente. A carta de Miss Leabie veio depois que eu havia mandado minha carta de agradecimento a Bambilanga. Só tem uma coisa que eu queria te dizer, e que é o eco das palavras de nossos antepassados: "Muito obrigado".[iv] Como você sabe, minhas atuais circunstâncias não me permitem dizer nada além disso; no entanto receba minhas mais sentidas condolências.

---

i Mandela escreveu em 2 de fevereiro, em seu calendário de mesa da prisão, que tinha sido internado no Woodstock Hospital para cirurgia num dedo do pé e na parte de trás da cabeça. Não forneceu outros detalhes. **ii** Leabie Makhutswana Piliso (1930-97), irmã de Mandela. **iii** Bambilanga (também conhecido como Nxeko) é irmão do rei Sabata Jonguhlanga Dalindyebo, chefe supremo do território do Transkei. **iv** Na carta original Mandela usa a palavra isiXhosa *Nangamso*, que expressa profunda gratidão a uma pessoa que fez mais do que cumprir sua obrigação.

Mais uma vez, obrigado.

Por favor transmita meus votos mais sinceros a Miss Leabie, a Phathiswa[i] e ao restante da família. Com afeto, Madiba

9.3.84. Esta carta foi escrita em 29.6.83

[envelope]
Sr. Russel S. Piliso
S.A.P.
Tsolo
Caixa Postal de Tsolo, TRANSKEI

Para Adele de Waal, amiga de sua esposa, Winnie Mandela

D220/82: NELSON MANDELA

29.8.83

Cara Adele,

[Escrito em africâner] Meu conhecimento de africâner é muito ruim e meu vocabulário deixa muito a desejar. Na minha idade estou me esforçando para aprender gramática e melhorar minha sintaxe. Seria certamente desastroso se eu escrevesse esta carta em africâner. Espero sinceramente que você entenda minha opção de mudar para o inglês.

[Escrito em inglês] Zami[ii] me falou várias vezes do interesse que você e Piet[iii] têm mostrado pelos problemas dela ao longo dos últimos seis anos. Embora eu tenha pedido uma vez a ela que comunicasse meu agradecimento a vocês, os belos e valiosos livros que vocês me mandaram de presente me deram a oportunidade de escrever para lhes agradecer diretamente pelos seus esforços.

Certamente não foi fácil para ela, na meia-idade, deixar seu lar e começar a vida num ambiente novo e estranho, no qual não tinha meios de ganhar seu sustento. A esse propósito, a resposta dos amigos tem sido, de modo geral, magnífica,

---

i Possivelmente filha de Leabie Piliso.   ii Um dos nomes de Winnie Mandela.   iii Petrus Johannes de Waal (1932-2001), advogado, exercia a atividade legal em Brandfort, onde conheceu Winnie Mandela, que tinha sido banida para a cidade. Tornaram-se amigos. Ele era amigo do ministro da Justiça Kobie Coetsee. Considera-se que a amizade do casal De Waal com Winnie Mandela teve um impacto sobre Coetsee, que mais tarde visitou Mandela no hospital, no fim de 1985. Mandela contatou-o então a propósito de conversações com o governo, que começaram no ano seguinte.

tornando-lhe possível gerar a força interior necessária para suportar o que ela não pode evitar. Tivemos em especial a sorte de contar com a amizade de uma família que está ali bem perto e a quem ela pode recorrer quando defrontada com problemas imediatos. [Escrito em africâner] Você e Piet têm contribuído de modo significativo para sua relativa segurança e felicidade. [Escrito em inglês] Espero sinceramente que um dia eu possa me encontrar com vocês no vilarejo e apertar suas mãos com afeto enquanto conversamos.

[Escrito em africâner] O livro de Schalk Pienaar *Witness to Great Times* [Testemunha de tempos grandiosos] é um dos livros na minha prateleira. Na página 13 há uma referência a um fazendeiro,[i] Piet de Waal, que participou da caravana de carros de boi até Monument Hill. De acordo com a história, ele conseguiu acalmar um grupo de participantes rebelados da caravana em Oggies, no Estado Livre. Talvez ele tenha sido pai ou avô de Piet.

[Escrito em inglês] Sempre que o nome de Piet é mencionado, em especial quando recebo uma carta dele, penso instintivamente num amigo, o sr. Combrink, daquele mundo, que provavelmente está agora dirigindo uma florescente firma de advocacia. A última vez que o vi foi há uns trinta anos, quando ele trabalhava num laticínio à noite e como advogado estagiário durante o dia. Talvez Piet tenha condições de transmitir a ele minhas lembranças quando o encontrar.

Enquanto isso, mando a você, a Piet e às crianças minhas mais calorosas lembranças e espero que sua filha esteja indo bem na Inglaterra.

Cordialmente,
Nelson.

Sra. Adele de Waal, Duke Street, Caixa Postal Brandfort, 9400.

Para o comissário de prisões

[Esta carta está escrita com a caligrafia de Ahmed Kathrada, mas assinada por Mandela]

6 de outubro de 1983

Comissário de Prisões
Pretória

---

i A palavra africâner que Mandela usou é *uitsaaiman*, que pode significar "fazendeiro" ou "locutor".

Senhor,

Fomos informados pelas autoridades locais de que, de acordo com instruções do Centro de Operações da Prisão, os prisioneiros que forem levados ao médico, a hospitais, tribunais etc. no futuro serão algemados e terão as pernas presas a correntes. Foi-nos dito que isso será aplicado a todos os prisioneiros, isto é, tanto a presos de segurança[i] como a presos comuns.

Desejamos fazer um apelo enérgico para que o senhor reconsidere sua decisão no que se refere aos presos de segurança e permita que a situação anterior continue.

Durante os vinte anos que passamos na prisão houve inúmeras mudanças no tratamento dispensado a nós. No início éramos algemados quando levados de Robben Island à Cidade do Cabo, mas essa prática foi descontinuada há vários anos. Saudamos e agradecemos essa interrupção, assim como saudamos todas as mudanças concebidas para aliviar as agruras da vida na prisão e tornar nossa estada mais tolerável. De especial relevância para nós foi a eliminação de práticas que eram não só antiquadas, mas desnecessariamente opressivas e humilhantes.

Embora não tenhamos a intenção de comentar as disposições gerais de segurança do Departamento de Prisões, desejamos mesmo assim fazer algumas observações em apoio ao nosso presente apelo.

1) Até onde sabemos, durante todo o período do nosso encarceramento não houve um único caso em que um prisioneiro de segurança tenha escapado, ou mesmo tentado escapar, enquanto era escoltado à Cidade do Cabo por motivos médicos.

2) Durante o ano e meio que passamos até agora em Pollsmoor a nossa experiência tem sido a de que, cada vez que um de nós é levado a algum lugar, é acompanhado por quatro carcereiros ou mais, alguns deles armados. Com frequência os carcereiros são acompanhados por um membro da Polícia de Segurança Pública.

3) Esse elaborado esquema foi aplicado rigorosamente a despeito de nossas idades avançadas e condições físicas limitadas.

4) Em nossa opinião tais procedimentos eram, e ainda são, perfeitamente adequados, e constrangimentos adicionais são totalmente injustificados, opressivos e humilhantes. Isso é agravado pela grande quantidade de atenção e curiosidade que provoca no público a visão de prisioneiros algemados.

---

i Um preso de segurança é a mesma coisa que um preso político.

5) Estamos certos de que as autoridades de Robben Island e Pollsmoor poderão corroborar nossa afirmação de que os presos de segurança não podem ser acusados de ter abusado das "saídas médicas".

6) Foi-nos indicado — e recentemente com muita ênfase — que não há distinção no tratamento dos prisioneiros, independentemente de serem presos comuns ou presos de segurança.

7) Com o devido respeito, senhor, permita-nos lembrá-lo de que isso, a rigor, não corresponde à situação real. Por exemplo, é negado aos presos de segurança o direito a visitas de contato, e geralmente, mesmo que possam estar classificados no "Grupo A", eles sofrem restrições em seu dia a dia na prisão. Talvez mais importante: são negados aos presos de segurança como um todo os recursos para redução de pena e liberdade condicional concedidos a outros presos. Acreditamos que os poucos a quem essa concessão foi estendida receberam reduções que iam de um par de semanas a alguns meses.

8) Consideramos que, uma vez que existe de fato um tratamento diferenciado, não deveria haver razão para que presos de segurança não fossem excluídos da determinação que se refere a algemas e grilhões.

9) Por último, do ponto de vista da saúde, consideramos que esses novos procedimentos são decididamente um retrocesso. Vários de nós estamos sofrendo de pressão alta, e é importante que, quando formos levados aos especialistas, estejamos relaxados e completamente livres de tensões. É provável que a humilhação e a indignação causadas por algemas afetem negativamente nossa pressão sanguínea. Em certa medida, por conseguinte, isso estaria comprometendo o propósito da nossa consulta aos especialistas.

Declaramos respeitosamente que não conseguimos pensar em uma razão válida sequer para que essas novas restrições nos sejam impostas, e mais uma vez apelamos para que o senhor as abandone.

Obrigado,
Atenciosamente
[Assinado NRMandela]
N.R. Mandela

Para Fatima Meer,[i] uma amiga

[Carimbo datado de 30.1.84]

Nossa querida Fatimaben,[ii]

Arthur & Louise Glickman a/c fazenda Glickman RFD[iii] 2, Clinton, Maine, 04927, EUA, me mandaram duas vezes um cheque mas sem um bilhete explicativo. Embora eu tenha pedido a Zami[iv] que escrevesse a eles agradecendo em meu nome, é conveniente que eu acrescente algumas coisas ao que ela lhes disse. Mas minha principal dificuldade é que não tenho informação alguma sobre eles além das que aparecem nos seus cheques. Você é a melhor pessoa para entrar em contato com eles & em seguida me mandar os detalhes assim que possível.

Nossa sobrinha, LWAZI VUTELA, uma filha adolescente da falecida irmã mais velha de Zami, também está aí. É uma estudante de segundo ano no Wellesley College, Caixa Postal 128, McAfee Hall, Wellesley, MA, 02181, EUA. Não sei qual é a distância entre a faculdade dela e Swarthmore,[v] mas ficarei grato se você puder vê-la & talvez apresentá-la a alguns de seus amigos daí.[vi]

Ela diz que me escreveu várias cartas dos States, mas nenhuma delas chegou a minhas mãos. Acrescenta que na maior parte do tempo sente-se solitária & com saudade de casa, o que é bastante compreensível para uma pessoa da sua idade. Serão valiosos para ela os teus conselhos tanto em assuntos acadêmicos como pessoais.

Por falar em gente dos EUA, fiquei muito perturbado ao ler na revista *Time* que nosso amigo, o senador Paul Tsongas, de Massachusetts, está sofrendo de alguma forma de câncer & que, por conseguinte, não tentará a eleição para um segundo mandato em novembro. Como você sabe, ele visitou Zami em Brandfort &, no processo, tornou-se um bom amigo da família. Fiquei triste ao saber da sua doença & espero sinceramente que ela tenha sido detectada a tempo & que em breve ele se recupere por completo. Como você sabe, não posso escrever para ele & tudo o que posso fazer é te pedir que lhe transmita nossos bons votos & afetuosas lembranças. Você tem perspectiva de ver os professores Gwen Carter[vii] & Karis?[viii]

Confio em que te seja possível visitar as cidades sagradas de Meca & Teerã & Nova Deli. Eu teria escrito a Indira[ix] há muito tempo, mas, como você sabe, ela

---

i Fatima Meer (1928-2010), escritora, acadêmica e ativista antiapartheid e pelos direitos das mulheres — ver glossário. **ii** *Ben* significa "irmã" em guzerate. **iii** RFD: *Rural Free Delivery*, a entrega postal gratuita do correio norte-americano. [N.T.] **iv** Um dos nomes de Winnie Mandela. **v** Swarthmore College, Pensilvânia, Estados Unidos. **vi** Fatima era professora visitante no Swarthmore College. **vii** Professora Gwendolen M. Carter (1906-91), cientista política canadense-americana, estudiosa de assuntos africanos. Era uma apoiadora. **viii** Thomas Karis (1919-2017), acadêmico e escritor norte-americano que escrevia sobre a história política da África do Sul. **ix** Indira Gandhi (1917-84), primeira--ministra da Índia.

faz parte daqueles que estão fora do meu alcance nas minhas atuais circunstâncias.[i]
Olhando daqui, ela parece estar se saindo excepcionalmente bem & eu sempre leio
a seu respeito com grande interesse.

Minhas calorosas saudações a ela.

O que Rachid[ii] está fazendo agora & onde? Você tem me mantido informada sobre as meninas, mas revelou muito pouco sobre o herdeiro.

Não preciso dizer que, nas minhas atuais circunstâncias, não é fácil avaliar com
precisão o jogo que Bansi[iii] está praticando. Qualquer que seja, me parece que ele
escolheu uma tática que tende a favorecer os batedores George,[iv] Archie,[v] Farouk[vi]
& outros, em vez dele próprio, de Pat,[vii] J,[viii] B & YS.[ix]

A Chancelaria![x] Eu já havia esgotado minha cota de 1983 de cartas enviadas quando
chegou o teu telegrama, & minha resposta se limitou ao breve bilhete de aceitação que
mandei a você e ao reitor. Esta é a primeira oportunidade que eu tenho para agradecer a você & a todos os que apoiaram nossa candidatura para o posto. Sei, porém, que
todo mundo, por maior que fosse a confiança, estava ciente desde o início das verdadeiras questões envolvidas, & de que é irrealista, neste estágio da história do país, esperar que um candidato negro encarcerado seja eleito chanceler de uma universidade
branca, especialmente de Natal, onde aparentemente o Senado, & não membros da
Congregação, tem a última palavra no assunto. Talvez, quando você voltar, seja possível investigar exatamente, se possível, qual a extensão do apoio com que contamos.
Enquanto isso, transmita a todos nosso sincero reconhecimento & gratidão.

Faz um bom tempo que não tenho notícias de Maki.[xi] Mas ela prometeu começar este mês & espero que você tenha passado as informações sobre ela a Ismail[xii]
antes da tua partida.

---

i Mandela não tinha permissão para escrever a chefes de Estado. **ii** Filho de Fatima e Ismail Meer.
iii Amichand Rajbansi (1942-2001), conhecido como "Tigre de Bengala". Ele formou o Partido Nacional
do Povo em 1981 e foi indicado em 1984 pelo primeiro-ministro P. W. Botha para o parlamento tricameral
como chefe da Casa dos Representantes, um organismo para os indianos sul-africanos. Os prisioneiros não tinham permissão para escrever sobre eventos políticos, provavelmente por isso Mandela
está usando uma metáfora do críquete. **iv** George Sewpersahd (1936-2007), ex-presidente do Congresso
Indiano de Natal e ativista da Frente Democrática Unida que fez campanha contra o parlamento tricameral.
v Archie Gumede (1914-98), filho de Josiah Gumede, um presidente do Congresso Nacional dos Nativos
Sul-Africanos (que depois se tornou o CNA), foi um advogado e ativista do CNA e da Frente Democrática
Unida, da qual era presidente conjuntamente com Oscar Mpetha e Albertina Sisulu — ver glossário.
vi Dr. Farouk Meer, irmão de Fatima Meer (para Fatima Meer, ver glossário) e ativista do Congresso
Indiano de Natal e da Frente Democrática Unida. **vii** Pat Poovalingam (m. 2009), que também aceitou indicação ao Conselho Indiano Sul-Africano. **viii** J é possivelmente J. N. Reddy, presidente do
Conselho Indiano Sul-Africano. Rajbansi posteriormente assumiu a presidência no lugar de Reddy.
ix Y.S. Chinsamy também entrou no Conselho Indiano Sul-Africano. **x** Mandela foi indicado para o
posto de chanceler (no caso, uma espécie de reitor honorário) da Universidade de Natal. **xi** Makaziwe
Mandela (1954-), filha mais velha de Mandela — ver glossário. **xii** Ismail Meer (1918-2000), marido
de Fatima, advogado e ativista antiapartheid — ver glossário.

Voltando a você, parece que preciso te felicitar a cada carta que te escrevo. Na minha última carta te dei os parabéns pela indicação como professora universitária; notícias de imprensa indicam que Swarthmore vai te agraciar com um doutorado, uma honra, a meu ver, que você merece plenamente. Isso é mais do que um triunfo da Libertação das Mulheres & temo que o pobre Ismail tenha se juntado àqueles maridos que são mais conhecidos por conta de suas esposas. Deve haver muita gente que se refere a ele como "marido de Fatima". Sinto muita falta dele & fiquei muito contente quando a imprensa noticiou que ele foi um dos oradores na cerimônia fúnebre de Mota.[i] Esta carta está muito longa & agora preciso parar e deixar você descansar um pouco. Toneladas de amor, Fatimaben.

Com afeto, Nelson.

Por gentileza, registre todas as suas cartas para mim.

Para Trevor Tutu, filho de Desmond & Leah Tutu[ii]

[Esta carta foi redatilografada num telex[iii] ao Comissário de Prisões]
[Anotação em africâner] Confidencial
913

Comissário de Prisões
AK Segurança

Para entrega imediata ao brig. Venster, por favor

1. O prisioneiro ainda está tentando fazer contato com o bispo Desmond Tutu. Agora está escrevendo ao filho do bispo, Trevor Tutu, tentando deste modo contatar o bispo.
2. Encontra-se abaixo o conteúdo da carta.

---

i Yusuf Dadoo (1909-83), médico, ativista antiapartheid e orador. Presidente do Congresso Indiano Sul-Africano, representante de Oliver Tambo no Conselho Revolucionário do MK e presidente do Partido Comunista Sul-Africano — ver glossário. Yusuf Dadoo era comumente conhecido como Mota, abreviatura de *Motabhai*, a palavra guzerate para "irmão mais velho". Ele tinha vivido no exílio desde 1960.
ii Desmond Tutu (1931-), primeiro arcebispo negro da Cidade do Cabo, e sua esposa Leah Tutu (1933-) — ver glossário para informações sobre ambos. **iii** Telex é um método de comunicação em que teletipos são conectados a uma rede telefônica para enviar mensagens via sinais de rádio ou eletricidade.

D220/82: NELSON MANDELA   Prisão de Segurança Máxima de Pollsmoor
Cx Postal X 4
TOKAI
7966
06.08.84

Meu caro Trevor,

Fiquei chocado ao saber que a casa de vocês foi atacada e danificada, e espero sinceramente que a consciência de que você e seus pais estão constantemente em nossos pensamentos, em especial depois que vimos a perturbadora notícia, lhes dê energia e coragem.

Amamos e respeitamos seus pais; eles nunca estão muito longe das trincheiras e carregam uma tocha que emite uma chama forte e radiante que tende a brilhar muito além do círculo familiar. Qualquer perigo ou ameaça de perigo a eles torna-se imediatamente um motivo de real preocupação para todos nós. Por favor assegure-lhes de que contam com nossa admiração e que lhes desejamos a melhor das sortes. Essa é uma das razões pelas quais o ataque cruel à casa nos abalou tanto.

Durante os últimos dez anos, e em especial desde 1979, não há virtualmente nada que eu não tenha tentado para contatar seu pai, mas todos os meus esforços foram em vão. Se esta breve carta chegar até você, ele deve saber que isso é o máximo de proximidade que podemos ter.

Mas esta carta é sua e quero lhe dizer que alguns anos atrás li um artigo assinado por você no *Sunday Express*, se não me engano, que considerei muito interessante. Achei então, como ainda acho, que você tem algo a dizer. Sendo assim, tive a esperança de que você escrevesse regularmente para aquele jornal e fiquei desapontado quando seus artigos não apareceram mais.

Há um público amplo e ávido por ideias novas, vindas de gente jovem que sabe pensar corretamente e se expressar bem. É por isso que ainda anseio por ver seus artigos algum dia. Enquanto isso, mando minhas afetuosas lembranças e meus melhores votos a você, Zanele[i] & o bebê; a suas irmãs, Thandeka e Naomi, e seus maridos, e, claro, a seus pais.

Com afeto,
Tio Nelson

Sr. Trevor Tutu, Caixa Postal 31190, Braamfontein, 2017

P.S. Qualquer resposta a esta carta deve ser registrada.

---

i A esposa de Trevor Tutu.

[Outra anotação em africâner]
3. O destinatário [Trevor Tutu] está sendo encorajado a prosseguir com propaganda em jornais. E ele [Mandela] também está encorajando e apoiando a ação do bispo Tutu em várias frentes
4. Esta carta não deve ser liberada
Oficial Comandante
Comandante da Prisão de Pollsmoor
Brigadeiro F C Munro

A primeira proposta para a soltura de Mandela da prisão veio em 1974, com a condição de que ele concordasse em se mudar para a região do seu nascimento, o Transkei rural. Sua rejeição da proposta não foi suficiente para matar a ideia. Dez anos depois, seu sobrinho Kaiser Matanzima[i] abordou-o com a mesma oferta. Matanzima, conhecido por suas iniciais, KD, ou por seu nome de iniciado, Daliwonga, tinha sido seu companheiro de luta pela liberdade na Universidade de Fort Hare. Mandela ficou furioso ao descobrir anos depois que Matanzima havia se envolvido no programa de "Bantustões" do regime do apartheid, pelo qual uma independência meramente nominal era concedida às assim chamadas pátrias africanas. O regime do apartheid objetivava livrar a África do Sul de todas as pessoas negras e para isso criou dez territórios separados para a ocupação por africanos, que eram organizados por grupos étnicos. Quatro desses territórios — Transkei, Ciskei, Bophuthatswana e Venda — foram declarados "Estados independentes", mas não foram reconhecidos por outros países. Outros tinham autonomia parcial. O governo empreendeu remoções forçadas e literalmente despejou milhões de pessoas nesses territórios. Eram lugares geralmente assolados pela pobreza e ofereciam poucas oportunidades. Bophuthatswana, por exemplo, consistia de pedaços de terra separados e dispersos, sendo preciso atravessar o território sul-africano para ir de uma parte a outra.

Meses depois da recusa de Mandela à oferta de Matanzima, o presidente da África do Sul, P. W. Botha, usou seu Discurso sobre a Situação da Nação na abertura do ano parlamentar para sugerir que todos os presos políticos seriam libertados, com a condição de que repudiassem a violência como método de alcançar a democracia. As respostas de Mandela foram devastadoramente furiosas. Tanto a carta escrita diretamente a Botha como uma mensagem escrita para uma manifestação política, onde foi lida por sua filha Zindzi,[ii] mostraram ao mundo um homem que não estava disposto a ser manipulado.

Os negros sul-africanos estavam se insurgindo mais uma vez, e com uma frequência praticamente diária surgiam protestos em quase todos os cantos do país. A Frente

---

i K.D. Matanzima (1915-2003), chefe Thembu e ministro-chefe para o Transkei — ver glossário.
ii Zindziswa Mandela (1960-), filha caçula de Mandela — ver glossário.

Democrática Unida, uma grande coalizão de organizações antiapartheid, veio à luz no fim de 1983 e se tornou de fato o correspondente do CNA no plano interno.

A declaração por Botha de uma série de estados de emergência a partir de 1985 não acalmou a fúria das pessoas, mas, ao contrário, intensificou sua determinação. A África do Sul foi submetida à lei marcial, levando dezenas de milhares de pessoas, inclusive crianças, a serem presas sem julgamento, muitas delas por anos. Cada protesto resultava em mortes causadas pelo armamento do Estado. E cada funeral resultava em mais mortes.

A potente combinação do CNA no exílio com o movimento antiapartheid em geral teve êxito em levar a desumanidade do apartheid à psique mundial. Sanções econômicas e de outros tipos estavam começando a fazer o regime do apartheid sangrar.

Para Winnie Mandela,[i] sua esposa

D220/82: NELSON MANDELA

27.12.84

Querida mâmi,

[Trechos da] carta a Daliwonga,[ii] que eu entreguei esta manhã para ser enviada a Umtata,[iii] foram resumidos na primeira página do *Die Burger*[iv] com a seguinte manchete: <u>Matanzima doen aanbod</u> (Matanzima faz uma oferta) <u>Mandela verwerp vrylating</u> (Mandela rejeita soltura). Esta é a carta.

"Ngubengcuka,[v]

Nobandla[vi] me informou que você perdoou meus sobrinhos,[vii] e sou grato pelo gesto. Fico tocado mais particularmente quando penso nos sentimentos de minha irmã em relação ao assunto e lhe agradeço mais uma vez por sua amável consideração.

---

i Nomzamo Winifred Madikizela-Mandela (1936-2018) — ver glossário. **ii** K.D. Matanzima (1915- -2003), sobrinho de Mandela, um chefe Thembu e ministro-chefe para o Transkei — ver glossário. **iii** Umtata (hoje chamada Mthatha) era a capital do território do Transkei. **iv** Jornal diário em língua africâner. **v** Uma referência ao fato de ele ser descendente do rei Ngubengcuka, que era também trisavô de Mandela. **vi** Sua esposa, Winnie Mandela. **vii** Mandela escreveu "sobrinhos", no plural, mas está se referindo ao rei Sabata Jonguhlanga Dalindyebo (1928-86), chefe supremo do território do Transkei e líder do Partido Democrático Progressista, o partido de oposição no Transkei que contestava as leis do apartheid — ver glossário. Ele fugiu para a Zâmbia em 1980 depois de ser condenado por ofender a dignidade do presidente do Transkei K.D. Matanzima.

NELSON MANDELA.   27 · 12 · 84   22/84
                                                        46
                                                        59

Mum,

...s of the letter to Dalindyebo, which I handed in this morning for dispatch
...Umtata, were summarised in the front page of today's *Die Burger* with the
following headline: *Matanzima doen aanbod* (Matanzima makes an offer)
Mandela verwerp vrylating (Mandela rejects release). This is the letter:

"Ngubengcuka,

Nobandla has informed me that you have pardoned my nephews, and I am
grateful for the gesture. I am more particularly touched when I think of my sister's
feeling about the matter and I thank you once more for your kind consideration.

        Nobandla also informs me that you have now been able to persuade the
Government to release political prisoners, and that you have also consulted with
the other "homeland" leaders who have given you their full support in the
matter. It appears from what she tells me that you and the Government intend
that I and some of my colleagues should be released to Umtata.
I perhaps need to remind you that when you first wanted to visit us in 1977
my colleagues and I decided that, because of your position in the implementation
of the Bantustan Scheme, we could not accede to your request.
Again in February this year when you wanted to come and discuss the question
of our release, we reiterated our stand and your request was not acceded to.
In particular, we pointed out that the idea of our release being linked to a
Bantustan was totally and utterly unacceptable to us.
While we appreciate your concern over the incarceration of political prisoners, we
must point out that your persistence in linking our release with the
Bantustans, despite our strong and clearly-expressed opposition to the
scheme, is highly disturbing, if not provocative, and we urge you not to
continue pursuing a course which will inevitably result in an unpleasant
confrontation between you and ourselves.
We will, under no circumstances, accept being released to the Transkei
or any other Bantustan. You know very well fully well that we have spent the
better part of our lives in prison exactly because we are opposed to the
very idea of separate development, which makes us foreigners in our

Uma carta para Winnie Mandela, 27 de
dezembro de 1984, ver páginas 467-71.

own country, and which enables the Government to perpetuate our oppression to this very day.

We accordingly request you to desist from this explosive plan, and we sincerely hope that this is the last time we will ever be pestered with it.

Ozithobileyo,
Dalibunga. "

Purely as a matter of courtesy, I would have preferred that the contents of the letter should be published only after Dalibunga had received it. But publication was made without our consent and even knowledge.

I hope you will be able to make it on the 5th & 6th of next month. Our time was very short and we had so much to talk about.

About the Chairman's J. I can see no objection whatsoever in you accepting an unconditional offer which will enable you to feed those hungry mouths around you. But as I said, you must consult very fully but quickly on the matter. You now need a night watchman to look after the house and the complexe; a reliable watchman, and you should be able to sort out the matter with the church-leaders there.

With regard to the forthcoming clinic I suggest that you also include Dr Rachid Saloojee from Lenasia. He is a good fellow and Amina should be able to contact him on your behalf.

Thanks a lot for the visit, the nice things you said and for your box, darling mum. Looking forward to seeing you soon. I LOVE you.

Affectionately, Madiba.

Nkosk Nobandla Mandela, 802 Phathakahle, P.O. Brandfort.

Nobandla me informa também que você agora conseguiu convencer o governo a soltar presos políticos e consultou os outros líderes de "pátrias" que lhe deram seu total apoio na questão. Pelo que ela me diz, parece que você e o governo pretendem que eu e alguns dos meus colegas sejamos soltos para viver em Umtata.

Talvez eu precise lembrá-lo de que quando você quis nos visitar pela primeira vez em 1977 meus colegas e eu decidimos que, por causa da sua posição na implementação do sistema de bantustões, não podíamos aceitar sua solicitação.

De novo em fevereiro deste ano, quando você quis vir discutir a questão da nossa soltura, reiteramos nossa posição e seu pedido não foi aceito. Em particular, ressaltamos que a ideia da nossa libertação estar vinculada a um Bantustão era totalmente inaceitável para nós.

Embora sejamos gratos por sua preocupação quanto ao encarceramento de presos políticos, precisamos enfatizar que sua persistência em vincular nossa soltura com os bantustões, apesar da nossa oposição forte e claramente expressa ao esquema, é altamente perturbadora, se não provocadora, e nós apelamos para que não prossiga por um caminho que inevitavelmente resultará num desagradável confronto entre você e nós.

Não aceitaremos, sob circunstância alguma, ser soltos para viver no Transkei ou em qualquer outro Bantustão. Você sabe perfeitamente bem que passamos a melhor parte de nossa vida na prisão exatamente porque nos opomos à própria ideia de desenvolvimento segregado que nos torna estrangeiros em nosso próprio país e que permite ao governo perpetuar nossa opressão até hoje.

Em vista disso, solicitamos que desista desse plano explosivo e esperamos sinceramente que esta seja a última vez que somos importunados com ele.

Ozithobileyo,[i]
Dalibunga."

Por mera questão de cortesia, eu teria preferido que o conteúdo da carta fosse publicado apenas depois que Daliwonga a tivesse recebido. Mas a publicação foi feita sem o nosso consentimento e até sem o nosso conhecimento. Espero que você consiga vir nos dias 5 & 6 do mês que vem. Nosso tempo foi muito curto e tínhamos tanta coisa para conversar.

Quanto ao Charman, não vejo objeção alguma em você aceitar uma oferta incondicional que te possibilitará alimentar essas bocas famintas à tua volta. Mas, como eu disse, você deve ponderar profundamente, mas depressa, sobre a questão. Você agora precisa de um vigia noturno para cuidar da casa e do conjunto habitacional; um vigia confiável, e você deve ter condições de combinar o assunto com os líderes da igreja aí.

---

i "Obedientemente seu", em isiXhosa.

Com respeito à futura clínica, sugiro que você inclua também o dr. Rachid Saloojee,[i] de Lenasia. É um bom companheiro e Amina[ii] deve conseguir contatá--lo em seu nome.

Muito obrigado pela visita, pelas coisas bonitas que disse e pelo seu amor, querida mâmi. Estou ansioso para te ver logo. TE AMO!

Afetuosamente, Madiba.

Nkosk Nobandla Mandela, 802 Phathakahle, Caixa Postal de Brandfort.

================

Para Ismail Meer,[iii] amigo e camarada

D220/82: NELSON MANDELA

29.1.85

Querido Ismail,

Tenho sentido tanto a tua falta nesses 22 anos que há ocasiões em que eu acalento a esperança maluca de que uma bela manhã me dirão que você está esperando por mim na sala de entrevistas no andar de baixo.

À medida que observo o mundo envelhecer, cenas de nossos dias de juventude em Kholvad House[iv] & na Umngeni Road[v] voltam tão vividamente como se tivessem ocorrido outro dia mesmo — pelejando interminavelmente com nossos livros de estudo, indo ao Milner Park[vi] e voltando, nos permitindo um pouco de agitação, ora em lados opostos & ora juntos, algumas polêmicas infrutíferas com Boola[vii] & Essack[viii] — & sigo repassando aqueles anos modestos com uma litania de sonhos & esperanças, alguns dos quais foram realizados, enquanto a satisfação de outros nos escapa até hoje.

---

i Dr. Rashid Ahmed Mahmood Salojee (1933-), vice-presidente do Congresso Indiano do Transvaal e posteriormente membro do Parlamento e do Legislativo Provincial de Gauteng pelo CNA a partir de 1990. **ii** Amina Cachalia (1930-2013), amiga e ativista antiapartheid e pelos direitos das mulheres — ver glossário. **iii** Ismail Meer (1918-2000), advogado e ativista antiapartheid — ver glossário. **iv** Kholvad House, um conjunto residencial no centro de Joanesburgo onde Ismail Meer tinha um apartamento. Mandela escreve em *Longo caminho para a liberdade*: "Em Wits conheci e fiquei amigo de Ismail Meer, J.N. Singh, Ahmed Bhoola e Ramlal Bhoolia. O centro dessa comunidade fortemente unida era o apartamento de Ismail, Flat 13, Kholvad House, quatro quartos num prédio residencial no centro da cidade. Ali estudávamos, conversávamos e até dançávamos madrugada adentro, e virou uma espécie de quartel-general para jovens combatentes pela liberdade. Eu às vezes dormia lá quando ficava muito tarde para tomar o último trem de volta para Orlando" (NM, *Longo caminho para a liberdade*, p. 105). **v** Onde Ismail e Fatima Meer moraram nos anos 1950. **vi** Local da Universidade de Witwatersrand onde Mandela e Ismail Meer se encontravam. **vii** Ahmed Boola, um advogado de Durban que escrevia para o jornal *Leader*. **viii** Abdul Karrim Essack, líder da União Democrática do Povo Africano da África do Sul e do Movimento Unido de Natal que foi para o exílio nos anos 1950 e morreu na Tanzânia em 1997.

Mesmo assim, poucas pessoas hão de negar que a safra foi meramente adiada, mas está longe de ter sido destruída. Ela está lá, em campos férteis e bem irrigados, ainda que a tarefa concreta de colhê-la tenha se mostrado muito mais árdua do que pensávamos. Por enquanto, porém, tudo o que eu quero te dizer é que sinto tua falta & que pensar em você me traz um bocado de prazer, & torna a vida rica & agradável mesmo sob estas condições horríveis.

Mas é sobre o trágico 31 de outubro[i] que eu quero falar com você. Você há de perceber, evidentemente, que minha atual situação não permite que eu expresse meus sentimentos & pensamentos de modo pleno & livre como eu gostaria. Basta dizer que, quando chegou a nós a notícia de que Indiraben[ii] tinha falecido, eu já havia esgotado minha cota de cartas a enviar em 1984. Esta é a única razão de eu ter demorado tanto a responder.

Embora Zami[iii] talvez já tenha transmitido nossas condolências (por favor verifique isso), eu gostaria que Rajiv[iv] soubesse que ele & sua família estão em nossos pensamentos em seu luto, que em ocasiões dessa natureza é conveniente recordar as palavras imortais que têm sido repetidas inúmeras vezes: Quando você está sozinho, não está sozinho, há sempre um refúgio de amigos por perto. Para Rajiv, sentir-se sozinho agora é mais do que natural. Mas na verdade ele não está sozinho. Somos seus amigos, estamos junto com ele & [compartilhamos] completamente a tristeza profunda que atingiu a família.

Indira era um bloco de ouro puro & sua morte é um golpe doloroso que achamos difícil suportar. Ela correspondeu às expectativas & enfrentou notavelmente bem os incontáveis desafios colocados diante dela durante os últimos dezoito anos.

Deve haver poucos líderes mundiais que sejam tão reverenciados e que sejam [chamados] carinhosamente pelo primeiro nome por milhares de sul-africanos como Indira. [Pessoas] de diferentes posições sociais parecem tê-la aceitado como um dos seus &, para essas pessoas, ela poderia ter vindo de Cato Manor,[v] Soweto[vi] ou Distrito [Seis].[vii] Isso explica por que sua morte foi tão devastadora.

[Eu] tinha esperança de que um dia Zami e eu viajássemos até a Índia para conhecer Indira em pessoa. Essa esperança se tornou uma resolução especialmente depois de 1979. Embora os anos continuem escoando & a velhice comece a ameaçar, a esperança [nunca] morre & essa viagem continua sendo um dos meus sonhos mais preciosos.

[Nós] desejamos êxito a Rajiv em seu novo cargo[viii] & esperamos sinceramente que sua juventude & boa saúde, sua formação & o apoio de amigos de toda parte

---

i A primeira-ministra indiana Indira Ghandi (1917-84) foi assassinada em 31 de outubro de 1984. ii Indira Gandhi. iii Sua esposa, Winnie Mandela. iv Rajiv Gandhi (1944-91), um dos filhos de Indira Gandhi. v Uma área operária nos arredores de Durban, Natal (hoje KwaZulu-Natal). vi Distrito de Joanesburgo. vii Área operária em Joanesburgo. viii Ele sucedeu à mãe como primeiro-ministro da Índia.

lhe possibilitem arcar com o pesado fardo de trabalho com a mesma energia & firmeza demonstradas por sua mãe famosa nos últimos dezoito anos. Mais uma vez, nossa mais sincera solidariedade a Rajiv, Sonia[i] & Maneka.[ii]

Devo repetir que sinto tremendamente a tua falta & espero que você esteja bem. Espero ansiosamente que nos vejamos um dia. Até lá, mando meu carinho & meus votos mais calorosos para você, Fatima,[iii] as crianças & todo mundo. Por favor me dê notícias de Nokhukhanya[iv] & seus filhos.

Com afeto,
Nelson

Sr. Ismail Meer, 148 Burnwood Road, Sydenham, 4091

Para P. W. Botha, presidente da África do Sul

13 de fevereiro de 1985

Comissário de Prisões,
PRETÓRIA.

A CARTA EM ANEXO É PARA A ATENÇÃO DO PRESIDENTE DE ESTADO, SR. P.W. BOTHA:

"Presidente de Estado,
Cidade do Cabo

Senhor,

Cópias do boletim parlamentar *Hansard* de 25 de janeiro a 1º de fevereiro nos foram entregues no dia 8 de fevereiro.

Observamos que durante o debate no Parlamento o senhor indicou que estava disposto a libertar prisioneiros da nossa categoria específica desde que nós renunciássemos incondicionalmente à violência como meio de perseguir objetivos políticos.

Refletimos seriamente sobre a sua oferta, mas lamentamos informar-lhe que ela não é aceitável em sua forma atual. Hesitamos em associar nosso nome a um gesto que, numa análise mais acurada, parece não ser mais do que uma tentativa astuta e

---

i A esposa de Rajiv Gandhi, Sonia.   ii A viúva de Sanjav Gandhi, irmão de Rajiv que morreu num desastre aéreo em 1980.   iii Fatima Meer, esposa de Ismail Meer.   iv Nokhukhanya Luthuli, viúva do chefe Albert Luthuli.

calculada de induzir o mundo a crer que o senhor nos ofereceu magnanimamente a soltura da prisão, que nós mesmos rejeitamos. Vindos em reação a uma demanda sem precedentes e generalizada pela nossa libertação, seus comentários só podem ser vistos como o ápice da manipulação política cínica.

Recusamo-nos a fazer parte de qualquer coisa que seja de fato concebida para criar divisão, confusão e incerteza no seio do Congresso Nacional Africano num momento em que a unidade da organização se tornou uma questão de importância crucial para todo o país. A recusa do Departamento de Prisões em nos deixar consultar companheiros detentos de outras prisões confirmou nossa opinião.

Assim como alguns de nós rejeitaram a condição humilhante de sermos soltos para ir viver no Transkei,[i] também rejeitamos sua oferta pelos mesmos motivos. Nenhum ser humano que respeite a si próprio irá se rebaixar e humilhar fazendo um compromisso da natureza que o senhor demanda. O senhor não deveria perpetuar nosso encarceramento mediante o simples expediente de estabelecer condições que, como bem sabe, nunca, sob circunstância nenhuma, aceitaremos.

Nossas crenças políticas são amplamente influenciadas pela Carta da Liberdade,[ii] um programa de princípios cuja premissa básica é a igualdade de todos os seres humanos. É não apenas o mais claro repúdio a todas as formas de discriminação racial, mas também a declaração mais avançada de princípios políticos do país. Ela clama por direitos universais numa África do Sul unida e pela distribuição equitativa da riqueza do país.

A intensificação do apartheid, a proibição de organizações políticas e o fechamento de todos os canais de protesto pacífico colidiram drasticamente com esses princípios e forçaram o CNA a recorrer à violência. Consequentemente, até que o apartheid seja totalmente erradicado, nosso povo continuará a se matar entre si e a África do Sul estará sujeita a todas as pressões de uma crescente guerra civil.

No entanto, o CNA, por mais de cinquenta anos desde sua fundação, tem seguido fielmente formas pacíficas e não violentas de luta. Somente no período entre 1952 e 1961[iii] ele apelou em vão a não menos que três premiês sul-africanos para que se convocasse uma conferência de todos os grupos populacionais na qual os problemas do país pudessem ser discutidos, e só recorreu à violência quando todas as outras opções foram interditadas.

---

i Um território que foi absorvido na província do Cabo Oriental em 1994. **ii** Uma declaração de princípios da Aliança do Congresso (ver glossário), adotada pelo Congresso do Povo em Kliptown, Soweto, em 26 de junho de 1955. A Aliança do Congresso mobilizou milhares de voluntários por toda a África do Sul para registrar as reivindicações das pessoas. A Carta da Liberdade postulava direitos iguais para todos os sul-africanos independentemente de raça, além de reforma agrária, melhores condições de trabalho e de vida, distribuição justa de riqueza, educação obrigatória e leis mais justas. Foi uma ferramenta poderosa na luta contra o apartheid. **iii** Mandela escreveu duas vezes ao primeiro-ministro H. F. Verwoerd, apelando para que ele instaurasse uma convenção nacional por uma Constituição democrática e não racial para a África do Sul. Suas cartas foram ignoradas.

GEHEIM
SECRET   13 February 1985

The Commissioner of Prisons
PRETORIA

THE SUBJOINED LETTER IS FOR THE ATTENTION OF THE STATE PRESIDENT,
MR P W BOTHA :

"The State President,
CAPE TOWN

Sir,

Copies of the Hansard parliamentary record of

25 January to 1 February 1985 were delivered to us on

8 February.

We note that during the debate in the House of Assembly you

indicated that you were prepared to release prisoners in our

particular category provided that we unconditionally renounce

violence as a means of furthering our political objectives.

We have given earnest consideration to your offer but we

regret to inform you that it is not acceptable in its present

form. We hesitate to associate you with a move which, on a

proper analysis, appears to be no more than a shrewd and

calculated attempt to mislead the world into the belief

that you have magnanimously offered us release from prison

which we ourselves have rejected. Coming in the face of such

unprecedented and widespread demand for our release, your

remarks can only be seen as the height of cynical politicking.

We refuse to be party to anything which is really intended to

create division, confusion and uncertainty within the

GEHEIM
SECRET

Página de uma carta ao comissário de Prisões,
13 de fevereiro de 1985, ver página 473.

A natureza pacífica e não violenta da nossa luta nunca causou comoção alguma a nosso governo. Pessoas inocentes e indefesas foram massacradas impiedosamente no curso de manifestações pacíficas. O senhor há de se lembrar da fuzilaria em Joanesburgo em 1º de maio de 1950[i] e em Sharpeville em 1960.[ii] Em ambas as ocasiões, como em todos os outros exemplos de brutalidade policial, as vítimas eram homens, mulheres e até crianças invariavelmente desarmados e indefesos. Àquela altura o CNA não havia sequer debatido a ideia de recorrer à luta armada. O senhor era o ministro da Defesa do país quando não menos que seiscentas pessoas, em grande parte crianças, foram derrubadas a tiros em Soweto em 1976. O senhor era o premiê do país quando a polícia espancou pessoas, novamente no curso de manifestações ordeiras contra as eleições coloured e indianas de 1984,[iii] e 7 mil soldados fortemente armados invadiram o Vaal Triangle para esmagar uma manifestação essencialmente pacífica dos moradores.[iv]

O apartheid, que é condenado não apenas por negros, mas também por uma parcela substancial dos brancos, é a maior fonte individual de violência contra o nosso povo. Como líder do Partido Nacional, que busca sustentar o apartheid por meio da força e da violência, esperamos que o senhor seja o primeiro a renunciar à violência.

Mas parece que o senhor não tem intenção alguma de usar formas democráticas e pacíficas de lidar com as queixas dos negros, e que o real propósito de impor condições a sua oferta é garantir que o Partido Nacional desfrute do monopólio da violência contra pessoas indefesas. A fundação do Umkhonto weSizwe foi concebida para acabar com esse monopólio e obrigar os governantes a perceberem que as pessoas oprimidas estavam preparadas para se erguer e se defender e revidar, se necessário, com a força.

Notamos que na página 312 do *Hansard* o senhor diz que está pessoalmente disposto a fazer um grande esforço para relaxar as tensões nas relações intergrupos neste país, mas que não está disposto a levar os brancos à abdicação. Ao fazer essa declaração o senhor mais uma vez reafirmou que permanece obcecado com a preservação da dominação pela minoria branca. O senhor não deveria se surpreender, portanto, se, a despeito das supostas boas intenções do governo, as vastas massas do povo oprimido

---

i Em 1º de maio de 1950, dezoito pessoas foram mortas a tiros pela polícia durante uma greve contra os planos do regime do apartheid de proibir o Partido Comunista. ii Em 21 de março de 1961, em Sharpeville, a polícia baleou e matou 69 pessoas desarmadas que protestavam contra a obrigação de portar documentos de identidade que controlavam onde elas podiam morar e trabalhar. iii Em 1984 o primeiro-ministro Botha estabeleceu um parlamento tricameral com câmaras separadas para indianos, *coloured* (mestiços) e brancos. A Frente Democrática Unida, formada em 1983, promoveu protestos em todo o país contra esse parlamento e suas eleições. Todos os protestos sofreram uma reação violenta da polícia. iv Em setembro de 1984 os distritos de Boipatong, Bophelong, Evaton, Sekokeng e Sharpeville, na área conhecida como Vaal Triangle (Triângulo do Vaal), explodiram em protestos contra os aumentos de aluguéis propostos pelos conselhos municipais governados pelos negros. Três conselheiros distritais (vereadores), incluindo o vice-prefeito do Vaal Triangle, Kuzwayo Jacob Dlamini, foram mortos na violência da turba naquele dia. Cinco homens e uma mulher, que se tornaram conhecidos internacionalmente como os "Seis de Sharpeville", foram julgados, condenados e sentenciados à forca pelos assassinatos.

continuam a vê-lo como um mero representante dos interesses da tribo branca, e consequentemente inadequado para lidar com os assuntos nacionais.

De novo nas páginas 318-319 o senhor declara que não pode conversar com pessoas que não querem cooperar e que mantém conversas com todo possível líder que esteja disposto a renunciar à violência.

Vindo do líder do Partido Nacional, essa declaração é uma revelação chocante, na medida em que mostra mais do que qualquer outra coisa que não há uma única figura nesse partido hoje em dia que seja avançada o bastante para compreender os problemas básicos do nosso país, que tenha aprendido com as amargas experiências dos 37 anos de governo do PN e que esteja preparada para tomar um caminho audacioso em direção à construção de uma África do Sul verdadeiramente democrática.

Fica claro com essa declaração que o senhor preferiria conversar apenas com pessoas que aceitam o apartheid mesmo que elas sejam enfaticamente repudiadas pela própria comunidade sobre a qual o senhor as quer impor, mediante a violência, se necessário.

Seria de supor que a contínua e crescente resistência nos distritos negros, apesar do emprego maciço da Força de Defesa, tivesse deixado clara ao senhor a absoluta nulidade de estruturas inaceitáveis do apartheid, operadas por indivíduos servis e interesseiros, de credenciais duvidosas. Mas o seu governo parece inclinado a prosseguir nesse caminho custoso e, em vez de dar ouvidos à voz dos verdadeiros líderes das comunidades, em muitos casos estes são jogados na prisão. Se o seu governo deseja seriamente interromper a escalada de violência, o único método que se abre é declarar seu compromisso com o fim da calamidade do apartheid e mostrar sua disposição em negociar com os verdadeiros líderes nas esferas locais e nacionais.

Nunca antes as pessoas oprimidas, em especial os jovens, mostraram tamanha unidade de ação, tamanha resistência à opressão racial e tamanhas manifestações prolongadas em face da brutal ação policial e militar. Estudantes secundaristas e universitários estão clamando pelo fim imediato do apartheid e por iguais oportunidades para todos. Religiosos e intelectuais negros e brancos, associações civis e organizações de trabalhadores e de mulheres demandam mudanças políticas genuínas. Aqueles que "co-operam" com o senhor, que o têm servido tão lealmente ao longo destes anos conturbados, não conseguiram de modo algum represar a maré que sobe rapidamente. A confrontação iminente só será evitada se as seguintes medidas forem tomadas sem demora.

1. O governo deve renunciar primeiro à violência;
2. Deve desmantelar o apartheid;
3. Deve suspender a proibição do CNA;
4. Deve libertar todos os que foram presos, banidos ou encarcerados por sua oposição ao apartheid;
5. Deve garantir a atividade política livre.

Na página 309 o senhor se refere a alegações feitas continuamente nas Nações Unidas e por todo o mundo de que a saúde do sr. Mandela se deteriorou na prisão e de que ele está detido sob condições desumanas.

Não há necessidade, da sua parte, de ser hipócrita a esse respeito. A ONU é um órgão responsável e importante para a paz mundial e é, em muitos aspectos, a esperança da comunidade internacional. Sua atuação é conduzida pelos cérebros mais eminentes da Terra, por homens cuja integridade é impecável. Se eles fazem tais alegações, é com a honesta convicção de que elas são verdadeiras.

Se desfrutamos de boa saúde e se o nosso ânimo continua elevado, isso não se deve necessariamente a qualquer consideração ou cuidado especial exercido pelo Departamento de Prisões. Na verdade, é de conhecimento comum que no curso de nosso longo encarceramento, especialmente durante os primeiros anos, as autoridades prisionais implementaram uma política deliberada de tudo fazer para abater nosso moral. Fomos submetidos a um tratamento duro, se não brutal, e danos físicos e espirituais foram infligidos a muitos prisioneiros.

Embora as condições tenham melhorado em relação aos anos 1960 e 70, a vida na prisão não é rósea como o senhor pode supor e ainda enfrentamos sérios problemas em muitos aspectos. Ainda há discriminação racial no tratamento dispensado a nós; ainda não conquistamos o direito de sermos tratados como presos políticos. Não somos mais visitados pelo ministro de Prisões, pelo comissário de Prisões e outras autoridades do centro de comando, nem por juízes e magistrados. Essas condições são motivo de preocupação para a ONU, para a Organização da Unidade Africana,[i] para o Movimento Antiapartheid[ii] e para nossos inúmeros amigos.

Levando em conta a prática atual do Departamento de Prisões, devemos rejeitar a visão de que uma sentença de prisão perpétua significa que a pessoa tenha que morrer na prisão. Ao aplicar aos presos políticos o princípio de que perpétua é perpétua, o senhor está usando dois pesos e duas medidas, já que presos comuns

---

i Formada em 1963 em Adis Abeba, Etiópia, com 32 governos signatários e incluindo posteriormente todos os 53 Estados africanos, com exceção do Marrocos, que se retirou em 1984. Sua meta era erradicar todas as formas de colonialismo e de dominação da minoria branca no continente africano. Almejava também coordenar e intensificar a cooperação entre Estados africanos para alcançar uma vida melhor para os povos da África e defender a soberania, a integridade territorial e a independência dos Estados africanos. Foi desfeita em 9 de julho de 2002 por seu último presidente, o sul-africano Thabo Mbeki, e substituída pela União Africana.   ii Originalmente chamado de Movimento de Boicote, o British Anti-Apartheid Movement (AAM), Movimento Britânico Antiapartheid, foi criado em Londres em 1959 em oposição ao sistema do apartheid na África do Sul. Demandava sanções internacionais contra a África do Sul sob o apartheid e conclamava ao seu total isolamento. Em 1988 o AAM organizou um concerto de música pop, conhecido como o Free Nelson Mandela Concert, no estádio de Wembley, em Londres, para celebrar o septuagésimo aniversário de Mandela. Um segundo concerto, Nelson Mandela: An International Tribute for a Free South Africa [Nelson Mandela: Um tributo internacional por uma África do Sul livre], teve lugar ali em 1990, dois meses depois de Mandela ser solto da prisão, e contou com a sua presença.

com bom comportamento na prisão cumprem em média quinze anos de uma pena de prisão perpétua. Devemos também lembrá-lo de que o primeiro ato do Partido Nacional ao chegar ao poder foi libertar o traidor Robey Leibbrandt[i] (e outros) depois que ele tinha cumprido apenas um par de anos de sua pena de prisão perpétua. Aqueles eram homens que tinham traído seu próprio país em favor da Alemanha nazista durante a última Guerra Mundial, na qual a África do Sul estava envolvida.

No que diz respeito a nós, cumprimos há muito tempo nossa sentença perpétua. Estamos sendo mantidos de fato em detenção preventiva sem desfrutar dos direitos concedidos a essa categoria de prisioneiros. A filosofia obsoleta e universalmente rejeitada da retaliação está sendo ministrada a nós e cada dia que passamos na prisão é um ato de vingança contra nós.

Apesar do seu compromisso com a manutenção da supremacia branca, porém, de sua tentativa de criar novas estruturas de apartheid e de sua hostilidade a um sistema não racial de governo neste país, e apesar da sua determinação em perseverar nessa política até o fim, o fato é que o senhor é o chefe do governo da África do Sul, goza do apoio da maioria da população branca e pode ajudar a mudar o curso da história sul-africana. Um começo pode ser o senhor aceitar e concordar em implementar o programa de cinco pontos exposto nas páginas 4-5 deste documento. Se o senhor aceitar o programa, o nosso povo cooperará prontamente para solucionar qualquer problema que possa surgir na sua implementação.

A esse propósito, notamos o fato de que o senhor não insiste mais para que alguns de nós sejam libertados para viver no Transkei. Notamos também o tom comedido que o senhor adotou ao fazer a oferta no Parlamento. Esperamos que mostre a mesma flexibilidade e examine nossas propostas objetivamente. Essa flexibilidade e essa objetividade podem ajudar a criar um clima melhor para um fecundo debate nacional.

Atenciosamente,

NELSON MANDELA
WALTER SISULU
RAYMOND MHLABA
AHMED KATHRADA
ANDREW MLANGENI[ii]

[Cada um assinou acima do seu nome]

◇◇◇◇◇◇◇◇◇◇◇

i Sidney Robey Leibbrandt (1913-66), o campeão de boxe peso pesado sul-africano, atuou para a inteligência militar alemã sob o pseudônimo "Robert Leibbrand". Era um bôer sul-africano de ascendência alemã e irlandesa. ii Réus do Julgamento de Rivonia encarcerados com Mandela. Ver glossário para informações sobre esses indivíduos. Cada prisioneiro assinou seu nome duas vezes.

De tempos em tempos nos últimos anos de seu encarceramento, Mandela recebia cartas de pessoas que ele nunca havia visto — membros comuns do público que sabiam da sua situação e escreviam para mostrar que ele tinha apoio fora do seu círculo normal de amigos e familiares. A sra. Ray Carter, uma enfermeira nascida na Grã-Bretanha e casada com um bispo anglicano, John Carter, era um desses apoiadores. Esta carta foi fornecida por sua família, que disse que ela e Mandela iniciaram uma amizade epistolar depois que ela telefonou ao diretor da Prisão de Pollsmoor dizendo que queria levar um presente de aniversário a Nelson Mandela. Ela prontamente deixou para ele uma brochura chamada Daily Light *[Luz diária], contendo textos bíblicos, a serem lidos à razão de dois por dia. Alguns meses depois chegou uma carta registrada de Mandela.*

Para Ray Carter, uma apoiadora

4.3.85

D220/82: NELSON MANDELA

Nossa querida Ray,

A imagem na capa de *Daily Light* me desconcertou de um modo inexprimível. Embora eu tenha passado não menos que duas décadas no Rand[i] antes de ser preso, ainda sou essencialmente um aldeão em minha visão de mundo. Ainda fico enlevado com a natureza selvagem, o mato, uma folha de capim e com todas as coisas associadas ao veld.[ii]

Cada vez que me detenho no livro — e tento fazer isso todas as manhãs e todas as noites — eu invariavelmente começo pela capa, e a mente imediatamente se ilumina. Cenas há muito tempo esquecidas voltam, frescas como o orvalho. O mato espesso, as dez ovelhas gordas num campo verde me lembram dos meus tempos de infância no interior, quando tudo o que eu via parecia dourado, um verdadeiro local de beatitude, uma extensão do próprio paraíso. Esse mundo romântico está gravado permanentemente na memória e nunca se apaga, embora hoje eu saiba muito bem que ele se foi para não mais voltar.

Catorze anos depois de ter me estabelecido em Joanesburgo voltei para casa,[iii] chegando à minha aldeia no início da noite. Ao amanhecer deixei o carro de lado e saí a pé veld adentro em busca do mundo da minha juventude, mas ele não estava mais lá.

---

i Nome abreviado de Witwatersrand, uma serrania de 56 quilômetros de comprimento na província sul--africana de Gauteng, onde Joanesburgo está localizada. **ii** "Campo", em africâner. **iii** Mandela está se referindo a Qunu, no Transkei, onde ele cresceu.

O mato, onde costumávamos colher frutas silvestres, desenterrar raízes comestíveis e colocar armadilhas para pequenos animais, era agora um pomar sem graça de arbustos dispersos e anões. O rio, no qual eu nadava nos dias quentes e pegava enguias gordas, estava estrangulado pela lama e pela areia. Eu já não via as flores fulgurantes que embelezavam o veld e adoçavam o ar.

Embora as frescas chuvas tivessem lavado recentemente a área e o sol nascente lançasse seu calor por sobre todo o veld, nenhum pássaro-indicador e nenhuma cotovia vieram me saudar. A superpopulação, o excesso de pastagens e a erosão do solo tinham causado uma devastação irreparável, e tudo parecia estar se desintegrando. Até mesmo as enormes rochas de minério de ferro que outrora se erguiam imponentes para a eternidade pareciam estar sucumbindo à total desolação que envolvia a área. O gado e as ovelhas estavam em geral magros e abatidos. A própria vida parecia estar definhando lentamente. Foi esse o triste quadro com que me deparei ao voltar para casa quase trinta anos atrás. Ele contrastava drasticamente com o lugar onde nasci. Eu nunca mais tinha voltado para casa, e no entanto os anos românticos da minha juventude permaneciam impressos claramente na minha mente. A imagem da capa de *Daily Light* evoca aqueles tempos maravilhosos.

De onde vem essa foto? Ela parece muito familiar.

Quanto tempo levou para que uma mensagem ou pacote enviado por você rompesse as barreiras e chegasse a mim! Foi em algum momento de 1982, acho, que Zami (Winnie) perguntou se eu tinha recebido um cartão seu. Minhas averiguações junto ao oficial comandante deram em nada. É preciso ser um prisioneiro cumprindo pena de prisão perpétua para avaliar como pode ser frustrante e doloroso quando os esforços de amigos para dizer algumas palavras para encorajar a gente são obstruídos em algum ponto do caminho.

Mas, quando olho para trás agora, essa frustração não foi desprovida de valor. Você a converteu em triunfo. Sua determinação em romper as barreiras é uma medida da profundidade do seu amor e da sua preocupação. As três palavras inscritas no livro o tornam um pertence deveras precioso. Espero sinceramente que Zami e eu nos mostremos dignos desse carinho e apoio. Espero ansiosamente encontrar você e John[i] um dia. Enquanto isso, mando-lhes meu amor e meus melhores votos.

Cordialmente,
Nelson

Sra. Ray Carter, 51 Dalene Road, Bramley, 2192

---

i O marido dela, o bispo anglicano John Carter.

Para Lionel Ngakane,[i] amigo e cineasta

1.4.85

D220/82: NELSON MANDELA

Caro Lionel,

O mundo que conhecíamos tão bem parece estar desmoronando muito depressa, e os homens e mulheres que no passado lideravam um grande número de pessoas estão desaparecendo de cena com a mesma rapidez. Lutuli,[ii] Dadoo,[iii] Matthews,[iv] Kotane,[v] Harmel,[vi] Gomas, os Naicker,[vii] Marks,[viii] Molema,[ix] Letele,[x] Ruth First,[xi] Njongwe,[xii] Calata,[xiii] Ngoyi,[xiv] Peake,[xv] Hodgson,[xvi] Nokwe[xvii] e muitos outros agora dormem na paz eterna; e tudo isso aconteceu em menos de duas décadas.

Nunca voltaremos a vê-los, a trocar ideias com eles quando surgirem os problemas, nem a tirar proveito de sua imensa influência na luta pela África do Sul de nossos sonhos. Mas poucas pessoas hão de negar que durante o tempo que viveram

---

i Lionel Ngakane (1928-2003), cineasta, ator. Ele foi para o exílio nos anos 1950 e voltou à África do Sul em 1994. **ii** Chefe Albert Luthuli (1898-1967), presidente-geral do CNA entre 1952 e 1967 — ver glossário. Mandela também grafava seu nome como "Lutuli". **iii** Dr. Yusuf Dadoo (1909-83), médico, ativista antiapartheid e orador. Presidente do Congresso Indiano Sul-Africano, representante de Oliver Tambo no Conselho Revolucionário do MK e presidente do Partido Comunista Sul-Africano — ver glossário. **iv** Professor Z.K. Matthews (1901-68), acadêmico, político, ativista antiapartheid e membro do CNA — ver glossário. **v** Moses Kotane (1905-78), membro do CNA e secretário-geral do Partido Comunista Sul-Africano. **vi** Michael Harmel (1915-74), membro de destaque do Partido Comunista. Morreu no exílio em Praga. **vii** Monty Naicker (1910-78), médico, político e ativista antiapartheid — ver glossário. M.P. Naicker (1920-77), ativista antiapartheid, jornalista, líder e organizador do Congresso Indiano de Natal, do Partido Comunista Sul-Africano e da Aliança do Congresso. Os Naicker não eram irmãos, e sim camaradas. **viii** J.B. Marks (1903-72), membro do CNA e um líder da Campanha do Desafio de 1952 (para a Campanha do Desafio, ver glossário). **ix** Dr. Silas Modiri Molema (1891-1965), médico e ativista do CNA. **x** Dr. Arthur Elias Letele (1916-65), médico e ativista do CNA. Um dos acusados no Julgamento de Traição de 1956 (para o Julgamento de Traição, ver glossário). **xi** Ruth First (1925-82), jornalista e ativista do Partido Comunista e do CNA. Acusada no Julgamento de Traição de 1956 (para o Julgamento de Traição, ver glossário). Ela foi para o exílio em 1964 e foi morta por um pacote-bomba enviado por agentes do apartheid quando estava morando em Moçambique. **xii** Dr. James Jimmy Njongwe (1919-76), médico, líder do CNA e organizador da Campanha do Desafio (para a Campanha do Desafio, ver glossário) no Cabo Oriental — para Jimmy Njongwe, ver glossário. **xiii** Reverendo James Arthur Calata (1895-1983), professor e sacerdote da Igreja Anglicana, foi um membro de destaque do CNA. **xiv** Lilian Ngoyi (1911-80), política e ativista antiapartheid e pelos direitos das mulheres — ver glossário. **xv** George Edward Peake (1922-), membro fundador da Organização Sul-Africana das Pessoas Coloured. Foi um dos acusados no Julgamento de Traição de 1956 (para o Julgamento de Traição, ver glossário). Foi preso em 1962 e ficou dois anos na cadeia por seu envolvimento em um plano de sabotagem. Em 1968 foi forçado ao exílio, onde morreu. **xvi** Percy John "Jack" Hodgson (1910-77), um dos acusados no Julgamento de Traição de 1956 e membro fundador do braço armado do CNA, o Umkhonto weSizwe. Morreu no exílio. **xvii** Advogado Duma Nokwe (1927-78), ativista político e advogado — ver glossário.

eles realizaram uma grande conquista e, no processo, criaram uma rica tradição que serve como fonte de orgulho e energia àqueles que agora ocupam os seus lugares.

Estávamos tão ocupados fora da prisão que mal tínhamos tempo para pensar seriamente na morte. Mas é preciso estar trancafiado perpetuamente numa cela de prisão para avaliar a dor paralisante que nos invade quando a morte ataca alguém próximo. Perder uma figura pública destacada pode ser um golpe doloroso; mas perder um amigo e vizinho de toda a vida é uma experiência devastadora, que aguça de modo indizível a sensação de choque.

Foi assim que me senti quando Zami[i] me deu a triste notícia da morte da tua amada mãe, acrescentando que na época teu pai estava detido e teve de assistir ao funeral sob escolta policial. Penso em você, em Pascal,[ii] Lindi, Seleke, Mpho, Thabo[iii] e, claro, em teu pai. Mandei a ele uma carta de condolências que espero que ele tenha transmitido a todos vocês.

A morte do teu pai foi igualmente devastadora, sobretudo porque eu soube dela por notícias de imprensa no momento em que estava prestes a responder à última carta dele, que eu tinha recebido em 31 de dezembro de 1984. O choque destrancou um recanto da minha mente, e eu literalmente revivi os quase quarenta anos da nossa amizade.

Recordei em particular uma ocasião no Centro Social dos Homens Bantos[iv] em que fomos abordados pelo dr. Yergan[v] perto do final da Campanha do Desafio.[vi] A entrada era só com convite e os figurões da cidade estavam todos lá — Xuma,[vii] Mosaka, Rathebe, Denelane, Madibane, Ntloana, Xorile, Twala, Rezant, Mali, Nobanda, Magagane, Mophiring e por aí afora. A plateia tinha ficado especialmente receptiva por conta da CD[viii] e Yergan, que fez um extraordinário retrospecto dos movimentos nacionais no nosso continente, estava em ótima forma. Dava para ouvir um alfinete cair no chão. Ele fechou seu brilhante discurso com

---

i Um dos nomes de Winnie Mandela. **ii** Pascal Shaudi Ngakane (1930-2015), um dos irmãos de Lionel Ngakane. Estava na prisão com Mandela. **iii** William Barmey (1902-88), ativista do CNA, e filhos de Monzondeki Ngakane. Irmãos de Lionel Ngakane. **iv** O Centro Social dos Homens Bantos (Bantu Men's Social Centre — BMSC), fundado em Sophiatown, Joanesburgo, em 1924, foi um importante local de encontro cultural, social e político para negros sul-africanos. Suas instalações incluíam um ginásio de esportes e uma biblioteca, e ele sediou lutas de boxe, reuniões políticas e bailes. Mandela e outros quatro fundaram ali a Liga Jovem do CNA em 1944. **v** Dr. Max Yergan (1892-1975), neto de um escravo norte-americano, ocupou o cargo na África do Sul, por dezoito anos depois da Segunda Guerra Mundial, de primeiro-secretário do Comitê Internacional da Associação Cristã de Moços. **vi** Iniciada pelo CNA em dezembro de 1951 e lançada junto com o Congresso Indiano Sul-Africano em 26 de junho de 1952 contra seis leis do apartheid, a Campanha do Desafio contra Leis Injustas (conhecida abreviadamente como Campanha do Desafio) envolveu a transgressão de leis racistas por indivíduos, como por exemplo a entrada em recintos reservados "só para brancos", a desobediência ao toque de recolher e atitudes para provocar a prisão. Mandela foi designado chefe nacional dos voluntários, com Maulvi Cachalia como seu adjunto. Mais de 8 500 voluntários foram presos por sua participação na Campanha do Desafio. **vii** Dr. Alfred Bitini Xuma (1893-1962) foi o primeiro negro sul-africano a se tornar médico. Foi presidente-geral do CNA (1940-49). **viii** Campanha do Desafio.

um ataque convicto contra o comunismo — e recebeu uma prolongada ovação por parte daquela plateia elitista.

Seguiu-se um coro de elogios a Yergan até que o teu pai subiu ao palco. Ele não podia competir com Yergan em matéria de eloquência e do vasto conhecimento científico que o norte-americano dominava. Mas falou na linguagem simples que todos compreendíamos e chamou a atenção para assuntos que nos eram muito caros. Fez observações pertinentes sobre o silêncio ensurdecedor de Yergan acerca da nossa luta em geral e, em particular, da CD em curso. Intensificando seu ataque, ele desafiou nosso orador convidado a falar sobre os gigantescos cartéis, trustes e empresas multinacionais norte-americanas que estavam causando tanta miséria e sofrimento mundo afora e repeliu a tentativa de Yergan de nos arrastar para dentro da Guerra Fria. As mesmas pessoas que tinham proporcionado uma prolongada ovação ao orador agora aplaudiam seu pai com o mesmo entusiasmo. Devo confessar que fiquei mais do que impressionado.

Durante o estado de emergência de 1960,[i] passamos vários meses com ele na prisão local de Pretória. Mais uma vez ele mostrou qualidades especiais de liderança e foi de considerável ajuda para a manutenção do ânimo e da disciplina. Há muitos aspectos da vida dele que passaram rapidamente pela minha cabeça no dia inesquecível em que eu soube da sua morte. Mas uma carta controlada de prisão não é um canal adequado para expressar de modo franco e completo minhas opiniões sobre tais assuntos. Para mim, basta dizer que Zami e eu sempre guardaremos com carinho a lembrança de nossa amizade com os teus pais. Por favor transmita estes sentimentos a Pascal, Lindi, Seleke, Mpho e Thabo. O recorte do *Swetan* em anexo é irremediavelmente inadequado e impreciso, e espero sinceramente que você ou Lindi registrem no devido tempo a história da vida dele e a tornem acessível a um público mais amplo. Esse é um desafio para vocês todos, mas especialmente para Lindi,[ii] que tem qualificações especiais, tanto em termos acadêmicos como de seu papel concreto na luta, para empreender uma tarefa tão importante.

Mudando para assuntos mais leves, devo confessar que anseio por ouvir mais a respeito das tuas atividades pessoais. Sei que uma pergunta direta não vai te constranger. Você está casado? Se estiver, quem é a felizarda? De que tamanho é a tua força de trabalho? Devo acrescentar que nunca me esqueço do dia que passamos juntos em Londres, e fiquei tremendamente satisfeito ao saber que em torno de

---

i Declarado em 30 de março de 1960 como resposta ao Massacre de Sharpeville, o Estado de Emergência de 1960 caracterizou-se por detenções em massa e pelo encarceramento de muitos líderes africanos. Em 8 de abril de 1960 o CNA e o Congresso Pan-Africano foram proibidos com base na Lei das Organizações Ilegais. **ii** Uma das irmãs de Lionel Ngakane.

OR[i] havia jovens talentosos do teu calibre. Você talvez não saiba que essa descoberta me tornou ainda mais ligado aos teus pais.

Pascal e eu passamos um bom tempo juntos em casa e quando visitei Durban em 1955 fiz questão de vê-lo. Mas foram os três anos que passamos juntos em algum lugar que deixaram uma marca ainda mais profunda em mim. Faz algum tempo que não tenho notícias dele e gostaria de saber seu endereço. Foi para mim uma agradável surpresa saber que Clifford[ii] agora é embaixador do Lesoto em Roma.[iii] Até ver notícias a esse respeito na imprensa, eu tinha a impressão de que ele era da ONU. Ficarei bem contente se essas notícias estiverem corretas. Tenho uma grande admiração pelo chefe Leabua e, daqui de longe, ele parece estar manipulando seus trunfos excepcionalmente bem.

Seleke[iv] era apenas uma adolescente quando a vi pela última vez, mas depois me contaram que ela estava bem feliz casada com um médico em Maseru. Anseio por ver vocês todos algum dia. Por enquanto, mando minhas mais carinhosas lembranças e meus melhores votos.

Cordialmente,
Madiba

Sr. Lionel Ngakane, a/c Sr. Paul Joseph, Londres

P.S. Se você encontrar tempo para responder, por favor registre a sua carta.

Para Sheena Duncan,[v] presidente da Black Sash

D220/82: NELSON MANDELA

1.4.85

Cara sra. Duncan,

---

i Oliver Reginald Tambo (1917-93), amigo e ex-sócio de Mandela no escritório de advocacia e presidente do CNA — ver glossário. Seu nome do meio era Reginald e Mandela se referia a ele como Reggie. **ii** Clifford Morojele era casado com Lindi, irmã de Lionel Ngakane. **iii** Clifford Morojele trabalhou para as Nações Unidas em Adis Abeba e em Roma, mas não foi embaixador. Esse fato foi noticiado incorretamente nos jornais da época. (Sahm Venter em conversa com o filho de Clifford, Morabo Morojele, 14 de outubro de 2017.) **iv** Uma das irmãs de Lionel Ngakane. **v** Sheena Duncan (1932-2010), membro da Black Sash (Faixa Negra), uma organização de mulheres brancas de classe média alta que protestavam contra as leis do apartheid e ajudavam suas vítimas. A mãe de Sheena, Jean Sinclair, tinha sido uma de suas fundadoras, em 1955.

Na minha atual situação não é nem um pouco fácil me manter a par do curso dos acontecimentos de fora da prisão. Pode muito bem ser que a filiação à B-Sash não tenha crescido significativamente nos últimos trinta anos e que, a esse respeito, seu padrão de desenvolvimento não tenda a ser diferente, ao menos no futuro imediato.

Mas poucas pessoas hão de negar que, apesar de seus números relativamente pequenos, o impacto da Sash é formidável e ela tem avultado como uma das forças que ajudam a concentrar a atenção naqueles problemas sociais que estão despedaçando a vida de tantas pessoas. Ela está fornecendo diretrizes inequívocas de como esses problemas podem ser enfrentados concretamente e, desse modo, ajuda a trazer algum alívio e esperança a muitas vítimas de uma ordem social degradante.

Os ideais que nos são caros, nossos sonhos mais queridos e esperanças mais ardentes talvez não se realizem durante nosso tempo de vida. Mas não é esse o ponto. A consciência de que no tempo de que dispunha a pessoa cumpriu seu dever e fez jus às expectativas de seus contemporâneos já é em si uma experiência gratificante e uma conquista magnífica. A boa imagem que a Sash está projetando talvez se deva em grande parte à compreensão mais ampla de que ela está correspondendo a essas expectativas.

Falar com uma voz clara e firme sobre questões nacionais importantes, sem a proteção do escudo de imunidade com que contam os membros dos órgãos governamentais do país e sem se importar com as incontáveis consequências de ser relegada ao ostracismo por parte de uma minoria privilegiada, dá a medida da tua profunda preocupação com os direitos humanos e de seu compromisso com o princípio da justiça para todos. A esse propósito, teus recentes comentários em Port Elizabeth,[i] expressando as convicções daqueles que se empenham pelo progresso verdadeiro e por uma nova África do Sul, foram significativos de verdade.

A despeito das imensas dificuldades contra as quais você tem de agir, tua voz é ouvida por todo o país. Ainda que faça alguns torcerem o nariz, ela atiça a consciência de outros e é muito bem acolhida por todos os homens e mulheres de bem. Aqueles que estão dispostos a encarar os problemas e que abraçam crenças universais que mudaram o curso da história em muitas sociedades devem, no devido tempo, merecer apoio e admiração que transcendem amplamente suas próprias fileiras.

Em felicitação por seu aniversário de trinta anos,[ii] preciso acrescentar que compartilho plenamente com você a visão de que você pode "olhar para trás com orgulho pelas três décadas de um esforço que agora, finalmente, está começando a render frutos".

---

i Cidade na província do Cabo Oriental. **ii** O trigésimo aniversário da Black Sash.

Para concluir, devo ressaltar que conheço tantas companheiras tuas que, se fosse nomear cada uma delas nesta carta, a lista seria longa demais. Só o que posso fazer é te afiançar minha mais afetuosa consideração e meus melhores votos.

Cordialmente,
[Assinado NRMandela]

◇◇◇◇◇◇◇◇◇◇

Estas duas cartas ao ativista antiapartheid e advogado Archie Gumede demonstram as dificuldades e frustrações relativas à escrita e ao recebimento de cartas na prisão e à falta de informações sobre o que acontecia com a correspondência.

Suspeitando que a carta que enviou a Gumede em 1975 não chegara às mãos deste, Mandela a reescreve, a partir da cópia que transcrevera rapidamente na época, e a reenvia quase dez anos depois.

Para Archie Gumede,[i] camarada & amigo

D220/82: NELSON MANDELA

8.7.85

Phakathwayo! Qwabe![ii]

Outro dia eu estava folheando o caderno em que mantenho registro das cartas que envio, e me deparei com a cópia da carta em anexo, que te escrevi em 1º de janeiro de 1975.[iii] Como você nunca a respondeu, e tendo em vista os problemas peculiares que estávamos experimentando com o correio na época, concluí que ela nunca chegou às tuas mãos.

Embora mais de dez anos tenham transcorrido desde que ela foi escrita, e embora uma parte do seu conteúdo esteja agora irremediavelmente obsoleto, eu pensei, mesmo assim, que você deve recebê-la. A carta foi escrita quando Mphephethe,[iv] Sibalukhulu, Danapathy[v] e o marido de Georgina de Hammarsdale estavam todos aí[vi] e plenamente ativos. Um dos objetivos da carta era fazê-los saber que havia um profundo reconhecimento pelo trabalho deles.

---

i Archibald Jacob Gumede (1914-98) — ver glossário. **ii** Nomes de clã de Archie Gumede. **iii** Ver carta na página 489. **iv** Bakwe (Joe) Matthews (1929-2010), ativista político e filho de Frieda e Z.K. Matthews — ver glossário para informações sobre esses indivíduos. **v** O nome do meio de M.D. Naidoo, que esteve na prisão com Mandela em Robben Island. **vi** Mandela está se referindo, muito provavelmente, a Natal.

Você deve ter em mente também que, naquela época, as relações entre o Khongolose[i] e Shenge[ii] eram boas e havia cooperação em muitas áreas. Além disso, ele e eu tínhamos estado em contato desde o fim dos anos 1960, e ele ainda me envia mensagens de afeto em ocasiões específicas. Na ilha nós discutimos amplamente a questão numa reunião especial de representantes de todos os setores e o sentimento geral era de que seria um erro ignorar os gestos dele. Por essa razão continuei a responder.

No ano passado ele me mandou outro telegrama sobre um assunto pessoal e meus colegas e eu trocamos ideias. Mais uma vez sentiu-se que, dependendo do que você pudesse aconselhar, eu deveria escrever a ele agradecendo. Mas quando a carta chegou à família você não estava mais alcançável. A carta acabou sendo encaminhada a ele.

A esta altura quero fazer uma pequena digressão e lhe falar sobre uma mocinha, srta. Nomsa Khanyeza, 3156, Nkwaz Road, Imbali, cuja carta eu recebi em novembro de 1982 e à qual respondi imediatamente. Nunca mais tive notícia dela. Eu gostaria que você visitasse a casa dela quando estiver na região. Em particular gostaria de saber se ela ainda está na escola e se seus pais dispõem de recursos para a sua educação. A julgar por sua carta, ela parece ser uma criança de talento.

Talvez Thozamile e Sisa estejam sabendo que <u>Between the Lines: Conversations in S.A.,</u>[iii] de Harriet Sergeant, foi publicado. Ela tem algumas observações interessantes a fazer sobre uma ampla variedade de entrevistas. Mas uma jovem de 26 anos pode muitas vezes ser bastante franca, e ela parece ter registrado sentimentos e reações íntimos que não eram destinados ao consumo público. Embora seja direta e espontânea em seus modos, em minha opinião ela não disse nada sobre os sindicalistas que encontrou que fosse realmente prejudicial. Estou curioso para saber quem é Connaugh. Aparentemente é o nome fictício do homem barbudo de jeans, fones nos ouvidos, microfone na mão e um gravador no encontro sindical em EL.[iv] Por favor me consiga essa informação se eles já tiverem o livro.

Para concluir, gostaria de chamar sua atenção para uma carta num jornal diário de JHB[v] que tratava do caso de nove homens condenados à morte pela rainha Vitória por traição. Como resultado de protestos de todas as partes do mundo os homens foram banidos em vez de executados. Muitos anos depois, a rainha soube que

---

i Mandela está se referindo ao Congresso Nacional Africano — *khongolose* é "congresso", em isiZulu. **ii** Chefe Mangosuthu Buthelezi (1928-), príncipe Zulu, ministro-chefe de KwaZulu entre 1972 e 1994 e fundador e presidente do Partido da Liberdade Inkatha em 1975 — ver glossário. Seu nome de clã é Shenge. Mandela está falando sobre as relações entre o CNA e o Inkatha.   **iii** *Between the Lines: Conversations in South Africa* [Entre as linhas demarcatórias: Conversas na África do Sul], de Harriet Sergeant (Londres: J. Cape, 1984)", era um livro que investigava o efeito do apartheid sobre os sul-africanos nos anos 1980.   **iv** Muito provavelmente East London, uma cidade na província do Cabo Oriental. **v** Joanesburgo.

um daqueles homens tinha sido eleito PM[i] da Austrália,[ii] o segundo foi nomeado general de brigada do Exército dos EUA,[iii] o terceiro se tornou procurador-geral da Austrália,[iv] o quarto sucedeu ao terceiro como procurador-geral,[v] o quinto se tornou ministro da Agricultura do Canadá,[vi] o sexto também se tornou general de brigada nos EUA,[vii] o sétimo foi nomeado governador-geral de Montana,[viii] o oitavo tornou--se um proeminente político de Nova York[ix] e o último foi nomeado governador--geral da Terra Nova, no Canadá.[x]

É uma história relevante que, embora você provavelmente já conheça, achei conveniente recordar aqui. Minhas mais carinhosas lembranças e meus melhores votos a você e a todos os seus colegas. Lembre-se de que está sempre em nossos pensamentos.

Cordialmente, Madiba.

P.S. Nomsa, na época da escrita da carta, era estudante no Colégio de Georgetown.

[A carta anexada]
Para Archie Gumede,[xi] amigo e camarada

D220/82: NELSON MANDELA

CX POSTAL X4, TOKAI, 7966

1º de janeiro de 1975 [reenviada em 7 de julho de 1985]

Phakathwayo Qwabe![xii]

Estive pensando em te escrever desde a morte de A.J.[xiii] Vocês eram tão próximos que, embora eu tenha escrito imediatamente à Velha Senhora,[xiv] senti que também

---

i Primeiro-ministro.   **ii** Charles Duffy (1816-1903) não foi primeiro-ministro da Austrália, mas o oitavo premiê do estado australiano de Victoria. A informação histórica sobre Duffy não sugere que ele tenha sido enviado ao exílio e o artigo a que Mandela se refere pode estar incorreto.   **iii** Patrick Donahue.
iv Morris Leyne.   **v** Michael Ireland sucedeu a Morris Leyne como procurador-geral da Austrália.
vi Thomas Dacy McGee (1825-68) se tornou ministro da Agricultura, Imigração e Estatísticas.
vii Thomas McManus.   **viii** Thomas Francis Meagher (1823-67) tornou-se um barão do gado e governador de Montana depois da Guerra Civil norte-americana.   **ix** John Mitchell (1815-75), nacionalista irlandês, escritor e jornalista que apoiou os Estados Confederados durante a Guerra Civil norte-americana. Seu filho, John Purroy Mitchell (1879-1918), foi posteriormente prefeito da cidade de Nova York.
x Richard O'Gorman.   **xi** Archibald Jacob Gumede (1914-98) — ver glossário.   **xii** Os nomes de clã de Archie Gumede.   **xiii** A.J. é o chefe Albert Luthuli (1898-1967), presidente-geral do CNA entre 1952 e 1967 — ver glossário — que morreu atropelado por um trem em julho de 1967.   **xiv** Nokhukhanya Luthuli, viúva do chefe Albert Luthuli.

devia mandar minhas condolências a você, M.B.,[i] Zanu [ou Zami],[ii] Sibalukhulu e Siphithiphithi. Vocês estiveram juntos por muito tempo, lidaram conjuntamente com importantes problemas e avançaram em formação cerrada como fez Nodunehlezi muitos anos atrás. É difícil pensar no chefe sem pensar ao mesmo tempo em vocês cinco.

Ainda me membro bem do Drill Hall,[iii] quando vocês se aproximavam quase instintivamente, falavam sobre solo e areia e, às vezes, relaxavam a tensão diante de um prato de amadumbe,[iv] pontuando a conversa com repetidos "ha-a-a-wu! ha-a-a-wu!".[v]

No devido tempo você foi admitido como advogado e só agora eu escrevo para dizer: muito bem! Pessoas que quase não recebem notícias nossas talvez sejam aquelas que mais respeitamos e nas quais mais confiamos. Talvez fiquemos em silêncio por ter a certeza de que elas compreenderão que a pressão de outros compromissos torna difícil entrar em contato com elas.

Tenho pensado em você com frequência nestes doze anos, senti com a mesma intensidade os dissabores que o atingiram, especialmente em 1963,[vi] e o regozijo quando o sol voltou a brilhar. Eu estava em Mgungundlovu[vii] em março de 1961[viii] e fiquei me perguntando se cheguei a encontrar você naquela ocasião. Eu me hospedei com os pais de Mandla. Em 1955 eu tinha passado uma noite inteira na Boom Street[ix] conversando com Moses,[x] Chota,[xi] Omar[xii] e outros. No dia seguinte, Mungal[xiii] e eu viajamos a Groutville,[xiv] onde passei um dia inteiro com AJ. A propósito, eu estava voltando do encontro com ele em agosto de 1962 quando topei com teus conterrâneos em Howick.[xv]

Também penso um bocado em Mphephethe, Sibalukhulu, no marido de Georgina, MB, RM e Mutwana wa kwa Phindangene com doces recordações. Quando

---

i M.B. Yengwa (1923), membro do CNA, sindicalista e réu do Julgamento de Traição (para o Julgamento de Traição, ver glossário). ii Aqui não se trata de Winnie Mandela. iii O local do Julgamento de Traição de 1956 (para o Julgamento de Traição, ver glossário). iv Bolinhos recheados. v *Hawu* é uma expressão isiXhosa e isiZulu de descrença ou condenação. Pronuncia-se "Háu". Faz parte da conversa: quando as pessoas contam histórias, os ouvintes respondem naturalmente dessa maneira. vi Archie Gumede foi banido por cinco anos em 1963. vii Distrito de Natal onde se localiza Pietermaritzburg. viii Mandela está se referindo à Conferência de Pietermaritzburg para Toda a África, na qual ele falou em março de 1961 e da qual Archie Gumede participou. ix A casa dos ativistas Chota e Choti Motala ficava na Boom Street, em Pietermaritzburg. x Moses Mbheki Mncane Mabhida (1923-86), líder do Congresso Sul-Africano de Sindicatos e do CNA. Ele aderiu à luta armada e trabalhou para o MK no exílio. xi Dr. Mahomed "Chota" Motala (1921-2005), ativista do Congresso Nacional Indiano, acusado no Julgamento de Traição de 1956 (para o Julgamento de Traição, ver glossário) e amigo de Mandela e de Walter Sisulu. Quando veio a democracia ele se tornou embaixador da África do Sul no Reino do Marrocos. xii Dr. Omar Essack, membro do Congresso Indiano de Natal que exercia a medicina com o dr. Motala. xiii S.B. Mungal, que viajou com Mandela para encontrar o chefe Luthuli. xiv Uma cidade no distrito de Ilembe, no território de Natal. O chefe Albert Luthuli morava ali. xv Ele está se referindo a sua detenção em 1962 pela polícia do território de Natal (de onde provinha Gumede).

o *New Age*[i] era forte o bastante para fazer suas reuniões semanais, Mphephethe tinha um cavalo possante que cavalgava para chegar até nós todos, e sabíamos o que ele pensava. Cavalos velhos e famosos tombam como muitos que vieram antes, alguns para ser esquecidos para sempre e outros para ser lembrados como meros objetos históricos, de interesse só para acadêmicos. Mas o desaparecimento daquele deixou um vazio que será sentido igualmente por donos de estábulos, jóqueis, apostadores e pelo público em geral.[ii] Ainda haverá muitos páreos aqui, mas por algum tempo sentiremos falta da tensão e da pungência da competição que o NA[iii] trazia a cada corrida daquelas.

Em seus contos Mphephethe sempre tinha alguma coisa nova e significativa a dizer, e seu tema, estilo e simplicidade sempre me absorveram. Espero que com a idade e a experiência de oito anos passados longe de Mgungundlovu ele tenha voltado a sério a seu pergaminho e sua pena, mais disposto do que nunca.

Uns dois anos atrás tive o prazer de ler uma tese que ele havia preparado. Eu teria gostado de discutir discretamente alguns aspectos com ele, e um dos meus desgostos é que essa oportunidade nunca veio. O sentimento de frustração é ainda mais doloroso porque o domínio que ele tinha das questões teóricas causou um grande impacto em mim. Mais tarde li outro ensaio dele sobre temas mais pontuais, e fiquei contente em perceber que nossas ideias eram substancialmente parecidas. Espero que ele continue elegante vestindo de quando em quando ibhetshu,[iv] sacudindo cada um dos seus ossos na batida do tambor de couro de boi do indlamu.[v]

Eu via Sibalukhulu com muito mais frequência que Mphephethe. Estivemos juntos várias vezes em Durban e por um período em JHB.[vi] A última conversa que tive com ele foi em agosto de 1962. Ele se lembrará muito bem da ocasião. Milner, Selbourne, MB, Mduduzi e Elias estavam presentes. O inflexível paladino de Impabanga estava, como de costume, esmerado no traje e com os cabelos negros luzidios. Mal suspeitava eu que eles eram brancos como os meus e que Sibalukhulu os mantinha pretos e brilhantes com Nugget. Naquela ocasião, ele revelou uma surpreendente flexibilidade durante a nossa conversa e saí me sentindo mais próximo dele do que nunca. Essa é a impressão dele que tenho carregado comigo nos últimos doze anos; é por isso que sinto tanta falta dele e anseio por revê-lo um dia.

Houve um tempo em que o marido de Georgina, Danapathy e eu éramos como trigêmeos, e ainda tendo a me sentir um tanto solitário quando penso nos muitos quilômetros que nos separam. Mas é o fato de sermos trigêmeos que ainda domina meus pensamentos e sentimentos.

---

i O *New Age* era um jornal antiapartheid que foi proibido devido a seus laços estreitos com o CNA. Toda vez que era proibido, o jornal saía com um novo título. **ii** Ele está se referindo ao *New Age*. **iii** O *New Age*. **iv** Uma pele tradicional vestida por homens zulus. **v** Uma dança zulu tradicional. **vi** Joanesburgo.

Muitos laços nos unem. Séculos atrás os teus ancestrais e os meus araram os férteis vales de Tukela[i] para viver e beberam suas doces águas. Mafukuzela,[ii] Lentanka,[iii] Rubusana[iv] e outros estavam lá em 1912 para estender e aprofundar esses laços, um progresso ao qual o nome do teu pai está intimamente associado.

Você acrescentou ainda mais um laço, e pertencemos àquela tribo que abarca advogados, magistrados e juízes. Mais uma vez, parabéns, Mnguni. Espero ansiosamente ver tua família um dia, bem como Sukthi, Sha, Sahdham[v] e a mãe deles.

Fatima[vi] já esteve aqui e mantemos contato regular. Alzena, Tryfina, Mabhala, Magoba e Gladys têm mandado cartões de Natal todos os anos desde 1964 e nos últimos três anos Sukthi e família seguiram o exemplo delas. Todas são mulheres cujo carinho e amizade eu valorizo enormemente e te peço para transmitir a elas minhas mais afetuosas lembranças. Um dia talvez eu possa apertar calorosamente suas mãos.

Mais uma vez, minha mais profunda solidariedade a você, MB, Zanu [ou Zami], Sibalukhulu e Phithiphithi.

Cordialmente,
Nel

Sr. Archie Gumede, 30 Moodie Street, Pinetown [3600]

---

i Mandela está provavelmente se referindo ao Rio Tugela, o maior da província de KwaZulu-Natal.
ii John Langalibale Dube (1871-1946). Educador, dono de editora, editor e ativista político. Primeiro presidente-geral do Congresso Nacional dos Nativos Sul-Africanos (rebatizado de CNA em 1923), estabelecido em 1912. Instaurou a Escola Industrial Cristã Zulu em Ohlange. Criou o primeiro jornal bilíngue zulu/inglês, *Ilanga lase Natal* (*Sun of Natal*) em 1904. Oponente da Lei da Terra de 1913. Membro da executiva da Convenção Pan-Africana, 1935. Mandela votou na escola de Ohlange em 1994 pela primeira vez na sua vida, em seguida visitou o túmulo de Dube para relatar que a África do Sul agora estava livre. iii Mandela está se referindo possivelmente a Daniel Simon Lentanka, jornalista e um dos primeiros líderes do CNA. iv Walter Rubusana (1858-1936), cofundador do jornal isiXhosa *Izwi Labantu*, a primeira pessoa negra a ser eleita para o Conselho do Cabo em 1909 e membro fundador do Congresso Nacional dos Nativos Sul-Africanos em 1912. v Os filhos de Phyllis e M.D. Naidoo, membro do Partido Comunista Sul-Africano e do Congresso Indiano Sul-Africano que ficou preso em Robben Island por cinco anos e estava no Setor B com Mandela. vi Fatima Meer (1928-2010), amiga, professora, escritora e ativista antiapartheid — ver glossário.

Uma carta a Victoria Nonyamezelo Mxenge, datada de 8 de julho de 1985, ver páginas 495-7. Vários nomes mencionados na carta foram realçados com pincel marcador amarelo por outras mãos.

2.

over these years.

Are the children well, and how are they fairing with their schoolwork? Where and when did you spend your last holiday? An overseas vacation, if you have a passport, would certainly be a refreshing experience both from the point of view of your own health, and that of the firm. The batteries that keep you going require to be constantly charged and re-charged, if you are going to maintain a high standard of performance on professional and wider issues. It would also be an unforgettable experience for you to visit some of the big USA legal firms, some of which have no less than 100 partners each, with computers and well-stocked libraries. Do consider that.

I notice that we now have several lawyers' organisations: Lawyers for Human Rights, Black Lawyers Association and the Democratic Lawyers' Association. To which do you belong? Can you give me some information on the DLA?

Now, I would like you to put a few telephone calls on my behalf to some friends over there: My sympathy to Chief Lutuli's son, Sibusiso, and his wife, Wilhelmina, who were attacked at their Blaauwbosch Store recently. We wish them a speedy and complete recovery. Last year I wrote to the old lady, Nokukhanya; I don't know whether she ever received the letter as she never responded. Fondest regards to Khaliza Njie, Senior, whose impressive contribution in the late 40s and early 50s can never be forgotten. The same sentiments to Khaliza Njie, Junior, in regard to his current efforts. We are particularly proud of him. Assure attorney Jabed that, although I have not seen him for 30 yrs, I think of him and his wife. To Billy Nair just say "Madiba sends warmest greetings to Shambi and Elsie." and to attorney Bhengu I say "Halala Ababazana!"

In conclusion, I want to tell you that Zami and I love you, and we often talk about you when she visits me. We sincerely look forward to seeing you one day. Hope and the future are always before us, mainly because S.A. has produced many men and women of your calibre, who will never allow the flames to die down. Our love and best wishes to you and the children. Kindly register your reply. Sincerely, 'Madiba'

Mrs Nonyamezelo Victoria Mxenge, 303 Damjee Centre, 158 Victoria St, Durban, 4001

Para Victoria Nonyamezelo Mxenge,[i] advogada e ativista política

8.7.85

D220/82: NELSON MANDELA

Nossa querida Nonyamezelo,

Acredito que um de vocês já tenha visitado Ntobeko em Mgungundlovu,[ii] e espero sinceramente que os preparativos dele estejam transcorrendo sem tropeços. Há muito mais coisas envolvidas nesse caso do que as simples questões legais estabelecidas nos autos, e eu sentia que quando você, Pius,[iii] Louis, Boyce, Yunus e outros se tornassem conscientes de suas implicações mais amplas, iriam imediatamente se juntar para ajudá-lo. Assim, tenho certeza de que você fará a bondade de lembrar os advogados Ismail Meer, de Verulam,[iv] e JN Singh, de Durban, sobre a minha mensagem na qual expus de que modo eles poderiam se juntar num importante aspecto dessa questão. Será uma esplêndida vitória se Ntobeko ainda estiver na lista depois de 9 de agosto. Mas se os amigos estiverem à altura da ocasião, e eu acredito que estarão, pode ser um triunfo ainda mais retumbante mesmo que sejamos derrotados na batalha jurídica concreta. Você encontrou Poswa[v] e Kall? Transmita minhas carinhosas lembranças e minhas saudações a todos eles pelo excelente trabalho que estão fazendo em todo o país.

Agora falando de você, devo dizer que, quando um colega detento soube que eu pretendia te escrever, comentou que eu estava desperdiçando energia e tempo, pois você tinha fama de má correspondente. Retruquei dizendo que aqueles que não conseguem uma resposta tua obviamente não têm nada que preste para dizer e que, mesmo que o rumor fosse verdadeiro, desta vez você colocaria tudo de lado e responderia.

---

i Victoria Nonyamezelo Mxenge (1942-85), advogada e ativista antiapartheid. Seu marido e sócio advogado Griffiths Mxenge foi assassinado em 1981, e, dias depois de discursar no funeral de quatro ativistas da Frente Democrática Unida, ela própria foi morta do lado de fora da sua casa. O relatório da Truth and Reconciliation Commission (Comissão da Verdade e Reconciliação) (TRC) sobre o assassinato de Victoria Mxenge registra que um certo Marvin Sefako (pseudônimo de Bongi Raymond Malinga) foi supostamente recrutado pela divisão de segurança social e que o brigadeiro Peter Swanepoel era seu chefe. Malinga confessou ter matado Mxenge, afirmando que deu cinco tiros em seu peito, mas que ela não caiu e ele a seguiu com um machado e a esquartejou junto à porta da sala de jantar dela. O relatório da TRC não contém informação sobre se alguma pessoa pediu ou foi agraciada com a anistia em relação ao assassinato dela. (Relatório Final da TRC, volume 2, capítulo 3, subseção 28, p. 227.)
ii Um lugar em Natal.   **iii** Pius Nkonzo Langa (1939-2013), advogado que era membro fundador da Associação Nacional de Advogados Democráticos. Em 1994 Mandela o nomeou presidente da Corte Constitucional da África do Sul. Ele se tornou vice-presidente da Suprema Corte em 2001 e foi elevado a presidente em 2005 pelo presidente Thabo Mbeki. Aposentou-se em outubro de 2009.   **iv** Cidade em KwaZulu-Natal onde vivia o amigo de Mandela Ismail Meer.   **v** Mandela está se referindo muito provavelmente a Ntsikelelo Poswa, que era advogado e agora é juiz.

Primeiro, eu gostaria de saber como você tem se saído nestes últimos três anos. Acredito que a firma já tenha crescido imensamente. Imagino também que você tenha se desdobrado quase até o limite quando se viu de repente completamente sozinha, sem contar com a habilidade e a vasta experiência que GM[i] detinha. Tendo passado alguns anos com ele em Robben Island, tenho uma boa noção dos preciosos talentos que ele possuía em abundância. Mas, por todos os relatos que tenho recebido, parece que você é uma garota valente e determinada, uma empreendedora. Aposto não só que você está à altura da tarefa de dirigir um firma grande, mas também que já conseguiu expandi-la e torná-la uma gigante do ramo jurídico.

As notícias sobre a tua aventura na Cidade do Cabo com Allan e outros pegaram muita gente desprevenida. É o último lugar em que esperaríamos que você se metesse e fiquei mesmo bem feliz ao ouvir que você não precisava viajar para lá de novo. Mesmo assim, o incidente confirmou maravilhosamente a imagem que você tem projetado em minha mente nesses anos todos.

As crianças estão bem? Como elas estão se saindo na escola? Onde e quando você gozou suas últimas férias? Uma viagem ao exterior, se você tiver um passaporte, seria certamente uma experiência renovadora, tanto do ponto de vista da tua saúde como do da firma. As baterias que te mantêm em atividade precisam ser constantemente carregadas e recarregadas, se você quiser manter um alto nível de desempenho em questões profissionais num âmbito mais amplo. Seria também uma experiência inesquecível para você visitar as grandes firmas legais dos EUA, algumas das quais têm não menos que cem sócios, com computadores e bem supridas bibliotecas. Pense nisso.

Observo que agora temos várias organizações de advogados: Advogados pelos Direitos Humanos,[ii] Associação dos Advogados Negros[iii] e Associação de Advogados Democratas.[iv] A qual delas você pertence? Pode me dar mais informações sobre a DLA?[v]

Agora eu gostaria de pedir alguns telefonemas em meu nome para alguns amigos daí: minha solidariedade ao filho do chefe Lutuli,[vi] Sibusiso, e sua esposa, Wilhelmina, que foram atacados recentemente em sua loja em Gledhow. Desejamos a eles uma rápida e completa recuperação. No ano passado escrevi à Velha Senhora, Nokhukhanya;[vii] não sei se ela chegou a receber a carta, porque nunca respondeu.

---

i O marido de Nonyamezelo, Griffiths Mxenge.　　**ii** Uma organização não governamental, sem fins lucrativos, instituída em 1979.　　**iii** Criada em 1976 para se opor ao sistema de passes de locomoção entre as Áreas de Grupos.　**iv** A Associação Nacional de Advogados Democratas foi instaurada em 1987 (observe-se que a carta de Mandela a Victoria Mxenge foi escrita em 1985) e foi criada pela Associação dos Advogados Negros.　**v** Democratic Lawyers Association (Associação de Advogados Democratas).　**vi** Chefe Albert Luthuli (1898-1967), presidente-geral do CNA entre 1952 e 1967 — ver glossário — que morreu atropelado por um trem em julho de 1967. Mandela também grafava seu nome como "Lutuli".　**vii** Nokhukhanya Luthuli, viúva do chefe Luthuli.

Minhas carinhosas lembranças a Diliza Mji Sênior,[i] cuja notável contribuição no fim dos anos 1940 e início dos 50 não pode jamais ser esquecida. Os mesmos sentimentos vão para Diliza Mji Junior[ii] em relação a seus atuais esforços. Estamos particularmente orgulhosos dele. Assegure ao advogado Vahed que, embora eu não o veja há trinta anos, penso sempre nele e em sua esposa. Para Billy Nair[iii] diga simplesmente "Madiba manda saudações calorosas a Thambi e Elsie", e para o advogado Bhengu eu digo "Halala Dlabazana!".[iv]

Para concluir, quero dizer que a Zami[v] e eu te amamos e frequentemente falamos de você quando ela vem me visitar. Esperamos sinceramente encontrar você um dia. A esperança e o futuro estão sempre diante de nós, principalmente porque a AS produziu muitos homens e mulheres do teu calibre, que nunca deixarão morrer a chama. Nosso amor e nossos melhores votos a você e às crianças.

Por gentileza registre a tua resposta. Cordialmente, "Madiba"

Sra. Nonyamezelo Victoria Mxenge, 503 Damjee Centre, 158 Victoria St., Durban, 4001

Para Nolinda Mgabela

D220/82: NELSON MANDELA

8.7.85

Minha querida Nolinda,

Tua carta e tua linda fotografia, pelas quais te agradeço, chegaram quando eu estava pensando em escrever para Nongaye. No início do ano passado escrevi a Khayalethu indagando, entre outras coisas, sobre o funeral da tua falecida mamãe, sobre a saúde do teu pai e sobre alguns amigos. Não recebi nenhuma resposta dele e fiquei bastante surpreso, porque nunca ouvi falar de um covarde na família de Khwalo. Eu ainda quero essa informação e, se ele não puder enviá-la para mim, então confio que você ou Nongaye o façam com prazer.

---

i Dilizantaba Mji, médico e presidente da Liga da Juventude do CNA no Transvaal no início dos anos 1950. **ii** Filho de Diliza Mji, também médico e no passado presidente da Organização dos Estudantes Sul-Africanos. **iii** Billy Nair (1929-2008), camarada e membro do MK que foi acusado de sabotagem em 1963. Ficou preso no Setor B com Mandela em Robben Island e foi solto em 1984 — ver glossário. **iv** *Halala* é uma saudação, e Dlabazana é provavelmente o nome de clã de Bhengu. **v** Um dos nomes de Winnie Mandela.

No que se refere à tua educação, sugiro que você se candidate imediatamente a um colégio interno, como Lovedale[i] ou Clarkebury,[ii] onde possa prosseguir os estudos com menos interferência. Com esse propósito, sugiro que procure alguma pessoa influente, como o dr. Gilimamba Mahlati,[iii] para te ajudar com o pedido de admissão.

Quanto às taxas escolares e dinheiro para despesas, quero que você escreva sem demora ao dr. Beyers Naude, secretário do Conselho Sul-Africano de Igrejas, Caixa Postal 31190, Braamfontein, 2017. Diga a ele que você me escreveu e que eu gostaria que eles te ajudassem com a matrícula e as taxas escolares.

A tua carta deve informar que sua mãe, que foi detida várias vezes, morreu no ano passado pouco depois que seu pai, Malcomess Mgabela, tinha voltado para casa após cumprir dezoito anos em Robben Island por um delito político. Devido a seu longo encarceramento e atual molestamento, ele não teve condições de juntar recursos para a educação dos filhos. Na sua idade, e com suas opiniões, é quase impossível para ele encontrar emprego. É por essas razões que você não tem outra saída senão pedir a ajuda do SACC.[iv] Você deve indicar a série que está cursando no presente e a escola em que está matriculada. Deixe Khayalethu e Nongaye te ajudarem a escrever a carta e não deixe de incluir todos os pontos mencionados acima.

Como está Mkhozi Khwalo? Espero sinceramente que ele esteja de volta em casa e que sua pressão arterial esteja sob controle. Transmita a ele meus melhores votos.

Mais uma vez eu gostaria que você soubesse que sou grato pela tua amável carta e pela tua linda foto. Espero ter mais notícias tuas. Pela foto você parece uma moça atraente e desconfio que os rapazes vão te dar trabalho. O que é importante, no momento, é a tua educação. Eu te aconselharia a não ter nenhum caso amoroso sério até completar os estudos de direito.

Por enquanto, mando meu carinho e minhas calorosas saudações a você, Nongaye, Khayalethu, Nosizwe e Ntomboyise.

Cordialmente,
Tata[v]

Srta. Nolinda Mgabela, 8235, Mdantsane, 5219

Registre todas as tuas cartas para mim, bem como as destinadas ao dr. Naude

---

i Instituto Missionário Lovedale, no território do Ciskei. ii Colégio Interno Clarkebury, na cidade de Engcobo, no Transkei, que Mandela frequentou quando adolescente. iii Gilimamba Mahlati, médico e empresário. iv South African Council of Churches (Conselho Sul-Africano de Igrejas). v "Pai", em isiXhosa.

A saúde de Nelson Mandela tornou-se objeto de ampla discussão pública e preocupação generalizada no fim de 1985, quando se ficou sabendo que ele fora internado num hospital da Cidade do Cabo para uma cirurgia de próstata.

Durante os vinte anos anteriores ele tinha passado por hospitais para pequenos e rápidos procedimentos, mas desta vez era diferente. Estava com 67 anos e a ideia de que pudesse morrer na prisão era tão alarmante para o regime como para sua família e seus apoiadores.

Mandela foi internado no Volks Hospital, num bairro arborizado próximo à área central da cidade, no domingo 3 de novembro. Ele e sua família tinham reunido uma notável junta de médicos confiáveis para zelar por ele e pelo procedimento.

Significativamente, ele recebeu uma "visita surpreendente e inesperada",[60] do então ministro da Justiça, Kobie Coetsee. Embora Mandela tivesse escrito a Coetsee solicitando um encontro para discutir potenciais negociações entre o governo e o CNA, ele não esperava vê-lo no hospital. Sua primeira conversa limitou-se a amenidades, mas Mandela trouxe à tona o problema da sua esposa, cuja casa de exílio em Brandfort tinha sido atacada com uma bomba incendiária quando ela estava em Joanesburgo para tratamento médico. A casa sofreu reparos, e a polícia fazia tentativas para convencê-la a voltar para lá, o que era uma situação perigosa. Mandela pediu a Coetsee que a deixasse permanecer em Joanesburgo.[61]

Coetsee tornou-se um elo crucial em conversas que Mandela iniciou com uma equipe do governo no ano seguinte. Essas conversas preliminares tinham o objetivo de investigar se o governo poderia entrar em negociações formais com o CNA sobre o fim do domínio da minoria branca.

O encontro com Coetsee pode ter sido também o catalisador da separação de Mandela de seus camaradas quando ele retornou a Pollsmoor, em 23 de novembro. A partir daquele momento, eles precisavam fazer solicitações oficiais para ver uns aos outros, depois de terem passado juntos quase todos os dias das duas últimas décadas. Mandela desconfiava que isso aconteceu para que as reuniões com o governo pudessem começar.[62] Finalmente, em maio de 1986 ele começou o que seria uma longa série de seis encontros com Coetsee e outras autoridades governamentais — embrião das negociações plenas que acabariam se desenvolvendo entre o regime do apartheid e o CNA depois que ele saiu da prisão, em 1990.

Para a Universidade da África do Sul

Estudante nº 240-094-4

15.10.85

Secretário de Registro (Acadêmico)
Universidade da África do Sul,
Caixa Postal 392, Pretória 0001

Prezado senhor,

Sou obrigado a solicitar que me permita realizar os exames de outubro/novembro em cinco disciplinas em janeiro de 1986.

Minha intenção inicial era submeter-me a uma operação imediatamente depois de fazer os exames. Mas fui aconselhado, por motivos médicos, a fazer a cirurgia sem mais demora, conselho que aceitei.

Como regra geral, e provavelmente por razões de segurança, o Departamento de Prisões não informa um prisioneiro sobre a data exata em que uma cirurgia será realizada. Mas em 29 de setembro, depois de uma consulta à junta médica que conduzirá a operação, foi indicado que esta seria feita durante a semana iniciada em 7 de outubro. Suspendi então minha preparação para os exames na esperança de poder solicitar uma dispensa especial no devido tempo.

Mais tarde fui informado de que a operação tinha sido adiada para o fim deste mês ou início de novembro. Retomei então minha preparação para os exames, mas fui, ao mesmo tempo, submetido a uma série de exames médicos que afetaram minha concentração e interromperam meus estudos. [Por] essas razões, devo lhe solicitar que me permita fazer os exames em janeiro próximo.

Em anexo o senhor encontrará [um] atestado médico emitido pelo dr. Stoch, cirurgião distrital de Wynberg, em apoio à minha solicitação.

Atenciosamente,
[Assinado NRMandela]

Para Winnie Mandela,[i] sua esposa

D220/82: NELSON MANDELA

5.12.85

Minha querida mâmi,

Você não sai dos meus pensamentos desde sua última visita ao Volks Hospital.[ii] Mesmo ali eu pude notar facilmente os estragos produzidos pelas crescentes agruras & tensões em teu lindo rosto. Em tempos normais eu estaria ao lado da tua cama, segurando a tua mão quente & aliviando com carícias as tuas dores. Você tem agido notavelmente bem & ninguém poderá te censurar se resolver relaxar por um tempo. Lembre-se, nós todos te amamos & desejamos uma pronta recuperação.

Montanhas de amor & um milhão de beijos. Afetuosamente, Madiba

[Cartão de estímulo com as palavras impressas:]
Espero que cada dia
traga alguma coisa alegre...
a luz do sol através das suas janelas,
sorrisos amigos,
uma notícia boa,
qualquer coisa que faça
o tempo passar depressa
até você se sentir melhor de novo!

Para o dr. Dumisani Mzamane, médico e amigo

D220/82: NELSON MANDELA

17.12.85

Caro Dumisani,

Tive alta do Volkshospital em 23 de novembro e ainda estou seguindo tratamento pós-operatório. Estou tomando

---

i Nomzamo Winifred Madikizela-Mandela (1936-2018) — ver glossário.   ii Mandela foi internado no Volks Hospital, na Cidade do Cabo, em 3 de novembro de 1985 para uma cirurgia de próstata e voltou à prisão em 23 de novembro.

Ácido fólico	1, três vezes por dia
Levedura de cerveja	1, três vezes por dia
Sulfato de ferro	2, três vezes por dia
Bactrim	1, duas vezes por dia

Mais

| 40 ml Isoptin | duas vezes por dia |

O corte fechou completamente e mal se nota a cicatriz. Na última semana a unidade de sangue do Conradie State Hospital examinou meu sangue e os resultados são os seguintes:

| Hemoglobina | 13,0 |
| Leucócitos | 4,7 |

Durante todo o período em que fiquei hospitalizado, o urologista, dr. Loubscher, me visitou duas vezes por dia e o médico especialista, dr. Shapiro, uma vez por dia. Estão atualmente coordenando preparativos para um novo check-up e se houver algo inesperado na evolução (o que duvido muito) eu o manterei informado.

Seu amigo e cirurgião distrital, o dr. Stoch, está de férias por três semanas. Tive uma longa consulta com ele um dia antes do início das férias dele, no curso da qual ele explicou pacientemente, e de modo tão completo quanto possível, o propósito do atual tratamento. O dr. Brand, que se aposentou do cargo de cirurgião distrital alguns meses atrás, vai substituir o dr. Stoch durante as férias deste. Ele também passou algum tempo comigo e estamos em contato diário. Até o momento este é o quadro.

Devo acrescentar que fiquei mais do que satisfeito ao descobrir só recentemente que Woody era o presidente do Conselho Hospitalar e que sua posição numa questão que nos afeta a todos foi verdadeiramente magnífica. Meus cumprimentos a ele e minhas afetuosas lembranças a sua família, bem como à tua supervisora-chefe (africana), embora eu não tenha tido o prazer de conhecê-la. Mas devo concluir esta carta com a convicção de que praticamente nenhum de nós deixa de se emocionar quando pensa em Lesedi.[i] Aquela instituição representa muito mais do que os prédios, instalações e equipamentos que ostentam seu nome. Ela é um símbolo de um sonho muito acalentado e Nthato[ii] deve ser calorosamente felicitado pelo excelente trabalho pioneiro. Foi também uma fonte de orgulho e alegria saber que você está intimamente associado a uma experiência tão significativa. Minhas felicitações a você, à supervisora-chefe e a toda a equipe de enfermeiras, pessoal administrativo e funcionários em geral.

---

i A Clínica Lesedi em Soweto, Joanesburgo, fundada pelo dr. Nthato Motlana. ii Nthato Motlana (1925-
-2008), amigo, médico, empresário e ativista antiapartheid — ver glossário.

Meu carinho e minhas lembranças carinhosas a Sally[i] & Nthato, ao dr. Gecelter[ii] e família e, evidentemente, a você e família.

Cordialmente,
Madiba

P.S. Por gentileza lembre Winnie de que há muitos visitantes no dia de Natal e de que eu insisto para que ela chegue aqui o mais tardar às 8h45 para facilitar as coisas para o carcereiro encarregado. Lembranças ao dr. Matseke e família.

Madiba

[Envelope]
Dr. Dumisani Mzamane,
Unidade Nefrológica,
Baragwanath Hospital,
Potchefstroom Road,
JOANESBURGO.
2001

Para o comissário de prisões

[Traduzido do africâner]

[carimbo de telex datado de 04-02-1986]

Confidencial
Comissário de Prisões
[A/c?] Serviços de Segurança
Cartas de agradecimento 913[iii]
913 tem permissão para escrever cartas de agradecimento aos médicos que cuidaram dele antes e depois da sua hospitalização.
Ele gostaria de escrever às seguintes pessoas.
Dr. Jack Baron: O médico que fez o ultrassom.
Dr. Nthato Motlana,[iv] um dos médicos designados

---

i A esposa do dr. Motlana, Sally. ii O urologista de Mandela, de Joanesburgo. iii O número do arquivo de Mandela na prisão era 913. Agentes prisionais se referiam frequentemente a ele como 913 em sua correspondência uns com os outros. iv Nthato Motlana (1925-2008), amigo, médico, empresário e ativista antiapartheid — ver glossário.

Dr. L Gecelter urologista de Joanesburgo que atuou como observador durante a operação
Dr. Dumisani Mzamane, um dos médicos indicados pela família
Dr. CJ Dekenah o anestesista
Prof. AB Bull anestesista
Prof. G Chisholm e dr. van Edenburgh da Escócia que também atuou como observador
Dr. WM Laubscher o urologista que conduziu a cirurgia
Dr. P Turner o médico superintendente do Volks Hospital
Dr. Norman Shapiro o clínico geral que, de acordo com ele, cuidou dele antes e depois da operação
Dr. SW Stoch cirurgião distrital chefe de Wynberg
Dr. R Schapera o médico forense do Conradie Hospital
O conteúdo das cartas é o que se segue:

Caro ....

Retardei a redação desta carta na esperança de que ela fosse acompanhada por um presente adequado meu, em agradecimento por seus préstimos durante minha operação no Volks Hospital na Cidade do Cabo em 3 de novembro de 1985.

Infelizmente, deparei-me com problemas insuperáveis a esse respeito e, por mais que eu tenha tentado, essa esperança simplesmente não pôde ser realizada.

Mas devo lhe assegurar que meu sentimento de gratidão é profundo e completo e que sempre pensarei no senhor com esse espírito.

De momento, queira aceitar minhas mais afetuosas saudações ao senhor e sua família.

Cordialmente,
Sr. Mandela

Vrystelling van die brief word aanbevele[i]

Beveloerende Offisier[ii]
Brig. FC Munro

◇◇◇◇◇◇◇◇◇◇◇◇

Os dois primeiros parágrafos desta que é uma das mais seminais cartas da prisão de Mandela indicam sua fé absoluta no caminho que escolheu de ativismo político e em sua condição de combatente da liberdade para conquistar a mudança no seu país natal. Enquanto

---

i "A carta pode ser liberada", em africâner. ii "Oficial comandante", em africâner.

escrevia esta carta a Joy Motsieloa em sua pequena cela individual na Prisão de Polls-moor, ele devia estar consciente de que do lado de fora daquelas paredes o país estava, em muitas partes, literalmente em chamas.

Desde setembro de 1980 ele e seus camaradas tinham recebido autorização de acesso a jornais e a noticiários de rádio, e em meados dos anos 1980 estavam plenamente in-formados sobre os eventos que se desenrolavam na África do Sul. Uma explosão da ati-vidade antiapartheid em reação ao estabelecimento, pelo presidente P. W. Botha, de um parlamento tricameral com câmaras para brancos, coloureds e indianos — e nada para africanos — em 1983 dera origem a uma nova organização poderosa, a Frente Demo-crática Unida.

Em 1985 o CNA no exílio conclamou os sul-africanos a tornar os bairros negros "in-governáveis". Em julho do mesmo ano foi planejada a "Marcha de Pollsmoor" para que ativistas marchassem até a prisão para "libertar" Nelson Mandela. Embora milhares de manifestantes tenham partido da Cidade do Cabo para a marcha rumo à Prisão de Pollsmoor em 28 de agosto de 1985, o punho de ferro do regime do apartheid esmagou a marcha antes que ela chegasse perto do presídio e naquele dia nove ativistas foram mor-tos e mais dezenove pessoas morreram até o final daquela semana. Isso levou a protestos generalizados em toda a Cidade do Cabo pelo resto do ano.

Enquanto Mandela escrevia essa carta ativistas eram detidos em massa, sequestra-dos e assassinados. Seis meses antes, Victoria Mxenge, uma das amigas a quem ele es-creveu da prisão (ver carta de 8 de julho de 1985, página 495), foi assassinada por um homem pago pelas forças de segurança do apartheid. O país estava sob Estado de Emer-gência, na prática a lei marcial. Rígidas restrições foram implantadas para impedir que a mídia noticiasse as ações da polícia de segurança pública.

Para Joy Motsieloa, sua amiga

D220/82: NELSON MANDELA

17.2.86

Querida Joy,

Quando um homem se compromete com o tipo de vida que tem levado há 45 anos, ainda que ele possa ter estado desde o início consciente de todos os riscos que o aguardavam, o curso real dos eventos e o modo preciso como eles influenciariam sua vida jamais poderiam ter sido antevistos em todos os aspectos.

Se eu pudesse ter sido capaz de prever tudo o que ocorreu desde então, teria certamente tomado a mesma decisão, ou pelo menos assim acredito. Mas essa de-cisão certamente teria sido muito mais amedrontadora para mim, e algumas das tragédias que se seguiram teriam amolecido qualquer vestígio de aço que houvesse em meu interior. A morte de nossos entes amados e de nossos amigos íntimos, aos quais somos unidos por incontáveis laços, alguns remontando a várias décadas; a ampla variedade de problemas aos quais a nossa família ficaria exposta na nossa ausência, esses são desastres pessoais frequentemente difíceis de suportar e, em muitas ocasiões, fazem a pessoa se perguntar se nesse tipo de vida ela deveria ter uma família, criar filhos e fazer amizades firmes.

Houve muitas ocasiões em que tais pensamentos passaram pela minha cabeça. A morte do teu irmão, Gabula,[i] foi um desses momentos dolorosos. A notícia literalmente me paralisou; não consegui escrever nem a você nem a Zozo, não sabia se os velhos ainda estavam vivos ou não e, caso estivessem, qual era o seu endereço. Tudo o que eu consegui fazer nas minhas circunstâncias foi me recolher à privacidade da cela, totalmente aturdido pela ideia de que nunca mais voltaria a vê-lo. Contudo, eu encontrava alívio ao pensar nos dias alegres que passamos juntos e em seu maravilhoso senso de humor.

Mais tarde, à medida que o tumulto dentro de mim começava lentamente a se acalmar, consegui racionalizar a situação e me consolei com a crença de que um homem com a disposição positiva dele iria gostar de ser lembrado por seus esforços construtivos, que foram muito substanciais, e pela alegria e riso que ele trouxe aos que estavam à sua volta. Desde então eu sinto muito a sua falta.

Kepu,[ii] que vem se correspondendo comigo desde nossos tempos de Robben Island, me informou por telegrama sobre a morte de Thandi,[iii] e mandei uma mensagem de pêsames à família.

No ano passado Vuyiswa[iv] me mandou um telegrama de aniversário e, em resposta a minha carta de agradecimento, me escreveu uma [?] carta à qual dou muito valor. Ela escreveu num pedaço de papel que provavelmente recuperou de uma cesta de lixo de escritório. O verso do papel estava riscado por manchas de mimeógrafo. Mas a carta em si era, não obstante, afetuosa e gentil, e sua total ausência de formalidade a tornava única. Ela parece ser uma pessoa formidável e quero muito conhecê-la pessoalmente um dia.

Quando visitei Londres, em junho de 1962, pensei em você e em Jimmy,[v] mas a visita foi secreta e muito corrida e infelizmente não pude contatar muitas pessoas que eu gostaria de ver. Até receber a carta de Vuyiswa eu não sabia que você estava em

---

i Gabula Mahlasela, irmão de Joy Motsieloa, que visitou Mandela na Prisão do Forte em Joanesburgo enquanto ele aguardava julgamento em 1962.   **ii** Kepu Mkentane, esposa de Lincoln Mkentane, amigo e ex-colega de universidade de Mandela que se tornou advogado.   **iii** Um parente de Joy Motsieloa. **iv** A esposa de Duma Nokwe, Vuyiswa, morreu na África do Sul em 2008.   **v** Jimmy Njongwe (1919--76), médico, líder do CNA e organizador da Campanha do Desafio (para a Campanha do Desafio, ver glossário) no Cabo Oriental — para Jimmy Njongwe, ver glossário. Ele era parente de Joy Motsieloa.

Mogadíscio[i] e Jimmy na Escandinávia. Espero que vocês tenham bastante prazer e satisfação em suas respectivas ocupações, embora eu imagine que provavelmente viajem muito. Quantos filhos você tem e o que eles estão fazendo? Quando foi a última vez que você esteve aqui no país? Lembre-se de que pensamos em você e no teu Jimmy. Por ora, te enviamos nossas carinhosas lembranças e nossos melhores votos.

Cordialmente,
Madiba

P.S. Se por acaso você esquecer algum dia o endereço acima, ou não desejar usá--lo, envie as cartas por correio registrado à Caixa Postal 728, Joanesburgo, 2000.

[Envelope]
Sra. Joy Motsieloa,
Alto Comissariado das Nações Unidas para Refugiados,
Caixa Postal 2925.
MOGADÍSCIO
Somália

Para Tukwini, Dumani e Kweku, seus netos, filhos de sua filha mais velha, Makaziwe Mandela[ii]

D220/82: NELSON MANDELA

Para Tukwini, Dumani e Kweku,

Sinto muita falta e penso em vocês o tempo todo. Montanhas e montanhas de amor e um milhão de beijos.

Do Khulu,

Prisão de Pollsmoor
Caixa Postal X4, Tokai, 7966

Envelope:
Tukwini, Dumani e Kweku

---

i A capital da Somália. ii Makaziwe Mandela (1954-), filha mais velha de Mandela — ver glossário.

429 North Pleasant St.,
Apto # 108
Amherst, MA 01002
EUA

Para Michael Dingake,[i] amigo, camarada e ex-companheiro de prisão

D220/82

24.4.86

Querido Tlou,[ii]

Esta carta para Rakgadi[iii] foi devolvida pela Agência Postal em Gaborone[iv] com a anotação "Caixa Fechada". Por favor, assegure-se de que a carta chegue a ela e em seguida me informe por carta registrada os resultados dos teus esforços.

Esta é uma carta especial limitada estritamente à mensagem acima. Mas preciso, pelo menos, dizer que você, Edna[v] e a mocinha[vi] estão sempre em meus pensamentos. Quando Ntatho[vii] me visitou no ano passado eu literalmente o interroguei sobre vocês. Espero sinceramente que a tua saúde esteja ótima e que você ainda encontre tempo para praticar suas corridas. Não deixe de me informar sobre a universidade e sobre a mocinha quando me responder.

Minhas carinhosas lembranças e meus melhores votos a Quett,[viii] Gaositwe,[ix] Sefton,[x] Tloome,[xi] Martha, Ishy,[xii] Nana & marido,[xiii] Dan, Edna &, por último mas não menos importante, a você.

Cordialmente,
Madiba

---

i Michael Dingake (1928-), membro do CNA que foi condenado por sabotagem e encarcerado em Robben Island — ver glossário.   **ii** Tlou é o nome de clã de Michael Dingake.   **iii** "Irmã", em Setswana. Ele está se referindo a Frieda Matthews (1905-98), amiga e esposa de seu professor universitário Z.K. Matthews — ver glossário para ambos.   **iv** Capital do Botsuana, onde viviam os Matthews.
v Edna Dingake (m. 2009), esposa de Michael Dingake.   **vi** A filha dos Dingake, Goseo Dingake.
vii Nthato Motlana (1925-2008), amigo, médico, empresário e ativista antiapartheid — ver glossário. Ele era cunhado de Edna Dingake.   **viii** Sir Quett Ketumile Joni Masire (1925-2017), segundo presidente do Botsuana, entre 1980 e 1998.   **ix** Dra. Gaositwe Chiepe (1922-), ex-ministra do Botsuana.
x O cunhado de Mandela, Sefton Vutela, que estava trabalhando para o Centro Editorial do Botsuana, em Gaborone.   **xi** Dan Tloome (1919-92), líder do CNA e do Partido Comunista Sul-Africano que estava trabalhando para o CNA no Botsuana e que passou muitas décadas no exílio na Zâmbia.   **xii** Ishmail e Martha Matlhaku, ativistas políticos e amigos. Eles foram para o exílio no Botsuana.   **xiii** Ativistas do CNA Euphenia e Solly Hlapane, que estavam refugiados no Botsuana.

Para K.D. Matanzima,[i] seu sobrinho, um chefe Thembu e ministro-chefe do Transkei

D220/82: NELSON MANDELA

19.5.86

Ngubengcuka,[ii]

O Departamento de Prisões me informa que você não virá, sob hipótese alguma, à Cidade do Cabo para me ver, porque o insultei grosseiramente ao recusar seu pedido para me visitar no ano passado.

Em várias ocasiões no passado eu o alertei expressamente a não usar nossa relação para envolver a mim e à minha organização na política dos bantustões, e não vou permitir que faça isso.

Mas fico inquieto com as recentes notícias de imprensa que indicam a existência de uma turbulência nos assuntos familiares.[iii] Afligiu-me ainda mais descobrir, pela sua reação, que este estado de coisas não o comove mais. Espero sinceramente que conselhos mais sensatos acabem por prevalecer, e que você, no devido tempo, reconsidere sua decisão, para que possamos pelo menos conter a raiva e a mágoa em ebulição. Se não fosse pelas minhas atuais circunstâncias, eu teria ido aí há muito tempo, como fui em 1955, para discutir esses problemas com você. Quando as condições melhorarem eu certamente darei um jeito de ver você, e só espero que uma tentativa de resolver a questão seja então oportuna e frutífera.

Não preciso lhe lembrar que nossas crenças políticas divergem radicalmente, e é meu dever repisar esse fato sempre que você tenda a ignorá-lo. Mas eu ainda o vejo como um membro importante da família, cuja amizade e cooperação são essenciais para a preservação da unidade e da paz familiares. Não vou deliberadamente insultar ou desprestigiar você, ou qualquer outra pessoa, aliás. Mas preciso ressaltar com toda a ênfase que uma figura pública, seja ela — como você definiria — um "revolucionário perigoso" ou um mero líder de bantustão, que permita que sua imagem seja tão gravemente manchada pela recriminação, pela irritabilidade e pela linguagem destemperada não serve de modelo para o meu modo de lidar com as pessoas e os problemas.

---

i K.D. Matanzima (1915-2003) — ver glossário. **ii** Uma referência ao fato de ele ser descendente do rei Ngubengcuka, que também era trisavô de Mandela. **iii** Mandela podia estar se referindo às ações de K.D. Matanzima em face do rei Sabata Jonguhlanga Dalindyebo (1928-86), chefe supremo do território do Transkei e líder do Partido Democrático Progressista, que fugiu para a Zâmbia depois de ser condenado por ofender a dignidade de Matanzima, em 1980, e morreu lá em 1986.

Minhas carinhosas lembranças e meus melhores votos a você, a Bambilanga,[i] Mzimvubu,[ii] Ngangomhlaba,[iii] Zwelidumile e Wonga. Sinto saudade de todos vocês. Ngubengcuka!

Cordialmente,
Dalibunga

◇◇◇◇◇◇◇◇◇◇

Suspeita-se que a umidade da cela individual de Mandela, distante do sol que batia na cobertura da Prisão de Pollsmoor, tenha contribuído para a enfermidade que o transferiu permanentemente daquela prisão. Quase um ano antes de cair doente de tuberculose, ele fez um apelo às autoridades a respeito do que via como uma ameaça a sua saúde.

Para o diretor prisional, Prisão de Segurança Máxima de Pollsmoor

D220/82: NELSON MANDELA

6.10.86

Diretor Prisional
Prisão de Segurança Máxima de Pollsmoor

A/c. Major Van Sittert

Eu gostaria de ser transferido, logo que seja possível, da minha cela atual para a cela vazia que fica em frente, do outro lado do corredor, basicamente por motivo de saúde.

Minha cela atual mostrou-se inteiramente insalubre e, se eu permanecer nela, minha saúde acabará prejudicada. Em nenhuma hora do dia a cela recebe luz natural, motivo pelo qual sou obrigado a manter a luz elétrica acesa o dia todo.

Os vidros da janela interna são opacos e grossos e a veneziana é feita de ripas grossas, tudo isso fazendo com que a cela fique escura e deprimente. Seis vidros foram removidos e a cela se torna insuportável em dias frios e ventosos.

---

i Nxeko (também conhecido como Bambilanga) é irmão do rei Sabata Jonguhlanga Dalindyebo, chefe supremo do território do Transkei. ii George Matanzima (1918-2000), irmão de K.D. Matanzima, líder e chefe no Transkei. Quando Mandela estava na Faculdade Universitária de Fort Hare com K.D., George estudava no Lovedale College, perto dali. iii Chefe Ngangomhlaba Matanzima, um parente.

Uma parte das paredes e do piso está perpetuamente úmida e, durante os dez meses da minha estada aqui, tenho sido obrigado a suportar essa inconveniência. O senhor prontamente há de reconhecer, espero, que não é desejável que eu seja forçado a viver sob tais condições insalubres quando existe uma cela bem melhor aqui na mesma unidade, na qual eu poderia ficar com relativo conforto.

Devo acrescentar que a umidade, bem como os acessórios de metal nas paredes, também afeta a recepção tanto do rádio como da televisão, resultando em incontrolável tremor das imagens na tela.[i] Acredito que eu obteria um desempenho melhor numa cela seca e adequadamente ventilada que não seja atulhada de material metálico. Por esse motivo sugiro que o senhor autorize minha transferência para a cela em frente.

O senhor há de recordar que em 26 de setembro de 1986 eu solicitei uma entrevista urgente com o oficial comandante e insisto de novo em meu apelo para que o senhor o lembre desse pedido. Para concluir, eu gostaria de ressaltar que nenhuma explicação me foi dada sobre as condições sob as quais o aparelho de televisão se tornou disponível a

PTO[ii] [A carta termina abruptamente. Não está claro se a segunda página não foi copiada ou se ela não está no acervo do Serviço Nacional de Arquivos e Registros da África do Sul.]

Para Mabel Nontancu Timakwe,[iii] sua irmã

[Traduzido do isiXhosa]

18.2.87

Minha amada princesa,

Os anos estão voando. É difícil acreditar que se passaram dois anos desde que estou aqui.[iv]

Faz algum tempo que eu vinha pretendendo escrever para te agradecer por tua amável visita e por ter me trazido notícias formidáveis sobre a família. A população cresceu aqui dentro; algumas pessoas são deste país, outras da Suazilândia e dos

---

i Os condenados de Rivonia presos em Pollsmoor tiveram permissão para ter aparelhos de televisão em 1986. Mandela recebeu um em sua cela na Prisão de Pollsmoor em 1º de outubro de 1986. **ii** Provavelmente, acrônimo de *please take over*: "favor virar a página". [N. T.] **iii** Mabel Nontancu Timakwe (1924- -2002) — ver glossário. **iv** Ele já estava na Prisão de Pollsmoor havia quase cinco anos, portanto está possivelmente se referindo aos dois anos que havia passado numa cela individual ali, separado dos camaradas.

Estados Unidos. A responsabilidade que elas me conferem (ao trazer seus problemas a mim) faz com que me seja difícil escrever a vocês todos com a frequência que meu coração deseja. Estou limitado a umas poucas cartas por ano e sou monitorado para não exceder o limite. Já que este é o caso, devo dizer-lhe em apenas duas linhas que ainda estou com saúde. Espero que você também esteja.

Escrevi a Kholeka[i] e Leabie[ii] e mandei a carta a/c do Colégio Langa, em Butterworth.[iii] Não sei se a carta algum dia chegará àquele endereço. Peço que você e Notsatsumbana visitem a sra. Nobandla[iv] na Casa nº 8115, Orlando West, 1804, por algumas semanas para obter "um pouco de ar fresco".

Nobandla[v] é uma pessoa muito boa, com uma grande quantidade de amor pela família. Aqui está o telefone dela: 936-5402. Deveria ser eu a pedir a ela permissão para que você a visite e fico chateado por não poder fazer isso. Eu iria gostar também se você fosse junto com minha irmã mais velha.

Saudações ao cunhado Daniel e ao resto da família.

Teu irmão,
Madiba

Para Frieda Matthews,[vi] amiga & esposa de Z.K. Matthews, seu professor na universidade

D220/82: NELSON MANDELA

25.2.87

Nossa querida Rakgadi,[vii]

Você não faz ideia de tudo o que a sua visita a Pollsmoor significou para todos nós aqui. Uma visita a um prisioneiro sempre tem um significado difícil de expressar em palavras. A rotina é a lei suprema de uma prisão em quase todos os países do mundo e cada dia é, para todos os efeitos práticos, igual ao dia anterior: o mesmo entorno, os mesmos rostos, os mesmos diálogos, o mesmo cheiro, muros que se erguem até o céu e a sensação permanente de que do lado de fora dos portões da prisão há um mundo empolgante ao qual a gente não tem acesso. Uma visita de nossos entes queridos, de amigos e até mesmo de estranhos é sempre uma ocasião

---

i Sobrinha-neta de Mandela, filha da filha de sua irmã Mabel. **ii** Irmã caçula de Mandela. **iii** Uma cidade no que é hoje a província do Cabo Oriental. **iv** Um dos nomes de sua esposa, Winnie Mandela. **v** Winnie Mandela. **vi** Frieda Matthews (1905-98) — ver glossário. **vii** "Irmã", em Setswana.

512

inesquecível, durante a qual aquela monotonia frustrante é rompida & o mundo inteiro é literalmente introduzido na cela.

Sua visita foi típica e me fez sentir que, afinal de contas, ainda faço parte do mundo no qual nasci e cresci. Acendeu um recanto dentro de mim e fez desfilar num flash pela minha mente todo um panorama de lembranças prazerosas que remontam a 1939. Sob condições diferentes, teríamos incentivado você a visitar Robben Island, Pretória, Diepkloof e Kroonstad[i] para levar diretamente a eles os mesmos sentimentos que expressou para mim. Mas claro que isso não é possível...

Ficamos contentes em saber que Kgosie, junto com J.J. e companhia, visitou você. Esse é o campo no qual um Matthews deve ser ativo, e ficamos felizes de verdade ao saber que ele está mantendo viva a tradição familiar. Espero que tenha herdado de Bakwe[ii] o excelente dom da leitura ampla e disciplinada. Durante o Julgamento de Traição[iii] Bakwe estabeleceu um padrão do qual raramente se desviou. Ao retornar do caso ele batia papo com a família por um tempo, jantava, se retirava para o quarto e mergulhava na leitura por horas a fio. Igualmente importante era o fato de que ele sabia absorver o que lia e aplicar a seu trabalho político. Senti falta dele e de Fiki ao longo dos anos.

No que diz respeito aos outros netos, você está enganada ao pensar que falar sobre eles possa me entediar. Ao contrário, o progresso feito pelas crianças pode ser muito fascinante, mesmo quando eles são os seus netos. Convenhamos, levando em conta o retrospecto da tua família, não há nada de particularmente espantoso no fato de os teus netos almejarem as estrelas. Os próprios feitos de seus pais e avós são em si mesmos um desafio e uma inspiração. Mas, mesmo quando descontamos isso, o que eles conquistaram dá a uma pessoa na prisão um quadro bastante claro das mudanças de longo alcance que estão em curso na África do Sul atualmente e coloca em perspectiva a turbulência social nesta região.

Tem-se a impressão de que algum tipo de diáspora está em pleno andamento e que filhos dos distritos negros urbanos e de simples aldeias rurais estão espalhados por todo o mundo e, no processo, os horizontes se ampliam até se tornarem irreconhecíveis e novas ideias são adquiridas; com essa formação eles voltam para um ambiente natal ainda não preparado para acomodá-los. Esse fenômeno é evidente em muitas das cartas que recebemos e fico feliz em notar que os teus netos estão

---

i Prisões onde outros ativistas políticos estavam encarcerados. **ii** Bakwe (Joe) Matthews (1929-2010), ativista político e filho de Frieda e Z.K. Matthews — ver glossário. **iii** O Julgamento de Traição (1956--61) foi o resultado de uma tentativa do governo do apartheid de extinguir o poder da Aliança do Congresso, uma coalizão de organizações antiapartheid. Em ações realizadas no início da manhã de 5 de dezembro de 1956, 156 indivíduos foram detidos e acusados de alta traição. Ao final do processo, em março de 1961, todos os acusados ou tiveram as acusações revogadas, ou, no caso dos últimos 28 acusados (incluindo Mandela), foram absolvidos.

bem no centro desse processo. Felicito todos eles e mando-lhes minhas afetuosas lembranças e meus melhores votos.

Vejo Walter e outros[i] de quando em quando e fazemos uma reunião agradável no dia depois do Natal para troca de presentes. Somos como uma família e compartilhamos quase tudo que temos. Naturalmente, sentimos falta de vocês todos e literalmente ansiamos pelo campo aberto, por um pouco de ar fresco e por muito sol.

Muito amor, Rakgadi,

Cordialmente,
Nelson

Para Kepu Mkentane,[ii] amiga

D220/82: NELSON MANDELA

25.2.87

Querida Kepu,

Minha última carta para você foi escrita em 17 de fevereiro do ano passado. No mesmo dia escrevi para sua sobrinha, Joy,[iii] para expressar as condolências da família pela morte de Gabula[iv] e Thandi. A carta levou um bom tempo para chegar a ela; eu a mandara para o endereço de Mogadíscio[v] e só depois fiquei sabendo que ela se mudara para a Suécia... Embora ela agora possa estar em outro lugar, sua base continuará sendo Estocolmo e pretendo escrever a ela em algum momento mais para o fim do ano.

Como de costume, você respondeu de imediato a minha carta e me forneceu informações que eu necessitava enormemente, pelas quais te agradeço. Quando pensamos na correspondência podemos ter uma ideia do que aconteceu ao nosso povo na África do Sul durante os últimos 25 anos. Quase não sobraram homens com os quais podemos nos corresponder. Amigos de toda a vida estão mortos ou fora do país. Muitos dos que ainda estão no país estão fora do nosso alcance e, talvez com umas poucas exceções notáveis, os poucos que ainda podem ser contatados parecem totalmente alheios ao fato de que as cartas devem ser respondidas. Por comparação, as mulheres têm se mostrado correspondentes muito melhores, mais conscientes das necessidades dos prisioneiros.

---

i Walter Sisulu e os outros réus de Rivonia encarcerados em Pollsmoor (para Walter Sisulu, ver glossário).
ii Uma amiga de Mandela.   iii Ver carta na página 505.   iv Gabula Mahlasela, irmão de Joy Motsieloa, que visitou Mandela na Prisão do Forte em Joanesburgo enquanto ele esperava julgamento em 1962.
v A capital da Somália.

Aqui, e sem contar você, recebo com regularidade cartas e sentimentos encorajadores de minhas irmãs, de netos, de Florence (Nosango) Matanzima[i] e de Connie Njongwe.[ii] Os chefes Bambilanga[iii] e Luvuyo Mtirara de Mpheko[iv] me visitaram várias vezes. O chefe Joyi de Baziya veio duas vezes; George Matanzima,[v] seu sobrinho Ngangomhlaba e Mtutuzeli Lujabe, uma vez cada. Há vários outros que estiveram aqui e que me fizeram lembrar os velhos tempos, mas todos eles sabem muito pouco sobre o valor de uma carta simples e informativa a um amigo.

Sobhini Mgudlwa de Qumanco, casado com uma enfermeira Mesatywa, morou conosco em Orlando West no fim dos anos 1940 e início dos 50. Você se encontrou alguma vez com eles e sabe onde estão no momento? O sr. Mvambo, que agora está em Pretória, é o mesmo homem que em outros tempos foi inspetor de escolas no Ciskei e que esteve conosco em Fort Hare?[vi] Estou certo em pensar que ele também é teu irmão? Se for, por favor transmita a ele e sua esposa minhas lembranças. A propósito, o número de telefone de Winnie é 936-5402 e você pode contatá-la sempre que se sentir entediada.

A tia Frieda Matthews[vii] do Botsuana me visitou em 22 de novembro e trouxe literalmente toda uma biblioteca, pela qual sou-lhe muito grato. Embora tenha passado dos oitenta anos, ela parece vivaz, forte e de mente alerta. Os quarenta minutos que passamos juntos foram muito agradáveis.

Muito obrigado pelos lindos cartões de Natal nos quais você se queixa de que estou calado. Um silêncio de doze meses justifica tal queixa, mas devo te garantir que, apesar do rápido crescimento da família e do séquito de problemas decorrentes disso, você e as crianças estão sempre em meus pensamentos. Você e Kent cuidaram de nós durante o período mais difícil do nosso encarceramento, quando muitos bons amigos não julgavam seguro lembrar-se de nós. Minha consciência me torturaria até mesmo no túmulo se, em dias melhores, eu optasse por me esquecer de vocês. Fique bem, Kepu; minhas carinhosas lembranças e meus melhores votos a você e às crianças.

Cordialmente,
Nelson

---

i Uma das cinco esposas de K.D. Matanzima.   ii Connie Njongwe, esposa de Jimmy Njongwe (1919--76), médico, líder do CNA e organizador da Campanha do Desafio (para a Campanha do Desafio, ver glossário) no Cabo Oriental — para Jimmy Njongwe, ver glossário.   iii Nxeko (também conhecido como Bambilanga) é irmão do rei Sabata Jonguhlanga Dalindyebo, chefe supremo do território do Transkei. iv Uma aldeia perto de Umtata (hoje Mthatha) no Transkei.   v George Matanzima (1918-2000), irmão de K.D. Matanzima, líder e chefe no Transkei. Quando Mandela estava na Faculdade Universitária de Fort Hare com K.D., George estudava no Lovedale College, perto dali.   vi Faculdade Universitária de Fort Hare, que ele frequentou em 1939 e 1940, quando foi expulso por engajar-se em ações de protesto. vii Frieda Matthews (1905-98), amiga, esposa de seu professor na universidade Z.K. Matthews — ver glossário para ambos.

Para Helen Joseph,[i] sua amiga

1.4.87

Nossa querida Helen,

Por favor não me diga que no ano passado eu esqueci de te mandar felicitações de aniversário. Eu invariavelmente mantenho cópias da correspondência que envio, seja em forma de cartas, cartões de aniversário ou telegramas. Acabo de examinar meu caderno de cartas &, apesar da minha firme convicção de que tinha te mandado a mensagem, não descobri nenhum registro de que tenha feito isso. Mas quero te garantir que nesta altura do ano passado você estava o tempo todo nos meus pensamentos, especialmente porque era teu aniversário de oitenta anos.

Um cartão, no fim das contas, é de importância secundária; não passa de uma mera expressão do que a pessoa sente em relação a um amigo. Esse amor & essa lealdade a você sempre estarão presentes, quer o cartão chegue às tuas mãos ou não. Ele estava presente em abril do ano passado & é nesse espírito que te mando minhas mais calorosas felicitações pelo teu 81º aniversário. Espero que as meninas todas possam estar aí para celebrar com você. Em minha última carta a Amina[ii] eu sugeri que ela providenciasse um chá comemorativo e convidasse Muriel,[iii] Virginia, Catherine, Rahima,[iv] Bertha,[v] Greta, Onica[vi] & cia. para comemorar esforços louváveis e contribuições preciosas — os anos imorredouros. Quem sabe você possa tratar do assunto com ela & Ntsiki. A resposta pode ultrapassar em muito as tuas expectativas. Que tal, Helen? A propósito, você ainda se lembra da minha resposta quando me contou que o falecido dr. Moroka[vii] tinha celebrado seu 92º aniversário? Você abominava a perspectiva de viver até uma idade tão avançada. Ao que parece, os deuses queriam que você bebesse desse cálice. Agora é a minha vez de dizer que espero não viver tanto tempo quanto Helen. O que acha disso?

Caroline Mashaba[viii] me decepcionou muito. Quando lhe mandei uma carta de condolências pela morte de Andrew, pedi-lhe que me desse determinada informação sobre ele que eu necessitava com urgência. Andrew fez mais do que esperávamos

---

i Helen Joseph (1905-92), professora, assistente social e ativista antiapartheid e pelos direitos das mulheres — ver glossário.   **ii** Amina Cachalia (1930-2013), amiga e ativista antiapartheid e pelos direitos das mulheres — ver glossário.   **iii** Muriel Sodinda, ativista antiapartheid e cantora.   **iv** Rahima Moosa (1922-93), ativista antiapartheid e uma das líderes da Marcha das Mulheres em Pretoria em 1956 para protestar contra a extensão da lei do passe de locomoção às mulheres.   **v** Bertha Mashaba (1934--2010), ativista antiapartheid, feminista e sindicalista. Ou ele pode estar se referindo a Bertha Mkhize (1889--1981), membro da Liga das Mulheres do CNA e vice-presidente da Federação de Mulheres Sul-Africanas.   **vi** Onica Mashohlane Mashigo, do distrito negro de Alexandra, era uma ativista do CNA que participou de muitas de suas importantes campanhas e boicotes.   **vii** James Moroka (1892-1985), médico, político e ativista antiapartheid, presidente do CNA entre 1949 e 1952.   **viii** A esposa do ex-prisioneiro de Robben Island Andrew Mashaba.

tanto fora como especialmente dentro da ilha, & tínhamos o dever de reconhecer essa contribuição. Isso não era possível sem a referida informação. Não consigo entender como ela pôde ser tão intransigente numa questão dessa natureza. Em maio do ano passado escrevi também a Esther Maleka;[i] até então ela vinha sendo uma correspondente tão boa quanto você, mas nunca mais tive notícia dela. Não houve também resposta alguma de Onica a minha carta de pêsames por ocasião da morte da sua mãe. Eu não iria querer que você viajasse para averiguar pessoalmente o que aconteceu. Mas se & quando você topar com elas, por favor verifique se receberam minhas cartas. Como estão Ruth,[ii] Sheila[iii] e as outras? Confio que elas ainda cuidem bem de você. Ruth & Sheila são duas boas garotas & eu fico sempre contente em receber notícias sobre elas. Entretanto, não é fácil me reconciliar com o fato de que nunca mais verei os pais delas de novo — Braam, Molly, Violet & Eli.[iv] Quando se avistar com Nadine,[v] por favor lhe transmita minhas carinhosas lembranças & saudações. Ela se revelou uma formidável comunicadora cuja mensagem chega muito além dos horizontes visíveis. Como essas garotas se tornaram preciosas nos dias de hoje!

A esta altura você provavelmente já sabe que a tia Frieda Matthews[vi] do Botsuana me fez uma visita especial em novembro passado & trouxe consigo toda uma biblioteca. Tirando o fato de ter ficado mais baixa, ela é como você em muitos aspectos. Carrega seus 81 anos com muita graça & encanto & está muito forte & esperta. Apreciei demais a visita. Não tenho, porém, esperança alguma de ver você, Amina & Fatima.[vii] Todos os meus esforços do lado de cá para tornar possível tal visita foram malogrados. Mas estaremos sempre em contato por meio da correspondência & você estará o tempo todo em meus pensamentos.

Por fim, devo te dizer que separei um pedaço de bolo de frutas que espero saborear enquanto você estiver celebrando, daqui a alguns dias. Embora eu disponha de folhas de chá & leite condensado, não creio que seja capaz de prepará-lo tão bem quanto você faz o teu. Mesmo assim, será um momento muito prazeroso para mim. Tudo de bom para você! Meu amor & meus melhores votos.

Cordialmente,
Nelson

---

i Irmã do ativista do CNA Tito Maleka, que cumpriu o papel de levar cartas dele à família quando ele viajou pela África. **ii** Ruth Fischer (1941-) é a mais velha das duas filhas do advogado Braam Fischer. **iii** Sheila Weinberg (1945-2004) era filha dos ativistas Violet e Eli Weinberg. Ela própria uma ativista, foi detida quando adolescente. Na época da sua morte era membro do Legislativo Provincial de Gauteng. **iv** Violet e Eli Weinberg. Violet Weinberg era membro do Partido Comunista e do CNA. Deixou a África do Sul em 1977 para se juntar ao marido no exílio. **v** Nadine Gordimer, a escritora sul-africana. **vi** Frieda Matthews (1905-98), amiga e esposa de seu professor na universidade Z.K. Matthews — ver glossário para ambos. **vii** Fatima (1928-2010) e Ismail Meer (1918-2000), amigos. Fatima era professora, escritora e ativista antiapartheid. Ismail era advogado e ativista antiapartheid — ver glossário para ambos.

Quando foi mandado pela primeira vez para a prisão, Nelson Mandela era pai de cinco filhos, com idades entre quase dois anos e dezessete. No fim dos anos 1980 ele era avô de doze, com alguns de seus netos vivendo no exterior. Suas relações com eles eram costuradas por cartões de aniversário, bilhetes simples e, no caso dos mais velhos, extraordinários esforços para ajudá-los em sua labuta na escola e na universidade. Nesta carta a seu neto mais velho, Mandla, ele fala em ajudar sua mãe e seu padrasto. Durante todo o tempo Mandela persistiu na paternidade à distância, persuadindo seus filhos e respectivos cônjuges, encorajando-os e em alguns casos repreendendo-os, muito embora eles já fossem crescidos e tivessem os próprios filhos.

Para Mandla Mandela,[i] seu neto, filho de seu filho Makgatho[ii]

D220/82: NELSON MANDELA

9.7.87

Meu querido Mzukulu,[iii]

Por que você não me escreve? Recebeu o cartão de aniversário que eu te mandei?

Como está indo nos estudos? Estamos tentando conseguir para você uma bolsa de estudos para a Waterford[iv] e espero sinceramente que você passe no exame de admissão.

Anseio por te ver e disse à vovó[v] que te traga aqui para que possamos conversar sobre o teu desempenho escolar.

Nossos amigos em Londres se encontraram com a mamãe Rennie[vi] e eles a estão ajudando a conseguir os óculos necessários a sua visão. O tio Adrian[vii] já obteve trabalho numa firma de construção em Londres.

Estou te enviando R50,00 para pequenas despesas.[viii] Por favor cuide bem deles.

Meu amor e minhas carinhosas lembranças. Afetuosamente,

---

i Mandla Zwelivelile Mandela (1974-) — ver glossário. ii Makgatho Mandela (1950-2005), segundo filho de Mandela — ver glossário. iii "Neto", em isiXhosa. iv A escola Waterford Kamhlaba, na vizinha Suazilândia. v Winnie Mandela. vi Rose Rayne Mandela-Perry, conhecida como Rennie, mãe de Mandla. Depois que terminou seu casamento com Makgatho Mandela ela se casou com Adrian Perry. vii O padrasto de Mandla, Adrian Perry. viii Mandela recebia dinheiro da família, de amigos e apoiadores.

Tatomkhulu[i]

[Envelope]
Mandla Mandela,
a/c Príncipe Kuzulwandle Dlamini,
Ministro da Educação,
MBABANE, Suazilândia

Para Nandi Mandela,[ii] neta, filha de seu falecido filho Thembi[iii]

D220/82: NELSON MANDELA

17.8.87

Minha querida Mzukulu,[iv]

Gostei muito da última visita e é uma grande pena que ela não tenha podido durar mais do que meros quarenta minutos. Ainda mais lamentável é o fato de que talvez não possamos nos ver até o início do ano que vem, por causa do número limitado de visitas restantes. Mas é possível que mais para o fim do ano sobre uma visita que poderemos aproveitar. Por isso, sugiro que você telefone de novo, digamos, durante a última semana de outubro, para descobrir se você e Thumeka[v] poderiam vir. Não esqueça que eu te amo e que é sempre um grande dia quando você entra na sala de visitas.

Como destaquei durante a última visita, 43% e 44% em economia e contabilidade, respectivamente, levando em conta todo o contexto e mais o fato de que este é o teu primeiro ano, não é de modo algum um desempenho ruim. Estou confiante em que, se você trabalhar com mais afinco durante os próximos dois meses, poderá superar pelo menos algumas das tuas dificuldades e melhorar teu desempenho geral.

Zindzi[vi] deveria ter estado aqui em 5 de agosto, mas não apareceu. Espero sinceramente que ela venha um dia desses. Você escreveu a Mandla?[vii] Diga a Mamphela[viii] que retribuo em igual medida os sentimentos que ela expressou e espero ansioso vê-la pessoalmente um dia. Por enquanto, envio a ela uma saudação afetuosa e meus melhores votos.

---

i "Vovô", em isiXhosa. **ii** Nandi Mandela (1968-) — ver glossário. **iii** Madiba Thembekile (Thembi) Mandela (1945-69), filho mais velho de Mandela — ver glossário. **iv** "Neta", em isiXhosa. **v** A filha de K.D. Matanzima, Tumeka Matanzima. **vi** Zindziswa Mandela (1960-), sua filha caçula. **vii** Mandla Mandela (1974-), filho do filho mais novo de Mandela, Makgatho Mandela, e de Rose Rayne Mandela, conhecida como Rennie. **viii** Mamphela Ramphele (1947-), ativista antiapartheid, uma das fundadoras do Movimento de Consciência Negra, médica, acadêmica e empresária — ver glossário.

Você precisa me contar um pouco mais sobre o teu namorado. Até a última visita eu não sabia que ele também estava na UCT.[i] Tudo o que você me contou há um ano ou dois é que ele estava trabalhando em Umtata[ii] e estudando na Unisa.[iii]

Lembranças afetuosas a Herbert[iv] & Nono[v] e à tua companheira de quarto, Pearl Ralei.

Toneladas de amor e um milhão de beijos, querida!

Afetuosamente,
Khulu[vi]

Srta. Nandi Mandela, 718 Tugwell Hall, UCT, Rondebosch, 7700

Para Zindzi Mandela,[vii] sua filha caçula

D220/82: NELSON MANDELA

31.8.87

Minha querida Mantu,[viii]

Alguém que eu não vejo há uns 25 anos, & cujas concepções passei a respeitar muito, observou: "A Zindzi é como uma rocha; nada parece poder abalá-la!". É o tipo de comentário que um pai gosta de ouvir a respeito de sua filha amada. Eu fiquei literalmente inflado de orgulho & satisfação.

Esse comentário chegou a mim no momento certo, pouco depois de você ter atravessado uma experiência torturante. Como você pode supor, nem sempre é fácil, na minha atual situação, avaliar o impacto de eventos ocorridos fora da prisão. Essa observação me tranquilizou de um modo indizível. De fato, quando mais tarde te encontrei depois daquele incidente, não pude detectar nenhuma cicatriz espiritual ou perturbação visível em você.

Por favor, fique firme, querida, & seja a rocha sólida que sabemos que você é. O erro mais trágico que você poderia cometer nesta situação seria ficar paralisada, esperando o desastre te subjugar. A atitude correta é prosseguir com o teu

---

i University of Cape Town, Universidade da Cidade do Cabo. ii Umtata (hoje chamada de Mthatha) era a capital do território do Transkei. iii University of South Africa, Universidade da África do Sul. iv Herbert Vilikazi (1943-2016), professor de sociologia. v Noni Vilakazi. Ao que parece, Mandela grafou o nome dela incorretamente. vi "Vovô", em isiXhosa. vii Zindziswa Mandela (1960-) — ver glossário. viii Um dos nomes de Zindzi Mandela.

programa estabelecido — neste caso, teus estudos — até que condições que escapam ao teu controle tornem absolutamente impossível fazer isso. Por tudo o que eu ouço de você, da mamãe e dos meios de comunicação de massa, você certamente não será capaz de ganhar segurança e autoconfiança no teu trabalho se não mudar para um novo ambiente. É por isso que espero, apesar do adiantado da hora, que você possa encontrar algum alojamento no campus e se preparar lá para os exames de 18 de setembro.

Por fim, quero que saiba que estou cruzando os dedos, esperando que nada te aconteça. Mas se alguma coisa acontecer e você achar que não será capaz de prosseguir teus estudos, vou arriscar tudo & dar total apoio a uma garota maravilhosa.

Toneladas de amor, querida, & um milhão de beijos.

Afetuosamente,
Tata[i]

Para Mamphela Ramphele,[ii] acadêmica e amiga

D220/82: NELSON MANDELA

1.3.88

Querida Mamphela,

O Departamento de Prisões recusou seu pedido para me visitar. Nenhuma justificativa jamais é dada para tais decisões.

Embora nunca tenha sido demasiado otimista, eu não excluía a possibilidade de que o impossível acontecesse, tanto que a recusa me desapontou e até me chocou. Vou, porém, continuar apelando para que a visita seja aprovada. Mas você deve ser paciente; as engrenagens do governo se movem muito lentamente, e pode levar vários meses, e talvez até um ano ou mais, até obtermos uma resposta favorável.

Quanto à sua produção acadêmica,[iii] informei a Nandi[iv] que estou firmemente interessado. Mas segundo as diretrizes da política prisional talvez eu não possa receber esse material. Vou, entretanto, cuidar desse assunto.

A câmera tem a capacidade de proporcionar diferentes rostos à mesma pessoa. Nos idos dos anos 1950, criei um sobrinho-neto.[v] Ele deixou Joanesburgo aos seis

---

i "Pai", em isiXhosa. **ii** Mamphela Ramphele (1947-), ativista antiapartheid e uma das fundadoras do Movimento de Consciência Negra, médica, acadêmica e empresária — ver glossário. **iii** Ramphele era uma acadêmica na Universidade da Cidade do Cabo, onde a neta de Mandela, Nandi, estava estudando. **iv** Nandi Mandela (1968-), neta de Mandela, segunda filha de seu falecido filho Thembi. **v** É provável que seja N. Mtirara.

anos de idade, dando a impressão de que seria alto e robusto. Mais tarde ocupou uma posição destacada nas estruturas que, sobretudo desde os anos 1970, têm proliferado rapidamente à nossa volta. Vi vários de seus retratos na imprensa e de vez em quando ele chegou a aparecer na televisão — e tudo isso parecia confirmar a minha primeira impressão. Até que, em dezembro passado, ele adentrou a sala de visitas da prisão e eu fiquei espantado ao descobrir que ele era baixo e delgado, um verdadeiro peso-mosca. Se tivesse topado com ele na rua, provavelmente não o reconheceria.

Eu me pergunto então quantas pessoas seriam capazes de reconhecer você à primeira vista, já que a mídia tem lhe dado diferentes rostos. O retrato de Mulher do Ano publicado por *The Star* difere marcadamente daquele em que o fotógrafo capturou você conversando com Sally[i] durante a Assembleia Nacional das Mulheres de 1986. Essas duas fotos, por sua vez, são bem diferentes da que está na sobrecapa da revista *Leadership*. O ar pensativo que a foto capta faria a gente pensar que você não é sequer uma parente distante das primeiras duas damas. No entanto, o retrato parece ser um trabalho altamente profissional.

As críticas de Cry Tokoloho[ii] são, daqui de longe, perturbadoramente confusas. Infelizmente, em minhas atuais circunstâncias, não tenho acesso a publicações literárias confiáveis, em cujo discernimento eu possa acreditar. Por conta disso, não me foi possível encontrar nenhuma avaliação independente. Qual é a sua própria avaliação?

Lembranças carinhosas e tudo de bom!

Afetuosamente,
Ntate[iii]

P.S.: Por favor me perdoe pelo erro da grafia do seu primeiro nome. O seu valor permanece o mesmo independentemente de o "h" ser acrescentado ou omitido.

Ntate

Dra. Mamphela Ramphele
a/c Departamento de Antropologia
Universidade da Cidade do Cabo
Caixa Postal Privada, Rondebosch
7700

---

i Provavelmente Sally Motlana, esposa do dr. Ntatho Motlana (para Ntatho Motlana, ver glossário). **ii** Mandela está possivelmente se referindo ao filme *Cry Freedom* [no Brasil, *Um grito de liberdade*], lançado em 1987, sobre o ativista Steve Biko (1946-77), que era companheiro de Mamphela Ramphele antes de ser assassinado. *Tokoloho* é "liberdade" em Sesotho. **iii** "Tio", em Setswana, idioma de Mamphela Ramphele.

Tygerberg Hospital & Constantiaberg MediClinic

AGOSTO DE 1988 — DEZEMBRO DE 1988

Em 12 de agosto de 1988, aos setenta anos, Mandela foi levado ao Tygerberg Hospital, onde foi diagnosticado com tuberculose. Embora estivesse sob tratamento no hospital, continuava sendo um detento da Prisão de Pollsmoor na Cidade do Cabo, que permanecia como seu endereço e ponto de contato para pedidos oficiais e correspondência. Chegou na noite de sexta-feira, 12 de agosto de 1988, ao hospital do governo em Bellville, conhecido como Tygerberg Hospital, que serve como instituição técnica para a Universidade de Stellenbosch. Ele havia estado ali quinze meses antes para uma cirurgia de reparação de descolamento de retina de seu olho direito. Essa primeira internação não era de conhecimento público e só se tornou conhecida por meio de seu calendário pessoal depois da sua soltura.

O primeiro médico que o examinou em agosto de 1988 anunciou que não havia "nada de errado" com ele.[63] Na manhã seguinte ele foi examinado por um certo professor De Kock, diretor de clínica médica, que o mandou diretamente para a sala de cirurgia, onde dois litros de líquido foram drenados do seu pulmão. Detectou-se tuberculose.[64] Dessa vez, as notícias sobre sua hospitalização tiveram difusão global. O mais famoso prisioneiro do mundo estava sendo tratado de uma doença grave enquanto a África do Sul cambaleava em meio a protestos constantes e repressão continuada. Era como se o universo prendesse a respiração.

Quase três semanas mais tarde, em 31 de agosto de 1988, depois de dezenove noites no hospital, ele foi transferido para o confortável hospital particular Constantiaberg MediClinic, próximo à Prisão de Pollsmoor, onde continuou a ser tratado da tuberculose. Enquanto esteve lá ele recebeu uma série de visitas, incluindo sua esposa e outros membros da família, bem como o ministro da Justiça, Kobie Coetsee, o reverendo Anthony Simons, seu advogado e a parlamentar e ativista antiapartheid Helen Suzman.

Coetsee chegou na primeira manhã de Mandela na clínica, bem no momento em que este se preparava para se empanturrar de bacon e ovos em vez da dieta sem colesterol receitada. "Trouxeram dois ovos e um montão de bacon e depois cereal, e então o major... disse: 'Não, Mandela, você não pode comer isso — é contra as orientações do médico'. Eu disse: 'Hoje estou preparado para morrer; vou comer isso aqui'. Sim, fazia muito tempo que eu não via ovos e bacon", riu ele.[65]

Também fez amizade com várias enfermeiras, deleitando-se com as histórias delas sobre a vida fora dos muros da prisão e do hospital.

Na clínica, Mandela continuou a se reunir com Coetsee e com o "comitê secreto" de representantes do governo. Foi durante essas conversas que Coetsee lhe contou que gostaria de vê-lo "numa situação a meio caminho entre a liberdade e o confinamento", sem explicar o que queria dizer com isso.[66]

Mandela descobriu ao que Coetsee estava se referindo em 7 de dezembro de 1988, quando começaram uma movimentação incomum e conversas tensas entre autoridades prisionais no seu pavilhão. "Eu podia ver que alguma coisa estava acontecendo, mas não sabia o que era. Por fim, à noite, o major chegou e disse: 'Mandela, prepare-se, vamos levar você a Paarl'.[i] E eu disse: 'Para quê?'. E ele: 'Bem, é lá que você vai ficar agora'. E às nove horas saímos com uma grande escolta."[67]

Para o diretor prisional, Prisão de Segurança Máxima de Pollsmoor

Tygerberg Hospital

29 de agosto de 1988

Diretor Prisional
Presídio de Segurança Máxima Pollsmoor

Por favor adquira, com custos por minha conta, os seguintes artigos de vestuário: —
1 ceroula de lã com camiseta
1 suéter quente
1 pequena mochila para roupa suja

[Assinado NRMandela]

[Com outra caligrafia] Aprovado pelo major van Sittert op 29.08.88. Visto por G365 Nº 254/88
[Assinado] W/O[ii]
29.08.88

◇◇◇◇◇◇◇◇◇◇◇

---

i Uma cidade na província do Cabo (hoje província do Cabo Ocidental). **ii** *W/O*, no caso, pode significar *Warrant Officer* (subtenente, suboficial) ou *Warden Office* (gabinete do diretor do presídio) ou ainda *Warder/Officer* (agente carcerário). [N.T.]

*Durante sua enfermidade e hospitalização, Mandela continuou a estudar para o seu ba-
charelado em direito e aplicou um esforço considerável nos últimos meses de seu encarceramento pressionando a Universidade da África do Sul a reconhecer alguns dos crédi-
tos que ele já havia obtido. Ele não queria ter de completar os cursos de africâner prático
e isiXhosa prático, sua língua materna, mas ser creditado com um curso que já havia
concluído em outra língua africana, Sesotho, de modo a poder completar o bacharelado.*

Para o professor W. J. Hosten

Estudante nº: 240-094-4

25.11.88

[Carimbado] censurado 26.11.88
Prof. WJ Hosten,
Diretor da Faculdade de Direito,
Unisa
Caixa Postal 392,
Pretória.
0001

Caro senhor,

Espero que me seja possível obter uma dispensa de africâner prático (PAF100-A) e xhosa
I (XHA100-F), disciplinas para as quais eu deveria fazer exame em janeiro de 1989.

Eu tinha a intenção de realizar as provas das quatro disciplinas que faltam para
o bacharelado em direito durante os exames de outubro/novembro de 1988, mas
fiquei adoentado num estágio crucial de preparação para os exames.

Fiquei doente em 28 de julho de 1988, fui internado no Tygerberg Hospital em 12
de agosto e obrigado a suspender os estudos até 15 de setembro, quando pude retomar
minha preparação. No entanto, àquela altura eu já havia cumprido todos os requisitos
exigidos para as quatro disciplinas e obtido as notas mínimas necessárias em todas elas.

No momento estou sendo tratado com uma combinação de drogas que provavelmente será mantida até o início de fevereiro de 1989. O dr. Stoch, o cirurgião
distrital de Wynberg,[i] cuja carta está em anexo, tem me visitado diariamente desde
1º de setembro para os vários exames indicados para o monitoramento da minha
enfermidade. Também recebo visitas regulares de três especialistas do Tygerberg
que são diretores de seus respectivos departamentos no hospital.

---

i Wynberg é um subúrbio da Cidade do Cabo.

Embora eu agora esteja me sentindo bem melhor, em comparação com o início do tratamento, a possibilidade de as drogas induzirem efeitos colaterais que podem afetar a estamina e a concentração, bem como o padrão de desempenho nos exames, continua a me preocupar.

Devo ressaltar, no que se refere ao africâner prático, que se eu completar o bacharelado não pretendo atuar nem como procurador nem como advogado. Devo destacar também que em 1963 eu passei nos exames da Universidade de Londres sobre a história do direito inglês e espero que o senhor possa levar em conta esse fato quando apreciar o pedido de dispensa de xhosa I. A Universidade de Londres me enviará prontamente uma confirmação escrita a esse respeito, caso o senhor requeira tal confirmação.

Teria sido apropriado para mim fazer esse pedido depois da publicação dos resultados dos exames em dezembro. Mas, como é mais do que provável que o senhor esteja de férias então, julguei aconselhável apresentá-lo agora.

Atenciosamente,
[Assinado NRMandela]
NELSON MANDELA

Para Nandi Mandela,[i] sua neta, filha caçula de seu falecido filho Thembi[ii]

D220/82: NELSON MANDELA   5.12.88

Para Nandi,

Sinto muita saudade e penso em você o tempo todo.

Montanhas de amor e um milhão de beijos!
Do Khulu[iii]

[Envelope]
Srta. Nandi Mandela,
Woolsack Residence,
Conjunto 4, Quarto III, U.C.T. [University of Cape Town]
RONDEBOSCH

---

i Nandi Mandela (1968-) — ver glossário.   **ii** Madiba Thembekile (Thembi) Mandela (1945-69), filho mais velho de Mandela — ver glossário.   **iii** "Avô", em isiXhosa.

Para Zoleka & Zondwa Mandela,[i] sua neta e seu neto, filhos de sua filha caçula, Zindzi[ii]

<u>D220/82</u>: NELSON MANDELA [Parece ser 5.12.88]

Para Zozo e Zondwa,

Sinto muita saudade e penso em vocês o tempo todo. Montanhas de amor e um milhão de beijos.

Do Khulu[iii]

Para Zaziwe, Zamaswazi e Zinhle,[iv] suas netas & neto, filhos de sua filha do meio, Zenani[v]

<u>D220/82</u>: NELSON MANDELA 5.12.88

Para Zaziwe, Zamaswazi e Zinhle,

Sinto muita saudade e penso em vocês o tempo todo.

Montanhas de amor e um milhão de beijos.
Do Khulu,[vi]

Para o diretor prisional, Prisão de Segurança Máxima de Pollsmoor

<u>D220/82</u>: NELSON MANDELA 5.12.88

---

i Zoleka (1980-) e Zondwa (1985-) Mandela — ver glossário. ii Zindziswa Mandela (1960-) — ver glossário. iii "Avô", em isiXhosa. iv Zaziwe (1977-), Zamaswazi (1979-) e Zinhle (1980-) Mandela. v Zenani Mandela (1959-) — ver glossário. vi "Avô", em isiXhosa.

Diretor Prisional
Prisão de Segurança Máxima de Pollsmoor

Eu ficaria grato se o senhor autorizasse uma chamada telefônica ao diretor da Faculdade de Direito, professor WJ Hosten, Unisa, para informá-lo de que o seguinte telegrama está a caminho dele. O custo tanto do telefonema como do telegrama deverá ser debitado da minha conta.[i]
PROFESSOR WJ HOSTEN, FACULDADE DE DIREITO, UNISA, CAIXA POSTAL 392
PRETÓRIA

Estudante nº 240-094-4 com relação ao pedido de dispensa de xhosa I eu acrescento que nos anos 1970 passei com distinção no curso especial da Unisa em Sotho.
NELSON MANDELA
PRISÃO POLLSMOOR

[Assinado NRMandela]
5.12.88

---

i No momento da entrada na prisão, era feita uma lista dos pertences que um prisioneiro tinha consigo. Detalhes da quantia de dinheiro vivo que um detento pudesse ter em mãos eram registrados numa conta individual sob seu nome (não se tratava de uma conta bancária, mas simplesmente de um registro contábil separado). A partir de então, todos os fundos que chegassem à prisão em nome daquele detento eram registrados naquela conta, bem como todos os desembolsos feitos em nome do prisioneiro. Quando era solto, o prisioneiro recebia o que restava na conta.

Prisão Victor Verster

DEZEMBRO DE 1988 — FEVEREIRO DE 1990

Ao anoitecer de 7 de dezembro de 1988, Nelson Mandela foi tirado da sua ala hospitalar na Constantiaberg MediClinic e levado de carro à Prisão Victor Verster, a cerca de uma hora de distância. O destino era o bangalô de um ex-agente carcerário, com mobília moderna, um amplo jardim e uma piscina. O subtenente Jack Swart, que conhecera Mandela nos primeiros dias em Robben Island, foi instruído a cozinhar para ele ali.

Swart recorda que Mandela não sofreu restrição no número de cartas que podia escrever enquanto esteve na Prisão Victor Verster, mas se lembra de "três caixas" contendo "centenas de cartas" que não lhe foram entregues.[68]

Na manhã seguinte Mandela foi visitado pelo ministro da Justiça, Kobie Coetsee, armado com um presente de inauguração da nova casa — uma caixa de vinho. Ele disse a Mandela que havia sido decidido que ele ficaria naquela casa para poder continuar as discussões que iniciara com autoridades governamentais em 1986.

As conversas com o "grupo de trabalho" continuaram em ritmo acelerado. A agenda dependia de um pedido de encontro feito pela equipe do governo ou por Mandela, que se comunicava por intermédio do oficial comandante da prisão.[69] Os encontros não eram negociações, mas antes uma tentativa de Mandela de chegar a um ponto em que o CNA e o governo pudessem afinal negociar o fim do apartheid. Eles mais tarde foram descritos tecnicamente como "conversas sobre conversas". Ele usou essas discussões com as autoridades para promover a libertação dos últimos seis colegas do Julgamento de Rivonia ainda presos. O mais velho, Govan Mbeki, tinha sido libertado em novembro de 1987 e Denis Goldberg fora solto em 1985.

Enquanto possíveis visitantes ainda tinham de solicitar permissão para vê-lo e seus pedidos eram às vezes rejeitados pelas autoridades, Mandela recebeu muitas visitas de sua esposa, Winnie Mandela, dos filhos, netos e outros membros da família, bem como de amigos e camaradas. Suas cartas, igualmente, passaram a ser menos controladas e assumiram o papel de um instrumento seu para se comunicar com o mundo que ele parecia cada vez mais próximo de voltar a habitar.

Em 1988 Mac Maharaj, seu camarada de Robben Island, tinha sido infiltrado de volta na África do Sul como parte de uma estratégia clandestina, chamada Operação

Vula, para introduzir secretamente agentes do MK na África do Sul para o caso de o governo não negociar com boa-fé. Maharaj concebeu um método para Mandela se comunicar da prisão com Oliver Tambo e outros líderes do CNA no exílio. Ele informou ao advogado de Mandela, Ismail Ayob, um codinome que eles tinham combinado antes da soltura de Maharaj da prisão e disse-lhe para se referir a esse nome em uma de suas visitas à prisão. Isso sinalizava para Mandela que Ayob estava transmitindo uma mensagem de Maharaj. A primeira era um minúsculo bilhete enrolado, do tamanho de um palito de fósforo. Pedia que ele participasse de uma troca secreta de mensagens que estariam escondidas dentro de um livro. Mandela concordou. Desse modo, ele e a organização puderam compartilhar informações sobre as discussões que ele estava realizando com a equipe do governo.[70]

Um traço do caráter de Nelson Mandela era sua determinação em persistir nos estudos de direito. Quarenta e cinco anos depois de se matricular na Universidade de Witwatersrand aos 24 anos de idade, ele recebeu a notificação de que havia passado em seu exame de bacharelado. Ao longo dos anos que se arrastavam na prisão, tendo de vencer os obstáculos destinados a minar sua disposição em continuar os estudos, ele, sim, continuou. Por fim, aos setenta anos, sabendo que era altamente improvável que voltasse a exercer a advocacia, Mandela soube que iria de fato se formar bacharel em direito.

Para o professor W. J. Hosten, Universidade da África do Sul

Estudante nº: 240-094-4

23 de dezembro de 1988

Prof W.J. Hosten,
Diretor da Faculdade de Direito,
Unisa,
Caixa Postal 392,
Pretória
0001

Caro prof. Hosten,

Agradeço-lhe pela carta de 5 de dezembro de 1988 na qual o senhor me informa que concluí o bacharelado em direito.

Era justo que o senhor fosse o primeiro a me felicitar por esta conquista. Tenho a firme convicção de que, sem o seu apoio, minha solicitação de dispensa de linguagens provavelmente não teria sido bem-sucedida. O feito certamente estreitará meus laços com a Unisa[i] e me capacitará a juntar-me à multidão de homens e mulheres, dentro e fora da África do Sul, cuja capacidade de servir a suas respectivas comunidades foi consideravelmente aumentada ao obter esse diploma.

Por gentileza transmita meus agradecimentos ao Conselho da Faculdade e ao secretário (de Assuntos Acadêmicos e Estudantis), ao prof. Wiechers por seus comentários elogiosos na imprensa, ao prof. P.A.K. le Roux, que me forneceu livros da bibliografia recomendada, e a todos os professores que me orientaram tão bem em meus estudos.

Cordialmente,
[Assinado NRMandela]

Para Archie Gumede,[ii] amigo e camarada

1335/88: NELSON MANDELA

10 de janeiro de 1989

Querido Qwabe,[iii]

O desejo de me reunir à família e aos amigos fora da prisão arde cada vez mais intensamente a cada hora do dia. Mas a soltura do cárcere não parece estar logo ali adiante. Há, entretanto, a possibilidade remota de que, daqui de onde estou, eu possa ver você e outros. Enquanto isso, envio minhas calorosas lembranças e meus melhores votos a você, sua família, a George,[iv] Diliza (Pai),[v] Curnick,[vi] Thabekhulu e todo mundo.

Cordialmente,
Madiba

---

i University of South Africa (Universidade da África do Sul). ii Archie Gumede (1914-98), filho de Josiah Gumede (antigo presidente do Congresso Nacional dos Nativos Sul-Africanos), advogado e ativista do CNA e da Frente Democrática Unida, da qual era presidente em conjunto com Oscar Mpetha e Albertina Sisulu — ver glossário. iii O nome de clã de Archie Gumede. iv Possivelmente George Sewpersadh (1936-), ativista político que era membro do Congresso Indiano de Natal. v Diliza Mji, médico e ativista político. vi Curnick Ndlovu (1932-2000), sindicalista e membro do MK. Foi condenado a vinte anos de prisão por sabotagem e cumpriu a pena em Robben Island.

Phakathwayo Archie Gumede,
a/c Louis Bar & Restaurant.
Caixa Postal 96,
CLERNERVILLE
3602

Para o arcebispo Desmond Tutu e sua esposa, Leah Tutu[i]

1335/88: NELSON MANDELA   17.1.89

Leah & Mpilo[ii]

Não fiquei nem um pouco surpreso ao receber seu cartão de votos de restabelecimento quando eu estava internado no Tygerberg Hospital.[iii] Vocês são amplamente conhecidos como um casal que se preocupa com os outros e que tem servido ao nosso povo e ao nosso país com notável coragem e humildade. Meu rápido e completo restabelecimento se deveu ao excelente tratamento que recebi da minha equipe médica, das enfermeiras e dos amigos. Por razões muito óbvias a mensagem de vocês exerceu um papel especial nesse restabelecimento.

Minhas calorosas lembranças e melhores votos a vocês, a Trevor[iv] e família e às irmãs dele.

Cordialmente,
[Assinado NRMandela]

**Para o reverendo Austen Massey, secretário-geral
da Igreja Metodista da África do Sul**

1335/88: NELSON MANDELA   17.1.89

Rev. Austen Massey,
Secretário-Geral, Igreja Metodista da África do Sul

---

i Desmond Tutu (1931-), primeiro arcebispo negro da Cidade do Cabo, e sua esposa, Leah Tutu (1933-) — ver glossário. ii O nome africano do arcebispo Tutu. iii Mandela foi submetido a tratamento para tuberculose no Tygerberg Hospital em agosto de 1988. iv O filho dos Tutu, Trevor.

114 Rissik St.,
Braamfontein,
Joanesburgo.
2001.

Caro Moruti,[i]

Os 6 mil rands que recebi de você me permitiram honrar compromissos financeiros prementes. Minhas responsabilidades familiares se estendem para além de minha esposa, filhos e netos.

Durante os meus 26 anos de encarceramento a incapacidade de responder satisfatoriamente a justos apelos por ajuda financeira tem sido uma experiência angustiante para mim. A doação da Igreja me tornou possível fornecer essa ajuda.

Por favor transmita meu sincero agradecimento e meus melhores votos à Igreja.

Cordialmente,
[Assinado NRMandela]

Prisão Victor Verster, Caixa Postal Privada X6005, Paarl South, 7624

◇◇◇◇◇◇◇◇◇◇

Mangosuthu Buthelezi, amigo de longa data de Nelson Mandela e ex-membro da Liga Jovem do CNA, fundou o Movimento Nacional Inkatha de Libertação Cultural em 1975. Inicialmente próximas, as duas organizações se afastaram por conta da adesão de Buthelezi ao sistema de bantustões [pseudoestados de base tribal], ao qual o CNA se opunha. O Inkatha era a favor da mudança não violenta, enquanto o CNA tinha seu braço armado. Milhares de sul-africanos foram mortos na violência entre os dois grupos, algo que mais tarde se descobriu ter sido fomentado pelo regime do apartheid.

Para Mangosuthu Buthelezi,[ii] presidente do Inkatha

1335/88: NELSON MANDELA   3 de fevereiro de 1989

Caro Shenge,[iii]

---

i "Padre" ou "pastor", em Sesotho e em Setswana. **ii** Mangosuthu Buthelezi (1928-) — ver glossário.
iii O nome de clã de Mangosuthu Buthelezi.

Obrigado pela afetuosa e ponderada mensagem de telex que você me mandou em nome do rei Zwelithini[i] e do Inkatha por ocasião do meu septuagésimo aniversário. Recebi também sua carta de 26 de agosto de 1988, na qual você me desejava um rápido restabelecimento e expunha seus esforços no país e no exterior para conseguir a soltura de presos políticos na África do Sul.

Além do seu telex e de um telegrama da sra. Helen Suzman,[ii] centenas de cartas semelhantes vieram de simpatizantes do país e de diferentes partes do mundo. Embora nenhuma delas tenha chegado a minhas mãos, pedi a O.R.[iii] que agradecesse a esses amigos em meu nome. É, em parte, o apoio inabalável de tais homens e mulheres, e em parte os progressos e conquistas feitos por nossa organização dentro e fora do país que têm dado aos presos políticos tanta força e esperança.

Espero que você não custe a compreender que não é fácil, a partir do lugar em que estou atualmente, comentar de modo livre e completo os sentimentos que você expressou tão eloquentemente na citada correspondência. Basta afirmar que a sua persistente exigência de libertação incondicional de presos políticos, bem como sua recusa a negociar com o governo até que essa exigência seja plenamente atendida, é uma postura que sempre reconheci como uma contribuição positiva para a luta de libertação neste país.

Obviamente, minha fervorosa esperança é ver, no devido tempo, a restauração das relações cordiais que existiam nos anos 1970 entre você e O.R.[iv] e entre as duas organizações. Uma das tarefas mais desafiadoras com que se deparam hoje as lideranças é a da unidade nacional. Em nenhum outro momento da história do movimento de libertação foi tão crucial para o nosso povo falar com uma só voz e para os nossos combatentes da liberdade, unir seus esforços. Qualquer ato ou declaração, de qualquer que seja a fonte, que tenda a criar ou agravar divisões é, na situação prática vigente, um erro fatal que deve ser evitado a todo custo.

Eu precisaria de muito mais informação do que disponho no momento antes de poder culpar uma ou outra das partes envolvidas nos deploráveis conflitos que têm ocorrido em certas partes de Natal.[v] Seja como for, considero uma grave vergonha para todos nós o fato de ainda sermos incapazes de unir forças para dar um basta ao massacre de tantas vidas inocentes.

---

i O rei Goodwill Zwelithini kaBhekululu (1948-) é rei da nação Zulu. Sua coroação foi em 3 de dezembro de 1971. **ii** Helen Suzman (1917-2009), acadêmica, política, ativista antiapartheid e membro do Parlamento pelo partido de oposição — ver glossário. Suzman levantou continuamente no Parlamento a questão dos presos políticos e conheceu Mandela e seus camaradas em Robben Island em 1967. **iii** Oliver Reginald Tambo (1917-93), amigo e ex-sócio de Mandela no escritório de advocacia e presidente do CNA — ver glossário. **iv** Tambo era o presidente do CNA. **v** Os conflitos em KwaZulu-Natal entre partidários do Inkatha e do CNA tinham atingido proporções de uma virtual guerra civil no fim dos anos 1980.

O combate é nossa vida e, embora o momento da vitória possa não estar próximo, podemos mesmo assim tornar a luta pela liberdade algo imensamente enriquecedor ou absolutamente desastroso. Em toda a minha carreira política poucas coisas me angustiaram tanto quanto ver nosso povo se matando como está ocorrendo agora. Todo o tecido da vida comunitária em algumas das regiões afetadas tem sido seriamente rasgado, deixando atrás de si um legado de ódio e amargor que talvez nos atormente durante anos. É uma questão que requer a atenção urgente de todos os combatentes da liberdade, independentemente de sua filiação política. Nada me satisfará mais do que saber que minha preocupação e meu apelo não caíram em ouvidos surdos.

Mais uma vez, agradeço a você, ao rei e ao Inkatha pela inspiradora mensagem. Meus melhores votos a você e a Mdlunkulu.[i]

Cordialmente,
Madiba

**Para Elaine Kearns, uma supervisora hospitalar
que cuidou dele no Tygerberg Hospital**

1335/88: NELSON MANDELA

14.2.89

Cara Elaine,

Minha transferência do Tygerberg Hospital para a Constantiaberg MediClinic,[ii] e dali para este lugar, interferiu no fluxo regular de correspondência. Como resultado, sua carta de 8 de novembro só chegou a mim na semana passada. E nunca recebi o cartão-postal que você me mandou de Londres.

Sei quanto deve ser frustrante para você saber que seus esforços e sua mensagem foram em vão. Mas devo lhe assegurar que lamento igualmente ter ficado sem ela. Sua carta, porém, compensou tudo isso. Também recebi seu amável cartão de Natal, pelo qual lhe agradeço.

No que se refere à saúde, você tem o direito de saber que no mês passado fui visitado pelo seu superintendente médico chefe, o dr. Strauss, e pelo prof. De Kock. Depois de me examinar e consultar outros dados médicos, eles acharam que a

---

i A esposa do chefe Mangosuthu Buthelezi, Irene Buthelezi — ver glossário.   ii Mandela foi internado com tuberculose no Tygerberg Hospital em agosto de 1988.

infecção estava completamente eliminada e o pulmão, plenamente expandido. Em vista disso, interromperam o tratamento. Você provavelmente recordará que, depois de drenar o líquido do pulmão afetado, meu peso caiu para 68 quilos. Agora ele oscila entre 75 e 76 quilos. Eu me sinto tão bem que seria capaz de desafiar o campeão mundial dos pesos pesados.

Fico contente em saber que você aproveitou bastante sua viagem ao exterior e aprendeu um bocado na Conferência de Queimados. Esse conhecimento vai beneficiar não apenas você mas também seus pacientes. Você não disse nada, porém, sobre sua amiga de Katmandu. Espero que o desastre não tenha atingido a ela nem a seus parentes e amigos.

Também me agrada notar que você ainda se lembra da lenda e deseja melhor sorte na próxima vez. Devo lembrá-la de que você é daquelas que não precisam contar com a sorte, já que a boa fortuna está escrita em toda a sua pessoa. O que a torna tão comedida em pôr em prática as lições vitais encerradas naquela lenda? A parcimônia, especialmente por parte de uma jovem dama, é uma virtude; levada a extremos, porém, muitas pessoas podem equipará-la com uma autonegação e um ascetismo tão perigosos quanto a anorexia. O que se requer é não apenas lembrar a moral da lenda, mas pô-la em prática.

Sob condições normais eu a repreenderia seriamente [e] insistiria para que normalizasse sua situação. Mas seria altamente inapropriado, para dizer o mínimo, discutir a fundo tais questões neste pedaço de papel. Pode ser que venhamos a ter tempo bastante para isso.

Até lá, por favor garanta às supervisoras Jansen e Orphen e à irmã De Waal, bem como às moças que ajudaram a cuidar de mim, saber que também penso nelas. A irmã De Waal fez seus exames?

Minhas calorosas saudações e bons votos a você e a sua mãe.

Cordialmente,
[Assinado NRMandela]

[Envelope]
Supervisora Elaine Kearns, 38 Fourie Str.,
BELLVILLE
7530

Para Dumani Mandela, seu neto, filho de sua filha mais velha, Makaziwe[i]

1335/88: NELSON MANDELA   28.2.89

Meu querido Mzukulu,[ii]

Fui informado de que você está indo bem na escola e é especialmente bom em matemática. Essa disciplina é muito difícil, mas muito importante. Se você tirar sempre as melhores notas e passar no final, terá sempre um bom emprego onde quer que esteja.

Acredito que esteja indo bem também com o trompete. Quem sabe na tua carta você me conta quem te ensina música e se você dispõe de um livro de música para te orientar. Fazer exercícios também é muito bom. Praticar esportes como corrida, natação e tênis vai te manter saudável, forte e esperto. Mas nadar também é um esporte muito perigoso. Você precisa ter um bom treinador e nunca nadar na ausência dele até ter certeza de que pode se virar sozinho.

Por favor, diga à mamãe que eu recebi a carta dela e que passei anos tentando convencer o tio Kgatho[iii] a voltar para a escola. Não há absolutamente nada mais que eu possa fazer. Livros, roupas e vídeos não serão permitidos. Comprá-los e enviá-los seria um desperdício de dinheiro, já que não serão entregues a mim.

Eu me recuperei da doença e agora me sinto bem e forte. Os outros assuntos mencionados na carta da mamãe serão discutidos quando ela visitar o país em junho próximo.[iv] Sinto muita falta de você, de Tukwini e Kweku[v] e anseio por ver vocês um dia.

Meu amor e os melhores desejos a todos vocês.

Afetuosamente,
Khulu[vi]

[Envelope]
Sr. Dumani Mandela,
108 University Apartments,
Amherst,
Massachusetts,
01002
E.U.A.

---

i Makaziwe Mandela (1954-) — ver glossário. ii "Neto", em isiXhosa. iii Makgatho (Kgatho) Mandela (1950-2005), segundo filho de Mandela — ver glossário. iv Makaziwe Mandela estava morando em Boston, Estados Unidos. v Irmã e irmão de Dumani Mandela. vi "Avô", em isiXhosa.

Para Kwedi Mkalipi, amigo e ex-prisioneiro em Robben Island

1335/88: NELSON MANDELA

28.2.89

Caro Dlamini,[i]

Fiquei mais do que aliviado ao saber que você e os dois Nyawuza,[ii] a prima Grace Matsha e o inspetor Ndamase, foram de grande ajuda para minha sobrinha Zukiswa, pelo que sou muito grato. Ela era uma completa estrangeira em C.T.[iii] e, sem a ajuda de vocês, teria sido impossível a ela chegar ao Tygerberg Hospital. A todos vocês eu digo Nangomso![iv]

Todos ficamos contentes em saber que Zeph,[v] Harry[vi] e Zwelakhe[vii] tinham sido soltos. Consegui mandar a todos eles cartões de felicitações. Harry e Zwelakhe receberam os seus, mas não tive retorno no que se refere ao cartão para Zeph.

O progresso é perturbadoramente lento na questão da instalação de Buyelekhaya[viii] no posto do pai. Convidei meu sobrinho-neto, o general Zondwa Mtirara, a me visitar e, em 31 de dezembro de 1987, discuti o assunto com ele na Prisão de Pollsmoor. Como seu falecido pai, Bambilanga,[ix] ele foi cooperativo, enfatizando durante a discussão que estava meramente agindo em favor de Buyelekhaya. Pedi-lhe então que trouxesse consigo o chefe Mveleli[x] para que pudéssemos concluir a questão. Ele não voltou mais.

Em dezembro passado recebi a visita do brig. T. Matanzima,[xi] que apoiava plenamente a pretensão de Buyelekhaya; ele urdiu uma estratégia. Está, porém, encontrando problemas tremendos e, ao que parece, se a atual ação legal — que eu vinha tentando evitar — falhar, nada de concreto emergirá enquanto não estivermos aí em carne e osso. Ao contrário do que muitas pessoas pensam, tal momento está, a meu ver, muito, muito distante.

---

i Nome de clã de Kwedi Mkalipi.   ii Nyawuza ou Mnyawuza se refere a membros do clã Nyawuza que Mandela conhecia desde a infância.   iii Cape Town, a Cidade do Cabo.   iv *Nangamso* é uma palavra isiXhosa que expressa profunda gratidão a uma pessoa que foi além da mera obrigação. Mandela às vezes escreve *nangomso*.   v Zephania Mothopeng (1913-90), líder do Congresso Pan-Africano.   vi Harry Gwala (1920-95), ativista do CNA acusado de sabotagem por recrutar membros e sentenciado a oito anos de prisão em Robben Island. Continuou seu ativismo depois de solto em 1972, e em 1977 foi condenado à prisão perpétua e voltou a Robben Island — ver glossário.   vii Zwelakhe Sisulu (1950-2012), jornalista e editor sul-africano que foi preso por sua atuação na imprensa.   viii Buyelekhaya Dalindyebo (1964-), filho de Sabata Jonguhlanga Dalindyebo — ver glossário. Ele voltou do exílio em 1989 e foi reconduzido ao trono.   ix Nxeko (também conhecido como Bambilanga) é irmão do rei Sabata Jonguhlanga Dalindyebo, chefe supremo do território do Transkei.   x Primo de Mandela e chefe Thembu.   xi Provavelmente um parente de K.D. Matanzima, o ministro-chefe do Transkei (ver glossário).

Mas deixe-me concluir expressando a esperança de que você esteja agora casado e feliz e que você e sua amada estejam contribuindo generosamente para aumentar a força de trabalho do país. Minhas mais afetuosas lembranças e minhas saudações.

Cordialmente,
Madiba

[Envelope]
Sr. Kwedi Mkalipi, a/c Sra. Grace Matsha,
5 Sandile St.,
LANGA.
7455

Para Eddie Daniels,[i] amigo e ex-prisioneiro em Robben Island

<u>1335/88: NELSON MANDELA</u>   28.2.89

Querido Danie,

Recebi de você várias mensagens inesquecíveis, a última delas em 24 de fevereiro de 1989. Minha dificuldade sempre foi o fato de que nenhum de seus cartões trazia seu endereço, uma dificuldade que acabei por resolver endereçando este bilhete aos cuidados de Dullah.[ii] Tenha a certeza de que você e Eleanor[iii] estarão sempre em meus pensamentos, na esperança de que um dia Winnie e eu possamos fazer piquenique junto com vocês. Minhas calorosas saudações e o desejo de felicidades.
   Cordialmente,
Dalibhunga

Sr. Eddie Daniels,
a/c Advogado Dullah Omar,
31 Mabel Road,
Rylands Estate, ATHLONE.
7764.

---

i Eddie Daniels (1928-), membro do Movimento de Resistência Africano que passou quinze anos em Robben Island — ver glossário.   **ii** Dullah Omar, advogado de Mandela.   **iii** Esposa de Eddie Daniels.

Para o reverendo Allan Boesak,[i] líder antiapartheid

1335/88: NELSON MANDELA   28.2.89

Caro Alan [sic],

O sólido apoio que tenho recebido de você e de Dorothy[ii] de um modo geral, e particularmente durante minha enfermidade, me deu a força e a confiança necessárias para o pleno restabelecimento. O tratamento médico foi interrompido no fim do mês passado e me sinto de novo no topo do mundo. Sou sinceramente grato aos dois e vocês estarão sempre nos meus pensamentos. Por enquanto mando-lhes meu carinho e meus votos de felicidades.

Cordialmente,
Tio Nelson

Para Amina Cachalia,[iii] amiga e camarada

1335/88: Nelson Mandela

                                                                       28.2.89
Querida Aminaben,[iv]

Você e Yusuf[v] devem pedir sem demora permissão para uma visita. Vocês dois me visitaram em julho passado e não prevejo problemas com o Departamento de Prisões. Devemos tratar de uma questão que exigirá muito do teu amor e da experiência de Yusuf. Se vocês não puderem vir juntos, ficarei feliz em passar uma hora ou duas com um dos dois.

Vocês ficarão contentes em saber que, de acordo com os médicos que cuidam de mim, eu me recuperei completamente da doença e o tratamento médico foi interrompido no fim do mês passado. Felizmente, a bactéria foi detectada num estágio inicial antes de haver alguma mancha ou lesão no pulmão e antes de a condição se tornar infecciosa. O pulmão agora está plenamente expandido e respirar

---

i Allan Aubrey Boesak (1946-), clérigo da Igreja Holandesa Reformada da África do Sul e ativista político e antiapartheid. Foi condenado à prisão por fraude em 1999, mas foi beneficiado depois por um perdão oficial e reempossado como sacerdote no fim de 2004. **ii** Esposa de Boesak na época. **iii** Amina Cachalia (1930-2013), amiga e ativista antiapartheid e pelos direitos das mulheres — ver glossário. **iv** *Ben* significa "irmã" em guzerate. **v** Yusuf Cachalia (1915-95), marido de Amina Cachalia, ativista político e secretário do Congresso Indiano Sul-Africano — ver glossário.

ar puro, distante da poluição das grandes cidades, beneficiou consideravelmente a minha saúde.

Zami[i] e família me visitam com frequência e espero que ela possa passar alguns dias aqui quando certos problemas, se tudo correr bem, estiverem resolvidos.

Enquanto isso, sinto muita saudade de vocês dois e anseio por vê-los logo. Amor e votos de felicidades.

Cordialmente,
Nelson.

Prisão Victor Verster, Caixa Postal X6005, Paarl South, 7624

[Envelope]
Sra. Amina Cachalia,
Caixa Postal 3265.
JOANESBURGO.
2000

Para Sipho Sepamla,[ii] poeta e romancista sul-africano

1335/88: NELSON MANDELA

4.4.89

Caro Sipho,

Alguns anos atrás o rádio transmitiu alguns versos admiráveis da sua lavra e lamentei muito que minhas atuais circunstâncias não me permitam adquirir alguma de suas publicações.

Em algum momento do ano passado você apareceu brevemente na televisão e fiquei feliz em afinal te ver em carne e osso. Evidentemente, a sua poesia tem calado fundo no coração de muitas pessoas, conhecidas e desconhecidas suas, dentro e fora do país. Você não terá dificuldade em entender quando eu disser que as invejo pelo privilégio de poderem ler suas obras.[iii]

---

i Um dos nomes de Winnie Mandela. **ii** Sipho Sepamla (1932-2007), ativista cultural influenciado pelo Movimento de Consciência Negra, protestava contra o regime do apartheid em seus romances e poemas. **iii** Vários livros de Sepamla estavam proibidos na África do Sul, incluindo seu livro de poemas que tratava do levante estudantil de 1976, *The Soweto I Love*, publicado em 1977.

Você, Don Mattera,[i] Oswald Mtshali,[ii] Mongane Serote,[iii] Mzwakhe[iv] e Nomsa Mbuli[v] e a constelação de musas florescentes por todo o país estão em meus pensamentos. Espero ansiosamente encontrar você um dia, quando poderei então agradecer--lhe cara a cara por sua notável contribuição por ocasião do septuagésimo aniversário.

Até lá, envio a você e sua família minhas cordiais saudações e votos de felicidades.

Cordialmente,
Madiba

[Envelope]
Sr. Sipho Sepamla,
a/c Zamila Ayob,
Caixa Postal 728,
JOANESBURGO
2000

**Para Candie Lawless, uma enfermeira que cuidou
dele na Constantiaberg MediClinic**

1335/88: NELSON MANDELA

4.4.89

Cara Candie,

Eu estava esperando sua carta desde que tive alta da Constantiaberg MediClinic.[vi] Estou muito contente por ela ter chegado afinal.

Fiquei ainda mais satisfeito ao saber que você e Trevor estão noivos. Minhas calorosas felicitações! Tenho certeza de que ele dará um ótimo marido, uma fonte duradoura de felicidade e segurança para você. Se ele ainda não tivesse pedido sua mão a esta altura, eu iria incentivar você a pegar o touro a unha e tomar a iniciativa de pedi-lo em casamento. Afinal de contas, a aceitação do princípio da igualdade entre os sexos lhe dá esse direito quando o rapaz fica enrolando.

---

i Don Mattera (1935-), escritor sul-africano. ii Oswald Mtshali (1940-), poeta sul-africano. iii Mongane Serote (1944-), poeta e escritor sul-africano. iv Mzwakhe Mbuli (1959-), poeta e diácono sul-africano, cantor de Mbaqanga, estilo de música rural zulu. v Nomsa Mbuli era esposa de Mzwakhe Mbuli. Todos os poetas listados aqui são do movimento literário sul-africano designado como Nova Poesia Negra, dos anos 1970. vi Ele foi internado na Constantiaberg MediClinic no fim de agosto de 1988, quando convalescia de uma tuberculose.

Pelo seu esboço, parece que o anel de noivado será bem especial, e o aumento salarial de Trevor deve ser capaz de cobrir o preço sem dificuldade. Mais uma vez, meus calorosos parabéns!

Fiquei muito triste ao saber da morte de Kitty. Mas assim é a vida, e é bem melhor ser realista e aceitar o que aconteceu. Minhas profundas condolências a você e a Trevor.

A clínica vai sentir muito a sua falta, pois eles a consideram uma de suas melhores irmãs. Mas eu me alegrarei se você achar gratificante o seu novo emprego. Estarei cruzando os dedos por você.

Enquanto isso, mando minhas carinhosas saudações e meus votos de felicidade a você, Trevor, Dara, Tami (cujo êxito nos exames me deu muita alegria), Kim e seus pais.

Cordialmente,
[Assinado NRMandela]

Para Sir Robin Renwick, embaixador britânico, a/c comissário de Prisões

1335/88: NELSON MANDELA

10 de abril de 1989

Comissário de Prisões
Cidade do Cabo

Eu ficaria grato se o senhor fizesse a bondade de encaminhar ao ministro da Justiça, para publicação, a carta em anexo endereçada ao embaixador britânico.

[Assinado NRMandela]

Embaixador
Embaixada Britânica
Pretória

NELSON MANDELA

10 de abril de 1989

Sir Robin Renwick
Embaixador Britânico
Cidade do Cabo

Caro Sir Renwick,

Reportagens de 10 de abril de 1989 sugerem que escrevi uma carta à primeira-ministra Margaret Thatcher para lhe agradecer pelo trabalho positivo que vinha fazendo quanto à questão sul-africana.

Devo enfatizar a esse respeito que nem escrevi tal carta nem a ditei ao meu advogado, ao contrário do que a imprensa divulgou. Se eu quisesse expressar minhas opiniões sobre a atuação da sra. Thatcher ou sobre as diretrizes do governo britânico em qualquer área, eu teria preferido fazer isso no curso de uma conversa face a face com o senhor.

Por enquanto eu me contento em lhe pedir que transmita meus melhores votos à primeira-ministra.[i]

Cordialmente,
[Assinado NRMandela]

Para Mike Tyson,[ii] campeão norte-americano peso pesado de boxe

1335/88: NELSON MANDELA

10.5.89

Caro campeão,

Foi com grande satisfação que eu e minha família soubemos que a Central State University[iii] lhe conferiu o título de doutor honoris causa, uma honra plenamente merecida. Por favor aceite nossas calorosas felicitações.

Devemos lhe agradecer também pelo par de luvas de boxe que enviou para marcar meu septuagésimo aniversário.

São mensagens de solidariedade assim que têm permitido a mim e a uma porção de outros permanecermos fortes e cheios de esperança ao longo destes tempos difíceis.

Minhas calorosas saudações e votos de felicidade,

Cordialmente,
[Assinado NRMandela]

---

i Margaret Thatcher (1925-2013), primeira-ministra do Reino Unido. ii Mandela encontrou pessoalmente Mike Tyson e outros boxeadores norte-americanos nos Estados Unidos em 1990. iii Uma universidade em Wilberforce, Ohio, Estados Unidos.

[Envelope]
Dr. Mike Tyson
Campeão Mundial Peso Pesado de Boxe
a/c Presidente Arthur E. Thomas
Central State University
WILBERFORCE, OHIO 45384
EUA

**Para o reverendo Frank Chikane, secretário-geral
do Conselho Sul-Africano de Igrejas**

1335/88: NELSON MANDELA   10.5.89

Moruti wa sechaba,[i]

Meu neto, Mandla,[ii] me pediu para conseguir uma bolsa de estudos para sua prima por parte de mãe Grace Foolo (quinze anos), 1373 B Mfolo Villages, Caixa Postal Iketlo, 1805. Ela está atualmente na terceira série no Holy Cross High School [Colégio Santa Cruz], em Diepkloof.[iii] A mãe dela, que era mãe solteira, morreu em circunstâncias muito trágicas alguns anos atrás. Ela agora mora com a avó no endereço citado acima. Ela (a avó) está se esforçando para educar uma filha que está agora na quarta série na mesma escola. Eu ficaria grato se o Conselho Sul-Africano de Igrejas fizesse a bondade de providenciar a bolsa de estudos.

É possível que a avó já tenha pago as taxas escolares de Grace deste ano. Se for esse o caso e o senhor, ainda assim, estiver em condições de ajudar, eu sugeriria que considerasse a hipótese de reembolsá-la.

... Enquanto isso eu lhe envio minhas lembranças afetuosas e meus melhores votos.

Cordialmente,
Ntate[iv]

---

i "Sacerdote da nação", em Setswana e em Sesotho.   ii Mandla Mandela (1974-), filho do filho mais novo de Mandela, Makgatho Mandela, e Rose Rayne Mandela, conhecida como Rennie — ver glossário para informações sobre esses indivíduos.   iii Uma área em Soweto, Joanesburgo. iv "Tio", em Setswana.

Para a sra. E. N. Mbekeni, uma prima

1335/88: NELSON MANDELA

10.5.89

Bayethe![i]

Tive recentemente uma série de coincidências interessantes. Em 27 de abril de 1989 recebi cartas de três diferentes enfermeiras, todas elas esposas de médicos. Telly[ii] não foi uma delas. Cerca de uma semana depois uma moça que eu chamo de "neta" me escreveu dizendo que sua amiga Noelene, com quem ela dividia um apartamento, tinha decidido se mudar para Plettenberg Bay.[iii] Era só a segunda vez que eu ouvia esse nome. No mesmo dia li na imprensa uma matéria sobre a esposa de um conhecido diplomata cujo nome era também Noelene. Em 4 de maio de 1989 fui visitado por um destacado líder e amigo de Natal, o sr. Harry Gwala,[iv] com duas acompanhantes, uma delas com o prenome Linda.[v] Algumas horas antes da chegada deles, a rádio, em dois boletins separados, mencionou o nome Linda duas vezes, uma vez para uma sul-africana e a outra para uma norte-americana. Em sua carta você me contou que você e inkosi[vi] estarão logo na Cidade do Cabo, você para participar de um encontro de escoteiras, ele para consultar o cardiologista dr. Le Roux. O dr. Le Roux é também meu cardiologista e me atende desde 1979. Acho que não preciso explicar que não atribuo nenhuma significação a coincidências dessa natureza, mas de todo modo elas são bastante interessantes.

Ao lidar com assuntos puramente familiares, preciso fazer você saber que minha falecida irmã deixou três filhas, Nomfundo, que é enfermeira no Umtata Hospital e arrimo da família, Ntonto (± 40 anos) e Zukiswa (± 32 anos). As duas últimas abandonaram a escola depois de concluir a sexta série do fundamental. No início do ano passado elas me informaram que queriam voltar para a escola e me pediram para levantar fundos para esse propósito, o que consegui fazer. Este ano elas estão na décima série,[vii] mas, em vista de sua precária formação escolar, duvido que elas consigam passar nos exames de novembro. Estou, de todo modo, incentivando-as em seu desejo de aperfeiçoar sua educação.

Elas querem que eu lhes arranje empregos de meio período na Cidade do Cabo, o que posso fazer sem grande dificuldade. Mas eu as desaconselhei. As despesas

---

i Uma saudação isiXhosa à realeza. **ii** Telia (Telli ou Tellie) Mtirara, uma parente de Mandela. **iii** Uma cidade na província do Cabo Ocidental. **iv** Harry Gwala (1920-95), ativista do CNA que foi acusado de sabotagem por recrutar membros para o MK e condenado a oito anos de prisão em Robben Island. Continuou seu ativismo depois de solto, em 1972, e em 1977 foi condenado à prisão perpétua e voltou a Robben Island — ver glossário. **v** A advogada de Harry Gwala, Linda Zama. **vi** "Chefe", em isiZulu e em isiXhosa. **vii** O último ano do ensino médio.

de condução, no deslocamento entre a residência delas e o local de trabalho, bem como o alto custo de vida na Cidade Mãe, vão engolir uma grande porção dos salários que elas venham a ganhar. Por isso ficarei contente se u-Mhlekazi[i] Wonga[ii] puder conseguir trabalho temporário para elas em Umtata e áreas adjacentes para as férias de junho e dezembro.

Com relação à visita de vocês a este local, vou precisar de um tempo para me acalmar. Foi sem dúvida um dos momentos mais felizes da minha vida como prisioneiro. Fazia mais de trinta anos que eu não via Umhlekazi,[iii] e era inacreditável que afinal estivéssemos juntos de novo. Ele sempre foi uma pessoa muito gentil e calorosa, e não fiquei surpreso quando ele me deixou literalmente nadando na opulência para os padrões da prisão. Foi igualmente prazeroso saber que todas as coisas boas que eu ouvi a respeito de você ao longo dos anos não eram exageradas. Você o complementa perfeitamente tanto em caráter como em encanto.

Embora você tenha me dado um resumo da sua história de vida, nós não nos aprofundamos, porém, em seus assuntos familiares. Estou interessado em saber a respeito da casa do falecido Wabana Makawula. Em Healdtown[iv] ele era muito popular como esportista, um poliatleta que jogava nos primeiros times de futebol e de críquete da instituição. Por acaso é um dos filhos dele que hoje é chefe supremo? Se for, queira informá-lo de que, se um dia ele visitar C.T.,[v] ficarei feliz em vê-lo. Por favor transmita-lhe minhas saudações e me forneça os nomes completos dele.

A propósito, você ficará feliz em saber que imediatamente depois que vocês partiram, ao fim da sua visita, fui até o banheiro e apanhei uma grande nota de cinco rands. Enfiei-a num envelope e tranquei-a na minha mala para dar sorte.

Por fim, escrevi esta carta a você apesar do seu pedido para que eu respondesse diretamente a Umhlekazi. Como você bem sabe, ele é um homem que não se inquieta e que quase nunca se apressa desnecessariamente. Temi que, se eu atendesse a seu pedido, transcorreriam semanas, talvez até meses, antes que ele lhe mostrasse a carta. Meu carinho e meus votos de felicidade a você, Mhlekazi e os filhos.

Cordialmente,
Madiba

---

i Forma de tratamento honorífica isiXhosa com um sentido semelhante a "senhor". ii Possivelmente Wonga Mbekeni, marido de E. N. Mbekeni. iii O dr. Dotwana e o dr. Mbekeni e sua esposa visitaram Mandela em março de 1989. iv A faculdade metodista em Fort Beaufort que Mandela frequentou quando jovem — ver glossário. v Cape Town, a Cidade do Cabo.

P.S. Felizmente Mhlekazi nunca se envolveu com a política do Bantustão. Essa é uma das razões pelas quais seu nome e sua reputação continuam tão limpos e respeitados como da última vez que o vi.

Fico contente em saber que você está ajudando a escrever a história da Tembulândia e que o sr. Kuse[i] também estará envolvido. Uma pessoa influente e instruída em cada um dos ramos Thembu deve ser incorporada.

Nunca recebi seus cartões de votos de restabelecimento. É sempre mais garantido mandar todas as cartas a mim por correio registrado.

Madiba

[Envelope]
Nkosikazi E.N. Mbekeni
Emampondweni Store,
Caixa Postal III
TSOLO
UMTATA

Para Helen Suzman,[ii] parlamentar de oposição

1335/88: NELSON MANDELA

22 de maio de 1989

Cara Helen,

A coerência com que você defendeu nas últimas três décadas os valores básicos da democracia e o primado da lei granjearam-lhe a admiração de muitos sul-africanos.

Ainda existe um largo fosso entre o movimento democrático de massa[iii] e o seu partido[iv] no que se refere ao método para alcançar tais valores. Mas o seu comprometimento com uma democracia não racista numa África do Sul unida conquistou-lhe muitos amigos no movimento extraparlamentar.

---

i Wandile Kuse, professor universitário que desde 1983 era diretor do Departamento de Pesquisa e Documentação da África na Universidade do Transkei. ii Helen Suzman (1917-2009), acadêmica, política, ativista antiapartheid e membro do Parlamento pelo partido de oposição — ver glossário. Suzman levantou continuamente no Parlamento a questão dos presos políticos e conheceu Mandela e seus camaradas em Robben Island em 1967. iii O Movimento Democrático de Massa foi a formação, em 1988-90, de forças antiapartheid abarcadas sob o guarda-chuva geral da Frente Democrática Unida e do Congresso de Sindicatos Sul-Africanos. iv O Partido Federal Progressista.

Permita-me desejar que você continue gozando de boa saúde por muitos anos e que nos anos vindouros sua voz seja ouvida por todo o país, livre das restrições que as convenções parlamentares impõem.

Minhas afetuosas saudações e votos de felicidades para você e sua família.

Cordialmente,
Nelson

[Envelope]
Sra. Helen Suzman, Membro do Parlamento,
Parlamento.
Cidade do Cabo.

◇◇◇◇◇◇◇◇◇◇

O nome de Nelson Mandela foi lido em voz alta na quarta-feira, 17 de maio de 1989, numa cerimônia de formatura da Universidade da África do Sul, a maior universidade de ensino à distância do mundo. Ele não pôde se apresentar para receber o diploma dessa conquista. Ainda estava encarcerado na Prisão Victor Verster, nos arredores da cidade. Mas só o fato de seu nome ser lido em voz alta revelava uma África do Sul que estava mudando, tornando-se um país que logo o acolheria de volta.

Para Richard Maponya,[i] empresário e amigo

1335/88: NELSON MANDELA

> Prisão Victor Verster,
> Caixa Postal X6005,
> Paarl South,
> 7620
> 3 de fevereiro de 1989

> 28.6.89

i Richard John Pelwana Maponya (1926-) é um empreendedor e incorporador sul-africano mais conhecido por ter construído um império empresarial apesar das restrições do apartheid e por sua determinação em fomentar o desenvolvimento econômico de Soweto. Ele promoveu uma celebração depois que Mandela e os últimos 27 acusados do Julgamento de Traição foram absolvidos, em 29 de março de 1961. (Para o Julgamento de Traição, ver glossário.)

Caro Richard,

Faz quase trinta anos que você promoveu uma festa estrondosa para nós no fim do Estado de Emergência de 1960.[i] Fique certo de que aquele gesto, bem como outros que se seguiram, não será esquecido facilmente. Na verdade, você e Marina[ii] frequentaram meus pensamentos durante os meus 27 anos de prisão. Espero ansiosamente vê-los em Soweto um dia, quando poderei trocar com vocês um caloroso aperto de mãos. Até lá, envio-lhe minhas afetuosas saudações. Lembranças ao dr. Sam Motsuenyane[iii] e família.

Cordialmente,
Nelson

Sr. Richard Maponya
Soweto

Para o chefe supremo em exercício Mdayelwa Mtirara, seu primo

[Traduzido do isiXhosa]

1335/88: Nelson Mandela

> Prisão Victor Verster,
> Caixa Postal X6005
> Paarl South,
> 7620.

4.7.89

Ngubengenka,[iv]

Fiquei feliz ao saber que o clã Thembu concluiu a arrastada questão da investidura de Buyelekhaya[v] como herdeiro legítimo ao trono. A repatriação do exilado Buye-

---

i Declarado em 30 de março de 1960 como resposta ao Massacre de Sharpeville, o Estado de Emergência de 1960 se caracterizou por detenções em massa e pela prisão de boa parte dos líderes africanos. Em 8 de abril de 1960 o CNA e o Congresso Pan-Africano foram banidos pela Lei das Organizações Ilegais. **ii** Esposa de Maponya. **iii** Empresário. **iv** Uma referência ao fato de ele ser descendente do rei Ngubencuka, que era trisavô de Mandela. **v** Buyelekhaya Dalindyebo (1964-), filho de Sabata Jonguhlanga Dalindyebo — ver glossário. Ele retornou do exílio em 1989 e foi reconduzido ao trono.

lekhaya precisa ser conduzida com cuidado e sensibilidade. Deve-se conceder a ele tempo para aprender os costumes de seu povo enquanto estiver na Residência Real.[i] Precisamos discutir urgentemente esse assunto em detalhes. Espero que você tome as providências necessárias para vir me visitar para que possamos debater mais a questão.

Saudações,
Cordialmente,
Dalibunga

Chefe Supremo em exercício Mdayelwa Mtirara
Palácio Real
Sithebe
Bityi, Umtata[ii]
TRANSKEI

◇◇◇◇◇◇◇◇◇◇

Em 5 de julho de 1989 Mandela foi retirado da prisão para encontrar-se com o presidente P. W. Botha. Foi um encontro cordial com o homem conhecido até mesmo entre seus colegas de governo como o "Grande Crocodilo", tão medonha era sua reputação.

Era o terceiro chefe de Estado da África do Sul desde que Mandela fora preso. H. F. Verwoerd, assassinado em 1966, tinha sido substituído por B. J. Vorster, que por sua vez foi sucedido por P. W. Botha. Na época em que Mandela foi solto havia um novo presidente, F. W. de Klerk.

Enquanto estavam na prisão em Robben Island, Mandela e seus camaradas ficaram sabendo da ascensão de Botha ao poder no Partido Nacional. Quando estavam em Pollsmoor, Botha anunciou um Parlamento tricameral para incluir indianos e os assim chamados coloureds *no sistema — um gesto cujos desígnios ocultos Mandela logo percebeu: "Foi um esforço para atrair indianos e* coloureds *para dentro do sistema, afastando-os dos africanos. Mas a oferta era meramente um 'telefone de brinquedo', já que toda ação parlamentar de indianos e* coloureds *estava sujeita a um veto dos brancos. Era também um meio de tapear o mundo exterior para que se pensasse que o governo estava reformando o apartheid".[71]*

Mandela anotou em seu calendário da prisão, em 5 de julho de 1989, que teve um encontro com uma "Pessoa muito importante. Sem discussão política". Embora não tenham

---

i Ele havia vivido no exílio na Zâmbia desde 1980, depois que seu pai, Sabata Jonguhlanga Dalindyebo, foi condenado por ofender a dignidade de K.D. Matanzima, em 1980. **ii** Umtata (hoje chamada de Mthatha) era a capital do território do Transkei.

*discutido política, Mandela impressionou Botha por seu conhecimento da história africâ-
ner. Seus anos de estudo da história, da cultura e da língua africâner tinham compensado.*

Para o comissário de Prisões

1335/88: NELSON MANDELA

17.7.89

<u>Pessoal e Confidencial</u>

Comissário de Prisões,
Pretória.

Quero crer que as fotos tiradas em 5 de julho de 1989 não serão publicadas ou dis-
tribuídas sem que se consultem as partes envolvidas.[i] Espero conversar mais com
o senhor sobre esse assunto no devido tempo.

Estou também contente em informá-lo de que em 14 de julho tive a oportunidade de resumir para meus colegas de Pollsmoor e Robben Island os últimos desdobramentos. Infelizmente, e pelo fato de que a ocasião era também um aniversário,
não tivemos tempo suficiente para completar nossa discussão. Por isso, ficaríamos
gratos se o senhor nos permitisse novos encontros quando lhe for conveniente.

Também desejo ser informado se agora devo aceitar que meu colega, sr. Walter
Sisulu,[ii] não seja solto antes de 6 de setembro.

Em 4 de julho o ministro da Justiça levantou a questão do sr. Oscar Mpetha,[iii]
outro colega meu. Ele agora está muito ocupado com as eleições e é improvável que
dê atenção a assuntos dessa ordem. Agradeço se o senhor puder lembrá-lo.

[Assinado NRMandela]

---

i Devem ser as fotos tiradas durante seu encontro com P. W. Botha na Cidade do Cabo. Mandela recebera
pela primeira vez um terno na prisão, no início de 1986, quando se encontrou com o líder nigeriano e diretor
do Grupo de Pessoas Eminentes da Commonwealth, general Olusegun Obasanjo, na Prisão de Pollsmoor.
ii Walter Sisulu (1912-2003), ativista do CNA e do MK e corréu de Rivonia que foi preso com Mandela —
ver glossário. iii Oscar Mpetha (1909-94), sindicalista e membro do CNA que foi sentenciado a cinco
anos de detenção na Prisão de Pollsmoor e solto em 1989 — ver glossário.

Para Tim Wilson, genro do advogado Bram Fischer[i]

1335/88: NELSON MANDELA

> Prisão Victor Verster,
> Caixa Postal X6005,
> Paarl South,
> 7620.

23.7.89

Caro Tim,

A importância de uma instituição não se baseia meramente no tamanho de seus edifícios, de seu corpo de funcionários ou de seu orçamento, mas principalmente na qualidade de seu serviço à comunidade. Por esse critério, o Centro de Saúde de Alexandra[ii] é um projeto único em mais de um sentido.

Para começar, ele traz esperança onde havia desespero e mesmo vida onde a morte teria triunfado. Sua independência em relação ao governo, a diversidade de seus mantenedores, suas metas e seu leque de atividades, tudo isso faz dele um esforço de amplo potencial; um exemplo do que aconteceria na África do Sul que estamos todos lutando para construir.

Sessenta anos de serviço à comunidade é uma ocasião apropriada para celebração, e envio ao Centro minhas felicitações e meu desejo de boa sorte.

◆◆◆

Passei alguns anos empolgantes em Alex no início dos anos 1940,[iii] e a mera menção daquele famoso distrito me deixa mais do que nostálgico. Pretendo visitar o lugar na primeira oportunidade quando tempos melhores voltarem.

Enquanto isso, penso em você, em Ilse[iv] e em Ruth[v] com ternas lembranças,

Cordialmente,
Tio Nelson

---

i Bram Fischer (1908-75), advogado e ativista político e antiapartheid — ver glossário. ii O Centro de Saúde e Clínica Universitária de Alexandra, em Joanesburgo, foi criado inicialmente em 1929 como centro de saúde maternal e pediátrico antes de se transformar num centro de cuidados básicos de saúde. iii Pouco depois de chegar a Joanesburgo, em 1941, Mandela se mudou para o distrito negro de Alexandra, onde se alojou com o reverendo J. Mabutho, da Igreja anglicana, em sua casa na Oitava Avenida. Mais tarde ele se mudou para um quarto no quintal da família Xhoma, no nº 46 da Sétima Avenida. iv Ilse Wilson, esposa de Tim Wilson e filha de Bram Fischer. v Ruth Fischer, cunhada de Tim Wilson e filha de Bram Fischer.

Para Adelaide Tambo,[i] ativista antiapartheid e esposa de Oliver Tambo, presidente do CNA e ex-sócio de Mandela na firma de advocacia

14.8.89

Telegrama proposto à sra. Tambo —
Winnie e eu profundamente chocados pela doença de Oliver. Desejamos pronta e completa recuperação. Você e os filhos muito em nossos pensamentos.

Amor

Para Makhi Jomo Dalasile

1335/88: NELSON MANDELA

14.8.89

Caro Makhi,

Tive uma conversa agradável com o chefe Zanengqele[ii] em 8 de agosto e achei-o caloroso e sábio.

Vê-lo me fez lembrar do falecido chefe Sakhela,[iii] que foi bondoso comigo depois da minha prisão em 1962. Sakhela era um valoroso descendente do grande Dalasile, que se tornou um herói do povo quando alguns líderes tradicionais de seu tempo optaram por curvar a espinha. Talvez algum dia eu tenha condições de lhe dar detalhes interessantes a esse respeito. Por enquanto, basta dizer que Dalasile é um mártir no qual os jovens do país podem se inspirar como modelo fecundo para suas vidas.

Pelo que está dito acima você concordará prontamente, espero, que o mundo está cheio de pessoas com qualidades naturais de liderança. Os líderes tradicionais, que comandaram a luta pela independência desde o século XVII, eram homens assim.

Mas os tempos mudaram e a educação se tornou uma arma muito poderosa na batalha para produzir uma pessoa bem desenvolvida. É por isso que fiquei tão contente ao saber que você estava fazendo seu B Juris[iv] este ano. Desejo-lhe a melhor das sortes.

Minhas carinhosas lembranças a você e a todos os seus colegas estudantes.

---

i Adelaide Tambo (1929-2007) — ver glossário. ii Um chefe Thembu que o visitou na prisão.
iii Um chefe Thembu. iv Bacharelado em direito.

Cordialmente,
Tata[i] Madiba

[Envelope]
Sr. Makhi Jomo Dalasile,
Universidade do Transkei,
Caixa Postal Privada,
UMTATA[ii]

**Para o reverendo Abel Hendricks, ex-presidente da Igreja
Metodista Sul-Africana, e sua esposa, Frieda**

1335/88: NELSON MANDELA

Prisão Victor Verster,
Caixa Postal X6005,
Paarl South,
7620.

15.8.89

Queridos Abel & Frieda,

Fiquei profundamente chocado ao saber da trágica morte de seu amado filho, Andrew, e mando-lhes minhas profundas condolências. Winnie e eu gostaríamos de estar ao lado de vocês para dar-lhes apoio no momento em que o corpo de Andrew descer para a sepultura. Mas, como sabem, isso não é possível. Devo, entretanto, assegurar-lhes que vocês estão o tempo todo em nossos pensamentos. Mais uma vez, nossos sinceros pêsames!

Cordialmente,
Nelson

---

i "Pai", em isiXhosa.   ii Umtata (hoje chamada de Mthatha) era a capital do território do Transkei.

Para o arcebispo Desmond Tutu e sua esposa, Leah Tutu[i]

1335/88: NELSON MANDELA

21.8.89

Queridos Desmond & Leah,

Vocês estão tão ocupados viajando pelo país e pelo exterior que poucas pessoas esperariam que ainda encontrassem tempo para as esperanças e desesperos de outras pessoas, seus sonhos e frustrações, alegrias e celebrações; no entanto, esse é um papel que vocês desempenham muito bem. Muito obrigado pelas flores e pelas palavras de apoio.

A religião, ao longo dos séculos, em todos os países, tem sido uma das forças mais poderosas da sociedade, e é bem possível que seja assim para sempre. Mas existem homens e mulheres que têm a capacidade de torná-la mais relevante do que nunca.

Realizações, grandes e pequenas, sempre serão reconhecidas por meio de prêmios ou recompensas. Algumas pessoas declinam de tais honras, outras as aceitam e as usam de modo egoísta. Mas há ainda outros que as recebem como resultado de seus serviços altruístas à comunidade e tendem a usá-las como um instrumento efetivo em nossa luta pela justiça e pela dignidade humana. Trevor e irmãs[ii] saberão muito bem quem nós temos em mente.

As igrejas sul-africanas deram uma contribuição substancial à luta por verdadeiras mudanças neste país, e a Igreja da Província[iii] tem um lugar de honra nessa história. Sua coerência e sua franqueza diante das questões nacionais nos inspiram a todos. A Resolução de Durban de 31 de maio a 7 de junho de 1989[iv] infundiu-me força e esperança impossíveis de ser expressas em palavras.

Também me senti muito honrado por ser convidado a me tornar um patrono do Conselho William Wilberforce e a receber seu cobiçado laço. Espero que vocês agradeçam ao Conselho em meu nome.

Por fim, devo lhes informar que em várias ocasiões no passado solicitei ao Departamento de Prisões que os autorizasse a me visitar, sempre sem sucesso. Mas

---

i Desmond Tutu (1931-), primeiro arcebispo negro da Cidade do Cabo, e sua esposa, Leah Tutu (1933-) — ver glossário. **ii** Os filhos dos Tutu. **iii** A Igreja Anglicana da África Austral era conhecida até 2006 como Igreja da Província. Embora alguns sacerdotes proeminentes, incluindo o arcebispo Desmond Tutu, tenham assumido uma posição firme contra o apartheid, a igreja pediu desculpas em 1997 ao povo da África do Sul por ter contribuído para a opressão de negros durante o regime. **iv** O sínodo diretivo provincial da Igreja anglicana convocara bispos anglicanos a pesquisar um leque de sanções contra o apartheid, incluindo uma suspensão da renegociação da dívida externa, uma recusa de direitos de aterrissagem da South African Airways no exterior e uma proibição de todos os voos de empresas aéreas estrangeiras para a África do Sul.

agora tenho a esperança de que tal visita seja uma possibilidade real. O momento mais adequado para ela, porém, estará sujeito a uma ponderação muito especial.

Vamos manter os dedos cruzados.

Minhas calorosas saudações e votos de felicidade.

Cordialmente,
Madiba.

P.S. A morte de Stanley me chocou profundamente e espero que vocês possam transmitir minhas condolências à família.

[Envelope]
Reverendíssimo Desmond M. Tutu
Bishopcourt,
CLAREMONT, CABO
700

Para Adelaide Tambo,[i] amiga, ativista antiapartheid e esposa de Oliver Tambo, presidente do CNA e ex-sócio de Mandela no escritório de advocacia

1335/88: NELSON MANDELA   21.8.89

Kgaitsedi,[ii]

O telegrama que mandei em 15 de agosto, aos cuidados de Mary,[iii] deve ter chegado a você a esta altura. Foi um alívio ficar sabendo pela imprensa, bem como por Ismail,[iv] que a enfermidade[v] de O.R.[vi] não era tão grave como foi noticiado inicialmente, e espero que ele logo esteja de volta a sua mesa de trabalho.

Mas me parece que certas precauções devem ser tomadas imediatamente para garantir que a carga diária de trabalho dele seja viável, e com um período adequado de descanso todos os dias.

Será absolutamente inútil que qualquer pessoa, você incluída, fique simplesmente insistindo para que O.R. sossegue. Ele é totalmente incapaz de fazer isso por

---

i Adelaide Tambo (1929-2007) — ver glossário. **ii** "Minha irmã", tanto em Sesotho como em Setswana. **iii** Mary Benson (1919-2000), amiga, escritora, jornalista e ativista antiapartheid — ver glossário. Ela morava em Londres. **iv** Ismail Ayob (1942-), advogado de Mandela — ver glossário. **v** Oliver Tambo teve um derrame em agosto de 1989. **vi** Oliver Reginald Tambo (1917-93), amigo e ex-sócio de Mandela em seu escritório de advocacia e presidente do CNA — ver glossário.

vontade própria. Como você sabe, insisti várias vezes no passado para que se cuidasse, um apelo que com certeza você e Thembi[i] também fizeram.

A não ser que a Executiva Nacional[ii] delibere de outra maneira, eu sugeriria que, daqui para a frente, você esteja sempre com ele, inclusive nas viagens, para garantir que tais precauções sejam rigorosamente observadas. Será naturalmente uma prática dispendiosa, mas é o único meio de garantir que as orientações médicas sejam cumpridas. Independentemente do que você e O.R. achem desta sugestão, peço que você informe a E.N.[iii] sobre minhas opiniões.

Por fim, quero que você saiba que sinto muita falta de você, de O.R., das crianças e dos outros camaradas, aos quais mando minhas saudações.

Com amor,

Cordialmente,
Nelson.

Para J.N. & Radhi Singh, amigos[iv]

1335/88: NELSON MANDELA

21.8.89

Queridos J.N. e Radhi,

Muito obrigado pelo telegrama de aniversário. Passar o dia com a família toda foi uma ocasião grandiosa em mais de um sentido. As inúmeras mensagens de amigos deram à ocasião uma dimensão especial.

Vocês falam em liberdade iminente? Não sou profeta, mas é minha prerrogativa expressar sérias dúvidas. Seria sensato vocês tentarem vir me visitar aqui como outros estão fazendo.[v]

Enquanto isso eu lhes mando meu carinho e meus melhores votos.

Cordialmente,
Nelson

---

i Uma das filhas dos Tambo. ii O Comitê Executivo Nacional do CNA. iii Executiva Nacional.
iv J. N. Singh (m. 1996), membro fundador do Congresso Indiano do Transvaal e do Congresso Indiano de Natal. Estudou para o seu bacharelado em direito com Nelson Mandela na Universidade de Witwatersrand. Sua esposa era Radhi Singh (m. 2013), ativista antiapartheid, professora e advogada. v Eles o visitaram em 1º de janeiro de 1990 e lhe deram um diário.

[Envelope]
Sr. J.N. Singh,
23 Elwork Road.
Durban

Para Mary Benson,[i] escritora, jornalista e ativista antiapartheid

1335/88: NELSON MANDELA   21.8.89

Querida Mary,

Para mim era muito difícil, para não dizer impossível, escrever a você de Pollsmoor. Quanto mais eu fracassava na tentativa de me comunicar com você, mais sentia a tua falta. Mas agora há alguma esperança de que esta carta chegue às tuas mãos e que a correspondência que foi obstruída nos últimos anos passe a fluir de novo. Posso dizer que a bola agora está com você?

Muito obrigado pelo lindo cartão de aniversário com sua calorosa mensagem. Foi uma alegria ter a família ao meu redor — os filhos, uma nora, nove netos, um bisneto e Zami,[ii] claro. O marido de Maki,[iii] Isaac, Zeni[iv] e família e um bisneto não puderam comparecer. De todo modo foi uma ocasião memorável, eu gostaria que você estivesse aqui para acrescentar um brilho extra à reunião.

Espero que, quanto mais tempo Mandla[v] permanecer no colégio interno, mais ele desenvolva a aptidão para as descrições vívidas. Pode até ser que o mero fato de visitar essa área estimule tal talento. Como você diz, é um lugar de cenário lindo. Algumas áreas circundantes são de uma beleza indescritível.

Lord Anthony Barber,[vi] do célebre Grupo de Pessoas Eminentes,[vii] me prometeu um livro — a história de sua fuga de um campo alemão de prisioneiros durante a última guerra. A reviravolta dos eventos depois que eles deixaram a África do Sul talvez o tenha levado a mudar de ideia. Por favor, lembre-o disso e diga-lhe que ainda penso nele.

---

i Mary Benson (1919-2000) — ver glossário. Mandela não a via desde sua visita a Londres em 1962.
ii Sua esposa, Winnie Mandela.   iii Makaziwe Mandela (1954-), filha mais velha de Mandela — ver glossário.   iv Sua filha do meio, Zenani Mandela (1959-) — ver glossário. v Mandla Mandela (1974-), filho do filho mais novo de Mandela, Makgatho Mandela, e Rose Rayne Mandela, conhecida como Rennie.   vi Lord Anthony Barber (1920-2005), político do Partido Conservador britânico.
vii A Commonwealth (Comunidade Britânica) instaurou um Grupo de Pessoas Eminentes para investigar o apartheid em 1985. Eles visitaram Mandela na Prisão de Pollsmoor em 16 de maio de 1985.

É bem irônico que você me fale sobre a onda de calor aí quando estamos congelando no Boland. De fato, "Deus se satisfaz de muitas maneiras".[i]

Frances,[ii] ao que parece, é exatamente como você; ela tem estilo e eu gosto das suas pinturas. Um pintor é indubitavelmente bom quando consegue se comunicar tão claramente com um leigo como eu. Por favor, dê a ela minhas felicitações e a David minhas calorosas lembranças. Com amor.

Cordialmente,
Nelson

Para Helen Joseph,[iii] sua amiga

1335/88: NELSON MANDELA   21.8.89

Nossa querida Helen,

Fiquei triste ao saber que seu pedido de permissão para visitar a mim e a dois outros amigos foi recusado pela enésima vez. Que momento inesquecível teria sido receber você aqui. E almoçarmos juntos como nos tempos dourados. Vou fazer novos apelos, aqui do meu lado, por uma visita especial sua. Quem sabe se eu passar algumas horas com você eu possa me impregnar da sua longevidade. Enquanto isso, eu lhe agradeço pelo lindo telegrama de aniversário. Meu carinho e meus melhores votos.

Cordialmente,
Nelson

Para Cyril Ramaphosa,[iv] líder sindical e ativista

21.8.89

Caro Cyril,

---

i "God fulfils himself in many ways": um verso do poema "Morte d'Arthur", do poeta inglês Alfred Tennyson (1809-92).   ii Filha de Mary Benson.   iii Helen Joseph (1905-92), professora, assistente social e ativista antiapartheid e dos direitos das mulheres — ver glossário.   iv Primeiro secretário-geral do Sindicato Nacional de Trabalhadores das Minas.

Você veste extraordinariamente bem o manto do líder trabalhista. Sua habilidade e sua prudência ao lidar com problemas complexos e delicados conquistaram-lhe o respeito tanto de amigos como de adversários.

O camarada James Motlatsi[i] e outros líderes do Sindicato Nacional de Trabalhadores das Minas complementam muito bem a sua liderança.

É de fato uma fonte tanto de orgulho como de humildade ser associado a um sindicato cujas raízes estão firmemente plantadas em nosso solo, mas cuja perspectiva é global.

18 de julho[ii] é uma data importante no álbum de família. Seu comovente cartão e sua magnífica mensagem acrescentam uma nova dimensão a ela, e eu lhe agradeço por isso.

Por favor, aceite meus melhores votos.

Cordialmente,
Madiba

Cyril Ramaphosa
a/c Advogado Ayob e Associados
Caixa Postal 728
JOANESBURGO
2000

Para Amina & Peter Frense[iii]

1335/88: NELSON MANDELA

21.8.89

Caros Amina & Peter,

Vocês trouxeram o Mqhekezweni e todas as doces lembranças da minha infância para dentro da Victor Verster.[iv] Posso cortar no ar com uma faca o sentimento de nostalgia. Poucas coisas me convencem mais do envelhecimento do universo do

---

i Primeiro presidente do Sindicato Nacional de Trabalhadores das Minas.　**ii** Aniversário de Mandela. **iii** Amina Frense era uma jornalista de televisão e ativista antiapartheid. Seu marido, Peter, era jornalista. Eles não conheciam Mandela.　**iv** Eles tinham mandado a Mandela uma fotografia do Mqhekezweni, o Lugar Grandioso, onde ele cresceu no território do Transkei.

que a condição dilapidada das outrora imponentes construções do Mqhekezweni da minha infância. Um bocado de história repousa trancado no interior daquelas paredes silenciosas. Talvez um dia a gente possa pegar o carro e ir junto até Umtata;[i] então será comparativamente fácil para mim contar-lhe de onde eu realmente vim. Enquanto isso, envio-lhes meu carinho e meus votos de felicidades. Muito obrigado pelos cumprimentos de aniversário.

Cordialmente,
Nelson

**Para o xeque Nazeem Mohamed,[ii] líder do
Conselho Judiciário Muçulmano**

1335/88: NELSON MANDELA

21.8.89

Caro xeque Nazeem,

O Conselho Judiciário Muçulmano[iii] é uma das organizações mais poderosas da África do Sul e está comprometido com a conquista de direitos humanos para todo o nosso povo. Durante os 27 anos do nosso encarceramento, fomos consideravelmente inspirados por seu apoio material e espiritual. Sua calorosa mensagem de aniversário trouxe muita força e conforto a mim e a minha família. Queira aceitar minhas cordiais saudações e meus melhores votos,
    Cordialmente,
Nelson

[Envelope]
Xeque Nazeem Mohamed,
Caixa Postal 4118,
Cidade do Cabo.
8000

---

i Umtata (hoje chamada de Mthatha) era a capital do território do Transkei.   ii Xeque Nazeem Mohamed, presidente do Conselho Judiciário Muçulmano e ativo no movimento antiapartheid.   iii Em meados dos anos 1980 o Conselho Judiciário Muçulmano aderiu à Frente Democrática Unida, declarando efetivamente proibido o apartheid e incorporando milhões de muçulmanos sul-africanos à luta contra o regime.

Para o comissário de Prisões

1335/88: NELSON MANDELA

11.9.89

Comissário de Prisões
Pretória

A soltura dos seguintes presos, todos eles cumprindo pena de prisão perpétua, será amplamente estimada:[i]

1. Kathrada, Ahmed,
2. Mhlaba, Raymond,
3. Mlangeni, Andrew,
4. Motsoaledi, Elias,
5. Sisulu, Walter.[ii]

Todos eles foram sentenciados em junho de 1964, e todos eles estão agora com mais de sessenta anos de idade, sendo que o sr. Sisulu completou 77 em maio último e o sr. Mhlaba fez setenta em fevereiro.

6. O sr. Wilton Mkwayi[iii] foi sentenciado em dezembro de 1964. Embora tenha sido detido depois que as pessoas citadas acima já tinham sido condenadas, ele é, para todos os efeitos práticos, um coacusado, com a única diferença de que escapou da rede policial quando os outros foram detidos em julho de 1963.

7. * Os srs. Meyiwa e Mdlalose, ambos encarcerados em Robben Island, foram soltos nos anos 1970 depois que cada um cumpriu oito anos. Foram presos de novo e dessa vez sentenciados à prisão perpétua junto com o sr. Harry Gwala,[iv] que foi solto no ano passado por motivos médicos.

---

i Isso fazia parte das negociações secretas de Mandela com o governo. Mais tarde ele escreveu: "Pressionei o governo a apresentar evidências de suas boas intenções, instando o Estado a mostrar boa-fé por meio da libertação de meus companheiros presos políticos em Pollsmoor e Robben Island". (NM, *Longo caminho para a liberdade*, p. 661.)   ii Para mais informações sobre esses réus do Julgamento de Rivonia, ver glossário.   iii Mkwayi estava cumprindo prisão perpétua por seu papel no Julgamento de Little Rivonia. O Julgamento de Little Rivonia ocorreu em novembro de 1964, cinco meses depois de terminado o Julgamento de Rivonia (ver glossário), depois de Laloo Chiba, Mac Maharaj, Wilton Mkwayi, Dave Kitson e John Matthews serem acusados de sabotagem por suas atividades em prol do MK. Os três primeiros foram mandados para Robben Island e os outros dois, por serem brancos, ficaram detidos em Pretória.   iv Harry Gwala (1920-95), ativista do CNA que foi acusado de sabotagem por recrutar membros para o MK e condenado a oito anos de prisão em Robben Island. Continuou seu ativismo depois de solto em 1972, e em 1977 foi condenado à prisão perpétua e voltou a Robben Island — ver glossário.

8. O sr. Jeff Masemola,[i] atualmente detido em Diepkloof,[ii] foi sentenciado à prisão perpétua em 1963. Todos os seus coacusados foram soltos, alguns deles há quatro anos. Mas o Departamento de Prisões continua a retê-lo apesar de sua idade e de seu estado precário de saúde.

Devo acrescentar que a soltura de apenas um ou dois desses homens já não terá importância alguma.

Se o senhor atender a esta solicitação, como espero que o faça, eu gostaria de vê-los antes de sua saída da prisão. Posso ver o sr. Masemola imediatamente depois que ele for libertado.

[Assinado NRMandela]

* Os nomes completos são
Matthews Meyiwa
Zakhele Mdalose

[Com outra caligrafia]: Oscar Mpetha — acrescentado a pedido do sr. Mandela[iii]

**Para Frieda Matthews,[iv] amiga e viúva de Z.K.
Matthews, seu professor na universidade**

1335/88: NELSON MANDELA   18.9.89

Querida Rakgadi,[v]

Embora não tenha recebido notícias minhas por vários meses, você está o tempo todo na minha lembrança e eu espero que esteja bem e que os filhos e netos estejam progredindo. Se o meu silêncio surpreendeu e até mesmo chocou você, vou lhe pedir para ter em mente que senti muito a sua falta e de suas cartas tão informativas. É bem possível que quando você receber esta carta seu aniversário já tenha

---

i Jafta Kgalabi "Jeff" Masemola (1929--90), professor, membro da Liga Jovem do CNA, membro do Congresso Pan-Africano e prisioneiro político — ver glossário. Depois de ser preso em 1962 e acusado de sabotagem por explodir linhas de transmissão de energia e tirar ilegalmente combatentes da liberdade da África do Sul, foi condenado à prisão perpétua em julho de 1963. Foi solto da prisão em 15 de outubro de 1989, e em 17 de abril de 1990 morreu num misterioso acidente de automóvel. **ii** Uma prisão em Joanesburgo. **iii** Todos, exceto Meyiwa e Mdalose, foram libertados em 15 de outubro de 1989. **iv** Frieda Matthews (1905-98) — ver glossário. **v** "Irmã", em Setswana.

passado e a doçura de seu bolo e o gosto do champanhe já tenham sido esquecidos. Mesmo assim, espero que seja o aniversário mais feliz da sua vida. Meu amor
e meus votos de felicidades!

Cordialmente,
Nelson

Para Kepu Mkentane,[i] amiga

1335/88: NELSON MANDELA   18.9.89

Querida Kepu,

No mês passado recebi um telegrama de Kini[ii] relatando a morte de Leo Sihlali.[iii]
Mandei imediatamente um telegrama de condolências seguido por uma carta. Espero que tenham sido recebidos. Suponho que Kini seja esposa ou filha dele.

Como você sabe, um grande número de pessoas veio me visitar nos últimos oito
meses. Da sua região vieram os irmãos Joyi, Xobololo, Fadana, o advogado Phathe-
kile Holomisa, o chefe Ngangomhlala Matanzima e seu irmão, o brigadeiro que assustou você ao bater na sua porta alguns meses atrás, Stella Sigcau, minhas irmãs,
sobrinhas e, evidentemente, os filhos e netos.[iv]

Passei também um dia inteiro com o chefe Zanengqele Dalasile de AmaQwati
e fiquei muito impressionado. Ele é esperto e bem informado e me resumiu muito
bem uma variedade de questões importantes. É seu vizinho, e a visita me fez pensar em você e nas crianças e me perguntar como você ocupa seu tempo nestes dias.

Você conhece Connie Njongwe[v] de Matatiele? Vocês compartilham virtudes comuns. Ambas são confiáveis, boas correspondentes, rápidas para responder com sentimentos que nos deixam com muita esperança. Tenho me correspondido com Connie e seu marido, Jimmy, desde os anos 1960, assim como venho fazendo com você
e Kent, e sempre fico feliz em ter notícias de todos vocês.

Minhas calorosas lembranças e meus melhores votos!

---

i Uma amiga de Mandela. ii Kini Sihlali. iii Leo Sihlali tinha sido presidente do Movimento Não
Europeu de Unidade, uma organização trotskista formada na África do Sul em 1943. Estava comprome-
tida com o repúdio ao racismo e sua tática primordial era de não colaboração com o regime do apartheid.
O movimento rachou em 1957. iv Parentes de Mandela. v Connie Njongwe, esposa do dr. James
"Jimmy" Njongwe (1919-76), médico, líder do CNA e organizador da Campanha do Desafio (para a Cam-
panha do Desafio, ver glossário) no Cabo Oriental — para Jimmy Njongwe, ver glossário.

Cordialmente,
Nelson

[Envelope]
Sra. Kepu Mkentane,
Caixa Postal 13,
ENGCOBO.
TRANSKEI

Para Connie Njongwe, amiga

1335/88: NELSON MANDELA

Prisão Victor Verster,
Caixa Postal X6005,
Paarl South,
7620.

18.9.89

Nossa querida Connie,

Uma pesada carga de trabalho durante os últimos oito meses me obrigou a demorar para lhe escrever. Como você sabe, desde os anos 1960 eu tenho escrito pelo menos uma vez por ano, em maio, para dizer que você e as crianças estão sempre em meus pensamentos.

A carga de trabalho fica mais pesada a cada dia, mas desta vez eu simplesmente decidi colocar tudo de lado e me dedicar a você. Espero que você e as crianças estejam com boa saúde e que os negócios estejam florescendo.

Você provavelmente está bem ciente de que muitas pessoas de toda parte do mundo estão visitando a Victor Verster, e se você também quiser vir será mais do que bem-vinda. Sua visita seria um acontecimento memorável, pois me daria a oportunidade de ver se a idade deixou alguma marca em você. Eu duvido, e pode muito bem ser que você ainda pareça tão forte e viçosa que as pessoas que a virem pela primeira vez pensem que é a irmã mais velha de Zweli e Phati.[i]

---

i Patiswa (Pathi), filha de Connie Njongwe, e seu filho Zwelinzima (Zweli).

Sinta-se livre para vir junto com Kepu Mkentane, de Engcobo, se assim desejar. Ela e seu falecido marido, Lincoln,[i] são como você e Jimmy[ii] para mim, e tenho recebido cartões de Natal deles desde os anos 1960, uma prática que Kepu tem mantido até hoje. Meu sobrinho, brigadeiro Themba Matanzima, da Força de Defesa do Transkei, vai providenciar a visita para você. Por favor, não hesite em procurá-lo; é um bom rapaz. O telefone da casa dele é 24523 e o do trabalho, 25946.

Minhas carinhosas lembranças e meus melhores votos!

Cordialmente,
Nel

[Envelope]
Sra. Constance Njongwe
Caixa Postal 122
Matatiele
4730

Para Mamphela Ramphele,[iii] amiga e acadêmica

1335/88: NELSON MANDELA   18.9.89

Querida Mamphela,

Uma sequência de coincidências espantosas atingiu a Victor Verster depois da sua visita, de tal modo que desde então tenho me perguntado se as coincidências são mesmo coincidências.

Você esteve aqui em 10 de setembro. Naquela mesma noite houve um programa de televisão sobre mulheres de sucesso — Marina Maponya,[iv] Lindi Myeza,[v] Ronel Erwee,[vi] Mafuna, Tshabalala e, acredite ou não, a modesta Mamphela.

---

i Lincoln Mketane era colega de Mandela na Faculdade Universitária de Fort Hare. Ambos faziam parte da sociedade dramática e ainda na universidade Mketane adaptou uma peça sobre Abraham Lincoln e fez o papel de Lincoln. Mandela fez o papel do assassino, John Wilkes Booth. Como Mandela, Mketane se tornou advogado. **ii** Dr. James "Jimmy" Njongwe (1919-76), marido de Connie Njongwe — ver glossário. **iii** Mamphela Ramphele (1947-), ativista antiapartheid e uma das fundadoras do Movimento de Consciência Negra, médica, acadêmica e empresária — ver glossário. **iv** Marina Maponya (1934-92), empresária e líder comunitária sul-africana que ajudava os pobres. **v** Lindi Myeza, assistente social e membro de destaque da Igreja metodista. **vi** Ronel Erwee, professora universitária.

Entre os temas que você levantou no curso da nossa conversa estava o do sexismo. Naquele programa de TV, o preconceito dos homens contra mulheres foi o assunto central.

Isso deveria bastar para ilustrar o fato de ocorrências não planejadas, mas não bastou. Logo depois da sua partida eu estava folheando o projeto sobre a etnografia das crianças quando foi entregue a *Star Nation Weekly*. Na página central havia um artigo sobre educação das crianças na África do Sul. Sue Valentine comentou as observações do anglo-americano Michael O'Dowd numa conferência do CSIR[i] em Pretória. Ele tocava em aspectos tratados no projeto e a semelhança de abordagem era bem impressionante.

Então Nandi[ii] me trouxe sua mensagem contendo sentimentos que eu estava a ponto de expressar a você. Aqui pode ter funcionado a telepatia. Mas é de fato reconfortante que o mundo tenha saído a custo, ou esteja saindo, das superstições de séculos anteriores. Caso contrário, muitos gurus tomariam ocorrências puramente fortuitas por conexões causais.

Seu senso de modéstia não há de ser ameaçado pela observação de que o projeto de estudo é um trabalho erudito. Ele se torna ainda mais notável pela habilidade e experiência de uma pesquisadora perspicaz que fala como alguém de dentro do tema.

Tive ocasião de refletir sobre o texto na cama, e não me senti nem um pouco envaidecido quando lembrei que durante as duas décadas que passei no Rand antes da minha prisão o único albergue que cheguei a visitar foi o Albergue Masculino Denver, duas vezes; nas duas ocasiões, para reuniões políticas.

O trabalho sobre os desafios da transformação é igualmente notável em sua relevância e em suas ideias novas. É uma leitura prazerosa. As observações na página 8 provavelmente incomodarão certos interesses estabelecidos. De todo modo, são observações que vale a pena fazer.

Eu gostaria que você e os professores Herbert Vilakazi[iii] e Frances Wilson,[iv] bem como outros, me orientassem sobre um assunto que pode assumir alguma importância em breve. Mas, baseado na experiência, estou convencido de que Frances e Herbert não terão permissão.

Quem sabe, quando você quiser descansar de seu trabalho acadêmico, outra visita possa ser arranjada.

Até lá eu penso sempre em você e nos meninos.

Meu carinho e meus votos de felicidades,

---

i Council for Scientific and Industrial Research (Conselho para a Pesquisa Científica e Industrial). **ii** Nandi Mandela (1968-), filha de Thembi, o falecido filho de Mandela (para Thembi Mandela, ver glossário). **iii** Herbert Vilakazi (1943-2016), professor universitário de sociologia.   **iv** Frances Wilson, uma colega de Mamphela Ramphele na Universidade da Cidade do Cabo. Elas escreveram um livro juntas, *Uprooting Poverty — The South African Challenge* [Erradicar a pobreza — o desafio sul-africano] (Cidade do Cabo: David Philip, 1989).

Cordialmente,
Ntate[i]

[Envelope]
Dra. Mamphela Ramphele,
Departamento de Antropologia Social,
Universidade da Cidade do Cabo,
Rondebosch.
7700

Para Rashid & Ayesha Kola, amigos[ii]

Queridos Rashid & Ayesha,

Vocês agora talvez tenham me esquecido, mas durante os últimos 27 anos pensei com frequência em vocês e em seu belo apartamento em Jeppe.[iii]

Na última vez que vi Ayesha, ela estava carregando uma vida nova em seu ventre e tinha uma aparência radiante e adorável. Só podia. Afinal de contas, ela era, e ainda é, esposa de Rashid, um dos rapazes mais notáveis da cidade naquela época.

Espero que ele ainda jogue críquete e que os saborosos breyani e roti, que Ayesha sabe preparar tão bem, não tenham lhe dado uma pança, pelo menos até agora. Anseio por ver vocês um dia, embora este talvez não esteja tão próximo quanto muita gente acredita. Enquanto isso, eu gostaria que vocês soubessem que estão sempre em meus pensamentos e que não esqueci nem um pouco da sua hospitalidade. Que vocês sejam abençoados com tudo de bom na vida.

Calorosas saudações,

Cordialmente,
Nelson

Rashid & Ayesha Kola,
a/c Advogado Ismail Ayob,
Caixa Postal 728
Joanesburgo.
2000

---

i "Tio", em Setswana, idioma de Mamphela Ramphele.   **ii** Esta carta está sem data, mas o canhoto de registro que a acompanha é datado de 25.9.89.   **iii** Um subúrbio de Joanesburgo.

Para o secretário da Associação dos Trabalhadores dos Correios e das Telecomunicações (Potwa),[i] sindicato

25.9.89

Secretário
POTWA

Caro Qabane,[ii]

Sua magnífica mensagem de aniversário fortaleceu consideravelmente sentimentos de otimismo e esperança e foi uma demonstração notável de sua preocupação com o bem-estar daqueles que pensam e atuam como a Potwa.

Saudações calorosas e os melhores votos.

Cordialmente,
Madiba
Secretário, POTWA,
a/c Advogado Ismail Ayob,
Caixa Postal 728,
Joanesburgo
2000

Para Fatima Meer,[iii] amiga e camarada

1335/88: NELSON MANDELA

28.9.89

Querida Fathu,[iv]

Suas cartas de 7 e 14 de setembro me foram entregues apenas ontem e a natureza das questões que você levanta na correspondência exige uma resposta imediata.

Concordo plenamente com a sugestão de Iqbal[v] de que os serviços do sr. Geoffrey Bindman[vi] devem ser mantidos.

---

i Entidade filiada ao Congresso de Sindicatos Sul-Africanos. ii "Camarada", em isiXhosa e em isiZulu. iii Fatima Meer (1928-2010), escritora, acadêmica e ativista antiapartheid e pelos diretos das mulheres — ver glossário. iv Um apelido de Fatima Meer. v Iqbal Meer, sobrinho de Fatima. vi Um advogado de Londres que estava assessorando a publicação do livro de Fatima Meer sobre Mandela, *Higher Than Hope: The Authorized Biography* [Mais alto que a esperança: a biografia autorizada] (Nova York: Harper & Row, 1988).

No que diz respeito à publicação da edição local, anexo para sua atenção uma autorização que a habilita a escolher a editora. Infelizmente, minhas informações sobre o Fundo Madiba são muito escassas, mas respeitarei a sua decisão se você, de todo modo, considerar sensato publicar o livro por ele. O IBR[i] não estaria mais credenciado para isso? Na minha opinião a distribuição pela CNA[ii] seria um bom arranjo.

Suspeito, ben,[iii] que você esquece facilmente que ainda é bastante jovem e está perfeitamente alerta. Não tem razão alguma para se comportar como uma sexagenária. Discutimos a proposta de Anant[iv] de fazer o filme e eu garanti expressamente a você que aceitava a proposta.[v] Iqbal pode redigir um documento formal de anuência, se for preciso.

Sidney Poitier[vi] é um superastro e seria uma injeção de ânimo tê-lo no filme. Mas ele provavelmente agora está muito rico para aceitar nossa oferta. Estou fazendo um pedido ao Departamento de Prisões para que você e Iqbal possam me visitar. Mas, como você sabe, talvez leve algum tempo até termos uma resposta.

A nova capa da edição sul-africana me pareceu forte e fiquei satisfeito com ela. Eu teria preferido que renovássemos o contrato com a Skotaville.[vii] Mas tendo em vista suas opiniões sobre o assunto eu sugeriria o Instituto para a Pesquisa Negra, o Fundo Madiba ou qualquer outra agência de sua escolha para cuidar da publicação.

No que se refere à representação legal, Krish[viii] já prestou um bocado de bons serviços e sugiro que ele nos represente nesse terreno.

Infelizmente, não tenho informação alguma sobre o significado das palavras "versão autorizada". Mas se isso contribuir para o sucesso do projeto eu aprovo a sugestão tanto para a edição estrangeira como para a local.

Meu carinho e meus melhores votos.

Cordialmente,
Nelson

---

i Institute for Black Research (Instituto para a Pesquisa Negra).　　ii Uma distribuidora de livros chamada Central News Agency (Agência Central de Notícias).　　iii "Irmã", em guzerate.　　iv Anant Singh, cineasta sul-africano.　　v Anant Singh e Fatima Meer discutiram a realização de uma versão cinematográfica de *Higher Than Hope*, com a qual Mandela concordou. Singh encontrou-o na casa de Meer duas semanas depois que ele foi solto e Mandela indicou que tinha escrito sua autobiografia e que iria publicá-la. "Ambos concordamos então que deveríamos esperar até que ela fosse publicada para fazer o filme." (Anant Singh, e-mail a Sahm Venter, 7 de setembro de 2017.) Singh acabou produzindo o filme de longa-metragem baseado na autobiografia de Mandela, *Longo caminho para a liberdade*, lançado em 2013. [No Brasil, o filme, dirigido por Justin Chadwick, se chamou *Mandela: O caminho para a liberdade*.] vi Sidney Poitier (1927-), ator, diretor, escritor e diplomata bahamense-americano. *Higher Than Hope* não chegou a ser adaptado para o cinema, mas Poitier mais tarde interpretou o papel de Mandela no telefilme *Mandela and De Klerk*, de 1997.　　vii A primeira editora sul-africana de *Higher Than Hope*. viii Krish Naidoo, um advogado.

Para Madanjit & Marjorie Kapitan, proprietários do restaurante indiano Kapitan's, em Joanesburgo

[Carta registrada datada de 28.9.89]

Madanjit & Marjorie Kapitan,
a/c Advogado Ismail Ayob.
Caixa Postal 728
Joanesburgo.
2000

Caros Madanjit & Marjorie,

Fiquei sabendo com tristeza que o seu famoso Restaurante Oriental na Kort Street está fechando as portas.

Durante os últimos 27 anos perdemos tantos amigos queridos e tantos edifícios célebres que às vezes temo que, quando eu voltar, o próprio mundo tenha desaparecido. Há muitos paladares e barrigas dentro e fora do país que se sentirão justificadamente indignados com a desastrosa notícia.

Mas sempre pensarei no restaurante, e particularmente em vocês, com doces recordações. Felicidades para vocês.

Cordialmente,
Nelson

Para Winnie Mandela,[i] sua esposa

1335/88: NELSON MANDELA   9.10.89

Querida mâmi,

Agradeço muito pelo terno elegante. Com certeza vou vesti-lo na ocasião que você mencionou.[ii] Mais uma vez, muito obrigado! Peço, entretanto, que mais nenhum artigo de vestuário seja mandado. Tenho mais do que você poderia encontrar nas melhores lojas da sua cidade.

---

i Nomzamo Winifred Madikizela-Mandela (1936-2018) — ver glossário.   **ii** O terno provavelmente era para ser usado por ele no dia da sua soltura.

Daluxolo me fez o relato do funeral. Trabalhei duro nesse e em assuntos correlatos, e às vezes me sinto tentado a acreditar que se eu não tivesse infernizado cada figura-chave naquela parte do país esse dia histórico nunca teria vindo.

No que se refere à construção da casa em Qunu,[i] espero que Mdayelwa tenha sido informado de que não quero nenhuma contribuição financeira de quem quer que seja em benefício da casa. Tudo o que quero deles é sua cooperação para garantir o terreno para a construção.

Makgatho[ii] sofreu uma operação no Tygerberg em 6 de outubro e provavelmente terá alta hoje.

Estamos ocupados com o passaporte da Zindzi,[iii] que inclui também as três crianças.[iv] Também solicitei um para Fathu[v] e estou cruzando os dedos. Embora esteja atualmente lidando com uma porção de assuntos muito delicados, vou também fazer indagações sobre o teu. Eu ficaria bem contente se você pudesse viajar para o exterior, desde que a viagem seja devidamente aprovada pela família aqui no país... Amor.

Afetuosamente,
Madiba

Para o oficial comandante da Prisão Victor Verster

1335/88: NELSON MANDELA

9.10.89

Oficial comandante
Prisão Victor Verster

A/c: Brig. Keulder

Um rápido aumento de peso me induziu a cortar o almoço e o lanche da tarde. Expliquei o problema à equipe médica, que está monitorando com regularidade vários aspectos da minha saúde.

---

i A aldeia onde Mandela cresceu, no Transkei.   ii Makgatho (Kgatho) Mandela (1950-2005), segundo filho de Mandela — ver glossário.   iii Zindziswa Mandela (1960-), a filha caçula de Nelson e Winnie Mandela.   iv Filhos de Zindzi e netos de Mandela.   v Apelido de Fatima Meer.

Além disso, optei por açúcar branco, com o intuito de variar, o que será custeado com meus próprios recursos.[i]

[Assinado NRMandela]

◇◇◇◇◇◇◇◇◇◇

Durante suas conversações com o governo na prisão, que ele esperava que acabassem levando a negociações com o CNA, Mandela reivindicara repetidamente a libertação de outros prisioneiros. Em particular ele queria que os cinco colegas remanescentes do Julgamento de Rivonia saíssem da prisão antes de ele mesmo poder ser solto, junto com os prisioneiros do CNA Oscar Mpetha, Wilton Mkwayi e Jafta Masemola do Congresso Pan-Africano. (Ver carta de 11 de setembro de 1989, à página 567.)

De Klerk fez um anúncio na televisão em 10 de outubro de 1989. Mandela tinha sido visitado por seus camaradas de prisão Walter Sisulu, Ahmed Kathrada, Andrew Mlangeni e Raymond Mhlaba[ii] naquele dia, ao final do qual ele disse: "Meus chapas, isto é uma despedida". Então, em vez de voltar ao seu próprio presídio, os quatro jantaram na Prisão Victor Verster enquanto um aparelho de televisão era providenciado. Ali eles assistiram ao anúncio de sua soltura iminente. Cinco dias depois estavam livres.

Para o comissário de Prisões

[Datilografada]

COMISSÁRIO DE PRISÕES

Em minha carta datada de 11 de setembro de 1989 fiz apelos pela libertação de alguns de meus colegas. Hoje fui informado de que o governo decidiu aprovar a soltura dos oito seguintes colegas:

Ahmed Kathrada
Raymond Mhlaba
Andrew Mlangeni

---

i Mandela recebia açúcar mascavo como parte das suas provisões na Prisão Victor Verster. Quando Jack Swart cozinhava para ele, ele comprava açúcar branco. Mandela pagava por alimentos para servir a suas visitas com dinheiro de uma mesada que ele recebia de seu advogado Ismail Ayob.   **ii** Eles estavam presos na Prisão Pollsmoor. O outro réu remanescente de Rivonia, Elias Motsoaledi, ainda estava em Robben Island.

Elias Motsoaledi
Walter Sisulu
Wilton Mkwayi
Jeff Masemola
Oscar Mpetha[i]

A minha esperança é que a libertação deles contribua para a criação de um clima propício ao desenvolvimento pacífico e para a normalização da situação em nosso país. Conforme afirmado anteriormente, não levantei a questão da minha soltura.

[Assinado NRMandela]

10.10.89

Para o comissário de Prisões

1335/88: NELSON MANDELA

16.10.89

Comissário de Prisões
Pretória

Caro general Willemse,

O frutífero encontro entre alguns líderes do Movimento Democrático de Massa e o autor desta carta em 10 de outubro de 1989 realçou a urgência de encontros semelhantes com líderes de outras regiões.[ii]

O encontro de 10 de outubro será com certeza seguido por intensas discussões pelo país afora, e encontros semelhantes com o signatário desta carta, desde que realizados em breve, podem facilitar uma abordagem comum de alguns dos problemas discutidos com os representantes naquela data.

Uma pronta resposta sua será de grande valia.

Saudações,
[Assinado NRMandela]

---

i Para informações sobre esses indivíduos, ver glossário. ii Nos últimos meses do seu encarceramento Mandela solicitou encontros com ativistas de várias organizações para relatar a eles suas conversações com o governo.

Para o reverendo T. S. N. Gqubule,[i] amigo, sacerdote e estudioso

1335/88: NELSON MANDELA

23.10.89

Ngubengcuka,[ii]

Você está o tempo todo em meus pensamentos, especialmente depois que Nobandla[iii] me informou, alguns anos atrás, sobre sua visita a Brandfort[iv] junto com EKM[v] e outros.

Estou ciente da delegação que você conduziu até o ex-presidente do Estado[vi] para reivindicar a libertação de presos políticos.

Você deve estar contente, como todos nós, com a soltura de meus oito colegas. O evento é sem dúvida um lance importante que, espero, será seguido no devido tempo por desdobramentos ainda mais significativos.

Também estou sabendo de seu pedido de permissão para me visitar e fiquei bastante desapontado quando ele foi recusado. Também fiz esforços, daqui do meu lado, para ver você, sem sucesso. Mas o clima para uma visita assim melhorou um pouco, e eu sugiro que você se candidate de novo.

Espero que o rapaz no estrangeiro,[vii] bem como Thandeka,[viii] estejam bem.

Minhas calorosas lembranças e meus melhores votos à família, a E.K.M., L.D. e D.H.

Com afeto,
Madiba

[Envelope]
Rev. T. S. N. Gqubule,
John Wesley College,
Caixa Postal 2283,
Pietermaritzburg.
3200

---

i Theocritus Simon Ndziweni Gqubule (1928-2016), professor, pastor metodista e primeiro estudante africano a se doutorar na Rhodes University. Também ativista antiapartheid e membro da Frente Democrática Unida. Em 2016 o governo sul-africano condecorou-o com a Ordem de Luthuli por sua contribuição à luta de libertação.   ii Referência ao fato de ele ser descendente do rei Ngubengcuka, que era também trisavô de Mandela.   iii Um dos nomes de Winnie Mandela.   iv Winnie Mandela ainda estava morando no distrito rural de Brandfort, no Estado Livre de Orange (hoje Estado Livre), para onde ela tinha sido banida em 1977. Ela viveu lá até 1985.   v Elliot Khoza Mgojo (1932-), ex-líder da Igreja Metodista.   vi P. W. Botha (1916-2006) — ver glossário.   vii O filho de T. S. N. Gqubule, Duma, que estava estudando economia na Aberdeen University, na Escócia.   viii Filha de T. S. N. Gqubule.

Para Ntsiki Sisulu, neta de seu amigo, camarada e ex-companheiro de prisão Walter Sisulu e de sua esposa, Albertina[i]

1335/88: NELSON MANDELA   23.10.89

Querida Ntsiki,

Quando a tua avó me visitou, recentemente, contei a ela que tinha respondido à tua carta. Depois que ela foi embora, eu decidi verificar e constatei que tinha me enganado. Na verdade eu não te escrevera. Por favor, me desculpe pela demora.

Na tua carta você escreveu: "Você tem coisas demais na cabeça...". Talvez seja essa a razão de eu ter esquecido. Na próxima vez vou tentar responder logo.

O teu avô, Walter, recebe tratamento por causa da pressão arterial. Você deve lembrá-lo de fazer os exames regularmente. Ele também precisa continuar com seus exercícios na bicicleta pelo menos quatro vezes por semana, de preferência na companhia da tua avó. Você pode telefonar a eles para lhes transmitir essa mensagem?

Para concluir, quero que você saiba que fiquei muito contente ao receber a tua carta. Sei quanto você está ocupada com seus trabalhos escolares, e foi muita bondade da tua parte encontrar tempo para me escrever. Espero te ver quando eu também voltar.

Enquanto isso penso sempre em você.

Receba meu carinho e meus votos de felicidades!

Cordialmente,
Tio Nelson

[Envelope]
Ntsiki Sisulu
Saint Mark's College,
Caixa Postal 373,
JANE FURSE
1085

---

i Para Walter (1912-2003) e Albertina Sisulu (1918-2011), ver glossário.

1335/88: NELSON MANDELA.

3/1/89

Victor Verster Prison,
P/B X 6003,
Paarl South. 7624.
2   11   89

Dear Len & Beryl,

You have often been in my thoughts during these
past years, but I have thought of you and the
children almost daily since 10 October 1989, when
the announcement was made that your uncle,
Walter, and seven others would be released. It is
to be hoped that this important development has
brought joy and relief to all of you. Love and
best wishes.

Sincerely,

Len & Beryl Simelane,
P.O. Box 308
CLERNAVILLE
3602

Uma carta para Len e Beryl Simelane,
2 de novembro de 1989, ver página 583.

Para Len & Beryl Simelane,[i] genro e filha de Walter Sisulu, seu amigo, camarada e ex-prisioneiro, e de sua esposa, Albertina[ii]

1335/88: NELSON MANDELA

2.11.89

Queridos Len & Beryl,

Vocês sempre estiveram em meus pensamentos ao longo dos últimos anos, mas pensei diariamente em vocês e nas crianças desde 10 de outubro de 1989, quando foi feito o anúncio de que seu tio Walter[iii] e outros sete seriam soltos. É de esperar que esse importante acontecimento tenha trazido alegria e alívio a todos vocês. Recebam meu amor e meus votos de felicidade.

Cordialmente,
Tio Nelson

Len & Beryl Simelane,
Caixa Postal 308
CLERNAVILLE
3602

Para o chefe Zonwabile Sandile Mtirara, parente

6.11.89

Ngubengcuka,[iv]

Minha irmã, Mabel,[v] me informa que você confiscou ilegalmente suas vacas e se recusou a devolvê-las. Você rejeita os apelos dela dizendo que o assunto foi entregue aos advogados. Estou lhe pedindo que devolva imediatamente a propriedade dela e pague os honorários dos advogados.

---

i Len Simelane casou-se com Beryl Lockman. ii Para Walter (1912-2003) e Albertina Sisulu (1918-2011), ver glossário. iii Beryl Simelane era a filha da irmã de Walter Sisulu, Rosabella (Barbie) Sisulu. Walter e Albertina Sisulu criaram Beryl e seu irmão, Gerald, após a morte de Rosabella. iv Uma referência ao fato de ele ser descendente do rei Ngubengcuka, que era também trisavô de Mandela. v Mabel Nontancu Timakwe (1924-2002), irmã de Mandela.

Não creio que você vá agir como um covarde desavergonhado, pior ainda por tirar proveito da minha situação atual. O mais doloroso, neto de Jongintaba,[i] é que a minha família sofre sob sua custódia.

Espero que minha solicitação seja bem recebida e que a questão seja resolvida de maneira justa e amigável. Fiquei muito contente com a recente visita dos chefes e conselheiros abaThembu.[ii] No entanto, fiquei decepcionado com sua evidente ausência.

Lembranças e saudações à rainha Nozozile, à princesa Ntombizodwa e a sua esposa.

Cordialmente,
Dalibunga

[Envelope]
Chefe Zonwabele Sandile Mtirara
Palácio Real,
Mqhekezweni.
Caixa Postal Bityi
UMTATA[iii]
Transkei

Para Fatima Meer,[iv] amiga e camarada

<u>1335/88</u>: NELSON MANDELA

6.11.89

Querida Fatu,

Quero confirmar que a sua biografia *Higher than Hope* é a única biografia com a qual colaborei e que não estou sabendo da publicação de nenhuma outra biografia referente a mim.[v]

---

i Chefe Jongintaba Dalindyebo (m. 1942), o chefe e governante do povo Thembu. Tornou-se tutor de Mandela depois da morte do pai deste — ver glossário. **ii** AbaThembu é a palavra isiXhosa para Thembu. Usada como prefixo, a palavra "aba" ("compartilhar" ou "distribuir") significa, grosso modo, "povo". [N.T.] **iii** Umtata (hoje chamada de Mthatha) era a capital do território do Transkei. **iv** Fatima Meer (1928-2010), escritora, acadêmica e ativista antiapartheid e pelos direitos das mulheres — ver glossário. **v** Mandela talvez não estivesse ciente, ou estivesse evitando atrair a atenção das autoridades para o livro de sua amiga Mary Benson, publicado em 1986, *Nelson Mandela: The Man and the Movement* [Nelson Mandela: O homem e o movimento] (Nova York: W.W. Norton).

Confirmo além disso que escrevi uma autobiografia na prisão nos anos 1970, mas desconheço o paradeiro do manuscrito.[i]

Meu carinho e meus melhores votos,

Cordialmente,
Nelson

Para o comissário de Prisões

[Datilografada]

1335/88: NELSON MANDELA

22-01-90

General WH Willemse
Comissário de Prisões
PRETÓRIA

Caro general Willemse

Por favor verifique em anexo a cópia fotostática de um artigo do jornal UMAFRIKA[ii] de 11 de novembro de 1989, junto com uma tradução para o inglês.

O artigo confirma plenamente a preocupação expressa pelos ministros Kobie Coetsee[iii] e dr. Gerrit Viljoen[iv] em 10 de outubro de 1989.[v] Espera-se que tudo seja feito para garantir a libertação dos quatro companheiros presos no mais breve tempo possível. Como nos casos anteriores, ficarei grato se for providenciada uma visita deles a este recinto antes que sejam soltos.

Saudações,
NELSON MANDELA

---

i Mandela está se referindo à autobiografia que escreveu secretamente na prisão com a ajuda de seus camaradas, que formou a base de *Longo caminho para a liberdade*, publicado em 1994, depois que Mandela colaborou em sua escrita com o escritor norte-americano Richard Stengel. **ii** Um jornal isiZulu. A carta era uma tradução livre do artigo isiZulu para o inglês, e presumivelmente foi feita só para esta carta ao comissário de prisões. **iii** Kobie Coetsee (1931-2000), ministro sul-africano da Justiça. **iv** Gerrit Viljoen (1926-2009), ministro do Desenvolvimento Constitucional. **v** Na terça-feira, 10 de outubro de 1989, Mandela encontrou-se com o comissário de Prisões, com o ministro Gerrit Viljoen, com o ministro Kobie Coetsee e com S.S. Van der Merwe e foi informado de que havia sido atendido seu pedido de libertação de oito prisioneiros: Ahmed Kathrada, Raymond Mhlaba, Andrew Mlangeni, Elias Motsoaledi, Walter Sisulu, Wilton Mkwayi, Oscar Mpetha e Jafta Masemola (para informações sobre esses indivíduos, ver glossário).

UMAFRIKA

11 de novembro de 1989

SILÊNCIO ABSOLUTO SOBRE AQUELES (PRESOS) DE NATAL QUE FORAM DEIXA-
DOS PARA TRÁS QUANDO OS SISULUS FORAM SOLTOS

Por Fred Khumalo

No momento em que o país festeja a libertação de seis líderes do CNA, soltos há duas semanas, uma das mais destacadas famílias de Mpumalanga, Hammarsdale,[i] não pode se alegrar plenamente porque seu chefe não foi libertado. Ele ainda está cumprindo uma sentença de prisão perpétua em Robben Island.

A família, que está ainda sob uma nuvem escura, é a de Matthews Makholeka Meyiwa, que nasceu em Hammarsdale e é um veterano do CNA e do Congresso Sul-Africano de Sindicatos. Ele já cumpriu 23 anos na famosa ilha e foi também membro do Umkhonto weSizwe na região de Natal, no qual os srs. Harry Gwala e Joseph Masobiya Mdluli também atuaram.

"A soltura dos líderes do CNA nos agradou, assim como agradou ao país como um todo, mas esse fato nos lembra que nosso próprio pai ainda está encarcerado. Essa circunstância nos entristeceu muito", disse a sra. Sylvia Hlalelani, uma Mazondi.

"A soltura do sr. Sisulu me fez lembrar do precário estado de saúde do meu marido quando o visitei pela última vez, em junho deste ano", acrescenta a sra. Meyiwa, que nasceu em Nadi. De acordo com ela, na última vez que viu seu marido ele estava sofrendo dores estomacais tão fortes que mal conseguia se mexer. As dores estavam escritas claramente em seu rosto.

O sr. Meyiwa foi preso primeiro em julho de 1963, por terrorismo. Foi sentenciado a oito anos em 28 de fevereiro de 1964. Cumpriu a maior parte da sua sentença em Robben Island antes de ser solto em 1972.

Foi detido de novo em 1975 com o sr. Harry Gwala, de Pietermaritzburg, o sr. Joseph Masobiya Mdluli, de Lamontville, o sr. Zakhele Mdlalose, de Hammarsdale, e seis outros, de diferentes partes de Natal. Todos eles foram condenados à prisão perpétua.[ii]

O julgamento do sr. Meyiwa e seus corréus foi bem diferente dos outros, porque eles se queixavam de perseguição por parte da polícia. As autoridades continuaram negando essa alegação, mas a verdade veio à luz quando o sr. Masobiya Mdluli morreu nas mãos da polícia em março de 1976. A sra. Meyiwa falou sobre seu marido, com o qual teve seis filhos.

(Seguem-se vários parágrafos que tratam principalmente do histórico de Meyiwa antes da prisão.)

---

i Um distrito negro em Natal. ii Foram todos sentenciados a prisão perpétua por sabotagem.

O sr. Humphrey Meyiwa (31), que está completando seu curso de professor na Graduação em Magistério Fundamental da Faculdade de Educação de Mpumalanga, diz que "a ausência de meu pai foi sem dúvida um fardo extremamente pesado para minha mãe e para todos os seus filhos. Minha mãe teve a difícil responsabilidade de nos criar — ela foi ao mesmo tempo nossa mãe e nosso pai, uma tarefa quase impossível no caso de uma família grande como a nossa".

A sra. Meyiwa diz que sempre teve a esperança de que o marido fosse solto, mas essa esperança definhou quando não houve menção alguma a ele no momento em que o sr. Harry Gwala, um corréu, foi libertado.

Uma autêntica alegria só virá para a família Meyiwa no dia em que o chefe da família for libertado sem restrições, concluiu o sr. Meyiwa, num tom altivo, mas preocupado.

Outras pessoas sentenciadas à prisão perpétua que ainda estão detidas em Robben Island são Anthony Mfene Xaba (56),[i] Zakhele Elphas Mdlalose (65),[ii] Vusumuzi John Nene.[iii]

Mas o prisioneiro que cumpre prisão mais longa, condenado 27 anos atrás, é o dr. Nelson Mandela.

◇◇◇◇◇◇◇◇◇◇

Com 1989 chegando perto de seu final, os rumores sobre a libertação de Mandela da prisão começaram a crescer diariamente. Já haviam tido um ápice em 5 de julho de 1989, quando ele foi tirado da prisão pouco antes do amanhecer para se encontrar com o presidente F. W. de Klerk, que assumira o comando do Partido Nacional e do país depois de P. W. Botha sofrer um derrame.

O novo presidente tornou claro em seu primeiro pronunciamento anual à nação, na abertura do Parlamento em 1990, que seria diferente. Em 2 de fevereiro de 1990 protestos exigindo a libertação de Nelson Mandela se converteram em celebração quando De Klerk anunciou que ele, finalmente, seria solto. Imediatamente ele legalizou o CNA, o Congresso Pan-Africano e todas as outras organizações políticas proibidas — outros passos que Mandela reivindicara para equilibrar as forças em jogo.

A carta seguinte foi escrita no dia em que o presidente F. W. de Klerk anunciou que havia legalizado o CNA e outras organizações políticas. Ela se refere a um relatório de uma reunião do CNA no exílio, que Mandela queria que fosse mandado ao ministro

---

i David Anton Ndoda "Mfenendala" Xaba (1933-2009). Ativista do CNA e membro do MK. Cumpriu dez anos em Robben Island entre 1963 e 1973. Foi condenado à prisão perpétua em 1977 com Harry Gwala, Matthews Meyiwa, Elphas Mdlalose, John Nene e Zakhele Mdlalose por tentar reavivar o movimento sindical em Natal. Mandela também apelou ao presidente De Klerk pela libertação deles. Foram soltos em 1990. **ii** Elphas Mdlalose foi preso por suas atividades políticas com Meyiwa e outros em 1975. **iii** Vusumuzi John Nene, vice-presidente do Sindicato Geral dos Trabalhadores dos Transportes em Natal. Foi sentenciado à prisão perpétua com nove outros em 25 de julho de 1977 por ser filiado ao CNA, recrutar membros para o Umkhonto weSizwe e tentar derrubar o regime do apartheid. Tinha passado anteriormente sete anos em Robben Island por uma infração política. Foi solto em 1990.

Gerrit Viljoen, na época participante da equipe do governo nas conversações com Mandela. Com todos os seus companheiros do Julgamento de Rivonia agora fora da prisão, a soltura de Mandela era iminente. A carta também revela que ele tivera uma conversa telefônica com uma figura destacada do CNA no exílio, Thabo Mbeki, onze dias antes do discurso histórico de De Klerk.

Para o comissário de Prisões

1335/88: NELSON MANDELA

2.2.90

General WH Willemse
Comissário de Prisões
Cidade do Cabo

Prezado gen. Willemse,

Por favor, providencie para que a declaração em anexo chegue ao dr. Gerrit Viljoen[i] o mais rápido possível.

Cordialmente,
[Assinado NRMandela]
[Toda esta resolução está na caligrafia de Mandela.]

Resolução adotada numa reunião do Comitê Executivo Nacional do Congresso Nacional Africano, da qual participaram os líderes internos soltos da prisão.[ii]

A reunião reafirmou a significação das declarações de Harare e das Nações Unidas,[iii] esta última aprovada unanimemente pela Assembleia Geral, para a pacificação política do nosso país. Ela enfatizou a importância do fato de que tais documentos são apoiados pela esmagadora maioria do povo da África do Sul, pelo restante da África e pela comunidade internacional.

---

i Gerrit Viljoen (1926-2009), ministro do Desenvolvimento Constitucional. ii A reunião foi realizada em Lusaka, na Zâmbia. iii Num encontro em Harare, Zimbábue, em 21 de agosto de 1989, a Organização da Unidade Africana endossou uma declaração em que o CNA definia cinco precondições para o início das negociações com o governo sul-africano. Elas incluíam a libertação de todos os presos políticos, a suspensão da ilegalidade de partidos políticos, a remoção de tropas armadas dos distritos negros, o fim de execuções políticas e o fim do Estado de Emergência. Ficou conhecida como a Declaração de Harare da Commonwealth. Em 14 de dezembro de 1989 a Assembleia Geral das Nações Unidas adotou a "Declaração sobre o apartheid e suas consequências destrutivas na África do Sul", que clamava pelo fim do apartheid e pelo estabelecimento de uma democracia não racial.

A resolução reiterou que, em consonância com as disposições daquelas declarações, as negociações não podem ocorrer antes que seja criado o clima necessário para elas. A recusa do regime de Pretória[i] em empreender as ações apropriadas a esse respeito é mais um elemento que confirma sua relutância em ver o fim do sistema do apartheid com o mínimo possível de derramamento de sangue e de destruição.

Quanto a isso, a reunião reafirmou a importância da libertação imediata e incondicional de Nelson Mandela e de outros presos políticos. Ela prestou tributo a nosso querido camarada e colega de liderança, Nelson Mandela, e expressou seu total apoio às ações que ele continua a realizar mesmo de dentro da prisão, que estão em plena concordância com as diretrizes e os objetivos de nosso movimento, para levar [adiante] a luta pelo fim do apartheid.

A reunião reafirmou também a preferência do CNA por um arranjo obtido por meios políticos. O CNA tem sustentado essa posição desde a sua fundação. Ao longo de seus 78 anos de existência ele tem feito tudo o que pode para convencer os sucessivos governos de minoria branca a adotar a mesma posição, mas sem sucesso. A reunião reafirmou que nosso compromisso com essas posições não está em dúvida. Ele é fundamental para a natureza do CNA como movimento que busca a democracia, a paz e a justiça para todos. Ao mesmo tempo, o processo de extinção do apartheid mediante negociações requer que o regime de Pretória demonstre, ele próprio, seu compromisso com uma solução política empreendendo as ações necessárias para tornar possível tal solução.

A reunião alertou para o fato de que nenhuma solução pode ser alcançada enquanto o regime do apartheid buscar impor sua vontade sobre a maioria do nosso povo e seus representantes. Um acordo negociado precisa responder às aspirações fundamentais de todas as pessoas do nosso país, com tais aspirações sendo expressas pelas próprias pessoas em atividade política aberta e debate franco.

O Partido Nacional e seu governo, portanto, precisam dar um decisivo passo adiante buscando as condições para a criação de um clima propício à negociação e reconhecendo a importância central dos representantes genuínos do povo do nosso país.

A declaração acima foi lida para mim pelo sr. Thabo Mbeki[ii] em 22 de janeiro de 1990[iii] e não contém referência alguma à violência.

---

i Uma referência ao regime do apartheid promovido pelo governo. Pretória é a capital administrativa do governo da África do Sul. ii Thabo Mbeki (1942-), diretor do Departamento de Assuntos Internos do CNA que estava vivendo no exílio na época. Ele foi vice-presidente da África do Sul, junto com o ex-presidente F. W. de Klerk, de 1994 a 1999, depois sucedeu a Mandela como segundo presidente de uma África do Sul democrática, governando de 1999 a 2008. iii Mandela não dispunha de um telefone na casa da Victor Verster e tinha de ir a um gabinete vizinho para receber ligações (Sahm Venter em conversa com Jack Swart, 28 de junho de 2017).

[Assinado NRMandela]
2.2.90

[Uma anotação em africâner pelo general Willemse]
Min. G Viljoen
Aqui está a informação requisitada, segundo a conversa de ontem.

[Assinado]
WH WILLEMSE
90/02/02

◇◇◇◇◇◇◇◇◇◇◇

Numa coletiva de imprensa em 10 de fevereiro de 1990, De Klerk informou à mídia que Mandela sairia em liberdade da Prisão Victor Verster no dia seguinte, às três da tarde. Ele na verdade atravessou os portões cerca de noventa minutos mais tarde, ao ser libertado no dia seguinte, pondo fim a seus 10 052 dias como prisioneiro. Mandela entrou na prisão como um homem de quarenta e quatro anos, pai de cinco filhos, e saiu como um avô de setenta e um anos.

É provável que esta seja a última carta de Nelson Mandela na prisão. No sábado, 11 de fevereiro de 1990, antes de passar pelos portões da prisão, o futuro presidente escreveu ao comissário de Prisões a respeito de uma fotografia tirada com autoridades na noite anterior. Ele está confundindo essa ocasião com fotos tiradas com De Klerk duas noites antes ou então ainda resta uma fotografia que o mundo ignora até hoje.

═══════════════

Para o comissário de Prisões

1335/88: NELSON MANDELA   11 de fevereiro de 1990

General W. H. Willemse
Comissário de Prisões
Cidade do Cabo

Prezado general,

Comunico o recebimento de sua carta de 10 de fevereiro de 1990, cujo conteúdo foi anotado e pela qual eu lhe agradeço.

Na noite passada foi tirada uma série de fotografias minhas[i] e de algumas autoridades. A identidade de algumas dessas autoridades só foi revelada a mim pelo brigadeiro Gillingham depois da sessão de fotos. Pedi-lhe então que informasse ao dr. Roux[ii] que eu prefiro que essas fotos não sejam publicadas sob nenhuma circunstância sem que eu seja consultado antes. Espero que sejam tomadas medidas para que esse pedido seja respeitado. Devo acrescentar que eu tinha esperança de que a esta altura eu tivesse recebido algumas das fotos que tiramos em julho e [no encontro] neste ano.[iii]

Atenciosamente,
[Assinado NRMandela][iv]

i Jack Swart (1947-), carcereiro de Mandela e seu cozinheiro na Prisão Victor Verster, não se recorda de nenhum encontro com autoridades na noite anterior à soltura de Mandela, nem tampouco de fotos que teriam sido feitas. Mandela apenas se encontrou com seu advogado, Dullah Omar, e seus colegas. Fotos tiradas com o presidente F. W. de Klerk na noite de 9 de fevereiro foram publicadas. Swart e Mandela tinham uma boa relação e Mandela convidou-o, junto com sua esposa, Marietha, à sua posse em 10 de maio de 1994 e ao seu primeiro discurso anual de abertura do Parlamento em 24 de maio de 1994. Também convidou Swart e a esposa para o chá em mais de uma ocasião depois de sua aposentadoria. ii Possivelmente o general Jannie Roux, um dirigente e psiquiatra prisional que esteve envolvido nas visitas da imprensa a Robben Island em 1975. Mais tarde ele foi diretor-geral na gestão presidencial de Mandela. iii Mandela pode estar se referindo aos encontros que teve com P. W. Botha em julho de 1989 e com F. W. de Klerk em 9 de fevereiro de 1990. iv No mesmo dia o comissário de Prisões, W. H. Willemse, respondeu dizendo: "Obrigado por sua carta datada de 11/2/1990. As fotos com as quais o senhor está preocupado ainda não foram reveladas e estão em boas mãos. Serão tratadas de maneira a satisfazer o seu pedido. Algumas das outras fotos a que o senhor se refere terão de ser primeiro discutidas com as partes envolvidas. A esse respeito voltarei a contatá-lo".

Mandela na cobertura da Kholvad House, Joanesburgo, em 1953, onde Ismail Meer e Ahmed Kathrada viveram entre o fim dos anos 1940 e o começo da década de 1950, e que se tornaria um ponto de encontro informal para ativistas antiapartheid.

Folha de contato de Nelson e Winnie no dia de seu casamento, em junho de 1958.

A cela de Mandela em Robben Island, recriada pelo Museu de Robben Island. Quando Mandela se deitava, sua cabeça tocava uma das paredes, e seus pés quase chegavam à outra.

A foto da cela de Mandela em Robben Island foi tirada em 1977, quando o governo do apartheid organizou uma visita da imprensa à ilha para demonstrar quão "bem" os presos políticos estavam sendo tratados. Ao longo dos anos os presos lutaram por melhores condições e, em 1977, Mandela pôde ter livros relacionados aos seus estudos.

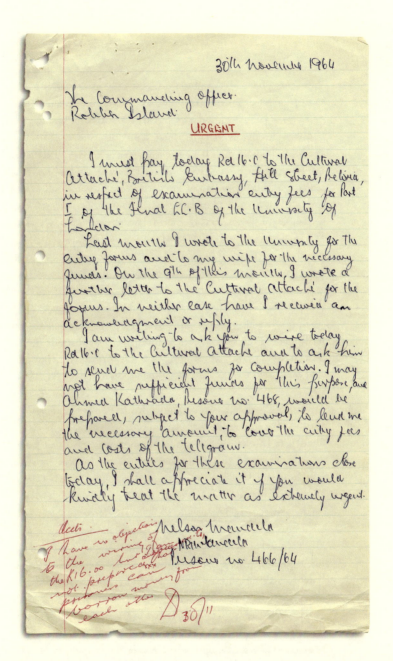

Carta de Mandela para o oficial comandante de Robben Island solicitando permissão para pegar dinheiro emprestado de seu companheiro de prisão Ahmed Kathrada e, assim, pagar as despesas de inscrição em um exame. Uma nota, com letra diferente, diz: "Não tenho objeção ao telegrama enviando R16,00, mas não estou preparado para a possibilidade de prisioneiros emprestarem dinheiro uns aos outros" (ver página 44).

23. 6. 69

My darlings,

Once again our beloved Mummy has been arrested and now she and Daddy are away in jail. My heart bleeds as I think of her sitting in some police cell far away from home, perhaps alone and without anybody to talk to, and with nothing to read. Twenty-four hours of the day longing for her little ones. It may be many months or even years before you see her again. For long you may live like orphans without your own home and parents, without the natural love, affection and protection Mummy used to give you. Now you will get no birthday or Christmas parties, no presents or new dresses, no shoes or toys. Gone are the days when, after having a warm bath in the evening, you would sit at table with Mummy and enjoy her good and simple food. Gone are the comfortable beds, the warm blankets and clean linen she used to provide. She will not be there to arrange for friends to take you to bioscopes, concerts and plays, or to tell you nice stories in the evening, help you read difficult books and to answer the many questions you would like to ask. She will be unable to give you the help and guidance you need as you grow older and as new problems arise. Perhaps never again will Mummy and Daddy join you in House no. 8115 Orlando West, the one place in the whole world that is so dear to our hearts.

This is not the first time Mummy goes to jail. In October 1958 only four months after our wedding, she was arrested with 2000 other women when they protested against passes in Johannesburg and spent two weeks in jail. Last year she served four days, but now she has gone back again and I cannot tell you how long she will be away this time. All that I wish you to bear in mind is that we have a brave and determined Mummy who loves her people with all her heart. She gave up pleasure and comfort in return for a life of hardship and misery because of the deep love she has for her people and country. When you become adults and think carefully of the unpleasant experiences Mummy has gone through, and the stubbornness with which she has held to her beliefs, you will begin to realise the importance of her contribution in the battle for truth and justice and the extent to which she has sacrificed her own personal interests and happiness.

Mummy comes from a rich and respected family. She is a qualified Social

Páginas de uma carta de Mandela para suas filhas Zindzi e Zenani, datada de 23 de junho de 1969, depois de saber que Winnie havia sido presa (ver páginas 113-5).

works and at the time of our marriage in June 1958 she had a good and comfortable job at the Baragwanath Hospital. She was working there when she was arrested for the first time and at the end of 1958 she lost that job. Later she worked for the Child Welfare Society, in town, a post she liked very much. It was whilst working there that the Government ordered her not to leave Johannesburg, to remain at home from 6 p.m. to 6 a.m., and not to attend meetings, nor enter any hospital, school, university, courtroom, compound or hostel, or any African township save Orlando where she lived. This order made it difficult for her to continue with her work at the Child Welfare Society and she lost this particular job as well.

Since then mummy has lived a painful life and had to try and run a home without a fixed income. Yet she somehow managed to buy you food and clothing, pay your school fees, rent for the house and to send me money regularly. I left home in April 1961 when Zeni was two years and Zindzi three months. Early in January 1962 I toured Africa and visited London for ten days, and returned to South Africa towards the end of July the same year. I was terribly shaken when I met mummy. I had left her in good health with a lot of flesh and colour. But she had suddenly lost weight and was now a shadow of her former self. I realised at once the strain my absence had caused her. I looked forward to some time when I would be able to tell her about my journey, the countries I visited and the people I met. But my arrest on August 5 put an end to that dream. When mummy was arrested in 1958 I visited her daily and brought her food and fruits. I felt proud of her especially because the decision to join the other women in demonstrating against passes was taken by her freely without any suggestion from me. But her attitude to my own arrest made me know mummy better and more fully. Immediately I was arrested our friends here and abroad offered her scholarships and suggested that she leave the country to study overseas. I welcomed these suggestions as I felt that studies would keep her mind away from her troubles. I discussed the matter with her when she visited me in Pretoria jail in October 1962. She told me that although she would most probably be arrested and sent to jail, as every politician fighting for freedom, must expect, she would nevertheless remain in the country and suffer with her people. Do you see now what a brave mummy we have?

Do not worry my darlings, we have a lot of friends, they will look after you, and one day mummy and daddy will return and you will no longer

Em abril de 1977, o governo convidou jornalistas sul-africanos para visitar Robben Island e com isso dissipar os rumores de tratamento hostil aos presos políticos. Fotografias de Mandela e seus companheiros foram tiradas como parte de um espetáculo criado para a imprensa.

-2-

take and send our photographs to our own families.

We stress the fact that the way in which the Minister planned this
visit in no way differs from previous ones. IN August 1964 re=
porters from "The Daily Telegraph" found those of us who were here
at the time "mending clothes" instead of our normal work at the
time of knapping stones with 5 lb. hammers. As soon as the re=
porters left we were ordered to crush stones as usual. At the end
of August 1965 Mrs. I. da Parker from "The Sunday Tribune" found us
wearing raincoats on our way back from the lime quarry - raincoats
which were hurriedly issued to us at work on the very day of her
visit, and which were immediately taken away when she left. The
rain coats were not issued to us again until a year or so later.

We emphatically state that under no circumstances are we willing
to cooperate with the Department in any manoeuvre on its part to
distort the true state of affairs obtaining on this island. With
few exceptions our span has been kept inside for several months
now, but our normal work is still that of pulling sea-weed, and
the Department has given no assurance that we will never be sent
out to the quarry again.

We also cite the example of the cupboards we have in our cells.
Any television-viewer is likely to be impressed with this furniture
and would naturally give all the credit to the Department. It is
unlikely that such telefision-viewers and newspaper readers would
be aware that the cupboards have been painstakingly built with
crude tools in a crude "workshop" from cardboard cartons and
from driftwood picked up on the beaches by prisoners, that the costs
for beautifying them have been borne by the prisoners themselves,
and that they have been built by a talented fellow prisoner, Jafta
Masemola, working approximately 8 hours a day on weekdays at the
rate of R1,50 (One Rand fifty Cents) a month.

Atlall times wer are willing to have press and television inter=
views, provided that the aim is to present to the public a balanced
picture of our living conditions. This means that we would be
allowed to express our grievances and demands freely, and to make
comments whether such comments are favourable or otherwise to the
Department.

We are fully aware that the Department desires to protect a favourable

3/......

Página de uma carta escrita por presos para o diretor da prisão
reclamando da visita dos jornalistas em 1977 e do inerente abuso
de seus direitos. Traz comentários na margem: "Bobagem!"
e "O mesmo para os outros presos" (ver páginas 361-5).

Os presos de Robben Island eram forçados a sentar em fileiras no pátio da prisão e marretar pedras para transformá-las em cascalho.

Membros da equipe escolhida pelo ministro da Justiça, Kobie Coetsee, para se reunir com Mandela enquanto ele estava preso. Da esquerda para a direita: general Willemse, comissário de Prisões; Mandela; Niël Barnard, diretor do Serviço Nacional de Inteligência; Kobie Coetsee; e Fanie van der Merwe, diretor-geral de Justiça.

Informações suplementares

APÊNDICE A

Glossário

Alexander, Dr. Neville
(1936-2012). Acadêmico e ativista político e antiapartheid. Fundador da Frente de Libertação Nacional contra o governo do apartheid. Condenado por sabotagem em 1962 e preso em Robben Island por dez anos. Recebeu em 2008 o Lingua Pax Prize por sua contribuição à promoção do multilinguismo na África do Sul pós-apartheid.

Aliança do Congresso
Criada nos anos 1950, era formada pelo CNA, pelo Congresso Indiano Sul-Africano, pelo Congresso dos Democratas e pela Organização Sul-Africana das Pessoas Coloured. Quando o Congresso Sul-Africano de Sindicatos foi instituído, em 1955, tornou-se o quinto membro da Aliança. Ela foi útil para a organização do Congresso do Povo e para o estabelecimento de artigos incluídos na Carta da Liberdade.

Aucamp, Brigadeiro
Baseado em Pretória, estava a cargo da segurança em todas as prisões que tinham detentos políticos. Visitava a Prisão de Segurança Máxima de Robben Island várias vezes por ano. Era também membro do Conselho de Prisões, que tinha a tarefa de monitorar prisioneiros e recomendar sua promoção a um nível mais elevado. Em sua autobiografia escrita na prisão, Mandela escreveu: "O brig. Aucamp: (a) Foi bem como oficial comandante (b) a posição de oficial de segurança dificulta/muda a personalidade de um homem (c) tinha acesso direto ao ministro (d) tornou-se muito impopular (e) permitia a correspondência entre mim e Zami [Winnie Mandela]".

Ayob, Ismail
(1942-). Formou-se advogado em Londres e voltou à África do Sul, onde advogou a partir de 1969, atuando principalmente para oponentes do regime do apartheid. Foi advogado de Mandela enquanto ele estava na prisão e durante alguns anos depois de sua libertação. Um desentendimento grave pôs fim à relação de ambos em 2004.

Benson, Mary
(1919-2000). Amiga de Mandela, Benson era uma jornalista, escritora e ativista antiapartheid. Depois de servir como assistente de vários generais na Segunda Guerra Mundial, ela se estabeleceu na Inglaterra. Voltou para a África do Sul em 1957 e trabalhou na arrecadação de fundos para a defesa de Mandela e de outros 155 acusados no Julgamento de Traição. Mandela a visitou em Londres durante sua viagem clandestina para fora da África do Sul em 1962. Entre seus livros está *Mandela: The Man and the Movement* (Nova York: W.W. Norton, 1986).

Bernstein, Lionel (Rusty)
(1920-2002). Arquiteto e ativista antiapartheid. Membro de destaque do Partido Comunista da África do Sul. Membro fundador e líder do Congresso dos Democratas, uma das organizações participantes do Congresso do Povo de 1955, no qual foi adotada a Carta da Liberdade. Réu no Julgamento de Traição de 1956. Depois de ser absolvido no Julgamento de Rivonia, ele e sua esposa,

Hilda, foram para o exílio (cruzaram a pé a fronteira para Botsuana). Continuou sendo um membro destacado do CNA enquanto exercia a profissão de arquiteto.

Bizos, George
(1927-). Advogado de direitos humanos nascido na Grécia. Membro e cofundador do Conselho Nacional de Advogados pelos Direitos Humanos. Membro do Comitê Legal e Constitucional do CNA. Assessor jurídico da Convenção por uma África do Sul Democrática. Advogado de defesa no Julgamento de Rivonia. Também atuou em defesa de proeminentes ativistas antiapartheid, incluindo as famílias de Steve Biko, Chris Hani e os Quatro de Cradock durante os julgamentos da Comissão da Verdade e da Reconciliação. Indicado por Mandela para a Comissão de Serviços Judiciais da África do Sul.

Botha, P. W.
(1916-2006). Primeiro-ministro da África do Sul, 1978-84. Primeiro presidente de Estado executivo, 1984-89. Defensor do sistema do apartheid. Em 1985 Mandela recusou a oferta de Botha de soltá-lo com a condição de que rejeitasse a violência. Botha se recusou a depor sobre crimes do apartheid à Comissão da Verdade e da Reconciliação em 1998.

Brandfort
Uma pequena cidade na província do Estado Livre que foi fundada em meados do século XIX e batizada em homenagem ao presidente Brand, do então Estado Livre de Orange (hoje Estado Livre), depois que ele visitou uma capela numa fazenda. O lugar hospedou um campo de concentração britânico para mulheres e crianças bôeres durante a Segunda Guerra dos Bôeres (1899-1902). O primeiro-ministro H. F. Verwoerd completou seus estudos secundários na cidade. Winnie Mandela foi banida para lá pelo regime do apartheid em 1977 e viveu ali até 1985.

Buthelezi (nascida Mzila), Irene
Amiga da família e também esposa do chefe Mangosuthu Buthelezi. Mandela também se refere a ela como Mndhlunkulu e Umdlunkulu, um termo da realeza. Quando Mandela trabalhou nas minas em 1942 e 1943, ficou no Complexo da Associação dos Trabalhadores Nativos de Witwatersrand. Foi lá que ele conheceu Irene Mzila, filha do administrador do complexo.

Buthelezi, Mangosuthu Gatsha (também chamado por seu nome de clã Shenge; Mandela às vezes grafava seu sobrenome como Butelezi e seu primeiro nome como Mangosutu)
(1928-). Político sul-africano e príncipe Zulu. Fundador e presidente do Partido da Liberdade Inkatha em 1975. Ministro-chefe do bantustão KwaZulu. Nomeado ministro de Assuntos Internos da África do Sul entre 1994 e 2004, atuou como presidente várias vezes durante o mandato presidencial de Mandela.

Cachalia (nascida Asvat), Amina (também referida como Aminabehn ou Aminaben — *ben* é a palavra guzerate para "irmã")
(1930-2013). Ativista antiapartheid e pelos direitos das mulheres. Membro do CNA e do Congresso Indiano do Transvaal. Cofundadora e tesoureira da Federação das Mulheres Sul-Africanas. Fundadora da União Progressista das Mulheres. Casou-se com Yusuf Cachalia. Ordens de interdição de 1963 a 1978 impediam-na de participar de reuniões sociais e políticas, de entrar em qualquer local de ensino ou editora e de sair do distrito judicial de Joanesburgo.

Cachalia, Ismail Ahmad (Maulvi)
(1908-2003). Ativista antiapartheid. Membro importante do Congresso Indiano Sul-Africano, do Congresso Indiano do Transvaal e do CNA. Participante-chave na Campanha de Resistência Pacífica

de 1946. Vice de Mandela como voluntário-chefe da Campanha do Desafio de 1952 e um dos vinte acusados no Julgamento da Campanha do Desafio. Junto com Moses Kotane, participou da Conferência de Bandung, um encontro de Estados afro-asiáticos que tratou da paz, da descolonização e do desenvolvimento econômico afro-asiático, em Bandung, Indonésia, em 1955. Fugiu para o Botsuana em 1964 e abriu um escritório do CNA em Nova Deli. Seu pai, Ahmad Mohamed Cachalia, foi um colaborador próximo de Gandhi e presidente da Associação Indiana Britânica do Transvaal, 1908-18.

Cachalia, Yusuf
(1915-95). Ativista político. Secretário do Congresso Indiano Sul-Africano. Irmão de Maulvi Cachalia. Marido de Amina Cachalia. Coacusado com Mandela e outros dezoito no Julgamento da Campanha do Desafio de 1952. Foram condenados e sentenciados a nove meses de prisão, pena suspensa por dois anos. Banido continuamente a partir de 1953.

Campanha do Desafio contra Leis Injustas (Mandela também se refere a ela como Campanha do Desafio)
Iniciada pelo CNA em dezembro de 1951 e lançada em conjunto com o Congresso Indiano Sul-Africano em 26 de junho de 1952, contra seis leis do apartheid. A campanha envolvia infringir leis racistas, por exemplo entrar em recintos reservados "só para brancos", desrespeitar toques de recolher e provocar a própria detenção. Mandela foi nomeado voluntário-chefe, com Maulvi Cachalia como seu vice. Mais de 8500 voluntários foram presos por sua participação na Campanha do Desafio.

Carlson, Joel
(1926-2001). Um dos advogados de Mandela que começou a defender opositores do apartheid depois de fazer, em 1957, uma denúncia das condições brutais de trabalho de lavradores. Ele apresentou cerca de cem casos de tortura aos tribunais. Sofreu vários atentados contra sua vida e deixou a África do Sul em 1971 para viver nos Estados Unidos.

Carta da Liberdade
Uma declaração de princípios do Congresso da Aliança, adotada no Congresso do Povo em Kliptown, Soweto, em 26 de junho de 1955. A Aliança do Congresso mobilizou milhares de voluntários por toda a África do Sul para registrar as demandas da população. A Carta da Liberdade defendia direitos iguais para todos os sul-africanos independentemente de raça, bem como reforma agrária, melhoria das condições de trabalho e de vida, distribuição justa de riqueza, educação obrigatória e leis mais justas. A Carta da Liberdade foi um instrumento poderoso usado na luta contra o apartheid.

Casa real Thembu
Nelson Mandela era membro da casa real Thembu, sendo descendente do rei Ngubengcuka (c.1790--1830), que uniu a nação Thembu antes de ela ser submetida à dominação colonial britânica.

Chiba, Isu (Laloo)
(1930-2017). Ativista antiapartheid. Membro do Partido Comunista Sul-Africano e do Congresso Indiano do Transvaal. Comandante de pelotão do MK. Torturado pela polícia de segurança pública sul--africana, perdeu a audição de um dos ouvidos. Membro do Segundo Alto-Comando Nacional do MK, foi sentenciado por isso a dezoito anos de prisão, que cumpriu em Robben Island. Ajudou a transcrever o manuscrito autobiográfico de Mandela na prisão. Solto em 1982. Membro da Frente Democrática Unida. Membro do Parlamento, 1994-2004. Recebeu a Ordem de Prata de Luthuli em 2004 por sua vida de contribuição a uma África do Sul não racista, não sexista, justa e democrática.

CNA

Instituído em 1912 como Congresso Nacional dos Nativos Sul-Africanos. Rebatizado de Congresso Nacional Africano (CNA) em 1923. Depois do Massacre de Sharpeville, em março de 1960, o CNA foi proibido pelo governo sul-africano e passou para a clandestinidade até que a proibição foi suspensa, em 1990. Seu braço militar, o Umkhonto weSizwe (MK), foi criado em 1961, com Mandela como comandante supremo.

Coetsee, Hendrik (Kobie)

(1931-2000). Político, advogado, administrador e negociador sul-africano. Ministro interino da Defesa e da Inteligência Nacional, 1978. Ministro da Justiça, 1980. Manteve encontros com Mandela a partir de 1985 em torno da criação de condições para negociações entre o Partido Nacional e o CNA. Eleito presidente do Senado depois das primeiras eleições democráticas da África do Sul, em 1994.

Congresso Indiano Sul-Africano

Fundado em 1923 para se opor a leis discriminatórias. Englobava os congressos indianos do Cabo, de Natal e do Transvaal. Inicialmente foi uma organização conservadora cujas ações se limitavam a petições e delegações às autoridades, mas uma liderança mais radical que defendia uma resistência militante não violenta assumiu o controle nos anos 1940 sob a liderança de Yusuf Dadoo e Monty Naicker.

Congresso do Povo

O Congresso do Povo foi a culminação de um ano de campanha em que membros da Aliança do Congresso visitaram casas em todos os cantos da África do Sul registrando demandas das pessoas para uma África do Sul livre, depois incluídas na Carta da Liberdade. Realizado em 25 e 26 de junho de 1955 em Kliptown, Joanesburgo, teve a participação de 3 mil delegados. A Carta da Liberdade foi adotada no segundo dia do Congresso.

Congresso Pan-Africano

Organização dissidente do CNA, fundada em 1959 por Robert Sobukwe, que defendia a filosofia da "África para os africanos". As campanhas do CPA incluíram um protesto de âmbito nacional contra as leis do passe de locomoção, dez dias antes de o CNA iniciar sua própria campanha. O protesto culminou no Massacre de Sharpeville em 21 de março de 1960, no qual a polícia matou a tiros 69 manifestantes desarmados. Banido, junto com o CNA, em abril de 1960. A proibição foi suspensa em 2 de fevereiro de 1990.

Cyprian, Rei Bhekuzulu Nyangayezizwe kaSolomon

(1924-68). Rei da nação Zulu de 1948 até sua morte, em 1968. Sucedeu a seu pai, rei Solomon kaDinizulu. Era o pai do atual rei dos Zulus, Goodwill Zwelithini.

Dadoo, Dr. Yusuf

(1909-83). Médico, ativista antiapartheid e orador. Presidente do Congresso Indiano Sul-Africano. Representante de Oliver Tambo no Conselho Revolucionário do MK. Presidente do Partido Comunista Sul-Africano, 1972-83. Membro da liderança do CNA. Preso pela primeira vez em 1940 por atividades antiguerra, e de novo por seis meses durante a Campanha de Resistência Pacífica de 1946. Estava entre os vinte acusados com Mandela no Julgamento da Campanha do Desafio de 1952. Passou para a clandestinidade durante o Estado de Emergência de 1960 e foi para o exílio para escapar da prisão. Agraciado com a mais alta honra do CNA, a Isitwalandwe Seaparankoe, em 1955, no Congresso do Povo.

Dalindyebo, Buyelekhaya Zwelibanzi a Sabata
(1964-). Filho de Sabata Jonguhlanga Dalindyebo, reinou como soberano Thembu de 1989 até dezembro de 2015, quando foi preso por delitos que incluíam homicídio culposo, sequestro, incêndio criminoso e agressão. Em decorrência, foi destronado segundo o costume.

Dalindyebo, Chefe Jongintaba
(m.1942). Chefe e regente do povo Thembu. Tornou-se tutor de Mandela depois da morte do pai deste. Mandela foi viver com ele no Lugar Grandioso em Mqhekezweni quando tinha doze anos de idade.

Dalindyebo, Rei Sabata Jonguhlanga
(1928-86). Chefe supremo do Transkei, 1954-80. Líder do Partido Democrático Progressista. Sobrinho do chefe Jongintaba Dalindyebo. Fugiu para a Zâmbia em 1980, depois de ser condenado por ofender a dignidade do presidente Matanzima, do Transkei. Sabata era bisneto do rei Ngangelizwe.

Daniels, Edward (Eddie; Mandela às vezes se refere a ele como Danie)
(1928-2017). Ativista político. Membro do Partido Liberal da África do Sul. Membro do Movimento de Resistência Africano que sabotava alvos não humanos como recado contra o governo. Cumpriu sentença de dezessete anos na Prisão de Robben Island, onde ficou no Setor B, com Mandela. Foi banido imediatamente após sua soltura, em 1979. Recebeu em 2005 do governo sul-africano a Ordem de Prata de Luthuli.

De Klerk, Frederik Willem (F. W.)
(1936-). Advogado. Presidente da África do Sul, 1989-94. Líder do Partido Nacional, 1989-97. Em fevereiro de 1990 ele suspendeu a proibição do CNA e de outras organizações e libertou Mandela da prisão. Vice-presidente junto com Thabo Mbeki sob a presidência de Mandela entre 1994 e 1996. Líder do Novo Partido Nacional, 1997. Condecorado com o Prêmio Príncipe de Astúrias em 1992 e com o Prêmio Nobel da Paz em 1993, junto com Mandela, por seu papel no fim pacífico do apartheid.

Dingake, Michael Kitso
(1928-). Entrou no Congresso Nacional Africano em 1952 e escondeu-se depois das prisões de Rivonia em 1963. Deixou a África do Sul para atuar na clandestinidade. Como havia nascido no protetorado britânico de Bechuanaland (Botsuana), tinha a proteção do governo britânico. Não obstante, em 1965 ele foi obrigado a descer de um trem na Rodésia do Sul e ilegalmente entregue à polícia sul-africana. Foi levado à África do Sul, onde foi torturado, processado e condenado por sabotagem. Foi sentenciado a quinze anos de prisão, que cumpriu no mesmo setor de Mandela em Robben Island. No fim de 1967 foi transferido da ilha para Pretória, onde foi novamente torturado para dar informações. Algumas semanas mais tarde retornou a Robben Island. Depois de solto, em 1981, foi repatriado para Botsuana.

Eprile, Cecil L.
(1914-93). Jornalista e editor. Escrevia e editava para a *Arthur Barlow's Weekly*, o *Sunday Times* e o *Sunday Express*. Editor-chefe do *Golden City Post* (o jornal-irmão da revista *Drum*), 1955-67, onde formou muitos destacados jornalistas negros sul-africanos.

Estado de Emergência, 1960
Declarado em março de 1960 como resposta ao Massacre de Sharpeville. Caracterizado por detenções em massa e pelo encarceramento da maioria dos líderes africanos. Em 8 de abril de 1960 o CNA e o Congresso Pan-Africano foram proibidos com base na Lei das Organizações Ilegais.

Faculdade Universitária de Fort Hare (UFH)
Originalmente Faculdade dos Nativos Sul-Africanos, a Faculdade Universitária de Fort Hare foi fundada no local de um antigo forte por iniciativa da Igreja Unida Livre da Escócia. Até 1960 foi a única universidade para negros no país. Oferecia formação para estudantes de todo o sul da África, e até mesmo do Quênia e de Uganda. O governo do Partido Nacional tomou o controle da universidade a partir de 1959 e transformou-a numa faculdade étnica para falantes de xhosa. Líderes como Nelson Mandela, Robert Mugabe, Robert Sobukwe, Mangosuthu Buthelezi e Oliver Tambo estudaram lá.

Fischer, Abram (Bram)
(1908-75). Advogado e ativista político e antiapartheid. Líder do Partido Comunista da África do Sul. Membro do Congresso dos Democratas. Acusado de agitação por seu envolvimento na Greve dos Trabalhadores Africanos das Minas por melhores salários em 1946. Defendeu com sucesso Mandela e outros membros importantes do CNA no Julgamento de Traição. Comandou a defesa no Julgamento de Rivonia, 1963-64. Submetido continuamente a ordens de banimento, em 1966 foi sentenciado a prisão perpétua por transgredir a Lei de Supressão do Comunismo e conspirar para a execução de sabotagem. Agraciado com o Prêmio Lênin da Paz em 1967.

Goldberg, Denis
(1933-). Ativista político e antiapartheid. Membro do Partido Comunista Sul-Africano. Cofundador e líder do Congresso dos Democratas. Oficial técnico no MK. Preso em Rivonia em 1963, cumpriu em seguida pena de prisão perpétua na Prisão Local de Pretoria. Ao ser solto, em 1985, foi para o exílio no Reino Unido e representou o CNA no Comitê Antiapartheid das Nações Unidas. Fundou a Comunidade HEART em 1995 para ajudar negros pobres sul-africanos. Retornou à África do Sul em 2002 e foi nomeado assessor especial do ministro de Assuntos Hídricos e Silvicultura Ronnie Kasrils, que também foi citado como conspirador no Julgamento de Rivonia.

Gumede, Archibald Jacob
(1914-98). Filho de Josiah Tshangana Gumede (um dos fundadores da Conferência Nacional dos Nativos Sul-Africanos, precursora do CNA), Gumede, ativista antiapartheid e advogado, ingressou no CNA em 1949. Foi acusado com Nelson Mandela e outros 154 no famigerado Julgamento de Traição de 1956, que se arrastou por quatro anos e meio e resultou na absolvição de todos os acusados. Em 1983 ele foi eleito presidente da Frente Democrática Unida, em colegiado com Albertina Sisulu e Oscar Mpetha. Ele e um grupo de ativistas buscaram refúgio no consulado britânico em Durban em 1984, quando a Polícia de Segurança Pública ameaçou detê-los, o que acabou acontecendo quando eles deixaram o prédio, depois de noventa dias. Foram acusados de alta traição. As acusações contra Gumede e onze outros foram retiradas em dezembro de 1985, e contra os quatro acusados remanescentes em junho de 1986.

Guzana, Knowledge (Mandela também o chama de Dambisa)
(1916-). Colega de Mandela na Faculdade Universitária de Fort Hare, seguiu carreira política no Transkei depois de se formar advogado. Foi o líder do Novo Partido Democrático no Transkei, que rejeitava a "independência" dos territórios negros ou bantustões. Liderou o partido até 1976, quando foi substituído por Hector Ncokazi.

Gwala, Harry (também chamado pelo seu nome de clã, Mphephetwa) Themba
(1920-95). Conhecido como "O Leão das Midlands", foi um professor e ativista no Partido Comunista Sul-Africano e na Liga Jovem do CNA. Em 1964 foi preso e acusado de sabotagem por recrutar

pessoas para o MK. Sentenciado a oito anos de prisão, cumpriu pena em Robben Island até 1972. Foi preso de novo em 1975, sentenciado à prisão perpétua e mandado de novo para Robben Island. Contraiu uma doença neuromotora que causou a perda do uso dos braços. Como consequência da enfermidade, foi solto em 1988. Em 1992 foi agraciado com a mais alta honra do CNA, a Isitwalandwe Seaparankoe.

Healtdown
Healtdown era um colégio interno em Fort Beaufort, dirigido pela Igreja Metodista. Nelson Mandela matriculou-se lá em 1937 e concluiu o curso secundário em 1938. Praticou ali corrida de longa distância e no segundo ano tornou-se monitor.

Hepple, Bob
(1934-2015). Advogado, acadêmico e ativista antiapartheid. Membro do Congresso dos Democratas e do Congresso Sul-Africano de Sindicatos. Auxiliou Mandela a defender a si próprio em 1962 depois de sua prisão por abandonar o país ilegalmente e incitar trabalhadores à greve. Foi preso na Fazenda Liliesleaf em 1963, mas as acusações foram retiradas com a condição de que ele se apresentasse como testemunha do Estado. Indicado como conspirador no Julgamento de Rivonia. Posteriormente fugiu da África do Sul. Foi ordenado cavaleiro em 2004.

Joseph (nascida Fennell), Helen
(1905-92). Professora, assistente social e ativista antiapartheid e pelos direitos das mulheres. Membro e uma das fundadoras do Congresso dos Democratas. Secretária nacional da Federação das Mulheres Sul-Africanas. Uma das principais organizadoras da Marcha das Mulheres até os Union Buildings do governo em Pretória, em 1956. Uma das pessoas acusadas no Julgamento de Traição de 1956. Submetida a prisão domiciliar em 1962. Ajudou a cuidar de Zindziswa e Zenani Mandela quando os pais delas estavam na prisão. Agraciada com a mais alta condecoração do CNA, a Isitwalandwe Seaparankoe, em 1992.

Jozana, Xoliswa
(1952-). Filha de K.D. Matanzima com a princesa Nosango. Em 2017 ela se aposentou do Departamento de Desenvolvimento Rural e Reforma Agrária da África do Sul, onde era a diretora responsável pela cooperação e desenvolvimento.

Julgamento de Rivonia
Julgamento entre 1963 e 1964 no qual onze membros importantes da Aliança do Congresso foram inicialmente acusados de sabotagem e condenados à pena de morte. Seu nome refere-se ao subúrbio de Rivonia, Joanesburgo, onde seis membros do Alto-Comando do MK foram presos em seu esconderijo, a Fazenda Liliesleaf, em 11 de julho. Documentos incriminadores, incluindo uma proposta de levante guerrilheiro chamada Operação Mayibuye, foram apreendidos. Mandela, que já cumpria pena de prisão por incitação subversiva e por deixar a África do Sul ilegalmente, foi envolvido, e suas anotações sobre guerra de guerrilhas e seu diário de viagem pela África em 1962 também foram apreendidos. Em vez de ser interrogado como testemunha, Mandela proferiu uma declaração do banco dos réus em 20 de abril de 1964. Esta tornou-se o seu famoso discurso "Estou preparado para morrer". Em 11 de junho de 1964, oito dos acusados foram condenados pelo juiz Qartus de Wet no Palácio de Justiça de Pretória e no dia seguinte foram sentenciados à prisão perpétua.

Julgamento de Traição
(1956-61). O Julgamento de Traição foi a tentativa do governo do apartheid de suprimir o poder da Aliança do Congresso. A partir de 5 de dezembro de 1956, 156 indivíduos foram detidos e acusados de alta traição. Ao final do julgamento, em março de 1961, todos os acusados tiveram as acusações retiradas, ou, no caso dos últimos 28 acusados, incluindo Mandela, foram absolvidos.

Kantor, James
(1927-75). Advogado. Apesar de não ser membro do CNA nem do MK, foi posto sob julgamento em Rivonia, possivelmente devido ao fato de que seu cunhado e sócio nos negócios era Harold Wolpe, que tinha sido preso na Fazenda Liliesleaf e acusado de conspiração no Julgamento de Rivonia. Mais tarde Kantor foi absolvido e deixou a África do Sul.

Kathrada, Ahmed (Kathy)
(1929-2017). Ativista antiapartheid, político, preso político e membro do Parlamento. Membro de destaque do CNA e do Partido Comunista Sul-Africano. Membro fundador do Corpo de Voluntários Indianos do Transvaal e de seu sucessor, o Congresso da Juventude Indiana do Transvaal. Acusado junto com Mandela no Julgamento da Campanha do Desafio de 1952 e um dos últimos 28 acusados no Julgamento de Traição a ser absolvido em 1961. Submetido a prisão domiciliar em 1962. Preso na Fazenda Liliesleaf em julho de 1963 e acusado de sabotagem no Julgamento de Rivonia. Preso em Robben Island entre 1964 e 1982 e em seguida na Prisão de Pollsmoor até sua libertação, em 15 de outubro de 1989. Membro do Parlamento a partir de 1994, depois das primeiras eleições democráticas da África do Sul, foi assessor político do presidente Mandela. Presidente do Conselho de Robben Island, 1994-2006. Agraciado com a Isitwalandwe Seaparankoe, a mais alta condecoração do CNA, em 1992; com o Prêmio Pravasi Bharatiya Samman do presidente da Índia; e com vários títulos de doutor honoris causa.

Kente, Gibson
(1932-2004). Considerado por muitos o pai do teatro negro na África do Sul, produziu entre 1960 e 1990 mais de vinte peças no gênero que ficou conhecido como "musical de comunidade negra". Escreveu músicas para Miriam Makeba nos anos 1950. Mandela se refere a ele como "sobrinho" em suas cartas, já que ambos eram do clã Madiba.

Kruger, James (Jimmy)
(1917-87). Político. Ministro da Justiça e da Polícia, 1974-79. Presidente do Senado, 1979-80. Membro do Partido Nacional. É lembrado pela declaração infame de que a morte de Steve Biko na cadeia em 1977 o teria deixado "indiferente".

Le Grange, Louis L.
(1928-91). Ingressou no gabinete do Partido Nacional governante em 1975. Entre 1979 e 1980 foi ministro das Prisões, e de 1979 a 1982, ministro da Polícia. De 1982 a 1986 foi ministro de Lei e Ordem.

Lei de Supressão do Comunismo nº 44, 1950
Lei aprovada em 26 de junho de 1950, pela qual o Estado bania o Partido Comunista Sul-Africano e qualquer atividade considerada comunista, definindo "comunismo" em termos tão amplos que qualquer pessoa que protestasse contra o apartheid estaria violando a lei.

Lukhele, Douglas (Duggie)
Ex-colega de advocacia de Mandela. Mudou-se para a Suazilândia e lá se tornou procurador-geral. Foi estagiário na firma de Mandela e Tambo nos anos 1950.

Luthuli, Chefe Albert John Mvumbi

(1898-1967). Professor, ativista antiapartheid e líder religioso. Chefe da Reserva Groutville. Presidente-geral do CNA, 1952-67. A partir de 1953 ficou confinado em sua casa por interdições do governo. Réu no Julgamento de Traição de 1956. Sentenciado a seis meses (sentença suspensa) depois de queimar publicamente seu caderno de passes de locomoção e convocar um dia nacional de luto pelo Massacre de Sharpeville. Agraciado com o Prêmio Nobel da Paz em 1960 por seu papel não violento na luta contra o apartheid. Condecorado com a honra mais elevada do CNA, a Isitwalandwe Seaparankoe, em 1955, no Congresso do Povo.

Luthuli, Nokhukhanya

Esposa do chefe Albert Luthuli. Quando Mandela escreve *Nkosikazi* Luthuli, isso significa sra. Luthuli.

Madikizela, Columbus Kokani

Também conhecido como C.K., era pai de Winnie Mandela. Em cartas a sua esposa, Mandela se refere respeitosamente a ele como Bawo. Professor de história, ele mais tarde se tornou ministro da Silvicultura e da Agricultura no governo do Transkei sob K.D. Matanzima.

Madikizela-Mandela, Nomzamo Winifred (Winnie, Nobandla, Nomzamo, Mhlope, Zami e Ngutyana)

(1936-2018). Assistente social e ativista antiapartheid e pelos direitos das mulheres. Membro do CNA. Casada com Nelson Mandela, 1958-96 (separada em 1992). Mãe de Zenani e Zindziswa Mandela. Primeira assistente social de saúde qualificada do Baragwanath Hospital em Joanesburgo. Mantida em confinamento solitário por dezessete meses em 1969. Submetida a prisão domiciliar a partir de 1970 e a uma série de ordens de interdição entre 1962 e 1987. Instaurou a Federação das Mulheres Negras, 1975, e a Associação de Pais e Mães Negros, 1976, em resposta ao Levante de Soweto. Presidente da Liga Feminina do CNA, 1993-2003. Parlamentar do CNA.

Maharaj, Sathyandranath (Mac)

(1935-). Acadêmico, ativista político e antiapartheid, preso político e membro do Parlamento. Membro da liderança do CNA, do Partido Comunista Sul-Africano e do MK. Condenado por sabotagem em 1964 e sentenciado a doze anos de prisão, que cumpriu em Robben Island. Ajudou a transcrever secretamente a autobiografia de Mandela, *Longo caminho para a liberdade*, e contrabandeou-a para fora da prisão ao ser solto. em 1976. Comandou a Operação Vulindlela (Vula), uma operação secreta do CNA para estabelecer uma liderança clandestina dentro do país. Maharaj atuou no secretariado da Convenção para uma África do Sul Democrática. Ministro do Transporte, 1994-99. Enviado diplomático do presidente Jacob Zuma.

Maki

(*Ver* Mandela, Makaziwe.)

Mandela (nascida Mase), Evelyn Ntoko (também referida como Mqwati ou Ntoko)

(1922-2004). Enfermeira. Casada com Nelson Mandela, 1944-57. Mãe de Madiba Thembekile (1945--69), Makaziwe (1947), que morreu com nove meses de idade, Makgatho (1950-2005) e Makaziwe (1954-). Prima de Walter Sisulu, que a apresentou a Mandela. Casou-se com um empresário aposentado de Soweto, Simon Rakeepile, em 1998.

Mandela, Madiba Thembekile (Thembi; Mandela também grafa como Tembi às vezes)
(1945-69). Filho mais velho de Mandela com sua primeira esposa, Evelyn. Morreu num acidente de automóvel.

Mandela, Makaziwe
(1947). Primeira filha de Mandela com sua primeira esposa, Evelyn. Morreu aos nove meses de idade.

Mandela, Makaziwe (Maki)
(1954-). Filha mais velha de Mandela com sua primeira esposa, Evelyn.

Mandela, Makgatho (Kgatho)
(1950-2005). Segundo filho de Mandela com sua primeira esposa, Evelyn. Advogado. Morreu de complicações decorrentes da aids em 6 de janeiro de 2005 em Joanesburgo, em seguida à morte de sua segunda esposa, Zondi Mandela, que morreu de pneumonia como complicação decorrente da aids em julho de 2003.

Mandela, Mandla Zwelivelile
(1974-). Neto mais velho de Mandela e primeiro filho de Makgatho Mandela. É hoje chefe do Conselho Tradicional de Mvezo.

Mandela, Nandi
(1968-). Segunda neta de Mandela e filha mais nova de Thembekile e Thoko Mandela. Tinha um ano de idade quando o pai morreu num acidente de automóvel.

Mandela, Ndileka
(1965-). Primeira neta de Mandela e filha mais velha de Thembekile e Thoko Mandela. Tinha quatro anos de idade quando o pai morreu num acidente de automóvel.

Mandela, Nkosi Mphakanyiswa Gadla
(m. 1930). Chefe, conselheiro e consultor. Descendente da casa de Ixhiba. Pai de Mandela. Privado de sua condição de chefe depois de uma disputa com um magistrado branco local.

Mandela, Nolusapho Rose Rayne (chamada de "Rennie")
Mãe de Mandla Mandela, neto de Mandela. Era casada com o segundo filho de Mandela, Makgatho.

Mandela, Nosekeni Fanny
(m. 1968). Mãe de Mandela. Terceira esposa de Nkosi Mphakanyiswa Gadla Mandela.

Mandela, Thoko (também conhecida como Molly de Jager)
Esposa de Thembekile Mandela e mãe de suas duas filhas. Estava no acidente de automóvel que matou seu marido e sua irmã, Irene Simelane. Seu irmão ficou ferido no mesmo acidente. Artigos de jornal sobre o acidente referem-se a ela como Molly de Jager, nome que ela tomou emprestado de uma parente e que significava que ela podia ser classificada como *coloured* pelas leis do apartheid e morar numa área melhor. Mandela também se refere a ela como *Molokazana*, que significa "nora". Depois da morte do marido ela retomou seu sobrenome de solteira, Mhlanga.

Mandela, Winnie
(*Ver* Madikizela-Mandela, Nomzamo Winifred.)

Mandela, Zenani (Zeni) Nomadabi Nosizwe

(1959-). Primeira filha de Mandela com sua segunda esposa, Winnie. Seus nomes significam "O que você trouxe?" e Batalha da Nação. Ela é embaixadora da África do Sul em Maurício.

Mandela, Zindziswa (Zindzi)

(1960-). Segunda filha de Mandela com sua segunda esposa, Winnie. Seu primeiro nome significa "bem-estabelecida"; foi batizada em homenagem à filha do poeta Xhosa Samuel Mqhayi. É embaixadora da África do Sul na Dinamarca.

Mandela, Zoleka

(1980-). Neta de Mandela e única filha mulher de Zindziswa Mandela.

Mandela, Zondwa

(1985-). Neto de Mandela e filho mais velho de Zindziswa Mandela.

Masemola, Jafta Kgalabi ("Jeff")

(1929-90). Conhecido como "Tigre de Azânia", era membro da Liga Jovem do CNA e fundador do braço armado do Congresso Pan-Africano. Depois de ser preso em 1962 e acusado de sabotagem por explodir linhas de transmissão de energia e tirar ilegalmente da África do Sul combatentes pela liberdade, foi sentenciado a prisão perpétua em julho de 1963. Em 13 de outubro de 1989, quando ainda estava preso, encontrou-se com Nelson Mandela na Prisão Victor Verster. Circulou o rumor de que eles discutiram a unidade entre o CNA e o Congresso Pan-Africano. Foi solto da prisão em 15 de outubro de 1989, e em 17 de abril de 1990 morreu num misterioso acidente de automóvel.

Matanzima, Kaiser Daliwonga (K.D.) (também mencionado como Wonga)

(1915-2003). Chefe Thembu e político. Sobrinho de Mandela. Membro do Conselho Territorial do Transkei Unido, 1955, e membro executivo da Autoridade Territorial do Transkei, 1956. Ministro-chefe do Transkei, 1963. Fundou e dirigiu o Partido Nacional da Independência do Transkei junto com seu irmão George Matanzima. Primeiro primeiro-ministro do bantustão do Transkei, quando este conquistou independência nominal em 1976. Presidente do Transkei, 1979-86. Era bisneto do rei Matanzima.

Matanzima, Mthetho

(m. 1972). Filho de K.D. Matanzima com a princesa Dade. Estudou na Faculdade Universitária de Fort Hare, formando-se em direito em 1968. Chefe da região de Noqayti. Morreu em 1972.

Matthews, Frieda Deborah Bokwe

(1905-98). Filha do reverendo John Knox Bokwe, um destacado intelectual xhosa e compositor de hinos religiosos dos anos 1880. Foi uma das primeiras mulheres negras a conquistar um diploma universitário na África do Sul. Ela própria professora, casou-se com o educador Z.K. Matthews. Publicou *Remembrances* em 1984.

Matthews, Vincent Joseph Gaobakwe (Bakwe)

(1929-2010). Matthews era filho do professor Z.K. Matthews e de Frieda Matthews. Tanto ele como o pai foram acusados de traição em 1956 junto com outros 154 ativistas antiapartheid. Formou-se advogado e enquanto estava no exílio tornou-se procurador-geral assistente do Botsuana. Voltou à África do Sul em 1992, e naquele mesmo ano deixou o CNA. Foi um parlamentar do Partido da Liberdade Inkatha a partir de 1994 e vice-ministro da Segurança e da Previdência de 1994 a 1999.

Matthews, Professor Zachariah Keodirelang (Z.K.)
(1901-68). Acadêmico, político e ativista antiapartheid. Membro do CNA. Primeiro negro sul-africano a se formar bacharel em artes numa instituição sul-africana, 1923. Primeiro negro sul-africano a se formar bacharel em direito na África do Sul, 1930. Idealizou o Congresso do Povo e a Carta da Liberdade. Depois do Massacre de Sharpeville, organizou com o chefe Albert Luthuli um "recolhimento", um dia nacional de luto, que teve lugar em 28 de março de 1960. Em 1965 ele se retirou para Botsuana e tornou-se embaixador daquele país nos Estados Unidos.

Mbeki, Archibald Mvuyelwa Govan (nome de clã: Zizi)
(1910-2001). Historiador e ativista antiapartheid. Membro de destaque do CNA e do Partido Comunista Sul-Africano. Serviu no Alto-Comando do MK. Pai de Thabo Mbeki (presidente da África do Sul, 1999-2008). Condenado no Julgamento de Rivonia e sentenciado a prisão perpétua. Solto da Prisão de Robben Island em 1987. Atuou no Senado da África do Sul pós-apartheid, 1994-1997, como vice-presidente do Senado e de seu sucessor, o Conselho Nacional de Províncias, 1997-99. Agraciado com a mais alta condecoração do CNA, a Isitwalandwe Seaparankoe, em 1980.

Meer, Professora Fatima (também mencionada como Fatimabehn e Fatimaben — *ben* significa "irmã" em guzerate)
(1928-2010). Escritora, acadêmica e ativista antiapartheid e pelos direitos das mulheres. Casou-se com Ismail Meer em 1950. Criou o Comitê Estudantil de Resistência Pacífica em apoio à Campanha de Resistência Pacífica de 1946 contra o apartheid. Uma das fundadoras da Federação das Mulheres Sul-Africanas. Primeira mulher negra a ser indicada como conferencista numa universidade sul-africana (Universidade de Natal), 1956. Banida em 1953, escapou a uma tentativa de assassinato. Abraçou a ideologia da Consciência Negra. Fundou o Instituto de Pesquisa Negra em 1975. Primeira presidente da Federação das Mulheres Negras, criada em 1975. Autora de *Higher Than Hope* (publicado em 1988), a primeira biografia autorizada de Mandela.

Meer, Ismail Chota I. C.
(1918-2000). Advogado e ativista antiapartheid. Conheceu e tornou-se amigo de Nelson Mandela em 1946, quando estudavam direito na Universidade de Witwatersrand, em Joanesburgo. Ingressou no Partido Comunista da África do Sul quando estava na universidade e desempenhou um papel central na Campanha de Resistência Pacífica de 1946 e na Campanha do Desafio de 1952, e participou também da redação da Carta da Liberdade. Era casado com a professora Fatima Meer.

Mhlaba, Raymond (nome de clã: Ndobe)
(1920-2005). Ativista antiapartheid, político, diplomata e preso político. Membro importante do CNA e do Partido Comunista Sul-Africano. Comandante supremo do MK. Preso em 1963 em Rivonia e sentenciado à prisão perpétua no Julgamento de Rivonia. Preso em Robben Island até ser transferido para a Prisão de Pollsmoor em 1982. Solto em 1989. Esteve envolvido nas negociações com o governo do Partido Nacional que levaram à democratização da África do Sul. Membro do Comitê Executivo Nacional do CNA, 1991. Primeiro-ministro do Cabo Oriental, 1994. Alto comissário da África do Sul em Uganda, 1997. Recebeu a mais alta condecoração do CNA, a Isitwalandwe Seaparankoe, em 1992.

MK
(*Ver* Umkhonto weSizwe.)

Mkwayi, Wilton Zimasile (nome de clã: Mbona; apelido: Bri Bri)
(1923-2004). Sindicalista, ativista político e preso político. Membro do CNA e do Congresso Sul--Africano de Sindicatos. Organizador sindical dos Trabalhadores Têxteis Africanos em Port Elizabeth. Voluntário na Campanha do Desafio de 1952 e posteriormente ativo na campanha pelo Congresso do Povo. Escapou durante o Julgamento de Traição de 1956 e foi para Lesoto. Ingressou no MK e recebeu treinamento militar na República Popular da China. Tornou-se comandante supremo do MK depois das prisões na Fazenda Liliesleaf. Condenado e sentenciado a prisão perpétua no que ficou conhecido como Julgamento de Rivonia. Cumpriu sua pena em Robben Island. Solto em outubro de 1989. Eleito para o Senado na Assembleia Nacional em 1994, depois deslocado para o Legislativo Provincial do Cabo Oriental, onde atuou até seu afastamento da vida pública, em 1999. Agraciado com a mais alta condecoração do CNA, a Isitwalandwe Seaparankoe, em 1992.

Mlangeni, Andrew Mokete (nome de clã: Motlokwa; apelido: Mpandla)
(1926-). Ativista antiapartheid, preso político e membro do Parlamento. Membro da Liga Jovem do CNA, do CNA e do MK. Condenado no Julgamento de Rivonia em 1963 e sentenciado a prisão perpétua. Cumpriu dezoito anos em Robben Island e foi transferido para a Prisão de Pollsmoor em 1982. Condecorado em 1992 com a mais alta honra do CNA, a Isitwalandwe Seaparankoe.

Motlana, Ntatho Harrison
(1925-2008). Dr. Ntatho Motlana, médico, líder comunitário, ativista político, empresário e amigo íntimo de Nelson e Winnie Mandela. Ingressou na política extraparlamentar nos anos 1940 e foi nomeado secretário da Liga Jovem do CNA em 1949. Acusado com Mandela e dezoito outros no Julgamento da Campanha do Desafio de 1952. Cumpriu duas ordens de banimento e um período de detenção. Nos anos 1970 ajudou a criar a Associação dos Pais Negros para auxiliar os atingidos pela repressão ao levante estudantil de 1976. Fundou também o Comitê dos Dez, uma influente organização de moradores de Soweto. Nos anos 1980 comandou a Associação Cívica de Soweto, organismo filiado à Frente Democrática Unida.

Motsoaledi, Elias (nome de clã: Mokoni)
(1924-94). Sindicalista, ativista antiapartheid e preso político. Membro do CNA, do Partido Comunista Sul-Africano e do Conselho de Sindicatos Não Europeus. Banido depois da Campanha do Desafio de 1952. Ajudou a criar o Congresso Sul-Africano de Sindicatos em 1955. Preso por quatro meses durante o Estado de Emergência de 1960 e detido de novo com base nas leis de detenção de noventa dias de 1963. Sentenciado a prisão perpétua no Julgamento de Rivonia e preso em Robben Island de 1964 a 1989. Eleito para o Comitê Executivo Nacional do CNA depois da sua libertação. Condecorado em 1992 com a mais alta honra do CNA, a Isitwalandwe Seaparankoe.

Mpetha, Oscar
(1909-94). Sindicalista e ativista político do Transkei, ingressou no CNA em 1951 e em 1958 tornou--se presidente do CNA no Cabo. Em 1983 foi condenado a cinco anos de prisão por incitar um distúrbio em que duas pessoas brancas morreram. No mesmo ano foi eleito um dos três presidentes colegiados da então recém-formada Frente Democrática Unida. Cumpriu a maior parte de sua pena de prisão preso a uma cadeira de rodas no hospital, depois que suas duas pernas foram amputadas devido a problemas decorrentes da diabetes. Foi solto em 15 de outubro de 1989 com um grupo de prisioneiros que incluía os últimos condenados de Rivonia remanescentes.

Naicker, Dr. Gangathura Mohambry (Monty)
(1910-78). Médico, político e ativista antiapartheid. Cofundador e primeiro presidente do Conselho Antissegregação. Presidente do Congresso Indiano de Natal, 1945-63. Signatário do "Pacto dos Doutores" de março de 1947, uma declaração de cooperação entre o CNA, o Congresso Indiano do Transvaal e o Congresso Indiano de Natal, assinada também pelos drs. Albert Xuma (presidente do CNA) e Yusuf Dadoo (presidente do Congresso Indiano do Transvaal).

Naidoo, Indres Elatchininatha
(1936-2016). Membro do Partido Comunista Sul-Africano e do Congresso Indiano do Transvaal, passou dez anos em Robben Island por suas atividades em prol do MK. Depois de solto publicou o livro *Island in Chains: Prisoner 885/63*. Filho de Ama e Thambi "Naran" Naidoo e irmão de Shanti Naidoo.

Naidoo, "Shanti" Shanthivathie
(1935-). A mais velha dos cinco filhos de Ama e Thambi "Naran" Naidoo. Tornou-se ativista política quando ainda estava na escola. Membro do Congresso Indiano do Transvaal e da Federação das Mulheres Sul-Africanas. Banida nos anos 1960, foi detida em 1969. Quando se recusou a testemunhar contra Winnie Mandela, foi condenada a dois meses na prisão. As ordens de banimento significavam que ela não podia visitar seu irmão Indres Naidoo, que ficou preso por dez anos em Robben Island a partir de 1963. Ela teve recusada a permissão para deixar o país até 1972, quando então o visitou pela primeira vez na prisão antes de sair da África do Sul. Morou na Inglaterra e na escola do CNA na Tanzânia. Voltou à África do Sul com seu marido, Dominic Tweedie, em 1991.

Nair, Billy
(1929-2008). Político, ativista antiapartheid, preso político e membro do Parlamento. Membro do CNA, do Congresso Indiano de Natal, do Partido Comunista Sul-Africano, do Congresso Sul-Africano de Sindicatos e do MK. Indiciado como conspirador no Julgamento de Rivonia, foi acusado de sabotagem em 1963 e encarcerado em Robben Island por vinte anos. Ao ser solto, ingressou na Frente Democrática Unida. Preso em 1990 e acusado de fazer parte da Operação Vula, uma operação clandestina para introduzir sorrateiramente combatentes da liberdade na África do Sul e manter abertas as linhas de comunicação com os líderes do CNA na prisão, em casa ou no exílio. Membro do Parlamento na nova África do Sul democrática.

Ngoyi, Lilian Masediba
(1911-80). Política, ativista antiapartheid e pelos direitos das mulheres e oradora. Membro de destaque do CNA. Primeira mulher eleita para o Comitê Executivo do CNA, em 1956. Presidente da Liga das Mulheres do CNA. Presidente da Federação das Mulheres Sul-Africanas, 1956. Liderou a Marcha das Mulheres contra as leis do passe de locomoção, 1956. Acusada e absolvida no Julgamento de Traição. Detida no Estado de Emergência de 1960. Mantida em confinamento solitário por 71 dias em 1963 sob a Lei de Detenção de Noventa Dias. Submetida continuamente a ordens de banimento. Condecorada em 1982 com a mais alta honra do CNA, a Isitwalandwe Seaparankoe.

Njongwe, James "Jimmy" Lowell Zwelinzima
(1919-76). Um dos primeiros homens negros a se formar na escola de medicina da Universidade de Witwatersrand, em 1946, foi o primeiro médico negro a abrir uma clínica em Port Elizabeth, no Cabo Oriental. Foi da executiva da Liga Jovem do CNA e depois presidente do CNA no Cabo. Foi banido e obrigado a renunciar a seu posto. Deixou Port Elizabeth e estabeleceu sua clínica em Matatiele, no Transkei. Foi detido durante o Estado de Emergência de 1960.

Nokwe, Philemon Pearce Dumasile Nokwe (Duma)
(1917-78). Ativista político e advogado. Aluno de O. R. Tambo no Colégio St. Peter, em Joanesburgo, foi eleito para a executiva da Liga Jovem do CNA quando era estudante. Estava junto com Mandela no último grupo de acusados no Julgamento de Traição de 1956. Compareceu ao casamento de Mandela com Winnie Madikizela. Nokwe atuou como secretário-geral do CNA de 1958 a 1969. Indiciado como conspirador no Julgamento de Rivonia. Partiu para o exílio em 1963 e morreu na Zâmbia.

Omar, Abdulla "Dullah"
(1934-2004). Ativista antiapartheid e advogado que realizou parte dos serviços legais de Mandela quando este estava na prisão. Era membro do Movimento de Unidade antes de ingressar, em 1983, na Frente Democrática Unida, onde veio a ter destaque. Foi banido e detido pelo regime do apartheid, que também tentou assassiná-lo. Foi primeiro-ministro da Justiça da África do Sul, sob o governo de Nelson Mandela, a partir de 1994. Em 1999, sob o presidente Thabo Mbeki, tornou-se ministro dos Transportes.

OR
(*Ver* Tambo, Oliver)

Partido Comunista da África do Sul
(*ver* Partido Comunista Sul-Africano)

Partido Comunista Sul-Africano (também mencionado como Partido Comunista da África do Sul)
Criado em 1921 como Partido Comunista da África do Sul para se opor ao imperialismo e à dominação racista. Mudou seu nome para Partido Comunista Sul-Africano em 1953 depois de sua proibição, em 1950. O Partido Comunista Sul-Africano só foi legalizado em 1990. Forma um terço da Aliança Tripartite com o CNA e o Congresso de Sindicatos Sul-Africanos.

Partido Nacional
Partido político conservador sul-africano fundado em Bloemfontein em 1914 por nacionalistas africâneres. Partido governante da África do Sul de junho de 1948 a maio de 1994. Introduziu o apartheid, um sistema de segregação racial legal que favorecia a dominação pela minoria branca da população. Foi dissolvido em 2004.

Paton, Alan
(1903-88). Professor e autor do famoso romance sul-africano *Cry, the Beloved Country* [Chora, país amado], publicado em 1948. Diretor do Reformatório de Diepkloof, 1935-49. Em 1953 fundou o Partido Liberal da África do Sul, que lutou contra a legislação do apartheid implantada pelo Partido Nacional governante. Prestou testemunho para mitigar a sentença de Nelson Mandela e seus colegas no Julgamento de Rivonia.

Pogrund, Benjamin
(1933-). Jornalista e amigo de Mandela, trabalhou para o *Rand Daily Mail* a partir de 1958 e cobriu o Massacre de Sharpeville em 21 de março de 1960. Mandela logo lhe falou de sua crença de que os dias de protesto não violento tinham terminado. Pogrund mudou-se para Londres em 1986.

Prisão de Segurança Máxima de Pollsmoor
Prisão no subúrbio de Tokai, na Cidade do Cabo. Mandela foi transferido para lá em 1982 com Walter Sisulu, Raymond Mhlaba, Andrew Mlangeni e, mais tarde, Ahmed Kathrada.

Prisão Victor Verster
Prisão de baixa segurança localizada entre Paarl e Franschhoek, no Cabo Ocidental. Mandela foi transferido para lá em 1988 e morou numa casa particular dentro do complexo prisional. Há hoje uma estátua dele do lado de fora dos portões da prisão, atualmente denominada Centro Correcional Drakenstein.

Qunu
Aldeia rural na província sul-africana do Cabo Oriental, onde Mandela viveu depois que sua família se mudou de sua terra natal, Mvezo.

Ramphele, Mamphela Aletta
(1947-). Ativista antiapartheid e uma das fundadoras do Movimento de Consciência Negra, médica, acadêmica e empresária. Quando era companheira de Steve Biko foi banida em 1977 pelo regime do apartheid para Tzaneen, no então Transvaal Norte (hoje província de Limpopo), onde permaneceu até 1984. Entrou na Universidade da Cidade do Cabo como pesquisadora associada em 1986 e tornou-se vice-chanceler ali em 1991. Em 2000 foi nomeada como um dos quatro diretores administrativos do Banco Mundial.

Robben Island
Ilha baseada na Baía da Mesa, a sete quilômetros da costa da Cidade do Cabo, medindo aproximadamente 3,3 quilômetros de comprimento por 1,9 quilômetro de largura. Foi usada predominantemente como local de banimento e prisão, sobretudo para presos políticos, desde a ocupação holandesa, no século XVII. Três homens que depois se tornaram presidentes ficaram presos lá: Nelson Mandela (1964-82), Kgalema Motlanthe (1977-87) e Jacob Zuma (1963-73). Hoje é um Patrimônio Histórico Mundial e museu.

Sikhakhane, Joyce Nomafa
(1943-). Jornalista e ativista antiapartheid. Escreveu sobre as famílias de presos políticos, incluindo Albertina Sisulu e Winnie Mandela, o que resultou em sua prisão com base na Lei de Proteção contra o Comunismo. Detida de novo com base na Lei do Terrorismo, foi obrigada a passar dezoito meses em confinamento solitário. Banida quando foi solta. Fugiu da África do Sul em 1973. Foi empregada no Departamento de Inteligência na África do Sul democrática. Em sua carta a ela, Mandela a chama de Nomvula, já que ela estava noiva de um parente dele, John Fadana. Eles nunca se casaram, pois, depois de terem registrado seu casamento no Tribunal de Primeira Instância, a Polícia de Segurança Pública acusou-a de ter violado suas ordens de banimento e restrição de movimentos ao ir ao tribunal sem permissão, e por isso o casamento foi invalidado. John Fadana foi banido para o Ciskei, onde se casou com outra mulher e morou até morrer.

Sisulu (nascida Thethiwe), Nontsikelelo (Ntsiki) Albertina
(1918-2011). Enfermeira, parteira, ativista antiapartheid e pelos direitos das mulheres e membro do Parlamento. Membro importante do CNA. Casou-se em 1944 com Walter Sisulu, a quem conheceu por intermédio de sua colega enfermeira Evelyn Mase (primeira esposa de Mandela). Participante da Liga de Mulheres do CNA e da Federação das Mulheres Sul-Africanas. Desempenhou um papel central no protesto de mulheres de 1956 contra o passe de locomoção. Foi a primeira mulher presa com base no Ato de Reforma da Lei Geral, em 1963, quando ficou detida em confinamento solitário por noventa dias. Submetida continuamente a ordens de banimento e a abusos policiais a partir de 1963. Foi eleita como um dos três presidentes colegiados da Frente Democrática Unida quando esta foi formada, em agosto de 1983. Em 1985 foi acusada de traição junto com

outros quinze líderes da Frente Democrática Unida e de sindicatos, no que ficou conhecido como Julgamento de Traição de Pietermaritzburg. Membro do Parlamento de 1994 até sua aposentadoria, em 1999. Presidente do Conselho Mundial da Paz, 1993-96. Recebeu o Prêmio de Mulher de Destaque da organização South African Women for Women em 2003, em reconhecimento por sua corajosa luta de toda a vida pelos direitos humanos e pela dignidade.

Sisulu, Walter Ulyate Max (nomes de clã: Xhamela — às vezes grafado Xamela por Mandela — e Tyhopho)
(1912-2003). Ativista antiapartheid e preso político. Marido de Albertina Sisulu. Conheceu Mandela em 1941 e o apresentou a Lazer Sidelsky, que o empregou como estagiário. Líder do CNA e geralmente considerado o "pai da luta". Cofundador da Liga Jovem do CNA em 1944. Acusado com Mandela e dezoito outros com base na Lei de Supressão do Comunismo por ter desempenhado um papel central na Campanha do Desafio de 1952. Preso e posteriormente absolvido no Julgamento de Traição de 1956. Submetido continuamente a ordens de banimento e colocado sob prisão domiciliar depois da proibição do CNA e do Congresso Pan-Africano. Ajudou a criar o MK e atuou em seu Alto-Comando. Passou para a clandestinidade em 1963 e se escondeu na Fazenda Liliesleaf, em Rivonia, onde foi preso em 11 de julho de 1963. Julgado culpado de sabotagem no Julgamento de Rivonia e sentenciado a prisão perpétua em 12 de junho de 1964. Cumpriu sua pena em Robben Island e na Prisão de Pollsmoor. Libertado em 15 de outubro de 1989. Fez parte da equipe de negociação do CNA com o governo do apartheid para pôr fim ao regime da minoria branca. Ganhou em 1992 a mais alta condecoração do CNA, a Isitwalandwe Seaparankoe.

Sobukwe, Roberto Mangaliso
(1924-78). Advogado, ativista antiapartheid e preso político. Membro da Liga Jovem do CNA e do CNA até formar o Congresso Pan-Africano, com base na divisa "África para os africanos". Editor do jornal *Africanist*. Preso depois do Massacre de Sharpeville, em 1960. Condenado por incitação à agitação e sentenciado a três anos de prisão. Antes que fosse solto, foi aprovado em 1963 o Ato nº 37 de Reforma da Lei Geral, que permitia que pessoas já condenadas por delitos políticos tivessem sua prisão renovada — esta ficou conhecida depois como "Cláusula Sobukwe" —, o que o levou a passar mais seis anos em Robben Island. Foi solto em 1969 e juntou-se à família em Kimberley, onde permaneceu sob prisão domiciliar e foi proibido de participar de qualquer atividade política, como resultado de uma ordem de banimento imposta ao Congresso Pan-Africano. Na prisão estudou direito, estabelecendo sua própria firma de advocacia em 1975.

Suzman, Helen
(1917-2009). Acadêmica, política, ativista antiapartheid e membro do Parlamento. Professora de história econômica na Universidade de Witwatersrand. Fundou um braço do Partido Unido na Universidade de Witwatersrand em reação às políticas racistas do regime do apartheid. Parlamentar pelo Partido Unido, 1953-59, depois pelo Partido Federal Progressista (antiapartheid), 1961-74. Única liderança política de oposição que teve permissão para visitar Robben Island. Levantou continuamente a questão dos presos políticos no Parlamento e encontrou-se pela primeira vez com Mandela e seus camaradas em Robben Island em 1967.

Tambo (nascida Tshukudu), Matlala Adelaide Frances (também mencionada como Matlala, às vezes com a grafia Matlale)
(1929-2007). Enfermeira, assistente social e ativista antiapartheid e pelos direitos das mulheres. Casou-se com Oliver Tambo em 1956. Membro da Liga Jovem do CNA. Participou da Marcha das Mulheres de 1956. Viveu no exílio em Londres até 1990. Recebeu inúmeros prêmios, incluindo a

Ordem de Simão de Cirene, em julho de 1997, a mais alta distinção conferida pela Igreja anglicana por trabalhos relevantes de pessoas laicas; e a Ordem de Ouro do Baobá, em 2002.

Tambo, Oliver Reginald (O.R.) (também mencionado como Reggie e Reginald)
(1917-93). Advogado, político e ativista antiapartheid. Membro da liderança do CNA e membro fundador da Liga Jovem do CNA. Cofundador, com Mandela, de um dos primeiros escritórios africanos de advocacia da África do Sul. Tornou-se secretário-geral do CNA depois que Walter Sisulu foi banido, e presidente em exercício do CNA, 1958. Submetido a uma ordem de banimento de cinco anos, 1959. Indiciado como conspirador no Julgamento de Rivonia. Deixou a África do Sul em 1960 para gerir as atividades externas do CNA e para mobilizar a oposição contra o apartheid. Instaurou campos de treinamento militar fora da África do Sul. Iniciou a Campanha Mandela Livre nos anos 1980. Viveu no exílio em Londres até 1990. Presidente em exercício do CNA em 1967, depois da morte do chefe Albert Luthuli. Foi eleito presidente do partido em 1969 na Conferência de Morogoro, na Tanzânia, posto que ocupou até 1991, quando se tornou presidente do comitê nacional do CNA. Condecorado em 1992 com a mais alta honra do CNA, a Isitwalandwe Seaparankoe.

Timakwe, Nontancu Mabel
(1924-2002). Irmã de Nelson Mandela.

Transkei
O Transkei é uma região da África do Sul no que hoje é a província do Cabo Oriental. Durante a era do apartheid, sob K.D. Matanzima, sobrinho de Mandela, aceitou a independência nominal, tornando-se, a exemplo do vizinho Ciskei, um território ou Bantustão reservado para as pessoas de origem Xhosa.

Tutu, Arcebispo Desmond
(1931-). Arcebispo emérito e ativista antiapartheid e pelos direitos humanos. Bispo do Lesoto, 1976--78. Primeiro negro secretário-geral do Conselho Sul-Africano de Igrejas, 1978. Depois da eleição de 1994, presidiu a Comissão da Verdade e da Reconciliação para investigar crimes da era do apartheid. Ganhador do Prêmio Nobel da Paz de 1984 pela busca de um final não violento para o apartheid; do Prêmio Albert Schweitzer de Humanitarismo, 1986; e do Prêmio Gandhi da Paz, 2005.

Tutu (nascida Shenxane), Nomalizo Leah
(1933-). Esposa do arcebispo Desmond Tutu. Os dois começaram a namorar quando estavam na St. Thomas's Teacher Training College em Joanesburgo. Eles se casaram em 2 de julho de 1955. Filha de um trabalhador doméstico, tornou-se uma ativista pelos direitos dos trabalhadores domésticos sul-africanos. A Fundação Desmond e Leah Tutu foi criada em 2007 para apoiar iniciativas que promovam a paz, a reconciliação e Ubuntu.

Umkhonto weSizwe (MK)
O Umkhonto weSizwe, que significa "lança da nação", foi fundado em 1961 e é comumente conhecido pela abreviação MK. Nelson Mandela foi seu primeiro comandante supremo. Tornou-se o braço armado do CNA. Depois das eleições de 1994, o MK foi dissolvido e seus soldados foram incorporados à recém-formada Força Sul-Africana de Defesa Nacional, com soldados da Força Sul--Africana de Defesa (herdada do apartheid), das forças de defesa dos bantustões, das unidades de autoproteção do Partido da Liberdade Inkatha e do Exército de Libertação do Povo Azaniano, o braço armado do Congresso Pan-Africano.

Universidade da África do Sul (Unisa)

A Unisa é uma das maiores instituições de ensino à distância do mundo e a universidade pela qual Nelson Mandela conseguiu seu bacharelado em direito. Depois de ser obrigado a interromper seus estudos junto à Universidade de Londres, ele continuou por meio da Unisa e se graduou, *in absentia*, em 1989. Teve condições de exercer a profissão de advogado antes de ser preso, pois na época era necessário apenas um diploma de graduação em direito.

Wolsey Hall

Situado em Oxford, no Reino Unido, e fundado em 1894, o Wolsey Hall é um fornecedor de ensino à distância que supre estudantes de vários níveis e em parceria com a Universidade de Londres. Mandela começou seus estudos para o bacharelado em direito por correspondência junto à Universidade de Londres.

Xaba, Niki Iris Jane Nondyebo

(1932-1985). Irmã mais velha de Winnie Mandela. Foi detida na mesma época que ela, em 1969. Então solteira e chamada Iris Madikizela, ela moveu uma ação contra o governo para que interrompesse os ataques a ela e a seus coacusados.

Zami

(*Ver* Madikizela-Mandela, Nomzamo Winifred.)

Zeni

(*Ver* Mandela, Zenani.)

Zindzi

(*Ver* Mandela, Zindziswa.)

Orlando West, 8115

Em 1944, quando Mandela se casou com sua primeira esposa, Evelyn Mase, eles alugaram uma casa de dois cômodos em Orlando East, Soweto, e no início de 1947 mudaram-se para uma casinha de tijolos vermelhos e três cômodos no número 8115 de Orlando West. Ele também morou ali com sua segunda esposa, Winnie Mandela. O governo sul-africano declarou-a patrimônio histórico em 1999 e hoje ela é um museu.

APÊNDICE B

Cronologia na prisão

5 de agosto de 1962: Nelson Mandela, vestindo um casaco, boné e óculos escuros, é detido junto com seu amigo Cecil Williams, num bloqueio de estrada em Cedara, cidadezinha perto de Howick, em KwaZulu-Natal. Começam seus 27 anos e meio de prisão.

6 de agosto de 1962: Apresenta-se no tribunal na cidade vizinha de Pietermaritzburg e é enviado a Joanesburgo.

8 de agosto de 1962: Levado algemado à Corte de Primeira Instância de Joanesburgo. É defendido pelo advogado James Kantor. Nenhuma evidência é apresentada. Ele só admite sua identidade e fica em prisão preventiva até 16 de agosto.

16 de agosto de 1962: Apresenta-se no Tribunal de Primeira Instância de Joanesburgo vestindo um manto de pele de chacal e é enviado para julgamento no Tribunal Regional de Joanesburgo.

15 de outubro de 1962: Transferido para a Prisão Local de Pretória. Apresenta-se na Velha Sinagoga, em Pretória, que tinha sido transformada em "Tribunal Regional Especial" para o seu julgamento. Mandela veste um manto de pele de chacal, camisa, calça cáqui, sandálias e um lenço de pescoço amarelo e verde, as cores do CNA. Ele se queixa de que a mudança de último minuto de Joanesburgo para Pretória foi uma tentativa do governo de privá-lo de seu advogado Joe Slovo, que estava confinado a Joanesburgo.

22 de outubro de 1962: Do banco dos réus, faz um discurso de uma hora para reprovar o magistrado, dizendo que como "um homem negro no tribunal de um branco" ele não teria um julgamento justo. Declara-se inocente da acusação de incitação à agitação, por ter convocado uma greve nacional em 29, 30 e 31 de maio de 1961, e de ter saído do país sem passaporte. Mandela conduz sua própria defesa, assistido pelo advogado Bob Hepple.

7 de novembro de 1962: É condenado por incitar trabalhadores a ficar em casa e por sair do país sem passaporte e sentenciado a cinco anos de prisão. Começa a cumprir sua pena na Prisão Local de Pretória.

27 de maio de 1963: Depois de ser transferido sem razão e sem aviso, chega à Prisão de Segurança Máxima de Robben Island.

12 de junho de 1963: Transferido de volta à Prisão Local de Pretória.

11 de julho de 1963: A polícia faz uma incursão em seu antigo esconderijo, na Fazenda Liliesleaf, em Rivonia, subúrbio de Joanesburgo. Muitos de seus camaradas são presos e mantidos em confinamento solitário.

9 de outubro de 1963: Mandela apresenta-se pela primeira vez no Palácio da Justiça de Pretória com dez outros acusados, em conexão com 222 acusações de sabotagens cometidas entre 1961 e 1965, no que ficou conhecido como Julgamento de Rivonia. O caso é remarcado para 29 de outubro.

29 de outubro de 1963: Ele e outros dez são acusados de 199 atos de sabotagem no Julgamento de Rivonia. A defesa apela para que o indiciamento seja anulado.

30 de outubro de 1963: É anunciado que um dos acusados, Bob Hepple, será interpelado como testemunha do Estado. As acusações contra ele são retiradas e ele é solto. Ele não depõe e foge do país. O indiciamento dos dez restantes é anulado, mas eles são imediatamente detidos de novo no tribunal e acusados de 199 atos de sabotagem.

12 de novembro de 1963: Um novo indiciamento, dividindo as acusações de sabotagem em duas partes, é apresentado no Julgamento de Rivonia pelo promotor Percy Yutar ao juiz Galgut. O caso foi remarcado para 25 de novembro.

26 de novembro de 1963: Os 199 atos de sabotagem são reduzidos a 193 e a defesa apela para que o novo indiciamento seja anulado. O juiz Wet rejeita o apelo.

3 de dezembro de 1963: Mandela e nove companheiros acusados declaram-se inocentes de sabotagem e as primeiras evidências são apresentadas. O indiciamento lista 24 conspiradores, dos quais todos, exceto um, morto sob custódia da polícia, deixaram o país.

2 de março de 1964: A apresentação da acusação por parte do Estado chega ao fim.

4 de março de 1964: O corréu James Kantor é absolvido.

20 de abril de 1964: Começa a manifestação da defesa. Vestindo um terno azul, Mandela faz um discurso que dura quase quatro horas e termina com a famosa afirmação de que está preparado para morrer por uma África do Sul democrática e não racista.

11 de junho de 1964: Num julgamento rápido, o juiz Quartus de Wet condena Nelson Mandela, Walter Sisulu, Govan Mbeki, Ahmed Kathrada, Denis Goldberg, Raymond Mhlaba, Elias Motsoaledi e Andrew Mlangeni por sabotagem. Rusty Bernstein é absolvido mas imediatamente detido de novo com base em outra acusação.

12 de junho de 1964: Alan Paton, presidente do Partido Liberal, presta testemunho para mitigação da sentença dos acusados. O juiz Quartus de Wet sentencia Mandela e sete outros a prisão perpétua. Ele declara que as infrações eram essencialmente "traidoras", mas que eles não tinham sido acusados de traição.

13 de junho de 1964: Nelson Mandela, Walter Sisulu, Govan Mbeki, Ahmed Kathrada, Raymond Mhlaba, Elias Motsoaledi e Andrew Mlangeni chegam a Robben Island. (Denis Goldberg, por ser branco, é mandado para a Prisão Central de Pretória.)

24 de setembro de 1968: Morre sua mãe. Seu pedido para comparecer ao funeral é recusado.

13 de julho de 1969: Seu filho mais velho, Madiba Thembekile, morre num acidente de automóvel. A carta de Mandela às autoridades prisionais pedindo permissão para comparecer ao funeral é ignorada.

31 de março de 1982: Depois de quase dezoito anos na Prisão de Segurança Máxima de Robben Island, Mandela é transferido com Walter Sisulu, Raymond Mhlaba e Andrew Mlangeni para a Prisão de Segurança Máxima de Pollsmoor, ao pé das montanhas nos arredores da Cidade do Cabo. Eles ficam juntos numa grande cela. Em 21 de outubro Ahmed Kathrada junta-se a eles.

10 de fevereiro de 1985: Depois de rejeitar uma oferta do presidente P. W. Botha de libertá-lo se ele renunciasse à violência como estratégia política, sua declaração de recusa é lida numa manifestação em Soweto por sua filha Zindziswa.

3 de novembro de 1985: Mandela é internado no Volks Hospital, na Cidade do Cabo, para uma cirurgia da próstata.

17 de novembro de 1985: Visitado no hospital pelo ministro da Justiça da África do Sul, Kobie Coetsee, e pelo comissário de prisões.

23 de novembro de 1985: Recebe alta do Volks Hospital e volta à Prisão de Pollsmoor, mas é mantido separado de seus camaradas. Durante esse período, inicia conversas preliminares com membros do governo sobre a criação de condições para negociações com o CNA.

11 de junho de 1988: Um concerto pop de doze horas para celebrar o septuagésimo aniversário de Mandela, realizado no Estádio de Wembley, em Londres, é televisionado para 67 países.

12 de agosto de 1988: Internado no Tygerberg Hospital em Bellville, Cidade do Cabo.

13 de agosto de 1988: Diagnosticado com tuberculose e efusão pleural.

7 de dezembro de 1988: Recebe alta da Constantiaberg MediClinic e é transferido para a Prisão Victor Verster, perto de Paarl, onde é alojado num bangalô pertencente a um ex-carcereiro.

8 de dezembro de 1988: É visitado pelo ministro da Justiça Kobie Coetsee. Este diz a Mandela que ficou decidido que ele ficaria naquela casa para que pudessem prosseguir as discussões que ele havia começado com autoridades do governo em 1986.

17 de maio de 1989: Forma-se bacharel em direito *in absentia* na Universidade da África do Sul.

5 de julho de 1989: Encontra-se com o presidente P. W. Botha no gabinete deste na Cidade do Cabo.

15 de outubro de 1989: Os condenados remanescentes do Julgamento de Rivonia, com exceção de Mandela, são soltos da prisão.

13 de dezembro de 1989:	Antes do amanhecer ele é retirado da prisão para se encontrar com o presidente F. W. de Klerk em seu gabinete na Cidade do Cabo.
9 de fevereiro de 1990:	É levado ao Tuynhuys, na Cidade do Cabo, para se encontrar com o presidente F. W. de Klerk.
11 de fevereiro de 1990:	É libertado da Prisão Victor Verster às 16h22. Discursa para uma multidão da sacada do prédio da prefeitura e passa a noite na residência oficial do arcebispo Desmond Tutu, em Bishopscourt.

APÊNDICE C
Mapa da África do Sul
c. 1996

PROVÍNCIA	CIDADE/ALDEIA	DESCRIÇÃO
Cabo Oriental	Mvezo	Terra natal de Mandela.
	Qunu	Aldeia onde Mandela viveu quando criança e onde construiu uma casa depois de ser solto da prisão.
	Mqhekezweni	O Lugar Grandioso para onde Mandela se mudou quando tinha por volta de nove anos.
	Engcobo	O Colégio Interno Clarkebury onde Mandela obteve seu diploma do secundário.
	Fort Beaufort	Frequentou a faculdade em Healtdown.
	Alice	Frequentou a Faculdade Universitária de Fort Hare.
Gauteng	Joanesburgo	Mudou-se para Joanesburgo em abril de 1941.
		Morou em Alexandra e Soweto antes de ser preso.
		Morou em Soweto e Houghton depois de ser solto.
	Pretória	Prisão Central de Pretória, 1962-3, 1963-4.
		Local de seu julgamento de 1962 e do Julgamento de Rivonia.
	Sharpeville	Massacre de Sharpeville, 21 de março de 1960.
	Rivonia	Fazenda Liliesleaf, abrigo clandestino.
		Local de seu julgamento de 1962 e do Julgamento de Rivonia.
KwaZulu-Natal	Pietermaritzburg	Conferência de Toda a África, 22 de março de 1961.
	Howick	Detido em 5 de agosto de 1962.
Cabo Ocidental	Robben Island	Preso em Robben Island por duas semanas em maio/junho de 1963 e por dezoito anos, de 13 de junho de 1964 a 30 de março de 1982.
	Cidade do Cabo	Preso na Prisão de Pollsmoor, março de 1982 a agosto de 1988.
		Tratado no Tygerberg Hospital, 1988.
		Tratado na Constantiaberg MediClinic, 1988.
	Paarl	Mantido na Prisão Victor Verster, dezembro de 1988 a fevereiro de 1990.

Quando assumiu o poder em 1994, o primeiro governo democraticamente eleito da África do Sul reorganizou os dez bantustões, territórios ou pátrias existentes e as quatro províncias de então em nove províncias menores e plenamente integradas, conforme mostrado no mapa ao lado. As quatro províncias que existiram entre 1910 e 1994 foram reorganizadas nas novas províncias, tal como se segue:

VELHAS PROVÍNCIAS	NOVAS PROVÍNCIAS
Província do Cabo	Cabo Oriental
	Cabo Norte
	Cabo Ocidental
Natal	KwaZulu-Natal
Estado Livre de Orange	Estado Livre
Transvaal	Noroeste
	Limpopo
	Mpumalanga
	Gauteng

Notas

1. Mac Maharaj (ed.), *Reflections in Prison* (Cidade do Cabo: Robben Island Museum e Zebra Press, 2001), p. xi.
2. Nelson Mandela (NM),, declaração resumida registrada na Prisão de Robben Island, 11 de dezembro de 1978.
3. Vassen, Robert, "Life as a Political Prisoner", South Africa: Overcoming Apartheid, Building Democracy, um projeto de MATRIX: The Center for Humane Arts, Letters, and Social Sciences; do African Studies Center; e do Departamento de História da Michigan State University, http://overcomingapartheid.msu.edu/sidebar.php?id=65-258-8&page=3.
4. Walter Sisulu, introdução a *Letters from Robben Island*, Ahmed Kathrada (ed. Robert D. Vassen) (Cidade do Cabo: Mayibuye Books e East Lansing: Michigan State University Press, 1999), p. xvi.
5. Eddie Daniels, *There and Back: Robben Island 1964-1979* (Cidade do Cabo: CTP Book Printers, terceira edição, 2002), p. 160.
6. NM em conversa com Richard Stengel, Joanesburgo, 14 de dezembro de 1992, CD 6, Nelson Mandela Foundation, Joanesburgo.
7. Ibid.
8. Elinor Sisulu, *In Our Lifetime: Walter & Albertina Sisulu* (Cidade do Cabo: David Philip Publishers, 2002), p. 200.
9. NM, declaração resumida registrada na Prisão de Robben Island, 11 de dezembro de 1978.
10. Ver carta ao comissário de prisões de 12 de julho de 1976, página 314.
11. Michael Dingake, "Comrade Madiba", in *Nelson Mandela: The Struggle is My Life* (Londres: Idaf, 1986), p. 224.
12. Ibid.
13. Ibid.
14. Ibid., pp. 224-5.
15. Ibid., p. 225.

16. Ibid.
17. NM, discurso no Concerto 46664, Cidade do Cabo, 29 de novembro de 2003, http://db.nelsonmandela.org/speeches/pub_view.asp?pg=item&ItemID=NMS950&txtstr=46664.
18. NM em conversa com Richard Stengel, Joanesburgo, 16 de abril de 1993, CD 51, Nelson Mandela Foundation, Joanesburgo.
19. "Mandela conquista uma semana de adiamento", *Cape Times*, 16 de outubro de 1962.
20. NM, discurso ao tribunal, Velha Sinagoga, Pretoria, 22 de outubro de 1962, http://db.nelsonmandela.org/speeches/pub_view.asp?pg=item&ItemID=NMS011&txtstr=recusal.
21. NM em conversa com Richard Stengel, 16 e 17 de abril de 1993, CD 52, Nelson Mandela Foundation, Joanesburgo.
22. Bob Hepple, *Young Man With a Red Tie: A Memoir of Mandela and the Failed Revolution, 1960-1963* (Joanesburgo: Jacana, 2013), p. 48.
23. "Mandela pega cinco anos: descrito como 'mentor intelectual'", *The Argus*, 7 de novembro de 1962.
24. "Brados, punhos cerrados, canções, enquanto Mandela é condenado à prisão", *Cape Times*, 8 de novembro de 1962.
25. Ibid.
26. Sobre o Congresso Pan-Africano (CPA), ver glossário.
27. "Mandela é solicitado a não se tornar 'difícil'", *Rand Daily Mail*, 25 de outubro de 1962.
28. NM em conversa com Richard Stengel, Joanesburgo, 16 de abril de 1993, CD 51, Nelson Mandela Foundation, Joanesburgo.
29. NM em conversa com Richard Stengel, Joanesburgo, 3 de dezembro de 1992, CD 2, Nelson Mandela Foundation, Joanesburgo.
30. NM em conversa com Richard Stengel, Joanesburgo, 16 e 17 de abril de 1993, CD 52, Nelson Mandela Foundation, Joanesburgo.
31. As menções ao livro *Longo caminho para liberdade*, de Nelson Mandela, foram todas

retiradas e traduzidas diretamente do original *Long walk to freedom* (Londres: Abacus, 2013). As notas referem-se à edição em inglês. No Brasil, o livro foi publicado pela editora Planeta, com o título *Um longo caminho para a liberdade*.

32. NM, *Long walk to freedom* (Londres: Abacus, 2013), p. 414.

33. Ibid.

34. Joel Joffe, *The State Vs. Nelson Mandela: The Trial that Changed South Africa* (Londres: One World Publications, 2007), p. 41.

35. Ibid., p. 42.

36. Ibid., p. 42.

37. "Obituário de Sir Bob Hepple", *The Guardian*, 26 de agosto de 2015, https://theguardian.com/law/2015/aug/26/sir-bob-hepple.

38. NM, *Long Walk to Freedom* (Londres: Abacus, 2013), p. 33.

39. Ibid., p. 444.

40. Ibid., p. 447.

41. NM em conversa com Richard Stengel, Joanesburgo, 3 de dezembro de 1992, CD 2, Nelson Mandela Foundation, Joanesburgo.

42. Christo Brand, *Doing Life with Mandela* (Joanesburgo: Jonathan Ball, 2014), p. 46.

43. Indres Naidoo, tal como relatado a Albie Sachs, *Island in Chains: Ten Years on Robben Island by Prisoner 885/63* (Harmondsworth: Penguin Books, 1982), p. 87.

44. Mac Maharaj, "Entrevista com Mac Maharaj", 1978, in *The Struggle is My Life* (Londres: Idaf, 1986), p. 208.

45. Ibid.

46. NM, *Long Walk to Freedom*, p. 458.

47. NM em conversa com Richard Stengel, Joanesburgo, c. março de 1993, CD 21, Nelson Mandela Foundation, Joanesburgo.

48. Ibid.

49. Ibid.

50. Mac Maharaj, conversa telefônica com Sahm Venter, 27 de junho de 2017.

51. Winnie Madikizela Mandela (eds. Sahm Venter e Zamawazi Dlamini-Mandela), *491 Days: Prisoner Number 1323/69* (Joanesburgo: Picador Africa, 2013), p. 25.

52. Joel Carlson, *No Neutral Ground* (Londres: Davis-Poynter Ltd, 1973), p. 291.

53. NM, *Long Walk to Freedom*, p. 682.

54. Ibid., p. 120.

55. Ahmed Kathrada e Sahm Venter, *Conversations with a Gentle Soul* (Joanesburgo: Picador Africa, 2017), p. 87.

56. *Mandela vs Ministro de Prisões* [1981] 3 All SA 449 (A) na Divisão Provincial do Cabo da Boa Esperança.

57. NM, *Long Walk to Freedom*, p. 568.

58. Ibid., p. 624.

59. Ibid., p. 608.

60. Ibid., pp. 624-5.

61. Ibid., p. 625.

62. NM em conversas com Richard Stengel, Joanesburgo, 8 de fevereiro de 1993, CD 19, Nelson Mandela Foundation, Joanesburgo.

63. NM, *Long Walk to Freedom*, p. 646.

64. NM em conversa com Richard Stengel, 8 de fevereiro de 1993, CD 19, Nelson Mandela Foundation, Joanesburgo.

65. NM, *Long Walk to Freedom*, p. 647.

66. NM em conversa com Richard Stengel, c. 2 e 3 de fevereiro de 1993, CD 17, Nelson Mandela Foundation, Joanesburgo.

67. Ibid.

68. Jack Swart, conversa telefônica com Sahm Venter, 7 de setembro de 2017.

69. Padraig O'Malley, *Shades of Difference: Mac Maharaj and the Struggle for South Africa* (Nova York: Viking, 2007), p. 312.

70. Ibid., p. 313.

71. NM, *Long Walk to Freedom*, p. 618.

Cartas e coleções

As cartas reproduzidas neste livro vêm de diversas coleções, incluindo os cadernos em que Mandela transcreveu sua correspondência e a Coleção Himan Bernadt, como detalhado a seguir:

Nelson Mandela Prison Archive, National Archives e Records Service of South Africa:
oficial comandante, Prisão Local de Pretoria – 23 de setembro de 1963; oficial comandante, Prisão Local de Pretoria – 8 de outubro de 1963; oficial comandante, Prisão Local de Pretoria – 25 de outubro de 1963; Frank, Bernadt & Joffe – 15 de junho de 1964; Bram Fischer – 2 de agosto de 1964; oficial comandante, Robben Island – 30 de novembro de 1964; Major Visser – 25 de agosto de 1965; comissário de prisões – 10 de outubro de 1965; Winnie Mandela – 17 de fevereiro de 1966; Universidade da África do Sul – 22 de agosto de 1966; Sociedade Norte-Americana de Direito Internacional – 31 de agosto de 1966; oficial comandante, Robben Island – 8 de setembro de 1966; Cecil Eprile – 11 de fevereiro de 1967; oficial comandante – 27 de fevereiro de 1967; Frank, Bernadt & Joffe – 21 de março de 1967; Joel Carlson [1967]; Registro da Suprema Corte – 6 de dezembro de 1967; Adelaide Tambo – 5 de março de 1968; oficial comandante – 29 de abril de 1967; Embaixada Britânica – 29 de abril de 1968; oficial comandante, Robben Island –16 de setembro de 1968; K. D. Matanzima – 14 de outubro de 1968; Knowledge Guzana – 14 de outubro de 1968; Mangosuthu Buthelezi – 4 de novembro de 1968; oficial comandante, Robben Island – 28 de fevereiro de 1969; ministro da Justiça – 22 de abril de 1969; Brigadeiro Aucamp – 5 de agosto de 1969; Universidade de Londres – 1 de outubro de 1969; oficial comandante, Robben Island – 9 de outubro de 1969; Universidade de Londres – 18 de novembro de 1969; oficial comandante, Robben Island – 2 de abril de 1970; oficial comandante, Robben Island – 20 de abril de 1970; oficial comandante, Robben Island – 29 de maio de 1970; oficial comandante, Robben Island – 2 de junho de 1970; Nkosikazi Nokukhanya Luthuli – 8 de junho de 1970; Winnie Mandela – 20 de junho de 1970; oficial comandante, Robben Island – 24 de dezembro de 1970; oficial médico, Robben Island – 24 de dezembro de 1970; oficial comandante – 31 de março de 1971; oficial comandante, Robben Island – 4 de abril de 1971; oficial comandante, Robben Island – 14 de junho de 1971; Vanguard Booksellers – 26 de setembro de 1971; oficial comandante, Robben Island – 27 de março de 1972; Winnie Mandela – 1 de junho de 1972; oficial comandante, Robben Island – 7 de março de 1973; oficial comandante, Robben Island – 7 de março de 1973; Helen Suzman – 1 de março de 1974; ministro da Justiça – 13 de maio de 1974; ministro da Justiça – 25 de maio de 1974; Conselho de West Rand – 18 de junho de 1974; oficial comandante, Robben Island – 26 de junho de 1974; oficial comandante, Robben Island – 1 de dezembro de 1974; Winnie Mandela – 1 de fevereiro de 1975; ministro da Justiça – 12 de fevereiro de 1975; Yusuf Dadoo – 1 de novembro de 1975; oficial comandante, Robben Island – 15 de dezembro de 1975; comissário de prisões – 23 de janeiro de 1976; D. B. Alexander – 1 de março de 1976; Felicity Kentridge – 9 de maio de 1976; oficial comandante, Robben Island – 12 de julho de 1976; comissário de prisões – 12 de julho de 1976; oficial comandante, Robben Island – 18 de agosto de 1976; Winnie Mandela – 18 de agosto de 1976; Winnie Mandela – 19 de agosto de 1976; Winnie Mandela – 1 de setembro de 1976; Winnie Mandela – 1 de outubro de 1976; oficial comandante, Robben Island – 7 de outubro de 1976; oficial comandante, Robben Island – 12 de outubro de 1976; Thorobetsane Tshukudu (Adelaide Tambo) – 1 de janeiro de 1977; diretor da prisão – 19 de maio de 1977; Nobulile Thulare – 19 de julho de 1977; Duma Nokwe (Gcwanini Miya) – 1 de julho de 1977; Zenani e Muzi Dlamini – 24 de julho de 1977; Zindzi Mandela e Oupa Seakamela – 24 de julho de 1977; diretor da prisão, Robben Island – 18 de setembro de 1977; Winnie Mandela – 4 de dezembro de 1977; comissário de prisões – 6 de dezembro de 1977; diretor da prisão – 16 de janeiro de 1978; Marie Naicker – 1 de outubro de 1978; Mangosuthu Buthelezi – 1 de outubro de 1978; diretor da prisão – 2 de outubro de 1978; ministro da Justiça – 23 de outubro de 1978; Zindzi Mandela – 26 de novembro de 1978; Ndileka Mandela – 21 de janeiro de 1979; Winnie Mandela – 21 de janeiro de 1979; Makaziwe Mandela – 13 de maio de 1979; diretor da prisão, Robben

Island – 20 de maio de 1979; Alan Paton – 29 de julho de 1979; Winnie Mandela – 2 de setembro de 1979; ministro de Prisões e Polícia – 4 de setembro de 1979; oficial comandante, Robben Island – 19 de novembro de 1979; Zindzi Mandela – 9 de dezembro de 1979; diretor da prisão, Robben Island – 23 de dezembro de 1979; Denis Healey – 8 de janeiro de 1980; Zindzi Mandela – 27 de janeiro de 1980; ministro da Educação – 1 de fevereiro de 1980; Zindzi Mandela – 10 de fevereiro de 1980; Dullah Omar – 1 de junho de 1980; Winnie Mandela – 30 de julho de 1980; Zindzi Mandela – 1 de março de 1981; Winnie Mandela – 26 de abril de 1981; Petronella Ferus – 3 de maio de 1981; Camagwini Madikizela – 15 de novembro de 1981; Dr. Ayesha Arnold – 15 de novembro de 1981; Major-General Coetzee – 27 de novembro de 1981; diretor da prisão, Pollsmoor – 20 de abril de 1982; diretor da prisão, Pollsmoor – 21 de janeiro de 1983; diretor da prisão, Pollsmoor – 25 de fevereiro de 1983; Russel Piliso – 29 de junho de 1983; comissário de prisões – 6 de outubro de 1983; Trevor Tutu – 6 de agosto de 1984 ; Winnie Mandela – 29 de dezembro de 1984; Ismail Meer – 29 de janeiro de 1985; P. W. Botha – 13 de fevereiro de 1985; Sheena Duncan – 1 de abril de 1985; Archie Gumede – 1 de julho de 1985 (de 1975); Archie Gumede – 8 de julho de 1975; Victoria Mxenge – 8 de julho de 1985; Nolinda Mgabela – 8 de julho de 1985; Universidade da África do Sul – 15 de outubro de 1985; Winnie Mandela – 5 de dezembro de 1985; Dr. Dumisane Mzamane – 17 de dezembro de 1985; comissário de prisões – 4 de fevereiro de 1986; Joy Motsieloa – 17 de fevereiro de 1986; Tukwini, Dumani e Kweku – data desconhecida; K. D. Matanzima – 19 de maio de 1986; diretor da prisão, Pollsmoor – 6 de outubro de 1986; Nontancu Mabel Timakwe – 18 de fevereiro de 1987; Frieda Matthews – 25 de fevereiro de 1987; Kepu Mkentane – 25 de fevereiro de 1987; Mandla Mandela – 9 de julho de 1987; Nandi Mandela – 17 de agosto de 1987; Zindzi Mandela – 31 de agosto de 1987; Mamphela Ramphele – 1 de março de 1988; diretor da prisão, Pollsmoor – 29 de agosto de 1988; Prof. W. J. Hosten – 25 de novembro de 1988; Nandi Mandela – 5 de dezembro de 1988; Zoleka e Zondwa Mandela – 5 de dezembro de 1988; Zaziwe, Zamaswazi e Zinhle – 5 de dezembro de 1988; diretor da prisão – 5 de dezembro de 1988; Prof. W. J. Hosten – 23 de dezembro de 1988; Archie Gumede – 10 de janeiro de 1989; Arcebispo e Sra. Tutu – 17 de janeiro de 1989; Rev. Austen Massey – 17 de janeiro de 1989; Mangosuthu Buthelezi – 3 de fevereiro de 1989; Elaine Kearns – 14 de fevereiro de 1989; Dumani Mandela – 28 de fevereiro de 1989; Kwedi Mkalipi – 28 de fevereiro de 1989; Eddie Daniels – 28 de fevereiro de 1989; Alan Boesak – 28 de fevereiro de 1989; Amina Cachalia – 28 de fevereiro de 1989; Sipho Sepamla – 28 de fevereiro de 1989; Candie Lawless – 4 de abril de 1989; Sr. Robin Renwick – 10 de abril de 1989; Mike Tyson – 10 de maio de 1989; Rev. Frank Chikane – 10 de maio de 1989; Sra. E. N. Mbekeni – 10 de maio de 1989; Helen Suzman – 22 de maio de 1989; Richard Maponya – 28 de junho de 1989; chefe supremo em exercício, Mdayelwa Mtirara – 4 de julho de 1989; comissário de prisões – 17 de julho de 1989; Tim Wilson – 23 de julho de 1989; Adelaide Tambo – 14 de agosto de 1989; Makhi Dalasile – 14 de agosto de 1989; Rev. Abel & Freda Hendricks – 15 de agosto de 1989; Desmond e Leah Tutu – 21 de agosto de 1989; Adelaide Tambo – 21 de agosto de 1989; J. N. e Radhi Singh – 21 de agosto de 1989; Mary Benson – 21 de agosto de 1989; Helen Joseph – 21 de agosto de 1989; Cyril Ramaphosa – 21 de agosto de 1989; Amina and Peter Frense – 21 de agosto de 1989; xeque Nazeem Mohamed – 21 de agosto de 1989; comissário de prisões – 11 de setembro de 1989; Connie Njongwe – 18 de setembro de 1989; Frieda Matthews – 18 de setembro de 1989; Kepu Mkentane – 18 de setembro de 1989; Mamphela Ramphele – 18 de setembro de 1989; Rashid e Ayesha Kola – 25 de setembro de 1989; o secretário Potwa – 25 de setembro de 1989; Fatima Meer – 28 de setembro de 1989; Madanjit e Marjorie Kapitan – 28 de setembro de 1989; Winnie Mandela – 9 de outubro de 1980; oficial comandante, Victor Verster – 9 de outubro de 1989; comissário de prisões – 10 de outubro de 1989; comissário de prisões – 16 de outubro de 1989; Rev. T. S. N. Gqubule – 23 de outubro de 1989; Ntsiki Sisulu – 23 de outubro de 1989; Len e Beryl Simelane – 21 de novembro de 1989; chefe Zonwabile Sandile Mtirara – 6 de novembro de 1989; Fatima Meer – 6 de novembro de 1989; comissário de prisões – 22 de janeiro de 1990; comissário de prisões – 2 de fevereiro de 1990; comissário de prisões – 11 de fevereiro de 1990.

Os cadernos em que Mandela transcreveu suas cartas (Coleção Donald Card, sob guarda da Nelson Mandela Foundation):
Zenani e Zindzi Mandela – 4 de fevereiro de 1969; Makaziwe Mandela – 16 de fevereiro de 1969; Lilian Ngoyi – 3 de março de 1969; Gibson Kente – 3 de março de 1969; Chefe Mthetho Matanzima – 17 de março de 1969; Winnie Mandela – 2 de abril de 1969; P. K. Madikizela – 4 de maio de 1969; Zenani e

Zindzi Mandela – 23 de junho de 1969; Winnie Mandela – 23 de junho de 1969; Niki Xaba – 15 de julho de 1969; Tellie Mtirara – 15 de julho de 1969; Winnie Mandela – 16 de julho de 1969; Evelyn Mandela – 16 de julho de 1969; Coronel Van Aarde – 22 de julho de 1969; Makgatho Mandela – 28 de julho de 1969; Sefton Vutela – 28 de julho de 1969; Zenani e Zindzi Mandela – 3 de agosto de 1969; Irene Buthelezi – 3 de agosto de 1969; Nomfundo Mandela – 8 de setembro de 1969; Nolusapho Irene Mkwayi – 29 de setembro de 1969; Adelaide Sam Mase – 3 de novembro de 1969; Winnie Mandela – 16 de novembro de 1969; Paul Mzaidume – 19 de novembro de 1969; Thoko Mandela – 29 de novembro de 1969; Chief Nkosiyane – 1 de janeiro de 1970; Winnie Mandela – 21 de janeiro de 1970; Adelaide Tambo – 31 de janeiro de 1970; Marshall Xaba – 3 de fevereiro de 1970; Tellie Mandela – 6 de março de 1970; Makgatho Mandela – 31 de março de 1970; Makaziwe Mandela – 1 de maio de 1970; Leabie Piliso – 1 de maio de 1970; Winnie Mandela – 20 de junho de 1970; Winnie Mandela – 1 de agosto de 1970; Senador Douglas Lukhele – 1 de agosto de 1970; Winnie Mandela – 31 de agosto de 1970; Makgatho Mandela – 31 de agosto de 1970; ministro da Justiça – 14 de setembro de 1970; Winnie Mandela – 1 de outubro de 1970; ministro da Justiça – 19 de novembro de 1970; Sanna Teyise – 1 de dezembro de 1970; Winnie Mandela – 28 de dezembro de 1970; Joyce Sikhakhane – 1 de janeiro de 1971; Nomabutho Bhala – 1 de janeiro de 1971; oficial comandante, Robben Island – 2 de janeiro de 1971; Tim Maharaj – 1 de fevereiro de 1971; Ishmael e Mohla Matlakhu – 1 de fevereiro de 1971; Zenani Mandela – 1 de março de 1971; Christine Scholtz – 1 de março de 1971; Thoko Mandela – 1 de abril de 1971; Sisi – 1 de abril de 1971.

Coleção Himan Bernadt, sob guarda da Nelson Mandela Foundation:
O liquidante – 23 de outubro de 1967; Frank, Bernadt & Joffe – 20 de maio de 1969; Frank, Bernadt & Joffe – 21 de janeiro de 1977.

As coleções particulares de:
Anistia Internacional: o secretário da Anistia – 6 de novembro de 1962; Amina Cachalia: Amina Cachalia – 12 de dezembro de 1977, Amina Cachalia – 26 de outubro de 1980; Nick Carter: Ray Carter – 4 de março de 1985; Meyer de Waal: Adele de Waal – 29 de agosto de 1983; Michael Dingake: Michael Dingake – 24 de abril de 1986; Fatima Meer: Fatima Meer – 1 de março de 1971, Fatima Meer – 1 de novembro de 1974, Fatima Meer – 1 de janeiro de 1976, Fatima Meer – 30 de janeiro de 1984; Morabo Morojele: Lionel Ngakane – 1 de abril de 1985; Coen Stork: Coen Stork – 11 de junho de 1964; Emily Wellman: Peter Wellman – 27 de maio de 1979.

Agradecimentos

Somos gratos a Zamaswazi Dlamini-Mandela por sua assistência inestimável na realização deste livro e por seu lindo prefácio. Como ela diz, *Cartas da prisão de Nelson Mandela* nos ajuda a compreender de que modo indivíduos como seu avô que eram "pegos contestando o sistema de opressão de toda uma raça de pessoas pelo sistema de governo do apartheid sofriam punições terríveis".

Este livro é mais do que as palavras reunidas de um combatente pela liberdade e ícone mundial encarcerado, e maior do que o trabalho de uma editora e de um editor associado. É o resultado de um esforço coletivo sustentado ao longo de muitos anos.

A longa jornada até a publicação começou em 2006, quando Verne Harris, diretor de arquivo e entrevistas da Fundação Nelson Mandela, abordou o próprio Mandela pedindo permissão para ter acesso às cartas escritas durante seus vinte e sete anos na prisão, com o intuito de publicá-las algum dia. Ele encarregou Anthea Josias da tarefa de catalogar tudo o que havia no grande número de caixas que abarcavam o registro prisional de Mandela no Serviço Nacional de Arquivos e Registros da África do Sul. No estágio seguinte, examinei a correspondência para identificar todas as suas cartas para familiares e amigos. Durante essa pesquisa, descobri um conjunto de fascinantes cartas oficiais trocadas com autoridades prisionais e várias instituições, muitas das quais aparecem nesta compilação. Gerrit Wagenaar, Natalie Skomolo e Zahira Adam trabalharam incansavelmente na cópia dessas cartas.

A tarefa de cotejar e transcrever as cartas levou anos e no processo outras cartas foram descobertas, tanto no arquivo de papéis pessoais de Mandela na Fundação Nelson Mandela como em coleções particulares. Nossos agradecimentos vão especialmente para Nicholas Carter, Meyer de Waal, Michael e Sithembile Dingake, Emily Wellman e Morabo Morojele por nos oferecer cartas que não tínhamos visto anteriormente. A Anistia Internacional nos deu uma cópia de uma carta que ignorávamos, que Mandela escreveu em 1962 e está abrigada no arquivo londrino da instituição. O falecido Coen Stork nos deu a carta que Mandela lhe escreveu em 1964. O falecido Hymie Bernadt, que foi um dos advogados de Mandela quando este estava na prisão, doou seus papéis para a Fundação Nelson Mandela. Em 2004, um ex-policial da segurança pública, Donald Card, devolveu a Mandela os três cadernos de capa dura contendo cópias de suas cartas, os quais ele mantivera por décadas depois que foram confiscados de sua cela.

Agradecemos profundamente também a assistência de Vanessa van Copenhagen e os executores do espólio de Madiba, do arcebispo emérito Desmond Tutu, do chefe Mangosuthu Buthelezi, do reverendo Frank Chikane, do dr. Richard Maponya, de Tumeka Matanzima, Xoliswa Matanzima Jozana, Nqaba Ngoyi, Vicky Kente, Duma e Thandeka Gqubule, Trevor Tutu, Anant Singh, Shamin Meer, Nomvuyo Nokwe, Joyce Sikhakhane Rabkin e Nosizwe Macamo.

Mandela não escrevia só em inglês. Algumas das cartas incluídas nesta coletânea foram escritas em sua língua materna, o isiXhosa, e algumas em africâner. Somos gratos às seguintes pessoas por sua competência tradutória: Pumeza Gwija, Luzuko Koti, Diketso Mufamadi, Vukile Pokwana, Benjamin Harris, Nosisa Tiso e Jeannie Adams. Obrigado também àqueles que traduziram vários termos de outras línguas, bem como identificaram indivíduos e explicaram práticas culturais e acontecimentos históricos: Zanele Riba, Florence Garishe, Razia Saleh, Ramni Dinath, Fred Khumalo, Zubeida Jaffer, Siraj Desai, Jimi Matthews e Zohra Kathrada Areington.

Foi uma tarefa gigantesca identificar indivíduos e outros detalhes nas cartas, e sem o auxílio de tantas pessoas as informações suplementares não seriam tão ricas quanto são. Mac Maharaj nunca recusou um pedido de informação e passou um tempo considerável fornecendo muitos detalhes sobre a vida na prisão e sobre indivíduos.

Outros que não hesitaram em arregaçar as mangas quando pedimos sua ajuda foram John Allen, Edwin Arrison, Christo Brand, Belinda Bozzoli, Laloo Chiba, Tony Eprise, Dali Tambo, Sharon Gelman, Bobby Heaney, Carmen Heydenreich, Willie Hofmeyr, Stanley Kawalsky, Libby Lloyd, Sam Mabale, Mosie Moola, Saleem Mowzer, Ntabiseng Msomi, Bruce Murray, Prema Naidoo, Shirona Patel, Greta Soggot, Faiza Sujee, Jack Swart e Lyndith Waller. Temos também uma dívida com Zodwa Zwane, Lucia Raadschelders, Claude Colart, Zandile Myeka, Lerato Tshabalala, Khalil Goga, Joe Ditabo, Mongezi Njaju, Sophia Molelekoa, Kerileng Marumo, Tshwarelo Mphatudi, Mark Seftel, Ntsiki Sisulu, Beryl Lockman e Effie Seftel.

Robert Weil, da W.W. Norton & Company, esperou pacientemente durante anos depois de expressar pela primeira vez o desejo de publicar as cartas. Ruth Hobday e Geoff Blackwell, da Blackwell & Ruth, entraram na parceria para publicar este livro e lhe dar asas. Somos gratos a Rachel Clare, pelo excepcional e minucioso trabalho de edição e por sua dedicação a este livro, e a Cameron Gibb por seu belo projeto gráfico.

Sello Hatang, o executivo-chefe da Fundação Nelson Mandela, incentivou este livro desde o início e continua a usar todas as oportunidades de promovê-lo. Seríamos omissos se não agradecêssemos ao restante da equipe da Fundação Nelson Mandela que contribuiu de diferentes maneiras para esta publicação. Eles são Ethel Arends, Victoria Collis-Buthelezi, Lee Davies, Maeline Engelbrecht, Fikile Gama, Yase Godlo, Heather Henriques, Lungelo Khanyile, Gregory Katsouras, Lesego Maforah, Ann-Young Maharaj, Aletta Makgaleng, Clive Maluleke, Palesa

Manare, Namile Mchunu, Koketso Mdawo, Limpho Monyamane, Kholofelo Monyela, Lunga Nene, Eric Nhlengetwa, Buyi Sishuba, Lindiwe Skhosana, Given Tuck, Noreen Wahome e Louis Zondo.

Membros da família Mandela ajudaram generosamente a identificar pessoas mencionadas nas cartas. Winnie Madikizela-Mandela foi excepcional e passou muitas horas nos auxiliando. Zenani Dlamini-Mandela, Zindzi Mandela e Ndileka Mandela também nos forneceram informações essenciais. Gostaríamos também de agradecer a outros membros da família Mandela: Nandi Mandela, Makaziwe Mandela, Tukwini Mandela, Kweku Mandela, Dumani Mandela, Zinhle Dlamini, Zaziwe Manaway, Zoleka Mandela, chefe Zwelivelile Mandela e Nolusapho Rayne Rose Mandela.

A dor de Mandela por estar separado de seus familiares percorre enfaticamente esta valiosa crônica, assim como seu reconhecimento do sofrimento deles ao longo daqueles vinte e sete anos. Devemos a eles toda a nossa mais profunda gratidão.

Sahm Venter
Editora

Agradecimentos — autorizações

Agradecemos a autorização para reprodução dos seguintes textos e imagens:

Trecho de "Interview with Mac Maharaj", *Nelson Mandela: The Struggle is My Life* (Londres: International Defence and Aid Fund for Southern Africa, 1978), reproduzido com autorização de Mac Maharaj. Trecho de "Comrade Madiba", *Nelson Mandela: The Struggle is My Life* (Londres: International Defence and
Aid Fund for Southern Africa, 1978), reproduzido com autorização de Michael Dingake. Trecho de *Young
Man With a Red Tie: A Memoir of Mandela and the Failed Revolution, 1960-1963*, de Bob Hepple (Joanesburgo: Jacana Media, 2013), reproduzido com autorização. Trechos de "Shouts, Clenched Fists, Songs, as
Mandela is Gaoled", *Cape Times*, 8 de novembro de 1962, reproduzido com autorização. Trechos de *The
State Vs. Nelson Mandela: The Trial that Changed South Africa*, de Joel Joffe (Londres: One World Publications, 2007), reproduzido com autorização. Trecho de *Island in Chains: Ten Years on Robben Island by Prisoner 885/63*, de Indres Naidoo (Joanesburgo: Penguin Books, 2012), reproduzido com autorização. Trechos de *Saving Nelson Mandela: The Rivonia Trial and the Fate of South Africa*, de Kenneth S. Broun (EUA:
Oxford University Press, 2012), reproduzido com autorização. Trecho de *Black As I Am, de* Zindzi Mandela (Los Angeles: Guild of Tutors Press, 1978), reproduzido com autorização de Zindzi Mandela. Trechos de gravações de Nelson Mandela em conversas com Richard Stengel (Joanesburgo: Nelson Mandela
Foundation, 1992-3), © Nelson R. Mandela, reproduzido com autorização da Nelson Mandela Foundation. Trechos de *Long Walk to Freedom*, de Nelson Mandela (Abacus: London, 2013), © Nelson R. Mandela, reproduzido com autorização da Nelson Mandela Foundation, Joanesburgo. Trecho de *491 Days:
Prisoner Number 1323/69*, de Winnie Madikizela-Mandela (org. de Sahm Venter e Zamawazi Dlamini Mandela) (Joanesburgo: Picador Africa, 2013), reproduzido com autorização de Winnie Madikizela-Mandela.

Imagens de abertura: pp. 27, 37: Matthew Willman; p. 19: Nelson Mandela Prison Archive, National Archives e Records Service of South Africa; p. 451: Mikhael Subotzky, vista da instalação, exposição *Die Vier
Hoeke*, na cela de Nelson Mandela, Prisão de Pollsmoor, África do Sul, 2005, cortesia do artista e Good-
man Gallery; p. 523 Getty Images/TSJ MERLYN LICENSING BV/Gallo Images; p. 531: Getty Images/
Matthew Willman; p. 601: Nelson Mandela Foundation.

Fotografias das cartas: pp. 97, 128-9, 154-7 e 215: Coleção Donald Card, sob guarda da Nelson Mandela
Foundation, fotografias de Ardon Bar-Hama; pp. 54-5, 271-2, 276-8, 281-2, 334, 342-3, 415, 429-30, 468-9,
475, 493-4 e 582: Nelson Mandela Prison Archive, National Archives e Records Service of South Africa;
p. 111: Coleção Himan Bernadt, sob guarda da Nelson Mandela Foundation, fotografia de Ardon Bar-
-Hama; p. 27: Anistia Internacional, cortesia de Nelson Mandela Foundation; e p. 35: Coen Stork, cortesia de Nelson Mandela Foundation.

Caderno em cores: p. 593: Herbert Shore, cortesia de Ahmed Kathrada Foundation (acima); Eli Weinberg,
University of Western Cape – Robben Island Museum Mayibuye Archives (abaixo); p. 594: Matthew Willman – Robben Island Museum Mayibuye (acima); Nelson Mandela Prison Archive, National Archives
e Records Service of South Africa (abaixo); p. 595: Nelson Mandela Prison Archive, National Archives e
Records Service of South Africa; p. 596-7: Coleção Donald Card, sob guarda da Nelson Mandela Foundation, fotografia de Ardon Bar-Hama; p. 598-9: Nelson Mandela Prison Archive, National Archives e Records Service of South Africa; e p. 600: Cloete Breytenbach/*Daily Express* (acima), Nelson Mandela Prison Archive, National Archives e Records Service of South Africa (abaixo).

Índice onomástico

A

Abdurahman, Abdullah, 235
Adis Abeba, 67, 478n, 485n
Ahmed, Ayesha, 378
Alberti, Ludwig, 266-67
Alemanha, 53n, 66n, 102n, 104-5, 147n, 311n , 479
Alexander, Dimbiti Bisho, 310n
Alexander, Neville, 57n, 310, 311n, 603
Alexander, Ray, 269
Alexandra, Centro de Saúde de, 557
Ali, Muhammad, 444, 446
Alwyn, John, 247
Anthony, Frank, 363
April, James E., 363
Arnold, Ameen, 444
Arnold, Ayesha, 443
Astor, David, 58n, 174, 416n
Asvat, Dr. Zainab, 235
Aucamp, brigadeiro, 74-5, 118, 120, 142, 150, 161-2, 170, 188, 195, 197-8, 203n, 207-8, 253, 260, 262, 265, 275, 295, 603
Austrália, 489
Áustria, 416
Autshumao, líder dos Khoikhoi, 234
Ayob, Ismail, 351, 371, 395, 418, 432, 438n, 450, 534, 561, 573-4, 576, 578n, 603

B

Baduza, Schreiner, 435
Bam, Nondyebo Jane, 149
Baragwanath Hospital, 52, 108, 114, 244, 412, 419, 442, 503, 611
Barber, Anthony, 563
Baron, Jack, 503
Beethoven, Ludwig van, 246
Benson, Mary, 98, 175, 561, 563, 564n, 584n, 603
Bernstein, Hilda Watts, 67, 89
Bernstein, Lionel (Rusty), 30-1, 305, 603, 623
Bhala, Nomabutho, 233, 236
Bhoola, Ahmed, 250n, 471n
Bhoola, Ismail, 321
Bikitsha, Doc, 232

Birley, Elinor, 58n, 204, 290, 387, 392
Birley, Robert, 58n, 204, 290n, 387, 392
Bizana, 99, 110, 114n, 117-8, 172, 177, 200, 210n, 225, 297, 366, 388
Bizos, George, 346, 348, 359, 371, 604
Bloemfontein, 410-1, 447, 449-50, 617
Blom-Cooper, Louis, 23-4
Blue Lagoon, restaurante, 220-1, 222n, 387
Boesak, Allan e Dorothy, 544
Bophuthatswana, 466
Bosch, D. J., 23
Botha, P. W., 45, 427n, 463n, 466-7, 473, 476n, 505, 555-6, 580, 587, 591n, 604, 624
Botsuana, 67n, 89n, 160, 217n, 221n, 240n, 243n, 266n, 267n, 325, 357n, 508n, 515, 517, 604-5, 607, 613-4
Brandfort, 353, 368n, 386, 389, 392-3, 400-1, 404, 409, 410, 413, 417n, 420, 425-6, 439, 441, 447, 448, 450, 458n, 459, 462, 471, 499, 580, 604
Bull, A. B., 504
Buthelezi, Irene (Mzila), 139, 141n, 142, 160n, 384, 539, 604
Buthelezi, Mangosuthu Gatsha, 79, 81, 160n, 382, 383n, 384-5, 426, 488, 537, 539n, 604, 608
Butterworth, 512
Buza, Joseph, 247

C

Cachalia, Amina (Asvat), 117, 122, 160, 235, 250, 291, 306, 376, 378, 418, 431-3, 439, 471, 516, 544-5, 604-5
Cachalia, Ismail Ahmad "Maulvi", 43n, 64n, 88n, 235, 250, 303n, 433, 483n, 604-5
Cachalia, Yusuf, 235, 250, 291, 439, 544, 604-5
Calata, James Arthur, 482
Caluza, R. T., 245
Canadá, 489
Cape Town, a Cidade do Cabo, 404, 441, 542, 551
Cape Town, University of, 520, 528
Carlson, Joel, 59, 125n, 158, 168, 178, 605, 629n
Carmichael, Stokely, 92
Carter, Gwendolen M., 290, 454-5, 462
Carter, Ray e John, 480-1

Carter, Rosalynn e Jimmy, 403
Castle, Barbara, 416
Catarina, a Grande, da Rússia, 403
Central State, University, 548-9
Centro Social dos Homens Bantos (BMSC), 141, 202, 221, 483
Chancellor House, 71, 99, 174, 204, 435
Chiba, Isu "Laloo", 41, 57n, 290n, 306n, 363-4, 373-4, 376n, 567n, 605
Chiepe, Gaositwe, 508
Chikane, Frank, 549
China, 29, 30, 615
Chinsamy, Y. S., 463
Chisholm, G., 504
Cholo, Theophilus T., 318, 363
Chuene, Maggie, 206
Ciskei, 153n, 163n, 177n, 179n, 181n, 196n, 311n, 395n, 403n, 433n, 466, 498n, 515, 618, 620
Claremont, 390, 561
Clarkebury, Colégio Interno, 257, 291, 498
Coetsee, Hendrik "Kobie", 458n, 499, 525-6, 533, 585, 600, 606, 624
Collins, Colin, 175
Conradie State Hospital, 502
Constantiaberg MediClinic, 523, 525, 533, 539, 546, 624
Corbett, Michael, 331
Coronation Hospital, 423
Cradock, 310, 604
Croesus Cemetery, 422
Cruz Vermelha, Hospital da, 444-5
Cungwa, chefe dos Amagqunukhwebe, 148, 234
Cyprian, rei Bhekuzulu Nyangayezizwe kaSolomon, 79, 95, 98, 606

D

Dadoo, Yusuf, 250, 302-6, 379, 380n, 432, 464, 482, 606, 616
Dalasile, Chefe Zanengqele, 569
Dalasile, Makhi Jomo, 558-9
Dalindyebo, Buyelekhaya Zwelibanzi a Sabata, 298, 542, 554-5, 607
Dalindyebo, chefe Jongintaba, 94, 123n, 153n, 226, 256n, 257n, 297, 338n, 365, 438n, 584, 607
Dalindyebo, rei Sabata Jonguhlanga, 77, 83, 94, 98, 123, 171, 187, 189, 259, 297n, 298n, 324, 338, 346, 402n, 424, 457n, 467n, 509n, 510n, 515n, 542n, 555n, 607
Dalindyebo, NoEngland, 123, 190, 338, 438

Dangala, Johannes, 103-4
Daniels, Edward "Eddie", 57n, 104, 364, 543, 607, 628n
Daniels, Eleanor, 543
Daubeney, Peter, 357
Daweti, Thompson L., 364
Dawood, Ayesha, 247
Deckerts Hill, 311, 442
de Keller, David "Spike", 104-5
Dekenah, C. J., 504
de Klerk, Frederik Willem "F. W.", 555, 578, 587-91, 607
de Waal, Adele, 458-9, 540
de Waal, Piet, 368, 450, 459
de Wet, Christiaan, 102-3, 105-7
de Wet, Quartus, 34, 609n
Diepkloof, 255, 613, 549, 568, 617
Dinath, Moosa, 98, 120, 122
Dingake, Edna, 508
Dingake, Michael Kitso, 364, 508, 607, 628n
Dingane, Meisie, 241
Dlamini, príncipe Thumbumuzi "Muzi", 367, 389n, 392, 426n, 427, 519
Donaldson Orlando Community Centre (DOCC), 93, 205, 212n, 411-2
Dotwane, Mafu, 141
Dube, John Langalibalele, 210
Dube Village, 115
Dukuza, 383
Duncan, Sheena, 485
Durban, 95, 236-9, 250, 252n, 253, 290-2, 359, 381-2, 384, 389n, 390, 394, 400, 402, 410, 424-5, 439, 442, 471-2n, 485, 491, 495, 497, 560, 563, 608
ver também Sydenham
du Toit, J. H., 69n
Dyantyi, Benson, 231

E

Egnos, Bertha, 356n, 357
Elizabeth I, rainha da Inglaterra, 403
Embaixada Britânica, Pretória, 44, 56, 73, 547
Engcobo, 152-3, 160, 257n, 297n, 498n, 570-1
Eprile, Cecil L., 52-3, 231, 607
Eprile, Liesl, 53n
Erwee, Ronel, 571
Escócia, 504, 580n, 608
Estados Unidos, 52, 53n, 91-2n, 197n, 355n, 367n, 389n, 462n, 512, 541n, 548n, 605, 614
Estocolmo, 514
Essack, Abdul Karrim, 471

Essop, M. Salim, 364
Etiópia, 21, 478n
Eybers, Elisabeth, 269

F

Fadana, Samson John, 103, 228-9, 232n, 569, 618
Ferreirastown, 378
Ferus, Hennie, 440
Ferus, Petronella, 440-1
First, Ruth, 232, 304n, 482
Fischer, Abram "Bram", 41-3, 67, 301, 517n, 557, 608
Fischer, Ruth, 517
Fonteyn, Margot, 356
Foolo, Grace, 549
Fordsburg, 377
Fort Hare (UFH), Faculdade Universitária de, 79, 163, 165, 177, 179, 181-2, 190n, 196, 235n, 297n, 311, 365, 394-5n, 400n, 403n, 418n, 433-4, 445, 466, 510n, 515, 571n, 608, 613
Fourie, Jopie, 333
França, 66
Frank, Bernadt & Joffe (advogados), 41, 57, 60, 111-2, 196n, 359-60
   ver também Joffe, Joel
Freedom Square (Praça da Liberdade), 377
Free State (Estado Livre), 373, 413
Frense, Amina e Peter, 565
Fuzile, Mxolisi Jackson, 103-4, 364

G

Gabushane, Emily, 241
Gaitskell, Hugh, 416
Gandhi, Indira, 403n, 427n, 431-2n, 462n, 472
Gandhi, Mahatma, 62, 218n, 250n, 380, 605
Gandhi, Maneka, 473
Gandhi, Rajiv e Sonia, 472-3
Gandhi, Sanjay, 427n, 473n
Gandhi Hall, 240
Gecelter, L., 503-4
Georgetown, Colégio de, 489
Glickman, Arthur e Louise, 462
Gogosoa, chefe dos Goringhaiqua, 234
Goldberg, Denis, 12, 30, 39, 41, 533, 608
Gool, Cissie, 235, 269
Gordimer, Nadine, 517
Gosani, Bob, 232
Gqabi, Joe, 103
Gqubule, Theocritus Simon Ndziweni, 580
Griquatown, 222, 387

Groutville, 193, 381, 490, 611
Gumede, Archibald Jacob "Archie", 463, 487, 489-90, 492, 535-6, 608
Guzana, Knowledge, 77-9, 190, 608
Gwala, Harry Themba, 542, 550, 567, 586-7

H

Handelsman, Gordon, 32
Harmel, Michael, 384, 482
Harrison, Rex, 356
Hassim, Kader, 364
Healdtown, 153, 434, 551
Healey, Denis, 217, 315, 415-7
Helping Hand Hostel, 70, 99n, 298n
Hemingway, Ernest, 263n
Hendricks, Abel e Frieda, 559
Hepple, Bob, 22-3, 30, 609, 622-3, 628-9n
Herbans, Gopal, 251
Hlapane, Euphenia e Solly, 508n
Hodgson, Percy John "Jack", 482
Holm, Eric, 104
Holy Cross High School, 549
Hosten, W. J., 527, 530, 534
Howick, 21, 490

I

Índia, 62, 66, 132n, 147n, 252n, 308, 403n, 431-3, 462n, 472, 610
Inglaterra, 67, 175n, 346, 356, 367, 403, 416-7, 432, 443, 445, 459, 603, 616
   ver também Reino Unido
Isabela I, rainha da Espanha, 403
Itália, 66, 138

J

Jabavu, 123, 178, 190
Jabavu, Davidson Don Tengo, 235n
Jabavu, John Tengo, 235
Jackman, Alan e Thembi, 91n
Jan Hofmeyr School of Social Work, 394
Jeppe, 354, 377, 573
Joffe, Joel, 30, 31n, 41, 43, 57, 103n, 193n, 629n
Joanesburgo, 21-2, 52-3, 63, 70n, 108-9, 112-4, 120, 130-3, 136, 138, 144, 163, 166, 170-1, 176, 178, 190, 200n, 204-5n, 211, 212n, 218n, 220, 228, 230-1, 241, 247, 255, 273-5, 279-80, 283, 285, 287-8, 347-8, 351-2, 354n, 387n, 392n, 397-8n,

400, 409, 416, 433, 476, 480, 521
ver também Soweto
Joanesburgo, Ordem dos Advogados de, 320, 359
Joanesburgo, Câmara Municipal de, 274, 279, 280, 283, 293, 296
Joseph, Helen (Fennell), 88-9, 217-8, 262n, 349, 391, 394, 432, 516, 564, 609
Joseph, Paul, 98, 318n, 321, 485
Joyana, P., 435
Jozana, Xoliswa, 320, 443, 609

K

Kantor, James "Jimmy", 30-1, 610
Kapitan, Madanjit e Marjorie, 576
Kapitan's, restaurante indiano, 576
Karel, chefe dos Abatwa, 234
Karis, Thomas, 462
Kathrada, Ahmed M., 30, 41, 44, 67, 305, 321, 360, 364, 373-4, 453, 459, 479, 567, 578, 585, 593, 595, 610, 617, 628-9n
Katzenellenbogen, Maud, 98, 122n, 125n
Kawalsky, Stanley, 358, 371
Kazi, Zainub e Aziz, 432
Kearns, Elaine, 539-40
Keitsing, Fish, 243
Kemp, J. C. G., 102
Kemp, Stephanie, 104-6
Kente, Gibson, 91-3, 98, 117, 120, 122, 245, 357, 610
Kentridge, Felicity, 311, 313, 320
Kentridge, Sydney, 311, 312n
Kgaje, Sydney, 242
Khama, Seretse, 221
Khanyeza, Nomsa, 488
Kholvad House, 250, 471, 593
Khoza, Rufus, 92
Khumalo, Fred, 586
Khwalo, Mkhozi, 497-8
Kies, Benjamin e Helen, 424
Killarney, 123
Kleinschmidt, Ilona, 394
Kola, Rashid e Ayesha, 573
Kotane, Moses, 66, 482, 605
Kroonstad, Prisão de, 273, 296, 299, 321, 345, 513
Kruger, James "Jimmy", 273, 284, 300, 316, 337-8, 371, 405, 447, 610
Kuper, Hilda e Leo, 400
Kuse, Wandile, 552

L

Langa, Pius Nkonzo, 495
Langa, Colégio, 512
Langenhoven, C. J., 168, 170
Laubscher, W. M., 504
Lawless, Candie, 546
Le Grange, Louis L., 41, 405, 409, 610
Leibbrandt, Sidney Robey, 104-6, 407, 479
Lenasia, 471
Lentanka, Daniel Simon, 492
Levin, Mendel, 125, 130, 132
Liliesleaf, Fazenda, 30, 136n, 609-10, 615, 619
Lipman, Alan e Beata, 253
Lollan, Stanley, 206
Londres, 21, 41, 43-4, 52, 56, 69, 92, 114, 174n, 247, 302, 356, 484, 506, 518
Londres, Universidade de, 73-4, 86, 149-51, 161, 261, 336-7, 396, 433, 528, 621
Lovedale Missionary Institute, 498
Lukhele, Douglas "Duggie", 203, 206, 266, 392, 610
Luthuli, chefe Albert John Mvumbi, 21-2, 304, 381, 384n, 400, 482, 490n, 496, 611, 614, 620
Luthuli, Nokhukhanya, 49, 80, 90, 191-3, 381, 473, 482, 496, 611
Luthuli, Sibusiso e Wilhelmina, 496

M

Mabuya, Gordon e Nontobeko, 99
MacLeish, Liz, 357
Madikizela, Camagwini, 441, 443
Madikizela, Cameron, 137, 160
Madikizela, Columbus Kokani "C.K.", 49, 108, 165, 297, 388, 438, 611
Madikizela, Mafu, 298
Madikizela, Msutu Thanduxolo, 274, 279, 285, 287-8, 337
Madikizela, Nonyaniso "Nyanya", 49, 90, 118, 123, 135, 160, 186, 200, 212, 220, 226, 266, 279, 427
Madikizela, Nophikela Hilda, 107n, 118, 177, 200, 297
Madikizela-Mandela, Nomzamo Winifred "Winnie", 48, 96, 107, 115, 125, 158, 161, 163n, 168, 194, 197, 200, 202n, 207, 216, 225, 265, 296, 336, 339, 344-5, 372, 390, 402, 425, 437, 467, 501, 576, 611, 612, 617, 621, 629n
Magame, Joe, 205
Magubane, Peter, 273, 419n, 421n
Maharaj, Ompragash "Tim", 237, 238n, 240n
Maharaj, Sathyandranath "Mac", 40-1, 91n, 100, 237, 238n, 240n, 373-4, 533-4, 611, 628-9n

Mahlasela, Gabula, 506, 514

Mahlati, Gilimamba, 498

Maimane, Arthur, 231

Makeba, Zenzile Miriam, 92, 212n, 221n, 245, 610

Makgatho, Sefako Mapogo, 210

Makgothi, Henry, 149

Maleka, Esther, 222, 298, 517

Mandela, Dumani, 541

Mandela, Evelyn "Ntoko" (Mase), 127, 130, 132, 151, 153, 160, 611

Mandela, Kweku, 507, 541

Mandela, Madiba Thembekile "Thembi", 11, 40, 48-9, 70 -1, 83n, 84-5, 90, 124-7, 130-3, 135, 138, 140, 146-8, 151, 153, 164-7, 173, 175-6, 181, 187, 190, 198, 254, 255n, 296, 389, 411-2, 418, 422, 438, 519, 528, 562, 612

Mandela, Makaziwe "Maki", 48-9, 81-2, 98, 117, 120, 122, 126, 130-4, 145-6, 164, 167, 173, 183, 185, 187, 200, 213, 246, 263, 266, 298, 393, 403, 418, 432, 463, 563, 611-2

Mandela, Makgatho "Kgatho", 48-9, 52-3, 81-5, 98, 100, 117, 120, 122, 125-6, 130-3, 135, 138, 141, 145-6, 160, 163, 165, 172-3, 177, 179-80, 182-3, 185-7, 196, 200, 206, 208, 210-1, 213, 226, 246, 249, 254, 263, 266, 291, 297-8, 341, 344-5, 347, 393, 401, 403, 442, 518, 541, 549, 577, 612

Mandela, Mandla Zwelivelile, 490, 518-9, 549, 563, 612

Mandela, Mphakanyiswa Gadla, 161, 365, 612

Mandela, Nandi, 124, 135, 167, 255, 298, 389-90, 519-21, 528, 572, 612

Mandela, Ndileka, 124, 135, 167, 296, 298, 389-90, 612

Mandela, Nosekeni Fanny, 40, 75, 83, 125, 133, 181, 189, 226, 435, 438, 612

Mandela, Olive Nomfundo, 82, 84, 100, 124, 144, 148, 419

Mandela, Sidumo, 117, 190

Mandela, Thoko, 124, 165-6, 170-1, 184, 198, 218, 231, 254-6, 266, 298, 390, 612

Mandela, Tukwini, 507, 541

Mandela, Winnie, ver Madikizela-Mandela, Nomzamo Winifred

Mandela, Zaziwe, 367, 426n, 529

Mandela, Zenani Nomadabi Nosizwe "Zeni", 48, 81, 83, 84n, 113, 122, 133, 138, 145, 164, 170n, 173, 177, 179, 190, 195, 200, 203, 209, 217, 226, 244, 250, 256, 267, 285, 287, 290, 296, 308, 317, 338, 340, 345-6, 367, 387, 389, 392, 394-5, 397, 418, 426, 529, 563, 596, 609, 613

Mandela, Zindziswa "Zindzi", 48-9, 81-5, 98, 113-5, 117, 126, 133, 138-9, 145-6, 164, 173, 177,

190, 196-7, 200, 203, 209, 217, 226-7, 245-6, 250, 256, 267, 285, 287, 308, 317, 319, 338, 340, 345-6, 353, 368, 379, 387, 391-6, 401, 410-1, 417-21, 423-4, 426, 432, 449, 466, 519-20, 529, 577, 596, 613

Mandela, Zinhle, 529

Mandela, Zoleka, 529

Mandela, Zondwa, 529, 542, 613

Mandela-Dlamini, Zamaswazi, 426, 529

Mandela-Perry, Nolusapho Rose Raynen "Rennie", 298, 341, 344, 389-90, 401, 418, 518, 612

Manthatisi, rainha dos Tlôkwa, 269

Manyosi, Ronnie, 232

Maponya, Marina, 571

Maponya, Richard, 553-4

Marks, J. B., 66, 482

Marrocos, 21, 478n, 490n

Marx, Karl, 64-66, 217

Mase, Adelaide Sam, 151, 153

Masekela, Hugh Ramopolo, 92, 212, 221

Masemola, Jafta Kgalabi "Jeff", 362, 364, 568, 578-9, 585, 613

Mashaba, Bertha, 516

Mashaba, Caroline e Andrew, 516

Mashabela, Harry, 232

Mashifane, Thomas, 30

Mashigo, Onica Mashohlane, 516

Masire, Quett Ketumile Joni, 508

Masondo, Andrew, 103

Masondo, Vuyo, 170

Massey, Austen, 536

Matanzima, chefe Ngangomhlala, 569

Matanzima, Florence Nsango, 296, 515

Matanzima, George, 297, 510, 515

Matanzima, Kaiser Daliwonga "K. D.", 76-7, 94-6, 98, 117, 190, 257, 311, 320, 347, 416, 424, 441-2, 466-7, 509, 555n, 613

Matanzima, Lungile, 427

Matanzima, Mthetho, 77, 94, 96, 117, 187, 442, 613

Matji, Robert, 326

Matlhaku, Ishmael e Martha, 240, 243, 325-6, 508

Matsha, Grace, 542-3

Matshikiza, Esme, 72, 174-5

Matshikiza, Todd, 72, 212, 231

Mattera, Don, 546

Matthews, Frieda Deborah Bokwe, 175, 266, 384, 508, 512, 515, 517, 568, 613

Matthews, Vincent Joseph Gaobakwe "Bakwe", 72, 174, 357, 364n, 487, 513, 613

Matthews, Zachariah Keodirelang "Z. K.", 175, 304, 482, 568, 614

Mbabane, 395, 427

Mbandzeni, Ingwenyama, 206

Mbekeni, Dumalisile, 153
Mbekeni, E. N., 550, 552
Mbekeni, Nozipho, 122
Mbekeni, Wonga, 110, 112, 190, 551
Mbeki, Archibald Mvuyelwa Govan, 30, 63, 364, 533, 614
Mbeki, Thabo, 478n, 495n, 588-9
Mbuli, Mziwakhe e Nomsa, 546
Mbuzo, Sibali Timothy, 76, 78, 108, 189-90, 297
Mdaka, Temba e Nomayeza, 153
Mdingi, chefe Jongintaba, 84, 170, 187, 344, 418, 435
Mditshwa, Colégio, 296
Mdlalose, Zakhele, 586-7
Mdledle, Nathan "Dambuza", 92
Mdluli, Joseph Masobiya, 586
Meca, 308, 462
Meer, Farouk, 463
Meer, Fatima, 78n, 99n, 249, 253, 269, 289, 291n, 292, 298, 306, 308, 341, 359-60, 394, 431, 462, 473, 492, 517, 574, 575n, 577, 584, 514
Meer, Iqbal, 574
Meer, Ismail Chota I. C., 250, 292, 298, 253, 308, 382, 431, 463, 471, 473, 495, 517, 593, 614
Meer, Rashid, 249, 463
Meiring, Piet, 302, 316, 385
Meyiwa, Humphrey, 587
Meyiwa, Matthews Makholeka, 568, 586
Mgabela, Nolinda, 323-4, 454-5, 497-8
Mgabela, Patrick, 454n
Mgudwla, chefe Msungulwa, 171
Mgudwla, Lulama "Lulu", 166, 177, 179, 183, 187, 196
Mgudwla, Sobhini, 515
Mgulwa, Alfred, 120, 122
Mgungundlovu, 490-1, 495
Mhlaba, Raymond, 30, 63, 174, 364, 408, 453, 479, 567, 578, 585, 614
Mji, Diliza, 356, 497, 535
Mkalipi, Kwedi, 364, 542-3
Mkentane, Kepu, 426, 506, 514, 569-71
Mkentane, Lincoln, 426n
Mkwayi, Nolusapho Irene, 132n, 146, 149, 160n, 208
Mkwayi, Wilton Zimasile, 146, 160n, 208n, 364, 567, 578-9, 585, 615
Mlangeni, Andrew Mokete, 29-30, 364, 453, 479, 567, 578, 585, 615
Mlyekisana, G., 326
Mngoma, J. P., 435
Mngoma, Thoko, 231
Mngoma, Virginia, 89
Mniki, Earl, 109, 298, 344
Mniki, Nobantu "Bantu", 49, 109, 121, 149, 177, 294, 298, 338, 341

Modisane, Bloke, 231
Mogapi, Simon, 232
Mogotski, Joe "Kolie", 92
Mohamed, xeque Nazeem, 566
Mohapeloa, Joshua Pulumo, 91, 245
Moiloa, David, 243
Mokotedi, Johannes, 212
Molema, Silas Modiri, 482
Moloi, Jerry, 212, 411
Mombaça, 427
Mompati, Ruth, 175n, 205
Mondlane, Eduardo, 221
Montana, 489
Moosa, Rahima, 253n, 381n, 423n, 425, 516
Morojele, Clifford, 485
Moroka, James, 516
Mosenyi, Florence, 241
Motala, Mahomed "Chota", 308, 490n
Motala, Rabia "Choti", 308n
Mothopeng, Zephania, 542
Motlana, Nthato Harrison, 297, 341, 346, 428, 502-3, 508, 615
Motlana, Sally, 522
Motlatsi, James, 565
Motsamayi, David, 21-2, 242
Motsepe, Joe, 212
Motsieloa, Joy, 505-7, 514n
Motsisi, Casey, 232
Motsoaledi, Elias, 29-30, 63, 364, 567, 578-9, 585, 615
Motsuenyane, Sam, 554
Mpanza, Justice, 364
Mpetha, Oscar, 463n, 535n, 556, 568, 578-9, 585n
Mphoza, Joseph, 247
Mrwebi, Gwigwi, 92
Msimang, Maindy, 72, 205
Msimang, Selby, 212
Mswati II, rei da Suazilândia, 206
Mthembu, Peter, 364
Mtirara, chefe Luvuyo, 443
Mtirara, chefe Mdayelwa, 554-5, 577
Mtirara, chefe Vulindlela, 95, 123, 171, 180, 190
Mtirara, Nombulelo Judith, 123n, 297, 298n
Mtirara, Nqonqi, 123, 438
Mtirara, Samela, 124, 438
Mtirara, Telia "Tellie", 117, 120-1, 124, 134, 145-6, 151, 160, 165, 177-8, 180, 186, 190, 196, 200, 213, 226, 298, 550
Mtirara, Zondwa, 542
Mtirara, Zonwabile Sandile, 583
Mtshali, Oswald, 546
Mugal, S. B., 490

642

Mvambo, Q., 322, 515
Mvezo, 257
Mxenge, Griffths, 495n, 496
Mxenge, Victoria Nonyamezelo, 493, 495-7, 505
Myeza, Lindi, 571
Mzaidume, Nomthamsanqa Gertrude, 226
Mzaidume, Paul, 163, 165, 180, 196, 200
Mzaidume, Phyllis, 163, 244, 298, 492n
Mzamane, Dumisani, 501, 503-4

N

Nagel, Jorg, 445
Naicker, Gangathura Mohambry "Monty", 240,
    250, 253, 304, 380, 482, 616
Naicker, Marie, 379, 382
Naicker, M. P., 250, 482
Naidoo, G. R., 253
Naidoo, Indres Elatchininatha, 40, 217, 616, 629n
Naidoo, Krish, 575
Naidoo, M. D., 240, 291, 487
Naidoo, Naransamy Roy e Ama, 250
Naidoo, Phyllis, 240
Naidoo, Shanthivathie "Shanti", 217, 616
Nair, Billy, 103, 251, 329, 364, 497
Nakasa, Nat, 53, 231
Natal, 45, 252n, 381n, 463, 538, 550, 586, 587n
Natal, Universidade de, 357n, 395
Naude, Beyers, 498
Ncambele, 296
Ncapayi, Greta, 89
Ndlovu, Curnick, 535
Ndzanga, Lawrence, 231n
Ndzanga, Rita, 231
Nehru, Jawaharlal, 132, 147
Nehru, Pandit, 62, 147n
Ngakane, Lionel, 202n, 482-5
Ngakane, Pascal Shaudi, 483
Ngidi, Freddie, 212, 411
Ngoyi, Lilian Masediba, 87, 90, 98, 117, 120, 122,
    160, 266, 297, 324, 482, 616
Njongwe, Connie, 191, 221, 341n, 455, 515, 569-70
Njongwe, James "Jimmy" Lowell Zwelinzima,
    341n, 482, 506, 515n, 569n, 571, 616
Nkomo, Joshua, 221
Nkosi, Lewis, 231
Nkosiyane, chefe Ntambozenqanawa, 170-2, 180
Nokwe, Nomvuyo Vuyiswa, 222, 357n, 358, 506
Nokwe, Philemon Pearce Dumasile "Duma", 71,
    174, 222n, 354-6, 358n, 482, 506n, 617
Nongxa, Dorcas, 297
Nova Deli, 462

Nova York, 231, 489
Ntisa, Edith, 241
Ntoeli, Cecil, 242
Ntsele, Eric, 212
Ntu, Zika, 235
Nxumalo, Allen, 173
Nxumalo, Henry, 231
Nyisani, Mlahleni e Mpumi, 72

O

Odasoa, chefe dos Cochoqua, 234
O'Dowd, Michael, 572
Old Fort Prison, 243
Omar, Abdulla "Dullah", 423-5, 543, 591n, 617
Oppenheimer Hospital, 402
OR, ver Tambo, Oliver Reginald "OR" "Reggie"
Orange Free State, ver Free State
Orlando High School, 164, 173
Orlando West, 81I5, 113, 120-1, 127, 133-5, 144n,
    145, 160, 163, 176-7, 213, 273-4, 279, 285,
    512, 621
Our Lady of Sorrows, 173, 413n

P

Pahad, Essop, 321
Pahad, Goolam, 250
Parker, Ida, 362
Patel, Zubeida, 205
Paton, Alan, 193, 298, 350, 399, 402
Peake, George Edward, 482
Peale, Norman Vincent, 96
Pelser, Petrus Cornelius, 214n, 219n
Perry, Adrian, 518n
Phango, Peggy, 92
Phathakahle, 353
Phatudi, Cedric, 427
Phomolong, 241, 243
Pietermaritzburg, 22, 67, 308n, 381, 403, 490n, 586
Pietersburg, 239
Piliso, Leabie Makhutshwana, 189-91, 298n, 457-8
Piliso, Russel S., 457-8
Pintasilgo, Maria, 403
Pitje, Godfrey, 205
Plata, Layton, 232
Pogrund, Anne, 298
Pogrund, Benjamin "Benjie", 231n, 350, 352,
    359, 617
Poitier, Sidney, 356, 575
Pokela, John N., 329, 364

Pollsmoor, Prisão de Segurança Máxima de, 460-1, 480, 499, 505, 510, 511n, 512, 514, 525, 542, 555-6, 563, 567, 578, 617
Pondolândia, 161n, 427
Poonan, George e Vera, 251
Poovalingam, Pat, 463
Portugal, 403
Poshuli's Hoek, 234
Poswa, Ntsikelelo, 495
Presley, Elvis, 245
Pretória, 22, 29-30, 39, 44, 56, 59, 69, 73, 75, 86, 88, 109, 120, 158, 222, 225, 240, 245, 266, 312n, 347, 366, 515, 589
Pretória, Prisão Local de, 42, 44, 114, 406, 484
Pretorius, Marjorie, 241
Prinsloo, Gert, 447-9

Q

Qamata, 212, 312, 442
Quênia, 66n, 427
Qunu, 76, 204, 257, 259, 402, 480n, 577, 618
Qupe, Dorothy, 241

R

Rajbansi, Amichand, 463
Rakale, Leon, 196
Ralei, Pearl, 520
Ramaphosa, Cyril, 564-5
Ramotse, Benjamin, 217
Ramphele, Mamphela Aletta, 519, 521-2, 571-3, 618
Rand, *ver* Witwatersrand
Rathebe, Dolly, 92
Reef, 108, 167, 204, 230, 241
Reino Unido, 21, 416, 548n
Renwick, Robin, 547
Resha, Robert, 231
Rexroth, Kenneth, 419
Robben Island, Prisão de Segurança Máxima de, 29, 39-40, 41-2, 63, 69, 74, 85, 89, 91, 101, 103-4, 107, 118, 126, 138, 140, 149, 182, 217, 234, 255, 269, 293, 300, 313, 329-30, 358-9, 361, 374, 382, 404n, 405, 416, 427, 449-50, 453, 455, 460-1, 496, 498, 506, 508n, 513, 533, 542-3, 555-6, 567, 586-7, 618
Robeson, Paul, 246
Roma, 168-70, 387, 485
Rubusana, Walter, 210, 492

S

Saloojee, Rachid, 471
Schapera, R., 504
Schlachters Nek, 333
Schoeman, P. J., 127, 326-7
Scholtz, Christine, 246-9
Scholtz, Pieter, 357
Schreiner, Olive, 269
Schultz, Effie, 70, 377n, 378
Seakamela, Oupa, 368, 387, 393, 428, 436
Seedat, Dawood, 251
Seedat, Fatima, 253, 381, 425
Seftel, Harry, 377
Sehume, Leslie, 231
Sejake, Joe Joseph, 174
Sejake, Sandi, 318
Sekhukhune, Godfrey Mogaramedi, 89
Selby, 123
Seme, Pixley ka Isaka, 210
Senegal, 21
Senghor, Leopold, 95
Sepamla, Sipho, 545-6
Sergeant, Harriet, 488
Serote, Mongane, 546
Sewpersahd, George, 463
Shakespeare, William, 125, 194, 356
Shapiro, Norman, 502, 504
Sharpeville, 23, 89n, 92, 476, 484, 554
Shawbury, Colégio, 297
Sholokhov, Mikhail Aleksandrovich, 213
Sibeko, Archie, 247
Sihlali, Kini e Leo, 569
Sijake, Sandi, 364
Sikhakhane, Joyce Nomafa, 618
Simelane, Beryl Lockman, 583
Simelane, Leonard, 166n, 255
Simons, Anthony, 525
Sinclair, Upton, 263
Singh, Anant, 575
Singh, J. N., 250n, 251, 381, 471n, 495, 562-3
Singh, Radhi, 251, 381, 562
Sisulu, Nontsikelelo Albertina (Thethiwe) "Ntsiki", 89, 516, 581, 618
Sisulu, Walter Ulyate Max, 30, 41, 71, 89n, 124, 173n, 184, 205n, 241n, 313, 364, 373, 453, 479, 514, 556, 578-9, 581, 583, 585n
Sisulu, Zwelakhe, 542
Sitimela, Nomvula, 241
Sitsheketshe, But', 84
Siyothula, Manner M., 365
Smuts, Jan, 104n
Sneddon, Elizabeth, 357

Sobukwe, Robert Mangaliso, 23, 619
Sodinda, Muriel, 516
South African Native College, *ver* Fort Hare (UFH), Faculdade Universitária de
Soweto, 29, 65n, 84n, 93n, 110, 113n, 133n, 144-5, 172, 176, 178n, 204-5n, 212n, 241n, 255n, 274, 285, 305, 313, 356n, 398n, 411n, 428, 435, 472, 474n, 476, 549n, 553-4
    ver também Orlando West, 8115
Steinbeck, John, 263n
Stengel, Richard, 57n, 58, 147n, 219n, 300n, 385n, 585n, 628-9n
Sterkspruit, 435
Steyn, J. C., 86, 214, 253, 265, 270, 295, 314, 330-1, 336
Stoch, S. W., 500, 502, 504, 527
Stork, Coen, 33-4
Street, Leon e Zelda, 53
Stuurman, Klaas, 234
Suazilândia, 82n, 166, 173, 203-4, 206, 217, 250n, 266n, 395, 397n, 413n, 420, 449, 511
Suécia, 514
Suprema Corte em Pretória, 158, 245
Suzman, Helen, 10, 268, 270, 293, 295, 525, 538, 552-3
Swart, Jack, 533, 578n, 589n, 591n, 629n
Swarthmore College, 462, 464
Sydenham, 252-3, 359, 394

T

Taj Mahal, 431
Tambo, Matlala Adelaide Frances (*née* Tshukudo), 69-70, 71n, 73n, 172-3, 176, 207, 304, 353, 357, 404n, 428, 558, 561, 619
Tambo, Oliver Reginald "OR" "Reggie", 70, 71n, 98, 172-4, 202-5, 207, 221, 250n, 266n, 302n, 304-5n, 354-5, 379n, 392n, 402n, 427n, 432, 464n, 482n, 534, 538, 558, 561, 620
Tanjee, Leslie, 411
Tchaikovsky, Pyotr Ilyich, 246
Teerã, 462
Tefu, Steve, 39
Terra Nova, 489
Teyise, Elizabeth, 387
Teyise, Sanna, 220, 222n, 223
Thatcher, Margaret, 403, 548
Thema, Selope, 235
Themba, Can, 231
Thembu, Casa Real de, 78n
Thomas, Arthur E., 549
Thomas, I. Glyn, 43

Thompson, D. C., 66
Thulare, Nobulile, 365, 367
Timakwe, Daniel, 78n, 108n, 189n
Timakwe, Nontancu Mabel, 511, 583, 620
Tloome, Dan, 66, 357, 508
Transkei, 31, 76-9, 83, 94, 96, 98, 108, 110, 117n, 122-3n, 126n, 131, 137, 140n, 152n, 153, 171n, 187n, 189-90n, 210n, 212n, 228, 247, 257-9n, 286, 291, 296n, 297n, 311, 324n, 346n, 388n, 416, 424n, 427n, 438n, 466, 470, 474, 479, 498n, 509, 565n, 571, 577n, 620
Trew, Tony, 104
Tshabalala, Simon, 212, 411
Tsongas, Paul, 462
Turner, P., 504
Tutu, arcebispo Desmond, 464, 536, 560, 620
Tutu, Nomalizo Leah (Shenxane), 464, 536, 560, 620
Tutu, Trevor, 464-6
Tutu, Zanele, 465
Twala, Regina, 206
Tyalara, 257
Tyamzashe, Benjamin, 245
Tygerberg Hospital, 445, 525-7, 536, 539, 542, 577
Tyson, Mike, 548-9

U

Umhlekazi, 551
Umtata, 83, 108, 131, 140, 170, 180, 257, 338n, 424, 467, 520, 551, 555, 559, 566
Universidade da África do Sul (UNISA), 150, 181, 309, 337, 417, 433, 500, 520, 527, 530, 534-5, 553, 621
Ustinov, Peter, 356

V

Valentine, Sue, 572
van Helsdingen, W. A., 23-4,
Vanqa, Owen, 232
Veil, Simone, 403
Venda, 466
Vereeniging, 242, 412
Verulam, 495
Verwoerd, H. F., 474n, 555
Victor Verster, Prisão, 533, 537, 545, 553, 565, 570-1, 578, 589n, 590-1, 618
Vilakazi, Herbert, 395, 520, 572
Vilakazi, Nono, 520
Viljoen, Gerrit, 585, 588

Volks Hospital, 499, 501, 504
Vorster, B. J., 385, 555
Vusani, Joseph Bransby, 329, 365
Vutela, Lwazi, 462
Vutela, Nancy "Nali", 49, 109, 119, 122, 178, 228, 438
Vutela, Sefton, 49, 117, 135, 267, 508

W

Wartski, Sheila, 357
Waterford Kamhlaba, escola, 204
Weinberg, Sheila, 517
Weinberg, Violet e Eli, 517
Wellman, Peter, 397-9, 403
Wembley, estádio de, 478n
Westcliffe, 243
Wilcox, Robert C., 365
Willemse, W. H., 295, 324, 579, 585, 588, 590, 591n
Williams, Cecil, 21
Wilson, Frances, 572
Wilson, Ilse, 557
Wilson, Tim, 557
Witkin, Sidelsky & Eidelman (advogados), 43, 434n,
Witwatersrand, 108, 151, 211, 231, 241-2, 480
Witwatersrand, Universidade de, 43, 58n, 204n, 212n, 251n, 290n, 309, 336n, 387n, 392n, 420, 471n, 534, 562n

Wolsey Hall, 621
Worcester, 246-9, 440-1
Wordsworth, William, 383
Wynberg, 500, 504, 527

X

Xaba, Marshall, 49, 109, 118, 120, 145, 164, 172, 177-9, 182, 187-8, 196, 200, 208, 344, 427
Xaba, Niki Iris Jane Nondyebo, 49, 109, 115, 117-8, 121-2, 137, 139, 145, 151, 164, 177, 186, 190, 226, 341, 427, 621
Xuma, Albert, 304
Xuma, Alfred Bitini, 304n, 380, 483
Xundu, Danile, 153

Y

ya Toivo, Andimba Toivo, 364
Yengwa, M. B., 490
Yergan, Max, 483-4
York, Universidade de, 443

Z

Zama, Linda, 550
Zwelithini, rei Goodwill, 383, 538

The Prison Letters of Nelson Mandela © W. W. Norton & Company, 2018
© Estate of Nelson Rolihlahla Mandela, 2018
© Nelson Mandela Foundation, 2018

Projeto gráfico de Cameron Gibb
Produzido e criado por Blackwell and Ruth Limited
405 IronBank, 150 Karangahape Road, Auckland 1010, New Zealand
www.blackwellandruth.com

Todos os direitos desta edição reservados à Todavia.

Grafia atualizada segundo o Acordo Ortográfico da Língua Portuguesa
de 1990, que entrou em vigor no Brasil em 2009.

As autorizações de reprodução das cartas e imagens estão listadas na página 636.

capa
Pedro Inoue
Ciça Pinheiro
imagens de capa
[capa] Annie Leibovitz/Trunk Archive
[quarta capa] AGIP/Rue des Archives/Latinstock
preparação
Ana Cecília Agua de Melo
índice onomástico
Rafaela Biff Cera
revisão
Ana Alvares
Valquiria della Pozza
tratamento de imagens
Carlos Mesquita

3ª reimpressão, 2021

Dados Internacionais de Catalogação na Publicação (CIP)
———
Mandela, Nelson (1918-2013)
Cartas da prisão de Nelson Mandela: Nelson Mandela
Título original: *The Prison Letters of Nelson Mandela*
Edição: Sahm Venter
Prefácio: Zamaswazi Dlamini-Mandela
Tradução: José Geraldo Couto
São Paulo: Todavia, 1ª ed., 2018
648 páginas

ISBN 978-85-93828-90-4

1. Coleção de cartas 2. Memórias 3. Apartheid
4. Nelson Mandela 5. África do Sul,
I. Venter, Sahm II. Geraldo Couto, José III. Título

CDD 808.86
———

Índice para catálogo sistemático:
1. Coleção de cartas: memórias 808.86

NELSON MANDELA
FOUNDATION
Living the legacy

www.nelsonmandela.org

todavia
Rua Luís Anhaia, 44
05433.020 São Paulo SP
T. 55 11. 3094 0500
www.todavialivros.com.br

fonte
Register*
papel
Pólen soft
80 g/m²
impressão
Ipsis